지 은 이 | IAP BOOKS
기 획 | 유동훈, 양다원
개 발 | 고하은, 이선민
디 자 인 | 정은아, 정수진, 최미나, 오예인
조 판 | 정수진, 최미나
영 업 | 한기영, 이경구, 박인규, 정철교, 하진수, 김남준, 이우현
마 케 팅 | 박혜선, 남경진, 이지원, 김여진

국어 학습의 혁명 IAP BOOKS

섹션뽀개기

현대시, 현대소설, 고전운문, 고전산문, 극수필, 독서, 화법과 작문, 문법 총 8권으로 구성되어 있습니다. 실전에 들어가기 전 꼭 알아야 할 기본 개념을 체크하고, 각 갈래별로 유형과 개념이 잘 나타난 대표 유제를 통해 문제 접근법과 풀이 방법을 익힐 수 있습니다. 또한 수능 및 전국연합 기출 문제를 선별하여 앞에서 학습한 개념과 관련된 문제를 통해 실제 문제에 대한 해결력을 기르고 수능 감각을 익힐 수 있도록 하였습니다. 자기 주도학습을 할 수 있도록 인강을 제공하고, SLS 시스템을 통해 취약 영역도 보완하도록 지원하고 있습니다.

섹션뽀개기 실전편

문학, 독서, 화법과 작문, 언어와 매체 총 4권으로 구성되어 있습니다. 각 항목별로 개념과 대표 유제, 실전 문제를 단계별로 제공하여 스스로 문제를 풀고 해결해 나갈 수 있도록 편집되었습니다. 자기 주도학습을 할 수 있도록 인강을 제공하고, SLS 시스템을 통해 취약 영역도 보완하도록 지원하고 있습니다.

기승전결 모의고사

LEVEL 1(Ⅰ·Ⅱ·Ⅲ·Ⅳ), LEVEL 2(Ⅰ·Ⅱ·Ⅲ·Ⅳ), LEVEL 3(Ⅰ·Ⅱ·Ⅲ·Ⅳ), LEVEL 4(Ⅰ·Ⅱ·Ⅲ·Ⅳ)등 총 16권으로 구성되어 있습니다. 권당 실전 모의고사 9회가 수록되어 있고, 주차별로 1회씩 학습하도록 구성했습니다. 수능, 평가원, 교육청에서 출제되었던 실전 모의고사와 자체적으로 만들고 리믹스한 모의고사로 편성되어 있습니다. 자기 주도 학습을 할 수 있도록 인강을 제공하고, SLS 시스템을 통해 취약 영역도 보완하도록 지원하고 있습니다.

분기승천 국어

레벨별 4종씩 총 8권으로 구성되어 있습니다. 분기별로 학습할 수 있도록 권당 13강으로 편성되어 있고, 1강당 4세트씩 권당 42세트 이상 구성되어 학교, 학원 등 교육기관에서 주차별 학습을 하도록 최적화되어 있습니다. 자기 주도학습을 할 수 있도록 인강을 제공하고, SLS 시스템을 통해 취약 영역도 보완하도록 지원하고 있습니다.

리딩플러스 국어

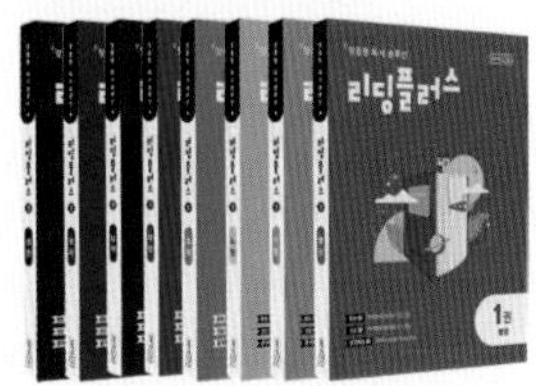

총 8단계로 구성되어 아이들이 다양한 갈래의 책을 읽고, 책에 관련된 문제를 풀어보며 글쓰기 실력을 향상시킬 수 있는 독서논술 교재입니다. 책을 읽으면서 궁금해할 만한 것이나 중요한 개념을 안내하는 배경 지식, 책에 등장한 어휘 관련 문제, 책에서 발췌한 제시문에 대한 독해력·사고력 문제를 통해 아이들이 흥미롭게 독서 활동을 할 수 있도록 하고, 책을 읽은 후 느낀 점 등을 독후활동지로 정리할 수 있도록 구성되어 있으며, SLS 시스템을 통해 온라인으로도 학습할 수 있도록 지원하고 있습니다.

어휘어법

LEVEL 1(Ⅰ·Ⅱ), LEVEL 2(Ⅰ·Ⅱ), LEVEL 3(Ⅰ·Ⅱ), LEVEL 4(Ⅰ·Ⅱ) 등 총 8권으로 구성되어 있습니다. 학기별로 학습할 수 있도록 권당 18~26강으로 편성되어 있고, 모듈 프로세스를 통해서 영역별 학습이 가능하게 만들어져 있습니다. 사자성어·속담·한자어·관용어·혼동어휘 등을 교재별로 모듈화하여 단계별로 학습하고 주차별로 테스트를 하도록 구성되어 있습니다.

SLS Smart Learning Solution

상쾌한 **향상**을 경험하다

국어 문제의 해결사 SLS

학습자 맞춤형 문제은행 출제 마법사
Smart Learning Solution
학생들에게 1:1 과외의 효과를!

초등 4학년부터 고등 3학년까지!
개별 학생에게 맞춘 유연한 문제은행 출제 마법사
시스템이기에 더욱 빠르고 학습진단 및 분석, 그리고 이에 맞춘 처방까지!
학생들의 성적이 달라집니다!

온라인 교재 학습

- 온라인 제공 문제 서비스
- 출판사, 난이도별 문제

차별화된 인강시스템

- 모든 문항별 강의 동영상
- 강좌별 영상 강의

유사 문제 자동 추천 기능

- 오답 문제와 유사한 문제 제공
- 오답 문제 완전 정복

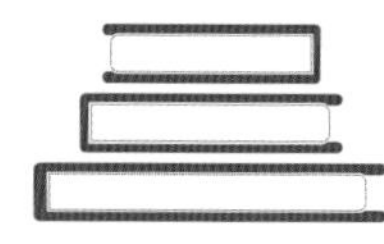

130만 국어 문항 DB

- 국내 최대 DB
- 수능, 내신 모든 문항의 DB

한수

한 번에 수능까지

완성하는 중학국어

구성과 특징

1. 지문 분석

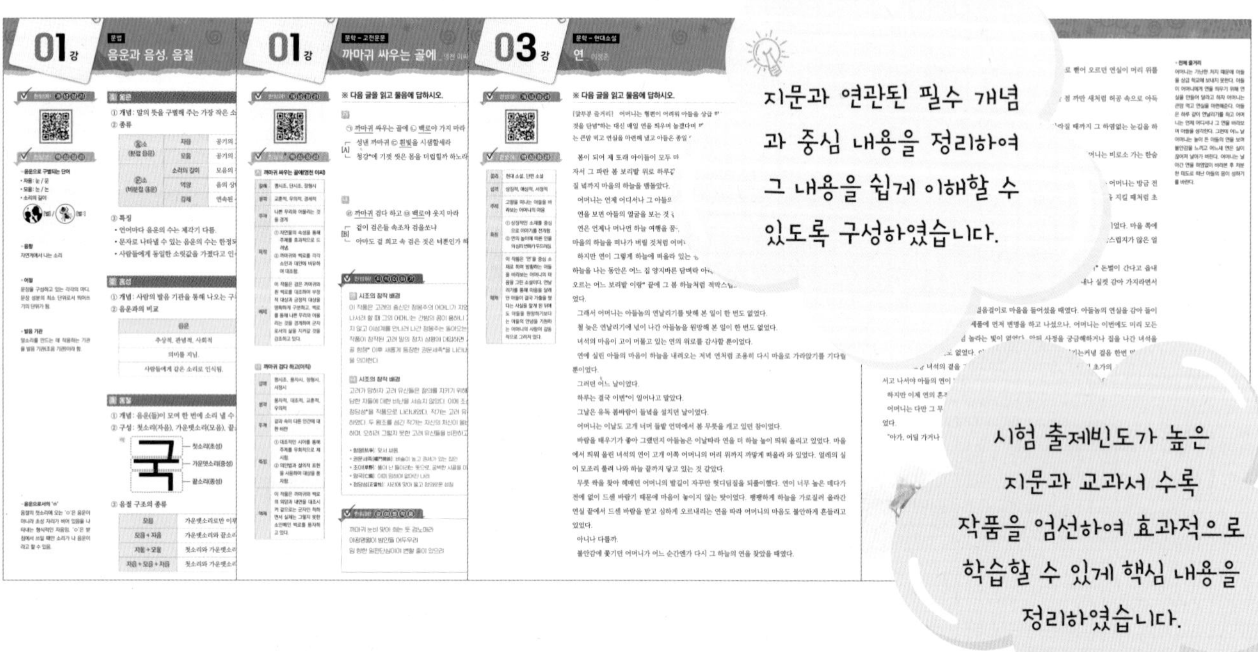

지문과 연관된 필수 개념과 중심 내용을 정리하여 그 내용을 쉽게 이해할 수 있도록 구성하였습니다.

시험 출제빈도가 높은 지문과 교과서 수록 작품을 엄선하여 효과적으로 학습할 수 있게 핵심 내용을 정리하였습니다.

2. 유형별 문제풀이

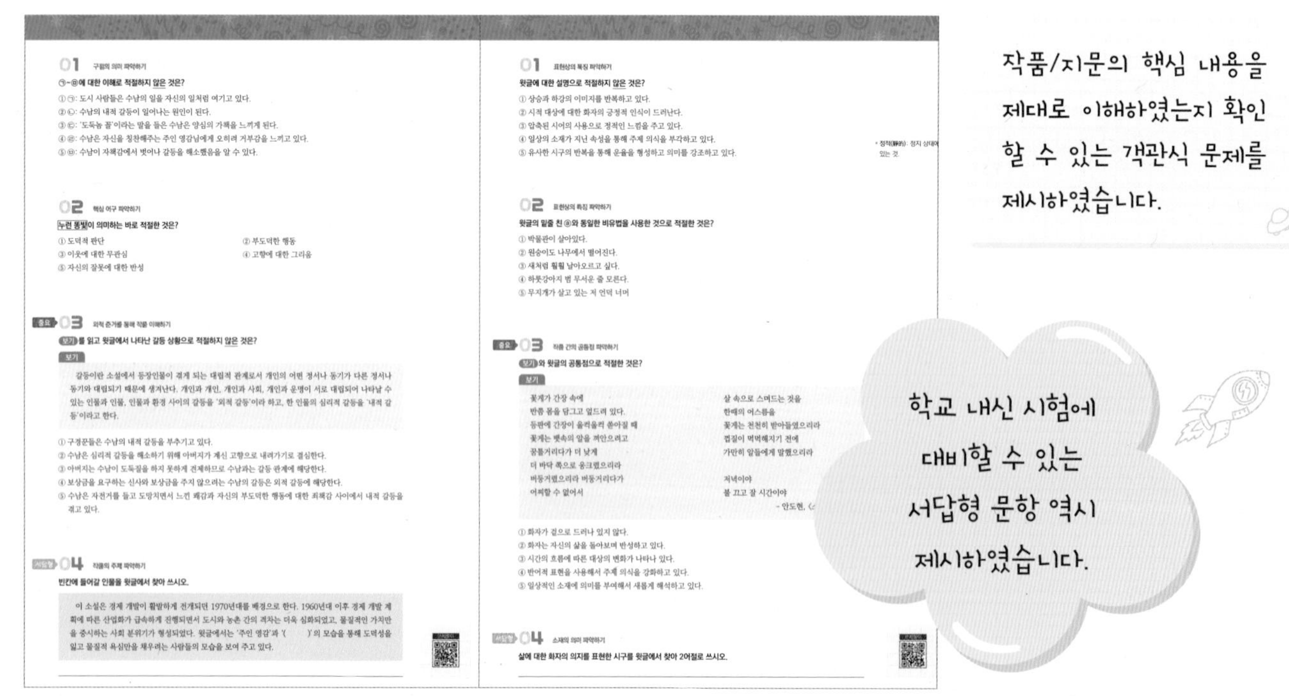

작품/지문의 핵심 내용을 제대로 이해하였는지 확인할 수 있는 객관식 문제를 제시하였습니다.

학교 내신 시험에 대비할 수 있는 서답형 문항 역시 제시하였습니다.

3. 복습하기

복습하기

복습하기

단원에서 학습하였던 지문과 작품의 중심 내용을 간략한 표로 정리하였습니다.

다음 단원으로 넘어 가기 전에 빈칸 채우기와 단답형 문항을 통해 성취 기준을 점검할 수 있도록 하였습니다.

4. 정답 및 풀이

04강

문제편에서 학습한 지문과 작품의 자세한 분석과 문제 해설을 확인할 수 있습니다.

목차

목차

16강

17강

18강

19강

20강

한수

01

Contents

문법

어휘의 체계

| 정답 및 해설 | 2쪽

한방에! 개념정리

한방에! 핵심정리

1 고유어

① **개념**: 옛날부터 우리말에 있었거나, 우리말에 기초하여 새로 만들어진 말

② **특징**

- 우리의 정서와 문화가 담겨 있음.

예

정서	슬프다 - 섧다, 서럽다, 서글프다, 구슬프다, 울적하다, 애처롭다, 눈물겹다
문화	길쌈, 달맞이, 강강술래

- 한자어에 비해 쉽고 가깝게 느껴짐.
- 색, 모양, 소리 등을 다양하게 표현할 수 있음.

예

색	푸르다, 파랗다, 새파랗다, 시퍼렇다, 푸르스름하다
모양	보슬보슬, 부슬부슬, 푸슬푸슬, 소록소록, 조록조록, 주룩주룩, 추적추적
소리	하하, 허허, 헤헤, 호호, 후후, 히히

- 일상생활에서 자주 쓰이는 기본적인 어휘가 많음.

* **고유어와 한자어**
고유어는 하나의 낱말이 여러 뜻으로 쓰이지만, 한자어는 고유어보다 분화된 뜻을 지니고 있어서 고유어를 보완하는 역할을 함.
예 마음
① **호감(好感)**: 나는 그 사람에게 마음(호감)이 있어.
② **의향(意向)**: 여행 갈 마음(의향)이 있니?
③ **심정(心情)**: 전학 갈 때 네 마음(심정)은 어땠어?

2 한자어

① **개념**: 한자에 기초하여 만들어진 말

② **특징**

- 우리말 어휘의 절반 이상을 차지함.
- 의미를 압축적으로 표현할 수 있음.
  예 화실(그림 畵, 집 室): 화가나 조각가가 그림을 그리거나 조각하는 따위의 일을 하는 방.
- 고유어에 비해 더 세분화된 의미를 가지고 있음.

예

고치다	고장이 나거나 못 쓰게 된 물건을 손질하여 제대로 되게 하다.	수리하다(修理하다)
	병 따위를 낫게 하다.	치료하다(治療하다)
	모양이나 내용 따위를 바꾸다.	수정하다(修整하다)

* **한자어와 외래어**
한자어를 고유어라고 할 수는 없지만, 우리말의 어휘 체계에서 차지하고 있는 위치가 비교적 최근에 들어온 다른 외래어와는 다르기 때문에 보통 외래어와 구분함.

3 외래어

① **개념**: 다른 나라에서 들어왔지만 우리말처럼 쓰이는 말

② **특징**

- 대체할 수 있는 고유어가 없는 경우가 많음.
  예 컴퓨터, 바게트, 콜라
- 새로운 개념이나 문물이 들어오면 그 수가 늘어남.
- 일상에서 자주 쓰여 다른 나라의 말임을 인식하지 못할 때도 있음.
  예 가방, 냄비, 빵

* **외래어와 외국어**
외국어는 외래어에 비해 다른 나라의 말이라는 느낌이 강하며, 우리말로 바꾸어 쓸 수 있음.
예 헤어(hair) → 머리
플러스(plus) → 더하기

01 고유어의 특징 파악하기

고유어에 대한 설명으로 적절하지 않은 것은?

① 의성어나 의태어, 감각어가 발달되어 있다.
② 하나의 단어가 여러 의미를 담고 있는 경우가 많다.
③ 우리 민족의 고유한 문화와 정서를 표현하는 데 적합하다.
④ 우리말에 기초하여 새롭게 만들어진 단어도 고유어에 해당한다.
⑤ 한자어에 비해 의미가 세분화되어 있어 전문 용어를 표현하는 데 용이하다.

* 용이하다(容易하다): 어렵지 아니하고 매우 쉽다.

02 외래어 구분하기

어휘의 종류가 나머지와 다른 것은?

① 빵 ② 냄비 ③ 감기 ④ 돈가스 ⑤ 고구마

03 단어 분류하기

보기 의 밑줄 친 단어를 고유어, 한자어, 외래어로 분류했을 때, 각각의 개수로 적절한 것은?

보기

"내가 너무 늦었나 보지. 말도 말아 그게 웬 눈인지, 버스가 끊겨 혼났다. 자고 가라는 걸 사정사정해서 그 집 자가용을 얻어타고 오는 길야. 운전수도 안 두고 사는 집 차를 얻어타려니 어찌나 황공한지. 귀한 사람들이 목숨 걸고 여기까지 데려다준 거란다. 정말 지독한 눈이었어."
나는 그들의 어깨 너머로 눈과는 무관한 우리집 골목, 아파트의 복도를 바라보며 말했다.
"엄마, 놀라지 마세요."

- 박완서, 〈엄마의 말뚝 2〉

	고유어	한자어	외래어
①	1개	3개	4개
②	2개	3개	3개
③	2개	4개	2개
④	3개	2개	3개
⑤	3개	3개	2개

서답형

04 외국어와 외래어의 차이 파악하기

다음은 외국어와 외래어의 차이에 대해 서술한 것이다. 빈칸에 들어갈 말로 적절한 것을 골라 차례대로 쓰시오.

외국어와 외래어는 모두 외국에서 들어온 말이다. 그러나 (외국어 / 외래어)는 (외국어 / 외래어)와 달리 아직 국어로 정착되지 않은 단어이며, 대부분 대체할 수 있는 고유어나 한자어가 존재한다.

01강

독서 – 인문(도덕)

인간과 동물의 도덕적 차이

| 정답 및 해설 | 2쪽

한방에! 개념정리

한방에! 핵심정리

주제	인간과 동물의 도덕적 지위에 대한 여러 철학자들의 견해
해제	이 글은 인간과 동물을 구별하는 도덕적 차이에 대한 여러 철학자들의 견해를 소개하고 있다. 아리스토텔레스는 인간과 동물을 구별하는 기준을 이성으로 보았다. 그러나 동물보다 더 이성적이라고 보기 어려운 인간도 존재하기 때문에 이 주장에는 모순점이 있다. 칸트는 자의식과 자율성으로 인간과 동물이 구별된다고 보았지만, 인간보다 자율성이 높은 일부 동물이 존재하기 때문에 이 역시 모순점이 존재한다. 반면, 앞선 철학자들과 달리 벤담은 고통을 느끼는 능력을 도덕적 지위를 부여하는 기준으로 삼았고, 이에 따라 동물 역시 도덕적 지위를 지닌 인간과 같은 존재로 파악하였다.

* 문단 중심 내용

1문단	세 종류의 살아 있는 존재와 그들을 구분하는 기준
2문단	아리스토텔레스가 주장하는 도덕적 지위의 부여 기준
3문단	칸트가 주장하는 도덕적 지위의 부여 기준
4문단	제레미 벤담이 주장하는 도덕적 지위의 부여 기준과 그 의의

※ 다음 글을 읽고 물음에 답하시오.

19세기의 사상가 다산 정약용은 살아 있는 존재를 세 종류로 분류하였다. 첫 번째 종류는 식물로, 살아 있으며 성장하지만 쾌락과 고통을 느낄 수는 없다. 따라서 식물은 삶이 무엇인지 느낄 만한 내면세계가 존재하지 않는다. 두 번째 종류는 동물로, 식물과 같이 살아 있고 성장한다. 그러나 식물과는 반대로 고통을 느낄 수 있다. 즉 지각 능력이 있는 존재다. 따라서 삶이 무엇인지 느낄 수도 있다. 이것이 동물과 식물의 중요한 차이점이다. 마지막 존재는 인간으로, 인간 또한 살아 있고 성장하며, 감정을 느낄 수 있고 지각 능력이 있다. 이렇게 본다면 동물과 인간은 차이점이 없다. 그렇다면 인간과 동물의 도덕적 차이는 무엇일까? 무엇을 기준으로 삼아 도덕적으로 중요한 존재와 그렇지 않은 존재를 나눌 수 있을까?

다양한 철학자들은 그들만의 방식으로 동물과 인간의 차이를 정당화하였다. 아리스토텔레스는 도덕적 지위를 부여하는 기준을 이성이라 보았다. 이성이 없는 존재는 이성적인 존재를 위해 세상에 존재하며, 인간은 동물보다 더 이성적인 존재이므로 동물을 이용해도 괜찮다는 것이다. 하지만 아리스토텔레스는 이러한 주장을 바탕으로 노예 제도를 옹호하였으며, 동물보다 특별히 더 이성적이라 할 수 없는, 가령 지적 장애를 가진 인간이 존재하고 인간들과 비슷한 수준의 지적 능력을 가진 동물이 존재함에도 우리는 동물과 인간을 똑같이 취급하지 않기 때문에 그의 주장이 절대적으로 옳다 할 수 없다.

칸트는 인간이 자의식*과 자율성을 갖고 있기 때문에 도덕적 지위를 부여받았다고 보았다. 이때 자율성은 스스로 선택하고 결정을 내릴 수 있는 능력으로, 도덕적 자율성의 유무에 따라 인간과 동물을 구분 지었다. 또한 칸트는 자의식과 자율성을 지닌 인간을 목적으로, 그렇지 않은 동물을 수단으로 대해야 한다고 주장했다. 그러나 일부 동물의 경우 인간처럼 자율성을 지니고, 심지어 인간보다 자율성이 더 높은 경우가 있어 칸트의 주장에서도 모순점을 발견할 수 있다.

제레미 벤담은 태어난 지 얼마 되지 않은 아기의 예시를 들면서, 말을 못 하고 동물보다 이성적이지 않기 때문에 말이나 사유 능력은 도덕적 지위를 부여하는 기준이 되지 못한다고 주장했다. 벤담은 고통을 느끼는 능력에 따라 도덕적 지위가 달라진다고 보았다. 이에 따르면 동물 또한 인간처럼 고통을 느낄 수 있으므로 인간과 마찬가지로 동물에게도 권리가 있으며 도덕적 지위가 있는 존재이므로 함부로 대해서는 안 되며 인간과 같은 대우를 받아야 한다는 것이다. 이는 생명의 존엄성*을 동물에게까지 확대하여 적용하는 계기가 되었으며, 동물에 대한 윤리적 문제를 촉발시켰다*.

한방에! 어휘풀이

* 자의식(自意識): 자기 자신이 처한 위치나 자신의 행동, 성격 따위에 대하여 깨닫는 일.
* 존엄성(尊嚴性): 감히 범할 수 없는 높고 엄숙한 성질.
* 촉발시키다(觸發시키다): (무엇이 어떤 일을) 영향이나 자극을 주어 일어나게 하다.

01 내용 전개 방식 파악하기

윗글의 내용 전개 방식으로 적절하지 않은 것은?

① 예시를 통해 앞서 서술된 주장의 모순점을 제시하고 있다.
② 주장에 대한 의의와 영향을 제시하며 글을 마무리하고 있다.
③ 중심 주제와 관련된 다양한 철학자들의 의견을 제시하고 있다.
④ 다양한 철학 사상을 지역적 특성에 따라 분류하여 서술하고 있다.
⑤ 물음의 방식을 통해 독자로 하여금 이어질 내용을 예측하게 하고 있다.

02 세부 내용 파악하기

윗글에 대한 이해로 적절한 것은?

① 정약용은 동물이 인간과 달리 고통을 느낄 수 없다고 보았다.
② 정약용은 지각 능력의 유무에 따라 인간과 동물을 구별하였다.
③ 제레미 벤담은 이성에 따라 생물의 도덕적 지위가 부여된다고 보았다.
④ 아리스토텔레스는 동물도 인간과 같이 동등한 대우를 받아야 한다고 주장했다.
⑤ 칸트는 스스로 선택하고 결정을 내릴 수 있는 인간만이 목적이 될 수 있다고 보았다.

중요 03 구체적 사례에 적용하기

윗글을 바탕으로 보기 를 해석한 내용으로 적절하지 않은 것은?

보기

㉠ 1970년 미국 툴레인대학교 심리학과 고든 갤럽 교수는 '거울 마크 테스트(mirror mark test)' 실험을 통해 침팬지가 거울 속에 비친 자기 모습을 자신이라고 인식한다는 사실을 증명했다. 교수는 마취된 침팬지의 한쪽 눈썹 위에 냄새와 피부 자극이 없는 빨간 반점을 그렸다. 놀랍게도 깨어난 침팬지는 거울 앞에서 반점이 있는 눈썹을 계속 쳐다봤고 그 부위를 손가락으로 문질렀다.
㉡ 박쥐는 초음파를 이용하여 먹이인 나방을 찾아다닌다. 그런데 나방은 자신의 위치를 찾기 어렵게 하기 위해 불규칙하게 움직이며 박쥐로부터 도망간다. 그러면 박쥐 역시 나방의 불규칙한 패턴을 예상하며 움직인다.

① ㉠에서는 칸트의 주장에 대한 모순점이, ㉡에서는 아리스토텔레스의 주장에 대한 모순점이 드러나는군.
② ㉠을 통해 침팬지가 지각 능력이 있는 존재임을 알 수 있군.
③ ㉡의 박쥐와 나방은 지적 장애를 가진 인간보다 지적 능력이 높다고 볼 수 있겠군.
④ ㉠과 ㉡을 통해 자의식과 이성은 도덕적 지위를 부여하는 기준이 될 수 없다는 것을 알 수 있군.
⑤ ㉠과 ㉡의 침팬지와 나방은 스스로 선택하고 결정을 내릴 수 있는 능력이 없기 때문에 도덕적 지위가 있다고 보기는 어렵군.

서답형 04 중심 내용 요약하기

다음은 칸트의 주장의 모순점을 요약한 내용이다. ⓐ, ⓑ에 들어갈 말로 적절한 것을 윗글에서 찾아 차례대로 쓰시오.

심한 뇌 손상을 입은 환자는 자신의 인생에 대해 스스로 선택할 수 없기 때문에 (ⓐ)을/를 지니지 못한다. 칸트에 따르면 이러한 환자는 목적이 아닌 (ⓑ)에 해당하기 때문에 모순점을 지닌다.

문제풀이

____

01강

문학 – 현대시

딱지 _ 이준관

| 정답 및 해설 | 4쪽

✔ 한방에! 개념정리

✔ 한방에! 핵심정리

갈래	자유시, 서정시
성격	회고적, 비유적, 교훈적
주제	시련을 극복하고 성숙해 가는 인생의 과정에 대한 깨달음
특징	① 어린 시절의 경험을 회상하는 형식이 나타남. ② 비슷한 시행의 반복을 통해 운율을 형성하고 의미를 강조함. ③ 일상에서 쉽게 접할 수 있는 소재를 활용하여 삶의 깨달음을 전달함.
해제	이 작품은 현재의 '나'가 어린 시절 '딱지'와 관련된 경험을 회상하며, 딱지를 떼어 내지 말라던 아버지의 말씀에 담긴 가르침을 전하고 있다. 딱지가 생기고 떨어지면서 새살이 돋는 과정을 인생에서 겪는 시련과 고난을 극복하고 성장해 가는 과정에 빗대어 표현하고 있다.

※ 다음 글을 읽고 물음에 답하시오.

나는 어릴 때부터 그랬다.
칠칠치 못한 나는 걸핏하면 넘어져
무릎에 **딱지**를 달고 다녔다.
그 흉물 같은 딱지가 보기 싫어
손톱으로 득득 긁어 떼어 내려고 하면
아버지는 그때마다 말씀하셨다.
딱지를 떼어 내지 말아라 그래야 낫는다.
아버지 말씀대로 그대로 놓아두면
까만 고약* 같은 딱지가 떨어지고
딱정벌레 날개처럼 하얀 새살이
돋아나 있다.
지금도 칠칠치 못한 나는
사람에 걸려 넘어지고 부딪히며
마음에 딱지를 달고 다닌다.
그때마다 그 딱지에 아버지 말씀이
얹혀진다.
딱지를 떼지 말아라 딱지가 **새살**을 키운다.

- 이준관, 〈딱지〉 -

* 고약(膏藥): 주로 헐거나 곪은 데에 붙이는 끈끈한 약.

01 표현상의 특징 파악하기

윗글에 대한 설명으로 적절하지 않은 것은?

① 현재의 화자가 과거의 경험을 회상하고 있다.
② 개인의 체험을 보편적인 삶의 가치로 확장하고 있다.
③ 직유법을 사용하여 상처가 낫는 과정을 표현하고 있다.
④ 일상적 소재를 활용하여 삶의 깨달음을 전달하고 있다.
⑤ 대상을 대하는 태도의 변화를 통해 내적 갈등이 심화되고 있다.

02 세부 내용 파악하기

윗글에 대한 내용으로 적절하지 않은 것은?

① 어린 시절의 화자는 '딱지'를 부정적으로 바라보고 있다.
② '까만 고약'은 화자가 '딱지'를 없애기 위해 사용한 수단이다.
③ 현재의 화자는 인간관계에서 얻은 '딱지'를 아버지의 방식대로 극복하고 있다.
④ '딱지'는 몸에 생긴 상처가 낫는 과정이면서 동시에 마음의 상처가 치유되는 과정이다.
⑤ 아버지가 말한 '새살'은 성장이자 회복의 과정이다.

중요 03 작품 간의 공통점, 차이점 파악하기

보기 와 윗글을 비교한 내용으로 적절하지 않은 것은?

보기

나는 구부러진 길이 좋다.
구부러진 길을 가면
나비의 밥그릇 같은 민들레를 만날 수 있고
감자를 심는 사람을 만날 수 있다.
날이 저물면 울타리 너머로 밥 먹으라고 부르는
어머니의 목소리도 들을 수 있다.
구부러진 하천에 물고기가 많이 모여 살 듯이
들꽃도 많이 피고 별도 많이 뜨는 구부러진 길.
구부러진 길은 산을 품고 마을을 품고
구불구불 간다.
그 구부러진 길처럼 살아온 사람이 나는 또한 좋다.
번듯한 길 쉽게 살아온 사람보다
흙투성이 감자처럼 울퉁불퉁 살아온 사람의
구불구불 구부러진 삶이 좋다.
구부러진 주름살에 가족을 품고 이웃을 품고 가는
구부러진 길 같은 사람이 좋다.

- 이준관, 〈구부러진 길〉

① 윗글과 〈보기〉 모두 대화체를 사용하여 친근감을 형성하고 있다.
② 윗글과 〈보기〉 모두 시적 화자가 시의 표면에 직접적으로 드러나 있다.
③ 윗글과 〈보기〉 모두 동일한 종결 어미를 반복하여 운율을 형성하고 있다.
④ 윗글과 〈보기〉 모두 대상을 의인화하여 대상이 지닌 가치를 강조하고 있다.
⑤ 〈보기〉의 대상은 윗글과 달리 화자가 처음부터 긍정적으로 인식하고 있는 대상이다.

서답형 04 소재의 의미 파악하기

윗글에서 어릴 때의 '나'가 생각하는 '딱지'의 모습 두 가지를 찾아 각각 2음절로 쓰시오. (단, 윗글에 등장한 순서대로 쓸 것.)

01강

문학 – 고전산문

용소와 며느리바위 _ 작자 미상

| 정답 및 해설 | 5쪽

한방에! 문제풀이

한방에! 핵심정리

갈래	설화
성격	전기적, 교훈적, 인과적, 불교적, 비현실적
주제	탐욕에 대한 경계
특징	① 특정한 대상과 지명이 생겨난 유래를 밝힘. ② 청자에게 이야기를 들려주는 방식을 취함. ③ 전기적 요소를 삽입하여 비현실적인 성격을 드러냄. ④ 사투리를 사용하여 토속적인 정감과 현장감을 높임. ⑤ 구체적 증거물과 지명을 언급하여 내용의 신빙성을 높임.
해제	이 작품은 인색한 부자인 장재 첨지와 그의 며느리가 징벌을 받는 내용의 설화이다. 설화는 구전되어 전해지기 때문에 지역 방언과 어법에 맞지 않는 표현이 작품 속에 등장하기도 하며, '용소'와 사람 모양의 '화석'과 같은 구체적인 증거물을 제시하여 설화의 신빙성을 강화하고 있다. 또한 권선징악의 교훈을 전달하고 있다는 점에서 고전 소설 〈옹고집전〉의 근원 설화로 보기도 한다.

※ 다음 글을 읽고 물음에 답하시오.

용소는 **장연읍**에서 한 이십 리 되는 거리에 있는데, 장연읍에서 그 서도 민요로 유명한 몽금포 타령이 있는 데거든. 그 몽금포 가는 길 옆에 그 인지 바로 길 옆에 그 용소라는 것이 있는데 그 전설이 어떻게 됐냐 할 거 같으면, 그렇게 옛날 옛적 얘기지. 옛날에 그 지금 용소 있는 자리가 장재* 첨지네 집터 자리라 그래. 장재 첨지네 집터 자린데, 거게서 그 영감이 수천 석 하는 부자루 아주 잘살구 거기다 좋은 집을 짓구서 있었는데, 그 영감이 아주 깍쟁이가 돼서, 뭐 다른 사람 도무지 뭐 도와두 주지 않구, 돈만 모으던 그런 유명한 영감이래서 거기 사람들이 말하자면, '돼지, 돼지' 하는 그런 영감이라네.

그래서 구걸하는 사람이 구걸을 와두 당최 주질 않구, 또 대개 중들이 인지 그 시주*를 하러 와두 도무지 주지를 않구, 그런 아주 소문이 나쁘게 나 있는 영갬인데, 어느 여름철에 거기서 인지 그 용소 있는 데서 한 이십 리 가면 불타산이라는 산이 있는데 그 불타산은 절이 많기 때문에 불타산이라는 그런 절이 있는데, 거게서 그 도승이, 그 영감이 아주 나쁘다는 소리를 듣구서, 우정* 인지 그 집을 찾어가서 목탁을 치면서 시주를 해 달라고, 그러니까 이 영감이 뛰어나가면서,

"㉠ 이놈, 너이 중놈들이란 것은 불농불사*하구, 댕기면서 얻어만 먹구 그러는데 우리 집에서는 절대루 인지 쌀 한 톨이라두 줄 수가 없으니까 가라구."

소리를 질러두 그대루 그 중이 이제 가지를 않구섬날 독경*을 하구 있으니까, 이 영감이 성이 나서 지금은 대개 삽이라는 게 있지마는 옛날에는 저 **그것을 뭐이라구 하나, 부삽이라구 하나**, 그거 있는네 그길로 두엄* 더미에서 쇠똥을 퍼 가주구서는,

"㉡ 우리 집에 쌀은 줄 거 없으니까 이거나 가져가라."

하구서는 바랑*에다가 쇠똥을 옇단 말야. 그래두 그 중은 조금두 낯색두 변하지 않구서, 거저 '나미아미타불'만 부르다가 그 쇠똥을 걸머진 채 바깥으루 나오는데, 그 마당 옆에 우물이 있었는데 우물가에서 그 장재 첨지의 며느리가 인제 쌀을 씻구 있다가, 그 광경을 보구서, 그 중 보구서는 얘기하는 말이,

"㉢ 우리 아버지 천생이 고약해서 그런 일이 있으니까, 조금두 나쁘게 생각하지 말라구."

그러면서 쌀, 씻든 쌀을 바가지에다 한 바가지 퍼섬낭, 그 바랑에다 여 줬단 말야. 그러니께 그 중이 며느리 보고 하는 말이,

"㉣ 당신 집에 인제 조금 있다가 큰 재앙이 내릴 테니까, 당신 빨리 집으로 들어가서, 평소에 제일 귀중하게 생각하는 것이 무어 있는지, 두세 가지만 가지구서 빨리 나와서는, 저 불타산을 향해서 빨리 도망질하라구."

그랬단 말야. 그러니까 그 며느리가 급히 자기 집으로 들어가서, 방 안에 자기 아들을, 뉘어서 재우든, 아이를 들쳐 업구, 또 그 여자가 인지 명지를 짜던 그 명지 도토마리*를 끊어서 이구 나오다가, 그 또 자기네 집에서 개를, 귀엽게 기르던 개를 불러 가지구서 나와서는 그 불타산을 향해서 달음박질루 가는데, 어린애를 업구 명지 도토마리를 이구, 개를 불러 가지구 그 불타산을 향해서 얼마쯤 가는데, 그때까지 아주 명랑하던 하늘이 갑자기 흐리면서 뇌성벽력*을 하더니 말야. 근데

그 중이 먼저 무슨 주의를 시켰냐면,

"㉤ 당신, 가다가서 뒤에서 아무런 소리가 나두 절대루 뒤를 돌아보면 안 된다."

는 거를 부탁을 했는데, 이 여인이 가는데 갑자기 뇌성벽력을 하면서 그 벼락 치는 소리가 나니까, 깜짝 놀래서 뒤를 돌아봤단 말야. 그러니까 그 자리에서 그만 **화석**이 됐어. 그 사람이 그만 화석이 되구 말았다는 게야. 개두 그렇게 화석이 돼서 그 자리에 서 있다고 하는데, 그 지금두 그 불타산 아래서 얼마 내려오다가서 그 비슷하니 거기 사람들은 이것이 며느리가 화석 된 게라고 하는 바위가 있는데, 역시 사람 모양 하고, 뭐 머리에 뭐 인 거 겉은 거 하구, 그 아래 개 모양 겉은, 그런 화석이 아직도 있단 말야. 한데 그때 그 이 벼락을 치면서 그 장재 첨지네 그 집이 전부 없어지면서 그만 거기에 몇백 길*이 되는지 모르는 이제 큰 소가 됐단 말야. 한데 그 소가 어느만침 넓으냐 하면, 여기 어린이 놀이터보담두 더 넓은데, 이거 고만 두 배쯤 되는 품인데 그 소에서 물이 얼마나 많이 나오는지, 물 나오는 소리가 쿵쿵쿵쿵쿵쿵 하면서 그 곁에 가면 이제 지반이 울린단 말야. 이리 이리 너무 물이 많이 나와서 그 물을 가지구서 몇만 석 되는, 이제 말할 것 같으면 수천 정보*에 그 평야에, 논에 물을 소에서 나오는 물 가지구서 대는데, 그 물은 아무리 비가 와두 느는 벱이 없구, 아무리 가물어두 주는 벱이 없는데, 사람들이 그게 얼마나 깊으나 볼라구 명지실을 갖다가, 돌을 넣어서 재니까 명지실 몇을 넣어도 도무지 끝을 몰른다는, 그만침 깊은 소가 됐단 말야.

- 작자 미상, 〈용소와 며느리바위〉 -

＊전체 줄거리

황해도 장연읍에 사는 장재 첨지는 인색하기로 유명하다. 장재 첨지의 이기적이고 탐욕스러운 성격을 이미 알고 있던 도승은 장재 첨지의 집에 찾아가 시주를 요구한다. 장재 첨지는 그런 도승을 보고 소똥을 나눠주며 도승을 쫓아내고, 이를 본 장재 첨지의 며느리는 도승에게 쌀 한 그릇을 나눠준다. 도승은 며느리에게 산으로 도망갈 것을 경고하며 절대 뒤를 돌아보지 말라는 금기를 알려준다. 그러나 며느리는 벼락 치는 소리가 나자 깜짝 놀라 뒤를 돌아보게 된다. 도승이 경고한 금기를 어긴 며느리는 그 자리에서 화석이 되고, 장재 첨지의 집은 전부 없어지고 용소라는 깊은 연못이 생겨난다.

한방에! 어휘풀이

- ＊**장재(장자(長者))**: 부자를 점잖게 이르는 말.
- ＊**시주(施主)**: 자비심으로 조건 없이 절이나 승려에게 물건을 베풀어 주는 일. 또는 그런 일을 하는 사람.
- ＊**우정**: '일부러'의 방언.
- ＊**불농불사(불농불상(不農不商))**: 농사도 짓지 않고 장사도 하지 않으며 놀고 지냄.
- ＊**독경(讀經)**: 불경을 소리 내어 읽거나 욈.
- ＊**두엄**: 풀, 짚 또는 가축의 배설물 따위를 썩힌 거름.
- ＊**바랑**: 승려가 등에 지고 다니는 자루 모양의 큰 주머니.
- ＊**도토마리**: 베를 짤 때 날실을 감는 틀을 의미하는 '도투마리'의 방언.
- ＊**뇌성벽력(雷聲霹靂)**: 천둥소리와 벼락을 아울러 이르는 말.
- ＊**길**: 길이의 단위. 한 길은 사람의 키 정도의 길이이다.
- ＊**정보(町步)**: 땅 넓이의 단위.

01 서술상의 특징 파악하기

윗글의 서술상의 특징으로 적절하지 않은 것은?

① 구체적 지명을 언급하여 사실성을 높이고 있다.
② 화자가 청자에게 구술하는 형식을 취하고 있다.
③ 전기적 요소를 삽입하여 현실성을 부각하고 있다.
④ 청자의 이해를 돕기 위한 구체적인 설명이 드러나 있다.
⑤ 같은 말을 반복해서 사용함으로써 비극성을 강조하고 있다.

* 전기적(傳奇的): 기이하여 세상에 전할 만한 것.

02 세부 내용 파악하기

윗글에 대한 설명으로 적절하지 않은 것은?

① 장재 첨지는 중을 무위도식하는 존재로 인식하고 있다.
② '돼지'는 장재 첨지의 탐욕스러운 성격을 단적으로 제시한다.
③ 도승은 의도적으로 장재 첨지의 집에 방문하여 시주를 요구하고 있다.
④ '쇠똥'은 장재 첨지가 벌을 받게 된 원인으로, 장재 첨지의 악행을 보여 준다.
⑤ 며느리는 장재 첨지와 달리 선행을 베풀고 도승의 징벌로부터 자유로워진다.

* 무위도식(無爲徒食): 하는 일 없이 놀고먹음.

중요 03 외적 준거를 바탕으로 작품 이해하기

보기 를 바탕으로 윗글을 이해한 것으로 적절하지 않은 것은?

보기

설화는 일정한 형식을 지닌 꾸며 낸 이야기이다. 설화는 구전됨으로써 그 존재를 유지해 가는데, 설화의 구전은 이야기의 구소에 힘입어 진승된다. 즉, 화자는 이야기의 세세한 부분을 그대로 기억하여 고스란히 그것을 전승하는 것이 아니라 그 이야기의 핵심이 되는 구조를 기억하고, 이것을 화자 나름의 수식을 덧붙여서 전달하게 된다. 설화는 일반적으로 신화와 전설, 민담으로 나눌 수 있는데, 전설은 구체적으로 제한된 시간과 장소를 갖고, 개별적 증거물을 제시하는 것이 특징이다. 〈용소와 며느리바위〉는 '장자못'계 전설에 해당하는데, 이는 가장 널리 알려진 지명 전설 중 하나이다. 이 전설의 특징은 중이 도승이나 거지로 변이되어 나타나기도 하고, 부인이 며느리나 딸, 하녀로 변이되기도 한다는 것이다. 또한 장자의 집이 못이 될 때에 장자는 구렁이로 변해서 그 못에서 살고 있다는 변이형도 있다.

① 윗글은 장재 첨지가 구렁이로 변해 못에서 살고 있다는 변이형이 반영되어 있군.
② '용소'와 '장연읍', '화석'은 모두 윗글이 전설에 해당한다는 사실을 보여 주는 증거물이군.
③ 설화가 구전되면서 '그것을 뭐이라구 하나, 부삽이라구 하나'와 같은 화자 나름의 수식이 덧붙여졌군.
④ 인색한 부자 영감이 벌을 받고, 선행을 베푼 며느리는 금기를 어겨 돌이 된다는 핵심 구조를 바탕으로 구전되고 있군.
⑤ 〈보기〉에 따르면 윗글에 등장하는 며느리는 원래 장재 첨지의 부인인데 전승되는 과정에서 변이된 것일 수도 있겠군.

서답형 04 서술상의 특징 파악하기

윗글의 ㉠~㉤ 중에서 역순행적 구성이 나타나는 부분을 찾아 쓰시오.

문제풀이

복습하기

문법

[1] □□□	• 옛날부터 우리말에 있었거나, 우리말에 기초하여 새로 만들어진 말 • 우리의 [2] □□와 문화가 담겨 있음.
[3] □□□	• 한자에 기초하여 만들어진 말 • 우리말의 절반 이상을 차지하며 의미를 압축적으로 표현할 수 있음.
[4] □□□	• 다른 나라에서 들어왔지만 우리말처럼 쓰이는 말 • 대체할 수 있는 고유어가 없는 경우가 많음.

독서

1문단	세 종류의 [5] □□ □□ 존재와 그들을 구분하는 기준	3문단	[7] □□가 주장하는 도덕적 지위를 부여하는 기준
2문단	[6] □□□□□□□가 주장하는 도덕적 지위를 부여하는 기준	4문단	[8] □□□ □□이 주장하는 도덕적 지위를 부여하는 기준과 그 의의

문학 – 딱지(이준관)

1~3행	어린 시절 '나'는 자주 넘어져 무릎에 [9] □□를 달고 다님.
4~7행	아버지는 '나'에게 [9] □□를 떼어 내지 말아야 상처가 낫는다고 말씀하심.
8~11행	아버지 말씀대로 [9] □□를 그대로 놓아두니 [10] □□이 돋아남.
12~17행	지금의 '나'는 [9] □□를 떼지 말라던 아버지의 가르침을 이해함.

문학 – 용소와 며느리바위(작자 미상)

[11] □□ □□

인색하고 이기적이며, 탐욕스러운 인물

↓

[12] □□□

선행을 베풀지만 세속적인 미련을 버리지 못하는 인물

↓

[13] □□

① 장재 첨지의 악행을 벌하는 초월적 존재

② 며느리에게 화를 피할 방법을 알려 주는 구원자

↓

권선징악을 보여 주는 결말

장재 첨지의 집이 큰 용소로 변함.

↓

금기를 어긴 결과를 보여 주는 결말

깜짝 놀라 뒤를 돌아본 며느리가 [14] □□이 됨

정답

1 고유어 2 정서 3 한자어 4 외래어 5 살아 있는 6 아리스토텔레스 7 칸트 8 제레미 벤담 9 딱지 10 새살 11 장재 첨지 12 며느리 13 도승 14 화석

한수

02

Contents

02강

문법

어휘의 양상

| 정답 및 해설 | 8쪽

한방에! 개념정리

한방에! 핵심정리

＊표준어와 지역 방언

표준어	지역 방언
모든 사람과 원활한 의사소통이 가능함.	해당 지역 방언을 모르는 사람과는 의사소통이 원활하지 않음.
공식적인 상황에서 주로 쓰임.	비공식적인 상황에서 주로 쓰임.

1 지역 방언

① **개념**: 오랜 시간이 흐르면서 지역에 따라 달라진 말

② **특징**

- 지역의 정서와 문화가 담겨 있음.
- 표준어와 상호 보완적인 관계에 있음.
- 널리 사용될 경우 표준어로 인정받기도 함.
  예 우렁쉥이(표준어) - 멍게(경상 방언)
- 옛말의 흔적이 남아 있어 국어사 연구에 도움이 됨.
- 같은 지역 방언을 사용하는 사람들끼리 친밀감과 유대감을 느낄 수 있음.

예

부추	분추(강원, 경북, 충북), 솔(경상, 전남), 소불(전남), 세우리 / 쉐우리(제주), 졸(충청)
옥수수	강냉수꾸(경북), 강내미(황해), 강넹이(경남), 옥데기(강원), 옥수깽이(충남), 옥수꾸(경기, 경상, 충청), 옥시시(강원, 전라, 충청)

＊장년층, 노년층의 사회 방언
- **자당(慈堂)**: 남의 어머니를 높여 부르는 말
- **춘부장(椿府丈)**: 남의 아버지를 높여 부르는 말
- **영애(令愛) / 영식(令息)**: 윗사람의 딸/아들을 높여 부르는 말

2 사회 방언

① **개념**: 세대나 직업 등 사회적 원인에 따라 다르게 쓰이는 말

② **특징**

- 집단 구성원의 소속감과 동질감을 강화할 수 있음.
- 집단 내에서 효율적으로 의사소통을 할 수 있게 함.

③ **종류**

은어	• 특정 집단에서 다른 집단은 알아듣지 못하도록 구성원끼리만 사용하는 말 • 집단 구성원 간의 결속력을 높이는 동시에, 외부인에게 소외감을 줌. 예 심마니들의 은어 - 산개(호랑이), 넙대(곰), 데팽이(안개)
유행어	• 짧은 시기 동안 여러 사람의 입에 오르내리며 쓰이는 말 • 기존의 표현보다 신선한 느낌을 주지만 무분별하게 사용될 경우, 가벼운 사람이라는 인상을 줄 수 있음. 예 갑분싸(갑자기 분위기 싸해짐)
전문어	• 전문 분야에서 특별한 의미로 쓰는 말 • 의미가 구체적이고 명확하며, 일반인은 알아듣기 어려움. 예 의학 용어 – 엔세이드 / 법률 용어 - 미필적 고의

01 방언의 특징 파악하기

방언에 대한 설명으로 적절하지 않은 것은?

① 표준어와 상호 보완적 관계에 위치한다.
② 지역 방언은 지역의 고유한 정서와 문화를 담고 있다.
③ 같은 방언을 사용하는 사람들끼리 동질감을 형성한다.
④ 전문 분야에서 사용되는 어휘는 일의 효율성을 높여준다.
⑤ 지역 방언과 달리 사회 방언은 모든 사람과 원활한 소통을 가능하게 한다.

02 유행어의 특징 파악하기

보기 의 단어들에 대한 설명으로 적절한 것은?

보기

어쩔티비, 갓생, 점메추(점심 메뉴 추천), 어사(어색한 사이)

① 지역 간의 문화적 차이를 반영한다.
② 한자에 기초하여 만들어진 어휘이다.
③ 집단 밖에서 효율적인 의사소통을 가능하게 한다.
④ 우리 민족의 고유한 문화나 정서를 풍부하게 표현할 수 있다.
⑤ 비교적 짧은 시기 동안 사용되며, 기존의 표현보다 신선한 느낌을 준다.

중요 03 어휘의 양상 파악하기

보기 의 ㉠~㉣에 대한 설명으로 적절하지 않은 것은?

보기

동생: 형, 또 ㉠ 현질하는 거야?
엄마: 얘, 이리 와서 ㉡ 옥수깽이 좀 먹어보렴.
방송국 PD: ㉢ 클로즈업 들어갈게요.
할아버지: ㉣ 자당께서는 건강하신가?

① ㉠은 성별에 따라 달리 사용되며, 사용하는 구성원 간의 결속력을 높인다.
② ㉡은 널리 사용될 경우 표준어로 인정될 수 있다.
③ ㉢은 의미가 구체적이고 명확하며 다의성이 적다.
④ ㉣은 젊은 사람들은 잘 사용하지 않는 언어로, 대체로 한자어로 이루어져 있다.
⑤ ㉡은 지역에 따라, ㉢은 직업에 따라 달리 사용된다.

* 다의성(多義性): 한 단어가 두 개 이상의 어휘적 의미를 가지는 현상이나 특성.

서답형 04 어휘의 양상 파악하기

빈칸에 공통으로 들어갈 말로 적절한 것을 골라 쓰시오.

(은어 / 유행어 / 전문어)는 특성 집단의 구성원 간의 소속감과 동질감을 강화한다. 그러나 (은어 / 유행어 / 전문어)를 사용하지 않는 사람들은 소외감을 느낄 수 있기 때문에 상황과 상대방에 맞게 적절히 사용해야 한다.

문제풀이

02강

독서 – 사회(미디어)

광고의 표현 방법

| 정답 및 해설 | 9쪽

한방에! 개념정리

한방에! 핵심정리

주제	이성적 소구와 감성적 소구의 개념과 활용
해제	이 글은 광고 소구의 두 종류인 이성적 소구와 감성적 소구의 특징을 설명하고 있다. 이성적 소구는 주로 제품에 대한 정보를 제공하는 방식이다. 경쟁사의 제품이나 서비스를 광고에 등장시켜 우리 회사 제품의 우수성을 강조하거나, 광고의 모델로 유명인이나 연예인을 등장시켜 제품을 설명하는 광고 등이 이에 해당한다. 감성적 소구는 소비자들의 본능적 욕구를 재인식시키기 위해 개인적 감정과 다른 사람들과의 관계에서 비롯되는 감정을 불러일으키는 방식이다. 유머를 통해 소비자로 하여금 호의적인 반응을 일으키거나, 신체적·정신적 고통과 관련된 불안감을 활용하는 광고 등이 해당한다.

* 문단 중심 내용

1문단	광고 소구의 개념과 유형
2문단	이성적 소구의 개념과 활용 방식
3문단	감성적 소구의 개념과 활용 방식

※ 다음 글을 읽고 물음에 답하시오.

광고는 광고주가 다수의 소비 대중에게 상품 또는 서비스 등의 존재를 알려 판매를 촉진하는* 일종의 설득 커뮤니케이션 활동이다. 이때 광고 소구란 브랜드, 제품, 서비스의 특성이나 우월성*을 드러내는 메시지를 광고를 통해 소비자들에게 전달함으로써 소비자들의 구매욕을 자극하여 상품의 구매를 유도하고 긍정적인 반응을 얻기 위한 광고 표현 방법이다. 광고 소구는 일반적으로 이성적 소구와 감성적 소구로 나뉘는데, 두 유형은 서로 다른 방식으로 소비자에게 영향을 미친다.

이성적 소구란 광고주가 자신의 어떤 신념이나 의견을 주장할 때 그것을 뒷받침해주는 논리적 자료들을 메시지에 제시함으로써 소비자들로 하여금 광고주의 의도를 쉽게 받아들이도록 하는 방법이다. 주로 제품에 대한 정보를 제공하는 방식으로, 소비자들에게 제품과 서비스가 소비자들의 욕구를 충족시켜 줄 특별한 속성을 가지고 있거나 이점을 제공한다는 사실을 확신시켜 주기 위해 사용한다. 경쟁사의 제품이나 서비스를 광고에 등장시켜 비교함으로써 우리 회사의 제품이 경쟁사의 것보다 훌륭하다는 것을 보여 주거나 유명인, 연예인, 전문가 등이 광고의 모델로 등장하여 제품에 대한 설명을 해주는 광고 등이 이성적 소구를 활용한 광고이다.

감성적 소구는 소비자들의 감정이나 가치 또는 감성 등에 어필하도록 내용을 정리하여 메시지의 효과를 증대시키는* 방법이다. 오늘날 많은 광고는 감성적 소구를 이용하여 소비자들의 본능적 욕구를 재인식시키려 하고 있다. 감성적 소구를 활용하는 광고에서는 낭만, 동경, 흥분, 기쁨, 두려움, 슬픔 등 자신의 개인적 감정과 존경, 과시 등 다른 사람들과의 관계에서 비롯되는 감정을 불러일으켜 구매나 어떤 행동을 하게끔 심리 상태를 변화시킨다. 유머를 통해 광고에 등장하는 표현을 익살스럽게 표현함으로써 소비자에게 호의적*인 반응을 일으키거나, 언제 발생할지 모르는 인간의 신체적, 정신적 고통과 관련된 두려움이나 불안감을 활용하는 광고 등이 감성적 소구를 활용한 광고이다. 감성적 소구는 주로 제품 구매를 유도하는 심리적 욕구 또는 사회적 욕구에 초점을 맞추고 긍정적 정서를 조성하려 한다. 또한 감성적 소구는 소비자의 기억반응에 긍정적인 효과가 있으며 호의적인 반응을 일으킨다.

한방에! 어휘풀이

* 촉진하다(促進하다): 다그쳐 빨리 나아가게 하다.
* 우월성(優越性): 우월한 성질이나 특성.
* 증대시키다(增大시키다): (사람이나 사물 따위가 무엇을) 더하여 많아지게 하다.
* 호의적(好意的): 좋게 생각해 주는 것.

01 중심 내용 파악하기

윗글의 중심 주제로 적절한 것은?

① 광고 소구의 두 가지 유형
② 광고에 활용되는 다양한 감정
③ 제품의 특성과 우월성을 드러내는 메시지
④ 소비자들의 본능적 욕구에 따른 제품 구매
⑤ 판매 촉진을 위한 커뮤니케이션 활동의 종류

02 세부 내용 파악하기

윗글에 대한 설명으로 적절하지 않은 것은?

① 이성적 소구는 제품에 대한 정보를 제공하는 방식으로 이루어진다.
② 감성적 소구는 소비자의 심리 상태를 변화시키는 것을 목적으로 한다.
③ 감성적 소구는 소비자의 제품 구매를 위해 긍정적 정서를 조성하려 한다.
④ 이성적 소구는 소비자의 기억반응에 긍정적인 효과가 있으며 호의적인 반응을 일으킨다.
⑤ 유명인이나 연예인을 광고 모델로 등장시키는 것은 광고 소구를 활용한 광고 방식 중 하나다.

중요 **03** 구체적 사례에 적용하기

윗글을 바탕으로 보기 를 해석한 내용으로 적절한 것은?

보기

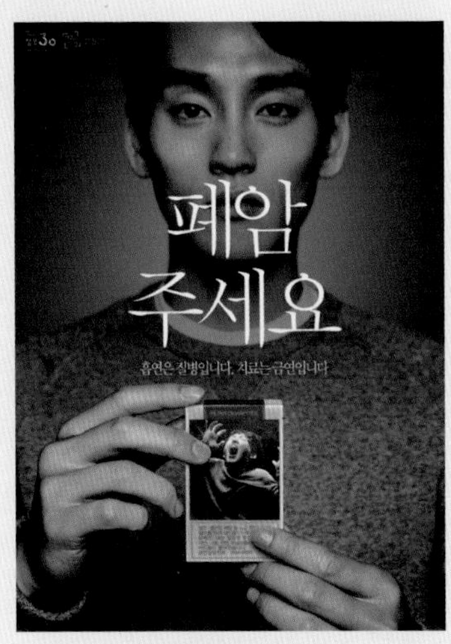

'폐암 주세요'
흡연은 질병입니다. 치료는 금연입니다.
- 〈공익광고협의회〉

① 질병과 관련된 두려움이나 불안감을 활용하여 광고 소비자의 심리 변화를 유도한다.
② 흡연에 관한 정보를 제공함으로써 광고 소비자들의 욕구를 충족시켜줄 수 있다는 것을 드러낸다.
③ 광고 소비자에게 우리 회사의 제품이 경쟁사의 것보다 훌륭하다는 것을 보여 줄 수 있는 전략을 활용하였다.
④ 금연을 해야 할 논리적 자료들을 메시지에 제시하여 소비자로 하여금 광고주의 의도를 쉽게 받아들이도록 한다.
⑤ 소비자가 다수의 광고주에게 상품 또는 서비스 등의 존재를 알려 판매를 촉진하는 설득 커뮤니케이션 활동에 해당한다.

서답형 **04** 세부 내용 추론하기

빈칸에 들어갈 말로 적절한 것을 골라 쓰시오.

증언 광고는 (이성적 / 감성적) 소구에 해당하는 광고 중 하나로, 인지도와 신뢰성이 강한 이미지의 광고모델이 제품에 대해 설명함으로써 그들의 호소력을 기반으로 제품의 신뢰도를 높이는 광고이다. 80세의 한 유명 연예인 A가 등장하는 생명 보험 광고가 이에 해당한다.

문제풀이

02 강

문학 – 고전운문

구지가 _ 작자 미상

| 정답 및 해설 | 10쪽

한방에! 개념정리

한방에! 핵심정리

갈래	노동요, 집단 무가
성격	주술적, 집단적, 명령적, 영신군가
주제	새로운 임금(수로왕)의 출현 기원
특징	① 주술성을 지닌 노동요로 배경 설화와 함께 전승됨. ② 요구와 위협의 구조를 통해 소원의 성취를 강하게 바람.
해제	이 작품은 현존하는 가장 오래된 집단적 무가로, 가락국 건국 신화에 삽입되어 있는 영신군가(임금을 맞이하는 노래)이다. 작품 속 '거북'이 신령스러운 존재를 상징한다고 할 때, 거북의 머리는 생명을 의미한다. 따라서 머리를 내놓으라는 것은 새로운 생명의 탄생을 의미하고, 건국 신화 속에 삽입되어 있다는 점을 고려하면 '머리'는 '수로왕'의 탄생을 의미한다고 볼 수 있다. 명령 어법을 사용하여 원하는 바를 직접적으로 드러내고, 위협을 통해 소망의 간절함을 표현한다는 점에서 원시 가요의 성격이 잘 드러난다.

※ 다음 글을 읽고 물음에 답하시오.

㉠ 거북아 거북아
머리를 내어라
내밀지 않으면
구워서 먹으리

龜何龜何
首其現也
若不現也
燔灼而喫也

- 작자 미상, 〈구지가〉 -

한방에! 지식더하기

천지가 개벽한 뒤 이 땅에 아직 나라의 이름이 없었고, 임금과 신하의 칭호도 역시 없었다. 다만 아도간·여도간·피도간·오도간·유수간·유천간·신천간·오천간·신귀간 등 구간이 있었는데 그들이 추장으로서 백성들을 통솔했다. 모두 100호에 7만 5천 명이었다. 이들은 거의 산이나 들판에 제각기 모여 살며, 우물을 파서 물 마시고 밭을 갈아 밥을 먹었다.

후한 세조 광무제 건무 18년 임인 3월 계욕일에 그들이 살고 있던 곳의 북쪽 구지 – 이것은 봉우리의 이름이다. 마치 십붕이 엎드린 모습과 같으므로 그렇게 부른다. – 에 수상한 소리가 들렸는데, 누군가를 부르는 것 같았다. 200~300명 무리가 그곳에 모여들자 사람의 말소리 같은 것이 들렸다. 몸은 보이지 않고 소리만 났다.

"여기에 사람이 있느냐?" / 구간 등이 말했다. / "우리들이 있습니다."

또 소리가 들렸다. / "내가 있는 곳이 어디냐?" / 구간 등이 대답해 말했다. / "구지봉입니다."

또 소리가 들렸다.

"하늘에서 내게 명하기를 '이곳에 내려가 나라를 새롭게 하고 임금이 되어라.'고 하셨다. 그래서 이곳에 내려왔다. 너희들은 모름지기 봉우리 위를 파서 흙을 집으며 이렇게 노래하라. '거북아, 거북아, 머리를 내어라. 내밀지 않으면, 구워서 먹으리.' 이같이 노래를 부르면서 춤을 추어라. 그러면 곧 대왕을 맞아 기뻐 뛰게 될 것이다."

구간 등이 그 말과 같이 모두 기뻐하며 노래 부르고 춤을 추었다. 얼마 뒤 공중을 쳐다보았더니 붉은 줄이 하늘로부터 내려와 땅에 드리워졌다. 줄의 끝을 찾아보니 붉은 보자기 속에 금합이 싸여 있었다. 금합을 열어 보자 해같이 둥근 황금알 여섯 개가 들어 있었다. 사람들이 모두 놀라고 기뻐하며 백 번이나 절을 했다. 얼마 뒤 금합을 싸안고 아도간의 집으로 가지고 갔다. 탑 위에 두고 무리들은 제각기 흩어졌다.

열이틀이 지나고 그 이튿날 아침이 밝자 무리들이 다시 모여 금합을 열어 보았다. 그러자 여섯 개의 알이 사내아이들로 변화했는데, 그 모습이 매우 훤칠했다. 평상에 앉히고 무리들이 절하며 축하한 뒤 공경을 다해 모셨다. 사내아이들은 날마다 커졌다. 십여 일이 지나자 신장이 9척이나 되어 마치 은나라 탕왕 같았다. 얼굴은 용 같아서 마치 한나라 고조 같았고, 눈썹이 여덟 가지 색인 것은 요임금 같았으며, 눈동자가 둘씩 있는 것은 순임금 같았다. 그달 보름에 즉위했는데, 처음 나타났다고 해서 이름을 수로라고 했다. 혹은 수릉 – 수릉은 왕이 붕어한 뒤의 시호이다. – 이라고도 했다. 나라 이름은 대가락, 또는 가야국이라고 불렀는데, 여섯 가야 가운데 하나이다. 나머지 다섯 사람도 각기 돌아가 다섯 가야의 왕이 되었다.

- <가락국기>

01 표현상의 특징 파악하기

윗글에 대한 설명으로 가장 적절한 것은?

① 시어의 반복을 통해 화자의 고뇌를 강조하고 있다.
② 계절적 소재를 사용하여 작품의 분위기를 형성하고 있다.
③ 위협적인 어조를 사용하여 화자의 소망을 드러내고 있다.
④ 대상을 의인화하여 신에 대한 절대적인 신앙심을 드러내고 있다.
⑤ 설의적 표현을 사용하여 화자의 정서를 간접적으로 제시하고 있다.

02 표현상의 특징 파악하기

㉠과 동일한 표현법이 사용된 것으로 적절한 것은?

① 이것은 소리 없는 아우성
저 푸른 해원을 향하여 흔드는
영원한 노스탤지어의 손수건 - 유치환, 〈깃발〉
② 나는 이제 너에게도 슬픔을 주겠다
사랑보다 소중한 슬픔을 주겠다 - 정호승, 〈슬픔이 기쁨에게〉
③ 나보기가 역겨워 가실 때에는
죽어도 아니 눈물 흘리우리다 - 김소월, 〈진달래꽃〉
④ 모란이 피기까지는
나는 아직 기다리고 있을 테요, 찬란한 슬픔의 봄을 - 김영랑, 〈모란이 피기까지는〉
⑤ 산아, 우뚝 솟은 푸른 산아 철철철 흐르듯 짙푸른 산아 - 박두진, 〈청산도〉

중요 03 작품 간의 공통점, 차이점 파악하기

윗글과 보기 를 비교한 내용으로 적절한 것은?

보기

훨훨 나는 꾀꼬리는
암수 다정히 즐기는데
외로울사 이 내 몸은
뉘와 함께 돌아갈꼬 - 유리왕, 〈황조가〉

① 〈보기〉는 윗글과 달리 화자의 정서가 직접적으로 드러나 있다.
② 〈보기〉는 윗글과 달리 자연물과 인간의 대조를 통해 주술적인 특징을 드러내고 있다.
③ 윗글과 〈보기〉 모두 선경후정의 대비를 통해 시상을 전개하고 있다.
④ 윗글과 〈보기〉 모두 상징적 소재를 사용하여 소원의 성취를 바라고 있다.
⑤ 윗글의 '거북'과 〈보기〉의 '꾀꼬리'는 모두 화자가 감정을 이입하고 있는 대상이다.

* 선경후정(先景後情): 앞부분에 자연 경관이나 사물에 대한 묘사를 먼저하고 뒷부분에 자기의 감정이나 정서를 그려내는 구성.

* 토테미즘: 토템(신성하게 여기는 특정한 동식물 또는 자연물)을 숭배하는 사회 체제 및 종교 형태.

서답형 04 소재의 기능 파악하기

빈칸에 들어갈 말로 적절한 것을 2음절로 쓰시오.

〈구지가〉의 (   )은/는 소원을 들어주는 신령스러운 존재로, 토테미즘 사상이 반영된 소재이다.

문제풀이

02강

문학 – 현대소설

나비를 잡는 아버지 _ 현덕

| 정답 및 해설 | 12쪽

한방에! 개념정리

한방에! 핵심정리

갈래	단편 소설, 성장 소설
성격	서정적, 향토적
주제	자식에 대한 아버지의 따뜻한 사랑
특징	① 극적 반전을 통해 감동을 극대화함. ② 인물 간의 갈등과 갈등의 해결 과정이 제시되어 있음. ③ 인물이 사건을 통해 성장해 가는 성장 소설의 성격을 보여 줌. ④ 시대적 배경(일제 강점기)을 짐작할 수 있는 단어를 사용하여 사실성을 높임.
해제	이 작품은 1930년대의 농촌 풍경과 함께 주인공의 어려운 집안 형편과 진로 고민 등을 생생하게 보여 주는 성장 소설이다. 전지적 작가 시점을 통해 인물의 심리를 직접적으로 제시하고, 인물 간의 갈등 전개 과정을 통해 단순한 갈등이 아닌, 사회 계층의 불합리성을 보여 준다.

※ 다음 글을 읽고 물음에 답하시오.

[앞부분 줄거리] 경환과 바우는 같은 소학교를 졸업했지만, 마름*의 아들인 경환은 서울에 있는 상급 학교에 진학하고, 소작농의 아들인 바우는 상급 학교에 진학하지 못한다. 방학이 되자 집에 내려온 경환은 나비를 잡으러 다닌다. 경환은 바우에게 나비를 잡아 달라고 하지만 바우는 경환의 말을 못 들은 체하며 나비를 날려 보낸다. 화가 난 경환은 나비를 잡는다는 핑계를 대며 바우네 참외밭을 밟아 버린다.

"넌 남의 집 농사 결딴내두* 상관없니, 인마."

그러나 경환이는,

"㉠ 우리 집 땅 내가 밟았기로 무슨 상관야."

하고 기가 막히다는 듯, 피이 하고 고개를 옆으로 돌린다.

그러나 사실 기가 막히기는 바우다.

"우리 집 땅?" / 하고 허 참, 하늘을 쳐다보고 탄식하고,

"땅은 너희 집 거라두 참이 넝쿨은 우리 집 거 아니냐. 누가 너희 집 땅을 밟는대서 말야? 우리 집 참이 넝쿨을 결딴내니까 말이지."

그러나 경환이는 머리에 썼던 운동 모자를 벗으며 한 발자국 다가선다.

"너희 집 참이 넝쿨을 그렇게 소중히 알면서, 어째 남이 나비 잡는 건 훼방을 노는 거냐. 나두 장난으로 잡는 건 아냐."

"장난이 아닌지도 몰라도 넌 나비를 잡는 거고 우리 집 참이 넝쿨은 거기서 양식도 팔고 그래야 할 것이거든. 그래, 나비가 중하나, 사람 사는 게 중하냐."

바우는 팔을 저어 시늉하며 어느 것이 소중하냐고 턱을 대는데 경환이는,

"나두 거기 학교 성적이 달린 거야."

하고 피이 하고 업신여기는 웃음을 짓더니,

"너희 집 집안 살림을 내가 알 게 뭐냐."

하고 같은 웃음으로 좌우를 돌아본다. 개울 건너 길가에 동네 아이들이 모여 서 있고 그 뒤로 지게를 진 어른들도 서 있다. 바우는 낯이 화끈 달았다.

"뭐, 인마." / 하고 대뜸 상대의 멱살을 잡고,

"그래서 남의 참이밭 결딴내는 거냐. 나빈 우리 집 참이밭에만 있구 다른 덴 없어, 인마?"

경환이는 멱살을 잡히우고 이리저리 목을 저으며,

"이게 유도 맛을 보지 못해 이래. 너 다 그랬니, 다 그랬어?"

하고 으르다가 날래게 궁둥이를 들이대고 팔을 낚아 넘겨 치려 하나 ㉡ 원체 나무통처럼 버티고 서 있는 바우의 몸은 호리호리한 경환의 허릿심으로는 꺾이지 않았다. 도리어 바우가 슬쩍 딴죽을 걸고 밀자 경환이 자신이 쿵 나둥그러졌다. 그러나 쓰러졌다가 다시 일어설 때 경환이는 손에 돌을 집어 들고 그리고 얼굴에 울음을 만들고는,

"이 자식아, 남 나비 잡는 사람, 왜 때리고 훼방을 노는 거야, 왜?"

하고 비겁하게 돌 든 손을 머리 위로 쳐들어 겨누는 것이다. 결국 싸움은, 이때껏 아이들 등 뒤에

입을 벌리고 서서 보고만 있던 동네 어른 하나가 성큼성큼 개울을 건너가 사이를 뜯어 놓고 그리고 경환이를 참외밭 밖으로 이끌어 나간 것으로 끝났으나, 그러나 경환이가 손목을 이끌려 가면서 연해* 뒤를 돌아보며, ㉢ 어디 두고 보자고, 벼르던 그 말이 허사가 아니었다.

(중략)

"자식이 어떻게 했으면 어미 망신을 그렇게 시키니. 어서 나비 잡아 가지고 가서 빌어라, 빌어."

그리고 아버지를 향하고는, / "당신도 가 보우. 바깥사랑에서 부릅디다."

아버지는 어리둥절하여 바우와 어머니를 번갈아 쳐다보다가, / "어떻게 된 일야, 응?"

그러나 어머니는 바우를 향해서만 또,

"남 나빌 잡거나 말거나 내버려 두지 어쭙잖게 다니며 훼방을 노는 거냐?"

"누가 훼방을 놀았나. 남의 참이밭에 들어가 그러길래 못 하게 말린 거지."

"아, 니가 밤나뭇골 언덕에서 손에 잡았던 나비까지 날려 보내며 뭐라구 그랬다는데 그래."

그리고 어머니는 경환이 집 안주인이 꾸중꾸중하더라는 것, 그리고 바우가 나비를 잡아 가지고 와서 경환이에게 빌지 않으면 내년부턴 땅 얻어 부칠 생각을 말라더란 말을 옮기며 또 바우에게,

"㉣ 어서 나비 잡아 가지고 가서 빌어라, 빌어."

아버지는 연해 끙끙 땅이 꺼지는 못마땅한 소리로 뒷짐을 지고 마당을 오락가락하며 무섭게 눈을 흘겨 바우를 본다. 그리고 바우는 어머니가 등을 미는 대로 부엌으로, 뒤곁으로 피하다가는 대문 밖으로 나갔다. 그러나 담 밑에 붙어 서서 움직이지 않은 바우를 어머니는 쫓아 나와 단단히 주의를 준다.

"이렇게 고집을 부리고 안 가면 어떡헐 셈이냐. 땅 떨어져도 좋겠니? 너두 소견*이 있지."

그러나 바우는 어슬렁어슬렁 길로 나가더니 우물 앞 정자나무 앞에 이르자 걸음을 멈추고, 그리고 동네 노인들이 장기를 두고 앉아 있는 것을 넋을 놓고 들여다보고 서 있다. 장기가 두 캐가 끝나고 세 캐가 끝나고 모였던 사람이 헤어져도 바우는 자리를 뜨지 않는다. 바우는 다만 자기가 조금도 잘못한 것이 없는 것, 그러니까 누구에게든 머리를 굽힐 까닭이 없다는 고집이 정자나무통만큼 뻣뻣할 뿐이었다.

해가 저물었다. 지붕 너머로 바우 굴뚝에도 연기가 오르고 그리고 그 연기가 졸아든* 때에야 바우는 슬슬 눈치를 살피며 대문을 들어섰다. 그러나 건넌방 쪽에 눈이 갔을 때 바우는 크게 놀랐다. 아궁이 앞에, 위하던* 그림 그리는 책이 조각조각 찢기어 허옇게 흩어져 있다. 바우는 그 앞에 이르러 멍멍히 내려다보고 서 있는데 등 뒤에서 아버지 음성이 났다.

"㉤ 인마, 남은 서울 학교 다녀서 다 나비도 잡고 그러는 건데 건방지게 왜 다니며 훼방을 노는 거냐, 훼방을."

그리고 바우가 그림 그리는 것과 그것은 아랑곳없는 일일 텐데 아버지는,

"담부터 내 눈앞에 그 그림 그리는 꼴 보이지 말어라. 네깟 놈이 그림 그걸루 남처럼 이름을 내겠니, 먹고 살게 되겠니?"

하고 돌아서 문 밖으로 나가려다가 다시 돌아서며 아버지는,

"나빈 잡아갔지?" / 하고 다져 묻는다. 바우는 고개를 숙인 채 묵묵하다.

- 현덕, 〈나비를 잡는 아버지〉 -

＊전체 줄거리

바우와 경환은 같은 소학교를 나온 친구이다. 소학교를 졸업한 뒤 바우는 돈이 없어 상급 학교에 진학하지 못하지만, 경환은 서울의 상급 학교로 진학을 한다. 여름 방학을 맞아 고향에 내려온 경환은 학교 숙제라는 이유로 나비를 잡으러 다니고, 바우에게는 그 모습이 곱게 보이지 않는다. 어느 날, 경환이 잡으려던 나비를 바우가 일부러 날려 버리면서 둘은 크게 싸우게 된다. 싸움에서 밀린 경환은 두고 보자고 벼르고, 바우의 집에 경환네에서 심부름을 하는 아이가 찾아온다. 바우의 어머니와 아버지는 차례로 경환네 집에 불려 가게 되고, 소작일이 떼일 위기에 놓인 어머니와 아버지는 얼른 나비를 잡아서 경환에게 빌라고 이야기한다. 바우는 집을 나가버릴까 하고 고민하며 산 아래로 내려오던 중 누군가가 나비를 잡으려 애쓰는 것을 보게 된다. 바우는 그 사람이 자신의 아버지임을 알게 되고 아버지에게 달려간다.

한방에! 어휘풀이

* **마름**: 지주를 대리하여 소작권을 관리하는 사람.
* **결딴내다**: 어떤 일이나 물건 따위를 아주 망가져서 도무지 손을 쓸 수 없는 상태가 되게 하다.
* **연하다(連하다)**: 행위나 현상이 끊이지 않고 계속 이어지다.
* **소견(所見)**: 어떤 일이나 사물을 살펴보고 가지는 생각이나 의견.
* **졸아들다**: 부피가 줄거나 분량이 적어지다.
* **위하다**: 물건이나 사람을 소중하게 여기다.

01 작품의 내용 이해하기

윗글에 대한 설명으로 적절하지 않은 것은?

① 경환은 마름의 아들로 상급 학교에 진학했다.
② 경환은 바우를 쓰러뜨리려 하다가 되려 넘어졌다.
③ 바우는 나비를 잡기 위해 참외밭을 망가뜨리는 경환이 못마땅했다.
④ 바우의 어머니와 아버지는 소작농 일이 없어질까 봐 바우를 나무랐다.
⑤ 경환은 바우의 처지가 안타까웠지만 자존심을 굽히기 싫어 바우에게 화를 내고 있다.

02 구절의 의미 파악하기

㉠~㉤에 대한 설명으로 적절하지 않은 것은?

① ㉠: 바우를 업신여기는 경환의 이기적인 면모를 보여 준다.
② ㉡: 마름의 아들인 경환과 농사꾼의 아들인 바우의 모습을 대조해 바우가 외적으로도 경환에게 밀리고 있음을 보여 준다.
③ ㉢: 바우와 몸싸움을 벌인 일을 경환이 자신의 부모님에게 말할 것을 암시한다.
④ ㉣: 마름 집에 잘못 보여서 소작을 못하게 될까 봐 걱정하는 어머니의 절박한 심정이 드러난다.
⑤ ㉤: 바우가 소작농의 자식이라는 자신의 처지를 인정하기를 바라는 아버지의 속마음이 드러난다.

중요 03 외적 준거를 참고하여 작품 이해하기

보기 를 참고하여 윗글을 이해한 내용으로 적절하지 않은 것은?

보기

갈등이란 소설에서 등장인물이 겪게 되는 대립적인 관계를 의미하며 개인의 어떤 정서나 동기가 다른 정서나 동기와 대립될 때 발생한다. 갈등은 작품 속에서 사건을 전개시키기도 하고, 등장인물의 성격과 역할을 보여 주기도 한다. 이러한 갈등은 크게 두 종류로 나눠볼 수 있는데, 개인과 개인, 개인과 사회, 개인과 운명이 서로 대립되어 나타날 수 있는 갈등을 '외적 갈등'이라 한다면, 한 인물의 내면에서 발생하는 갈등을 '내적 갈등'이라고 한다.

① 바우와 경환이 외적 갈등을 겪게 된 것은 나비 때문이다.
② 바우와 경환의 갈등은 참외밭을 망가뜨린 일로 더욱 심화된다.
③ 바우는 나비를 잡아 경환에게 사과하라는 부모님과 외적 갈등을 겪고 있다.
④ 바우와 경환의 다툼은 아이들 간의 단순한 다툼을 넘어, 사회적 계급 간의 갈등을 보여 준다.
⑤ 바우의 아버지는 바우가 그림을 그리는 것을 지지하면서도, 제대로 도움을 주지 못하는 것에 미안해하며 내적 갈등을 겪고 있다.

서답형 04 작품의 내용 이해하기

'경환'이 나비를 잡으려 한 이유를 윗글에서 찾아 2어절로 쓰시오.

문제풀이

복습하기

문법

1 □□ □□	• 오랜 시간이 흐르면서 지역에 따라 달라진 말 • 2 □□□와 상호 보완적인 관계에 있으며 널리 사용될 경우 2 □□□로 인정받기도 함.
3 □□ □□	• 세대나 직업 등 사회적 원인에 따라 다르게 쓰이는 말 • 구성원의 소속감과 동질감을 강화할 수 있음. • 4 □□, 유행어, 전문어 등이 있음.

독서

1문단	5 □□ □□의 개념과 유형
2문단	6 □□□ □□의 개념과 활용 방식
3문단	7 □□□ □□의 개념과 활용 방식

문학 - 구지가(작자 미상)

1, 2행	임금(8 □□)의 출현을 기원
3, 4행	소원 성취를 위한 9 □□

문학 - 나비를 잡는 아버지(현덕)

바우	• 10 □□□의 아들 • 경환이 잡으려던 11 □□를 날려 보냄.
경환	• 12 □□의 아들 • 바우네 13 □□□을 결딴냄.
바우의 아버지와 어머니	소작을 못하게 될까 봐 걱정하며 바우가 경환에게 사과할 것을 바람.

⬇

바우의 외적 갈등	• 나비를 잡는 문제로 경환과 다툼. • 경환에게 사과하는 문제로 아버지와 대립함.
바우의 내적 갈등	• 자신의 마음을 몰라주는 부모님이 야속함.

정답

1 지역 방언 2 표준어 3 사회 방언 4 은어 5 광고 소구 6 이성적 소구 7 감성적 소구 8 거북 9 위협 10 소작농 11 나비 12 마름 13 참외밭

한수

03

Contents

화법

독서

문학

03강

화법

의미 공유하며 듣고 말하기

| 정답 및 해설 | 15쪽

한방에! 핵심정리

갈래	연설
화제	청소년들에게는 열대어처럼 따뜻한 보살핌과 사랑이 필요하다.
특징	① 격식을 갖춘 정중한 말투를 사용함. ② 비유적 표현을 활용하여 주제를 강조함.

※ 다음은 연설이다. 물음에 답하시오.

제가 오늘 여러분들에게 소개해 드릴 것은 다양한 매력이 있는 열대어입니다. 기대되지 않나요? 저는 열대어를 키우는데요, 저의 어항에는 백여 마리의 많은 열대어들이 각각의 개성을 가지고 살고 있습니다.

제가 열대어를 키워 본 결과 열대어의 특징은 세 가지로 들 수 있는데요, 첫 번째로 열대어는 굉장히 약합니다. 그래서 수온이나 산도*가 갑자기 높아지면 죽을 수도 있습니다. 두 번째로는 진화를 합니다. 코리도라스라는 열대어는 여느 물고기처럼 아가미로 호흡하지만 창자를 통한 장 호흡이 가능하게 진화해서 모세혈관을 통해 대기 중의 산소를 흡수하기도 합니다. 세 번째 특징은 혼자 있으면 안 된다는 것입니다. 네온테트라라는 열대어는 무리 지어 헤엄치는 물고기인데, 한 마리만 키우면 먹이도 안 먹고 움직이지도 않고 잠도 안 자며 굉장히 불안에 떨다가 3~4일 후면 죽고 맙니다.

그런데 제가 소개한 열대어들의 특징에서 무언가 느껴지시지 않았나요? 제가 2년 동안 열대어를 키우면서 생각한 것은 이 열대어들의 특징이 저나 제 친구들의 특징과 굉장히 비슷하다는 점입니다. 약하고, 진화하고, 혼자 두면 안 되고.

청소년들은 열대어입니다. 저희는 약해서 잘 보살펴 주어야 해요. 차가운 수온이 열대어를 죽게 만들 수도 있듯이 어른들의 차가운 시선은 우리의 마음을 얼어붙게 하고, 차가운 말들은 우리를 아프게 만듭니다. 우리는 매일 진화하고, 혼자 있으면 외로워집니다. 방황하는 청소년, 무기력한 청소년들은 사회의 시선, 사회가 자신에게 대하는 태도에 따라 점점 변하고 있는 것입니다.

제 이야기를 듣는 분들께서 한 가지 약속을 해 주셨으면 좋겠습니다. **여러분들의 사랑하는 열대어들**에게 사랑하는 말투, 사랑하는 마음으로 다가가 주세요. 그러면 열대어들은 자신의 예쁜 원래 색을 찾고, 원래의 자신으로 돌아갈 겁니다. 제 이야기를 들어 주셔서 감사합니다.

- 《세상을 바꾸는 시간, 15분》 (시비에스(CBS), 2015. 9. 16. 방송) -

▶ 연설의 개념

연설	공적인 상황에서 다수의 청중을 대상으로 정보를 전달하거나 설득하는 것을 목적으로 하는 공식적 말하기	
연설할 때 필요한 태도	말하는 이	• 듣는 이의 지식과 수준, 감정 등을 충분히 고려해야 함. • 듣는 이의 반응을 살펴 가며 말하기 방식을 조정해야 함.
	듣는 이	• 말하는 이의 의도, 전달하고자 하는 내용 등을 파악해야 함. • 자신의 경험과 배경지식 등을 활용하여 적극적으로 듣기에 참여해야 함.

* **산도(酸度)**: 산성의 세기를 나타내는 정도. 수소 이온 농도 지수(pH)로 나타낸다.

01 말하기 방식 이해하기

위 연설에 대한 설명으로 적절한 것은?

① 청중의 반응을 확인하며 연설을 이어가고 있다.
② 연설자가 자신을 소개하며 연설을 시작하고 있다.
③ 시각적 자료를 활용하여 청중의 이해를 돕고 있다.
④ 청중의 이해도를 점검하며 연설을 마무리하고 있다.
⑤ 청중에게 질문을 하며 관심과 흥미를 유도하고 있다.

02 연설의 내용 이해하기

위 연설의 주제로 적절한 것은?

① 열대어를 잘 키우기 위해서는 물의 온도가 중요하다.
② 청소년에게는 열대어와 같이 따뜻한 사랑이 필요하다.
③ 방황하는 청소년에게는 어른들의 따끔한 충고가 필요하다.
④ 열대어와 청소년들의 성장을 위해서는 규칙적인 생활을 해야 한다.
⑤ 청소년과 비슷한 열대어를 기르기 위해서는 많은 관심이 필요하다.

중요 03 연설의 내용 평가하기

보기 는 위 연설을 들은 후 청중이 보인 반응이다. 연설을 고려하여 청중의 반응을 분석한 것으로 적절하지 않은 것은?

보기

청자 1: 열대어의 특징에 대해 처음 알게 되었는데, 정말 많은 부분에서 열대어와 청소년들이 비슷하구나!
청자 2: 연설의 내용은 정말 좋았던 것 같아. 다만, '산도'라는 단어가 조금 어렵게 느껴졌어. 다른 쉬운 단어로 대체할 수는 없었을까?
청자 3: 방황하는 청소년, 무기력한 청소년들이 사회가 자신에게 대하는 태도에 따라 점점 변하고 있다는 말이 와닿아. 나도 내가 힘들고 무기력해졌을 때 아무도 위로의 말을 해 주지 않아서 너무 슬펐어.
청자 4: 연설의 마지막에서 비유적 표현을 활용하여 청소년들에게 따뜻한 보살핌이 필요하다는 점을 강조한 것이 좋았어.
청자 5: 오늘 연설을 부모님과 함께 듣지 못해서 너무 아쉬워. 나도 나중에 성인이 되면 오늘의 연설을 잊지 않고 무기력한 청소년들을 따뜻하게 보살펴야겠어.

① '청자 1'은 연설자의 생각에 공감하며 연설의 정보를 수용하고 있다.
② '청자 2'는 연설의 아쉬운 점에 대해 언급하며 대안을 제시하고 있다.
③ '청자 3'은 자신의 경험과 연관지어 연설의 내용에 공감하고 있다.
④ '청자 4'는 연설의 표현적인 측면을 긍정적으로 평가하고 있다.
⑤ '청자 5'는 연설자의 권유에 따라 자신이 실천할 수 있는 방법을 생각하고 있다.

서답형 04 연설의 표현 전략 파악하기

'여러분들의 사랑하는 열대어들'이 의미하는 원관념을 위 연설에서 찾아 4음절로 쓰시오.

문제풀이

독서 – 과학(화학)

03강 활성형 비타민 D

| 정답 및 해설 | 16쪽

✓ 한방에! 개념정리

✓ 한방에! 핵심정리

주제	비타민 D의 합성 과정과 양면적 기능
해제	이 글은 다른 비타민들과 그 성질이 사뭇 다른 비타민 D에 대해 설명하고 있다. 다른 비타민들과 달리 비타민 D는 식품을 섭취하지 않고도 체내에서 합성이 가능하며, 함유된 식품이 제한적이다. 또한 우리 몸에 흡수된 형태 그대로 기능하지 않고 합성되는 과정을 거친다. 이렇게 체내에서 합성된 비타민 D를 '활성형 비타민 D'라고 한다. 활성형 비타민 D는 우리 몸속에서 혈중 칼슘 농도를 조절하는데, 뼈의 칼슘화를 촉진시키기도 하지만 혈중 칼슘 농도가 일정 수준 이하로 내려가게 되면 뼈로부터 칼슘을 공급받기 때문에 뼈가 약해지기도 한다.

*문단 중심 내용

1문단	비타민의 개념과 비타민 D의 속성
2문단	활성형 비타민 D가 합성되는 과정
3문단	혈중 칼슘 농도를 조절하는 활성형 비타민 D의 양면적 기능
4문단	혈중 칼슘 농도 수준을 일정하게 유지해야 하는 이유

※ 다음 글을 읽고 물음에 답하시오.

비타민은 우리 몸에 꼭 필요한 물질이지만 체내에서 만들어지지 않기 때문에 식품으로부터 섭취해야만 하는, 우리 몸에 꼭 필요한 탄소를 함유하는 화합물이다. 그러나 비타민 D의 경우, 식품을 섭취하지 않고도 체내에서 합성이 가능하다는 점에서 다른 비타민들과는 그 성격이 다르다. 또한 비타민 D를 제외한 다른 비타민들은 다양한 식품들에 골고루 들어 있는 반면, ㉠ 비타민 D가 함유된 식품은 고등어, 연어, 계란 노른자 등으로 매우 제한적인 것도 비타민 D의 특징이다.

우리 몸이 햇빛으로부터 일정한 파장*의 자외선을 받으면 피하 조직*의 세포에서는 콜레스테롤*의 일종인 7-디하이드로콜레스테롤이라는 물질을 비타민 D_3로 만든다. 비타민 D_3는 피부 세포 밖으로 분비되어 간으로 이동해 중간 활성형 비타민 D로 합성된다. 그 다음 세포 밖으로 분비되어 혈관을 통해 신장으로 이동한 뒤 신장 세포에 의해 $1,25(OH)_2D$로 합성된다. 이후 신장 세포 밖으로 분비되면 혈관을 통해 온몸의 각 조직 세포로 이동해 생리적 기능을 수행한다. 이때 신장 세포가 합성하는 마지막 단계의 비타민 D를 '활성형 비타민 D'라고 한다. 이처럼 비타민 D는 우리 몸에 흡수된 형태 그대로 기능하는 다른 비타민들과 달리, 우리 몸의 세포가 활용할 수 있는 형태인 활성형 비타민 D로 합성되는 과정을 거친다는 점에서 차별화된다.

활성형 비타민 D는 우리 몸속에서 혈중 칼슘 농도를 조절하는 중요한 역할을 한다. 활성형 비타민 D가 혈중 칼슘을 조절하는 방법에는 두 가지가 있다. 하나는 비타민 D가 소장*에서 칼슘을 더 많이 흡수하게 만드는 것이다. 이는 혈액 내의 칼슘의 농도를 높이는 것으로, 이 경우 혈액 중 여분의 칼슘이 뼈에 저장되기 때문에 뼈의 칼슘화를 촉진하여 뼈 형성을 도와줄 수 있다. 그러나 혈중 칼슘 농도가 일정 수준 이하로 내려가면 근육 세포나 기타 칼슘을 필요로 하는 세포의 대사 기능이 방해를 받게 된다. 이를 방지하기 위해 비타민 D는 일정한 수준의 칼슘을 뼈로부터 직접 공급받아 혈중 칼슘 농도를 정상으로 유지하려 한다. 그러나 이 경우에는 오히려 뼈가 약해지게 된다.

이처럼 비타민 D는 양면적인 성격의 기능을 수행한다. 비타민 D는 흔히 칼슘의 흡수를 도와 뼈를 튼튼하게 만든다고 알고 있지만, 이는 어디까지나 혈중 칼슘 농도가 일정 수준 이상일 때에 한정된 것이다. 따라서 뼈 건강을 증진하기 위해서는 칼슘이 함유된 음식물을 섭취하여 혈중 칼슘 농도를 일정 수준으로 유지하여야 한다.

✓ 한방에! 어휘풀이

* **파장(波長)**: 파동에서, 같은 위상을 가진 서로 이웃한 두 점 사이의 거리.
* **피하 조직(皮下組織)**: 척추동물의 피부밑의 진피 아래에 있는 조직.
* **콜레스테롤**: 고등 척추동물의 뇌, 신경 조직, 부신, 혈액 따위에 많이 들어 있는 대표적인 스테로이드. 무색의 고체로, 물·산·알칼리에 녹지 않고 에테르, 클로로포름에 녹는다. 핏속에서 이 양이 많아지면 동맥 경화증이 나타난다.
* **소장(小腸)**: 위와 큰창자 사이에 있는, 대롱 모양의 위창자관. 샘창자, 빈창자, 돌창자로 나뉜다.

01 세부 내용 이해하기

윗글을 통해 알 수 있는 내용이 아닌 것은?

① 비타민 D를 제외한 다른 비타민들은 합성의 과정이 불필요하다.
② 비타민 D가 합성되기 위해서는 일정한 파장의 자외선이 필요하다.
③ 비타민 D가 칼슘을 일정량보다 많이 흡수하게 된다면 뼈가 약해질 수 있다.
④ 비타민 D는 활성형 비타민 D의 형태가 되어야만 우리 몸에서 기능할 수 있다.
⑤ 근육 세포의 원활한 대사 기능을 위해서는 일정한 수준의 칼슘을 공급받아야 한다.

02 세부 내용 추론하기

㉠에도 불구하고 비타민 D를 외부로부터 섭취하지 않아도 되는 이유로 가장 적절한 것은?

① 우리 몸에 꼭 필요한 탄소를 함유하지 않는 화합물이기 때문이다.
② 식품이 아닌 인공적 방식으로 비타민 D를 섭취해야 하기 때문이다.
③ 비타민 D가 인간의 몸속에서 자연적으로 합성이 가능하기 때문이다.
④ 비타민 D는 다른 비타민의 분해 과정을 통해 얻을 수 있기 때문이다.
⑤ 다른 비타민들과 마찬가지로 단백질을 통해 합성이 될 수 있기 때문이다.

중요 03 핵심 내용 파악하기

보기 에 대한 설명으로 적절하지 않은 것은?

보기

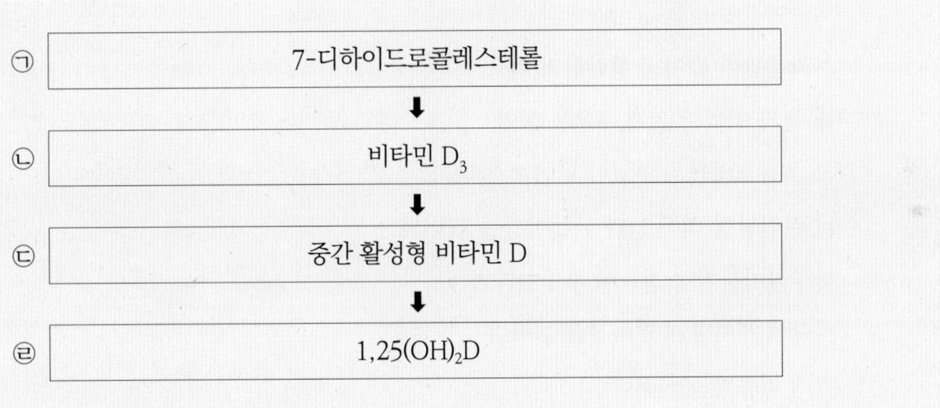

① ㉠은 피하 조직에서 체내 콜레스테롤이 합성되어 피부 세포 밖으로 분비된다.
② ㉡은 피부 세포 밖으로 분비되어 간으로 이동한다.
③ ㉢은 간세포에서 혈관을 통해 신장으로 이동한 뒤 새로운 형태로 합성된다.
④ ㉣은 신장 세포 밖으로 분비되어 혈관을 통해 피부 세포 밖으로 이동한다.
⑤ ㉠~㉣의 과정을 거친 비타민 D는 뼈로부터 칼슘을 공급받아 혈중 칼슘 농도를 일정하게 유지한다.

서답형 04 핵심 내용 추론하기

빈칸에 들어갈 말로 적절한 것을 2음절로 쓰시오.

비타민 D의 결핍은 실내에서 대부분의 시간을 보내는 사람들 혹은 이슬람교의 여성들처럼 몸을 가린 채 생활하는 사람들에게서 주로 발생한다. 그 이유는 (   )에 충분히 노출되지 못해 비타민 D가 합성되지 않기 때문이다.

03강

문학 – 현대시

풀벌레들의 작은 귀를 생각함 _ 김기택

| 정답 및 해설 | 18쪽

한방에! 개념정리

한방에! 핵심정리

갈래	자유시, 서정시
성격	감각적, 고백적, 성찰적
주제	문명적 삶에 대한 반성과 자연과의 교감
특징	① 의인법을 통해 풀벌레의 마음을 헤아리는 태도를 보여 줌. ② 텔레비전을 끄기 전과 후의 화자의 태도가 대조적으로 드러남. ③ 문명과 자연을 나타내는 상징적, 대조적 시어를 통해 문명에 대한 비판을 드러냄.
해제	이 작품의 화자는 풀벌레 소리를 들으며 자신의 삶에 대한 성찰을 드러내고 있다. 화자는 텔레비전을 끄고 나서 그동안 알아차리지 못했던 풀벌레 소리를 듣게 되고, 그들의 여린 마음을 헤아린다. 또한 풀벌레들의 울음소리를 통한 인간과 자연의 소통이 좌절된 사실을 안타까워한다. 시의 마지막 부분에서 화자는 풀벌레 소리를 허파 속으로 받아들이는데, 이는 교감을 바라는 화자의 소망이 반영된 행위로 이해할 수 있다.

한방에! 어휘풀이

* 낭랑하다: 소리가 맑고 또랑또랑하다.

※ 다음 글을 읽고 물음에 답하시오.

텔레비전을 끄자
풀벌레 소리
어둠과 함께 방 안 가득 들어온다
어둠 속에서 들으니 벌레 소리들 환하다
별빛이 묻어 더 낭랑하다*
귀뚜라미나 여치 같은 큰 울음 사이에는
너무 작아 들리지 않는 소리도 있다
그 **풀벌레들**의 작은 귀를 생각한다
내 귀에는 들리지 않는 소리들이 드나드는
까맣고 좁은 통로들을 생각한다
그 통로의 끝에 두근거리며 매달린
여린 마음들을 생각한다
발뒤꿈치처럼 두꺼운 내 귀에 부딪쳤다가
되돌아간 소리들을 생각한다
브라운관이 뿜어낸 **현란한 빛**이
내 눈과 귀를 두껍게 채우는 동안
그 울음소리들은 수없이 나에게 왔다가
너무 단단한 벽에 놀라 되돌아갔을 것이다
하루살이들처럼 전등에 부딪쳤다가
바닥에 새카맣게 떨어졌을 것이다
크게 밤공기 들이쉬니
허파 속으로 그 소리들이 들어온다
허파도 별빛이 묻어 조금은 환해진다

- 김기택, 〈풀벌레들의 작은 귀를 생각함〉 -

01 표현상의 특징 파악하기

윗글의 표현상의 특징으로 적절하지 않은 것은?

① 공감각적 심상을 활용하여 시의 이미지를 형상화하고 있다.
② 경험을 바탕으로 새롭게 깨달은 점을 고백하며 성찰하고 있다.
③ 현재형 종결 어미를 반복적으로 사용함으로써 운율을 형성하고 있다.
④ 상반된 성격의 소재를 제시하며, 소재들의 대조를 통해 시를 전개하고 있다.
⑤ 자연물의 변화 과정을 비유적으로 제시하며 자연 친화적인 태도를 보이고 있다.

02 세부 내용 파악하기

윗글에 대한 설명으로 적절하지 않은 것은?

① 현대 문명을 대표하는 '텔레비전'을 끈 행위를 통해 화자는 평소 지각하지 못했던 소리를 인식하고 있다.
② '어둠'은 자연의 존재들이 자신들을 드러내는 시간으로, 화자는 이 시간을 긍정적으로 바라보고 있다.
③ '귀뚜라미나 여치'는 '풀벌레들'보다 큰 울음소리를 내는 존재로, 화자가 그동안 인식하던 소리이다.
④ '현란한 빛'은 '별빛'과 유사한 존재로, 현대 문명의 빛을 의미한다.
⑤ '너무 단단한 벽'은 화자와 자연의 소통을 단절시키는 장애물에 해당한다.

중요 03 작품 간의 공통점, 차이점 파악하기

윗글과 보기 를 비교한 내용으로 적절하지 않은 것은?

보기

성북동 산에 번지가 새로 생기면서
본래 살던 성북동 비둘기만이 번지가 없어졌다.
새벽부터 돌 깨는 산울림에 떨다가
가슴에 금이 갔다.
그래도 성북동 비둘기는
하느님의 광장 같은 새파란 아침 하늘에
성북동 주민에게 축복의 메시지나 전하듯
성북동 하늘을 한 바퀴 휘돈다.
(중략)
예전에는 사람을 성자처럼 보고
사람 가까이
사람과 같이 사랑하고
사람과 같이 평화를 즐기던
사랑과 평화의 새 비둘기는
이제 산도 잃고 사람도 잃고
사랑과 평화의 사상까지
낳지 못하는 쫓기는 새가 되었다.

- 김광섭, 〈성북동 비둘기〉

① 윗글과 〈보기〉 모두 대상을 의인화하여 표현하고 있다.
② 윗글과 〈보기〉 모두 청각적 심상을 활용하여 상황을 구체적으로 묘사하고 있다.
③ 〈보기〉는 윗글과 달리 과거와 현재의 대비를 통해 현대 문명의 폭력성을 보여 준다.
④ 윗글의 '풀벌레'와 〈보기〉의 '비둘기'는 모두 인간이 파괴한 자연을 상징한다.
⑤ 윗글의 '텔레비전'과 〈보기〉의 '성북동 산에 번지'는 화자가 부정적으로 바라보는 대상이다.

서답형 04 시어의 의미 파악하기

'풀벌레들의 작은 귀'를 비유한 시어를 윗글에서 찾아 3어절로 쓰시오.

03강

문학 – 고전산문

황새결송 _ 작자 미상

| 정답 및 해설 | 19쪽

한방에! 개념정리

한방에! 핵심정리

갈래	국문 소설, 풍자 소설, 송사 소설, 우화 소설
성격	풍자적, 우의적, 비판적
주제	뇌물로 송사가 좌우되는 현실과 부패한 지배층에 대한 비판과 풍자
특징	① 조선 사회의 부패 양상을 사실적으로 그려 냄. ② 고사를 인용하여 인물의 생각을 효과적으로 드러냄. ③ 액자식 구성으로 내화를 통해 작품의 풍자성을 강화함.
해제	이 작품은 조선 후기 사회의 모습을 풍자한 소설로 액자식 구성을 보여 준다. 뇌물을 주고 송사에서 이기는 악한 친척 때문에 억울하게 피해를 본 부자의 이야기가 액자 외부의 이야기에, 부자가 들려주는 '황새 이야기'는 액자의 내부 이야기에 해당한다. 긴밀하게 연결된 두 이야기를 통해 당시 부정부패가 만연했던 사회를 효과적으로 풍자하고 있다.

전체 줄거리

옛날 경상도 땅에 큰 부자가 있었는데, 그에게는 골칫거리가 하나 있었다. 예의와 법도를 무시한 채 여러 번 재물을 얻어 간 친척 한 사람이 이번에도 재산의 반을 달라며 행패를 부리는 것이다. 부자가 마을 사람들의 권유에 따라 서울로 올라와 형조에 소송을 제기하고 재판을 기다리는 동안 친척은 관원들에게 뇌물을 주고 자기에게 유리한 판결이 나오도록 조치를 한다. 부자는 결국 패소하고, 분을 이기지 못하여 우화 하나를 형조 관원들에게 들려준다. 부자의 '황새 이야기'를 들은 형조 관원들은 모두 부끄러워한다.

※ 다음 글을 읽고 물음에 답하시오.

[앞부분 줄거리] 어느 시골에 한 부자가 있었는데, 그의 친척 중 한 명이 수시로 횡포를 부리더니, 어느 날은 재산의 절반을 달라고 위협한다. 그러자 부자는 서울 형조에 송사를 제기하지만, 친척이 미리 관원들에게 뇌물을 주어 송사가 자신들에게 유리하게 만든다.

"양측을 불러들이라." / 하고 계하*에 꿇리며 분부하되,

"네 들으라. 부자는 너같이 무지한 놈이 어디 있으리오. 네 자수성가를 하여도 빈족*을 살리며 불쌍한 사람을 구급하거든*, 하물며 너는 조업*을 가지고 대대로 치부하여 만석꾼에 이르니 족히 흉년에 이른 백성을 진휼도 하거든, 너의 지친*을 구제치 아니하고 송사를 하여 물리치려 하니 너같이 무뢰한 놈이 어디 있으리오. 어디 자손은 잘 먹고 어디 자손은 굶어 죽게 되었으니 네 마음에 어찌 죄스럽지 아니하랴. ㉠ <u>네 소위*를 헤아리면 소당 형추 정배*할 것이로되 십분 안서하여* 송사만 지우고 내치노니 네게는 이런 상덕이 없는지라</u>. 저놈 달라하는 대로 나눠 주고 친척 간 서로 의를 상치 말라." / 하며, / "그대로 다짐받고 끌어 내치라." / 하거늘,

부자 생각하매 이제 송사를 지니 가장 절통하고 분함을 이기지 못하여 그놈의 청으로 정작 무도한 놈은 착한 곳으로 돌아가고 나같이 어진 사람을 부도*로 보내니 그 가슴이 터질 듯하매 전후사를 고쳐 고하면 반드시 효험이 있을까 하여 다시 꿇어앉으며 고하려 한즉 호령이 서리 같아 등을 밀어 내치려 하거늘, 부자 생각하되,

'내 관전에서 크게 소리를 하여 전후사를 아뢰려 하면 필경 관전 발악이라 하여 뒤얽어 잡고 조율*을 할 양이면 청 듣고 송사도 지우는데, 무슨 일을 못하며 무지한 사령 놈들이 만일 함부로 두드리면 고향에 돌아가지도 못하고 종신 어혈*될 것이니 어찌할꼬.'

이리 생각 저리 생각 아무리 생각하여도 그저 송사를 지고 가기는 차마 분하고 애달픔이 가슴에 가득하여 송관을 뚫어지게 치밀어 보다가 문득 생각하되,

'㉡ <u>내 송사는 지고 가거니와 이야기 한마디를 꾸며 내어 조용히 할 것이니 만일 저놈들이 듣기만 하면 무안이나 뵈리라</u>.'

하고, 다시 일어서 계하에 가까이 앉으며 고하여 가로되,

"소인이 천 리에 올라와 송사는 지고 가옵거니와 들음직한 이야기 한마디 있사오니 들으심을 원하나이다. "

관원이 이 말을 듣고 가장 우습게 여기나 평소에 이야기 듣기를 좋아하는 고로 시골 이야기는 재미있는가 하여 듣고자 하나 다른 송사도 결단치 아니하고 저놈의 말을 들으면 남이 보아도 체모*에 괴이한지라. 거짓 꾸짖는 분부로 일러 왈,

"㉢ <u>네 본디 시골에 있어 사체* 경중*을 모르고 관전에서 이야기한단 말이 되지 못한 말이로되, 네 원이나 풀어 줄 것이니 무슨 말인고 아뢰어라</u>."

하니 그 부자 그제야 잔기침을 하며 말을 내어 왈,

옛적에 꾀꼬리와 뻐꾹새와 따오기 세 짐승이 서로 모여 앉아 우는 소리 좋음을 다투되 여러 날이 되도록 결단치 못하였더니 일일은 꾀꼬리 이르되,

"우리 서로 싸우지 말고 송사하여 보자."

하니, 그중 한 짐승이 이르되,

"내 들으니 황새가 날짐승 중 키 크고 부리 길고 몸집이 어방져워* 통량이 있으며 범사를 곧게 한다 하기로 이르기를 황장군이라 하노니, 우리 그 황장군을 찾아 소리를 결단함이 어떠하뇨."

세 짐승이 옳이 여겨 그리로 완정하매* 그중 따오기란 짐승이 소리는 비록 참혹하나 소견은 밝은지라. 돌아와 생각하되,

'내 비록 큰 말은 하였으나 세 소리 중 내 소리 아주 초라하니 날더러 물어도 나밖에 질 놈 없는지라. 옛사람이 이르되 모사는 재인이요, 성사는 재천이라 하였으니 아뭏커나 청촉*이나 하면 필연 좋으리로다.'

[중간 부분 줄거리] 따오기는 송사에서 이기기 위해 황새에게 여러 곤충을 잡아다 미리 청탁을 하고, 날이 밝자 세 짐승은 황새 앞에서 소리를 내기 시작한다. 황새는 청탁을 받아들여 꾀꼬리의 소리를 터무니없는 이유를 들며 부정적으로 평가한다.

꾀꼬리 점즉히 물러 나올 새, 뻐꾹새 들어와 목청을 가다듬고 소리를 묘하게 하여 아뢰되,

"소인은 녹수청산* 깊은 곳에 만학천봉* 기이하고 안개 피어 구름 되며, 구름 걷어 다기봉*하니 별건곤*이 생겼는데 만장폭포* 흘러내려 수정렴을 드리운 듯 송풍은 소슬하고* 오동추야 밝은 달에 이내 소리 만첩산중에 가금성이 되오리니 뉘 아니 반겨하리이까."

황새 듣고 또 생각하여 이르되,

"㉣ 월낙자규제 초국천일애*라 하였으니, 네 소리 비록 깨끗하나 아주 어려웠던 옛날의 일을 떠오르게 하니, 가히 불쌍하도다."

하니 뻐꾹새 또한 무료하여 물러나거늘, 그제야 따오기 날아들어 소리를 하고자 하되, 저보다 나은 소리도 벌써 지고 물러나거늘 어찌할꼬 하며 차마 남부끄러워 입을 열지 못하나, 그 황새에게 약 먹임을 믿고 고개를 낮추어 한번 소리를 주하며 아뢰되,

"소인의 소리는 다만 따옥성이옵고 달리 풀쳐 고할 일 없사오니 사또 처분만 바라고 있나이다."

하되, 황새놈이 그 소리를 듣고 두 무릎을 탕탕치며 좋아하여 이른 말이,

"쾌재며 장재*로다. 화난 감정이 일시에 터져나와서 큰 소리로 꾸짖음은 옛날 항 장군의 위풍이요, 장판교 다리 위에 백만 군병 물리치던 장익덕의 호통이로다. 네 소리가 가장 웅장하니 짐짓 대장부의 기상이로다."

하고,

"이렇듯 처결하여*, 따옥성을 상성으로 처결하여 주오니, 그런 짐승이라도 뇌물을 먹은즉 잘못 판결하여 그 꾀꼬리와 뻐꾹새에게 못할 노릇 하였으니 어찌 앙급자손* 아니 하오리이까. 이러하온 짐승들도 물욕에 잠겨 틀린 노릇을 잘하기로 ㉤ 그놈을 개아들 개자식이라 하였으니, 이제 서울 법관도 여차하오니 소인의 일은 벌써 판이 났으매 부질없는 말하여 쓸데없으니 이제 물러가나이다."

하니, 형조 관원들이 대답할 말이 없어 가장 부끄러워하더라.

- 작자 미상, 〈황새결송〉 -

✓ 한방에! 어휘풀이

* 계하(階下): 섬돌이나 층계의 아래.
* 빈족(貧族): 가난한 족속이나 사람.
* 구급하다(救急하다): 위급한 상황에서 구하여 내다.
* 조업(祖業): 조상 때부터 대대로 내려오는 가업.
* 지친(至親): 매우 가까운 친족.
* 소위(所爲): 하는 일.
* 형추 정배(刑推定配): 조선 시대에, 죄인을 신문하여 자백을 받아 내고 유배를 보내던 일.
* 안서하다(安徐하다): 잠시 보류하다.
* 부도(不道): 도리에 어긋나 있거나 도리에 맞지 않음.
* 조율(照律): 법원이 법규를 구체적인 사건에 적용하는 일.
* 어혈(瘀血): 타박상 따위로 살 속에 피가 맺힘. 또는 그 피.
* 체모(體貌): 남을 대하기에 떳떳한 도리나 얼굴.
* 사체(事體): 일이 되어 가는 형편이나 상황. 또는 벌어진 일의 상태.
* 경중(輕重): 중요함과 중요하지 않음.
* 어방지다: 넓고 크다.
* 완정하다(完定하다): 완전히 결정하다.
* 청촉(請囑): 청을 들어주기를 부탁함.
* 녹수청산(綠水青山): 푸른 산과 푸른 물이라는 뜻으로, 산골짜기에 흐르는 맑은 물을 이르는 말.
* 만학천봉(萬壑千峯): 첩첩이 겹쳐진 깊고 큰 골짜기와 수많은 산봉우리.
* 다기봉: 기이한 산봉우리처럼 솟아 있는 모양.
* 별건곤(別乾坤): 특별히 경치가 좋거나 분위기가 좋은 곳.
* 만장폭포(萬丈瀑布): 매우 높은 데서 떨어지는 폭포.
* 소슬하다(蕭瑟하다): 으스스하고 쓸쓸하다.
* 월낙자규제 초국천일애(月落子規啼 楚國千日愛): '달이 지고 두견이 우니 초나라 천 일의 사랑이라.'는 뜻으로 나라가 망할 것을 암시함.
* 장재(壯哉): 어떤 일이 장하여 감탄할 때 하는 말.
* 처결하다(處決하다): 결정하여 조처하다.
* 앙급자손(殃及子孫): 화가 자손에게 미침.

01 서술상의 특징 파악하기

윗글에 대한 설명으로 가장 적절한 것은?

① 과거의 사건을 요약하여 제시하고 있다.
② 시간의 경과에 따른 갈등의 해소가 나타나고 있다.
③ 역순행적 구성을 통해 사건의 흥미를 높이고 있다.
④ 우화를 활용하여 대상에 대한 비판을 강화하고 있다.
⑤ 구체적인 외양 묘사를 통해 인물의 성격을 드러내고 있다.

02 구절의 의미 파악하기

㉠~㉤에 대한 이해로 적절한 것은?

① ㉠: 악한 친척을 둔 부자를 안타까워하며, 부자의 편에서 덕을 베풀려고 하고 있다.
② ㉡: 이야기를 통해 판결을 뒤집고자 하는 부자의 속셈이 나타나 있다.
③ ㉢: 부자를 위하는 척하는 위선적인 관원의 모습을 보여 준다.
④ ㉣: 고사를 인용하여 뻐꾹새의 노래를 극찬하고 있다.
⑤ ㉤: 황새를 비판하며 관원에게 자신의 억울함을 호소하고 있다.

중요 03 외적 준거를 참고하여 작품 감상하기

보기 를 참고하여 윗글을 감상한 내용으로 적절하지 않은 것은?

보기

액자식 구성이란 하나의 이야기 속에 또 하나의 이야기가 들어 있는 구성으로 핵심 내용인 내부 이야기와 이를 둘러싼 외부 이야기로 나눌 수 있다. 일반적으로 내부 이야기는 외부 이야기와 긴밀한 관련을 맺으며 전개되며, 외부 이야기와 시점이 달라지는 경우도 있다. 윗글은 액자식 구성을 활용하여 부패한 관리들에게 간접적으로 항의하며 부정부패가 만연했던 조선 사회를 비판하고 있다.

① 부자의 송사와 꾀꼬리의 송사는 긴밀하게 관련을 맺으며 전개되는군.
② 외부 이야기의 부자는 내부 이야기의 꾀꼬리, 뻐꾹새와 같은 입장이군.
③ 부자는 내부 이야기를 통해 부패한 관리들에게 간접적으로 항의하고 있군.
④ 부자의 말을 빌려 내부 이야기를 전달함으로써 당시 사회를 우회적으로 비판하고 있군.
⑤ 내부 이야기는 외부 이야기와 달리 3인칭 시점으로 서술하여 사건을 객관적으로 서술하고 있군.

서답형 04 세부 내용 파악하기

빈칸에 들어갈 말로 적절한 것을 골라 차례대로 쓰시오.

(친척 / 부자)와/과 (황새 / 따오기)는 모두 부당한 방법으로 이득을 취하려는 간교한 인물로써 소설 속에 등장한다.

문제풀이

복습하기

화법

[1] □□□의 특징	• 굉장히 약함. → 수온이나 [2] □□가 갑자기 높아지면 죽을 수도 있음. • [3] □□를 함. 예 코리도라스 • 혼자 있으면 안 됨. 예 네온테트라	연설자의 주장	[1] □□□들의 특징은 청소년들의 특징과 비슷함. → [4] □□하는 청소년, 무기력한 청소년들은 사회의 시선에 따라 변함. → [5] □□하는 말투, 사랑하는 마음으로 청소년들에게 다가가야 함.

독서

1문단	비타민의 개념과 [6] □□□ □의 속성	3문단	혈중 [8] □□ 농도를 조절하는 [7] □□□ □□□ □의 양면적 기능
2문단	[7] □□□ □□□ □가 합성되는 과정	4문단	혈중 [8] □□ 농도를 일정하게 유지해야 하는 이유

문학 - 풀벌레들의 작은 귀를 생각함(김기택)

1~5행	[9] □□□□을 끄고 어둠 속에서 [10] □□□ 소리에 귀를 기울임.	13~20행	[10] □□□들의 울음소리가 '나'의 귀에 도달하지 못하고 되돌아갔을 것이라 짐작함.
6~12행	울음소리를 만들어 낸 [10] □□□들의 [11] □□ □와 여린 마음을 생각함.	21~23행	[12] □□□를 들이쉬며 [10] □□□ 소리로 인해 내면이 환해짐을 느낌.

문학 - 황새결송(작자 미상)

액자식 구성

외화([13] □□와 악한 친척의 송사 이야기)		=	내화(송사에서 진 [13] □□가 들려주는 우화)	
[13] □□	• 악한 친척을 만나 송사를 벌이지만 짐. • 우화를 들려줌으로써 형조 관원을 비판함.		꾀꼬리와 뻐꾸기	아름다운 목소리를 가졌지만 잘못된 판결로 송사에서 짐.
친척	[13] □□에게 재산의 반을 요구하고 송관에게 뇌물을 줌으로써 송사에서 이김.		[14] □□□	[15] □□에게 뇌물을 줌으로써 자신의 목소리를 상성으로 판결하도록 함.
송관	형조 관원이지만, 뇌물을 받고 친척의 편에 서서 [13] □□에게 부당한 판결을 내림.		[15] □□	[14] □□□에게 뇌물을 받고 말도 안 되는 근거를 말하며 [14] □□□에게 유리한 판결을 내림.

⬇

부패한 권력층에 대한 풍자

정답

1 열대어 2 산도 3 진화 4 방황 5 사랑 6 비타민 D 7 활성형 비타민 D 8 칼슘 9 텔레비전 10 풀벌레 11 작은 귀 12 밤공기 13 부자 14 따오기 15 황새

한수

04

Contents

작문

다양한 표현을 활용하여 글 쓰기

| 정답 및 해설 | 22쪽

한방에! 개념정리

한방에! 핵심정리

갈래	수필
주제	적당한 휴식은 목표를 달성하는 데 도움이 된다.
특징	① 경험을 통해 얻은 깨달음을 전달함. ② 속담, 명언, 관용 표현, 참신한 표현 등 다양한 표현을 사용하여 인상 깊게 표현함.

* **속담**
예로부터 전해오는, 짧으면서도 교훈을 담고 있는 말
예 낮말은 새가 듣고 밤말은 쥐가 듣는다.

* **격언이나 명언**
오랜 역사적 생활 체험을 통해 이루어진 인생의 교훈이나 경험 등을 간결하게 표현한 짧은 글
예 아는 것이 힘이다.

* **관용 표현**
둘 이상의 단어가 합쳐져 원래의 뜻과는 전혀 다른 새로운 뜻으로 굳어져서 쓰는 표현
예 벼 이삭은 익을수록 고개를 숙인다.

* **이러한 표현들을 사용했을 때 얻을 수 있는 효과**
① 독자의 흥미와 관심을 불러 일으킴.
② 생각이나 느낌, 경험을 더 인상 깊게 표현할 수 있음.

※ 다음은 학생의 초고이다. 물음에 답하시오.

㉠ 아버지와 함께 한 등산

지난 일요일 아침, 아버지께서 내 방문을 두드리시더니 아침을 먹고 같이 동네 뒷산에 가자고 하셨다. 나는 시험공부 때문에 시간이 없어서 안 된다고 버텼지만, 결국 울며 겨자 먹기로 아버지를 따라나섰다.

아버지께서 산을 오르다 보이는 나무를 가리키며 말을 거셨지만 나는 들은 척도 하지 않고 앞만 보고 걸어 올라갔다. 빨리 등산을 끝내고 집에 가고 싶은 마음뿐이었다. 아버지는 나의 이런 모습에 ㉡ 언짢아하시며 말씀하셨다.

"현지야, 등산은 그렇게 경주하듯이 하는 게 아니다."

그런 아버지께 이 정도는 ㉢ 쉬운 일이라고 으스대며 앞서가는 것도 잠시, 경사진 길을 올라가다 보니 숨이 턱에 닿아 걸음이 느려졌다. 올라갈수록 운동화가 천근만근 무겁게 느껴졌다. 뒤따라오시던 아버지께 이제 더는 못 가겠다고, 그만 내려가자고 떼를 썼다.

"너무 급하게 올라와서 힘든 거다. 천천히 쉬엄쉬엄 걸어 보자."

아버지는 힘들어지면 잠깐 쉬었다가 올라가자고 하셨다. 더는 못 올라갈 것 같았지만, 아버지의 숨소리에 내 호흡을 맞추고 걷다 보니 ㉣ 어느새 정상에 도착했다. 아버지는 "급히 먹는 밥이 목이 멘다."라는 속담처럼 너무 서두르면 오히려 목표를 이룰 수 없다는 것을 알려 주고 싶으셨던 것이 아닐까?

산 정상에 올라 탁 트인 마을 풍경을 바라보니 시험공부 때문에 쌓인 스트레스가 ㉤ 모두 사라졌다. 시원한 바람에 머리가 맑아지는 것을 느끼며 "건강한 신체에 건강한 정신이 깃든다."라는 말을 실감했다.

아버지와 등산을 하면서 적당한 휴식이 목표를 달성하는 데 도움이 된다는 것을 깨달았다. 독일의 정치인 비스마르크는 "청년들이여 일하라, 좀 더 일하라, 끝까지 열심히 일하라."라고 말했다. 나는 "쉬어라, 좀 더 쉬어라, 충분히 쉬고 공부하라."라고 말하고 싶다. 우리에게는 지금 쉼표가 필요하기 때문이다. 다음 주에는 내가 먼저 아버지께 뒷산에 오르자고 말씀드려야겠다.

01 친교 표현 글쓰기 내용 이해, 평가하기

윗글에 대한 내용으로 적절하지 않은 것은?

① '나'는 지난 주말에 아버지와 동네 뒷산을 다녀왔다.
② 아버지는 '나'가 산을 오르는 모습을 못마땅하게 여겼다.
③ 아버지는 '나'에게 천천히 걸으면 힘들지 않을 것이라고 조언했다.
④ 아버지는 경사진 길을 재빠르게 걷는 '나'의 발걸음에 맞춰 걸었다.
⑤ '나'는 등산 이후 공부하느라 마음의 여유를 잃었던 '나' 자신을 되돌아보았다.

02 친교 표현 글쓰기 표현 전략 파악하기

윗글에서 사용된 표현에 대한 설명으로 적절하지 않은 것은?

① 등산하면서 느낀 어려움을 참신한 표현을 통해 생생하게 전달하고 있다.
② 비스마르크의 명언을 창의적으로 재해석하여 '나'의 생각을 밝히고 있다.
③ 아버지가 언급한 속담을 직접 인용하여 등산을 통해 깨달은 점을 전달하고 있다.
④ 산의 정상에 오른 '나'의 경험과 느낌을 인상 깊게 전달하기 위해 격언을 사용하고 있다.
⑤ 운동화의 무게를 사자성어로 표현하여 산을 오를수록 힘든 '나'의 심정을 신선하게 제시하고 있다.

중요 03 친교 표현 글쓰기 내용 점검, 조정하기

보기는 '나'가 초고를 수정하기 위해 작성한 메모이다. 보기의 메모를 참고하여 윗글의 ㉠~㉤을 수정한 내용으로 적절하지 않은 것은?

보기

독자의 관심을 끌고, 내가 깨달은 점이 잘 드러나도록 제목을 수정해야겠어. 또한 간결하고 생생하게 전달하기 위해서 속담과 관용 표현을 추가해야지. 그렇다면 내가 말하려고 하는 것을 효과적으로 전달할 수 있을 거야.

① ㉠: 글의 제목을 '지금은 쉼표가 필요할 때'로 수정하면 내가 깨달은 점을 효과적으로 드러낸다.
② ㉡: '혀를 차다'라는 관용 표현을 활용해서 아버지를 바라보는 '나'의 심정을 더욱 생생하게 표현한다.
③ ㉢: 산에 오르는 일을 쉽게 여기고 있는 '나'의 태도를 '누워서 떡 먹기'라는 속담을 사용하여 흥미를 유발한다.
④ ㉣: 아버지의 충고대로 산을 오르니 빠르게 정상에 오를 수 있었던 것을 '눈 깜짝할 사이'로 수정하여 인상적으로 드러낸다.
⑤ ㉤: 정상에 오른 순간 '나'가 느낀 후련함을 실감 나게 나타내기 위해 '씻은 듯이 사라졌다'로 수정한다.

서답형 04 친교 표현 글쓰기 내용 이해하기

윗글에서 보기에 해당하는 표현을 찾아 3어절로 쓰시오.

보기

'싫은 일을 억지로 마지못해 함'을 이르는 표현으로 속담에 해당한다.

04강

독서 – 기술(전통기술)

거북선의 구조에 관한 두 가지 가설

| 정답 및 해설 | 23쪽

✔ 한방에! 개념정리

✔ 한방에! 핵심정리

주제	거북선의 구조에 관한 두 가지 가설
해제	이 글은 거북선의 구조에 관한 두 가지 가설에 대해 설명하고 있다. 현재 우리가 알고 있는 거북선은 기록을 바탕으로 제작된 허구적 상상에 불과하다. 거북선의 구체적 구조와 관련해서는 2층 구조설과 3층 구조설이 제기된다. 거북선이 2층 구조일 경우, 무게가 낮아 복원력이 뛰어나다는 장점이 있다. 또한 이순신 장군의 기록에 따르면 2층 구조설일 가능성이 유력하다. 그러나 기존 전투선이었던 판옥선에 지붕을 덮은 3층 구조일 가능성 역시 존재한다. 3층 구조로 거북선이 제작되었다면 2층 구조에 비해 전투 효율성을 극대화할 수 있다.

* 문단 중심 내용

1문단	거북선의 구조에 관한 다양한 주장
2문단	2층 구조설의 특징
3문단	3층 구조설의 특징과 한계

✔ 한방에! 어휘풀이

* 복원력(復元力): 평형을 유지하던 선박 따위가 외부의 힘을 받아서 기울어졌을 때, 중력과 부력 따위의 외부 힘이 우세하게 작용하여 물체를 본디의 상태로 되돌리는 힘.
* 운용되다(運用되다): 무엇이 움직이게 되거나 부려져 쓰이다.
* 포혈(砲穴): 포를 쏠 수 있게 참호나 성벽에 뚫은 구멍.

※ 다음 글을 읽고 물음에 답하시오.

거북선은 민족의 자긍심을 유발하는 국가 유산으로, 이순신 장군을 소재로 한 다양한 매체에서 함께 주목받아 왔다. 그러나 실물이 전해지지 않아 현재 우리가 알고 있는 임진왜란 당시의 거북선은 기록을 바탕으로 임의로 제작된 허구적 상상에 불과하다. 특히 거북선의 구조에 관한 내용은 확실하게 전해진 바가 없어 학계에서도 다양한 주장이 논의되고 있다.

거북선의 구조에 관한 가설은 2층 구조설과 3층 구조설로 나뉜다. 먼저 2층 구조설은 거북선을 2층으로 제작하였다는 가설을 바탕으로 1층을 선실이나 창고로, 2층은 노를 젓거나 포를 쏘는 공간으로 추정하였다. 2층 구조 거북선의 장점은 무게 중심이 낮아 복원력*이 뛰어나다는 것이다. 거북선은 돌격선으로, 전쟁 시 적진을 빠르게 돌파하면서 방향을 급히 바꾸는 과정에서 높은 복원력을 필요로 하기 때문에 복원력은 거북선 구조 논쟁에서 중요한 쟁점이다. 2층 구조설의 근거는 거북선 지붕에 쇠못이나 칼과 송곳을 꽂았다는 이순신 장군의 장계에서도 발견할 수 있다. 당시 해양 전쟁에서의 주된 돌격 방법은 적의 배에 뛰어내려 전면전을 하는 것이었기 때문에 적선보다 높이가 낮을 경우 적이 뛰어내리지 못하게 하는 장치를 개발해야 했다. 그러나 2층 구조로 운용될* 경우 거북선은 노를 젓는 격군과 전투원이 같은 공간에서 섞여 있기 때문에 전투 효율성이 떨어진다. 2층 구조 거북선이 적과 교전할 때는 격군들이 전투원 뒤로 물러나 있어야 하고, 이동 중에는 전투원들이 격군 뒤에 물러나 있어야 하기 때문이다.

이에 반해 3층 구조설에 따른 거북선은 노를 젓는 격군과 전투원의 공간을 분리하여 전투 효율성을 극대화할 수 있다. 더불어 기존 전투선이었던 판옥선에 지붕을 덮는 구조로 간단하게 개조할 수 있어 제작이 편리하다. 또한 2층 구조 거북선과 달리 높이가 왜선보다 비슷하거나 높은 경우, 적이 지붕에 못 뛰어내리도록 쇠못, 칼, 송곳 등을 설치해 둘 필요가 굳이 없다. 그러나 3층 구조 거북선은 2층 구조 거북선에 비해 무게 중심이 높아 복원력이 낮다. 2층 구조 거북선이 오랫동안 정설로 인정받았던 이유도 바로 이 복원력 문제 때문이었다. 거북선의 복원력과 관련된 직접적인 기록은 없으나 3층 구조인 판옥선이 복원력을 상실하여 전복된 사건은 이순신 장군이 선조에게 보고한 장계에서 찾을 수 있다. 따라서 실제 전투 상황에서 군인들의 우발적인 행동과 무기의 배치에 따른 무게 중심의 변화까지 고려하면 2층 구조가 3층 구조보다 안정적임은 분명하다. 또한 3층 구조설은 3층에 화포를 설치했음에도 왜 격군들이 있는 2층 공간에 포혈*을 뚫었는가를 설명하지 못한다. 거북선이 판옥선 3층에 지붕을 올린 구조라면 2층 구조 거북선과 달리, 격군이 있는 2층 공간은 판옥선과 마찬가지로 방패 판으로 막혀 있어야 하지만, 현재 남아 있는 거북선 그림들은 2층 격군들이 있는 공간에도 포혈이 뚫려 있기 때문이다.

01 내용 전개 방식 파악하기

윗글의 특징으로 적절한 것은?

① 중심 소재와 관련된 용어를 구체적으로 설명하고 있다.
② 중심 소재에 대한 상반된 주장과 그 장단점을 설명하고 있다.
③ 중심 소재가 갖는 문제점과 그로 인한 영향을 제시하고 있다.
④ 중심 소재의 발전 과정을 시간의 흐름에 따라 요약하고 있다.
⑤ 전문가의 말을 인용하여 중심 소재가 나아갈 올바른 방향을 주장하고 있다.

02 세부 내용 이해하기

윗글에 대한 이해로 적절하지 않은 것은?

① 기존의 판옥선은 3층 구조로 되어 있다.
② 무게 중심이 높을수록 복원력은 작아진다.
③ 우리가 알고 있는 거북선은 기록을 토대로 제작된 것이다.
④ 격군과 전투원이 같은 공간에 있을 경우 전투의 효율성이 떨어진다.
⑤ 이순신 장군의 장계에는 2층 구조설과 3층 구조설의 근거가 모두 제시되어 있다.

중요 03 구체적 사례에 적용하기

윗글을 바탕으로 보기 의 ㉠, ㉡을 이해한 내용으로 적절하지 않은 것은?

보기

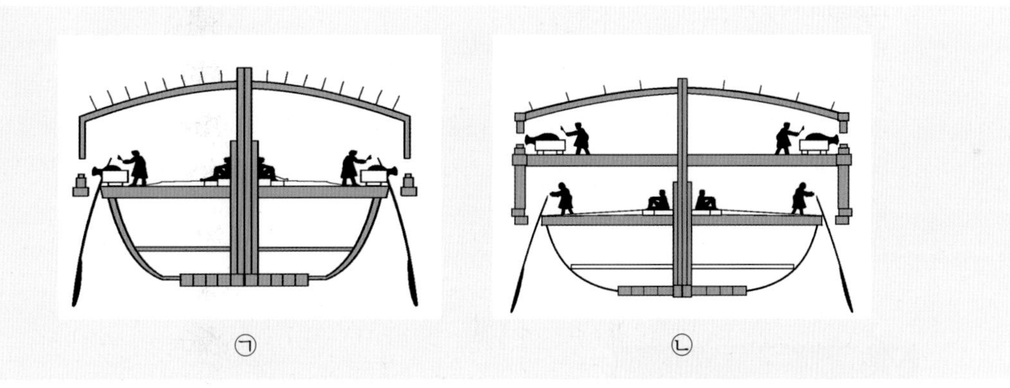

① ㉠과 ㉡ 모두 2층 공간에 포를 쏠 수 있게 구멍을 뚫어 놓았겠군.
② ㉠은 ㉡과 달리 무게 중심이 낮아 방향을 급히 바꿔도 안정적이겠군.
③ ㉠은 ㉡과 달리 실제 전투 상황에 따른 무게 중심의 변화까지 고려한 설계라고 볼 수 있겠군.
④ ㉡은 ㉠과 달리 지붕에 쇠못이나 칼, 송곳 등을 꽂음으로써 적군의 침입을 방지했겠군.
⑤ ㉡은 ㉠과 달리 당시 해양 전쟁에서의 주된 돌격 방법에 대비하여 장치를 개발할 필요가 없었겠군.

서답형 04 세부 내용 추론하기

ⓐ~ⓒ에 들어갈 말로 적절한 것을 차례대로 쓰시오.

현재 남아 있는 기록에 따르면, 거북선은 (ⓐ)와/과 달리 2층에 포혈이 뚫려 있다는 점에서 (ⓑ) 구조설보다 (ⓒ) 구조설이 유력하다.

문제풀이

04강

문학 – 고전운문

송인 _ 정지상

| 정답 및 해설 | 25쪽

한방에! 개념정리

한방에! 핵심정리

갈래	한시(칠언 절구)
성격	서정적, 애상적, 체념적
주제	사랑하는 임과의 이별로 인한 슬픔
특징	① 도치법, 과장법, 설의법을 사용하여 이별의 정한을 극대화함. ② 시각적 이미지를 효과적으로 사용하여 화자의 슬픔을 드러냄. ③ 이별의 상황에 처한 화자와 아름다운 자연의 모습을 대조하여 표현함.
해제	이 작품은 작가의 고향인 대동강을 배경으로 하여 임을 떠나보내는 슬픔을 읊은 것으로, 우리나라 한시 중 송별시의 걸작으로 손꼽힌다. 특히 1, 3행의 아름다운 자연의 모습과 2, 4행의 화자의 모습을 대조함으로써 이별의 정서를 심화하고 있다. 또한 이별의 눈물을 대동강 물과 동일시하며 슬픔의 깊이를 확대시키고 있다.

※ 다음 글을 읽고 물음에 답하시오.

비 갠 긴 언덕에는 **풀빛**이 푸른데
남포에서 임 보내며 **슬픈 노래** 부르네
대동강 물이야 어느 때 마를 것인가
해마다 **이별 눈물** 푸른 물결에 보태질 터인데

雨歇長堤草色多　(우헐장제초색다)
送君南浦動悲歌　(송군남포동비가)
大同江水何時盡　(대동강수하시진)
別淚年年添綠波　(별루년년첨록파)

- 정지상, 〈송인〉 -

한방에! 지식더하기

한시의 형식

한시는 한자로 기록된 시로, 일반적으로 중국의 것뿐만 아니라 한자 문화권에서 한자로 기록한 시를 모두 포함한다. 한시는 한 구를 이루는 한자의 개수와, 작품이 총 몇 구로 이루어졌는지에 따라 구별할 수 있다. 한 구가 다섯 자로 이루어져 있다면 오언, 일곱 자로 이루어져 있다면 칠언이다. 작품이 네 개의 구로 이루어져 있다면 절구, 여덟 개의 구로 이루어져 있다면 율시라고 한다. 이때 절구는 1~4구를 각각 기, 승, 전, 결로 나누어 살펴볼 수 있고, 율시는 두 구씩 묶어 수련, 함련, 경련, 미련으로 나눌 수 있다. 우리나라의 대표적인 오언 율시로는 이색의 <부벽루>가 있다.

한방에! 같이볼작품

어제 영명사를 지나다가　**昨過永明寺**[작과영명사]
잠시 부벽루에 올랐네　**暫登浮碧樓**[잠등부벽루]
텅 빈 성에 조각달 떠 있고　**城空月一片**[성공월일편]
천 년의 구름 아래 바위는 늙었네　**石老雲千秋**[석로운천추]
기린마는 떠나간 뒤 돌아오지 않으니　**麟馬去不返**[인마거불반]
천손은 지금 어느 곳에서 노니는가　**天孫何處遊**[천손하처유]
돌다리에 기대어 길게 휘파람 부노라니　**長嘯倚風磴**[장소의풍등]
산은 오늘도 푸르고 강은 절로 흐르네　**山青江自流**[산청강자류]

- 이색, <부벽루>

01 표현상의 특징 파악하기

윗글의 표현상의 특징으로 적절한 것은?

① 인간사와 자연사의 대조를 통해 이별의 정서를 심화하고 있다.
② 음성 상징어를 사용하여 아름다운 자연의 풍경을 강조하고 있다.
③ 먼 곳에서 가까운 곳으로 시선이 이동하며 화자의 정서가 강조되고 있다.
④ 처음과 마지막에 유사한 문장을 배치하여 형태적 안정감을 형성하고 있다.
⑤ 도치법을 사용하여 임과의 이별을 극복하고자 하는 의지를 보여 주고 있다.

02 시어의 의미 파악하기

윗글에 대한 설명으로 적절하지 않은 것은?

① '풀빛'은 아름다운 자연의 모습으로 화자와 대비되는 대상이다.
② '남포'는 화자와 임의 재회의 공간으로 구체적 지명을 통해 현장감을 높이고 있다.
③ '슬픈 노래'는 화자가 부르는 이별의 노래로 화자의 정서가 직접적으로 드러난다.
④ '대동강 물'은 '이별 눈물'과 동일시되며, 화자의 슬픔을 심화시킨다.
⑤ '이별 눈물'은 단순히 화자의 눈물이 아닌, 이별을 겪는 모든 사람들의 눈물을 가리킨다.

중요 03 작품 간의 공통점, 차이점 파악하기

윗글과 보기 를 비교한 내용으로 적절하지 않은 것은?

보기

구슬이 바위에 떨어진들
위 두어렁셩 두어렁셩 다링디리
끈이야 끊어지겠습니까
위 두어렁셩 두어렁셩 다링디리
천 년을 외롭게 살아도
위 두어렁셩 두어렁셩 다링디리
임을 사랑하고 있는 마음이야 끊어지겠습니까
위 두어렁셩 두어렁셩 다링디리

대동강이 넓은 줄을 몰라서
위 두어렁셩 두어렁셩 다링디리
배 내어 놓았느냐 사공아
위 두어렁셩 두어렁셩 다링디리
네 각시가 음탕한 짓을 하는 줄도 모르고
위 두어렁셩 두어렁셩 다링디리
떠나는 배에 내 임을 태웠느냐 사공아
대동강 건너편 꽃을
위 두어렁셩 두어렁셩 다링디리
배를 타면 꺾을 것입니다
위 두어렁셩 두어렁셩 다링디리

- 작자 미상, 〈서경별곡〉

① 윗글과 〈보기〉 모두 대동강을 배경으로 시가 전개되고 있다.
② 윗글과 〈보기〉 모두 설의적 표현을 사용하여 화자의 정서를 효과적으로 드러내고 있다.
③ 〈보기〉는 윗글과 달리 일정한 후렴구를 사용하여 운율을 형성하고 있다.
④ 〈보기〉는 윗글과 달리 과장법을 활용하여 이별의 슬픔을 극대화하고 있다.
⑤ 윗글은 〈보기〉와 달리 선명한 색채 표현을 활용하여 이별의 정서를 심화하고 있다.

서답형 04 표현상의 특징 이해하기

보기 에서 설명하고 있는 표현 기법이 활용된 시구의 첫 어절과 마지막 어절을 찾아 쓰시오.

보기

의문문의 형식을 빌려 말함으로써 독자가 한 번 더 생각해보도록 만드는 표현 기법

04강

문학 – 현대소설

촌놈과 떡장수 _ 이금이

| 정답 및 해설 | 26쪽

한방에! 개념정리

한방에! 핵심정리

갈래	단편 소설, 성장 소설
성격	교훈적, 서사적
주제	성장 과정에서 겪게 되는 친구와의 갈등과 해결
특징	① 주인공의 내면 심리가 잘 나타나 있음. ② 현재의 갈등 상황을 통해 과거를 성찰하고 있음.
해제	이 작품은 시골에서 도시로 전학을 온 소년이 새로운 친구를 사귀는 과정에서 겪는 갈등을 소재로 하고 있다. 1인칭 주인공 시점으로 진행되기 때문에 주인공의 내면 심리의 변화가 구체적으로 묘사되어 있는 것이 특징이며 두 소년의 갈등과 갈등이 해소되는 과정을 통해 소년들의 성장을 엿볼 수 있다.

※ 다음 글을 읽고 물음에 답하시오.

[앞부분 줄거리] 시골에서 도시로 전학온 '나'는 친구들에게 '촌놈'이라 불리며 무시를 당한다. 반 친구들에게 무시를 당하면서, '나'는 자신이 무시했던 시골의 친구 광식이를 떠올린다. 어느 날, '나'는 피시방에서 같은 반 장수를 만나 함께 게임을 한다.

학교에 가는데 콧노래가 저절로 나왔습니다. 이제 학교에 가면 마주 보며 웃을 친구가 생겼으니까요. 다른 녀석들도 내가 장수와 친구가 된 걸 알면 깜짝 놀라겠죠. 앞으로 날 무시하지 못할 거예요.

장수를 교문 앞에서 만났습니다. 장수는 동준이와 걸어가고 있었어요. 다른 아이들에게도 우리가 친구 사이란 걸 알려 주고 싶었습니다.

"장수야, 장수야!"

장수와 동준이가 돌아보았습니다. 난 신주머니를 휘두르며 뛰어갔지요. 하지만 장수의 얼굴을 보는 순간, 나는 큰 잘못을 저지른 것처럼 얼굴이 화끈 달아올랐습니다. 장수가 날 바라보는 눈빛 때문이었습니다. 어제 피시방에서 함께 게임을 한 것이 꿈이었나 하는 착각이 들 만큼 날 무시하는 눈빛이었습니다.

동준이가 나와 장수를 번갈아 보았습니다. 나는 점점 눈 둘 데가 없어졌습니다.

"촌놈이 무슨 일로 날 부르냐?"

비웃음까지 담고 있는 장수를 보자 모욕당한 기분이 들었습니다.

장수 앞에서 발걸음을 돌리는데, 문득 내가 아이들과 어울려 웃고 떠들 때 먼발치에서 나를 바라보던 광식이의 눈길이 떠올랐습니다. 한 명이라도 함께 놀 친구가 있으면 자기를 무시해 버렸던 날 광식이는 어떻게 생각했을까요?

며칠 뒤 나는 장수를 또 피시방에서 만났습니다. 이번엔 내가 먼저 가서 하고 있는데 장수가 왔습니다.

"어? 촌놈 또 왔네. 언제 왔냐?"

날 모르는 척할 때는 언제고, 아무렇지도 않은 얼굴로 내게 말을 거는 장수에게 화가 치밀어 올랐습니다. 나는 함부로 별명을 부르며 무시해도 괜찮은 아이가 아닙니다. 아는 척만 해 주어도 감지덕지 고마워하는 광식이 같은 아이가 아닙니다. 도시 아이들에게 주눅이 들어 있었던 건 사실이지만 더 이상 참을 수는 없었습니다.

"네가 무슨 상관이냐? 그리고 내가 촌놈이면 넌 떡장수다."

나는 장수를 째려보면서 말했어요. 이름 탓이기도 했지만 하고 많은 장수 중에 왜 떡장수가 떠올랐는지 모르겠어요. 아마도 내가 떡이라면 자다가도 일어날 만큼 좋아하기 때문인 모양입니다.

"뭐라고?"

장수의 얼굴이 시뻘게졌어요. 그 모습을 보자 복수를 해 준 것 같아 통쾌했습니다.

하지만 싸움까지 할 생각은 정말 없었습니다. 그런데 장수 녀석이 먼저 때리는 거예요. 난 맞고도 가만히 있을 만큼 바보가 아닙니다. 장수 녀석쯤은 거뜬히 이길 수 있다고 생각했습니다. 하지만 장수는 만만한 상대가 아니었습니다.

[중간 부분 줄거리] '나'는 장수가 '나'와 싸운 일을 소문낼거라 생각했지만, 장수는 소문내지 않았다. 장수는 여전히 '나'를 무시했지만, '나'는 계속해서 장수가 눈에 밟힌다.

그날 나는 학원 차를 놓쳤습니다. 학원 선생님이 내 준 문제를 풀고 나오니까 학원 차가 가 버린 거예요. 나는 다음 차를 기다리느니 걸어가기로 마음먹었습니다. 노랗게 물든 은행나무 가로수가 날 꼬드겼는지도 모릅니다. 은행나무 잎이 깔린 보도블록은 시골길처럼 폭신했습니다. 다시 한번 광식이와 시골길을 걸을 수 있다면 이젠 내가 광식이 가방을 들어 주고 싶습니다. 다른 아이들한테 광식이가 내 친구라는 것을 알려 주고 싶습니다.

지하도를 건너려던 나는 깜짝 놀라 걸음을 멈추었습니다. 지하도 입구엔 떡 파는 할머니가 있었습니다. 엄마와 함께 지나가다 떡을 사 먹은 적이 여러 번 있습니다. 할머니의 손자도 나와 같은 학년이라고 했습니다. 그 사실을 안 할머니는 덤으로 떡 한 개씩을 더 주곤 했습니다. 마치 돌아가신 우리 할머니 같았어요. 그런데 그 할머니 대신 장수가 떡 그릇 앞에 앉아 있는 것입니다.

나와 눈이 마주친 장수가 새빨개진 얼굴로 벌떡 일어나더니 어쩔 줄 몰라 했습니다. 나는 장수가 왜 그러는지 알 수가 없어 멀뚱히 바라보고 서 있었습니다. 그때 떡장수 할머니가 돌아왔습니다.

"아이고, 우리 장수가 마침 안 지나갔으면 할미 오줌 쌀 뻔했네. 누가 보기 전에 어여 집에 가거라."

떡장수 할머니가 장수에게 말했습니다. 장수 할머니가 떡장수였다니요! 잘 사는 집 아인 줄 알았는데 떡장수 할머니의 손자였다니요!

내가 떡장수라고 하자 새빨개지던 장수 얼굴이 생각났습니다. 장수 할머니가 떡장수인 줄 정말 몰랐습니다. 장수에게 큰 실수를 한 것 같아 얼굴을 마주 볼 수가 없었습니다. 나는 얼른 그 자리에서 도망치고 싶었습니다. 막 걸음을 옮기려는데 장수 할머니가 날 보았습니다. 나는 할 수 없이 인사를 했습니다.

"그래. 오늘은 혼자구나. 엄마는 안녕하시지?"

장수와 눈이 마주쳤습니다. 나는 눈길을 피하며 입속말로 "네." 했습니다.

"단골손님을 그냥 보낼 수야 없지. 너 인절미 좋아하지? 옜다, 가면서 먹어라."

할머니가 콩고물이 묻은 인절미 몇 개를 비닐봉지에 넣어 주었어요. 나는 장수의 눈길을 피한 채 떡 봉지를 받아 들었습니다. 그러곤 꾸벅 인사를 한 뒤 지하도 계단을 내려 왔습니다.

"할미가 일찍 가서 저녁 주마."

할머니가 장수에게 하는 이야기가 들려왔습니다. 지하도를 건너 계단을 오르다 힐끗 돌아보니 장수가 뒤에 오고 있었습니다.

지하도를 빠져 나오니 애완동물 파는 아저씨가 있었습니다. 강아지 구경을 하는 척하면서 꾸물거리는데 장수가 내 곁을 쓱 지나쳐 갔습니다. 나는 장수 뒷모습을 보면서 걸어갔습니다.

[뒷부분 줄거리] '나'는 장수를 떡장수라고 불렀던 것을 사과하고, 장수는 '나'의 사과를 받아들이고 화해한다.

- 이금이, 〈촌놈과 떡장수〉 -

＊전체 줄거리

시골에서 전학 와 반 친구들에게 '촌놈'이라고 놀림을 받던 '나'는 피시방에서 공부도 잘하고 인기도 많은 장수를 만나 함께 게임을 한다. '나'는 장수와 게임을 한 이후, 장수와 친구가 되었다고 생각했으나 학교에서 만난 장수는 '나'를 촌놈이라 부르며 무시한다. 피시방에서 다시 만난 장수가 '나'를 촌놈이라 부르며 아는 척하자 '나'는 장수를 떡장수라고 놀렸고 결국 싸움이 벌어진다. 그날 이후 '나'는 장수가 학교에 '나'와 싸운 일을 소문냈을 거라 생각하지만 장수는 아무런 이야기를 하지 않았다. 어느 날 지하도 앞에서 할머니 대신 떡을 팔고 있는 장수를 마주친 '나'는 장수가 왜 떡장수라는 말에 화를 냈는지 이해하게 된다. '나'는 장수에게 떡장수라고 말한 것을 사과하고 장수는 '나'에게 함께 게임을 하자고 제안한다.

01 핵심 내용 파악하기

윗글에 대한 설명으로 적절하지 않은 것은?

① 장수의 할머니는 '나'에게 종종 떡을 한 개씩 더 주곤 했다.
② '나'는 강아지를 구경하는 척하다 장수를 발견하고 장수를 따라갔다.
③ '나'는 서울로 전학을 온 이후 광식이에게 했던 행동들을 반성하고 있다.
④ '나'는 장수의 할머니가 떡장수라는 사실을 알고 장수에게 '떡장수'라고 했다.
⑤ 장수는 '나'와 어울렸다는 사실을 친구들에게 들키고 싶지 않아 '나'를 무시했다.

02 인물의 심리 파악하기

윗글에 나타난 갈등 상황에 대한 설명으로 적절하지 않은 것은?

① '나'가 장수의 뒤를 따라간 것은 장수와의 갈등을 해소하기 위함이다.
② '나'는 장수와의 갈등으로 인해 과거를 성찰하며 내적 갈등을 겪고 있다.
③ '나'는 공부도 잘하고 인기도 많은 장수를 질투하며 장수와 갈등을 겪고 있다.
④ '나'와 장수의 갈등이 심화된 것은 '나'가 장수에게 떡장수라고 놀렸기 때문이다.
⑤ '나'와 장수가 갈등을 겪게 된 것은 장수가 동준의 앞에서 '나'를 '촌놈'이라 불렀기 때문이다.

중요 03 외적 준거를 참고하여 작품 감상하기

보기 를 참고하여 윗글을 감상한 내용으로 적절하지 않은 것은?

보기

〈촌놈과 떡장수〉는 1인칭 주인공 시점으로 이야기가 전개된다. 주인공 '나'가 바로 화자가 되어 자기 자신의 이야기를 하고 있기 때문에 독자의 감정에 직접 호소하는 힘을 갖거나, 진술하고자 하는 내용의 신뢰감을 높일 수 있다. 그러나 타인의 내면을 들여다볼 수 없기 때문에 객관적으로 판단하기 어렵다.

① '나'가 처한 상황을 생생하게 감상할 수 있군.
② '나'의 내면 심리가 효과적으로 묘사되고 있군.
③ '나'는 객관적 태도로 눈에 보이는 것을 묘사하여 서술하고 있군.
④ '나'가 아닌 다른 인물의 생각이나 감정은 중립적으로 바라봐야겠군.
⑤ '나'는 자신이 겪은 일을 구어체를 사용하여 친근하게 전달하고 있군.

서답형 04 세부 내용 이해하기

㉠, ㉡에 들어갈 말로 적절한 것을 차례대로 쓰시오.

'나'가 자신을 (㉠)(이)라고 부르는 장수에게 "넌 떡장수다."라고 한 것은 장수의 이름이 '장수'인데다가, 나도 모르게 평소에 좋아하던 (㉡)이/가 생각났기 때문이다.

문제풀이

복습하기

작문

1 □□	예로부터 전해오는, 짧으면서도 교훈을 담고 있는 말 예 낮말은 새가 듣고 밤말은 쥐가 듣는다.
2 □□이나 명언	오랜 역사적 생활 체험을 통해 이루어진 인생의 교훈이나 경계 등을 간결하게 표현한 짧은 글 예 아는 것이 힘이다.
3 □□ □□	둘 이상의 단어가 합쳐져 원래의 뜻과는 전혀 다른 새로운 뜻으로 굳어져서 쓰는 표현 예 벼 이삭은 익을수록 고개를 숙인다.

독서

1문단	4 □□□의 구조에 관한 다양한 주장
2문단	5 □□ 구조설의 특징
3문단	6 □□ 구조설의 특징과 한계

문학 - 송인(정지상)

1행	비 온 뒤 언덕의 싱그러운 7 □□ → 자연사
2행	8 □□에서 임을 보내는 화자의 슬픔 → 인간사
3행	마르지 않는 9 □□□ 물 → 자연사
4행	10 □□의 정한과 눈물 → 인간사

문학 - 촌놈과 떡장수(이금이)

'나'는 장수와 친구가 되었다고 생각했지만, 학교에서 마주친 장수는 나를 '11 □□'이라 부르며 무시함.

⬇

피시방에서 다시 만난 장수가 '11 □□'이라고 하자, '나'는 장수를 '12 □□□'라고 놀려 싸움이 벌어짐.

⬇

'나'는 집에 가는 길 지하도 앞에서 할머니 대신 13 □을 팔고 있는 장수와 마주침.

⬇

'나'는 장수에게 사과하기 위해서 장수의 뒤를 따라감.

정답 1 속담 2 격언 3 관용 표현 4 거북선 5 2층 6 3층 7 풀빛 8 남포 9 대동강 10 이별 11 촌놈 12 떡장수 13 떡

한수

05

Contents

05강

문법

문장의 성분 (1) 주성분

| 정답 및 해설 | 29쪽

✓ 한방에! 개념정리

✓ 한방에! 핵심정리

* **문장 성분과 품사의 차이**
- **문장 성분**: 문장 안에서 단어가 어떤 역할을 하는지에 따라 구분함. 띄어쓰기 단위와 일치하고, 조사나 쓰는 위치에 따라 같은 단어라 하더라도 문장 성분이 달라질 수 있음.
- **품사**: 단어를 의미에 따라 구분함. 형태가 달라져도 품사는 변하지 않음.

* **주어가 다른 성분에 영향을 주는 예시**

예 어머니께서 집을 나가셨다.
→ 주어인 '어머니'를 높이기 위해 서술어에 주체 높임 선어말 어미 '-시-'가 사용됨.

* **주성분이 생략되는 경우**
- 주어
  예 "지금 뭐 해?"
  → 주어 '너는'이 생략됨.
- 서술어
  예 "뭐 먹을래?" "나는 밥."
  → 서술어 '먹을래'가 생략됨.

1 주성분

① **개념**: 문장의 골격을 이루는 필수적인 성분
② **특징**: 주성분이 생략되면 의미가 제대로 전달되지 않음.
③ **종류**: 주어, 서술어, 목적어, 보어

2 주어

① **개념**: 동작이나 상태의 주체를 나타내는 문장 성분. '누가/무엇이'에 해당함.
② **실현 방식**

체언+주격 조사	주격 조사: '이/가, 께서, 에서' 예 민희가 장학금을 받는다.
체언+보조사	보조사: '은/는, 만, 뿐, 밖에, 도' 예 민희만 장학금을 받는다.
주격 조사 생략	예 민희 장학금을 받는대.

3 서술어

① **개념**: 주어의 동작, 상태, 성질을 설명하는 문장 성분. '어찌하다/어떠하다/무엇이다'에 해당함.
② **실현 방식**

용언	민희가 웃는다.
체언+서술격 조사	서술격 조사: '이다' 예 민희는 학생이다.

4 목적어

① **개념**: 동작의 대상이 되는 문장 성분. '누구를/무엇을'에 해당함.
② **실현 방식**

체언+목적격 조사	목적격 조사: '을/를' 예 민희는 책을 읽는다.
체언+보조사	보조사: '만/만을' 예 민희는 책만/책만을 읽는다.
목적격 조사 생략	예 민희는 책 읽어.

5 보어

① **개념**: 서술어 '되다, 아니다'가 주어 외에 필수적으로 요구하는 문장 성분.
② **실현 방식**

체언+보격 조사	보격 조사: '이/가' 예 민희는 언니가 되었다./민희는 어른이 아니다.

01 주성분 파악하기

밑줄 친 부분 중, 주성분에 해당하지 않는 것은?

① 꽃이 아름답게 피었다.
② 유민이는 반장이 되었다.
③ 나는 아이스크림을 먹었다.
④ 시우는 공부를 열심히 했다.
⑤ 모든 학생들은 학교에 간다.

02 문장 성분 파악하기

밑줄 친 부분의 문장 성분이 잘못 연결된 것은?

① 그것은 사실이 아니다. → 보어
② 민수는 노래만 잘한다. → 부사어
③ 지혜는 어제 밥을 먹었다. → 서술어
④ 너 언제 부산에 갈 예정이야? → 주어
⑤ 주말 동안 나영이는 드라마를 하루 종일 봤다. → 목적어

중요 03 주성분 파악하기

보기 의 ㉠~㉣에 대한 설명으로 적절하지 않은 것은?

보기

㉠ 학교에서 운동회를 개최하기로 결정했다.
㉡ 나는 학교에서 상우를 만났다.
㉢ 물이 얼음이 되었다.
㉣ 물이 얼음으로 되었다.

① ㉠과 ㉡ 모두 주성분인 목적어가 사용되었다.
② ㉠의 '학교에서'는 ㉡의 '학교에서'와 달리 주어로 사용되었다.
③ ㉢과 ㉣의 주어는 모두 '물이'이다.
④ ㉢의 '얼음이'와 ㉣의 '얼음으로'는 모두 보어에 해당한다.
⑤ ㉠~㉣은 모두 용언을 서술어로 사용하였다.

서답형 04 문장 성분과 품사의 특징 비교하기

다음은 문장 성분과 품사를 비교한 것이다. 빈칸에 들어갈 말로 적절한 것을 골라 차례대로 쓰시오.

(문장 성분 / 품사)은/는 (문장 성분 / 품사)와/과 달리 조사나 쓰는 위치에 따라 같은 단어라 하더라도 달라질 수 있다.

문제풀이

05강

독서 – 예술(사진)

사진의 연출

| 정답 및 해설 | 29쪽

✓ 한방에! 개념정리

✓ 한방에! 핵심정리

주제	사진의 연출에 관한 두 가지 견해
해제	이 글은 연출에 관한 두 가지 견해를 비교하여 설명하고 있다. 사진에서의 촬영은 작가의 생각이나 느낌을 카메라를 통해 표현하는 과정이며, 성공적으로 촬영하기 위해서 연출이 활용된다. 그런데 일부 사진작가들은 연출을 현실에 대한 왜곡이자 거짓이라고 생각한다. 따라서 이들은 연출을 부정하며, 연출을 기록적 가치 자체를 파괴하는 행위로 판단한다. 그러나 이와 반대로 연출을 긍정적으로 바라보는 사진작가들은 현실을 더 현실답게 묘사하기 위해서는 연출이 필수적이며, 사진은 결코 객관적일 수 없기 때문에 작가의 주관이 작용할 수밖에 없다고 주장한다.

＊문단 중심 내용

1문단	사진에서의 촬영의 개념
2문단	좁은 의미와 넓은 의미에서의 연출의 개념
3문단	연출에 대한 부정적 견해
4문단	연출에 대한 긍정적 견해

※ 다음 글을 읽고 물음에 답하시오.

사진에서 촬영이란 작가의 생각이나 느낌을 카메라를 통해 표현하는 과정을 말한다. 촬영이 끝나면 작가의 모든 표현은 끝난다. 셔터를 누른 순간 촬영은 끝이 나며 작가의 의도는 어떤 방식으로든 사진에 드러나기 때문이다. 사진이 자동적으로 영상을 형성한다고는 하지만, 어떤 피사체를 골라 최선의 프레임을 정하고, 알맞은 순간에 셔터를 누르는 것은 순전히 작가의 몫이다. 작가의 눈을 통해 드러난 현실이 현실로 되는 것이며, 그 작가의 눈을 통한 현실에 우리는 공감을 하기도 하고 반감을 나타내기도 한다. 그러므로 성공적인 사진 촬영을 위해 때때로 연출이 활용되곤 한다.

연출이란 좁은 의미로 작가가 어떤 효과를 얻기 위해 피사체를 인위적으로 수정하고 조절하는 행위를 가리킨다. 반면, 넓은 의미로써의 연출은 작가가 목적에 맞는 사진을 만들기 위해 행하는 모든 기술을 가리키는 말이다. 사진을 찍기 위해 알맞은 피사체를 고르는 일에서부터 앵글이나 거리를 정하고, 노출을 주며, 셔터를 누를 때까지의 모든 조작 행위가 연출에 해당하는 것이다.

그러나 일부 사진작가들은 이러한 연출을 부정적으로 바라본다. 사진작가는 현실에서 그가 발견한 진실을 있는 그대로 기억하고 보고하는 증인으로서 그 존재 가치를 인정받아야 한다는 것이다. 또한 ㉠ 이들은 연출이란 곧 현실에 대한 왜곡이며 거짓이라 여겼다. 연출은 사진의 자동적 기록성을 모독하는 것으로 영상의 기록적 가치 자체를 파괴하는 행위라는 것이다. 따라서 연출이란 그들에게 절대로 용납될 수가 없었다.

이에 반해 사진에서의 연출을 긍정적으로 여기는 작가들도 있다. ㉡ 이들은 '거짓'과 '연출'을 별개의 것으로 여긴다. 즉 연출은 거짓 영상을 만들기 위해서가 아니라 작가가 인식한 현실을 보다 더 현실답게, 적어도 작가의 인식에 가장 가깝게 묘사하고 표현하기 위해서 필요한 것이라고 본다. 무엇보다도 사진은 절대로 객관적일 수 없으며, 사진이 현실을 그대로 재현하는 것은 도저히 불가능하다는 것이다. 사진이 절대로 객관적일 수 없다는 것은 우선 어떤 대상을 피사체로 골랐느냐 하는 문제로부터 시작된다. 많은 사물들 중에서 하필 그것을 골랐다는 것은 분명 작가의 주관이 작용했다는 것을 뜻하기 때문이다.

01 세부 내용 파악하기

윗글을 읽고 답변할 수 있는 질문으로 적절하지 않은 것은?

① 사진에서 작가의 표현은 어느 순간에 끝나는가?
② 피사체에 맞는 프레임을 정하는 기준에는 무엇이 있는가?
③ 작가의 눈을 통해 드러난 현실에 우리는 어떻게 반응하는가?
④ 성공적인 사진 촬영을 위해 작가가 활용하는 것은 무엇인가?
⑤ 작가가 목적에 맞는 사진을 만들기 위해 행하는 조작 행위에는 무엇이 있는가?

02 세부 내용 이해하기

윗글에 대한 설명으로 적절하지 않은 것은?

① 연출은 작가가 셔터를 누른 순간 끝이 난다.
② 촬영은 작가의 생각을 카메라를 통해 표현하는 과정이다.
③ 작가의 의도가 사진에 드러나지 않을수록 좋은 촬영이다.
④ 촬영된 사진을 통해 현실에 대한 작가의 인식을 알 수 있다.
⑤ 좁은 의미에서의 연출이란 피사체를 인위적으로 수정하고 조절하는 행위이다.

중요 03 구체적 사례에 적용하기

윗글에서 ㉠, ㉡의 관점에 따라 보기 를 이해한 내용으로 적절한 것은?

보기

20세기 가장 유명한 사진 중 하나인 사진작가 로베르 두아노의 이 작품은 전 세계적으로 청춘의 사랑과 파리의 낭만을 상징하는 사진으로 사랑을 받았으나, 이 사진이 연출된 것임이 밝혀지자 큰 논란에 휩싸였다.

① ㉠은 ㉡과 달리 현실에서 작가가 발견한 진실을 있는 그대로 기억하고 보고하였다고 생각했을 것이다.
② ㉡은 ㉠과 달리 현실을 왜곡한 것이므로 거짓이라고 여겼을 것이다.
③ ㉡은 ㉠과 달리 작가의 인식이 사진에 묘사되어 있으므로 바람직하다 여겼을 것이다.
④ ㉠, ㉡ 모두 영상의 기록적 가치 자체를 파괴하는 행위라 보았을 것이다.
⑤ ㉠, ㉡ 모두 작가가 느낀 현실을 보다 현실답게 전달하기 위해 노력하였다고 생각했을 것이다.

서답형 04 구체적 사례에 적용하기

보기 를 참고하여, 빈칸에 들어갈 말로 적절한 것을 골라 차례대로 쓰시오.

보기

모금을 유도하기 위해 곤경에 처한 사람들의 상황을 자극적으로 묘사하여 동정심을 불러일으키는 영상이나 사진 등을 '빈곤 포르노'라고 부른다. 실제로 한 매체에서 빈곤층의 아이들의 모습을 담은 영상을 송출하고 수억 달러에 이르는 금액을 모금한 사례도 있다. 그러나 빈곤 포르노는 영상을 자극적으로 연출하기도 하며, 실제를 왜곡하기도 한다.

〈보기〉에 따르면 연출을 (긍정 / 부정)하는 사진작가들은 '빈곤 포르노'가 현실을 묘사한 사진을 통해 공감을 불러일으킬 수 있다고 생각하겠지만, 연출을 (긍정 / 부정)하는 사진작가들은 해당 사진들의 존재 가치를 부정하였겠군.

문제풀이

05강

문학 – 현대시

접동새 _ 김소월

| 정답 및 해설 | 31쪽

✔ 한방에! 개념정리

✔ 한방에! 핵심정리

갈래	자유시, 서정시
성격	애상적, 민요적, 향토적
주제	애절한 혈육의 정
특징	① 음성 상징어를 통해 혈육에 대한 정을 표출함. ② 서북 지방의 접동새 설화를 제재로 하여 시상을 전개함. ③ 민요적 율격(7·5조, 3음보)을 사용하여 향토적 정서를 효과적으로 표현함.
해제	이 작품은 서북 평안도 지역에서 내려오는 접동새 설화를 모티프로 하여 애절한 혈육의 정을 형상화하고 있다. 시 속에 등장하는 '접동새'를 통해 우리 민족의 보편적이고 전형적인 정서인 한을 드러내고 있다. 또한 민요적 가락과 우리말의 어감을 잘 살리고 있는 것이 이 작품의 특징이다.

✔ 한방에! 어휘풀이

- ⋆ **아우래비**: 아홉 오라비.
- ⋆ **가람**: '강', '호수'의 옛말이다.
- ⋆ **불살워**: '몹시 서러워'의 평안도 방언.
- ⋆ **시새움**: 자기보다 잘되거나 나은 사람을 공연히 미워하고 싫어함. 또는 그런 마음.
- ⋆ **야삼경(夜三更)**: 하룻밤을 오경(五更)으로 나눈 셋째 부분. 밤 열한 시에서 새벽 한 시 사이이다.

※ 다음 글을 읽고 물음에 답하시오.

접동
접동
아우래비* 접동

진두강 가람* 가에 살던 누나는
진두강 마을에
와서 웁니다.

옛날, 우리나라
먼 뒤쪽의
진두강 가람 가에 살던 누나는
의붓어미 시샘에 죽었습니다.

누나라고 불러 보랴
오오 불설워*
시새움*에 몸이 죽은 **우리 누나**는
죽어서 [접동새]가 되었습니다.

아홉이나 남아 되던 오랩동생을
죽어서도 못 잊어 차마 못 잊어
야삼경* 남 다 자는 밤이 깊으면
이 산 저 산 옮아가며 슬피 웁니다.

- 김소월, 〈접동새〉 -

01 표현상의 특징 파악하기

윗글의 표현상의 특징으로 적절하지 않은 것은?

① 화자의 정서가 직접적으로 표출되고 있다.
② 방언을 활용하여 향토성을 강화하고 있다.
③ 유사한 통사 구조를 반복하여 운율을 형성하고 있다.
④ 음성 상징어를 활용하여 애상적 분위기를 형성하고 있다.
⑤ 색채어를 활용하여 시적 대상에 대한 그리움을 형상화하고 있다.

02 세부 내용 파악하기

윗글의 접동새가 의미하는 것으로 적절하지 않은 것은?

① 한 가족의 비극
② 의붓어미의 시샘
③ 화자의 그리움의 대상
④ 억울하게 죽은 누나의 혼
⑤ 우리 민족이 지닌 전통적인 한의 표상

중요 03 외적 준거를 참고하여 작품 감상하기

보기를 참고하여 윗글을 감상한 내용으로 적절하지 않은 것은?

보기

〈접동새〉는 평안도 박천의 진두강 가의 한 소녀가 계모의 시기로 죽은 뒤 접동새가 되어 깊은 밤마다 동생들이 자는 창가에 와 슬피 울었다는 접동새 설화를 차용하였다. 작가는 억울하게 죽은 소녀의 사연을 통해 일제 강점기 당시 나라를 잃고 슬픔에 빠진 우리 민족의 한을 향토적으로 노래하고자 하였다.

① 윗글은 접동새와 관련된 설화의 내용을 요약적으로 제시하고 있군.
② 설화 속 '소녀'의 죽음에 대해 객관적인 시선을 유지하며 우리 민족의 비극성을 담담하게 드러내고 있군.
③ 첫 연에 '접동 / 접동 / 아우래비 접동'을 배치함으로써 설화에서 차용한 소재를 제시하고 있군.
④ '진두강 가람 가'라는 구체적 지명을 언급함으로써 설화의 향토적 정서와 현장성을 강화하고 있군.
⑤ 접동새 설화 속의 '소녀'를 '우리 누나'로 확장하여 개인에서 민족으로 주체가 확장되고 있군.

* 차용하다(借用하다): 돈이나 물건 따위를 빌려서 쓰다.

서답형 04 세부 내용 이해하기

빈칸에 들어갈 말로 적절한 시어를 윗글에서 찾아 쓰시오.

윗글의 화자는 죽은 누이를 그리워하는 오랩동생 중 한 명으로, 계모의 시샘으로 죽은 누나는 (　　　　)이/가 되어 화자의 곁을 떠나지 못하고 있다.

05강

문학 - 극수필

네모난 수박 _ 정호승

| 정답 및 해설 | 32쪽

한방에! 핵심정리

갈래	현대 수필
성격	비판적
주제	인간다움을 잃지 않는 삶에 대한 성찰
특징	① 일상적 소재를 통해 인간의 삶을 성찰함. ② 자연적인 본성을 억압하려고 하는 인간의 태도를 비판적으로 바라봄.
해제	이 작품은 네모난 틀에 넣어 수박을 네모나게 만드는 행위가 갖는 비인간성을 통해, 현대인의 삶에 대한 글쓴이의 비판적 인식을 드러내고 있다. 글쓴이는 인간으로서의 맛과 향기를 잃지 않는 삶의 중요성을 강조하고 있다.

※ 다음 글을 읽고 물음에 답하시오.

네모난 수박을 보고 충격을 받았다. 어릴 때 동화적 상상의 세계에서나 존재했던 네모난 수박이 물리적 현실의 세계에 존재하게 된 것은 정말 놀라운 일이 아닐 수 없다. 이는 '수박은 둥글다'는 기본 개념을 파괴해 버린 일이다. 이제 우리는 식탁에 올려진 네모난 수박을 늘 먹으면서 무슨 생각을 하게 될까. 별로 대수롭지 않게 그저 먹기에 편하고 맛있으면 그만이라고 생각하게 되지는 않을까.

정작 수박이 네모지면 운반하기에 편할 뿐만 아니라 보관하기에도 좋고 썰어 먹기에도 좋다고 한다. 그러나 수박의 입장에서는 여간 화가 나는 일이 아닐 것이다. 네모난 수박은 유전 공학자들에 의해 유전 인자*가 변형되어 만들어진 것이 아니라 네모난 인공의 틀 속에서 자라게 함으로써 단순히 외형만 바뀌도록 만들어진 것이다. 그러니까 둥글다는 내면의 본질은 그대로 둔 채 인위적으로 외형만 바뀐 것이다. 따라서 수박은 기형화된* 자신의 몸을 이해하고 받아들이기가 여간 힘들지 않을 것이다. 어쩌면 "둥글지 않으면 수박이 아니다. 둥글어야만 수박이다."라고 말하며 분노의 눈물을 흘릴지도 모른다.

네모난 수박을 만든 이들의 말에 의하면, 철제와 아크릴로 네모난 수박의 외형 틀을 만드는 데 무려 5년이라는 시간이 걸렸다고 한다. 수박꽃이 지고 계란 크기만 한 수박이 맺히기 시작하면 특수 아크릴로 만든 네모난 상자를 그 위에 씌우는데, 놀랍게도 수박이 자라면서 네모난 상자를 밀어내는 힘이 자그마치 1톤이나 되었다고 한다. 이렇게 수박의 생장력*이 너무나 강해 만드는 족족 외형 틀이 부서져 그 힘을 견딜 수 있도록 만들기가 여간 어렵지 않았다는 것이다. 결국 네모난 수박 재배의 성공 여부가 전적으로 수박의 생장력을 견뎌낼 만큼 튼튼한 아크릴 상자를 만들 수 있느냐에 달려 있었다는 것이다.

나는 그 말을 들으면서 네모난 틀 속에서 자라게 되는 한 알의 수박씨가 겪게 되는 고통에 대해서 생각해 보았다. 비록 햇볕과 공기와 수분을 예전과 똑같이 공급받을 수 있는 상태라 하더라도 어느 순간부터는 그만 네모난 틀의 형태에다 자신의 몸을 맞추어야만 하니 그 고통을 어떻게 견딜 수 있었을까.

처음 몸피*가 작을 때에는 아무런 고통 없이 원래의 본질대로 둥글게 자랄 것이다. 그러다가 차차 몸피가 커지고 일정 크기가 지나면서부터는 그만 네모난 틀의 형태와 똑같이 네모나지는 자신을 발견하고 참으로 참담했을 것이다. 어쩌면 그대로 죽고 싶은 심정이었을지도 모른다.

나는 네모난 수박을 한참 들여다보다가 비록 겉모양은 네모졌으나 수박으로서의 본질적인 맛과 향은 그대로일 것이라고 생각하면서 오늘을 사는 우리들이야말로 바로 이 네모난 수박과 같은 존재가 아닌가 하는 생각이 들었다. 예전의 우리 삶이 둥근 수박과 같은 자연적 형태의 삶이었다면, 지금은 외형을 중시하는 네모난 수박과 같은 인위적 형태의 삶을 살고 있다고 할 수 있다.

오늘 우리의 삶의 속도는 무척 빠르다. 변화의 속도가 너무 빨라 도무지 정신을 차릴 수 없다. 오늘의 속도를 미처 느끼기도 전에 내일의 속도에 몸을 실어야 한다. 그렇지만 네모난 수박이 수박으로서의 맛과 향기만은 잃지 않았듯이 우리도 인간으로서의 맛과 향기만은 결코 잃어서는 안 된다.

나는 아직도 냉장고에서 꺼내 먹는 수박보다 어릴 때 어머니가 차가운 우물 속에 담가 두었다가 두레박으로 건져 주셨던 수박이 더 맛있게 느껴진다. 이제 그런 목가적*인 시대는 지나고 말았지만, 모깃불을 피우고 평상에 앉아 밤하늘의 총총한 별들을 바라보면서 쟁반 가득 어머니가 썰어 온 둥근 수박을 먹고 싶다. 까맣게 잘 익은 수박씨를 별똥인 양 마당가에 힘껏 뱉으면서, 칼을 갖다 대기만 해도 쩍 갈라지는 둥근 수박의 그 경쾌한 목소리를 들으면서.

- 정호승, 〈네모난 수박〉 -

*구성

처음	네모난 수박을 처음 보았을 때의 충격
중간	네모난 수박과 현대 사회를 살아가는 인간의 공통점
끝	인간으로서의 맛과 향기를 잃지 않는 삶의 모습

한방에! 지식더하기

최근 일본 카가와현에서는 수박의 기존 관념을 깨는 네모 수박이 출하돼 인기몰이를 하고 있다. 이번에 개발된 네모 수박은 겉무늬는 기존의 수박과 비슷하지만 마치 네모난 주사위처럼 생긴 특이한 모습을 하고 있는 가운데 이 네모 모양을 만들기 위해서는 결실 초기 열매가 작을 때 플라스틱 용기에 넣어 열매를 이러한 모양으로 성장하도록 기르고 있는 것으로 알려졌다. (중략) 하지만 아직까지 미숙한 단계에서 수확하기 때문에 식용보다는 백화점이나 대형 과일 매장 전시용으로 많이 쓰이고 있으며 현재 이 네모 수박은 개당 1변의 길이가 19cm 정도이며 가격은 1만엔, 한화로 약 14만 5000원 정도에 판매되고 있다.

- 2012.06.29 국제신문, <네모 수박 개발, 일본서 인기만점...헐, 신기한데 가격이?>

일본엔 '사각형 수박'이 있다는 걸 알고 있나요? 이 수박은 일정 크기로 자라면 네모난 용기에 넣고 10일간의 성형 기간을 거쳐 재배됩니다. 냉장고 속 공간을 낭비하는 걸 막기 위해 이런 수박을 개발했다고 하네요. 신기하긴 합니다만, 인간의 욕망 탓에 본래의 모습을 잃어버렸다고 생각하니 안타까운 기분도 드네요.

- 2023.01.06 더스쿠프, <성형 수박>

출처: 네이버 카페

한방에! 어휘풀이

* 유전 인자(遺傳因子): 생물체의 개개의 유전 형질을 발현시키는 원인이 되는 인자. 염색체 가운데 일정한 순서로 배열되어, 생식 세포를 통하여 어버이로부터 자손에게 유전 정보를 전달한다.
* 기형화되다(畸形化되다): 형태나 모습이 비정상적으로 되다.
* 생장력(生長力): 나서 자라는 능력.
* 몸피: 몸통의 굵기.
* 목가적(牧歌的): 농촌처럼 소박하고 평화로우며 서정적인 것.

01 세부 내용 파악하기

'네모난 수박'에 대한 설명으로 적절한 것은?

① 수박이 다 자라면 네모난 상자를 수박 위에 씌운다.
② 유전 공학자들에 의해 유전자가 변형되어 만들어진다.
③ 인위적으로 외형을 바꿈으로써 내면의 본질도 변형시킨다.
④ 둥근 수박보다 보관하기에는 편하지만 운반하기에는 어렵다.
⑤ 네모난 수박을 만들기 위해서는 수박의 생장력을 견딜 수 있는 상자를 만드는 것이 중요하다.

02 핵심 내용 파악하기

윗글의 '나'가 '네모난 수박'을 통해 깨달은 내용으로 적절한 것은?

① 사회 변화의 속도에 맞춰 발 빠르게 대처해야 한다.
② 점차 빨라지는 삶 속에서 인간다움을 잃어서는 안 된다.
③ 때로는 인위적인 성장을 통해 자연적인 본성을 억압해야 한다.
④ 변해가는 사회 속에서 내면만큼이나 외형을 중시하는 삶을 살아야 한다.
⑤ 현대 사회를 살아가기 위해서는 네모난 수박과 같은 삶을 선택해야 한다.

중요 03 외적 준거를 바탕으로 작품 감상하기

보기 를 참고하여 윗글을 감상한 것으로 적절하지 않은 것은?

보기

수필은 내용에 따라, 글쓴이의 태도에 따라, 시대에 따라 여러 종류로 나누어 살펴볼 수 있다. 경수필은 일상생활에서 일어난 일을 소재로 가볍게 쓴 수필을 말한다. 글쓴이는 자신의 개인적인 경험을 형식의 제약 없이 주관적으로 작성하게 된다. 중수필은 자신의 개인적인 경험이 아니라 사회적인 경험, 즉 사회 문제를 소재로 다루는 수필이다. 사회적 문제를 다루기 때문에 철학적이고 객관적이며 논리적인 것이 특징이다. 수기는 자신이 겪은 일을 직접 기록한다는 점에서 경수필과 유사하지만, 어려움을 극복한 이야기를 소재로 한다는 점에서 차이를 보인다. 그렇기 때문에 수기는 비슷한 처지에 놓인 사람들에게 공감을 불러일으키고 용기를 준다. 마지막으로 설은 고전 수필의 하나로, 사물의 이치를 풀이한 뒤 자신의 의견을 덧붙인 글이다. 개인적 체험을 보편화하면서 교훈적인 내용을 담고 있는 것이 특징이다.

① '나'는 네모난 수박을 본 경험에 주관적인 감상을 덧붙여 서술하고 있군.
② 윗글은 구성상의 제약을 받지 않고 자유롭게 창작된 경수필에 해당하는군.
③ 네모난 수박을 관찰하고 있으나 주관적인 감상이 중심이 된다는 점에서 중수필과 차이를 보이는군.
④ 네모난 수박을 본 개인적 체험을 인간의 보편적 삶으로 확장하고 있다는 점에서 설과 유사성을 보이는군.
⑤ 외형 틀이 주는 압박을 이겨내는 네모난 수박을 통해 공감대를 형성하고 있다는 점에서 수기의 특징을 반영하고 있군.

서답형 04 작품의 주제 파악하기

빈칸에 들어갈 말로 적절한 것을 골라 차례대로 쓰시오.

'나'는 (네모난 / 둥근) 수박을 보고 (네모난 / 둥근) 수박과 같은 삶이 아닌 (네모난 / 둥근) 수박과 같은 삶을 살아야 할 것을 다짐하고 있다.

문제풀이

복습하기

문법

[1] □□□	• 문장의 골격을 이루는 필수적인 성분 • 주성분이 생략되면 의미가 제대로 전달되지 않음.	
	[2] □□	• 동작이나 상태의 주체를 나타내는 문장 성분 • '누가 / 무엇이'에 해당함.
	[3] □□□	• 주어의 동작, 상태, 성질을 설명하는 문장 성분 • '어찌하다 / 어떠하다 / 무엇이다'에 해당함.
	[4] □□□	• 동작의 대상이 되는 문장 성분 • '누구를 / 무엇을'에 해당함.
	[5] □□	서술어 '되다, [6] □□□'가 주어 외에 필수적으로 요구하는 문장 성분

독서

1문단	사진에서의 [7] □□의 개념
2문단	좁은 의미와 넓은 의미에서의 [8] □□의 개념
3문단	[8] □□에 대한 부정적 견해
4문단	[8] □□에 대한 긍정적 견해

문학 - 접동새(김소월)

1연	[9] □□□의 울음소리
2연	마을을 떠나지 못하는 [10] □□
3연	[11] □□□□의 시샘에 죽은 [10] □□
4연	죽어서 [9] □□□가 된 [10] □□
5연	죽어서도 동생들을 잊지 못하는 [10] □□

문학 - 네모난 수박(정호승)

처음	[12] □□□ □□을 처음 보았을 때의 충격
중간	[12] □□□ □□과 [13] □□ □□를 살아가는 인간의 공통점
끝	인간으로서의 맛과 [14] □□를 잃지 않는 삶의 모습

정답

1 주성분　2 주어　3 서술어　4 목적어　5 보어　6 아니다　7 촬영　8 연출　9 접동새　10 누나　11 의붓어미
12 네모난 수박　13 현대 사회　14 향기

한수

06

Contents

06강

문법

문장의 성분 (2) 부속 성분, 독립 성분

| 정답 및 해설 | 35쪽

한방에! 개념정리

한방에! 핵심정리

1 부속 성분

① 개념: 다른 문장 성분을 꾸미고 의미를 더해 주는 성분

② 특징: 생략되어도 문장의 기본 의미가 변하지 않음.

③ 종류: 관형어, 부사어

2 관형어

*관형어가 필수적인 경우
- 의존 명사
  예 이건 동생이 잘못한 거다.
- '소문, 사실, 생각' 등의 명사
  예 나쁜 소문을 들어서 기분이 좋지 않다.

① 개념: 체언 앞에서 체언의 뜻을 꾸며 주는 문장 성분

② 실현 방식

관형사	예 민희는 새 책을 샀다.
체언+관형격 조사	관형격 조사: '의' 예 민희의 책을 빌렸다.
용언의 어간+관형사형 어미	관형사형 어미: '-는, -(으)ㄹ, -던' 예 민희는 읽던 책을 덮었다.

3 부사어

*부사어가 필수적인 경우
- 두 자리 서술어 '같다, 다르다, 비슷하다, 닮다'
  예 나는 동생과 생김새가 비슷하다.
- 세 자리 서술어 '주다, 보내다, 넣다, 두다, 삼다'
  예 나는 동생에게 선물을 주었다.

① 개념: 용언, 관형어, 다른 부사어, 문장 전체를 꾸며 주는 문장 성분. '어찌/어떻게'에 해당함.

② 실현 방식

부사	예 민희는 아직 책을 다 읽지 못했다.
체언+부사격 조사	부사격 조사: '과/와, 에, 에서, 에게, (라)고, (으)로' 예 민희는 동생에게 책을 읽어 주었다.

4 독립 성분

① 개념: 다른 문장 성분과 직접적인 관련이 없는 성분

② 특징: 감탄, 부름, 응답 등을 나타내며 홀로 쓰임.

③ 종류: 독립어

④ 실현 방식

감탄사	예 와, 민희가 책을 다 읽었대.
체언+호격 조사	호격 조사: '아, 야' 예 민희야, 무슨 책 읽어?

01 문장의 성분 파악하기

문장의 성분에 대한 설명으로 적절하지 않은 것은?

① 감탄이나 응답 등을 나타내는 말은 독립 성분에 해당한다.
② 부속 성분은 무엇을 꾸미냐에 따라 관형어와 부사어로 나눌 수 있다.
③ 부속 성분은 생략되어도 문장이 지닌 본래의 의미가 달라지지 않는다.
④ 부속 성분은 다른 문장 성분을 꾸며 줄 뿐 다른 뜻을 더하지는 못한다.
⑤ 독립 성분은 독립적으로 사용되어 다른 문장 성분과는 직접적인 관계를 맺지 않는다.

6강

중요 ## 02 문장의 성분 분류하기

보기 의 ㉠~㉤에 대한 설명으로 적절한 것은?

보기

정민아(㉠), 내가(㉡) 지금(㉢) 그쪽으로(㉣) 갈게(㉤).

① ㉠은 체언에 호격 조사가 결합하여 문장의 주성분으로 사용되고 있다.
② ㉡은 문장의 주어로 다른 성분에 영향을 주고 있다.
③ ㉢은 문장에서 부사가 부사어로 실현된 형태이다.
④ ㉣은 체언에 관형격 조사가 결합하여 뒤에 오는 서술어를 수식하고 있다.
⑤ ㉤은 서술어로 문장에서 생략되어도 그 의미가 제대로 전달된다.

03 필수적 부사어 파악하기

밑줄 친 부분이 필수적 부사어에 해당하지 않는 것은?

① 수진이는 엄마와 닮았다.
② 네가 뜻한 바를 잘 알 것 같다.
③ 민수가 영지에게 반지를 주었다.
④ 소크라테스는 플라톤을 제자로 삼았다.
⑤ 나는 아내에게 어제 있었던 일을 말했다.

서답형 ## 04 부속 성분 이해하기

다음 문장의 밑줄 친 부속 성분이 꾸며 주는 대상을 찾아 쓰시오. (단, 조사는 빼고 쓸 것.)

그 소식을 듣고 너무 놀라 뛰쳐나갔다.

문제풀이

06강

독서 – 인문(역사)

역사를 바라보는 관점

| 정답 및 해설 | 35쪽

※ 다음 글을 읽고 물음에 답하시오.

역사란, 과거에 일어난 사실, 과거 사실의 기록을 의미하며, 한편으로는 과거에 인간이 행한 일에 대하여 조사 내지 탐구하는 활동을 의미하기도 한다. 역사를 배움으로써 우리는 인간 생활에 관한 지식의 보고*에 다가갈 수 있다. 아울러 우리는 역사 속의 인물과 사건을 통해서도 많은 것을 배울 수 있다.

역사라는 말은 사람에 따라 다양한 뜻으로 사용되고 있지만, 일반적으로 '과거에 있었던 사실'과 '조사되어 기록된 과거'라는 두 가지 뜻을 지니고 있다. 과거의 사실을 기록하는 '사실로서의 역사'는 있는 그대로의 역사를 의미하며, 이를 ㉠ 실증주의 역사관이라고 부른다. 실증주의를 대표하는 역사학자인 랑케는 역사가의 임무는 과거를 평가하거나 살아 있는 사람들에게 교훈을 주는 것이 아니라, 오직 '본래 있는 그대로'를 보여 주는 것이어야 한다고 주장했다. 즉 역사적 사실이 역사가의 눈과 생각에 따라 굴절되고 주관적으로 해석된다면 객관적이고 보편적인 역사는 가능하지 않으므로, 역사가는 사실 자체를 넘어서는 모든 주관적인 해석을 거부해야 하며, 역사를 서술할 때에는 자기의 선입견, 편견, 가치관 따위를 완전히 배제해야 한다는 것이다.

이러한 랑케의 주장을 비판하며 나타난 것이 ㉡ 주관주의 역사관이다. 크로체와 콜링우드는 실증주의를 비판하며, 과거를 본래 있는 그대로 복원하는 것은 불가능하므로, 역사란 현재의 사고와 관심을 과거에 반영시키는 것일 뿐이라고 주장했다. 역사가와 사건은 서로 뗄 수 없는 관계에 있어 서로 영향을 주고받으므로 역사는 '조사되어 기록된 과거' 그 자체라는 것이다. 그러나 주관주의 역사관처럼 역사가의 주관적인 해석을 지나치게 강조하다 보면 하나의 역사적 사실을 두고 쓰인 역사들이 모두 진실을 담은 역사가 되는 혼란이 일어날 수밖에 없고, 결국 역사가 역사가들의 개인적인 생각으로 나타나게 되는 한계가 발생한다.

이러한 두 입장의 한계를 극복하려 한 사람이 바로 에드워드 카다. 카는 과거의 사실만 지나치게 강조하면 그것이 현실과 갖는 관련성을 간과하게 되어 역사가 과거 사실에 대한 연대기적인 나열의 수준으로 떨어지게 되고, 반대로 현재의 해석만 지나치게 강조하면 역사는 역사가가 만들어 낸 것에 지나지 않게 된다고 보았다. 따라서 사실과 해석 간의 끊임없는 상호 작용으로 역사를 보아야 한다고 주장했다. 과거를 통해 현재를 돌아보고 미래를 주의할 수 있다고 생각한 것이다. '역사는 과거와 현재와의 끊임없는 대화이다.'라는 카의 말은 그가 역사를 바라보는 관점을 명확하게 말해준다.

한방에! 개념정리

한방에! 핵심정리

주제	역사를 바라보는 다양한 관점
해제	이 글은 역사를 바라보는 세 가지 관점에 대해 설명하고 있다. 역사학자 랑케를 대표로 하는 실증주의 역사관은 역사란 있는 그대로를 보여 주어야 하며 역사가의 눈과 생각에 따라 주관적으로 해석해서는 안 된다고 주장하였다. 이와 반대되는 주관주의 역사관에서는 역사란 현재의 사고와 관심을 과거에 반영시키는 것일 뿐이라 주장하며 역사가와 사건은 서로 뗄 수 없는 관계라고 주장하였다. 에드워드 카는 위의 두 관점을 종합하고자 하였다. 그는 과거의 사실과 현재의 해석 중 한쪽만을 지나치게 강조해서는 안 된다고 주장하였다. 또한 사실과 해석 간의 끊임없는 상호 작용의 필요성을 강조하였다.

＊문단 중심 내용

1문단	역사의 의미
2문단	실증주의 역사관에 따른 역사
3문단	주관주의 역사관에 따른 역사
4문단	실증주의 역사관과 주관주의 역사관의 한계를 극복하려 한 에드워드 카의 역사관

한방에! 어휘풀이

* **보고(寶庫)**: 귀중한 것이 많이 나거나 간직되어 있는 곳을 비유적으로 이르는 말.

01 세부 내용 파악하기

윗글에 대한 설명으로 적절하지 않은 것은?

① 역사는 일반적으로 두 개의 의미로 나눌 수 있다.
② 랑케는 과거에 있었던 사실을 있는 그대로 기록해야 한다고 보았다.
③ 역사를 배운다는 것은 인간 생활에 관한 지식의 보고에 다가가는 것이다.
④ 크로체와 콜링우드는 과거를 그대로 기록하는 것을 불가능하다고 보았다.
⑤ 에드워드 카는 역사가가 해석한 기록만이 현재를 돌아보게 한다고 보았다.

02 세부 내용 간의 관련성 파악하기

㉠, ㉡을 구분하는 기준으로 가장 적절한 것은?

① 역사 기록에 있어서 역사가의 개입
② 실제 역사와 역사를 기록한 시기의 차이
③ 과거의 사람들에게 교훈을 주는지의 여부
④ 하나의 역사적 사실에 담긴 인물들의 정보
⑤ 역사가가 역사의 기록을 위해 조사 내지 탐구한 기간

중요 03 다른 이론과 비교하기

윗글을 참고하여 보기 를 이해할 때, 보기 에서 일어날 수 있는 문제점으로 적절한 것은?

보기

- 일제 침략 전쟁에 의해 우리나라는 전쟁 물자를 공급하는 병참기지로 변했다. (중략) 일제는 우리의 물적, 인적 자원을 약탈하고 우리 민족과 민족 문화를 말살하려는 정책을 실시했다.
  - 〈한국의 국사 교과서〉
- 일본은 여러 전쟁에서 승리하여 동남아시아와 인도에게 독립이라는 꿈과 용기를 주었다. (중략) 일본의 전쟁 목적은 아시아를 구미*의 지배에서 해방시키고 '대동아 공영권'을 건설하는 데 있다고 선언했다.
  - 〈일본의 후소샤 역사 교과서〉

① 역사가와 사건이 서로 영향을 주고받을 수 없다.
② 사실 자체를 넘어서는 모든 주관적인 해석이 거부될 수 있다.
③ 역사가 과거 사실에 대한 연대기적인 나열의 수준으로 떨어지게 될 수 있다.
④ 역사를 기록할 때 역사가의 선입견, 편견, 가치관 등이 완전히 배제될 수 있다.
⑤ 하나의 사실을 두고 쓰인 다양한 기록들이 모두 진실을 담은 역사가 될 수 있다.

* 구미(歐美): 유럽과 미국을 아울러 이르는 말.

서답형 04 구체적 사례에 적용하기

보기 를 참고하여, ⓐ, ⓑ에 들어갈 말로 적절한 것을 차례대로 쓰시오.

보기

하늘을 다스리는 신인 환인의 아들인 환웅은 인간 세상을 편안하게 해 주고자 하늘 세상의 사람들을 이끌고 신단수 아래로 내려왔다. 어느 날 곰과 호랑이가 환웅에게 찾아와 인간이 되게 해 달라고 부탁하자 환웅은 쑥과 마늘만을 먹고 동굴에서 100일을 견디면 인간이 될 수 있다고 이야기했다. 그러나 호랑이는 이를 견디지 못해 동굴을 나왔고, 곰은 21일만에 인간이 되었다. 환웅은 인간이 된 곰(웅녀)과 결혼하여 아들을 낳았는데, 그가 바로 단군이다. 단군은 태백산에 나라를 세우고 이름을 조선이라 했다.

\- 일연, 〈삼국유사〉 중 '단군신화' 부분

(ⓐ) 역사관에서는 단군신화를 부정하겠지만, (ⓑ) 역사관에서는 단군신화를 긍정하겠군.

문제풀이

06강

문학 - 고전운문

사청사우 _ 김시습

| 정답 및 해설 | 37쪽

한방에! 개념정리

한방에! 핵심정리

갈래	한시(칠언 율시)
성격	비판적, 비유적, 경세적
주제	변덕스러운 인간 세상에 대한 비판과 순리대로 사는 삶에 대한 지향
특징	① 세태에 대한 비판적 태도를 드러냄. ② 변덕스러운 인간사를 자연 현상에 빗대어 표현함. ③ 대조를 이루는 소재를 통해 주제를 효과적으로 제시함.
해제	이 작품은 변덕스러운 날씨와 인간의 삶의 모습을 관련지으며 세속의 삶에 대한 비판적인 인식을 드러내고 있는 작품이다. 날씨가 오락가락하듯 세상 사람들의 인심 또한 변화무쌍하지만 의연함을 잃지 않는 봄과 산처럼 자연의 순리를 따라 살아가야 할 것을 이야기하고 있다.

※ 다음 글을 읽고 물음에 답하시오.

잠시 개었다 비 내리고 내리다 다시 개이니
하늘의 도 또한 그러하거늘, 하물며 **세상 인정**이야 어떠랴.
나를 높이다가는 곧 도리어 나를 헐뜯고,
공명을 피하다가는 도리어 스스로 공명을 구하는구나.
꽃이 피고 지는 것을 **봄**이 어찌 다스릴고
구름이 가고 구름이 와도 **산**은 그것을 탓하지 아니하네.
[A] **세상 사람들**이 모름지기 기억하고 알아야 할 것을 부탁하노니
기쁨을 취하려 한들, 어디에서 평생 즐거움을 얻을 것인가를.

乍晴乍雨雨還晴 (사청사우우환청)
天道猶然況世情 (천도유연황세정)
譽我便是還毁我 (예아편시환훼아)
逃名却自爲求名 (도명각자위구명)
花開花謝春何管 (화개화사춘하관)
雲去雲來山不爭 (운거운래산부쟁)
寄語世人須記認 (기어세인수기인)
取歡無處得平生 (취환무처득평생)

- 김시습, 〈사청사우〉 -

한방에! 작가소개

김시습(1435~1493)

세종 대의 문인으로 우리나라 최초의 한문소설인 <금오신화>의 작가이다. 세조의 왕위 찬탈 이후 벼슬길에 나가지 않고 자연에 은거한 생육신* 중 한 명이다. 세조는 김시습에게 벼슬길을 권하였으나 이를 거역하고, 끝까지 단종에 대한 절개를 지키며 승려가 되어 9년간 전국을 돌아다니며 여러 작품을 창작하였다. 이후 서울을 등지고 경주 남산에 금오산실을 짓고 생활하며 '매월당'이라는 호를 사용하였는데 이곳에서 <금오신화> 뿐만 아니라 많은 한시들을 집필한 것으로 알려져 있다. 김시습 사후 그의 후학들에 의해 그의 작품과 사상이 재평가되며, 여러 차례에 걸쳐 그의 시를 묶은 시집이 편찬되기도 하였다.

출처: 네이버지식백과

* 생육신(生六臣): 조선 시대에, 세조가 단종으로부터 왕위를 빼앗자 벼슬을 버리고 절개를 지킨 여섯 신하. 이맹전, 조여, 원호, 김시습, 성담수, 남효온 또는 권절을 이른다.

01 작품의 내용 파악하기

윗글에 대한 설명으로 적절한 것은?

① 화자는 자신이 처한 상황을 극복하고자 노력하고 있다.
② 화자는 자연과 인간의 대조를 통해 인간을 예찬하고 있다.
③ 화자는 과거를 회상하며 현실 극복의 의지를 드러내고 있다.
④ 화자는 자연물을 통해 자신이 추구하는 가치를 드러내고 있다.
⑤ 화자는 걱정, 근심 등에서 탈피하여 달관적 자세를 보이고 있다.

* 탈피하다(脫皮하다): 일정한 상태나 처지에서 완전히 벗어나다.
* 달관하다(達觀하다): 사소한 사물이나 일에 얽매이지 않고 세속을 벗어난 활달한 식견이나 인생관에 이르다.

02 표현상의 특징 파악하기

[A]와 동일한 표현 방법이 사용된 것은?

① 나는 나룻배 / 당신은 행인
- 한용운, 〈나룻배와 행인〉

② 임 향한 일편단심이야 가실 줄이 있으랴
- 정몽주, 〈단심가〉

③ 산이 날 에워싸고 / 씨나 뿌리며 살아라 한다
- 박목월, 〈산이 날 에워싸고〉

④ 모두 다 마음에 들지 않어라 / 이 황혼도 저 돌벽 아래 잡초도
- 김수영, 〈사령〉

⑤ 어머니의 은빛 머리칼 / 산새 울음처럼 / 겨울 하늘에 흩어진다
- 최무자, 〈첫눈〉

6강

중요 03 외적 준거를 바탕으로 작품 이해하기

보기를 참고하여 윗글을 이해한 내용으로 적절하지 않은 것은?

보기

〈사청사우〉는 '잠시 개었다 또 비가 내린다'는 뜻으로, 세상 인심의 변덕스러움을 날씨에 빗대어 읊으면서 명예와 부귀의 헛됨을 경계하고, 자연에 순응하는 삶을 살아갈 것을 권고하고 있다. 한편, 김시습은 현실에 만족하지 못하고 끝없이 무언가를 찾기 위해 떠돌아다니는 자신의 처지를 이 작품을 통해 자조적으로 밝히고 있다.

① 화자는 '잠시 개었다' 다시 내리는 '비'와 '세상 인정'이 다르지 않다고 생각한다.
② '꽃'과 '구름'은 가변적인 존재로, 화자가 경계하는 삶의 자세이다.
③ '봄'과 '산'은 외부의 변화에도 흔들리지 않고 유유히 살아가는 존재로, 화자가 권고하는 삶의 자세이다.
④ '세상 사람들'은 화자가 깨달음을 주고자 하는 대상으로 화자가 애정하는 대상이다.
⑤ 화자는 '기쁨을 취하려 한들, 어디에서 평생 즐거움을 얻을 것인가'라고 하며 스스로 반성적 태도를 보이고 있다.

* 자조적(自嘲的): 자기를 비웃는 듯한 것.

서답형 04 세부 내용 파악하기

빈칸에 들어갈 말로 적절한 것을 2어절로 쓰시오.

윗글의 화자는 청자를 ( )(으)로 설정하여 주제의식을 효과적으로 드러내고 있다.

메밀꽃 필 무렵 _ 이효석

| 정답 및 해설 | 38쪽

한방에! 개념정리

한방에! 핵심정리

갈래	단편 소설
성격	서정적, 낭만적, 향토적
주제	떠돌이 삶의 애환과 인간 본연의 애정
특징	① 공간의 이동에 따라 서사가 전개됨. ② 인물 간의 대화를 통해 과거 내력이 밝혀짐. ③ 특정 인물에 대한 주인공의 심리 변화가 제시됨. ④ 감각적인 묘사를 통해 낭만적 분위기를 조성함. ⑤ 특정 배경을 매개로 하여 과거와 현재를 연결함.
해제	이 작품은 봉평과 대화를 배경으로 과거의 단 한 번의 인연을 잊지 못한 채 평생을 길 위에서 떠도는 장돌뱅이의 순수한 사랑을 형상화한 소설이다. 아름다운 달밤의 정경과 하얀 메밀밭이 어우러져 낭만적이고 서정적인 분위기를 형성한다. 특히 허 생원과 동이의 대화를 통해 둘이 부자지간임을 암시함으로써 인간의 본원적인 애정이라는 주제를 효과적으로 구현하고 있다.

※ 다음 글을 읽고 물음에 답하시오.

[앞부분 줄거리] 허 생원은 곰보에 왼손잡이인 장돌뱅이*이다. 봉평 장터에서 옷감을 팔던 허 생원은 친구인 조 선달과 함께 주막인 충주집으로 향한다. 그곳에서 허 생원은 충주집에게 수작을 부리는 동이와 다투게 되지만 곧 화해한다. 허 생원과 조 선달, 그리고 동이는 함께 대화로 향하며, 허 생원은 조 선달과 동이에게 자신의 이야기를 들려 준다.

허 생원은 오늘 밤도 또 그 이야기를 끄집어내려는 것이다. 조 선달은 친구가 된 이래 귀에 못이 박히도록 들어 왔다. 그렇다고 싫증을 낼 수도 없었으나, 허 생원은 시침을 떼고 되풀이할 대로는 되풀이하고야 말았다. / "**달밤**에는 그런 이야기가 격에 맞거든."

조 선달 편을 바라는 보았으나, 물론 미안해서가 아니라 달빛에 감동하여서였다. 이지러는 졌으나 보름을 가제 지난 달은 부드러운 빛을 흐붓이* 흘리고 있다. **대화까지**는 **칠십 리의 밤길**, 고개를 둘이나 넘고 개울을 하나 건너고 벌판과 산길을 걸어야 된다. 길은 지금 긴 산허리에 걸려 있다. 밤중을 지난 무렵인지 죽은 듯이 고요한 속에서 짐승 같은 달의 숨소리가 손에 잡힐 듯이 들리며, 콩 포기와 옥수수 잎새가 한층 달에 푸르게 젖었다. 산허리는 온통 **메밀밭**이어서 피기 시작한 꽃이 소금을 뿌린 듯이 흐뭇한 달빛에 숨이 막힐 지경이다. 붉은 대궁이* 향기같이 애잔하고, 나귀들의 걸음도 시원하다. 길이 좁은 까닭에 세 사람은 나귀를 타고 외줄로 늘어섰다. 방울 소리가 시원스럽게 딸랑딸랑 메밀밭께로 흘러간다.

앞장선 허 생원의 이야기 소리는 꽁무니에 선 동이에게는 확적히*는 안 들렸으나, 그는 그대로 개운한 제멋에 적적하지는 않았다.

"장 선 꼭 이런 날 밤이었네. 객줏집* 토방이란 무더워서 잠이 들어야지. 밤중은 돼서 혼자 일어나 개울가에 목욕하러 나갔지. **봉평**은 지금이나 그제나 마찬가지나, 보이는 곳마다 메밀밭이어서 개울가가 어디 없이 하얀 꽃이야. 돌밭에 벗어도 좋을 것을, 달이 너무도 밝은 까닭에 옷을 벗으러 물방앗간으로 들어가지 않았나. 이상한 일도 많지. 거기서 난데없는 성 서방네 처녀와 마주쳤단 말이네. 봉평서야 제일가는 일색*이었지."

"팔자에 있었나 부지."

아무렴 하고 응답하면서 말머리를 아끼는 듯이 한참이나 담배를 빨 뿐이었다. 구수한 자줏빛 연기가 밤기운 속에 흘러서는 녹았다.

"날 기다린 것은 아니었으나 그렇다고 달리 기다리는 놈팽이*가 있는 것두 아니었네. 처녀는 울고 있단 말야. 짐작은 대고 있었으나 성 서방네는 한창 어려워서 들고 날 판인 때였지. 한집안 일이니 딸에겐들 걱정이 없을 리 있겠나. 좋은 데만 있으면 시집도 보내련만 시집은 죽어도 싫다지……. 그러나 처녀란 울 때같이 정을 끄는 때가 있을까. 처음에는 놀라기도 한 눈치였으나 걱정 있을 때는 누그러지기도 쉬운 듯해서 이럭저럭 이야기가 되었네……. 생각하면 무섭고도 기막힌 밤이었어."

"제천인지로 줄행랑을 놓은 건 그다음 날이렷다."

[중간 부분 줄거리] 동이는 허 생원과 조 선달에게 아버지 없이 홀어머니 밑에서 컸음을 밝히고, 셋은 여름 장마로 인해 물이 불어난 **개울**을 건너게 된다.

물은 깊어 허리까지 찼다. 속 물살도 어지간히 센 데다가 발에 채이는 돌멩이도 미끄러워 금시에 휩칠 듯하였다. 나귀와 조 선달은 재빨리 거의 건넜으나 동이는 허 생원을 붙드느라고 두 사람은 훨씬 떨어졌다.

"모친의 친정은 원래부터 제천이었던가?"

"웬걸요, 시원스리 말은 안 해주나, 봉평이라는 것만은 들었죠."

"봉평? 그래 그 아비 성은 무엇인구?"

"알 수 있나요. 도무지 듣지를 못했으니까." / "그, 그렇겠지."

하고 중얼거리며 흐려지는 눈을 까물까물하다가 허 생원은 경망하게도* 발을 빗디디었다. 앞으로 고꾸라지기가 바쁘게 몸째 풍덩 빠져 버렸다. 허비적거릴수록 몸을 건잡을 수 없어 동이가 소리를 치며 가까이 왔을 때에는 벌써 퍽이나 흘렀었다. 옷째 쫄딱 젖으니 물에 젖은 개보다도 참혹한 꼴이었다. 동이는 물속에서 어른을 해깝게* 업을 수 있었다. 젖었다고는 하여도 여윈 몸이라 장정 등에는 오히려 가벼웠다.

"이렇게까지 해서 안됐네. 내 오늘은 정신이 빠진 모양이야." / "염려하실 것 없어요."

"그래 모친은 아비를 찾지는 않는 눈치지?"

"늘 한번 만나고 싶다고는 하는데요." / "지금 어디 계신가?"

"의부와도 갈라져 제천에 있죠. 가을에는 봉평에 모셔 오려고 생각 중인데요. 이를 물고 벌면 이럭저럭 살아갈 수 있겠죠." / "아무렴, 기특한 생각이야. 가을이렷다?"

동이의 탐탁한 등허리가 뼈에 사무쳐 따뜻하다. 물을 다 건넜을 때에는 도리어 서글픈 생각에 좀 더 업혔으면도 하였다.

"진종일 실수만 하니 웬일이오, 생원."

조 선달은 바라보며 기어코 웃음이 터졌다.

"㉠ 나귀야. 나귀 생각하다 실족*을 했어. 말 안 했던가? 저 꼴에 제법 ㉡ 새끼를 얻었단 말이지. ㉢ 읍내 강릉집 피마*에게 말일세. 귀를 쫑긋 세우고 달랑달랑 뛰는 것이 나귀 새끼같이 귀여운 것이 있을까? 그것 보러 나는 일부러 읍내를 도는 때가 있다네."

"사람을 물에 빠치울 젠 딴은 대단한 나귀 새끼군."

허 생원은 젖은 옷을 웬만큼 짜서 입었다. 이가 덜덜 갈리고 가슴이 떨리며 몹시도 추웠으나, 마음은 알 수 없이 둥실둥실 가벼웠다.

"주막까지 부지런히들 가세나. 뜰에 불을 피우고 훗훗이 쉬어. 나귀에겐 더운물을 끓여 주고. 내일 대화 장 보고는 제천이다."

"생원도 제천으로……?" / "오래간만에 가 보고 싶어. 동행하려나, 동이?"

나귀가 걷기 시작하였을 때 동이의 채찍은 왼손에 있었다. 오랫동안 아둑시니*같이 눈이 어둡던 허 생원도 요번만은 동이의 왼손잡이가 눈에 뜨이지 않을 수 없었다.

걸음도 해깝고 방울 소리가 밤 별판에 한층 청청하게 울렸다. / 달이 어지간히 기울어졌다.

- 이효석, 〈메밀꽃 필 무렵〉

* **전체 줄거리**

왼손잡이 장돌뱅이인 허 생원은 같은 장돌뱅이인 친구 조 선달을 따라 충주집으로 간다. 허 생원은 그곳에서 동이라는 장돌뱅이가 충주댁과 농탕치는 것을 보고 화가 나서 뺨을 때려 쫓아버린다. 그러나 허 생원의 나귀에게 일어난 소동을 동이가 알려주면서 허 생원은 동이에 대한 오해가 풀리고 셋은 함께 대화로 향하게 된다. 메밀꽃이 하얗게 핀 산길을 건너며 허 생원은 젊었을 적 성 서방네 처녀와 있었던 추억을 이야기하고, 동이는 자신이 홀어머니 밑에서 아버지가 누군지 모른 채 자랐다고 이야기한다. 동이의 이야기를 들은 허 생원은 동이가 자신의 아들일지 모른다고 생각한다. 동이에 등에 업혀 개울을 건너던 허 생원은 동이에게 함께 제천으로 가자고 이야기하고, 동이의 채찍이 왼손에 있음을 보게 된다.

한방에! 어휘풀이

* **장돌뱅이(場돌뱅이)**: '장돌림'을 낮잡아 이르는 말. 여러 장으로 돌아다니면서 물건을 파는 장수.
* **흐붓이**: 넉넉하고 푸근하게.
* **대궁이**: '대'의 방언.
* **확적히(確的히)**: 정확하게 맞아 조금도 틀리지 아니하게.
* **객줏집(客主집)**: 예전에, 길 가는 나그네들에게 술이나 음식을 팔고 손님을 재우는 영업을 하던 집.
* **일색(一色)**: 뛰어난 미인.
* **놈팽이(놈팡이)**: '사내'를 낮잡아 이르는 말.
* **경망하다(輕妄하다)**: 행동이나 말이 가볍고 조심성이 없다.
* **해깝다**: '가볍다'의 방언.
* **실족(失足)**: 발을 헛디딤.
* **피마(피馬)**: 다 자란 암말.
* **아둑시니**: 눈이 어두워서 사물을 제대로 분간하지 못하는 사람.

01 서술상의 특징 파악하기

윗글에 대한 설명으로 적절하지 않은 것은?

① 대화를 통해 두 인물의 관계를 암시하고 있다.
② 실제 지명을 언급함으로써 이야기의 현실성을 높이고 있다.
③ 작품 안의 서술자가 인물의 심리를 관찰하여 서술하고 있다.
④ 서정적인 문체를 활용하여 낭만적인 분위기를 형성하고 있다.
⑤ 여운을 남기며 이야기를 맺음으로써 이후의 내용을 독자의 상상에 맡기고 있다.

02 세부 내용 파악하기

윗글에 대한 내용으로 적절하지 않은 것은?

① 허 생원은 성 서방네 처녀와의 하룻밤 인연을 잊지 못하고 있다.
② 조 선달은 이미 허 생원의 과거 이야기를 여러 번 들은 적이 있다.
③ 허 생원이 제천으로 가자고 한 것은 동이의 어머니를 만나기 위함이다.
④ 허 생원은 동이가 자신의 아들일지도 모른다는 생각에 불안해하고 있다.
⑤ 동이는 허 생원의 이야기를 듣지 못했기 때문에 허 생원이 자신의 부친일지도 모른다는 생각을 하고 있지 않다.

중요 03 외적 준거를 참고하여 작품 이해하기

보기 를 참고할 때, 윗글에 대한 이해로 적절하지 않은 것은?

보기

이효석의 〈메밀꽃 필 무렵〉은 강원도 봉평에서 대화로 향하는 길을 배경으로 장돌뱅이 허 생원의 떠돌이 삶의 애환을 드러내고 있다. 소설 속 사건이 일어나는 배경은 단순히 인물이 활동하는 물리적인 환경에 그치지 않는다. 사건이 일어나는 시간이나 장소를 제시할 뿐 아니라 작품의 전반적인 분위기를 조성하기도 하고, 인물의 심리 상태에 영향을 미치며 행동의 변화를 가져오기도 한다. 또한 사건의 전개 방향을 암시하거나, 소설의 주제를 형성하는 데 중요한 역할을 한다.

① '달밤'은 허 생원이 과거를 회상하는 매개체이자 시간적 배경을 알려 주는 요소이다.
② '대화까지'의 '칠십 리의 밤길'은 장돌뱅이의 삶의 애환과 인간 본연의 애정이라는 주제를 효과적으로 제시한다.
③ 달이 비치는 '메밀밭'은 낭만적이고 신비로운 분위기를 조성하며 과거 추억과 현재의 사건을 연결해준다.
④ 허 생원에게 추억의 장소인 '봉평'은 허 생원과 동이의 관계를 암시한다.
⑤ '개울'은 허 생원과 동이의 심리적 거리감이 확대되며 둘의 갈등이 심화되는 장소이다.

서답형 04 문장의 의미 파악하기

윗글의 ㉠~㉢과 동일시되는 인물을 찾아 차례대로 쓰시오. (단, ㉢은 3어절로 쓸 것.)

문제풀이

복습하기

문법

[1] □□□□	• 다른 문장 성분을 꾸미고 의미를 더해 주는 성분 • 생략되어도 문장의 기본 의미가 변하지 않음.	
	관형어	• [2] □□을 꾸며 주는 문장 성분 • '어떤 / 누구의 / 무엇의'에 해당함.
	[3] □□□	• 용언, 관형어, 다른 부사어, 문장 전체를 꾸며 주는 문장 성분 • '어찌 / 어떻게'에 해당함.

[4] □□□□	• 다른 문장 성분과 직접적인 관련이 없는 성분 • 감탄, 부름, 응답 등을 나타내며 홀로 쓰임. • 품사 중 [5] □□□가 독립 성분에 해당함.

독서

1문단	[6] □□의 의미
2문단	[7] □□□□ 역사관에 따른 역사
3문단	[8] □□□□ 역사관에 따른 역사
4문단	[7] □□□□ 역사관과 [8] □□□□ 역사관의 한계를 극복하려 한 [9] □□□□ □의 역사관

문학 - 사청사우(김시습)

1, 2구	날씨처럼 변덕스러운 세상의 인심
3, 4구	변덕스러운 인간의 모습
5, 6구	변화에 의연하게 대처하는 자연 → 봄, [10] □
7, 8구	세태에 따라 처세를 달리하는 자세에 대한 경계

문학 - 메밀꽃 필 무렵(이효석)

허 생원	• 결혼하지 않고 [11] □□□□로 떠돌이 삶을 살고 있음. • 달밤의 [12] □□□에서 있었던 추억을 소중하게 간직하고 있음.
동이	생부를 모르고 자랐기 때문에 아버지가 누군지 궁금해함.

➡

• 동이가 자기 자식일지도 모른다고 생각하자 혈육의 정을 느낌.
• 동이에게 함께 [13] □□으로 가자고 제안함.
• 동이의 채찍이 [14] □□에 있음을 발견함.

정답 1 부속 성분 2 체언 3 부사어 4 독립 성분 5 감탄사 6 역사 7 실증주의 8 주관주의 9 에드워드 카 10 산 11 장돌뱅이 12 메밀밭 13 제천 14 왼손

한수

07

Contents

07강

매체

매체의 표현과 그 의도

| 정답 및 해설 | 41쪽

한방에! 개념정리

한방에! 핵심정리

갈래	블로그 글
주제	스마트폰 노안의 위험성
특징	① 이미지를 삽입하여 가독성을 높임. ② 동영상을 통해 전문적인 내용에 대해 읽는 이의 이해를 돕고 내용의 신뢰도를 높임. ③ 블로그를 활용하여 예상 독자인 청소년에게 친근하게 다가감.

※ 다음은 블로그 글이다. 물음에 답하시오.

안과 전문의가 쉽게 풀이한 건강 상식 [스마트폰이 젊은 노안을 부른다]

1. 스마트폰 노안이란 무엇인가

조회 수 1024

젊은 노안?

"노안이요? 나이 들어서 눈이 침침해지는 거 말이에요? 전 겨우 중학생인걸요!"

[A] 이 반응처럼 노안은 노화 현상의 하나로, 나이를 먹으면서 가까운 곳의 사물이나 글씨가 잘 보이지 않는 증세를 말한다. 그런데 최근에는 이러한 증상을 겪는 젊은 환자가 늘어나고 있다. 젊은 세대가 상대적으로 스마트폰을 자주, 오래 사용하는 경향이 있어, 이들을 중심으로 '신종 노안'을 겪는 사람이 빠르게 증가한 것이다. 특히 청소년의 '스마트폰 과의존 위험군' 비율이 다른 세대보다 높게 나타나는 것으로 보아, '스마트폰 노안'은 청소년들도 위협하고 있음을 알 수 있다.

㉠

스마트폰 노안이 위험한 까닭은 다음과 같다.

첫째는 환자 대부분이 한창나이이기 때문이다. 젊은 세대는 눈 건강에 크게 신경을 쓰지 않는다. 그러다 보니 스마트폰 노안의 증상을 자각하지 못하여 상황을 악화시킬 수 있다.

둘째는 합병증이 뒤따르기 때문이다. 스마트폰 노안으로 눈 주변의 근육이 손상되면 어깨로 이어지는 신경에도 악영향을 준다. 이 때문에 어깨와 목에 통증이 생기고, 그 주변이 딱딱하게 굳거나 결려 시큰거리기도 한다. 흔히 말하는 거북목 증후군에 걸릴 수도 있고, 두통 및 만성 피로, 어지럼증이 생길 수도 있다.

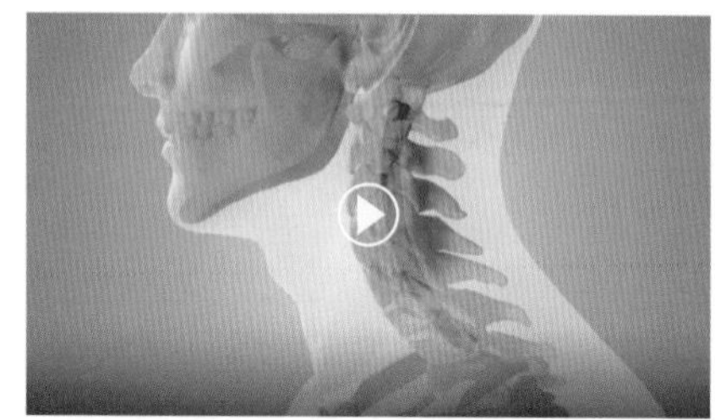

▲ 스마트폰 건강 주의보(《생로병사의 비밀》 571회, 케이비에스(KBS1 2015. 2. 17.)

나도 스마트폰 노안일까?

스마트폰 노안은 위험한 질환이므로, 될 수 있는대로 빨리 자신의 상태를 점검하고 대책을 마련해야 한다. 혹시 나도 스마트폰 노안은 아닌지, ⓐ 아래 검사표로 진단해보자.

- ☐ 스마트폰을 하루 세 시간 이상 사용한다.
- ☐ 저녁이 되면 스마트폰 화면이 잘 보이지 않는다.
- ☐ 어깨가 결리고 목이 뻐근하며 가끔 두통이 있다.
- ☐ 눈을 찌푸려야 스마트폰 화면의 글씨가 겨우 보인다.
- ☐ 먼 곳을 보다가 가까운 곳을 보면 눈이 침침하다.
- ☐ 가까운 곳을 보다가 먼 곳을 보면 초점이 잘 맞지 않는다.
- ☐ 화면에서 눈을 떼면 한동안 초점이 잘 맞지 않는다.

댓글 3 | 공감 ♥ ♡ 352 구독 | 공유 | 인쇄

댓글 쓰기

↳ 눈 사랑: 스마트폰이 유용한 점도 많으니, 이를 올바르게 활용하려는 노력이 필요하겠네요.

↳ 즐겁게 살기: 유익한 내용 고마워요.^^ 스마트폰 노안이 아닌 것 같아서 마음이 놓여요.

↳ 스마트폰이 좋아: 저는 스마트폰을 너무 좋아하는 중학생이에요. 그래서 스마트폰 노안 예방법이 정말 궁금해요! *_*

댓글 등록

01 매체의 특성 이해하기

윗글에 대한 설명으로 적절하지 않은 것은?

① 노안에 관한 오해를 가진 학생의 말을 인용하여 화제를 이끌어 내고 있다.
② 글쓴이가 읽은 이의 반응을 확인하고 이에 대해 즉각적으로 반응하고 있다.
③ 스마트폰을 과도하게 사용하는 것에 대한 위험성과 그로 인한 질환을 설명하고 있다.
④ 전문적인 지식을 설명하는 동영상을 활용하여 읽는 이의 이해를 돕고 내용의 신뢰도를 높이고 있다.
⑤ 글의 주제를 예측하게 하는 시각 자료를 시작 부분에 제시함으로써 읽는 이의 흥미를 증가시키고 있다.

02 매체 언어의 표현 방법 파악하기

㉠에 들어갈 글의 소제목으로 가장 적절한 것은?

① 스마트폰 노안의 개념
② 현대인의 거북목 증후군
③ 스마트폰 노안의 위험성
④ 어깨와 목에 통증이 생기는 이유
⑤ 젊은 세대에게 발생하는 다양한 합병증

중요
03 매체의 유형에 따른 특성 파악하기

[A]를 설명하기 위해 보기 를 활용할 때, 얻을 수 있는 효과로 가장 적절한 것은?

보기

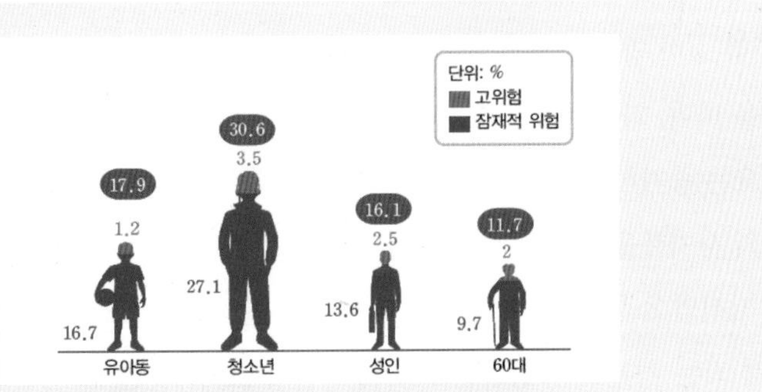

▲ 대상별 스마트폰 과의존 위험군(스마트 쉼 센터, 2016)

① 스마트폰 과의존 문제가 청소년만의 문제가 아님을 알릴 수 있다.
② 청소년의 스마트폰 과의존 비율이 다른 세대보다 높다는 것을 강조할 수 있다.
③ 나이가 어릴수록 스마트폰 과의존 현상의 비율이 높아지는 것을 나타낼 수 있다.
④ 젊은 세대의 스마트폰 과의존 비율이 작년보다 급격하게 증가했음을 드러낼 수 있다.
⑤ 스마트폰에 과도하게 의존하게 되면 건강이 나빠질 수 있음을 알기 쉽게 표현할 수 있다.

서답형
04 매체의 특성 파악하기

다음은 ⓐ의 효과를 설명한 것이다. 빈칸에 들어갈 말로 적절한 것을 골라 차례대로 쓰시오.

ⓐ를 통해 블로그 글을 읽는 이의 (감성 / 흥미)을/를 불러일으키며, 자신의 (눈 건강 / 스마트폰 활용 방식)을 돌아보게 하고 있다.

문제풀이

7강

07 강

독서 – 사회(경제)

과시적 소비

| 정답 및 해설 | 42쪽

한방에! 개념정리

한방에! 핵심정리

주제	과시적 소비의 정의와 개념
해제	이 글은 상품의 가격이 높아질수록 수요가 늘어나는 '과시적 소비'에 대해 설명하고 있다. 베블런은 소비자가 자신의 주관에 따라 상품을 구매한다고 본 신고전학파의 관점을 지적한다. 또한 소비자의 구매 행위는 다른 소비자의 영향을 받으며, 이를 통해 인간은 자아정체성을 확립하고 개성을 드러낸다고 주장했다. 이러한 소비 양상은 주로 부유한 계층이 주도하는 경향을 띠며, 과시적 소비가 일반화될수록 싼 가격의 상품은 수요가 떨어지는 상황이 발생하기도 한다. 반면 자신의 소득 수준과 상관없이 주변의 소비 생활에 영향을 받아 고가의 제품을 소비하는 현상을 '전시 효과'라 한다.

문단 중심 내용

1문단	과시적 소비의 개념
2문단	베블런이 주장한 소비자의 소비 양상
3문단	과시적 소비의 특징
4문단	전시 효과의 특징

※ 다음 글을 읽고 물음에 답하시오.

품질의 차이가 없는 상품인데도 '프리미엄', '명품'이라는 이름이 붙으면 기꺼이 높은 가격을 지불하는 소비자의 행태를 '과시적 소비' 혹은 '베블런 효과'로 정의한다. 대체로 가격이 높아질수록 수요가 줄어드는 다른 상품과 달리, 과시 소비의 대상이 되는 상품들은 아무리 가격이 높아져도 오히려 그 수요가 늘어난다. 왜 이런 현상이 일어나는 것일까?

베블런은 초기 제도학파에 속한 경제학자로, 사회 규범과 법률 및 관습, 윤리 등의 제도적 측면에 주목하여 경제를 바라보았다. 베블런은 그의 저서인 〈유한계급론〉에서 소비자는 타인과는 별개로 자신의 주관에 따라 상품을 구매하며, 그와 동시에 그 상품의 한계 편익* 및 한계 비용*을 평가한다고 본 신고전학파의 관점을 비현실적이라고 지적했다. 또한 그는 신고전학파의 관점과 달리 소비자가 자신의 주관에 따라 상품을 구매하는 것이 아니라 오히려 다른 사람에게 영향을 받아 구매를 결정하게 된다고 주장했다. 즉, 얼리어답터*나 반사회적 성향을 띤 사람들 등의 예외적인 소수자를 제외하고, 소비자들 대부분이 주위 사람들과 자신의 소비 행태를 비교하며 소비 활동을 한다고 본 것이다.

베블런은 이와 같이 소비자가 주위를 의식하는 소비를 통해 자아정체성을 확립하고 자신의 개성을 드러내는 방향으로 소비하고자 한다고 주장하면서, 이러한 행태를 과시적 소비라고 정의하였다. 이러한 소비 양상은 주로 부유한 계층 또는 이에 대한 모방 욕구가 있는 신흥 부유층이 주도하는 경향을 띠며, 과시적 소비가 일반화될수록 저렴한 가격의 상품은 수요가 떨어지고 고가 상품에 대한 수요는 증가하는데, 과시적 소비를 하는 소비자가 자신을 과시하기 위해 남들이 소비하기 힘든 고가의 사치품을 소비 또는 소유하고자 하기 때문이다.

한편, 자신의 소득 수준에 변화가 없어도 주변의 높은 소비 생활에 영향을 받아 고가의 제품을 선호하게 되는 경우도 발생하는데, 이를 '전시 효과'라 한다. 사람들은 주위에 소비 수준이 높은 사람이 있거나 사회의 분위기가 그러하면 자신의 소비 수준도 덩달아 높아진다는 것이다. 선진국에 인접해 있거나 영향을 많이 받는 개발도상국의 소비 수준이 높아지는 현상 등이 전시 효과의 예시라 할 수 있다.

한방에! 어휘풀이

* 한계 편익(限界便益): 어떤 재화를 한 단위 더 추가하여 소비할 때 누리게 되는 편익.
* 한계 비용(限界費用): 생산량이 한 단위 증가할 때 늘어나는 비용.
* 얼리어답터: 새로운 제품에 대한 정보를 다른 사람보다 먼저 알고 신제품을 구매하여 사용한 뒤, 이에 대한 평가를 주변 사람에게 알려 주는 소비자군을 이르는 말.

01 세부 내용 이해하기

윗글에서 알 수 있는 베블런의 주장으로 적절한 것은?

① 사람들은 일반적으로 실용적인 소비를 지향한다.
② 상품을 구매할 때 가장 중요한 것은 소비자의 주관이다.
③ 소비자는 대개 전시 소비를 통해 자아정체성을 확립한다.
④ 과시적 소비가 일반화될수록 고가 상품에 대한 수요는 무조건 하락한다.
⑤ 반사회적 성향의 사람들은 주위 사람들과 자신의 소비를 비교하지 않는다.

02 구체적 사례에 적용하기

과시적 소비와 관련 있는 사례로 적절하지 않은 것은?

① 재력을 자랑하려고 주문 제작 시계를 구매한 민지
② 한정판 명품을 구매한 인증 사진을 SNS에 올리는 것이 취미인 재현
③ 품질에 차이가 없어도 항상 저렴한 제품보다 고가의 제품을 구매하는 연희
④ 친구들 사이에서 유행하는 고가의 헤드폰 대신 저렴하고 튼튼한 이어폰을 구입한 주영
⑤ 자신이 신고 다니던 명품 운동화가 망가지자, 운동화를 버리고 한정판 운동화를 새로 구입한 현정

7강

중요 03 세부 내용 추론하기

윗글을 참고할 때, ㉠에 들어갈 말로 적절한 것은?

> 스노브 효과는 다른 사람들이 특정 상품을 많이 소비한다는 이유만으로 자신은 그 재화의 소비를 중단하거나 줄이는 것을 말하는데, 이는 (　　　㉠　　　)한다는 점에서 과시적 소비와 유사하다.

① 부유한 계층이 소비를 주도
② 자신의 주관에 따라 제품을 구매
③ 남들과 달라 보이고 싶은 욕구가 작용
④ 소비자에 대한 신고전학파의 관점을 긍정
⑤ 자신의 소득 수준에 변화가 없어도 소비를 지속

서답형 04 구체적 사례에 적용하기

ⓐ와 유사한 성격의 소비 현상을 윗글에서 찾아 2어절로 쓰시오.

> ⓐ 밴드웨건 효과는 유행에 따라 상품을 구입하는 소비 현상을 뜻하는 경제 용어로, 특정 상품에 대한 자신의 소비가 다른 사람들의 수요에 의해 결정되는 현상이다. 이는 유행에 동조함으로써 타인들과의 관계에서 소외되지 않으려는 비이성적인 심리에서 비롯된다.

____

문제풀이

07강

문학 – 현대시

달팽이의 사랑 _ 김광규

| 정답 및 해설 | 44쪽

한방에! 개념정리

한방에! 핵심정리

갈래	자유시, 서정시
성격	성찰적, 반성적
주제	달팽이를 통해 깨달은 진정한 사랑
특징	① 달팽이와 인간의 사랑을 대비하여 주제를 강조함. ② 시적 화자를 작품 표면에 드러내어 주제를 강조함. ③ 역설적 표현을 통해 달팽이의 간절한 사랑을 형상화함.
해제	이 작품은 서로에 대한 간절한 그리움으로 역경을 극복하고 사랑을 이루는 달팽이의 모습을 통해 일상 속에 매몰되어 사랑의 가치에 소홀해진 인간들에게 반성을 촉구하고 있다. 먼 길을 천천히 기어와 기나긴 사랑을 속삭이는 달팽이와, 물질적 가치를 추구하느라 열정적으로 사랑하지 못하는 인간들을 대비하여 작품의 주제를 강조하고 있다.

※ 다음 글을 읽고 물음에 답하시오.

장독대 앞뜰
이끼 낀 시멘트 바닥에서
달팽이 두 마리
얼굴 비비고 있다

요란한 천둥 번개
장대 같은 빗줄기 뚫고
여기까지 기어오는 데
얼마나 오래 걸렸을까

멀리서 그리움에 몸이 달아
그들은 아마 뛰어왔을 것이다
들리지 않는 이름 서로 부르면
[A] ┌ 움직이지 않는 속도로
└ 숨 가쁘게 달려와 그들은
이제 몸을 맞대고
기나긴 사랑 속삭인다

짤막한 사랑 담아둘
집 한 칸 마련하기 위하여
십 년을 바둥거린 ㉠ 나에게
날 때부터 집을 가진
달팽이의 사랑은
얼마나 멀고 긴 것일까

- 김광규, 〈달팽이의 사랑〉 -

01 표현상의 특징 이해하기

윗글에 대한 설명으로 적절한 것은?

① 대상의 대비를 통해 현실의 모순을 부각하고 있다.
② 비유적 표현을 통해 대상의 이미지를 고착화하고 있다
③ 대상에게 말을 건네는 방식을 통해 친근감을 드러내고 있다.
④ 대상의 이미지와 대조되는 표현을 통해 정서를 강화하고 있다.
⑤ 일상적 시어를 통해 화자가 지향하는 이상 세계를 형상화하고 있다.

* 고착화(固着化): 어떤 상황이나 현상이 굳어져 변하지 않는 상태가 됨. 또는 그렇게 함.

02 표현상의 특징 파악하기

[A]와 유사한 표현 방법으로 적절하지 않은 것은?

① 날과 밤으로 흐르고 흐르는 남강은 가지 않습니다. - 한용운, 〈논개의 애인이 되어서 그의 묘에〉
② 괴로웠던 사나이 / 행복한 예수 그리스도에게 / 처럼 - 윤동주, 〈십자가〉
③ 우리들의 사랑을 위하여서는 / 이별이, 이별이 있어야 하네 - 서정주, 〈견우의 노래〉
④ 나는 누워서 편히 지냈다. / 사랑하는 사람을 잃어버린 / 이 겨울. - 문정희, 〈겨울 일기〉
⑤ 붉은 파밭의 푸른 새싹을 보아라 / 얻는다는 것은 곧 잃는 것이다. - 김수영, 〈파밭 가에서〉

7강

중요 03 작품 간의 공통점, 차이점 파악하기

윗글의 ㉠과 보기 의 ㉡을 비교한 내용으로 적절하지 않은 것은?

보기

너희들 어디서 오는지 설운 사람은 안다.
이 땅의 외진 홀섬 개펄도 얼어붙어
앉을 곳 없으므로 떠오는 너희들
기다렸다. / 기다림으로 말라버린
꺾어지는 갈대로
얼굴 모르는 이모부 생사 모를 외할머니
그들이 전하란 말 가슴 먼저 미어
울며 가는 너희 마음 끼루룩 ㉡ 나는 안다. (후략)

- 김창완, 〈기러기〉

① ㉠, ㉡ 모두 자신과 같은 처지의 자연물에게 동조하고 있다.
② ㉠, ㉡ 모두 감정 이입을 통해 화자의 정서를 형상화하고 있다.
③ ㉠은 ㉡과 달리 자연물을 통해 삶의 태도를 성찰하고 있다.
④ ㉠은 ㉡과 달리 사물의 관찰을 통해 새로운 의미를 생성하고 있다.
⑤ ㉡은 ㉠과 달리 그리운 대상에 대한 상실감을 드러내고 있다.

서답형 04 구절의 의미 파악하기

보기 에서 설명하는 두 시행을 윗글에서 찾아, 각 행의 첫 어절을 차례대로 쓰시오.

보기

장독대 앞뜰에 도달하기 위해 달팽이가 겪은 시련을 가리킴.

07강

문학 - 극수필

결혼 _ 이강백

| 정답 및 해설 | 45쪽

한방에! 개념정리

한방에! 핵심정리

갈래	희곡
성격	풍자적, 비판적
주제	소유의 본질과 진정한 사랑의 의미
특징	① 객석과 무대의 경계가 정해져 있지 않음. ② 특별한 무대 장치가 없고, 과장된 소품을 활용하여 웃음을 유발함.
해제	이 작품은 한 남자가 여자에게 청혼을 하고, 결혼에 이르기까지의 과정을 담은 단막의 희곡이다. 이 작품은 특별한 무대 장치가 없으며, 관객들의 소지품을 소품으로 활용하고 상연 중 관객에게 직접 말을 걸어 참여시키는 등 다양한 실험적 기법을 사용하는 것을 특징으로 한다. 이를 통해 현대의 물질 만능주의를 비판, 풍자하였으며 세상의 모든 것은 결국 '빌린 것'이라는 설정으로 현대인들이 진정한 소유의 의미와 남녀 간의 순수한 사랑에 대해 생각해 보게 한다.

※ 다음 글을 읽고 물음에 답하시오.

[앞부분 줄거리] 가난한 남자는 결혼을 하기 위해 최고급 저택, 고급 구두, 모자와 넥타이, 호사스러운 의복, 하인까지 빌리고, 맞선을 보기로 한 여자를 집으로 초대한다. 여자가 마음에 든 남자는 빌린 물건들로 자신을 과시하지만, 그것들은 모두 일정 시간이 지나면 되돌려 주어야 한다. 시간이 지날 때마다 하인은 남자의 구두, 넥타이 등을 차례로 빼앗는다.

여자: 왜 **난폭한 하인을 그냥 두**시죠? 당장 해고하세요.

남자: 하인은 아무 잘못도 없습니다.

여자: 그냥 두시니까 자꾸 빼앗기잖아요.

남자: 빼앗기는 건 아닙니다. 내가 되돌려 주는 겁니다.

여자: ㉠ 당신은 너무 착하셔요.

남자: 글쎄요, 내가 착한지 어쩐지는 잘 모르겠습니다만, 내 태도 하나만은 분명히 좋다고 봅니다. 이렇게 하나둘씩 되돌려 주면서도 당신에 대한 사랑은 줄어들지 않았습니다. 아니, 줄기는커녕 오히려 불어나고 있습니다. 아, 나의 천사님, 아니 덤이여! **구두와 넥타이**와 모자와 자질구레한* 소지품과 그리고 옷에 대해서 내 사랑은 분산되어 있었습니다. 그런데 지금은 어떤지 아십니까? 오로지 당신 하나에로만 모아지고 있는 겁니다! 내 청혼을 받아 주지 않으시겠습니까?

하인, 돌아와서 두 남녀에게 우뚝 선다.

여자: 어마, 또 왔어요!

남자: 염려 마십시오. 나도 이젠 그의 의무를 방해하지 않겠습니다.

여자: 그의 의무? 의무가 뭐죠?

남자: 내가 빌린 물건들을 이 하인은 주인에게 가져다주는 겁니다.

하인, 남자에게 봉투를 하나 내민다.

남자는 봉투에서 쪽지를 꺼내 읽더니 아무 말 없이 여자에게 건네준다.

여자: "나가라!" 나가라가 뭐예요?

남자: 네. 주인으로부터 온 **경고문**입니다. 시간이 다 지났으니 나가라는 거지요.

여자: 나가라…… 그럼 당신 것이 아니었어요?

남자: 내 것이라곤 없습니다.

여자: ㉡ (충격을 받는다.)

남자: 모두 빌린 것들뿐이었지요. 저기 두둥실 떠 있는 달님도, 저 은빛의 구름도, 이 하늬바람*도, 그리고 어쩌면 여기 있는 나마저도, 또 당신마저도…… (미소를 짓고) 잠시 빌린 겁니다.

여자: 잠시 빌렸다구요?

남자: 네. 그렇습니다.

하인, 엄청나게 큰 **구두 한 짝**을 가져오더니 주저앉아 **자기 발에 신는**다. 그 구둣발로 차 낼 듯한 험악한 분위기가 조성된다.

남자: 결혼해 주십시오. 당신을 빌린 동안에 오직 사랑만을 하겠습니다.

여자: ㉢ ……아, 어쩌면 좋아?

하인, 구두를 거의 다 신는다.

여자: 맹세는요, 맹세는 어떻게 하죠? 어머니께 오른손을 든…….

남자: 글쎄 그건……. (탁상 위의 사진들을 쓸어 모아 여자에게 주면서) 이것을 보여 드립시다. 시간이 가고 남자에게 남는 건 사랑이라면, 여자에게 남는 것은 무엇이겠습니까? 그건 사진 석 장입니다. 젊을 때 한 장, 그다음에 한 장, 늙고 나서 한 장. 당신 어머니도 이해하실 겁니다.

여자: 이해 못 하실 걸요, 어머닌. (천천히 슬프고 낙담해서* 사진들을 핸드백 속에 담는다.) ㉣ 오늘 즐거웠어요. 정말이에요……. 그럼, 안녕히 계세요.

여자, 작별 인사를 하고 문 앞까지 걸어 나간다.

(중략)

여자: (악의적인 느낌이 없이) 당신은 사기꾼이에요.

남자: 그래요, 난 사기꾼입니다. 이 세상 것을 잠시 빌렸었죠. 그리고 시간이 되니까 하나둘씩 되돌려 줘야 했습니다. 이제 난 본색이 드러나 이렇게 빈털터리입니다. 그러나 덤, 여기 있는 사람들에게 물어봐요. 누구 하나 자신 있게 이건 내 것이다, 말할 수 있는가를. 아무도 없을 겁니다. 없다니까요. 모두들 덤으로 빌렸지요. 언제까지나 영원한 것이 아닌, 잠시 빌려 가진 거예요. (누구든 관객석의 사람을 붙들고 그가 가지고 있는 물건을 가리키며) 이게 당신 겁니까? 정해진 시간이 얼마지요? 잘 아꼈다가 그 시간이 되면 꼭 돌려주십시오. 덤, 이젠 알겠어요?

여자, 얼굴을 외면한 채 걸어 나간다.

하인, 서서히 그 무거운 구둣발을 이끌고 남자에게 다가온다. 남자는 뒷걸음질을 친다. 그는 마지막으로 절규하듯이 여자에게 말한다.

남자: 덤, 난 가진 것 하나 없습니다. 모두 빌렸던 겁니다. 그런데 덤, 당신은 어떻습니까? 당신이 가진 건 뭡니까? 무엇이 정말 당신 겁니까? (넥타이를 빌렸었던 남성 관객에게) 내 말을 들어 보시오. 그럼 당신은 나를 이해할 거요. 내가 당신에게서 넥타이를 빌렸을 때, 그때 내가 당신 물건을 어떻게 다뤘었소? 마구 험하게 했었소? 어딜 망가뜨렸소? 아니요, 그렇진 않았습니다. 오히려 빌렸던 것이니까 소중하게 아꼈다간 되돌려 드렸지요. 덤, 당신은 내 말을 듣고 있어요? 여기 증인이 있습니다. 이 증인 앞에서 약속하지만, 내가 이 세상에서 덤 당신을 빌리는 동안에, 아끼고, 사랑하고, 그랬다가 언젠가 그 시간이 되면 공손하게 되돌려 줄 테요, 덤! 내 인생에서 당신은 나의 소중한 덤입니다. 덤! 덤! 덤!

남자, 하인의 구둣발에 걷어차인다. 여자, ㉤ 더 이상 참을 수 없다는 듯 다급하게 되돌아와서 남자를 부축해 일으키고 포옹한다.

여자: 그만해요!

남자: 이제야 날 사랑합니까?

여자: 그래요! 당신 아니고 또 누굴 사랑하겠어요!

남자: 어서 결혼하러 갑시다, 구둣발에 차이기 전에!

- 이강백, 〈결혼〉 -

＊전체 줄거리

한 남자가 외로움을 느껴 결혼을 하려고 한다. 남자는 너무 가난했기에 결혼하기 위해서는 물질적인 것들이 필요하다고 생각하고 온갖 물건을 빌린 후 여자와 만난다. 남자는 여자를 사랑하게 되고 빌린 물건들을 마치 자기 것인 양 여자에게 과시하며 자랑한다. 그런데 갑자기 하인이 나타나 대여 시간이 다 되었다면서 남자가 빌린 물건을 하나씩 다시 빼앗아 가기 시작한다. 남자가 자신을 속였다는 사실을 알게 된 여자는 남자를 떠나려 하고, 남자는 소유의 본질과 진정한 사랑이 무엇인지에 대해 말하며 진심을 다해 여자를 설득한다. 여자는 동정심을 느끼면서 남자를 믿게 되고 남자의 청혼을 받아들여 둘은 결혼하러 간다.

한방에! 어휘풀이

- **자질구레하다**: 모두가 잘고 시시하여 대수롭지 아니하다.
- **하늬바람**: 서쪽에서 부는 바람. 주로 농촌이나 어촌에서 이르는 말이다.
- **낙담하다(落膽하다)**: 바라던 일이 뜻대로 되지 않아 마음이 몹시 상하다.

01 작품의 특징 파악하기

윗글의 특징으로 적절하지 않은 것은?

① 인물의 대사와 행동으로 사건이 전개된다.
② 인물의 행동을 통해 극적 긴장감을 고조시킨다.
③ 사건이 진행되면서 인물의 태도가 변화하고 있다.
④ 무대와 객석의 경계를 명확하게 구분 지어 관객의 몰입을 돕는다.
⑤ 관객에게 물건을 빌리거나 말을 걸면서 관객의 적극적인 참여를 유도한다.

02 구절의 의미 파악하기

㉠~㉤을 통해 알 수 있는 여자의 모습으로 적절하지 않은 것은?

① ㉠: 남자의 진실을 아직 알지 못한 채 남자의 행동에 호감을 느끼고 있다.
② ㉡: 부자인 줄 알았던 남자가 빈털터리라는 것을 알게 된 뒤의 감정을 의미한다.
③ ㉢: 남자의 청혼을 받아들여야 할지에 대한 내적 갈등이 일어나고 있다.
④ ㉣: 남자에게 호감을 느꼈음을 간접적으로 고백하며 다음에 다시 만날 것을 희망하고 있다.
⑤ ㉤: 남자의 청혼을 받아들이는 것을 통해 물질적 요소보다 진실한 사랑을 중시하고 있음을 알 수 있다.

중요 03 외적 준거를 참고하여 작품 감상하기

보기를 참고하여 윗글을 감상한 내용으로 적절하지 않은 것은?

보기

…사람이 가지고 있는 것이 **어느 것이나 빌리지 아니한 것이 없다. 임금**은 백성으로부터 힘을 빌려서 **높고 부귀한 자리**를 가졌고, 신하는 임금으로부터 권세를 빌려 은총과 귀함을 누리며, 아들은 아비로부터, 지어미는 지아비로부터, 비복은 주인으로부터 힘과 권세를 빌려서 가지고 있다.

그 빌린 바가 또한 깊고 많아서 대개는 자기 소유로 하고 **끝내 반성할 줄 모르**고 있으니, 어찌 미혹한 일이 아니겠는가? 그러다가도 혹 잠깐 사이에 그 빌린 것이 도로 돌아가게 되면, 만방의 임금도 **외톨이**가 되고, 백승을 가졌던 집도 외로운 신하가 되니, 하물며 그보다 더 미약한 자야 말할 것이 있겠는가?

- 이곡, 〈차마설〉

① 남자가 '난폭한 하인을 그냥 두'는 이유는 사람이 '어느 것이나 빌리지 아니한 것이 없다'는 〈보기〉의 주장과 비슷하군.
② 남자가 빌린 '구두와 넥타이' 등은 〈보기〉의 '임금'이 '높고 부귀한 자리'를 가진 것과 같은 의미겠군.
③ 윗글의 '경고문'은 〈보기〉의 '임금'이 '외톨이'가 되는 것과 관련이 있겠군.
④ 하인이 '구두 한 짝을' '자기 발에 신는' 것은 〈보기〉에 따르면 신발을 자신이 소유함으로써 '끝내 반성할 줄 모르'는 것을 나타내는군.
⑤ 윗글과 〈보기〉 모두 우리가 가진 것은 누군가로부터 빌린 것이고 언젠가는 돌려주어야 한다는 것을 주장하고 있군.

* 비복(婢僕): 계집종과 사내종을 아울러 이르는 말.
* 미혹하다(迷惑하다): 무엇에 홀려 정신을 차리지 못하다.
* 백승(百乘): 백 대의 수레.

서답형 04 단어의 의미 파악하기

ⓐ와 관련하여, 윗글에서 남자가 자신을 지칭하는 말을 찾아 4음절로 쓰시오.

이 작품의 제목인 '결혼'은 소유하고자 하는 욕망에서 벗어나 서로가 ⓐ 진실한 모습을 보였을 때 얻게 되는 이상적 만남을 의미한다.

문제풀이

복습하기

매체

블로그 글에 활용된 자료	
그림	'1 □□□□ 노안의 위험성'이라는 글의 주제를 예측하게 하는 시각 자료를 시작 부분에 제시함으로써 읽는 이의 흥미를 증가시킴.
2 □□□	전문적인 지식을 설명함으로써 읽는 이의 이해를 돕고, 내용의 신뢰도를 높임.
검사표	블로그 글을 읽는 이가 자신의 눈 건강을 돌아보게 함.

독서

1문단	3 □□□ 소비의 개념
2문단	4 □□□이 주장한 소비자의 소비 양상
3문단	3 □□□ 소비의 특징
4문단	5 □□ 효과의 특징

문학 - 달팽이의 사랑(김광규)

1연	6 □□□ 앞뜰에서 사랑을 나누는 달팽이의 모습
2연	시련과 역경을 극복하고 사랑의 공간에 도달한 달팽이
3연	간절한 7 □□□으로 역경을 극복하고 이뤄 낸 달팽이의 사랑
4연	달팽이와 대비되는 인간의 사랑에 대한 성찰적 태도

문학 - 결혼(이강백)

8 □□	• 9 □□이 지날 때마다 남자가 빌린 물건들을 순차적으로 회수함. • 큰 구두를 신고 남자에게 위협을 주어 집에서 나가도록 압박함.
남자	• 가난한 사기꾼으로, 여자와 결혼하기 위해 많은 물건을 빌려 자신을 과시함. • 작품의 주제인 소유의 본질과 진정한 사랑의 의미를 전달함.
여자	• 남자에게 호감을 느끼지만, 남자의 정체를 알게 된 뒤 10 □□을 받아들이는 것을 고민함. • 남자의 진솔한 고백을 듣고 남자의 10 □□을 받아들임.

정답 1 스마트폰 2 동영상 3 과시적 4 베블런 5 전시 6 장독대 7 그리움 8 하인 9 시간 10 청혼

한수

08

Contents

문법

문장의 구조 (1) 홑문장, 이어진문장

| 정답 및 해설 | 48쪽

한방에! 개념정리

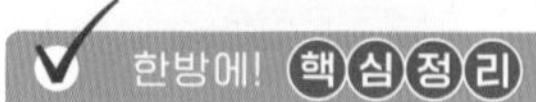

* 문장의 종류

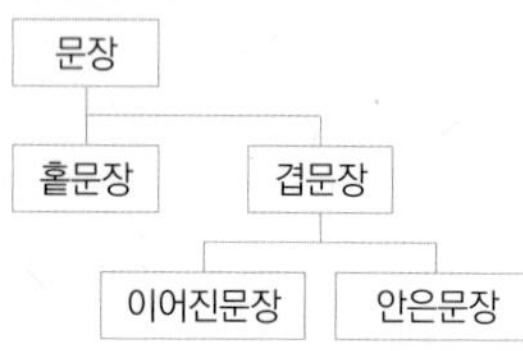

* 연결 어미
어간에 붙어 다음 말에 연결하는 구실을 하는 어미

1 홑문장과 겹문장

① **홑문장**: 주어와 서술어의 관계가 한 번만 나타나는 문장

예 나는(주어) 과자를 먹는다(서술어).

나는(주어) 어제 아침에 수프 한 그릇을 먹었다(서술어).

② **겹문장**: 주어와 서술어의 관계가 두 번 이상 나타나는 문장

예 (이어진문장) 나는(주어 ①) 과자를 먹고(서술어 ①), 동생은(주어 ②) 아이스크림을 먹는다(서술어 ②).

(안은문장) 나는(주어 ①) 친구가(주어 ②) 구워 준(서술어 ②) 과자를 먹는다(서술어 ①).

2 이어진문장

① **개념**: 둘 이상의 홑문장이 앞 절과 뒤 절의 관계에 따라 나란히 이어지는 문장

② **특징**
- 연결 어미로 두 문장이 이어질 경우 반복되는 요소는 생략함.
- 앞 절과 뒤 절의 관계에 따라 대등하게 이어진문장과 종속적으로 이어진문장으로 구분함.

3 대등하게 이어진문장

① **개념**: 앞 절과 뒤 절의 의미 관계가 대등하게 이어진 문장

② **특징**
- 앞 절과 뒤 절의 순서를 바꾸어도 의미상 큰 차이가 없음.
- 앞 절과 뒤 절의 서술어가 같으면 앞 문장의 서술어를 생략할 수 있음.

③ **종류**

의미 관계	연결 어미	예
나열	-고, -(으)며	나는 춤을 추며 노래를 불렀다.
대조	-(으)나, -지만	나는 키가 크지만 동생은 키가 작다.
선택	-거나, -든지	숲에 가든지, 바다에 가든지 하자.

* 주절과 종속절
- 주절: 의미의 중심을 이루는 문장
- 종속절: 주절의 의미를 제한하는 문장

* 이외의 의미 관계
- 중단/전환: '-다가'
예 손을 씻다가 단수가 되었다.
- 정도의 심화: '-ㄹ수록'
예 공부는 하면 할수록 어렵다.

4 종속적으로 이어진문장

① **개념**: 앞 절과 뒤 절의 의미 관계가 종속적으로 이어진 문장

② **특징**
- 앞 절과 뒤 절의 순서를 바꾸면 의미가 통하지 않거나 달라짐.
- 앞 절과 뒤 절의 서술어가 같아도 앞 문장의 서술어를 생략할 수 없는 경우가 있음.

③ **종류**

의미 관계	연결 어미	예
원인	-(으)니, -아서/어서, -(으)므로	날이 추워서 옷을 따뜻하게 입었다.
조건	-(으)면, -거든	주말이 되면 집에서 쉬어야겠다.
목적/의도	-(으)러, -(으)려고	지각하지 않으려고 일찍 일어났다.
양보	-(으)ㄹ지라도, -아도/어도	속이 상할지라도 친구의 행복을 축하해 주어야 한다.
배경/상황	-는데	잠을 자려는데 모기 소리를 들었다.

01 문장의 구조 이해하기

문장의 구조에 대한 설명으로 적절하지 않은 것은?

① 홑문장에서는 주어와 서술어의 관계가 한 번만 나타난다.
② 연결 어미를 통해 이어진문장에서 반복되는 요소는 생략할 수 있다.
③ 이어진문장이 이루어지기 위해서는 두 개 이상의 홑문장이 필요하다.
④ 대등하게 이어진문장은 앞 절과 뒤 절의 순서를 바꾸면 의미가 변한다.
⑤ 대등하게 이어진문장과 종속적으로 이어진문장은 앞 절과 뒤 절의 관계에 따라 구분된다.

02 종속적으로 이어진문장의 의미 관계 파악하기

다음 중 종속적으로 이어진문장과 그 의미 관계가 적절하게 연결되지 않은 것은?

① 우리는 집에 가려고 가방을 챙겼다. - 목적/의도
② 사람은 나이를 먹을수록 겸손해져야 한다. - 배경
③ 종이 울리니 학생들이 학교를 빠져나왔다. - 원인
④ 나는 아무리 졸려도 반드시 숙제를 끝내야 한다. - 양보
⑤ 네가 오는 줄 알았으면 고향을 떠나지 않았을 텐데. - 조건

중요
03 홑문장과 겹문장 구분하기

보기 에 나타난 문장의 종류가 적절하게 연결된 것은?

보기

㉠ 개나리가 활짝 피었다.
㉡ 책을 읽으면 어휘력이 증가한다.

① ㉠: 내 동생은 초등학생이다.
㉡: 언니는 오늘 졸업을 했다.

② ㉠: 눈이 오면 눈사람을 만들자.
㉡: 고양이가 신나게 춤을 춘다.

③ ㉠: 함박눈이 펑펑 내리는구나.
㉡: 비가 와도 바다에 가고 싶다.

④ ㉠: 날씨가 더워서 얼음이 다 녹았다.
㉡: 학원에 가려는데 친구가 집에 왔다.

⑤ ㉠: 나는 밥을 먹고 동생은 간식을 먹었다.
㉡: 우리는 추위를 피하려고 가게로 들어갔다.

서답형
04 이어진문장의 종류 이해하기

보기 를 참고하여, 빈칸에 들어갈 말로 적절한 것을 골라 차례대로 쓰시오.

보기

ⓐ 남들은 자유를 사랑한다지마는, 나는 복종을 좋아하여요. / 자유를 모르는 것은 아니지만, 당신에게는 복종만 하고 싶어요. / 복종하고 싶은데 복종하는 것은 아름다운 자유보다도 달콤합니다, 그것이 나의 행복입니다.

ⓑ 그러나 당신이 나더러 다른 사람을 복종하라면 그것만은 복종할 수가 없습니다. / 다른 사람을 복종하려면, 당신에게 복종할 수가 없는 까닭입니다.

- 한용운, 〈복종〉

ⓐ는 (대등하게 / 종속적으로) 이어진문장이고, ⓑ는 (대등하게 / 종속적으로) 이어진문장이다.

문제풀이

08강

독서 – 과학(우주)

일식 현상

| 정답 및 해설 | 49쪽

한방에! 개념정리

한방에! 핵심정리

주제	일식 현상의 개념과 종류
해제	이 글은 지구에서 관측할 수 있는 천문 현상인 일식에 대해 설명하는 글이다. 일식이란 태양과 달의 겉보기 지름이 비슷하고 지구와 태양, 달의 궤도면이 일치할 때 발생한다. 일식은 매달 음력 1일경 발생하지만 항상 관측할 수는 없다. 일식의 종류는 개기일식, 금환일식, 부분 일식으로 나뉘며 개기일식과 금환일식은 달과 지구의 거리에 따라 나뉜다. 일식은 매년 최소 2회에서 5회 발생하며, 개기일식은 달의 본그림자가 지구에 드리운 지역이 협소하기 때문에 연 2회를 넘겨 일어나지 않는다. 일식을 관측할 때는 눈의 손상을 줄이기 위해 간접적으로 관측해야 한다.

*문단 중심 내용

1문단	일식의 개념
2문단	일식의 발생 시기
3문단	일식의 종류
4문단	개기일식과 금환일식의 특징
5문단	일식의 빈도와 일식 관측 시 주의점

※ 다음 글을 읽고 물음에 답하시오.

일식이란 지구에서의 시점 기준으로 달이 태양 전체 또는 일부를 가리는 천문 현상을 말한다. 일식은 태양과 달의 겉보기 지름이 비슷하고, 지구가 태양 근처를 도는 궤도면*과 달이 지구 근처를 도는 궤도면이 거의 일치하여 달이 지구 주위를 돌면서 태양의 앞쪽을 지나 태양을 가릴 때 관측이 가능하다. 이때 달그림자는 지구 표면에 드리워지는데, 해당 지역에서 태양이 달그림자에 가려지면 일식이 발생하는 것이다. 한편 달그림자에서 가장 어두운 중심 지역을 본그림자라고 하고, 덜 어두운 주변 부분은 반그림자라고 한다.

그렇다면 일식은 언제 일어날까? 이론적으로는 달이 지구와 태양 사이에 있고, 이들이 나란히 일직선상에 오는 음력 1일경 한낮에 발생한다. 하지만 이를 매달 볼 수 있지는 않다. 일식을 관측하는 이 또한 달그림자의 범위에 해당하는 지역에서만 일식을 관측할 수 있기 때문이다. 따라서, ㉠ <u>지구상에서 일식은 일어날 때마다 매번 관측할 수 있는 것은 아니다.</u>

일식의 종류는 크게 세 가지가 있다. 개기일식은 달이 태양을 완전히 가려 대낮임에도 한밤중이 된 것처럼 어두워지는 현상이고, 금환일식은 달이 태양의 가운데만 가려 미처 가려지지 못한 태양의 테두리 부분이 금빛 고리 형태로 나타나는 현상이다. 마지막으로 부분 일식은 달이 태양을 일부분만 가리는 현상이다.

똑같이 지구와 달, 태양이라는 일직선상에 놓임에도 개기일식과 금환일식으로 나뉘게 되는 이유는 다음과 같다. 달은 지구 주위를 원형이 아니라 타원형으로 공전한다*. 따라서 달이 지구와 가까워졌을 때는 지구에서는 달이 크게 보이고, 태양을 완전히 가리는 개기일식이 나타나게 된다. 반대로 달이 지구에서 멀어져 있을 때는 상대적으로 작게 보여 태양을 가운데만 가리는 금환일식이 일어나는 것이다. 한편, 부분 일식은 관측자가 달의 반그림자 영역에 속해 있을 때 관측할 수 있다.

일식은 매년 최소 2회에서 5회까지 발생하며, 그중 개기일식은 대개 연 2회를 넘겨 일어나는 일이 드물다. 또한, 지구상의 특정 지역은 개기일식을 관측할 기회가 다른 지역에 비해 적은 경우가 있다. 이는 지구에 드리운 본그림자의 면적이 지표면에 비해 협소한* 까닭에 아주 좁은, 한정된 지역에서만 볼 수 있기 때문이다. 게다가 일식은 대개 한 시간 정도 지속되지만 그 중 개기일식은 2분가량만 관찰할 수 있는 것도 이와 관련이 있다. 한편 일식을 정면으로 보면 눈에 손상이 갈 수 있으므로, 태양 관측용 필터를 사용하거나 짙은 색의 셀로판지를 여러 장 겹쳐 간접적으로 관측하는 방법을 활용해야 눈을 보호할 수 있다.

한방에! 어휘풀이

* **궤도면(軌道面)**: 천체의 궤도를 포함하는 평면.
* **공전하다(公轉하다)**: 한 천체가 다른 천체의 둘레를 주기적으로 돌다. 행성이 태양의 둘레를 돌거나 위성이 행성의 둘레를 도는 현상 따위를 이른다.
* **협소하다(狹小하다)**: 공간이 좁고 작다.

01 세부 내용 이해하기

윗글에 대한 내용으로 적절하지 않은 것은?

① 달의 그림자는 중심에서 멀어질수록 밝아진다.
② 일식은 한 번 발생할 때 한 시간 정도 지속된다.
③ 일식은 지구에서 관측할 수 있는 천문 현상이다.
④ 지구가 달과 태양 사이에 나란히 일직선상으로 올 때 일식이 일어난다.
⑤ 일식을 관측할 때 맨눈으로 보면 눈에 손상이 갈 수 있으므로 도구를 활용해야 한다.

02 세부 내용 추론하기

㉠의 이유로 적절한 것은?

① 지구와 달의 궤도가 다르기 때문이다.
② 달그림자의 범위가 지역마다 다르기 때문이다.
③ 달이 지구 주위를 타원형으로 공전하기 때문이다.
④ 일식이 매달 음력 1일경 한낮에만 발생하기 때문이다.
⑤ 태양과 달의 겉보기 지름이 비슷해지는 시기가 자주 오지 않기 때문이다.

8단원

중요 03 구체적 사례에 적용하기

윗글을 참고하여 보기를 이해한 내용으로 적절하지 않은 것은?

보기

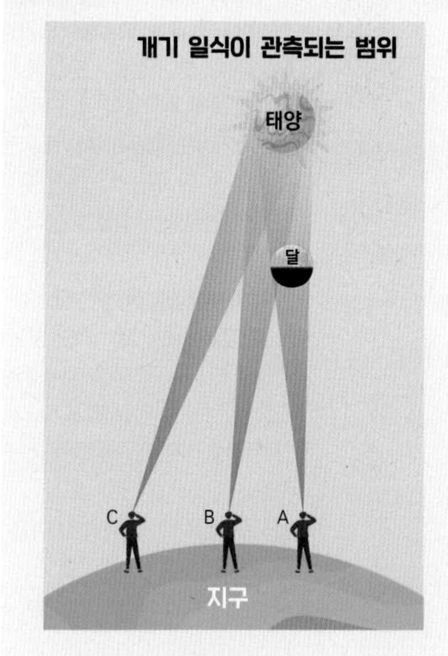

① A는 본그림자가 지구에 드리운 면적에 해당하는군.
② 달과 지구의 거리에 따라 A에서 관측할 수 있는 일식의 종류가 달라지겠군.
③ B의 관측자는 태양의 테두리 부분만을 볼 수 있겠군.
④ B에서는 매년 최대 5회까지 일식을 관측할 수 있겠군.
⑤ C는 달그림자가 드리워지는 지역이 아니겠군.

서답형 04 세부 내용 파악하기

빈칸에 들어갈 말로 적절한 것을 골라 차례대로 쓰시오.

혼성일식은 개기일식과 금환일식이 섞여 있는 경우로, 달이 지구 쪽에서 멀어져 달과 태양 간의 거리가 (가까워져 / 멀어져) 금환일식이 일어나다가 시간이 흐르면서 이 거리가 (가까워져 / 멀어져) 개기일식으로 바뀐다.

문제풀이

08강

문학 – 고전운문

황계사 _ 작자 미상

| 정답 및 해설 | 50쪽

한방에! 개념정리

한방에! 핵심정리

갈래	가사
성격	애상적, 서정적
주제	오지 않은 임에 대한 원망과 그리움
특징	① 후렴구의 반복으로 운율감을 형성함. ② 잘 알려진 문학 작품을 인용하여 화자의 정서를 구체화함. ③ 어구의 반복, 대구법, 과장과 해학 등 다양한 방식을 활용하여 화자의 정서를 전달함.
해제	이 작품은 조선 시대에 불린 '십이 가사' 중 하나로 '황계 타령'이라고도 한다. 갑작스러운 이별로 임과 소식이 끊긴 상황에서 임에 대한 자신의 마음을 그림 속 닭에 투영하여 표현하였다. 특정 어구의 반복, 문장의 구조를 통한 대구, 과장과 해학 등 다양한 표현 방법을 통해 화자의 정서가 효과적으로 드러난다. 또한 시행의 반복과 후렴구 등은 작품의 구비적 성격을 보여준다.

* **구운몽**
주인공 성진이 하룻밤 꿈을 통해 인간의 삶에서 부귀영화란 부질 없는 것임을 깨닫고 불교에 귀의하게 된다는 내용으로, 유교, 도교, 불교의 세 종교적 색채가 강하게 드러난다.

* **장한가**
중국 당나라 때에 백거이가 지은 서사시. 당나라 현종이 양귀비를 잃은 한을 노래한 것으로, 모두 칠언(七言) 120구로 되어 있다.

※ 다음 글을 읽고 물음에 답하시오.

일조* 낭군 이별 후에 소식조차 돈절하다* ┐[A]
　어허야아자 좋을씨고 ┘
어찌어찌 못 오던고 일정 자네가 아니 오던가
　어허야아자 좋을씨고
춘수만사택*하니 물이 깊어 못 오던가 ┐[B]
하운이 다기봉*하니 산이 높아 못 오던가 ┘
<u>어디를 가고 나를 아니 와 보는고</u>
　어허야아자 좋을씨고
병풍에 그린 황계* 수탉이 두 날개를 둥둥 치며 ┐[C]
사경일점*에 날 새라고 꼬끼오 울거든 오려는가 ┘
　어허야아자 좋을씨고
저 달아 보느냐 임 계신 데 명기*를 비치렴 나도 보게
너는 죽어 황하수* 되고 나는 죽어 큰 배가 되어 ┐[D]
밤이나 낮이나 낮이나 밤이나 어화 둥실 떠서 노세 ┘
　어허야아자 좋을씨고
한 곳을 들어가니 육관 대사 제자 성진이는 팔선녀를 희롱한다
　어허야아자 좋을씨고
죽관*사립* 젖혀 쓰고 십리 사장* 내려가니
　어허야아자 좋을씨고
옥용이 적막루난간*하니 ┐[E]
이화일지춘대우*라 ┘
　어허야아자 좋을씨고
좋을 좋을 좋은 경(景)을 얼싸 좋다 경(景)이로다

- 작자 미상, 〈황계사〉 -

한방에! 같이볼작품

春水滿四澤	[춘수만사택]	봄철의 물은 사방의 못에 가득하고
夏雲多奇峰	[하운다기봉]	여름 구름은 기이한 봉우리가 많기도 하다
秋月揚明輝	[추월양명휘]	가을 달은 밝은 빛을 드날리고
冬嶺秀孤松	[동령수고송]	겨울 산마루엔 외로운 소나무가 빼어나도다

- 도연명, <사시>

한방에! 어휘풀이

* 일조(一朝): 하루 아침.
* 돈절하다(頓絶하다): 편지, 소식 따위가 갑자기 끊어지다.
* 춘수만사택(春水滿四澤): 도연명의 〈사시〉 중 한 구절로, '봄철의 물이 사방의 못에 가득하다'라는 의미.
* 하운다기봉(夏雲多奇峰): 도연명의 〈사시〉 중 한 구절로, '여름 구름이 많은 기이한 봉우리를 이룬다'라는 의미.
* 황계(黃鷄): 털빛이 누런 닭.
* 사경일점(四更一點): 하룻밤을 오경으로 나눈 넷째 부분인 사경의 한 시점. 사경은 새벽 1시에서 3시 사이.
* 명기(明氣): 맑고 아름다운 산천의 기운.
* 황하수(黃河水): 중국의 강 이름.
* 죽관(竹管): 대나무로 만든 관.
* 사립(簑笠): 도롱이와 삿갓을 아울러 이르는 말.
* 사장(沙場): 강가나 바닷가에 있는 넓고 큰 모래벌판.
* 옥용적막루난간(玉容寂寞淚欄干): 백거이의 〈장한가〉 중 한 구절로, '옥 같은 얼굴이 적막함에 눈물이 흐른다'라는 의미.
* 이화일지춘대우(梨花一枝春帶雨): 백거이의 〈장한가〉 중 한 구절. 배꽃 한 가지 봄비 머금은 듯하다는 의미로, 양귀비가 눈물을 흘리고 있는 모습을 형용한 시구. 미인이 눈물을 흘리는 모습을 의미함.

01 표현상의 특징 이해하기

윗글에 대한 설명으로 적절하지 않은 것은?

① 동일한 어구를 반복하여 운율을 형성하고 있다.
② 시선의 이동을 통해 작품의 분위기를 심화하고 있다.
③ 의성어와 의태어를 통해 작품을 감각적으로 표현하고 있다.
④ 다양한 작품을 인용하여 화자의 정서를 구체적으로 묘사하고 있다.
⑤ 과장적 표현을 활용하여 부정적 상황을 해학적으로 나타내고 있다.

02 구절의 의미 파악하기

[A]~[E]에 대한 설명으로 적절한 것은?

① [A]: 임과의 이별 후 느끼는 화자의 감정을 직접적으로 드러내고 있다.
② [B]: 임이 오지 않는 원인을 자연물에서 찾고 있다.
③ [C]: 화자의 상황과 대비되는 자연물을 통해 임에 대한 화자의 그리움을 심화하고 있다.
④ [D]: 임이 죽어 더 이상 만날 수 없는 상황임을 드러내고 있다.
⑤ [E]: 십리 사장의 아름다움을 표현하고 있다.

중요 03 작품 비교하기

윗글과 보기 를 비교하여 감상한 내용으로 적절하지 않은 것은?

보기

묏버들 가려 꺾어 보내노라 님에게
주무시는 창밖에 심어 두고 보소서
밤비에 새잎 나거든 나인가도 여기소서

- 홍랑, 〈묏버들 가려 꺾어〉

① 윗글과 〈보기〉 모두 임과 화자의 물리적 거리가 먼 상황이군.
② 윗글과 〈보기〉 모두 불가능한 상황을 통해 정서를 심화하고 있군.
③ 윗글과 〈보기〉 모두 자연물을 통해 임에 대한 그리움을 드러내고 있군.
④ 〈보기〉에서 윗글의 '달'과 유사한 기능을 하는 시어는 '묏버들'이겠군.
⑤ 윗글은 〈보기〉와 달리 임과 화자의 사이를 가로막는 장애물이 등장하는군.

서답형 04 시어의 의미 파악하기

보기 의 ⓐ와 대응하는 시어 두 개를 윗글에서 찾아 차례대로 쓰시오.

(단, 하나는 1어절, 다른 하나는 2어절로 쓸 것.)

보기

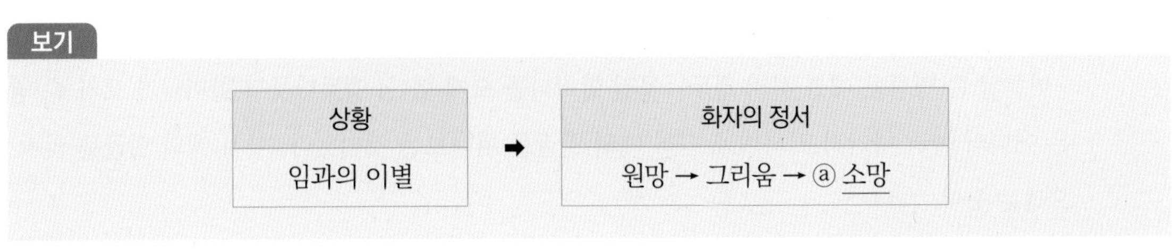

08강

문학 – 현대소설

독 짓는 늙은이 _ 황순원

| 정답 및 해설 | 52쪽

한방에! 개념정리

한방에! 핵심정리

갈래	단편 소설
성격	회고적
주제	독 짓기에 대한 한 노인의 집념과 좌절
특징	① 인물의 내면 심리를 구체적으로 제시함. ② 설명적 진술과 서사적 묘사로 이루어짐.
해제	이 작품은 독 짓는 일에 일생을 바친 한 노인의 집념과 좌절을 통해 세계와 치열하게 대결한 한 인간의 비극적인 삶을 소설로 형상화한 작품이다. 독을 굽는 자신의 가마 안에서 최후를 맞는 장인의 모습은 자신에게 패배를 안겨 준 세계에 대해 한 인간이 어떻게 대응할 수 있는지를 그려내고 있다. 대화가 거의 생략되어 있고 등장인물과 사건의 정황을 작가가 직접 제시하며, 간결한 문장을 통해 독자의 상상력을 유발하고 서정적 분위기를 연출하고 있다.

※ 다음 글을 읽고 물음에 답하시오.

[앞부분 줄거리] 독 짓는 노인 송 영감은 부인과 그의 조수가 도망친 뒤 배신감과 분노에 떨지만, 아들을 위해 다시 독 짓기를 시작한다.

차차 송 영감의 솜씨에는 틈이 생기기 시작했다. 더구나 조마구와 부채마치*로 두드려 올릴 때, 퍼뜩 눈앞에 아내와 조수의 환영*이 떠오르면 짓던 독을 때리는지 아내와 조수를 때리는지 분간 못 하는 새, ㉠ 독이 그만 얇게 못나게 지어지곤 했다. 그리고 전*을 잡는 손이 떨려, 가뜩이나 제일 힘든 마무리의 전이 잘 잡히지를 않았다. 열 때문도 있었다. 송 영감은 쓰러지듯이 짓던 독 옆에 눕고 말았다.

송 영감이 정신이 들었을 때는 저녁때가 기울어서였다. 왱손이도 흙 몇 덩이를 이겨 놓고 가고 없었다. 언제부터인가 바깥 저녁 그늘 속에 애가 남쪽 장길을 향해 쪼그리고 앉아 있었다. 어머니를 기다리는 거리라. 언제나처럼 장 보러 간 어머니가 언제나처럼 저녁때면 조수에게 장감*을 지워 가지고 돌아올 줄로만 아직 아는가 보다.

밖을 내다보던 송 영감은 제힘만이 아닌 어떤 힘으로 벌떡 일어나 다시 독 짓기를 시작하는 것이었으나, 이번에는 겨우 한 개를 짓고는 다시 쓰러지듯이 눕고 말았다.

[중간 부분 줄거리] 방물장수인 앵두나뭇집 할머니가 찾아 와 송 영감에게 아들 당손이를 입양 보내자고 제안하고, 이를 들은 송 영감은 크게 화내며 거절한다. 다가올 겨울 양식을 마련하기 위해 마음이 조급해진 송 영감은 가마가 다 채워지기도 전에 조수와 자신의 독을 굽는다.

송 영감이, 이제 조금만 더, 하고 속을 죄고 있을 때였다. 가마 속에서 갑자기 뚜왕! 뚜왕! 하고 독 튀는 소리가 울려 나왔다. 송 영감은 처음에 벌떡 반쯤 일어나다가 도로 주저앉으며 이상스레 빛나는 눈을 한곳에 머물게 한 채 귀를 기울였다. 송 영감은 가마에 넣은 독의 위치로, 지금 것은 자기가 지은 독, 지금 것도 자기가 지은 독, 하고 있었다. 이렇게 튀는 것은 거의 송 영감의 것뿐이었다. 그리고 송 영감은 또 그 튀는 소리로 해서 그것이 자기가 앓다가 일어나 처음에 지은 몇 개의 독만이 튀지 않고 남은 것을 알며, 왱손이의 거치적거린다고 거지들을 꾸짖는 소리를 멀리 들으면서 어둠 속에 그만 쓰러지고 말았다.

다음 날 송 영감이 정신이 들었을 때에는 자기네 뜸막* 안에 뉘어져 있었다. 옆에서 작은 몸을 오그리고 훌쩍거리던 애가 아버지가 정신 든 것을 보고 더 크게 훌쩍거리기 시작했다. 송 영감이 저도 모르게 애보고 안 죽는다, 안 죽는다, 했다. ㉡ 그러나 송 영감은 또 속으로는, 지금 자기는 죽어 가고 있다고 부르짖고 있었다.

이튿날 송 영감은 애를 시켜 앵두나뭇집 할머니를 오게 했다. 앵두나뭇집 할머니가 오자 송 영감은 애더러 놀러 나가라고 하며 유심히 애의 얼굴을 쳐다보는 것이었다. 마치 애의 얼굴을 잊지 않으려는 듯이.

[A]

앵두나뭇집 할머니와 단둘이 되자 송 영감은 눈을 감으며, 요전에 말하던 자리에 아직 애를 보낼 수 있겠느냐고 물었다. 앵두나뭇집 할머니는 된다고 했다. 얼마나 먼 곳이냐고 했다. 여기서 한 이삼십 리 잘 된다는 대답이었다. 그러면 지금이라도 보낼 수 있느냐고 했다. 당장이라도 데려가기만 하면 된다고 하면서 앵두나뭇집 할머니는 치마 속에서 지전* 몇 장을 꺼내어 그냥 눈을 감고 있는 송 영감의 손에 쥐여 주며, 아무 때나 애를 데려오게 되면 주라고 해서 맡아 두었던 것이라고 했다.

송 영감이 갑자기 눈을 뜨면서 ㉢ 앵두나뭇집 할머니에게 돈을 도로 내밀었다. 자기에게는 아무 소용없으니 애 업고 가는 사람에게나 주어 달라는 것이었다. 그러고는 다시 눈을 감았다. 앵두나뭇집 할머니는 애 업고 가는 사람 줄 것은 따로 있다고 했다. 송 영감은 그래도 그 사람을 주어 애를 잘 업어다 주게 해 달라고 하면서, 어서 애나 불러다 자기가 죽었다고 하라고 했다. 앵두나뭇집 할머니가 무슨 말을 하려는 듯하다가 저고리 고름으로 눈을 닦으며 밖으로 나갔다.

송 영감은 눈을 감은 채 가쁜 숨을 죽이고 있었다. 그리고 무슨 일이 있더라도 눈물일랑 흘리지 않으리라 했다.

그러나 앵두나뭇집 할머니가 애를 데리고 와, 저렇게 너의 아버지가 죽었다고 했을 때, 송 영감은 절로 눈물이 흘러내림을 어찌할 수 없었다. 앵두나뭇집 할머니는 억해 오는 목소리를 겨우 참고, ㉣ 저것 보라고 벌써 눈에서 썩은 물이 나온다고 하고는, 그러지 않아도 앵두나뭇집 할머니의 손을 잡은 채 더 아버지에게 가까이 갈 생각을 않는 애의 손을 끌고 그곳을 나왔다.

그냥 감은 송 영감의 눈에서 다시 썩은 물 같은, 그러나 뜨거운 새 눈물 줄기가 흘러내렸다. 그러는데 어디선가 애의 훌쩍훌쩍 우는 소리가 들리는 듯했다. 눈을 떴다. 아무도 있을 리 없었다. ㉤ 지어 놓은 독이라도 한 개 있었으면 싶었다. 순간 뜸막 속 전체만 한 공허가 송 영감의 파리한* 가슴을 억눌렀다. 온몸이 오므라들고 차옴을 송 영감은 느꼈다.

그러는 송 영감의 눈앞에 독 가마가 떠올랐다. 그러자 송 영감은 그리로 가리라는 생각이 불현듯 일었다. 거기에만 가면 몸이 녹여지리라. 송 영감은 기는 걸음으로 뜸막을 나섰다.

거지들이 초입에 누워 있다가 지금 기어들어 오는 게 누구라는 것도 알려 하지 않고, 구무럭거려 자리를 내주었다. 송 영감은 한옆에 몸을 쓰러뜨렸다. 우선 몸이 녹는 듯해 좋았다.

그러나 송 영감은 다시 일어나 가마 안쪽으로 기기 시작했다. 무언가 지금의 온기로써는 부족이라도 한 듯이. 곧 예사 사람으로는 더 견딜 수 없는 뜨거운 데까지 이르렀다. 그런데도 송 영감은 기기를 멈추지 않았다. 그렇다고 그냥 덮어놓고 기는 것은 아니었다. 지금 마지막으로 남은 생명이 발산하는 듯 어둑한 속에서도 이상스레 빛나는 송 영감의 눈은 무엇을 찾고 있는 것이었다. 그러다가 열어젖힌 결창으로 새어 들어오는 늦가을 맑은 햇빛 속에서 송 영감은 기던 걸음을 멈추었다. 자기가 찾던 것이 예 있다는 듯이. 거기에는 터져 나간 송 영감 자신의 독 조각들이 흩어져 있었다.

송 영감은 조용히 몸을 일으켜 단정히, 아주 단정히 무릎을 꿇고 앉았다. 이렇게 해서 그 자신이 터져 나간 자기의 독 대신이라도 하려는 것처럼.

- 황순원, 〈독 짓는 늙은이〉 -

*전체 줄거리

독을 지으며 살아가는 송 영감은 아내가 그의 조수와 도망친 뒤 배신감과 분노에 떤다. 어린 아들을 위해 다시 독 짓기를 시작하지만, 병든 몸과 아내와 조수에 대한 증오로 일이 제대로 되지 않는다. 방물장수인 앵두나뭇집 할머니가 아들 당손이의 입양을 주선하나 송 영감은 화를 내며 거절한다. 돈을 마련하기 위해 독 짓기를 서두르고, 조급한 마음에 한 가마가 다 차기도 전에 독들을 굽기로 결심한다. 송 영감은 조수와 자신의 독을 나란히 세워 놓고 독을 굽지만 자신이 지은 독들만 터져 나가는 모습을 보고 심한 좌절감을 느낀다. 결국 송 영감은 앵두나뭇집 할머니에게 아들의 입양을 부탁하고, 가마에 들어가 자신이 지은 독 옆에서 최후를 맞는다.

한방에! 어휘풀이

- 조마구와 부채마치: 옹기를 제작할 때 사용하는 한 쌍의 도구.
- 환영(幻影): 눈앞에 없는 것이 있는 것처럼 보이는 것.
- 전: 옹기 등 물건의 위쪽 가장자리가 조금 넓적하게 된 부분.
- 장감(場감): '장거리'의 북한어. 장을 보아 오는 물건.
- 뜸막(뜸幕): 뜸으로 지붕을 인 막집.
- 지전(紙錢): 종이에 인쇄를 하여 만든 화폐. 일반적으로 정부 지폐와 은행권을 이른다.
- 파리하다: 몸이 마르고 낯빛이나 살색이 핏기가 전혀 없다.

01 서술상의 특징 파악하기

윗글에 대한 설명으로 적절한 것은?

① 시간의 흐름을 뒤바꾸어 사건을 전개하고 있다.
② 인물의 심리와 상황을 구체적으로 묘사하고 있다.
③ 하나의 사건을 다양한 인물의 관점에서 서술하고 있다.
④ 대화를 통해 인물의 성격을 간접적으로 드러내고 있다.
⑤ 작품 속 서술자가 인물의 행동을 직접 관찰하여 전달하고 있다.

02 인물의 행동 이해하기

㉠~㉤에 대한 설명으로 적절하지 않은 것은?

① ㉠: 아내와 조수에 대한 배신감과 분노로 인한 것이다.
② ㉡: 아들에게 말한 것과는 달리, 송 영감의 몸과 능력이 모두 쇠퇴하였기 때문이다.
③ ㉢: 앵두나뭇집 할머니의 제안을 완곡하게 거절하는 것을 의미한다.
④ ㉣: 아버지가 죽었다고 이해시키기 위한 거짓말이다.
⑤ ㉤: 아들이 떠난 후 외로움과 공허함이 몰려왔기 때문이다.

* **완곡하다(婉曲하다)**: 말하는 투가, 듣는 사람의 감정이 상하지 않도록 모나지 않고 부드럽다.

중요 03 외적 준거를 통해 작품 감상하기

[A]를 보기로 각색했을 때, 고려했을 사항으로 가장 적절한 것은?

보기

S# 86. 뜸막 안 (저녁)
(죽은 듯 눈 감고 누운 송 영감. 그의 앞에 방물장수가 서 있다. 송 영감 눈이 뜨인다.)
송 영감: (한참 동안 천정을 보다가) 아주머니! 우리 돌일 부탁하겠수…….
방물장수: (반가워) 잘 생각하셨죠. 아, 그 댁이야!
송 영감: 어서 애나 불러다 주시오…….
방물장수: (끄덕이며) 네, 그러지요……. (뒤돌아서려다가) 애들이라 영감님이 죽었다고 해야 할 거요…….
송 영감: ……. (묵묵부답.)
방물장수: 그러니까 죽은 척하고 눈을 꼭 감구 계슈. (안됐다는 듯) 아이구! 쯧쯧!

① 대사를 통해 인물의 행동에 대한 이해를 도와야겠군.
② 사건의 내용을 변화하여 원작과 차별화를 두어야겠군.
③ 사건을 축약하여 인물의 감정을 구체적으로 드러내야겠군.
④ 지시문을 통해 인물에게 일어날 일을 미리 알게 해야겠군.
⑤ 새로운 인물을 등장시켜 주인공과의 갈등 상황을 추가해야겠군.

서답형 04 작품의 내용 파악하기

보기의 빈칸에 들어갈 말로 적절한 것을 윗글에서 찾아 3어절로 쓰시오.

보기

이청준의 〈줄〉은 2대에 걸친 줄광대의 삶을 그린 작품이다. '허 노인'은 평생 줄타기 한 길만을 걸어온 장인이지만, 어느 날 줄에서 발을 헛디딘 이후 줄을 타다가 떨어져 죽기로 결심한다. 이는 윗글의 송 영감이 가마 속에서 (   )을/를 듣고 죽음을 준비하는 것과 유사하다.

문제풀이

복습하기

문법

홑문장과 겹문장	• **홑문장**: 주어와 서술어의 관계가 [1] □□만 나타나는 문장 • **겹문장**: 주어와 서술어의 관계가 [2] □□ 이상 나타나는 문장	
이어진문장	• 둘 이상의 홑문장이 앞 절과 뒤 절의 관계에 따라 나란히 이어지는 문장 • [3] □□ □□로 두 문장이 이어질 경우 반복되는 요소는 생략함.	
	종류	• **대등하게 이어진문장**: 앞 절과 뒤 절의 의미 관계가 대등하게 이어진 문장 • **종속적으로 이어진문장**: 앞 절과 뒤 절의 의미 관계가 종속적으로 이어진 문장

독서

1문단	일식의 개념
2문단	일식의 발생 시기
3문단	일식의 [4] □□
4문단	개기일식과 [5] □□□□의 특징
5문단	일식의 빈도와 일식 관측 시 주의점

문학 - 황계사(작자미상)

1~8행	갑작스레 [6] □□한 뒤 돌아오지 않는 임에 대한 원망
9~11행	임에 대한 애절한 그리움을 [7] □□에 그려진 황계에 투영함.
13~15행	임과 나를 [8] □□□와 배의 관계로 비유하여 언제나 임과 함께 하고픈 소망을 드러냄.
16~23행	오지 않는 임에 대한 기다림과 그리움

문학 - 독 짓는 늙은이(황순원)

[9] □□□은 부인과 조수가 도망친 뒤, 아들을 위해 독 짓기를 다시 시작함.

⬇

부인과 조수에 대한 배신감과 건강 악화로 송 영감의 독 짓는 솜씨에 [10] □이 생기기 시작함.

⬇

앵두나뭇집 할머니로부터 아들을 [11] □□ 보낼 것을 제안받음.

⬇

조수의 실력보다 자신의 실력이 쇠퇴하였다는 것과 머지않아 자신이 죽을 것임을 직감함.

⬇

아들을 입양 보낸 뒤 독 [12] □□에 가서 죽음을 맞이함.

정답 1 한 번 2 두 번 3 연결 어미 4 종류 5 금환일식 6 이별 7 병풍 8 황하수 9 송 영감 10 틈 11 입양 12 가마

한수

09

Contents

09강

문법

문장의 구조 (2) 안은문장과 안긴문장

| 정답 및 해설 | 55쪽

한방에! 개념정리

한방에! 핵심정리

* 절
둘 이상이 어절이 모여 하나의 성분으로 쓰이는 단위. 주어와 서술어를 갖추며, 단독으로 쓰이지 못하고 더 큰 문장의 일부를 이룸.
예 나는 예쁜 꽃을 손에 쥐었다.
그녀는 시끄러운 소리를 싫어하였다.

1 안은문장과 안긴문장

① **안은문장**: 하나의 홑문장이 다른 홑문장을 문장 성분처럼 안고 있는 문장

② **안긴문장**: 안은문장 속에 절의 형식으로 포함되어 있는 문장

안은문장: 주어 + [안긴문장: 주어 + 서술어] + 서술어

2 안은문장의 종류

① 명사절을 안은문장

개념	문장에서 주어, 목적어, 관형어, 부사어 등으로 명사처럼 기능하는 절을 안은 문장
절 표지	명사형 어미 '-(으)ㅁ, -기'
예	그 집 아들이 범인임이 밝혀졌다.

② 관형절을 안은문장

개념	문장에서 관형어로 기능하는 절을 안은 문장
절 표지	관형사형 어미 '-(으)ㄴ, -는, -(으)ㄹ, -던'
예	이것은 선생님이 주신 사탕이다.

* 관계 관형절과 동격 관형절
• 관계 관형절: 수식을 받는 체언이 관형절의 한 성분이 되는 관형절로, 문장 성분 중의 하나가 생략됨.
예 내가 산 책은 매우 재밌다.
→ '내가 책을 샀다.' + '책은 매우 재밌다.'
• 동격 관형절: 수식을 받는 체언의 내용이 되는 관형절로, 문장 성분이 생략되지 않음.
예 네가 책을 샀다는 말을 들었다.
→ '네가 책을 샀다.' = 말

③ 부사절을 안은문장

개념	문장에서 부사어로 기능하는 절을 안은 문장
절 표지	부사 파생 접미사 '-이', 부사형 어미 '-게, -도록, -아/어, -(아/어)서'
예	나는 땀이 나도록 뛰었다.

④ 서술절을 안은문장

개념	문장에서 절 전체가 서술어로 기능하는 절을 안은 문장
절 표지	없음(한 문장에 주어가 두 개 있는 것처럼 보임).
예	동생은 눈이 크다.

* 서술절을 안은문장의 주어 구분
서술절을 안은문장은 앞에 있는 주어가 전체 문장의 주어이고, 뒤에 있는 주어가 서술절의 주어임.
예 고래는 몸집이 크다.
(몸집이 → 서술절의 주어, 고래는 → 전체 문장의 주어)

⑤ 인용절을 안은문장

개념	화자 또는 타인의 말이나 생각을 인용한 문장을 절의 형태로 안은 문장
절 표지	직접 인용 '-(이)라고', 간접 인용 '-고'
예	친구가 "영화는 언제 봐?"라고 물어보았다. 친구가 영화는 언제 보냐고 물어보았다.

* 간접 인용절의 종결 어미

평서문	'-다고' 예 본다고
의문문	'-냐고' 예 보냐고
청유문	'-자고' 예 보자고
명령문	'-라고' 예 보라고

01 안은문장의 개념 이해하기

안은문장에 대한 설명으로 적절하지 않은 것은?

① 주어와 서술어의 관계가 두 번 나타난다.
② 단독으로 쓰이지 못하고 더 큰 문장의 일부를 이룬다.
③ 절이 어떤 기능을 하느냐에 따라 안은문장의 종류가 달라진다.
④ 하나의 홑문장이 다른 홑문장을 하나의 문장 성분처럼 안고 있는 문장이다.
⑤ 인용절을 안은문장은 절 표지에 따라 직접 인용과 간접 인용으로 구분된다.

02 안은문장의 종류 파악하기

다음 중 안은문장의 종류가 다른 것은?

① 그는 내일 볼 영화를 예매했다.
② 그녀는 키가 큰 기린을 좋아한다.
③ 내일은 아침 일찍 일어나기로 했다.
④ 도서관에서 공부하던 동생은 깜짝 놀랐다.
⑤ 나는 오랜만에 만난 친구를 알아보지 못했다.

9강

중요
03 서술절을 안은문장 파악하기

보기 의 설명에 해당하는 안은문장으로 적절하지 않은 것은?

보기

- 한 문장에 주어가 두 개 있는 것처럼 보인다.
- 안긴문장을 나타내는 절 표지가 존재하지 않는다.

① 코끼리는 코가 길다.
② 지수는 눈웃음이 예쁘다.
③ 우리 할머니는 손이 크시다.
④ 우리 집 강아지는 코가 축축하다.
⑤ 어제 첫눈이 예고도 없이 내렸다.

서답형
04 인용절을 안은문장 파악하기

보기 에서 안긴문장을 찾아, 절 표지를 제외하고 쓰시오.

보기

소크라테스는 너 자신을 알라고 말했다.

09강

독서 – 기술(산업기술)

음질 개선 기술

| 정답 및 해설 | 55쪽

한방에! 개념정리

한방에! 핵심정리

주제	음질 개선 기술에 대한 소개와 미래 전망
해제	이 글은 소음을 없애기보다 소음의 불쾌감을 줄이는 방향으로 기술의 전환이 이루어지고 있는 소음 연구의 최근 동향을 소개하고 있다. 음질 개선 기술은 음의 크기가 아닌 음의 파형을 변형하여 부정적인 소음도 듣기 좋은 화음처럼 인식하게 하는 것이다. 모터사이클의 배기음을 말발굽 소리로 디자인하여 사람들로 하여금 역동적인 느낌을 받게 하는 것, 물 흐르는 소리를 욕실용품에 적용하여 자연 친화적인 느낌을 갖게 한 것 등은 이와 같은 사례에 해당한다. 음질 개선 기술은 앞으로 더욱 활발하게 연구되어 소음의 효과를 새로운 영역에 도입하는 기술까지 등장할 것이다.

* 문단 중심 내용

1문단	소음 연구의 최근 동향
2문단	음질 개선 기술이 이루어지는 과정
3문단	음질 개선 기술 활용 사례
4문단	음질 개선 기술의 전망

※ 다음 글을 읽고 물음에 답하시오.

최근에는 ㉠ 소음을 없애려는 노력보다 소음의 불쾌감을 없애는 방향으로 기술의 전환이 이루어지고 있다. 그 대표적인 방법 중 하나가 음질 개선 기술이다. 이 기술은 ㉡ 소음의 음파를 변형해 사람이 듣기에 편한 소리로 바꿔 준다. 음의 크기가 아닌 파형*을 변형하여 같은 크기라도 다른 소리처럼 들리는 원리를 이용한 것이다. 이 방식은 기존의 연구에 비해 개발 비용도 저렴할 뿐 아니라 소리를 완벽하게 차단하지 않더라도 그 성질만 바꿔 주면 얼마든지 듣기 편한 소리가 될 수 있다는 것을 실제로 증명해 냈다. 음질 개선 기술은 최근 여러 분야에서 응용되기 시작했는데, 그중 자동차 실내 소음 차단과 전자 제품에 적용된 기술을 대표적인 사례로 꼽을 수 있다. 좋은 차일수록 문을 여닫을 때 작고 둔탁한 소리가 나는 것은 ㉢ 소음 전문가들의 정교한 튜닝*을 거쳐 탄생한 음질 개선의 예이다.

이러한 음질 개선 기술은 어떻게 이루어질까? 일단 ㉣ 소음을 정확히 감지하여 저장하는 것이 중요하다. 그 뒤 음질 변환용 소프트웨어를 이용해 저장된 소음을 변형해 가면서 여러 소리를 포착해 본다. 이렇게 해서 얻은 결과는 그 다음에 제작되는 제품부터 적용하여 더 나은 결과를 가져올 수 있게 한다. 최근 음질에 대한 소비자의 반응은 더 민감해지는 추세이다. 실제 제품에서 나는 소리만으로 전체 품질을 평가하는 경우도 크게 늘었다.

세계적인 모터사이클 전문 업체 할리 데이비슨은 모터사이클의 배기음*을 독특하게도 ⓐ 말발굽 소리로 디자인하였다. 음의 크기를 줄이기보다는 이를 적절히 변형시킨 재치가 돋보인다. 그 소리를 좀 더 상세히 분석해 보면 공회전* 시 파동이 초당 5~6회 발생하고 있는 것을 알 수 있다. 이는 ⓑ 20대의 젊은 사람이 운동 직후 뛰는 심장 맥박수의 2배 정도에 해당하는 것으로, 모터사이클 소리를 들은 사람은 매우 역동적인 느낌을 갖게 된다. 이는 소리를 잘 활용한 경우로 볼 수 있다. 소음은 아니지만 물 흐르는 소리를 욕실용품에 적용해 자연 친화적인 느낌을 갖게 하는 사례도 있다. 사용자에게 자연스럽고 편안한 느낌을 주는 이 기술들은 최근 공동 주택에서 많이 채택하고 있다. 이 밖에 아침 식탁의 단골 메뉴로 올라오는 시리얼도 씹을 때 부서지며 발생하는 경쾌한 소리로 소비자의 식욕을 돋우도록 고안된 제품이다.

앞으로 음질 개선 기술은 더욱 활발하게 연구되어 소음을 듣기 좋은 소리로 바꾸는 것에서 한 발짝 더 나아가 예술로 승화하는* 데까지 발전할 것으로 기대된다. 아울러 ㉤ 소음을 새로운 쪽에 이용하는 기술도 계속 등장할 것이다.

한방에! 어휘풀이

* 파형(波形): 물결처럼 기복이 있는 음파나 전파 따위의 모양.
* 튜닝: 음을 표준음에 맞추어 고름.
* 배기음(排氣音): 열기관에서, 일을 끝낸 뒤의 쓸데없는 증기나 가스를 뽑아낼 때 나는 소리.
* 공회전(空回轉): 기계 따위가 헛도는 일.
* 승화하다(昇華하다): 어떤 현상이 더 높은 상태로 발전하다.

01 내용 전개 방식 파악하기

윗글의 내용 전개 방식으로 적절하지 않은 것은?

① 새로운 기술의 장단점을 언급하고 있다.
② 구체적인 예시를 통해 글의 이해를 돕고 있다.
③ 중심 소재의 원리를 구체적으로 설명하고 있다.
④ 중심 소재에 대한 전망으로 글을 마무리하고 있다.
⑤ 자문자답의 방법을 사용하여 내용을 전개하고 있다.

중요 02 외적 준거를 본문에 적용하기

㉠~㉤ 중, 보기 와 가장 밀접한 관련이 있는 것은?

보기

백색소음은 특별한 스펙트럼을 가진 잡음을 뜻한다. 한국 산업 심리 학회 연구에 따르면 백색소음은 집중력 47.7% 향상 효과와 기억력 9.6% 향상 효과를 가져다 주는 것으로 발표되었다. 이에 따라 집중을 필요로 하는 독서실이나 치료실 등에서는 백색소음을 제공하여 이용자들의 정서적 안정을 돕고 있다.

① ㉠ ② ㉡ ③ ㉢ ④ ㉣ ⑤ ㉤

중요 03 외적 준거를 바탕으로 이해하기

보기 를 참고하여 윗글을 이해한 내용으로 가장 적절한 것은?

보기

소음을 차단하거나 줄일 수 있는 방법은 수동적인 방법과 능동적인 방법으로 나눌 수 있다. 수동적인 방법으로는 소음원을 밀폐함으로 둘러싸 차단하거나, 소음이 흡음 덕트(통로)를 거쳐 방출되도록 하거나, 방음 울타리를 사용하여 소리의 전달 경로를 막는 방법을 들 수 있다. 그러나 500㎐ 이하의 낮은 주파수 영역의 소음은 파장이 상대적으로 길기 때문에, 효율적인 소음 제어를 위해서는 흡음재 또는 차음재의 크기 및 부피가 이에 맞춰 커져야 한다. 따라서 수동적인 방법은 소음 제어 장치의 설치 장소에 제약이 있고 비용이 증가하며, 고주파 영역의 소음 제어 효과에 비해 저주파에서의 제어 성능이 떨어지는 문제점을 갖는다.

① 음질 개선 기술과 소음 제어 기술의 원리는 유사하다.
② 음질 개선 기술과 소음 제어 기술을 하나로 접목시켜야 한다.
③ 음질 개선 기술은 소음 제어 기술에 대한 대안으로 고안되었다.
④ 음질 개선 기술은 소음 제어 기술보다 소음 제거 효과가 뛰어나다.
⑤ 음질 개선 기술과 소음 제어 기술은 수동적인 방법의 사용이 효율적이다.

* 흡음(吸音): 음파가 매질을 통과할 때나 물체 표면에 닿을 때, 매질이나 물체가 음파를 빨아들임으로써 소리 에너지가 감소하는 일.
* 차음재(遮音材): 소리가 전해지는 것을 차단하는 재료.

서답형 04 세부 내용 파악하기

다음은 윗글을 통해 추론할 수 있는 ⓐ, ⓑ의 공통점이다. 빈칸에 들어갈 말로 적절한 것을 윗글에서 찾아 쓰시오.

ⓐ, ⓑ 모두 매우 (   )인 느낌을 갖게 한다.

문제풀이

동해 바다 - 후포에서 _ 신경림

| 정답 및 해설 | 57쪽

✔ 한방에! 개념정리

✔ 한방에! 핵심정리

갈래	자유시, 서정시
성격	대조적, 교훈적
주제	남에게는 너그럽고 자신에게는 엄격한 삶을 살기를 바라는 마음
특징	① 대조적 시어를 통해 주제를 강조함. ② 과거의 모습과 현재의 모습을 대칭적으로 배치함. ③ 자연물을 통해 삶에 대한 반성과 깨달음을 드러냄.
해제	이 작품은 화자가 '후포'라는 항구에서 동해 바다를 바라보며 자신에게는 관대하고 타인에게는 엄격했던 삶을 반성하고, 자신에게는 엄격하면서 타인에게는 너그럽고 포용력 있는 마음으로 살겠다는 다짐을 드러내는 내용이다. 작품의 제목이자 중심 소재인 '동해 바다'는 화자가 닮고 싶어하는 속성을 지닌 대상으로, 화자가 자신의 내면을 성찰할 수 있는 매개체로 작용하고 있다.

✔ 한방에! 어휘풀이

* **티끌**: 몹시 작거나 적음을 이르는 말.
* **맷방석(맷方席)**: 매통이나 멧돌을 쓸 때 밑에 까는, 짚으로 만든 방석.
* **잘다**: 알곡이나 과일, 모래 따위의 둥근 물건이나 글씨 따위의 크기가 작다.
* **후포**: 경상북도 울진군 후포면에 있는 항구.

※ 다음 글을 읽고 물음에 답하시오.

친구가 원수보다 더 미워지는 날이 많다
티끌*만 한 잘못이 맷방석*만 하게
동산만 하게 커 보이는 때가 많다
그래서 세상이 어지러울수록
남에게는 엄격해지고 내게는 너그러워지나 보다
㉠ 돌처럼 잘아지고* 굳어지나 보다

멀리 **동해 바다**를 내려다보며 생각한다
널따란 ㉡ 바다처럼 너그러워질 수는 없을까
깊고 짙푸른 바다처럼
감싸고 끌어안고 받아들일 수는 없을까
스스로는 억센 파도로 다스리면서
제 몸은 맵고 모진 매로 채찍질하면서

- 신경림, 〈동해 바다 – 후포*에서〉 -

✔ 한방에! 작가소개

신경림(1936~)

1956년 작품 <갈대>를 통해 등단하였다. 인간의 존재를 관념적으로 다루었던 초기 작품들과 달리, <농무>로 대표되는 후기 작품은 민중들의 삶을 민요적 리듬으로 구체화하고, 향토적 시어를 통해 민중들의 삶의 애환을 서정적으로 드러내며 7~80년대 민중 문학의 기반이 되었다.

교과서에 수록된 작가의 다른 작품

작품	내용
<농무>	풍물놀이에 맞춰 추는 춤인 '농무'를 통해 산업화로 인해 쇠락해 가는 농촌의 처절한 현실을 보여 주는 시
<목계 장터>	민중의 삶의 공간인 목계 장터를 배경으로 안정된 삶을 누리지 못하고 떠도는 민중들의 삶의 애환을 보여 주는 시
<가난한 사랑 노래>	가난 때문에 소중한 감정들을 버려야 하는 가난한 소시민의 사랑과 삶을 그린 시

01 표현상의 특징 파악하기

윗글에 대한 설명으로 적절하지 않은 것은?

① 일상적인 소재를 통해 깨달음을 얻고 있다.
② 공간의 이동에 따라 화자의 심리가 변화하고 있다.
③ 비유적 표현을 활용하여 화자의 반성과 소망을 나타내고 있다.
④ 자신이 바라는 바람직한 삶의 태도를 독백의 형식으로 나타내고 있다.
⑤ 의문을 나타내는 종결 어미를 활용하여 화자의 바람을 효과적으로 드러내고 있다.

02 시어의 의미 파악하기

㉠, ㉡에 대한 설명으로 적절한 것은?

① ㉠, ㉡ 모두 남을 이해하고 받아들이는 모습을 의미한다.
② ㉠, ㉡ 모두 화자를 성찰하고 반성하게 하는 대상을 의미한다.
③ ㉠은 남에게 엄격한 존재를, ㉡은 자신에게 엄격한 존재를 의미한다.
④ ㉠은 화자가 단호하게 다스리는 존재를, ㉡은 화자가 너그럽게 대하는 존재를 의미한다.
⑤ ㉠은 세상이 어지러울수록 변하는 것을, ㉡은 세상이 변해도 바뀌지 않는 것을 의미한다.

중요 03 기준에 따라 작품 감상하기

ⓐ~ⓒ를 바탕으로 윗글을 감상한 것으로 적절하지 않은 것은?

> 독자는 문학 작품을 감상하며 작품에 담긴 다양한 삶의 모습을 간접적으로 경험하며 자신의 삶을 성찰한다. 성찰하며 작품을 감상할 때에는 먼저 ⓐ 시의 화자가 처한 상황을 파악하고, ⓑ 상황에 대해 화자가 성찰하고 깨달은 내용을 파악한다. 그리고 ⓒ 화자의 깨달음을 보고 자신의 삶을 성찰한 다음 바람직한 삶의 태도에 대해 생각하며 생활 속에서 실천한다.

① ⓐ: 화자는 지금 후포에서 동해 바다를 바라보는 상황이겠군.
② ⓐ: 화자는 친구의 작은 잘못을 큰 잘못으로 여겼던 적이 있겠군.
③ ⓑ: 화자는 작은 돌과 같이 티끌만 했던 친구의 실수가 사실 동산만 했음을 깨달았군.
④ ⓑ: 화자는 타인에게는 엄격하고 자신에게는 너그러운 사람이었던 과거를 성찰하고 있군.
⑤ ⓒ: 화자의 깨달음을 통해 다른 사람의 잘못을 쉽게 용서하지 않았던 내 삶을 반성하게 되는군.

서답형 04 시어의 의미 파악하기

윗글의 '동해 바다'와 유사한 의미를 지닌 시어를 보기 에서 찾아 1음절로 쓰시오.

보기

> 사는 길이 슬프고 외롭거든 / 바닷가
> 가물가물 멀리 떠 있는 섬을 보아라
> 홀로 견디는 것은 순결한 것
> 멀리 있는 것은 아름다운 것
> 스스로 자신을 감내하는 자의 의지가 거기 있다
>
> \- 오세영, 〈바닷가에서〉

문제풀이

09강

문학 – 고전산문

어미 말과 새끼 말 _ 작자 미상

| 정답 및 해설 | 58쪽

한방에! 개념정리

한방에! 핵심정리

갈래	구비 설화
성격	구어적, 서사적, 허구적
주제	① 새끼를 향한 어미의 사랑 ② 영리한 발상을 통한 국가 위기의 극복
특징	① 군말의 사용과 내용의 반복 같은 구어 담화의 특성이 드러남. ② 충청도 사투리와 구어체를 사용하여 생동감과 현장감을 느끼게 함. ③ 개연성 있는 허구의 이야기를 통해 보편적 주제인 모성애를 강조함.
해제	이 작품은 충남 보령에서 구비 전승되어 온 민담으로, 대국 천자의 시험 때문에 조선이 위기에 처하자 원 정승의 어린 아들이 꾀를 내어 이를 극복한다는 내용이다. 구연자가 이야기한 것을 그대로 채록하여 구어적 특징이 고스란히 살아 있으며 생생한 방언으로 구성되어 생동감과 현장감이 드러난다. 아울러 부모의 헌신과 사랑이라는 보편적인 주제를 흥미로운 일화를 통해 다루고 있어 감동을 전해 준다.

※ 다음 글을 읽고 물음에 답하시오.

옛날 대국* 천자*가 조선에 인재가 있나 없나아, 이걸 알기 위해서 말을 두 마리를 보냈어. 말. 대국서 잉? 조선 잉금게루 보내면서,

"이 말이 어떤 눔이 새끼구 어떤 눔이 에밍가 이것을 골라내라아." 하구서…….

똑같은 눔여. 똑같어 그게 둘 다. 그러구서 보냈어. 조선에 인자*가 있나 읎나. 인자가 많었억거던? 조선에? 내력이루*. 자아 그러니 워트겨 이걸?

원 정승이라는 사램(사람)이 있어. 그래 아침 조회* 때 들어가닝깨,

"이 원 정승 이눔 갖다가 이걸 골러내쇼오." 말여. 보낸다능 게 원 정승에게다 보냈어. 응. 인제 가서 골라내라능 기여.

원 정승이 갖다 놓구서, 이거 어떤 눔이구 똑같은 눔인디 말여, 색두 똑같구 워떵 게 에민지 워떵 게…… 똑같어어? 그저어?

"새끼가 워떵 겐지 에미가 워떵 겐지 그거 모른다." 그러닝깨,

"그려요?"

그러구 가마안히 생각해 보닝깨 도리*가 있으야지? 그래 앓구 두러눴네? 머리 싸매구 두러눴느라니까, 즈이 아들이, 어린 아들이,

"아버지 왜 그러십니까아?" 그러거든.

"야? 아무 날 조회에 가닝까아, 이 말을 두 마리를 주면서 골르라구 허니이, 이 일을 어트가야 옳은단 말이냐아?"

"아이구, 아버지. 걱정 말구 긴지* 잡수시라구. 내가 골라 디리께."

"니가 골러?"

"예에. 걱정 말구 긴지 잡수시요."

그래, 아침을 먹었어. 먹구서 그 이튿날 갔는디, 이눔이 콩을 잔뜩, 쌂어 가지구설랑은 여물을 맨들어. 여물을. 여물을 대애구* 맨들어 놓는단 말여. 여물을 맨들어 가지구서는 갖다 항곳이다가 떠억 놓거든. 준담 말여. 구유*다가 여물을. 여물을 주닝깨, 잘 먹어어? 둘이 먹기를. 썩 잘 먹더니 주둥패기*루 콩을 대애구 요롷게 제쳐 주거든? 옆있 눔을? 콩을 제쳐 줘. 저는 조놈만 먹구. 짚만 먹구 인저, 콩을 대애구 저쳐 준단 말여.

새끼 주는 쇡(셈)이지 그러닝깨. 대애구 요롷게,

"아버지, 아버지. 이거 보시교. 이루 오시교."

"왜냐?"

나가 보닝깨,

"요게 새낍니다. 요건 에미구. 포*를 허시교."

포를 했어.

"음. 왜 그러냐?" 그러닝깨,

"아 이거 보시교. 콩을 골라서 대애구 에미라 새끼 귀해서 새끼를 주지 않습니까? 새끼 귀헌 중 알구. 그래 콩 중 게 이게 새끼요오. 이건 에미구."

아, 그 이튿날 아닝 것두 아니라 가주 가서, "이건 새끼구 이건 에미라구." 그러닝깨, 그러구서는 대국으로 떠억 포해서 보냈단 말여. 그러닝깨.

"하하아, 한국에 연대*까장 조선에 인자가 연대 익구나아." 그러드랴.

- 작자 미상, 〈어미 말과 새끼 말〉 -

*전체 줄거리

대국 천자가 조선의 인재 유무를 알아보고자 조선 임금에게 말 두 마리를 보내어 어미 말과 새끼 말을 구별하게 하는 과제를 내린다. 임금은 이 문제를 원 정승에게 해결하라 이르고, 이에 원 정승은 과제를 해결해야 하는 임무를 맡게 되지만 두 말이 똑같이 생겨 과제를 해결하지 못하고 고민한다. 이 모습을 본 원 정승의 어린 아들이 자신이 문제를 해결하겠다고 나선다. 다음 날 아들은 콩을 삶아 짚과 섞은 여물을 만들어 두 말에게 먹이고, 이때 다른 말에게 콩을 양보하고 짚만 먹는 말이 어미 말임을 알아낸다. 이에 원 정승이 어미 말과 새끼 말을 표하여 대국으로 보내자 대국에서 조선에 인재가 있음을 인정하였다.

한방에! 같이볼작품

… 조선에 인재가 얼마나 있나 없나 이걸 한번 참고적으로다 좀 볼라구. 아. 그래 조선 왕한테로다가,

"그 조선에 그렇게 인재가 많으니 인재를 한번 좀 볼꺼니깨는 고물* 세 가지를 들이라."고 아 이 기별이 왔단 말여. 아 그래 고 조선왕이 그 아마 말하자면 이 한양 도읍에 그랬던지 그 조선 임금님이.

"하 대국에서 고물 세 가지를 드리라는 고물 세 가지를 드리라니 뭐가 고물이 될지 알아야지."

그래 그만 근심을 하고 들어 누워서는 편찮어 앓으시는데 어느 신하 하나가,

"아 전하께서는 어째 요새 근심을 하십니까?"

아 그래. 신하 신하니께루.

"그저 근심은 아무 것도 없고 대국에서 고물 세 가지를 들이라니 세상에 고물이 뭔지. 그걸 어떻게 대국의 고물은 뭘 가지고 고물이 되느냐?"

아 그래서 그 신하가 있다가 하는 소리가,

"아 전하께서는 걱정 마시오. 고물은 제가 가져 갈테니께 하 전하께서는 진지 잡수시오. 고물은 지가 가져갑니다."

"게 고물이 뭐가 고물이냐?"

"그저 아무거나 고물만 만들면 되지 않습니까?"

그 한껏 달라는 것이 삿갓 떨어진 것 하나, 독 깨진 것 하나, 부지깽이 하나, 세 개를 달라고. 그래 세 가지를 싸 짊어지고 대국에를 들어 갔단 말여.

(중략)

"그대가 조선서 고물을 가져 왔다니 대관절 그 고물이 무엇인가?"

보따리를 부스럭부스럭하더니 삿갓 떨어진 것, 부지깽이 하나, 독 깨진 걸 내놓는단 말여.

"그래 첫째 독 깨진 것은 무슨 고물인가?"

"예, 이건 옛날에 선인*들이 독 장사를 할 때 독을 지고 나갔던 그 독이올시다."

"아 그것 참 고물일세. 아 삿갓 떨어진 것은 이건 또 무슨 고물인가?"

"이건 강태공*이 곧은 낚시 띄우고서는 낚시질을 할 때 쓰고 앉았던 삿갓이올시다."

"아, 그것 참 고물이여. 아 이 부지깽이는 또 뭐 하는겨?"

"아 그 신양 노 씨란 양반이 안집을 이끌고 백일 산제* 지내고 공자님 탄생할 때 땐 부지깽이요."

"아 참 고물일세."

아 등어리를 툭툭 두드리면서,

"조선 같은 소국에 이런 인제가 있으니 조선 왕의 복이라. 참 이런 복이 어디 있냐?"

그래서 참 조선에 인재가 많다는 게 나왔다고 그랍니다.

- 작자 미상, <고물 세 가지>(충청북도 중원군 상모면 설화)

* 고물(古物): 옛날 물건.
* 선인(先人): 전대(前代)의 사람.
* 강태공(姜太公): 낚시꾼.
* 산제(山祭): 산신령에게 드리는 제사.

한방에! 어휘풀이

* 대국(大國): 예전에, 우리나라에서 중국을 이르던 말.
* 천자(天子): 천제의 아들, 즉 하늘의 뜻을 받아 하늘을 대신하여 천하를 다스리는 사람이라는 뜻으로, 군주 국가의 최고 통치자를 이르는 말.
* 인자: 은자. 숨은 인재.
* 내력이루: 고래로. 예로부터 내려오면서.
* 조회(朝會): 모든 벼슬아치가 함께 정전에 모여 임금에게 문안드리고 정사를 아뢰던 일.
* 도리(道理): 어떤 일을 해 나갈 방도.
* 긴지: 진지의 방언으로, '밥'의 높임말.
* 대애구: 자꾸.
* 구유: 소나 말 따위의 가축들에게 먹이를 담아 주는 그릇. 흔히 큰 나무 토막이나 큰 돌을 길쭉하게 파내어 만든다.
* 주둥패기: '주둥아리'의 방언.
* 포: 표.
* 연대: 여태.

01 서술상의 특징 파악하기

윗글에 대한 설명으로 적절하지 않은 것은?

① 이야기의 배경이 분명하고 구체적이다.
② 개연성이 있는 허구적 내용을 담고 있다.
③ 사투리를 통한 생생한 현장감이 드러난다.
④ 일상적인 대화에서 주로 쓰는 단어를 사용한다.
⑤ 군말, 불필요한 반복 같은 구어적 특성이 드러난다.

02 인물의 행동 파악하기

인물에 대한 설명으로 적절하지 않은 것은?

① 천자는 원 정승과 그의 아들이 문제를 해결하게 되는 직접적인 원인이다.
② 원 정승은 임금으로부터 받게 된 문제의 해결 방법을 몰라 전전긍긍하였다.
③ 원 정승은 아들의 말을 듣고 깨달음을 얻어 문제를 주체적으로 해결하였다.
④ 어린 아들은 인간과 동물의 보편적 정서를 활용하여 천자의 문제를 해결하였다.
⑤ 어린 아들이 아버지인 원 정승의 문제를 대신 해결하겠다고 하는 점에서, 아버지에 대한 효심이 드러난다.

* 보편적(普遍的): 모든 것에 두루 미치거나 통하는 것.

중요 03 작품 비교하기

윗글과 보기 의 공통점으로 적절한 것은?

보기

"신라의 선비들 중엔 글재주가 뛰어난 이들이 이루 헤아릴 수 없을 정도로 많습니다. 그중에 특히 빼어난 이는 저희 같은 사람 백 명이 있다 하더라도 대적할 수 없습니다."

황제가 이 말을 듣고 매우 노하여 신라를 침공하고자 했다. 그리하여 황제는 계란을 솜으로 싸서 돌로 만든 함에 가득 채운 뒤 그 속에 밀랍을 녹여 부어 움직이지 않게 하고, 다시 함 밖에 구리와 철을 녹여 부어 함을 열어 볼 수 없게 했다. 그러고는 함을 가져가는 사신에게 옥새를 찍은 문서를 주었다. 문서에는 이런 글귀가 적혀 있었다.

'함 속에 든 물건을 알아맞혀 이에 대한 시를 지어 바치지 못한다면 장차 너희 나라를 쑥대밭으로 만들 것이다.'

- 작자 미상, 〈최고운전〉

① 강대국에 대한 약소국의 거만한 태도가 드러나 있다.
② 강대국의 통치자가 약소국을 시험하기 위해 과제를 제시하고 있다.
③ 다른 나라의 인재를 확인하려는 강대국의 지혜로움을 엿볼 수 있다.
④ 역사적 사실을 바탕으로 하여 실제 인물을 작품에 등장시키고 있다.
⑤ 강대국이 약소국을 빈번하게 침략했던 당시의 역사적 상황이 반영되어 있다.

* 강대국(强大國): 병력이 강하고 영토가 넓어 힘이 센 나라.
* 약소국(弱小國): 정치·경제·군사적으로 힘이 약한 작은 나라.

서답형 04 세부 내용 파악하기

빈칸에 들어갈 말로 적절한 것을 골라 차례대로 쓰시오.

아들은 콩을 골라 (어미 말 / 새끼 말)에게 주는 (어미 말 / 새끼 말)의 행동을 통해 어느 말이 어미 말이고, 어느 말이 새끼 말인지 파악하였다.

문제풀이

복습하기

문법

안은문장	하나의 홑문장이 다른 홑문장을 [1] □□ □□ 처럼 안고 있는 문장	
	종류	① **명사절을 안은문장**: 문장에서 주어, 목적어, 관형어, 부사어 등으로 명사처럼 기능하는 절을 안은 문장 ② **관형절을 안은문장**: 문장에서 관형어로 기능하는 절을 안은 문장 ③ **부사절을 안은문장**: 문장에서 부사어로 기능하는 절을 안은 문장 ④ [2] □□□ **을 안은문장**: 문장에서 절 전체가 서술어로 기능하는 절을 안은 문장 ⑤ **인용절을 안은문장**: 화자 또는 타인의 말이나 생각을 인용한 문장을 절의 형태로 안은 문장
[3] □□□□	• 안은문장 속에 [4] □ 의 형식으로 포함되어 있는 문장	

독서

1문단	소음 연구의 최근 동향
2문단	[5] □□ □□ □□ 이 이루어지는 과정
3문단	[5] □□ □□ □□ 활용 사례
4문단	[5] □□ □□ □□ 의 전망

문학 - 동해바다 - 후포에서(신경림)

1연	남에게는 엄격하고 자신에게는 너그러운 자신의 태도를 반성함.
2연	남에게는 너그럽고 자신에게는 엄격한, [6] □□ 같은 삶을 살기를 소망함.

문학 - 어미 말과 새끼 말(작자미상)

대국 [7] □□ 가 두 말 중에 어떤 것이 어미 말이고 어떤 것이 새끼 말인지 고르는 과제를 부여함.

⬇

과제를 부여받은 [8] □ □□ 은 답을 알 수 없어 고민함.

⬇

[8] □ □□ 의 아들이 [8] □ □□ 의 문제를 대신 해결하려 함.

⬇

아들은 [9] □□ 말의 모성애를 활용하여 [9] □□ 말과 새끼 말을 구분함.

⬇

과제를 해결한 것을 보고 대국 [7] □□ 가 조선에 [10] □□ 가 아직 존재함을 깨달음.

정답 1 문장 성분 2 서술절 3 안긴문장 4 절 5 음질 개선 기술 6 바다 7 천자 8 원 정승 9 어미 10 인재

한수

10

Contents

10강

화법

공감하며 대화하기

| 정답 및 해설 | 61쪽

✓ 한방에! 개념정리

✓ 한방에! 핵심정리

가

갈래	대화
화제	마을 장터에서 한 경험
특징	① 대화를 통해 협력하며 의미를 구성하고 있음. ② 대화의 주제와 관련있는 배경지식이나 경험을 떠올리고 있음.

나

갈래	대화
화제	친구와의 갈등 상황을 해결할 방법
특징	① 시선과 몸짓을 통해 상대방의 말에 반응함. ② 공감적 듣기 방법을 통해 상대방과 대화를 원활하게 이어감.

※ 다음은 대화이다. 물음에 답하시오.

가

지혁: 소정아, 주말에 뭐 했어?

소정: 마을 장터에 갔다가 새것은 아니지만 괜찮아 보이는 책을 한 권 샀어.

지혁: ㉠ 사회 시간에 배운 아나바다 운동 같은 거구나. '아껴 쓰고, 나눠 쓰고, 바꿔 쓰고, 다시 쓰자.'라는 의미였지?

소정: 맞아. 그러고 보니 이번 마을 장터가 바로 아나바다 운동이었네. 너도 비슷한 경험이 있어?

지혁: 나는 물건을 사 본 적은 없는데, 아무도 타지 않아서 먼지만 쌓이던 우리 집 자전거를 사촌 동생에게 준 적이 있어. 동생이 무척 좋아하면서 매일 타고 다닌대. 이런 것도 아나바다 운동이지?

소정: 그럼. 쓸모없던 자전거를 누가 다시 잘 쓸 수 있게 된 거니까.

지혁: 그러네. 너는 마을 장터에서 책을 사 보니까 어땠어?

소정: 처음에는 남이 보던 책을 산다는 것이 내키지 않았지만 값이 싸고 책 상태도 깨끗해 보이길래 한번 사 봤거든. 정작 책을 읽어 보니 아무렇지도 않더라고. 누구에게는 필요 없던 물건이 다른 사람에게는 유용하게 쓰일 수도 있는 것 같아.

지혁: ㉡ 네 말을 듣고 보니 마을 장터와 같은 아나바다 운동이 자원을 절약하는 좋은 방법이라는 것을 알겠어. 나도 진작 알았더라면 마을 장터에 갔을 텐데 아쉽다.

소정: 그래? 잘됐다. 매달 두 번째 주말에 마을 장터가 열린대. 다음에 같이 가 볼래?

지혁: 좋아. 다음에 같이 가서 내게 필요한 물건이 있는지 찾아봐야겠다.

나

지애: 효진아, 내 이야기 좀 들어 줄래?

효진: 무슨 고민 있어? 편하게 말해 봐.

지애: 사실은 친구랑 조금 다퉜어.

효진: ㉢ 친구랑 다퉈서 고민이구나. 좀 더 자세히 이야기해 볼래?

지애: 내가 휴대 전화가 없어져서 걱정하고 있었거든. 그런데 친구는 같이 걱정해 주기는커녕 내가 물건을 잘 잃어버린다고 타박만 하지 뭐야. 그래서 나도 모르게 친구에게 심한 말을 해 버렸어.

효진: (고개를 끄덕이며) [ⓐ]

지애: 친구와 멀어지게 된 것 같아 괴로워. 사과하고 싶은데 어떻게 해야 할지 모르겠어.

효진: ㉣ (부드럽게 눈을 맞추며) 그래, 답답하겠다. 그 친구에게 네 마음을 솔직하게 이야기해 보면 어떨까?

지애: 그러고 싶지만 친구가 들어 주지 않을까 봐 겁이 나.

효진: ㉤ 그럴 수도 있겠어. 하지만 그 친구도 너와 같은 고민을 하고 있을지도 모르잖아. 용기를 내서 먼저 말해 보는 것이 어때?

지애: 그럴까? 너와 이야기를 하니까 마음이 편해지고 친구에게 내 마음을 말할 용기가 나는 것 같아. 네 조언대로 해 볼게.

01 대화의 내용 이해하기

(가)와 (나)를 이해한 내용으로 적절하지 않은 것은?

① 지혁은 안 쓰는 물건을 사촌 동생에게 준 적이 있다.
② 소정과 지혁은 다음에 마을 장터에 함께 가기로 했다.
③ 지애는 효진에게 친구와 싸운 뒤 생긴 고민을 털어놓았다.
④ 효진은 지애의 고민을 듣고 자신의 상황과 관련지으며 공감하였다.
⑤ 지애는 효진과의 대화를 통해 친구에게 솔직하게 이야기할 용기를 얻었다.

02 대화의 표현 전략 파악하기

㉠~㉤에 대한 설명으로 적절하지 않은 것은?

① ㉠: 자신의 배경지식을 활용하여 상대방의 말에 호응하고 있다.
② ㉡: 상대방의 말을 듣고 대화의 주제에 대한 의미를 공유하고 있다.
③ ㉢: 상대방의 말을 반복하여 대답함으로써 대화의 주제를 바꾸고 있다.
④ ㉣: 비언어적 표현을 통해 상대방의 말에 집중하고 있음을 나타내고 있다.
⑤ ㉤: 상대방의 말에 공감하며, 상대방의 상황과 입장을 고려하여 조언하고 있다.

10강

중요 03 대화의 표현 전략 적용하기

보기 를 참고할 때, ⓐ에 들어갈 말로 가장 적절한 것은?

보기

공감하며 대화하는 방법 중에는 상대의 관점에서 문제를 바라보고, 상대의 상황과 처지에 공감하는 것이 있다.

① 친구에게 상처를 주는 말을 한 게 후회되는구나. 나였다면 그러지 않았을 거야.
② 친구는 어쩜 그렇게 자기 마음만 생각하는 거야? 차라리 잘 됐어. 그런 친구는 멀리하는 게 좋아.
③ 휴대 전화가 없어져서 너무 걱정되겠다. 친구의 말대로 물건을 잘 잃어버리는 버릇을 고쳐 보는 게 어때?
④ 친구가 네 마음을 알아주지 않아서 속상했겠네. 그렇지만 친구에게 상처를 주는 말을 한 것은 후회되겠다.
⑤ 아무리 그래도 친구에게 심한 말을 한 것은 잘못된 일이야. 어서 친구에게 가서 사과하는 게 좋을 것 같아.

서답형 04 대화의 내용 파악하기

(가)에서 지혁이 소정과의 대화를 통해 알게 된 아나바다 운동의 의미를 윗글에서 찾아 4어절로 쓰시오.

10강

독서 - 예술(공연)

오페라

| 정답 및 해설 | 62쪽

한방에! 개념정리

한방에! 핵심정리

주제	오페라의 개념과 구성 요소
해제	이 글은 오페라의 개념과 오페라를 구성하는 요소들을 설명한 글이다. 오페라는 독창, 합창, 관현악 등으로 구성된 음악을 중심으로 한 종합 무대 예술이다. 배우들이 부르는 노래는 합창과 독창으로 나뉘며, 이때 독창의 종류에는 선율의 아름다움을 부각하는 아리아와 이야기하듯이 부르는 레치타티보가 있다. 관현악은 등장인물의 감정이나 극의 분위기를 드러낸다. 오페라의 대본을 리브레토라 부르는데, 희곡과 유사한 양상을 띠며 바그너와 같이 직접 대본을 쓰는 작곡가도 있었다. 오페라 상연을 위해서는 배우뿐만 아니라 지휘자, 연출 감독 등 많은 인원이 필요하다.

* 문단 중심 내용

1문단	오페라의 구성 요소
2문단	오페라에서 관현악의 역할
3문단	리브레토의 개념
4문단	오페라 상연을 위한 구성 인원

※ 다음 글을 읽고 물음에 답하시오.

오페라는 음악을 중심으로 한 종합 무대 예술로 독창과 합창, 그리고 관현악 등으로 구성된다. 독창은 등장인물을 연기하는 배우가 맡게 되고, 배우의 발성이 속하는 음역대에 따라 소프라노, 메조소프라노, 알토, 테너, 바리톤, 베이스 등으로 나뉘게 된다. 배우들은 단독으로 노래를 부를 때도 있고, 함께 노래를 부르는 중창을 하기도 한다. 전통적인 오페라에서는 노래마다 완결성이 있는 독창곡이 다수를 차지하며, 극 중의 순서에 따라 번호가 붙어 있는 것을 드물지 않게 볼 수 있다. 이들이 단독으로 부르는 노래는 선율의 아름다움을 부각하는 아리아와 이야기하듯이 부르는 레치타티보로 나뉜다. 합창은 오페라에 군중이 부르는 형태의 노래로 등장한다.

관현악은 성악의 반주를 맡거나 등장인물의 감정이나 성격, 행동 등을 그려내어 무대의 분위기를 드러내는 등 여러 역할을 수행한다. 관현악은 보통 오페라극장에 전속된 경우가 많고, 대규모 오페라에는 100명, 때로는 그 이상의 연주자가 필요할 때가 있다. 또한 일류 오페라 극장에는 전속 발레단이 존재하며, 자주 있는 일은 아니나 발레만 단독으로 상연하기도 한다.

한편 오페라의 대본은 리브레토라 불리는데, 작곡을 위해 특별히 집필된 것으로 리브레토만을 쓰는 전문가들도 있었다. 보통 운문체로 작성되며, 막과 장, 경 등으로 나뉘는데 이는 일반 희곡의 양상과 유사하다. 작곡을 위한 대본이 아닌 경우도 있었는데, 가령 완성된 희곡에 따라 작곡한 리하르트 슈트라우스의 〈살로메〉가 그러한 예외에 속한다. 또한 작곡가 바그너는 대본을 스스로 쓰기도 했으며, 그러한 작곡가들의 영향으로 현대에 와서는 작곡자가 직접 대본을 쓰는 경우도 많아졌다.

또한, 오페라 배우는 목소리의 높이와 종류에 따라 배역이 정해진다. 가령 오페라의 남녀 주인공은 대개 소프라노와 테너가 맡는다. 오페라를 상연할 때 최고 지도자는 지휘자인데, 가수나 합창단원 그리고 무용수를 비롯한 많은 인원이 그의 지휘를 따른다. 합창지휘자는 합창 훈련과 전체적인 밸런스의 조율을 담당하고, 연출 감독은 극적 연출이 필요한 부분에서 연기를 비롯한 중요한 것을 지도한다. 무용이 삽입될 때는 무용지도자가 안무를 따라올 수 있도록 지도한다. 그 외의 도구나 의상, 조명, 분장 등의 담당자와 배우에게 대사 등을 일러주는 프롬프터 등은 일반 연극의 경우와 동일하다. 결과적으로는 오페라 상연을 위해서는 많은 전문적인 인원이 필요하게 된다.

01 글의 주제 파악하기

윗글의 주제로 가장 적절한 것은?

① 오페라의 역사
② 오페라의 종류별 특징
③ 오페라의 형식 및 구성 요소
④ 오페라 배우에게 요구되는 역량
⑤ 오페라 상연을 하기까지의 준비 과정

02 세부 내용 파악하기

윗글에 언급된 내용으로 적절하지 않은 것은?

① 전통적인 오페라는 독창곡이 차지하는 지분이 높다.
② 리브레토는 완성된 희곡을 바탕으로 집필되는 일도 있었다.
③ 오페라의 대본인 리브레토는 전통적으로 작곡가가 집필했다.
④ 지휘자는 가수와 합창단원, 무용수 등의 많은 인원을 지휘한다.
⑤ 오페라의 남녀 주인공은 소프라노와 테너가 담당하는 경우가 많다.

중요 03 구체적 사례에 적용하기

보기 는 베르디가 작곡한 오페라 〈아이다〉의 줄거리이다. 윗글을 바탕으로 보기 를 이해한 내용으로 적절하지 않은 것은?

보기

아이다는 에티오피아의 공주이다. 그녀는 몰래 왕궁을 나섰다가 이집트의 포로로 잡혀 공주의 시녀가 되었지만, 젊은 장군 라다메스와 사랑에 빠지게 된다. 그러나 아이다를 구하고자 그녀의 아버지이자 에티오피아의 왕인 아모나스로는 이집트를 상대로 전쟁을 일으키고, 라다메스는 지휘관으로서 전쟁에 나가게 된다. 이집트가 전쟁에 승리하자 파라오는 라다메스를 사랑하고 있던 자신의 딸 암네리스를 그와 결혼시키려 하나, 라다메스는 아이다에게 사랑한다고 고백하고 그녀의 부탁으로 에티오피아로 망명할 계획을 세운다. 그러나 이는 아이다의 아버지인 아모나스로가 꾸민 계획이었다. 계획이 어긋나 아모나스로는 죽게 되고 라다메스는 석실에 감금된다. 이에 먼저 석실에 들어와 있던 아이다는 라다메스 앞에 나타나 그와 함께 죽음을 맞이하기를 택하고, 그들의 순수한 사랑을 인정한 암네리스가 그들이 죽어서라도 행복하기를 기도하는 것으로 끝난다.

① 아이다와 라다메스는 각각 소프라노와 테너 음역의 배우가 맡았겠군.
② 공연이 진행될 때 배우들은 프롬프터의 도움을 받으며 대사를 할 수 있었겠군.
③ 아이다와 라마메스가 함께 노래를 부를 때는 아리아보다 레치타티보를 더 많이 불렀겠군.
④ 라다메스가 지휘관으로 승전하고 돌아오는 대목에서 그를 환영하는 관현악이 연주되겠군.
⑤ 아이다와 라다메스가 함께 죽음을 맞이하는 장면은 극적인 연출을 위해 연출 감독이 지도했겠군.

* 망명(亡命): 혁명 또는 그 밖의 정치적인 이유로 자기 나라에서 박해를 받고 있거나 박해를 받을 위험이 있는 사람이 이를 피하기 위하여 외국으로 몸을 옮김.
* 석실(石室): 고분 안의 돌로 된 방.

서답형 04 세부 내용 파악하기

빈칸에 들어갈 말로 적절한 것을 윗글에서 찾아 3어절로 쓰시오.

조르주 비제의 오페라 〈카르멘〉은 프랑스 작가 프로스페르 메리메의 소설 〈카르멘〉을 원작으로 하여 대본을 집필하였다. 이는 리브레토의 종류 중 (　　　　　)이/가 아닌 경우에 속한다.

10강

문학 - 고전운문

동동 _ 작자 미상

| 정답 및 해설 | 64쪽

✓ 한방에! 개념정리

✓ 한방에! 핵심정리

갈래	고려 가요
성격	애상적, 서정적
주제	임을 잃은 슬픔과 외로움
특징	① 자연물을 활용하여 화자의 정서를 강조함. ② 후렴구를 통해 연을 구분하고 음악적 흥취가 고조됨. ③ 계절에 따른 화자의 심리 변화가 세시 풍속과 연결되어 표현됨. ④ 한 해 열두 달의 순서에 따라 노래한 시가인 월령체 형식의 노래임.
해제	이 작품은 임을 그리는 여인의 심정을 열두 달에 맞춰 노래한 고려 가요다. 총 13장으로 되어 있으며, 고려 시대부터 구전되어 내려오다 조선 시대에 문자로 기록되었다. 임에게 버림받은 화자의 처지를 사물과 자연물에 빗대어 표현하고, 후렴구를 사용함으로써 연을 구분하며 음악적 흥취를 고조하였다.

✓ 한방에! 어휘풀이

* 만춘(晩春): 늦은 봄. 주로 음력 3월을 이른다.
* 녹사(錄事): 고려 시대에, 각급 관아에 속하여 기록에 관련된 일을 맡아보던 하급 실무직 벼슬.

※ 다음 글을 읽고 물음에 답하시오.

덕일랑 신령님께 바치옵고 / 복일랑 임금에게 바치오니
덕이며 복이라 하는 것을 / 바치러 오시오
아으 동동다리

정월 ㉠ 시냇물은 / 아으 얼었다 녹았다 하는데
세상 가운데 나서는 / 이 몸 홀로 살아가는구나
아으 동동다리

이월 보름에 / 아으 높이 켠 / **등불** 같구나
만인을 비추실 모습이시도다
아으 동동다리

삼월 나며 핀 / 아으 만춘* 진달래꽃이여
남이 부러워할 모습을 / 지녀 나셨구나
아으 동동다리

사월 아니 잊어 / 아으 오셨구나 ㉡ 꾀꼬리 새여
무엇 때문에 녹사*님은 / 옛날의 나를 잊으셨는가
아으 동동다리

오월 오일에 / 아으 **수릿날 아침 약**은
천년을 오래 사실 / 약이라 바치옵니다
아으 동동다리

유월 보름에 / 아으 **벼랑에 버린 빗** 같구나
돌아보실 임을 / 잠시나마 따르겠습니다
아으 동동다리

- 작자 미상, 〈동동〉 -

01 표현상의 특징 이해하기

윗글에 대한 설명으로 적절하지 않은 것은?

① 시간의 흐름에 따라 시상을 전개하고 있다.
② 내용의 흐름이 이질적인 부분을 찾을 수 있다.
③ 자연물과 사물을 통해 화자의 처지를 표현하고 있다.
④ 후렴구의 삽입을 통해 구조적 통일성을 이루고 있다.
⑤ 4음보의 규칙적인 율격을 통해 민요의 특징을 확인할 수 있다.

* 이질적(異質的): 성질이 다른.

02 시어의 의미 파악하기

㉠, ㉡에 대한 설명으로 적절한 것은?

① ㉠과 ㉡ 모두 자연의 아름다움에 대한 화자의 감탄을 드러낸다.
② ㉠과 ㉡ 모두 시간의 흐름에 따라 주기적으로 변화하는 자연물이다.
③ ㉠과 대조되는 시어는 '녹사님'이고, ㉡과 대조되는 시어는 '진달래꽃'이다.
④ ㉠은 떠나간 임에 대한 그리움을, ㉡은 다시 돌아올 임에 대한 희망을 의미한다.
⑤ ㉠은 화자의 심정을 비유하는 시어이고, ㉡은 임의 아름다운 용모를 비유하는 시어다.

중요 03 외적 준거를 참고하여 작품 감상하기

보기는 윗글에 제시된 세시 풍속에 대한 정보이다. 보기를 참고하여 윗글을 감상한 내용으로 적절하지 않은 것은?

보기

- 연등회 - 음력 1월 15일에 등불을 하늘 높이 날리며 부처에게 복을 비는 불교 행사로, 고려 때부터는 2월 15일로 그 날짜가 바뀌어 진행되었다.
- 수릿날(단오절) - 음력 5월 5일. 모내기를 끝내고 나서 풍년을 기원하는 제사를 지내던 명절로, 이 무렵의 익모초와 쑥이 약효가 가장 좋은 때라고 하여 베어다 즙을 내어 마시는 풍속이 전해진다.
- 유두일 - 음력 6월 15일. 동쪽으로 흐르는 물에 머리를 감아 빗은 다음 그 빗을 벼랑에 던져 버리면 그 해의 액운을 없애준다고 믿었다.

① 윗글을 통해 작품이 창작될 당시의 세시 풍속을 엿볼 수 있군.
② 만약 연등회의 날짜가 변하지 않았다면, '등불'은 '정월'에 등장하는 소재겠군.
③ 화자는 하늘 높이 날리는 '등불'이 마치 화자의 높은 기상과 닮아있다고 생각했겠군.
④ 화자가 임에게 바친 '수릿날 아침 약'은 익모초와 쑥으로 만든 즙이겠군.
⑤ '벼랑에 버린 빗'은 임이 액운을 막기 위해 화자와 이별한 것을 비유한 말로, 세시 풍속이 반영되었군.

서답형 04 시어의 의미 파악하기

빈칸에 들어갈 말로 적절한 것을 윗글에서 찾아 2어절로 쓰시오.

고려 가요에는 후렴구가 자주 등장하는데, 〈동동〉의 경우 '(   )'(이)라는 후렴구를 통해 연을 구분하고 구조적 통일감을 준다. 또한 운율을 형성하여 음악적 흥취를 고조시키는 기능을 한다.

문제풀이

10강

10강

문학 – 극수필

수일이와 수일이 _ 김우경 원작 · 광대 각색

| 정답 및 해설 | 65쪽

한방에! 개념정리

한방에! 핵심정리

갈래	희곡
성격	일상적, 동화적
주제	엄마와 수일이의 갈등
특징	① '쥐 둔갑 설화'를 바탕으로 사건이 전개됨. ② 일상생활에서 일어날 수 있는 갈등 상황을 보여 주어 독자의 공감을 이끌어 냄.
해제	이 작품은 동화 〈수일이와 수일이〉를 희곡으로 각색한 것으로, 〈쥐 둔갑 설화〉에 뿌리를 두고 그 원형을 살려 창작하였다. 학원을 전전하는 현실에서 벗어나 실컷 놀고 싶은 소망이 있는 수일이는 현실에서 부딪치는 갈등의 해결 방법으로 또 다른 자아인 '가짜 수일이'를 불러낸다. 진짜 수일이는 손톱을 먹고 변신한 가짜 수일이로 인한 고난을 겪으며 가족의 소중함을 깨닫고 갈등을 해결한다.

※ 다음 글을 읽고 물음에 답하시오.

1장. 학원에 가기 싫어

무대 오른쪽은 수일이네 집 거실이고 왼쪽은 수일이 방이다. 거실 가운데에는 소파가 놓여 있고, 그 맞은편에는 텔레비전이 있다. 수일이는 자신의 방, 컴퓨터 주변에서 무언가를 찾고 있다. 얼굴을 찌푸리고 투덜거리더니 거실로 가서 소파에 벌렁 눕는다.

수일: (짜증스럽게) 엄마 진짜 너무해! 그깟 컴퓨터 내가 얼마나 한다고 선은 뽑아 가고 그래? 아, 짜증 나. 텔레비전이나 봐야겠다.

수일, 소파에 누워 리모컨을 발로 누른다. 수일이가 누를 때마다 텔레비전 소리가 바뀐다. 뉴스, 만화, 광고, 오락 프로그램 등 몇 번 소리가 바뀌다가 멈추면서 수일이가 잠이 든다. 엄마, 무대 위로 등장한다. [A]

엄마: (화가 난 목소리로) 아니, 이 녀석이 아직도 집에 있는 거야? 내가 이럴 줄 알았어. (텔레비전을 끄고 수일이를 흔들며) 정수일! 일어나! 지금 몇 신 줄 알아? 학원 갈 시간 지났잖아. [B]

수일, 엄마가 흔들자 얼굴을 찌푸린다. 눈을 비비고 하품을 하지만 여전히 눈을 감고 있다. 엄마, 더 세게 수일이를 흔든다.

수일: (눈을 반쯤 뜨며) 엄마, 저 배 아파요. (이마를 짚으며) 열이 나는 것 같기도 하고. 오늘만 학원 안 가면 안 돼요?

엄마: 그걸 말이라고 해? 며칠만 지나면 시험이잖아. 얼른 일어나!

수일: 아, 짜증 나. 매일같이 학원, 학원! 저도 좀 쉬고 싶단 말이에요.

엄마: 셋 셀 동안 안 일어나면 너 엄마한테 진짜 혼난다. 하나! 둘! 셋!

수일, 소파에서 벌떡 일어난다.

수일: 엄마, 오늘 한 번만 봐주세요. 진짜 배도 아프고 머리도 아프단 말이에요.

엄마: 배 아프고 머리 아픈 게 어디 한두 번이야?

수일: 알았어요. 학원 가면 되잖아요! 아, 간다고요!

수일, 무대 밖으로 퇴장한다. 엄마, 화가 난 표정으로 수일이가 나가는 것을 지켜보다가 소파 한쪽에 수일이가 놓고 간 가방을 발견한다.

엄마: (가방을 들고 쫓아가다가) 야, 정수일! 정수일! (한숨을 쉬며) 저 녀석은 누굴 닮아 저런 거야.

(중략)

2장. 또 하나의 나

수일이네 가족이 집 안팎 대청소를 하고 있다. 엄마는 방에서, 아빠는 집 밖 정원에서, 수진이는 거실에서 청소를 하고 있다. 거실에 있는 수일이, 청소는 하지 않고 장난을 치며 수진이를 괴롭힌다. [C]

엄마, 갑자기 걸레질을 멈추며 놀란 표정으로 벌떡 일어난다. 걸레를 내동댕이치며 소리를 지른다.

엄마: 아아악! 쥐다! (거실로 뛰어오며) 수일아, 쥐야! 잡아!

커다란 쥐 등장. 엄마와 수진, 우왕좌왕하며 뛰어다니고 커다란 쥐가 그 뒤를 쫓는다. 수일이 [D]

가 빗자루를 들고 쥐를 따라간다. 아빠, 빗자루를 들고 무대 위로 등장한다.

아빠: 뭐, 쥐? 쥐가 어디 있어?

아빠, 두리번거리며 쥐를 찾는다. 그 사이 수일이에게 쫓기던 쥐는 소파 밑으로 들어가고, 수일이는 숨을 헉헉 몰아쉬며 소파에 앉는다. 엄마와 수진, 아빠 뒤로 숨는다.

아빠: (엉뚱한 방향만 살피며) 안 보이는데, 어디 간 거지? (거실을 둘러보며) 여보, 쥐가 나간 것 같아요.

엄마: (겁에 질린 표정으로) 여보, 안 되겠어요. 쥐약 좀 사 갖고 와야겠어요. 당신은 정원에 쥐덫 좀 놓고요.

수진: (겁에 질린 목소리로) 아빠, 무서워요. 나가지 마세요.

아빠: (수진이를 달래며) 수일아, 동생 잘 보고 있어라. 아빠가 금방 쥐덫만 놓고 올게.

엄마와 아빠, 퇴장한다. 수진이는 무서워서 벌벌 떨고, 수일이는 슬쩍 소파 밑을 본다. 쥐가 찍찍 운다.

수일: (수진이에게 다가가 걸레를 던지며) 쥐다!

수진: (엉덩방아를 찧으며) 으악! [E]

수일: 이 바보야, 이게 쥐로 보이냐? 메롱!

수진: 정말 너무해!

아빠: (무대 밖에서 목소리로) 정수일!

수일: 쳇! 나만 갖고 그래. (한숨을 쉬며 소파에 앉는다.) 어디 나하고 똑같은 놈 없나? 하기 싫은 건 다 그놈 시키고, 나는 매일 놀기만 할 텐데.

수진: 오빠는 그런 것도 몰라? 손톱 먹은 들쥐한테 시키면 되잖아.

수일: 뭐? 손톱 먹은 들쥐? 그게 무슨 말이야?

수진: 옛날 이야기 중에 들쥐가 사람 손톱을 먹고 그 손톱 주인과 똑같은 사람이 된 이야기가 있어. 그래서 가짜랑 진짜가…….

수일: (수진이의 말을 자르며) 들쥐한테 손톱을 먹이면 손톱 주인이랑 똑같은 사람이 된다는 말이지?

수진: 옛날 이야기지 뭐, 진짜 그런 일이 일어나겠어? 암튼 쥐라면 징그러워.

수진, 퇴장하고 수일이만 거실에 혼자 남았다. 수일, 거실 벽을 쳐다본다. 엄마가 붙여 놓은 수일이의 성적표. 백 점 만점에 이십 점이다. 그 옆에 '목표 점수 백 점'이라고 크게 쓰여 있다. 수일, 소파 밑을 보더니 자신의 손톱을 깎아서 바닥에 떨어뜨린다.

수일: 손톱 먹은 들쥐라고 했지? (소파 밑을 보며) 야, 먹어. 어서 먹으란 말이야.

쥐가 찍찍 울다가 수일이가 떨어뜨린 손톱을 먹기 시작한다. 손톱을 먹은 쥐가 점점 커진다. 수일이는 비명을 지르며 뒤로 물러서는데 수일이와 똑같은 얼굴을 한 가짜 수일이가 소파 밑에서 나온다.

- 김우경 원작 · 광대 각색, 〈수일이와 수일이〉 -

＊전체 줄거리

학원에 가는 것보다 컴퓨터 게임과 축구를 좋아하는 수일은, 자신과 공부 잘하는 친구를 비교하고 자신이 공부를 열심히 하기만을 바라는 엄마와 갈등한다. 집 대청소를 하던 날 쥐가 나타나 소동이 벌어지고, 쥐에게 손톱을 먹이면 사람이 된다는 동생 수진의 말에 수일은 자신의 손톱을 깎아 쥐에게 먹인다. 수일의 손톱을 먹은 쥐는 가짜 수일이 되고, 진짜 수일의 명령에 따라 대신 학원에 가고 공부를 한다. 수일과 달리 공부도 열심히 하고 가족을 배려하는 가짜 수일은 점점 가족들과 친해지고, 처음에는 그저 즐겁게 놀러 다니던 수일은 가짜 수일이 가족과 함께 여행을 떠나자 허전함을 느낀다. 수일은 가짜 수일에게 다시 쥐로 돌아가라고 하지만, 오히려 가짜 수일은 수일을 쥐로 만들겠다고 협박한다. 가짜 수일은 쥐 발톱을 먹여 수일을 쥐로 만들려 하지만 실패하여 쥐로 돌아가고, 수일은 가족의 소중함을 깨닫는다.

01 갈래의 특성 이해하기

윗글에 대한 설명으로 적절하지 않은 것은?

① 무대 상연을 목적으로 창작된 글이다.
② 등장인물 사이에 갈등 상황이 나타난다.
③ 작가가 상상하여 꾸며 낸 허구의 이야기이다.
④ 서술자의 서술과 묘사를 통해 사건이 전개된다.
⑤ 지시문을 통해 등장인물의 행동과 심리를 알 수 있다.

02 인물의 특징 파악하기

인물에 관한 설명으로 적절하지 않은 것은?

① 엄마는 수일을 이해하려는 마음이 부족하다.
② 아빠는 수진과 수일을 대하는 태도가 대조적이다.
③ 수일은 공부만을 강요하는 엄마에게 짜증이 난다.
④ 아빠는 가장으로서 가족들을 보호하려는 책임감이 있다.
⑤ 수일은 수진의 말이 맞는지 실제로 확인하려고 하고 있다.

중요 03 기준에 따라 연극 계획하기

보기 의 ⓐ~ⓒ를 참고하여 [A]~[E]의 연출 계획을 준비한 것으로 적절하지 않은 것은?

보기

연극에서 연출이란, 각본을 바탕으로 배우의 연기, 무대 장치, 의상, 조명, 분장 따위의 여러 부분을 종합적으로 지도하여 작품을 완성하는 일을 말한다. 연출 계획은 크게 세 가지로 나눌 수 있는데, ⓐ '대본 분석'은 대본을 읽으며 행동 지시문, 무대 지시문을 꼼꼼하게 분석하는 것이다. ⓑ '무대 구성 계획'은 무대 장치, 조명, 배경, 음향 등 무대를 어떻게 꾸밀 것인지 정하고 이를 바탕으로 인물의 이동 경로를 생각한다. ⓒ '인물 분석'은 인물의 성격, 가치관, 특징 등을 분석하여 인물의 목소리, 표정, 동작을 구체적으로 정하는 것이다.

① [A] : ⓐ를 참고하여, 인물이 TV 채널을 돌리는 모습을 표현하기 위해 행동 지시문을 추가하고, 효과음에 관한 무대 지시문을 추가해야겠어.
② [B] : ⓐ를 참고하여, 수일을 깨우는 엄마의 목소리가 점점 커지며 수일을 더 세게 흔들도록 행동 지시문을 추가해야겠어.
③ [C] : ⓑ를 참고하여, 집의 구조가 한눈에 들어오도록 문을 만들지 말되, 각 공간 사이에 문이 있는 것처럼 행동하게 해야겠어.
④ [D] : ⓒ를 참고하여, 극에 등장하는 쥐는 실제 동물을 사용할 수 없으니 종이로 만든 가짜 쥐를 등장시켜야겠어.
⑤ [E] : ⓒ를 참고하여, 수일을 중학교 1학년 남학생으로, 장난꾸러기 같은 얼굴과 목소리로 설정해야겠어.

서답형 04 중심 소재 파악하기

윗글에서, 새로운 사건이 진행될 것임을 암시하는 소재를 찾아 1음절로 쓰시오.

복습하기

화법

가

소정이와 지혁이가 의미를 공유한 과정		
지혁이가 주말에 한 일을 주제로 대화를 시작하고, 소정이는 마을 장터에서 [1] □을 산 경험을 나눔.	➡	지혁이가 떠올린 배경지식을 바탕으로 [2] □□□□ 운동에 대한 생각을 나눔.

⬇

[2] □□□□ 운동의 의미를 공유하고, 마을 장터에 함께 가기로 약속함.

나

대화에서 활용된 효진이의 행동	
몸짓	친구에게 심한 말을 했다는 지애의 말을 듣고 [3] □□를 끄덕임으로써 지애의 감정을 이해하고 있음을 드러냄.
시선	친구에게 [4] □□할 방법을 모르겠다는 지애와 시선을 맞추며 지애의 말에 집중하고 있음을 드러냄.

독서

1문단	오페라의 구성 요소	3문단	[6] □□□□의 개념
2문단	오페라에서 [5] □□□의 역할	4문단	오페라 상연을 위한 구성 인원

문학 - 동동(작자 미상)

1연	[7] □□님과 임금에게 덕과 복을 빎.
3연	[8] □□ 같은 임의 훌륭한 인품 찬양
4연	[9] □□□□ 같은 임의 아름다움 예찬
6연	약을 바치며 임의 만수무강 기원
7연	벼랑에 버린 [10] □처럼 임에게 버림받은 슬픔

문학 - 수일이와 수일이(김우경 원작 · 광대 각색)

수일	[11] □□하는 것을 싫어하고, 노는 것을 좋아함.
엄마	[11] □□를 안 하는 수일이 때문에 속상해 함.
아빠	가족 간에 생기는 갈등을 해결하기 위해 노력함.
수진	대청소 중, 수일에게 [12] □와 관련된 이야기를 들려줌.

정답 1 책 2 아나바다 3 고개 4 사과 5 관현악 6 리브레토 7 신령 8 등불 9 진달래꽃 10 빗 11 공부 12 쥐

한수

11

Contents

11강

작문

설명하는 글 쓰기

| 정답 및 해설 | 68쪽

한방에! 개념정리

한방에! 핵심정리

갈래	설명문
주제	코의 구조와 기능
특징	① 정보 제공을 목적으로 하는 글임. ② 다양한 설명 방법을 활용하여 독자가 이해를 도움.

* 설명하는 글 쓰기 과정

계획하기	글의 예상 독자를 고려하여 주제 정하기
내용 선정하기	• 주제와 목적에 맞는 내용 선정하기 • 주제에 설명하기에 적합한 자료 수집하기
내용 조직하기	• 설명 대상에 적절한 설명 방법 정하기 • 글의 주제를 고려하여 개요 작성하기
표현하기	적절한 설명 방법을 활용하여 알기 쉽고 정확하게 글 쓰기
고쳐쓰기	글의 목적, 주제, 설명 방법 등을 점검하며 글 고쳐쓰기

* 설명 방법의 종류

예시	내용과 관련된 구체적인 예를 보여 주는 방법
비교	둘 이상의 대상을 견주어 공통점을 드러내는 방법
대조	둘 이상의 대상을 견주어 차이점을 드러내는 방법
인과	어떤 대상을 원인과 결과 중심으로 설명하는 방법
분석	대상을 그 구성 요소나 부분으로 나누어 설명하는 방법

※ 다음을 읽고 물음에 답하시오.

콧구멍은 왜 두 개일까?

감기에 걸려 코가 막히면 제대로 숨쉬기가 어렵다. 그런데 양쪽 콧구멍이 다 막혔다가 한 쪽이라도 뚫리면 한결 숨쉬기가 편하다. 그래서 콧구멍이 두 개인 걸까? 코의 구조와 기능을 살펴보면서 콧구멍이 두 개인 까닭을 알아보자.

㉠ 코는 크게 바깥 코와 코안으로 나뉜다. 바깥 코는 콧등, 콧부리, 코끝, 콧구멍, 콧방울로 이루어진다. 코안에는 안쪽 공간을 좌우로 나누는 코중격이 있고, 더 안쪽의 윗부분에 세 겹으로 된 선반 모양의 칸막이인 코선반이 있다. 코선반은 밖에서 들어온 공기를 체온과 비슷하게 만들어 온도와 습도를 조절한다. 코선반의 위쪽에는 코 천장이 있는데 여기에 후각 세포가 모여 있다.

다음으로 코의 기능에 관해 알아보자. 사람과 동물의 코는 호흡을 담당하는 신체 기관이다. 숨쉬기를 효율적으로 하기 위해 사는 환경에 따라 콧구멍의 모습도 다르다. 추운 지방에 사는 사람의 콧구멍은 더운 지방에 사는 사람의 콧구멍보다 크기가 작다. 낙타는 효율적으로 숨을 쉬기 위해 콧구멍 크기가 크고, 모래바람을 막아 주기 위해 콧구멍을 닫을 수 있다는 점에서 사람과 다르다. 따라서 코는 숨을 쉬는 중요한 호흡 기관이다. 코로 숨을 쉴 때, 체온보다 낮은 공기가 몸 안으로 들어오기 때문에 숨을 쉬는 동안 콧구멍의 크기가 줄어든다. 그렇게 되면 숨쉬기가 어려울 텐데 실제로는 별다른 문제가 생기지 않는다. 왜냐하면 두 개의 콧구멍을 번갈아 가며 숨을 쉬기 때문이다. 많은 사람이 양쪽 콧구멍으로 동시에 숨을 쉬고 있다고 생각하지만 실제로는 콧구멍 한 쪽씩 교대로 숨을 쉰다.

㉡ 그리고 코는 냄새를 맡는 기능도 한다. 냄새를 맡는 후각 세포는 아주 ㉢ 예리해서 쉽게 피곤해진다. 지독한 냄새가 나는 공간에 들어가도 금방 그 냄새를 느끼지 못하는 까닭도 코안에 있는 후각 세포가 ㉣ 금새 마비되기 때문이다. 그렇기 때문에 왼쪽 콧구멍과 오른쪽 콧구멍이 번갈아 가며 냄새를 맡아 ㉤∨ 피로를 방지하는 것이다. 우리의 콧구멍이 두 개인 것도 바로 이 때문이다.

지금까지 코의 구조와 기능을 살펴보고 콧구멍이 두 개인 까닭을 알아보았다. 그 과정에서 우리는 코가 중요한 신체 기관임을 알게되었다. 그러므로 규칙적인 운동, 균형 잡힌 영양 섭취, 충분한 수면, 실내 환기, 습도 유지 등을 통해 소중한 코를 건강하게 관리하는 습관이 필요하다.

01 정보 전달 글쓰기 내용 생성하기

윗글을 작성할 때, 고려해야 할 사항으로 적절하지 않은 것은?

① '처음 - 중간 - 끝'의 구조로 글을 작성한다.
② 글의 예상 독자를 고려하여 주제를 정한다.
③ 객관적이고 정확한 정보를 바탕으로 쉽고 간결하게 작성한다.
④ 자신의 주장을 독자에게 설득하는 글임을 고려하여 내용을 구성한다.
⑤ 독자의 이해를 돕기 위해 설명 대상에 적절한 설명 방법을 활용하여 작성한다.

02 정보 전달 글쓰기 표현 전략 사용하기

윗글을 고쳐 쓸 때, ㉠~㉤에서 고려한 내용으로 적절하지 않은 것은?

① ㉠: 문장 앞에 문단과 문단이 자연스럽게 연결되도록 이어질 내용을 안내하는 '먼저 코의 구조를 살펴보자.'를 추가한다.
② ㉡: 앞 문단의 내용과 이어져서 코의 기능을 설명하고 있으므로 '그리고'가 아니라 '그래서'로 바꾼다.
③ ㉢: 문맥상 의미가 자연스럽게 연결되기 위해 '예민해서'로 바꾼다.
④ ㉣: 맞춤법에 맞게 '금세'로 수정한다.
⑤ ㉤: 문장의 의미를 명확하게 하기 위해 '후각 세포의'를 삽입한다.

중요 03 정보 전달 글쓰기 내용 조직하기

다음은 윗글을 주제에 따라 요약한 것이다. ⓐ~ⓔ에 활용된 설명 방법이 적절하게 짝지어진 것은?

주제: 콧구멍이 두 개인 까닭	
구성 단계	**내용**
처음	콧구멍이 두 개인 까닭에 관한 의문 ······ ⓐ
중간	[중간 1] 코의 구조 • 바깥 코: 콧등, 콧부리, 코끝, 콧구멍, 콧방울 ······ ⓑ • 코안: 코중격, 코선반, 코 천장
	[중간 2] 코의 기능 1 – 숨쉬기 • 환경에 따라 다른 콧구멍의 모습 ······ ⓒ • 숨 쉬는 과정: 한쪽씩 번갈아서 숨을 쉼.
	[중간 3] 코의 기능 2 – 냄새 맡기 ······ ⓓ • 후각 세포의 예민함: 쉽게 피로해짐.
끝	코를 건강하게 관리하는 방법 ······ ⓔ

① ⓐ - 비교 ② ⓑ - 인과 ③ ⓒ - 대조 ④ ⓓ - 예시 ⑤ ⓔ - 분석

서답형 04 정보 전달 글쓰기 내용 파악하기

빈칸에 들어갈 말로 적절한 것을 골라 쓰시오.

사람의 동물의 콧구멍이 두 개인 이유는 양쪽 콧구멍이 (번갈아 가며 / 최대한 많이) 호흡함으로써 숨 쉬기가 용이하도록 하기 위해서이다.

문제풀이

11강

11강

독서 – 인문(심리)

플라세보 효과

| 정답 및 해설 | 69쪽

한방에! 개념정리

한방에! 핵심정리

주제	플라세보 효과의 개념과 특징
해제	이 글은 플라세보 효과의 개념과 특징을 설명한 글이다. 플라세보 효과란 의사가 아무런 효과가 없는 가짜 약이나 치료법을 제안하더라도 환자의 긍정적인 믿음으로 인해 병세가 호전되는 현상을 가리킨다. 플라세보 효과는 신약품 개발에 임상적 효과를 입증하기 위해 활용되곤 하나, 과학적으로 입증되지 않고 윤리적 문제, 환자의 상태를 악화시킬 수 있다는 부작용으로 인해 실제 치료 시 사용되고 있지는 않다. 플라세보 효과는 환자의 상태에 따라 그 효과가 달라지며, 플라세보 효과의 반대 개념으로는 환자의 부정적인 믿음으로 약효가 떨어지는 노세보 효과가 있다.

*문단 중심 내용

1문단	플라세보 효과의 개념
2문단	플라세보 효과의 활용 양상
3문단	플라세보 효과의 부작용
4문단	플라세보 효과가 발생하는 조건
5문단	노세보 효과의 개념

※ 다음 글을 읽고 물음에 답하시오.

인간의 심리 상태는 약의 효과를 향상하거나 아무런 효과가 나타나지 않게 하기도 한다. 이 중 전자의 현상을 ㉠ 플라세보 효과라고 한다. 플라세보란 '기쁘게 해주거나 즐겁게 하다'라는 뜻을 지닌, 같은 이름의 라틴어 단어인 '플라세보(placebo)'에서 유래하였다. 플라세보 효과란 회복에 진전*이 없는 환자에게 의사가 효과가 없는 가짜 약이나 치료법을 제안했는데, 의사에 대한 환자의 긍정적인 믿음이 병세를 호전시키는* 현상이다. 가짜 약을 이용하기 때문에 '위약 효과'라고 하기도 한다.

플라세보 효과는 신약품 개발 절차에 필요한 실험에도 널리 활용된다. 가령 신약을 개발할 때 그 약이 실제로 임상적*인 효과가 있음을 증명하기 위해 두 집단을 표본*으로 삼은 뒤, 한쪽에는 가짜 약을, 다른 쪽에는 진짜 약을 투여하는 것이다. 그 뒤 상대적 효과를 비교하여 플라세보 효과의 파급력이 어느 정도인지 확인하는 절차를 거친다. 가짜 약을 투여했을 때 효과가 없거나 약한 것을 확인하면, 새로 개발된 약품의 임상적인 효과가 증명되는 것이다.

플라세보 효과는 환자가 질병을 오랜 시간 동안 앓았거나, 심리 상태에 영향을 받기 쉬운 질환을 앓은 경우라면 잘 드러나지 않는다. 물론 우울증이나 불면증 환자의 증상 개선에 일부 제한적으로 도움이 되는 경우가 있기는 하지만, 이는 과학적으로 입증되지 않았다는 한계에 부딪힌 상황이다. 그 때문에 현재 위약 처방은 거의 사용되지 않고 있다. 윤리적인 측면에서의 문제뿐만이 아니라, 환자가 진짜가 아닌 가짜 약이 처방된 사실을 안다면 이는 오히려 환자의 상태나 경과를 더 악화시키는 부작용을 낳기 때문이다.

그러나 플라세보 효과가 잘 듣는 경우 또한 존재한다. 첫째, 환자가 의사와 병원에 대한 신뢰가 강할수록 효과가 좋다. 둘째, 한 번이라도 가짜 약을 먹었고, 그 약효를 본 환자일수록 효과가 좋다. 셋째, 이전에 먹은 약과 다른 약이지만, 약 성분과 구성이 그 약과 같다는 것을 모르는 상태에서 새로 복용하는 약의 가격이 비싸다고 인식하면 효과가 좋아진다. 마지막으로 순진한 사람이라면 새로운 경험을 긍정적으로 받아들이므로 효과가 더 크다.

이와 반대 개념인 ㉡ 노세보 효과는 진짜 약을 처방해도 그 약이 해롭다고 생각하거나 효과가 없을 것이라는 환자의 부정적인 믿음 때문에 약효가 떨어지는 현상을 말한다. 실제로 아무런 해가 되지 않음에도 불구하고 해를 입을 것이라는 부정적 믿음이 실제로 그러한 효과를 가져오며, 플라세보 효과와 달리 개인뿐만 아니라 집단 내의 전염성도 강하다는 것이 그 특징이다.

한방에! 어휘풀이

* 진전(進展): 일이 진행되어 발전함.
* 호전하다(好轉하다): 병의 증세가 나아지다.
* 임상적(臨床的): 실제로 환자를 접하여 병을 치료하거나 연구하는 것.
* 표본(標本): 여러 통계 자료를 포함하는 집단 속에서 그 일부를 뽑아내어 조사한 결과로써 본디의 집단의 성질을 추측할 수 있는 통계 자료.

01 글의 주제 파악하기

윗글의 제목으로 가장 적절한 것은?

① 플라세보 효과의 발전 과정
② 플라세보 효과의 정의와 특징
③ 가짜 약으로 환자를 속이는 의사들
④ 약의 종류가 인간의 심리에 미치는 영향
⑤ 환자와 의사의 신뢰 관계와 증상 호전의 관련성

02 구체적 사례에 적용하기

다음 중 플라세보 효과를 경험한 환자는?

① 암이라고 진단받았으나 수술로 완치된 태수
② 처방받은 위장약을 꾸준히 복용해 위염이 나은 준형
③ 독감에 걸려 병원에서 입원 치료를 받고 퇴원한 수희
④ 사탕을 약으로 착각하고 복용한 뒤 두통이 나아진 정서
⑤ 코가 막힌 상태에서 눈을 가린 채 양파를 먹고는 사과라고 인식한 민아

중요 03 맥락을 바탕으로 추론하기

보기 를 참고하여 ㉠~㉢을 이해한 내용으로 적절하지 않은 것은?

보기

키프로스의 왕 피그말리온은 평생 독신으로 살 것을 결심했지만, 너무나 외로운 나머지 완벽하고 아름다운 여인을 조각하여 함께 지냈다. 매일같이 조각상을 어루만지고 보듬으면서 마치 자신의 아내인 것처럼 대하며 온갖 정성을 다하였으나 대답 없는 조각상에 괴로워하던 피그말리온은 아프로디테에게 자신의 조각상과 같은 여인을 아내로 맞이하도록 해달라고 기도했고, 이에 아프로디테가 조각상을 사람으로 환생시켰다. 이처럼 무언가에 대한 사람들의 믿음이나 기대, 예측이 그 대상에게 그대로 실현되는 경향을 ㉢ '피그말리온 효과'라고 부른다.

① ㉠, ㉡은 약의 성분이 환자에게 실제 의학적 반응을 일으키느냐에 따라 차이가 있군.
② ㉠은 ㉡과 달리 집단 간 전염성이 낮다는 특징을 지니고 있겠군.
③ ㉠, ㉢은 모두 새로운 경험을 긍정적으로 받아들이는 사람만이 효과가 있겠군.
④ ㉡은 ㉢과 달리 대상의 효과가 없거나, 아주 낮다는 믿음으로 인해 발생하겠군.
⑤ ㉠, ㉡, ㉢ 모두 사고방식에 따라 결과가 달라진다는 점에서 공통점이 있군.

서답형 04 세부 내용 파악하기

빈칸에 들어갈 말로 적절한 것을 골라 차례대로 쓰시오.

'스티그마 효과'는 부정적으로 낙인찍히면 실제로 그 대상이 점점 더 나쁜 행태를 보이고, 또한 대상에 대한 부정적 인식이 지속되는 현상으로, (긍정적인 / 부정적인) 믿음으로 발생한다는 점에서 (플라세보 / 노세보) 효과와 유사하다.

문제풀이

11강

깃발 _ 유치환

| 정답 및 해설 | 71쪽

한방에! 개념정리

한방에! 핵심정리

갈래	자유시, 서정시
성격	상징적, 감각적
주제	이상향에 대한 동경과 좌절
특징	① 추상적 관념을 구체적 사물에 비유하여 표현함. ② 다양한 표현 방식을 통해 대상의 이미지를 구체화하고 주제를 효과적으로 드러냄.
해제	이 작품은 이상향을 지향하는 화자의 모습을 '깃발', 이상향에 도달할 수 없는 한계를 '푯대'에 깃발이 묶여 있는 것으로 설정함으로써 이상향에 대한 동경과 좌절을 노래하고 있다. '깃발'이라는 구체적 사물을 비유를 통해 '소리 없는 아우성', '노스탤지어의 손수건', '순정', '애수', '마음' 등 추상적으로 관념화하여 인간 존재의 모순과 고뇌를 표현하고 있다.

※ 다음 글을 읽고 물음에 답하시오.

이것은 **소리 없는 아우성**
저 **푸른 해원***을 향하여 흔드는
영원한 노스탤지어*의 손수건
순정*은 물결같이 바람에 나부끼고
오로지 맑고 곧은 이념*의 푯대* 끝에
애수*는 **백로처럼 날개를 펴다.**
아아 누구던가.
이렇게 **슬프고도 애달픈 마음**을
맨 처음 공중에 달 줄을 안 그는.

- 유치환, 〈깃발〉 -

한방에! 같이볼작품

나의 지식이 독한 회의*를 구하지 못하고
내 또한 삶의 애증을 다 짐지지 못하여
병든 나무처럼 생명이 부대낄 때
저 머나먼 아라비아의 사막으로 나는 가자.

거기는 한 번 뜬 백일*이 불사신같이 작열하고
일체가 모래 속에 사멸한 영겁*의 허적*에
오직 알라의 신만이
밤마다 고민하고 방황하는 열사*의 끝.

그 열렬한 고독 가운데
옷자락을 나부끼고 호올로 서면
운명처럼 반드시 나와 대면케 될지니.
하여 나란 나의 생명이란
그 원시의 본연한 자태를 배우지 못하거든
차라리 나는 어느 사구*에 회한 없는 백골을 쪼이리라.

- 유치환, <생명의 서>

* 회의(懷疑): 의심을 품음. 또는 마음속에 품고 있는 의심.
* 백일(白日): 구름이 끼지 않아 밝게 빛나는 해.
* 영겁(永劫): 영원한 세월.
* 허적(虛寂): 텅 비어 적적함.
* 열사(熱沙): 햇볕 때문에 뜨거워진 모래.
* 사구(砂丘): 해안이나 사막에서 바람에 의하여 운반·퇴적되어 이루어진 모래 언덕.

한방에! 어휘풀이

* 해원(海原): 바다.
* 노스탤지어: 고향을 몹시 그리워하는 마음. 또는 지난 시절에 대한 그리움.
* 순정(純情): 순수한 감정이나 애정.
* 이념(理念): 이상적인 것으로 여겨지는 생각이나 견해.
* 푯대(標대): 목표로 삼아 세우는 대.
* 애수(哀愁): 마음을 서글프게 하는 슬픈 시름.

01 표현상의 특징 파악하기

윗글에 대한 설명으로 적절한 것은?

① 시선의 이동에 따라 시상을 전개하고 있다.
② 영탄법을 통해 화자의 고조된 감정을 드러내고 있다.
③ 음성 상징어를 통해 대상을 감각적으로 표현하고 있다.
④ 색채어를 활용하여 화자의 정서를 효과적으로 전달하고 있다.
⑤ 말을 건네는 방식을 통해 대상에 대한 친근감을 드러내고 있다.

* 시상(詩): 시에 나타난 사상이나 감정.

02 작품의 표현 방법 파악하기

윗글과 동일한 표현 방법이 쓰인 작품으로 적절하지 않은 것은?

① 나는 아직 기다리고 있을 테요, 찬란한 슬픔의 봄을
- 김영랑, 〈모란이 피기까지는〉

② 눈길 비었거든 바람 담을지네 / 바람 비었거든 인정 담을지네
- 신동엽, 〈산에 언덕에〉

③ 분분한 낙화…… / 결별이 이룩하는 축복에 싸여 / 지금은 가야 할 때
- 이형기, 〈낙화〉

④ 아무리 천천히 숙제를 해도 / 엄마 안 오시네, 배춧잎 같은 발소리 타박타박
- 기형도, 〈엄마 걱정〉

⑤ 누가 와서 나를 부른다면 / 내 보여주리라 / 저 얼은 들판 위에 내리는 달빛을
- 황동규, 〈달밤〉

중요 03 외적 준거를 바탕으로 작품 이해하기

보기 를 바탕으로 윗글을 이해한 내용으로 적절하지 않은 것은?

보기

이 시의 제목이자 중심 소재인 깃발은 이상을 동경하여 이상향에 가고자 열망하지만 결국 도달하지 못하는 한계를 지닌 존재로, 좌절할 수밖에 없는 인간의 운명과 고뇌를 끊임없이 펄럭이는 깃발의 모습으로 형상화하고 있다.

① 이상향에 가고자 하는 깃발의 열망은 '소리 없는 아우성'으로 비유되고 있다.
② 깃발이 도달하고자 하는 이상향은 '푸른 해원'을 의미한다.
③ '순정'은 이상을 향한 깃발의 동경심을 드러내는 시어로 볼 수 있다.
④ 이상을 향한 깃발의 도전은 '백로처럼 날개를 펴'는 것으로 형상화되고 있다.
⑤ 한계로 인해 이상향에 도달할 수 없는 인간의 고뇌를 '슬프고도 애달픈 마음'으로 표현하고 있다.

서답형 04 시어의 의미 파악하기

빈칸에 들어갈 시어로 적절한 것을 윗글에서 찾아 2음절로 쓰시오.

윗글은 '펄럭임'과 '매어 있음'이라는 깃발의 두 속성을 활용하여 시상을 전개하고 있다. 특히 매어 있을 수밖에 없는 깃발의 속성을 직접적으로 드러내는 시어인 '(　　　　)'을/를 통해 이상향에 도달할 수 없는 한계를 드러내고 있다.

문제풀이

11강

11강

문학 – 고전산문

만복사저포기 _ 김시습

✔ 한방에! 개념정리

✔ 한방에! 핵심정리

갈래	한문 소설, 전기 소설
성격	전기적, 환상적, 비극적
주제	생사를 초월한 남녀 간의 사랑
특징	① 불교적 색채가 강하게 드러남. ② 시를 삽입하여 인물의 심리를 전달함.
해제	이 작품은 김시습의 《금오신화》에 실린 다섯 편의 소설 중 하나로, 인간과 귀신 간의 사랑 이야기를 담고 있는 전기 소설이다. 작품의 제목인 '만복사저포기'는 남원에 사는 양생이 천생 배필을 만나고자 만복사에서 부처와 저포 놀이를 한 이야기라는 뜻으로, 죽은 사람과 산 사람 사이의 사랑과 이별이라는 비현실적이고 전기적인 내용을 담고 있다. 불교 사상을 바탕으로 한 요소가 작품 곳곳에 드러난다.

전체 줄거리

남원에 양생이라는 선비가 일찍이 부모를 여의고 만복사에서 외롭게 살고 있었다. 만복사의 연등회가 있던 날 양생은 저포 놀이에서 자신이 부처님을 이기면 자신에게 좋은 배필을 달라고 소원을 빈 다음 부처님과 한 저포 놀이에서 이긴다. 양생이 탁자 밑에 숨어 기다리고 있자 곧이어 아름다운 여인이 외로운 신세를 한탄하며 배필을 얻게 해 달라는 내용의 축원문을 읽은 다음 울기 시작한다. 이를 들은 양생은 탁자 밑에서 나와 여인과 가연을 맺기로 하고 만복사에서 하룻밤, 여인의 집에서 사흘을 지내고 난 뒤 다시 만날 것을 기약하고 헤어진다. 얼마 뒤 양생은 약속 장소에서 여인을 기다리다가 딸의 상을 치르러 가는 양반집 행차를 만나 자신이 3년 전에 죽은 그

| 정답 및 해설 | 72쪽

※ 다음 글을 읽고 물음에 답하시오.

남원에 양생(梁生)이란 사람이 있었다. 어린 나이에 부모를 여의고 만복사 동쪽에서 혼자 살았다. 방 밖에는 배나무 한 그루가 있었는데, 바야흐로 봄을 맞아 배꽃이 흐드러지게 핀 것이 마치 옥나무에 은이 매달린 듯하였다. 양생은 달이 뜬 밤이면 배나무 아래를 서성이며 낭랑한 소리로 이런 시를 읊조렸다.

[A]
쓸쓸히 한 그루 나무의 배꽃을 짝해 / 달 밝은 이 밤 그냥 보내다니 가련도 하지.
청춘에 홀로 외로이 창가에 누웠는데 / 어디서 들려오나 고운 님 피리 소리.
외로운 비취새* 짝 없이 날고 / 짝 잃은 원앙새 맑은 강에 몸을 씻네.
내 인연 어딨을까 바둑알로 맞춰 보고 / 등불로 점을 치다 시름 겨워 창에 기대네.

㉠ 시를 다 읊고 나자 문득 공중에서 말소리가 들렸다.

"네가 좋은 배필*을 얻고 싶구나. 그렇다면 근심할 것 없느니라."

양생은 이 말을 듣고 내심 기뻐하였다.

이튿날은 3월 24일이었다. 이날 만복사에서 연등회를 열어 복을 비는 것이 이 고을의 풍속이었다. 남녀가 운집하여* 저마다 소원을 빌더니, 날이 저물자 염불 소리가 그치며 사람들이 모두 돌아갔다. 그러자 양생은 소매에서 저포*를 꺼내 불상 앞에 던지며 이렇게 말했다.

"제가 오늘 부처님과 저포 놀이로 내기를 해 보렵니다. 제가 진다면 법회*를 베풀어 부처님께 공양*을 올리겠지만, 만약에 부처님이 진다면 아름다운 여인을 점지해* 주시어 제 소원을 이루도록 해주셔야 합니다."

이렇게 기도를 하고는 저포 놀이를 시작하였다. 결과는 양생의 승리였다. 그러자 양생은 불상 앞에 꿇어앉아 이렇게 말했다.

"승부가 이미 결정되었으니, 절대로 약속을 어기시면 안 됩니다."

그러고는 불상 앞에 놓인 탁자 밑에 숨어 그 약속을 기다렸다.

㉡ 얼마 후 아리따운 여인 한 사람이 들어왔다. 나이는 열다섯이나 열여섯쯤 되어 보였다. 머리를 곱게 땋아 내렸고 화장을 옅게 했는데, 용모와 자태가 곱디고운 것이 마치 하늘의 선녀나 바다의 여신과도 같아 바라보고 있자니 위엄*이 느껴졌다. 여인은 기름이 든 병을 들고 들어와 등잔에 기름을 부어 넣고 향로에 향을 꽂은 뒤 부처님 앞에 세 번 절하고 꿇어앉더니 한숨을 쉬며 이렇게 말했다.

"운명이 어쩌면 이리도 기박할까*!"

그러더니 품속에서 뭔가 ⓐ 글이 적힌 종이를 꺼내어 탁자 앞에 바쳤다. 그 내용은 다음과 같았다.

〈아무 고을 아무 땅에 사는 아무개가 아뢰옵니다.

지난날 변방*의 방어에 실패한 탓에 왜구가 침략하였습니다. 창과 칼이 난무하고 위급을 알리는 봉화*가 한 해 내내 이어졌습니다. 집들은 불타고 백성들을 잡아가니 사방팔방으로 달아나고 도망쳐서 친척과 하인들도 모두 흩어졌습니다. 저는 연약한 여자인지라 멀리 달아나지 못하고 규방*에 들어앉아 있었으되, 정절*을 지키며 도리에 어긋나는 일은 하지 않은 채 뜻밖에 재앙을 피했습니다.

부모님은 여자가 절개*를 지키는 일을 옳게 여기셔서 외진 땅 외진 곳의 풀밭에 임시 거처할 곳을 마련해 주셨는데, 제가 그곳에 머문 지도 이미 3년이 되었습니다. 그러나 가을 하늘에 뜬 달을 보고 봄에 핀 꽃을 보며 헛되이 세월 보냄을 가슴 아파하고, 떠가는 구름처럼 흐르는 시냇물처럼 무료한 하루하루를 보낼 따름입니다. 텅 빈 골짜기 깊숙한 곳에서 기구한* 제 운명에 한숨짓고, 좋은 밤을 홀로 지새우며 오색찬란한 난새* 혼자서 추는 춤에 마음 아파합니다. 세월이 흘러 제 혼백이 사라지고 여름밤 겨울밤마다 가슴이 찢어집니다. 바라옵나니 부처님이시여, 제 처지를 가엾게 여겨 주소서. 제 앞날이 이미 정해져 있다면 어쩔 수 없겠으나, 기구한 운명일망정 인연이 있다면 하루빨리 기쁨을 얻게 하시어 제 간절한 기도를 저버리지 말아 주소서.〉

여인은 소원이 담긴 종이를 던지고 목메어 슬피 울었다. 양생이 좁은 틈 사이로 여인의 자태를 보고는 정을 억누르지 못하고 뛰쳐나가 이렇게 말했다.

"좀 전에 부처님께 글을 바친 건 무슨 일 때문입니까?"

양생이 종이에 쓴 글을 읽고는 얼굴에 기쁨이 가득한 채 이렇게 말했다.

"그대는 어떤 사람이기에 혼자서 이곳에 오셨소?"

여인이 대답했다.

"㉢ 저 또한 사람입니다. 무슨 의심하실 것이 있는지요? 그대가 좋은 배필을 얻을 수 있다면 그만이니, 이렇게까지 다급하게 제 이름을 물으실 필요는 없겠지요."

당시 만복사는 쇠락한* 상태여서 이곳의 승려들은 한쪽 구석진 골방에 거주하고 있었다. 대웅전 앞에는 행랑*만이 쓸쓸히 남아 있었고, 행랑 맨 끝에 나무판자를 붙여 만든 좁은 방이 하나 있었다. 양생이 여인을 부추겨 함께 그 방으로 들어가자고 하자 여인도 그다지 어려운 기색이 아니었다. 정답게 이야기를 나누다 보니 영락없는 사람의 모습이었다.

한밤중이 되자 동산에 달이 떠오르며 창으로 그림자가 들이치는데 홀연 발소리가 들렸다. 여인이 말했다.

"누구냐? 몸종 아이가 왔느냐?"

시중드는 여종이 말했다.

"예, 아씨. 지금껏 아씨께서는 중문 밖을 나선 적이 없으셨고 걸어야 몇 걸음을 가지 않으셨는데, 어젯밤 문득 나가시더니 어쩌다가 이 지경에 이르셨어요?"

여인이 말했다.

"오늘 일은 우연이 아니란다. 하늘이 돕고 부처님이 도우셔서 이처럼 좋은 임을 만나 백년해로하게 되었구나. 부모님께 말씀드리지 않고 혼인하는 건 비록 예에 어긋나는 일이지만, 훌륭한 분과 잔치를 벌여 노니는 것 또한 평생토록 일어나기 어려운 기이한 일이 아니겠니. 집에 가서 자리를 가져오고, 술상을 봐 오너라."

㉣ 시중드는 여종이 여인의 명에 따라갔다 와서는 뜰에 자리를 깔았다. 사경* 가까운 시각이었다. 펴 놓은 술상은 수수하니 아무런 무늬 장식도 없었으나, ㉤ 술에서 나는 향기는 진정 인간 세계의 것이 아닌 듯하였다. 양생은 비록 의심스러운 마음이 없지 않았지만 담소하는 맑고 고운 모습이며 여유로운 태도를 보고는, '필시 귀한 댁 처자가 담장을 넘어 나온 것이리라.' 생각하며 더 이상 의심하지 않게 되었다.

- 김시습, 〈만복사저포기〉 -

집 딸과 인연을 맺었음을 깨닫는다. 양생은 여인의 부모가 차려 놓은 음식을 먹고 난 뒤 홀로 돌아온다. 어느 날 밤 여인의 혼령이 나타나 자신은 다른 나라에서 남자로 태어났으니 양생도 불도를 닦아 윤회에서 벗어나라고 한다. 그 뒤 양생은 여인을 그리워하며 지리산에 들어가 약초를 캐며 혼자 살았다.

한방에! 어휘풀이

- 비취새(翡翠새): 물총새.
- 배필(配匹): 부부로서의 짝.
- 운집하다(雲集하다): 많은 사람이 모여들다.
- 저포(樗蒲): 백제 때에 있었던 놀이의 하나. 주사위 같은 것을 나무로 만들어 던져서 그 끗수로 승부를 겨루는 것으로, 윷놀이와 비슷하다.
- 법회(法會): 죽은 사람을 위하여 행하는 불교 의식.
- 공양(供養): 죽은 이의 영혼에게 음식, 꽃 따위를 바치는 일. 또는 그 음식.
- 점지하다: (비유적으로) 무엇이 생기는 것을 미리 지시해 주다.
- 위엄(威嚴): 존경할 만한 위세가 있어 점잖고 엄숙함. 또는 그런 태도나 기세.
- 기박하다(奇薄하다): 팔자, 운수 따위가 사납고 복이 없다.
- 변방(邊方): 나라의 경계가 되는 변두리의 땅.
- 봉화(烽火): 나라에 병란이나 사변이 있을 때 신호로 올리던 불.
- 규방(閨房): 부녀자가 거처하는 방.
- 정절(貞節): 여자의 곧은 절개.
- 절개(節槪): 지조와 정조를 깨끗하게 지키는 여자의 품성.
- 기구하다(崎嶇하다): (비유적으로) 세상살이가 순탄하지 못하고 가탈이 많다.
- 난새(鸞새): 중국 전설에 나오는 상상의 새.
- 쇠락하다(衰落하다): 쇠약하여 말라서 떨어지다.
- 행랑(行廊): 예전에, 대문 안에 죽 벌여서 주로 하인이 거처하던 방.
- 사경(四更): 새벽 1시에서 3시 사이.

01 서술상의 특징 파악하기

윗글에 대한 설명으로 적절하지 않은 것은?

① 불교적인 색채가 강하게 드러나고 있다.
② 작품 밖의 서술자가 작중 상황과 사건을 전달하고 있다.
③ 역사적 사건을 통해 인물의 행동에 개연성을 부여하고 있다.
④ 구체적인 지명과 장소를 제시함으로써 사실성을 높이고 있다.
⑤ 이승과 저승의 공간을 반복적으로 제시하여 작품의 환상적 성격을 부각하고 있다.

* 개연성(蓋然性): 실제로 일어날 법한 일을 다루는, 문학의 보편성을 가리키는 개념.

02 삽입 시의 기능 파악하기

[A]의 기능으로 적절하지 않은 것은?

① 인물의 처지와 심리를 전달한다.
② 작품의 낭만적 분위기를 조성한다.
③ 인물이 이루고자 하는 소망을 암시한다.
④ 상징적인 단어를 통해 작품의 주제를 강조한다.
⑤ 단조로운 서술 방식에서 벗어나 흥미로움을 유발한다.

중요

03 외적 준거를 통해 작품 이해하기

보기를 참고하여 ㉠~㉤을 이해한 내용으로 적절하지 않은 것은?

보기

고전 소설은 전기적 요소를 지니고 있다는 점에서 다른 문학 작품과 구별된다. 이때 '전기적'이라는 말은 현실성이 있는 이야기가 아닌 진기한 것, 일상적이고 현실적인 것과는 거리가 먼 신비로운 내용을 허구적으로 짜놓은 것을 말한다. 〈만복사저포기〉에서는 부처와 여인을 등장시킴으로써 이러한 초현실성을 효과적으로 드러낸다.

① ㉠: 공중에서 들린 말소리는 부처의 것으로, 이는 전기적 요소에 해당한다.
② ㉡: 부처와의 저포 놀이를 통해 양생의 소원이 이뤄졌다는 점에서 신비로운 내용에 해당한다.
③ ㉢: 양생의 물음에 대한 여인의 대답을 통해 작품의 현실성을 부각한다.
④ ㉣: 깊은 밤에 술을 나눠 마시는 것을 통해 신비스러운 분위기를 조성한다.
⑤ ㉤: 여인이 이승의 사람이 아니라는 것을 암시함으로써 초현실성을 드러낸다.

서답형

04 소재의 의미 파악하기

빈칸에 들어갈 말로 적절한 것을 골라 차례대로 쓰시오.

ⓐ는 여인이 부처에게 쓴 글로, 이를 통해 여인의 (과거 / 미래)을/를 알 수 있고, (양생 / 부처)와/과의 인연이 이어질 것을 암시한다.

문제풀이

복습하기

작문

설명하는 글 쓰기 과정	
계획하기	글의 예상 독자를 고려하여 주제 정하기
내용 선정하기	• 주제와 목적에 맞는 내용 선정하기 • 주제에 설명하기에 적합한 [1] ☐☐ 수집하기
내용 조직하기	• 설명 [2] ☐☐에 적절한 설명 방법 정하기 • 글의 주제를 고려하여 개요 작성하기
표현하기	적절한 [3] ☐☐ ☐☐을 활용하여 알기 쉽고 정확하게 글 쓰기
고쳐쓰기	글의 목적, 주제, 설명 방법 등을 점검하며 글 고쳐쓰기

독서

1문단	플라세보 효과의 개념	4문단	플라세보 효과가 발생하는 조건
2문단	플라세보 효과의 활용 양상	5문단	[5] ☐☐☐ 효과의 개념
3문단	플라세보 효과의 [4] ☐☐☐		

문학 - 깃발(유치환)

1~3행	푸른 [6] ☐☐을 동경하는 깃발의 모습
4~6행	깃발의 동경과 한계로 인한 [7] ☐☐
7~9행	이상향의 도달할 수 없는 것에 대한 좌절과 고뇌

문학 - 만복사저포기(김시습)

양생	여인
부처님과 [8] ☐☐ 놀이에서 이긴 뒤 부처님에게 아름다운 [9] ☐☐을 점지해 줄 것을 요청함.	부처님께 절한 뒤 [10] ☐이 적힌 종이를 꺼내어 바침.

⬇

배필을 찾는다는 것을 알게 된 양생과 여인이 평생 인연을 맺을 것을 약속함.

⬇

양생은 여인이 [11] ☐☐이 아닐지도 모른다고 의심하지만, 곧 의심을 거둠.

정답 1 자료 2 대상 3 설명 방법 4 부작용 5 노세보 6 해원 7 애수 8 저포 9 여인 10 글 11 사람

한수

12

Contents

12강

문법

모음의 발음

| 정답 및 해설 | 75쪽

한방에! 개념정리

한방에! 핵심정리

* **단모음**
소리를 내는 도중에 입술 모양이나 혀의 위치가 달라지지 않는 모음

* **이중 모음**
소리를 내는 도중에 입술 모양이나 혀의 위치가 달라지는 모음

* **계획[계ː획/게ː훽]**
① '계'는 표준 맞춤법 제2장 제5항의 '다만 2'에 의하여 [계/게]로 발음함.
② '획'은 표준 발음법 제2장 제4항의 [붙임]에 의하여 [획/훽]으로 발음함.

1 단모음의 발음

① 원래 소리대로 단모음으로 발음하는 경우

표준 발음법 제2장 자음과 모음
제4항 'ㅏ ㅐ ㅓ ㅔ ㅗ ㅚ ㅜ ㅟ ㅡ ㅣ'는 단모음으로 발음한다.

예 아우[아우], 고기[고기]

② 이중 모음으로 발음할 수 있는 경우

[붙임] 'ㅚ ㅟ'는 이중 모음으로 발음할 수 있다.

예 외교[외ː교/웨ː교]

2 이중 모음의 발음

① 기본적인 발음

제5항 'ㅑ ㅒ ㅕ ㅖ ㅘ ㅙ ㅛ ㅝ ㅞ ㅠ ㅢ'는 이중 모음으로 발음한다.

② 예외적인 경우

다만 1. 용언의 활용형에 나타나는 '져, 쪄, 쳐'는 [저, 쩌, 처]로 발음한다.

예 던지어 → 던져[던저], 찌어 → 쪄[쩌], 고치어 → 고쳐[고처]

다만 2. '예, 례' 이외의 'ㅖ'는 [ㅔ]로도 발음한다.

예 계란[계란/게란], 화폐[화ː폐/화ː페]

다만 3. 자음을 첫소리로 가지고 있는 음절의 'ㅢ'는 [ㅣ]로 발음한다.

예 희망[히망], 하늬바람[하니바람]

다만 4. 단어의 첫음절 이외의 '의'는 [ㅣ]로, 조사 '의'는 [ㅔ]로 발음함도 허용한다.

예 동의[동의/동이], 나의[나의/나에]

01 모음의 발음 규칙 이해하기

모음의 발음에 대한 설명으로 적절하지 <u>않은</u> 것은?

① '예, 례'는 반드시 이중 모음으로 발음해야 한다.
② 'ㅚ, ㅟ'는 단모음이지만 이중 모음으로도 발음할 수 있다.
③ '의'는 단어의 첫음절일 경우에만 이중 모음으로 발음한다.
④ '지쳐'의 '쳐'는 이중 모음이지만 단모음으로 발음해야 한다.
⑤ 자음을 첫소리로 가지고 있는 음절의 'ㅢ'는 이중 모음으로 발음해야 한다.

02 모음의 발음 규칙 파악하기

다음 중 단어의 발음으로 적절하지 <u>않은</u> 것은?

① 그는 곧 <u>외국</u>으로 떠난다. → [외:국/웨:국]
② <u>너의</u> 속마음을 털어놓으렴. → [너의/너에]
③ 어느덧 <u>계절</u>이 바뀌었구나. → [게:절/계:절]
④ <u>어제</u> 새로 산 가방을 잃어버렸다. → [어제/어재]
⑤ 우리는 <u>정의</u>를 위해 싸워야 한다. → [정:의/정:이]

중요 03 이중 모음의 발음 규칙 이해하기

㉠~㉤ 중 표준 발음법에 어긋나지 <u>않는</u> 것은?

이중 모음을 발음하지 못하는 그의 세계는 중학교 국어시간에 자기가 ㉠ <u>대포</u>로 발포하겠다고 했을 때부터 늘 ㉡ <u>세게</u>였지만 세계는 여전히 하나였다 어른이 되었지만 그의 겨울은 늘 ㉢ <u>거울</u> 속에서 하얀 눈이 내렸고 그의 여름은 ㉣ <u>어름</u> 속에서 얼음처럼 차가웠다 그는 언제나 여자를 좋아했지만 만나는 여자마다 그의 ㉤ <u>어자</u>를 싫어했다 그는 마침내 이렇게 말했다 나는 이 세계가 싫어 거울이 싫고 어름이 싫고 어자가 싫어

- 박제영, 〈이중 모음〉

① ㉠ ② ㉡ ③ ㉢ ④ ㉣ ⑤ ㉤

서답형 04 이중 모음의 발음 규칙 적용하기

보기 의 밑줄 친 부분 중 모음의 발음이 바뀌는 것 두 개를 찾아 차례대로 쓰시오.

보기

<u>동생</u>은 <u>흰</u> <u>보자기</u>에 <u>아름다운</u> <u>무늬</u>를 <u>수놓았다</u>.

12강

독서 – 사회(환경)

환경 문제의 특성과 해결 방안

| 정답 및 해설 | 75쪽

한방에! 핵심정리

주제	환경 문제의 해결을 저해하는 환경 문제의 특성과 정부 차원의 해결 방법
해제	이 글은 환경 문제 해결의 중요성이 커지는 가운데, 환경 문제 해결을 저해하는 환경 문제의 특성과 정부의 개입을 통한 환경 문제 해결 방안을 설명한다. 외부성과 여러 집단 간의 이해 상충은 환경 문제의 해결을 저해하는 요인으로 작용한다. 정부의 개입을 통한 환경 문제 해결 방식으로는 직접 규제와 경제적 유인 제도가 있다. 직접 규제는 환경 오염 행위를 법으로 규제함으로써 오염 문제를 해결하는 방식이고, 경제적 유인 제도는 오염물질 배출자에게 오염물질의 양에 따른 비용을 부담하게 함으로써 오염 원인자 스스로 오염 문제를 해결하게 하는 방식이다.

* 문단 중심 내용

1문단	환경 문제의 심각성
2문단	환경 문제 해결을 저해하는 환경 문제의 특성
3문단	환경 문제 해결을 위한 정부의 개입 방식

※ 다음 글을 읽고 물음에 답하시오.

환경 문제란 인간을 포함한 생물이 지상에서 생명 활동을 이어가는 결과로, 그 활동의 터전인 환경에 영향을 끼치는 문제, 그중에서도 정상적인 생명 활동에 지장이 있을 정도의 손상을 주게 되어 생기는 문제를 말한다. 환경 문제는 인류가 문명사회를 이루어 주변의 환경을 이용할 줄 알게 된 시점부터 등장하였으며, 이것이 근대의 산업화와 더불어 더욱 심각해졌고 결국 오늘날의 상황에 직면한 것이다. 런던 스모그는 전 세계에 환경 파괴에 대한 경각심*을 일깨우고, 환경 운동에 큰 영향을 준 계기가 된 사건 중 하나다. 최근에는 농약의 사용에 따른 살충제의 피해나 냉장고 등에 냉매로 사용되는 프레온 가스의 영향으로 오존층이 파괴되어 자외선으로 인한 피해와 지구 온난화에 따른 기상 이변과 해수면 상승으로 인한 피해도 늘고 있다. 이를 고려한다면 환경 문제로 인한 피해는 이제 특정 지역을 넘어서 지구 온난화와 오존층의 파괴와 같이 범지구적인 차원으로 확대되고 있는 실정이다.

이제 이 문제가 우리에게 심각한 위협이 될 수 있다는 사실을 모르는 사람은 거의 없지만 이 문제를 해결하기는 쉽지 않다. 이 문제의 해결이 어려운 것은 환경 문제만이 갖는 몇 가지 특성에 기인한다*. 그 특성 중 하나는 ㉠ 외부성으로, 환경 문제의 배후에 외부성이 개재되어* 있어 시장 기구가 자발적으로 환경 문제를 해결할 수 없다는 것이다. 외부성이란 어떤 사람의 행동이 제삼자에게 의도하지 않은 혜택이나 손해를 주면서도 이에 대해 대가를 받거나 지불하지 않는 현상을 이르는 경제 용어로, 대가를 주고받지 않아 시장의 테두리 밖에서 발생한다는 데서 붙여진 이름이다. 외부성이 존재할 때는 시장이 자원 배분의 문제를 적절하게 해결할 수가 없다. 이 외에도 환경 문제에 대한 여러 집단 간 이해 상충*으로 인해 합리적인 정책 수립에 문제를 겪는 것 또한 문제 해결을 어렵게 만드는 중요한 원인 중 하나다. 자원을 개발해 이익을 얻으려는 사람들의 입장에서 보면 환경을 보호하자는 사람들의 소리가 귀찮게 들릴 수밖에 없기 때문이다.

환경 문제를 해결하기 위해서는 무엇보다도 정부의 개입을 통한 해결이 절실하다. 정부의 개입을 통한 해결 방안에는 직접 규제와 경제적 유인* 제도가 있는데, 직접 규제는 환경 오염 행위를 법으로 규제함으로써 오염물질의 배출 허용 기준을 정해 놓고 이를 초과할 경우 벌금을 부과하거나, 환경 오염 관련 사고 발생 시 오염 발생자의 업무를 중단하고 행위자를 처벌하거나 벌과금을 부과해 오염 문제를 해결하는 방식이다. 경제적 유인 제도는 오염 원인자 부담 원칙에 따라 오염물질 배출자에게 배출한 오염물질의 양에 비례해 비용을 부담하게 함으로써 오염 원인자 스스로 배출량을 줄이도록 경제적 동기를 부여하고 이를 통해 오염 문제를 해결하고자 하는 방식이다.

한방에! 어휘풀이

- * 경각심(警覺心): 정신을 차리고 주의 깊게 살피어 경계하는 마음.
- * 기인하다(起因하다): 어떠한 것에 원인을 두다.
- * 개재되다(介在되다): 어떤 것들 사이에 끼어 있다.
- * 상충(相衝): 맞지 아니하고 서로 어긋남.
- * 유인(誘因): 어떤 일 또는 현상을 일으키는 원인.

01 핵심 내용 파악하기

윗글에 대한 이해로 적절하지 않은 것은?

① 환경 문제는 산업화가 시작되면서 발생하였다.
② 환경 문제만이 갖는 특성은 환경 문제의 해결을 저해한다.
③ 정부를 통한 환경 문제의 해결 방안은 직접 규제와 경제적 유인 제도로 나눌 수 있다.
④ 시장이 자원 분배의 문제를 적절하게 해결하지 못하면 환경 문제의 해결이 어려워진다.
⑤ 오존층의 파괴와 지구 온난화에 따른 기상 이변, 해수면 상승 등은 환경 문제에 해당한다.

02 구체적 사례에 적용하기

㉠과 관련된 사례로 적절하지 않은 것은?

① 양봉장 근처에 큰 과수원이 생기면서 꿀 생산량이 증가한 것
② 세계적으로 전염병이 유행하자 백신을 접종하여 전염병 감염을 막는 것
③ 자동차의 매연으로 인해 주변 보행자들이 매연을 마셔 기관지 관련 질병을 얻은 것
④ 피부병을 예방하기 위해 합성 세제의 사용을 줄였더니 동네 하천의 수질이 개선된 것
⑤ 공장에서 폐수를 무단으로 방류하여 어업에 종사하는 마을 주민들이 막대한 피해를 입은 것

중요 03 구체적 사례에 적용하기

보기 를 참고하여 윗글을 이해한 내용으로 적절하지 않은 것은?

보기

지난 7월 14일 유럽연합이 환경 오염을 유발하는 모든 수입품에 대해 세계 최초로 탄소국경세를 부과하겠다고 발표하자, 유럽 수출 비중이 높은 개발도상국들이 거세게 반발했다. 유럽연합은 2030년까지 역내 전체 플라스틱 재활용 수준을 55%로 개선하는 것을 중심 내용으로 하는 '유럽 플라스틱 정책안'을 실시하기로 하면서 추후 재활용이 불가능한 플라스틱 폐기물에 대해 kg당 80센트의 플라스틱세를 매기겠다는 방침을 세웠다. 유럽과 미국의 이런 움직임은 곧바로 중국을 비롯해 탄소 배출 순위 상위국가인 인도와 러시아, 호주, 멕시코 등의 거센 저항을 불러일으키고 있다.

- 2021. 8. 2. ○○ 신문

① 〈보기〉의 정책은 정부의 개입을 통한 해결 방안 중 직접 규제에 해당한다.
② 런던 스모그 사건은 〈보기〉의 탄소 국경 조정 제도가 발표되는 데 영향을 끼쳤다.
③ 〈보기〉의 인도와 러시아, 호주, 멕시코는 자원을 개발해 이익을 얻으려는 입장에 해당한다.
④ 유럽연합과 탄소 배출 순위 상위국의 이해가 상충하여 환경 문제 해결에 어려움을 겪고 있다.
⑤ 환경 문제로 인한 피해가 범지구적인 차원으로 확대되고 있는 실정을 고려한 정책에 해당한다.

* 개발도상국(開發途上國) : 개발이 선진국에 비하여 뒤떨어진 나라.

서답형 04 세부 내용 파악하기

보기 에 해당하는 환경 문제 해결 방식을 윗글에서 찾아 2어절로 쓰시오.

보기

환경범죄 등의 단속 및 가중처벌에 관한 법률
제3조(오염물질 불법배출의 가중처벌)
① 오염물질을 불법배출함으로써 사람의 생명이나 신체에 위해를 끼치거나 상수원을 오염시킴으로써 먹는 물의 사용에 위험을 끼친 자는 3년 이상 15년 이하의 유기징역에 처한다.

문제풀이

12강

문학 – 고전운문

안민가 _ 충담사

| 정답 및 해설 | 77쪽

한방에! 개념정리

한방에! 핵심정리

갈래	향가
성격	교훈적, 설득적
주제	나라를 다스리는 올바른 자세
특징	① 국가적 관계를 가족 관계에 빗대어 표현함. ② 공손하고 간곡한 어조와 직설적인 표현을 활용함. ③ 가정의 형식을 반복적으로 사용하여 구조적 안정감을 얻음.
해제	이 작품은 신라 경덕왕 때 승려인 충담사가 지은 10구체 향가로, 나라를 다스리는 바른 이념을 노래하고 있다. 임금, 신하, 백성의 관계를 가족 구성원에 빗대어 드러내면서, 부모의 마음으로 백성을 다스릴 것을 충고하고 있다. 또한 국가의 구성원들이 각자 제 본분을 다할 때 나라가 태평해질 것이라는 가르침을 전하며 백성을 다스려 편안하게 하고자 하는 현실적이고 실용적인 내용을 담고 있다.

※ 다음 글을 읽고 물음에 답하시오.

[A]
임금은 아버지요,
신하는 사랑하실 어머니요,
백성은 어린아이라고 한다면
백성이 사랑을 알 것입니다.

[B]
꾸물거리며 사는 백성들
이들을 먹여 다스려
이 땅을 버리고 어디로 갈 것인가 한다면
나라가 다스려짐을 알 것입니다.

[C]
아으, 임금답게 신하답게 백성답게 한다면
나라가 태평할 것입니다.

君隱父也
臣隱愛賜尸母史也
民焉狂尸恨阿孩古爲賜尸知
民是愛尸知古如
窟理叱大肹生以支所音物生
此肹喰惡攴治良羅
此地肹捨遣只於冬是去於丁爲尸知
國惡攴持以支知古如
後句君如臣多支民隱如爲內尸等焉
國惡太平恨音叱如

- 충담사, 〈안민가〉 -

한방에! 지식더하기

<안민가의 창작 배경설화>

3월 3일(765년)에 왕이 귀정문의 누각 위에 나가서 좌우의 측근에게 말하기를, "누가 길거리에서 위의* 있는 승려 한 사람을 데려올 수 있겠느냐?"라고 하였다. 이때 마침 위의가 깨끗한 고승 한 분이 배회하고 있었다. 좌우 측근들이 그를 보고 데려다 보이니, 왕이 말하기를, "내가 말하는 위의 있는 승려가 아니다"라고 하면서 그를 물리쳤다. 다시 한 승려가 납의*를 입고 앵통*을 지고서 남쪽에서 왔다. 왕이 그를 보고 기뻐하면서 누 위로 맞아서 그 통 속을 보니, 다구가 들어 있을 뿐이었다. (중략) 왕이 말하기를, "짐이 일찍이 듣기로는 스님이 기파랑을 찬양한 사뇌가*가 그 뜻이 매우 높다고 하던데, 과연 그러하오?"라고 하니, 대답하기를, "그러하옵니다."라고 하니, 왕이 말하기를, "그렇다면 짐을 위해 백성을 편안히 다스릴 노래를 지어주시오"라고 하니, 승려가 즉시 칙명을 받들어 노래를 지어 바쳤다. 왕이 그를 아름답게 여겨 왕사*로 봉하니, 승려는 두 번 절하고 굳이 사양하며 받지 않았다.

- <삼국유사> 권 제2 中

* 위의(威儀): 위엄이 있고 엄숙한 태도나 차림새. 예법에 맞는 몸가짐.
* 납의(衲衣): 낡은 헝겊을 모아 기워 만든 승려의 옷.
* 앵통(櫻桶): 앵초가 든 통.
* 기파랑을 찬양한 사뇌가: 찬기파랑가.
* 왕사(王師): 임금의 스승.

01 표현상의 특징 파악하기

윗글에 대한 설명으로 적절하지 않은 것은?

① 감탄사를 활용하여 작품의 주제를 강조하고 있다.
② 글자 수의 일정한 반복을 통해 전체적인 안정감을 부여하고 있다.
③ 읽는 이의 지위를 고려하여 공손한 어조로 시상을 전개하고 있다.
④ 가정의 형식을 통해 글쓴이가 전달하고자 하는 주제를 효과적으로 드러내고 있다.
⑤ 군신과 백성의 관계를 가족 관계에 빗대어 표현하여 유교적 가치관을 나타내고 있다.

02 감상의 적절성 평가하기

[A]~[C]에 대한 감상으로 적절하지 않은 것은?

① [A]: 임금과 신하가 부모의 마음으로 백성을 대할 것을 당부하고 있군.
② [B]: 임금이 '꾸물거리며 사는 백성들'의 삶을 만족시켜야 나라가 바르게 다스려질 것을 드러내고 있군.
③ [B]: '이 땅을 버리고 어디로 갈 것인가'라고 한탄하는 백성을 통해 임금을 비판하고 있군.
④ [C]: 나라가 태평해지기 위해서는 어느 한 사람만 노력한다고 되는 것이 아니겠군.
⑤ [C]: 화자는 각자의 본분을 지키는 것이 중요하다고 생각했겠군.

* 본분(本分): 의무적으로 마땅히 지켜 행하여야 할 직분.

중요
03 작품 비교하기

윗글과 보기 의 공통점으로 적절한 것은?

보기

천 년 전부터 미리 정하신 한양에, 어진 덕을 쌓아 나라를 여시어 나라의 운명이 끝이 없으시니,
성스러운 임금이 이으시어도 하늘을 공경하고 백성을 부지런히 돌보셔야 더욱 굳건하실 것입니다.
임금이시여, 아소서. 낙수에 사냥 가 있으며 할아버지를 믿었습니까?

- 정인지 외, 〈용비어천가〉

① 나라의 건국 내력을 드러내고 있다.
② 임금에 대한 화자의 변함없는 충성심을 나타내고 있다.
③ 불안정한 나라 상황을 해결하고자 하는 작가의 의지가 드러나고 있다.
④ 나라를 다스리기 위해 임금이 가져야 하는 올바른 자세를 언급하고 있다.
⑤ 윗글에서는 신하를 '어머니'에, 〈보기〉에서는 신하를 '할아버지'에 비유하여 표현하고 있다.

* 낙수에 ~ 믿었습니까?: 우왕의 손자 태강왕은 할아버지의 공만 믿고 정사를 게을리하며 사냥을 즐기다가 폐위당함.

04 시어의 의미 파악하기

윗글에서 임금과 신하를 가족 관계에 비유한 단어를 찾아 차례대로 쓰시오.

12강

12 강

문학 – 극수필

조침문 _ 유씨 부인

| 정답 및 해설 | 78쪽

한방에! 개념정리

한방에! 핵심정리

갈래	국문 수필
성격	추모적, 고백적
주제	부러진 바늘에 대한 애도
특징	① 제문 형식을 빌려 슬픔의 정서를 드러냄. ② 과장적 표현을 통해 슬픔을 효과적으로 표현함. ③ 바늘을 의인화하여 바늘과의 인연과 가치를 서술함.
해제	이 작품은 글쓴이가 오랜 세월동안 애용하다 부러진 바늘에 대한 추모와 애도의 뜻을 기록한 글이다. 바늘을 의인화하여 더 이상 함께 할 수 없는 것에 대한 애틋하고 안타까운 마음을 조문의 형식을 활용하여 서술하고 있다.

※ 다음 글을 읽고 물음에 답하시오.

㉠ 유세차* 모년 모월 모일에 미망인 모씨는 두어 자 글로써 침자*께 고하노니, 인간 부녀의 손 가운데 종요로운* 것이 바늘이로되, 세상 사람이 귀히 아니 여기는 것은 도처에 흔한 바이로다.

이 바늘은 한낱 작은 물건이나, 이렇듯이 슬퍼함은 나의 정회*가 남과 다름이라. 오호통재*라, ㉡ 아깝고 불쌍하다. 너를 얻어 손 가운데 지닌 지 우금* 이십칠 년이라. 어이 인정이 그렇지 아니하리오. 슬프다. 눈물을 잠깐 거두고 심신을 겨우 진정하여 너의 행장*과 나의 회포*를 총총히 적어 영결하노라*.

연전에 우리 시삼촌께옵서 동지상사* 낙점*을 무르와 북경을 다녀오신 후에, 바늘 여러 쌈*을 주시거늘, 친정과 원근* 일가에게 보내고, 비복*들도 쌈쌈이 낱낱이 나눠 주고, 그중에 너를 택하여 손에 익히고 익히어 지금까지 해포*되었더니, 슬프다. 연분*이 비상하여 너희를 무수히 잃고 부러뜨렸으되, 오직 너 하나를 영구히 보존하니, 비록 무심한 물건이나 어찌 사랑스럽고 미혹지 아니하리오. 아깝고 불쌍하며, 또한 섭섭하도다.

나의 신세 박명하여* 슬하*에 한 자녀 없고, 인명이 흉완하여* 일찍 죽지 못하고, 가산*이 빈궁하여* 침선*에 마음을 붙여 널로 하여 시름을 잊고 생애를 도움이 적지 아니하더니, 오늘날 너를 영결하니, 오호통재라, 이는 귀신이 시기하고 하늘이 미워하심이로다.

㉢ 아깝다 바늘이여, 어여쁘다 바늘이여. 너는 미묘한 품질과 특별한 재치를 가졌으니, 물중의 명물이요, 철중의 쟁쟁*이라. 민첩하고 날래기는 백대*의 협객*이요, 굳세고 곧기는 만고의 충절을 듣는 듯한지라. 능라*와 비단에 난봉*과 공작을 수놓을 제, 그 민첩하고 신기함은 귀신이 돕는 듯하니, 어찌 인력이 미칠 바리오.

오호통재라, ㉣ 자식이 귀하나 손에서 놓일 때도 있고, 비복이 순하나 명을 거스를 때 있나니, 너의 미묘한 재질이 나의 전후에 수응함*을 생각하면, 자식에게 지나고 비복에게 지나는지라.

천은*으로 집을 하고, 오색으로 파란*을 놓아 곁고름에 채웠으니, 부녀의 노리개라. 밥 먹을 적 만져 보고 잠잘 적 만져 보아, 널로 더불어 벗이 되어, 여름 낮에 주렴이며, 겨울밤에 등잔을 상대하여 누비며, 호며, 감치며, 박으며, 공글릴 때에, 겹실을 꿰었으니 봉미*를 두르는 듯 땀땀이 떠갈 적에 수미가 상응하고, 솔솔이 붙여 내매 조화가 무궁하다.

이 생애 백 년 동거하렸더니, 오호애재*라, 바늘이여. 금년 시초십일 술시*에 희미한 등잔 아래서 관대* 깃을 달다가 무심중간*에 자끈동 부러지니 깜짝 놀라워라. 아야 아야 바늘이여 두 동강이 났구나.

정신이 아득하고 혼백이 산란하여 마음을 빻아 내는 듯 두골을 깨쳐 내는 듯 이슥도록 기색혼절하였다가* 겨우 정신을 차려, 만져 보고 이어 본들 속절없고 하릴없다. 편작*의 신술*로도 장생불사 못 하였네. 동네 장인에게 때이런들 어찌 능히 때일쏜가. 한 팔을 베어 낸 듯 한 다리를 베어낸 듯 아깝다 바늘이여 옷섶을 만져 보니 꽂혔던 자리 없네.

오호통재라. 내 삼가지 못한 탓이로다. 무죄한 너를 마치니 백인이 유아이사*라. 누를 한하며* 누를 원하리오*. 능란한 성품과 공교한 재질을 나의 힘으로 어찌 다시 바라리오. 절묘한 의형*은 눈 속에 삼삼하고* 특별한 품재*는 심회가 삭막하다.

ⓜ 네 비록 물건이나 무심치 아니하면 후세에 다시 만나 평생 동거지정*을 다시 이어 백년고락*과 일시생사*를 한가지로 하기를 바라노라. 오호애재라, 바늘이여.

- 유씨 부인, 〈조침문〉 -

*구성

서사	바늘과 헤어짐에 대한 심정
본사	바늘의 품행과 '나'의 회포
결사	바늘에 대한 애도의 심정과 후세에 만날 것을 기약

한방에! 어휘풀이

* **유세차(維歲次)**: '이해의 차례는'이라는 뜻으로, 제사 축문의 첫머리에 관용적으로 쓰는 말.
* **침자(針子)**: 바늘.
* **종요롭다**: 없어서는 안 될 정도로 매우 긴요하다.
* **정회(情懷)**: 생각하는 마음. 또는 정과 회포를 아울러 이르는 말.
* **오호통재(嗚呼痛哉)**: '아, 비통하다'라는 뜻으로, 슬플 때나 탄식할 때 하는 말.
* **우금(于今)**: 지금에 이르기까지.
* **행장(行狀)**: 몸가짐과 품행을 통틀어 이르는 말.
* **회포(懷抱)**: 마음속에 품은 생각이나 정.
* **영결하다(永訣하다)**: 죽은 사람과 산 사람이 서로 영원히 헤어지다.
* **동지상사(冬至上使)**: 조선 시대에, 중국으로 보내던 동지사의 우두머리.
* **낙점(落點)**: 조선 시대에, 이품 이상의 벼슬아치를 뽑을 때 임금이 이조에서 추천된 세 후보자 가운데 마땅한 사람의 이름 위에 점을 찍던 일.
* **쌈**: 바늘을 묶어 세는 단위. 한 쌈은 바늘 스물네 개를 이른다.
* **원근(遠近)**: 먼 곳과 가까운 곳. 또는 그곳의 사람.
* **비복(婢僕)**: 계집종과 사내종을 아울러 이르는 말.
* **해포**: 한 해가 조금 넘는 동안.
* **연분(緣分)**: 서로 관계를 맺게 되는 인연.
* **박명하다(薄命하다)**: 복이 없고 팔자가 사납다.
* **슬하(膝下)**: 무릎의 아래라는 뜻으로, 어버이나 조부모의 보살핌 아래. 주로 부모의 보호를 받는 테두리 안을 이른다.
* **흉완하다(凶頑하다)**: 흉악하고 모질다.
* **가산(家産)**: 한집안의 재산.
* **빈궁하다(貧窮하다)**: 가난하고 궁색하다.
* **침선(針線)**: 바늘과 실을 아울러 이르는 말.
* **철중쟁쟁(鐵中錚錚)**: 여러 쇠붙이 가운데서도 유난히 맑게 쟁그랑거리는 소리가 난다는 뜻으로, 같은 무리 가운데서도 가장 뛰어남. 또는 그런 사람을 이르는 말.
* **백대(百代)**: 오랫동안 이어 내려오는 여러 세대.
* **협객(俠客)**: 호방하고 의협심이 있는 사람.
* **능라(綾羅)**: 두꺼운 비단과 얇은 비단.
* **난봉(鸞鳳)**: 난조와 봉황을 아울러 이르는 말.
* **수응하다(酬應하다)**: 요구에 응하다.
* **천은(天銀)**: 품질이 가장 뛰어난 은.
* **파란**: 광물을 원료로 하여 만든 유약.
* **봉미(鳳尾)**: 봉황의 꼬리.
* **오호애재(嗚呼哀哉)**: '아, 슬프도다'라는 뜻으로, 슬플 때나 탄식할 때 하는 말.
* **술시(戌時)**: 십이시의 열한째 시. 오후 일곱 시부터 아홉 시까지임.
* **관대(冠帶)**: '관디(옛날 벼슬아치들의 공복)'의 원말.
* **무심중간(無心中間)**: 아무 생각이나 감정 따위가 없는 사이.
* **기색혼절하다(氣塞昏絶하다)**: 숨이 막혀 까무러치다.
* **편작(扁鵲)**: 중국 전국 시대의 유명한 의사.
* **신술(神術)**: 신기한 재주 또는 신통한 술법.
* **백인이 유아이사(伯仁이 由我而死)**: 백인이 나로 말미암아 죽다. 백인(《진서》에 실린 고사에 나오는 사람 이름)을 직접 죽이지 않았지만 죽은 사람에 대해 자신의 책임이 커서 죄책감을 느낀다는 말. 남의 잘못이 아니라 나의 탓임.
* **한하다(恨하다)**: 몹시 억울하거나 원통하여 원망스럽게 생각하다.
* **원하다(怨하다)**: 못마땅하게 여기어 탓하거나 불평을 품고 미워하다.
* **의형(儀形)**: 몸을 가지는 태도. 또는 차린 모습.
* **삼삼하다**: 잊히지 않고 눈앞에 보이는 듯 또렷하다.
* **품재(稟才)**: 타고난 재주.
* **동거지정(同居之情)**: 한집에서 같이 사는 정.
* **백년고락(百年苦樂)**: 긴 세월 동안의 괴로움과 즐거움을 아울러 이르는 말.
* **일시생사(一時生死)**: 한때의 죽고 사는 일.

01 서술상의 특징 파악하기

윗글에 대한 설명으로 적절하지 않은 것은?

① 바늘을 의인화하여 친밀감을 표현하고 있다.
② 의태어를 활용하여 상황을 생생하게 묘사하고 있다.
③ 다양한 표현 방식을 통해 바늘의 속성을 드러내고 있다.
④ 과거를 회고함으로써 글쓴이와 바늘과의 관계를 드러내고 있다.
⑤ 바늘을 다양한 인간 군상에 빗대어 지극한 애정을 드러내고 있다.

02 작품의 내용 파악하기

윗글을 통해 알 수 있는 글쓴이에 대한 설명으로 적절하지 않은 것은?

① 바느질을 통해 생계를 유지하고 있다.
② 남편을 잃고 자식 없이 홀로 살고 있다.
③ 이전에도 여러 바늘을 망가뜨린 적이 있다.
④ 바늘을 사용한 지 얼마 되지 않아 손에 익지 않았다.
⑤ 바늘집을 꾸며 노리개처럼 옷에 달고 다니기도 하였다.

중요

03 외적 준거를 통해 작품 이해하기

보기를 바탕으로 ㉠~㉤을 설명한 내용으로 적절하지 않은 것은?

보기

제문은 죽은 사람의 생전의 공덕을 기리고, 사후에 저승에서 명복을 누리기를 기원하는 마음을 담은 글로, 일반적으로 '유세차'로 시작하며, 죽은 사람에 대한 애도의 뜻을 나타낸다. 그 다음 죽은 사람의 행적을 기술하거나 찬양하며 살아 있는 사람의 감정을 드러낸다. 글의 말미에는 죽은 이의 명복을 빌고 '상향'이라는 단어로 끝을 맺는다.

① ㉠: 글의 첫머리에 '유세차'를 삽입함으로써 제문의 형식을 지켜 서술하고 있다.
② ㉡: 바늘에 대한 애도의 뜻을 드러내고 있다.
③ ㉢: 바늘을 잃은 글쓴이의 심정을 직접적으로 드러내면서, 바늘의 행적에 대한 찬양을 기술하고 있다.
④ ㉣: 과거 자식과 비복을 잃었던 경험을 상기하면서 바늘을 잃은 것에 대한 감정을 드러내고 있다.
⑤ ㉤: '상향'이라는 말 대신 '오호애재라'라는 말로 끝을 맺으며, 후세에 다시 만날 것을 기약하고 있다.

* 애도(哀悼): 사람의 죽음을 슬퍼함.

서답형

04 작품의 내용 파악하기

글쓴이가 바늘을 부러뜨린 시간을 윗글에서 찾아 쓰시오. (단, '년', '일', '시'를 포함하여 쓸 것.)

문제풀이

복습하기

문법

단모음의 발음	• 'ㅏ ㅐ ㅓ ㅔ ㅗ ㅚ ㅜ ㅟ ㅡ ㅣ'는 단모음으로 발음함. • '[1] ☐ ㅟ'는 이중 모음으로 발음할 수 있음.
이중 모음의 발음	'ㅑ ㅒ ㅕ ㅖ ㅘ ㅙ ㅛ ㅝ ㅞ ㅠ ㅢ'는 이중 모음으로 발음함.
	예외적인 경우 ① 용언의 활용형에 나타나는 '져, 쪄, 쳐'는 [저, [2] ☐, 처]로 발음함. ② '예, 례' 이외의 'ㅖ'는 [[3] ☐]로도 발음함. ③ 자음을 첫소리로 가지고 있는 음절의 'ㅢ'는 [ㅣ]로 발음함. ④ 단어의 첫음절 이외의 '의'는 [[4] ☐]로, 조사 '의'는 [ㅔ]로 발음함도 허용함.

독서

1문단	환경 문제의 심각성
2문단	환경 문제 해결을 저해하는 환경 문제의 특성
3문단	환경 문제 해결을 위한 [5] ☐☐의 개입 방식

문학 - 안민가(충담사)

1~4행	바람직한 임금, 신하, [6] ☐☐의 관계
5~8행	나라를 다스리는 올바른 방법
9~10행	나라가 [7] ☐☐할 방안

문학 - 조침문(유씨 부인)

조문	〈조침문〉
'유세차(維歲次)'라는 말로 시작하며, 죽은 사람에 대한 애도의 뜻을 나타냄.	• '유세차(維歲次) 모년 모월 모일에 미망인 모씨는~'이라는 말로 글을 시작함. • 부러진 [8] ☐☐에 대한 애도의 뜻을 나타냄.
죽은 사람의 행적을 기술하거나 찬양하며 살아 있는 사람의 감정을 드러냄.	[8] ☐☐의 품질과 재주를 찬양하고, 바늘이 부러지게 된 과정과 그에 따른 슬픔을 드러냄.
죽은 이의 명복을 빌고 '상향(尙饗)'이라는 단어로 끝을 맺음.	'[9] ☐☐☐☐☐'로 끝을 맺으며, [10] ☐☐에 다시 만날 것을 기약함.

정답 1 ㅚ 2 쩌 3 ㅔ 4 ㅣ 5 정부 6 백성 7 태평 8 바늘 9 오호애재라 10 후세

한수

13

Contents

13강

문법

받침의 발음 (1) 홑받침과 겹받침

| 정답 및 해설 | 81쪽

한방에! 핵심정리

1 홑받침의 발음

① 음절의 끝소리 규칙

표준 발음법 제4장

제8항 받침소리로는 'ㄱ, ㄴ, ㄷ, ㄹ, ㅁ, ㅂ, ㅇ'의 7개 자음만 발음한다.

② 홑받침과 쌍받침의 발음

제9항 받침 'ㄲ, ㅋ', 'ㅅ, ㅆ, ㅈ, ㅊ, ㅌ', 'ㅍ'은 어말 또는 자음 앞에서 각각 대표음 [ㄱ, ㄷ, ㅂ]으로 발음한다.

예 녘[녁], 빛[빋], 앞[압]

2 겹받침의 발음

＊**예외적인 경우**
- '밟-'은 자음 앞에서 [밥]으로 발음함.
  예 밟다[밥ː따], 밟고[밥ː꼬]
- '넓-'은 다음과 같은 경우에 [넙]으로 발음함.
  예 넓-죽하다[넙쭈카다], 넓-둥글다[넙뚱글다]

① 앞 자음으로 발음하는 경우

제10항 겹받침 'ㄳ', 'ㄵ', 'ㄼ, ㄽ, ㄾ', 'ㅄ'은 어말 또는 자음 앞에서 각각 [ㄱ, ㄴ, ㄹ, ㅂ]으로 발음한다.

받침	발음	예
ㄳ	[ㄱ]	넋[넉], 몫[목]
ㄵ	[ㄴ]	앉다[안따]
ㄼ, ㄽ, ㄾ	[ㄹ]	여덟[여덜], 외곬[외골/웨골], 훑다[훌따]
ㅄ	[ㅂ]	값[갑], 없다[업ː따]

＊**예외적인 경우**
용언의 어간 말음 'ㄺ'은 'ㄱ' 앞에서 [ㄹ]로 발음함.
예 맑고[말꼬], 읽기[일끼]

② 뒤 자음으로 발음하는 경우

제11항 겹받침 'ㄺ, ㄻ, ㄿ'은 어말 또는 자음 앞에서 각각 [ㄱ, ㅁ, ㅂ]으로 발음한다.

받침	발음	예
ㄺ	[ㄱ]	닭[닥], 맑다[막따]
ㄻ	[ㅁ]	삶[삼ː], 닮다[담ː따]
ㄿ	[ㅂ]	읊다[읍따]

중요 **01** 받침의 발음 이해하기

다음 중 받침소리가 서로 같지 않은 것은?

① 솥, 웃다 ② 삯, 밝게 ③ 닦지, 부엌 ④ 밟네, 젊다 ⑤ 없다, 덮고

02 겹받침의 발음 이해하기

밑줄 친 부분의 발음으로 적절한 것은?

① 책을 읽거나 숙제를 해라. [익꺼나]
② 자기 몫도 챙기지 못하면 안 된다. [몯또]
③ 화단의 꽃을 밟지 않고 지나가야 한다. [밥:찌]
④ 학생은 선생님 앞에서 시를 읊고 있었다. [을꼬]
⑤ 내 동생은 엄마나 아빠와 별로 닮지 않았다. [달:찌]

중요 **03** 겹받침의 발음 이해하기

보기 의 ㉠~㉢에 대한 설명으로 적절하지 않은 것은?

보기

그는 코는 뭉툭하고 입은 ㉠ 넓죽해서 볼품이 ㉡ 없어 보인다. 하지만 ㉢ 넓고 좋은 집에서 사는 것을 보면 돈은 많은 것 같다.

① ㉠과 ㉡의 받침소리는 동일하다.
② ㉠과 ㉢의 받침소리는 서로 다르다.
③ ㉠의 받침은 '앞잡이'의 받침과 소리가 같다.
④ ㉡의 받침은 '넓히다'의 받침과 소리가 같다.
⑤ ㉢의 받침은 '핥았다'의 받침과 소리가 같다.

서답형 **04** 받침의 발음 이해하기

빈칸에 들어갈 말을 쓰시오.

'부엌에서 닭을 삶다가 옷을 다 버렸다'라는 문장을 발음하면 [부어케서 (   ) 오슬 다 버려따]가 된다.

※ 단, 장음은 고려하지 않음.

13강

13강

독서 – 과학(의학)

방출 조절 제재

| 정답 및 해설 | 82쪽

한방에! 개념정리

한방에! 핵심정리

주제	약 효능 극대화를 위해 제제된 약의 특성
해제	이 글은 제제의 개념과 특성을 설명하고 있다. 제제란 약에 성분들을 가하고 캡슐이나 당의정으로 최종 제품을 만들어내는 것이다. 제제된 약은 방출 속도를 조절함으로써 약의 효능을 극대화한다. 방출 조절 제제는 초기 방출 속도는 느리지만, 이상적인 농도를 초과하지 않아 약의 부작용을 방지한다. 팽윤된 고분자 캡슐을 통해서 물이 안으로 들어가 약을 녹이면, 농도가 높아진 약 수용액이 삼투압을 받아 농도가 낮은 캡슐 밖으로 서서히 나오면서 약의 방출 속도가 조절되는 것이다. 최근에는 암세포에만 적용될 수 있는 미사일 제제에 대한 연구가 진행되고 있다.

* 문단 중심 내용

1문단	제제의 개념과 제제되지 않은 약의 단점
2문단	제제된 약의 장점과 고분자 캡슐에 사용되는 재료
3문단	방출 속도와 삼투압
4문단	암 치료를 목적으로 하는 미사일 제제

한방에! 어휘풀이

* 당의정(糖衣錠): 불쾌한 맛이나 냄새를 피하고 약물의 변질을 막기 위하여 표면에 당분을 입힌 정제.
* 팽윤되다(膨潤되다): 고분자 화합물에 용매가 흡수되어 부피가 늘어나게 되다.
* 치중되다(置重되다): 어떠한 것에 특히 중점이 두어지다.

※ 다음 글을 읽고 물음에 답하시오.

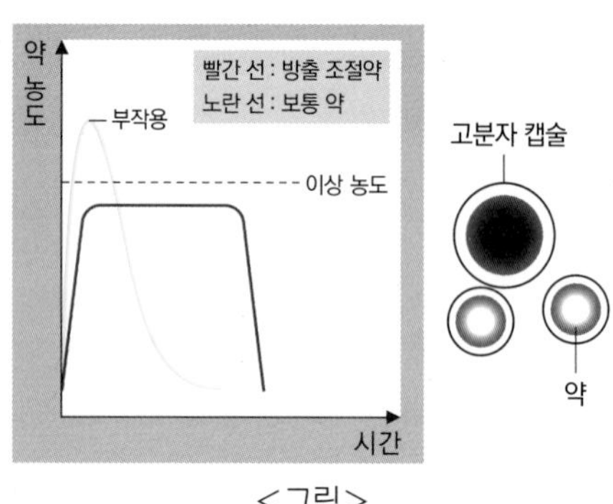

<그림>

대부분의 약은 약의 크기와 양에 비해 매우 적은 성분이 함유되어 있으며, 캡슐이나 당의정* 형태로 되어 있다. 이때 약에 성분들을 가하고 캡슐이나 설탕으로 약물의 표면을 코팅한 당의정으로 최종 제품을 만들어내는 것을 제제라고 한다. 이는 약 효능의 극대화를 기대하고, 먹기 불편한 형태의 약을 먹기 좋게 만들기 위함이다. 제제 과정에서 중요한 것은 약의 방출 속도를 조절하는 것이다. <그림>은 약 농도가 시간에 따라 변화되는 양상을 나타내고 있다. 제제되지 않은 약을 그대로 먹으면 빠른 속도로 혈액 속의 약 농도가 증가하지만, 시간이 지나면 약 농도가 급격히 감소해서 효능이 없어진다. 그리고 약 농도가 최고에 도달했을 때에는 농도가 이상적인 농도를 초과하여 부작용에 시달리게 된다.

이에 반해서 캡슐이나 당의정으로 된 ㉠ 방출 조절 제제는 초기 방출 속도는 느리지만, 최고 농도가 이상적인 농도를 초과하지 않아 약의 부작용을 염려할 필요가 없을뿐더러, 최고 농도가 장시간 지속되므로 약효가 훨씬 오래 간다. 결과적으로 동일한 무게의 약을 훨씬 더 효율적으로 부작용 없이 활용하는 것이다. 이를 활용한다면 위 속에서는 방출되지 않고, 장 속에서 약이 모두 방출되도록 하여 장염을 치료하는 등 방출 시점을 조절하는 제제를 만들 수도 있다. 이런 구조의 약품을 만들기 위해서는 약에 고분자 캡슐이나 당분이 든 막을 덧입혀야 한다. 캡슐로 사용될 수 있는 고분자로는 젤라틴, 올리고당, 폴리비닐 알코올, 폴리에틸렌글리콜 등 여러 가지가 있다. 이런 고분자는 약을 분해하지 않고, 물에 녹지 않아야 한다. 또한 팽윤되어야* 하며 독성 없이 체외로 배출될 수 있어야 한다.

방출 속도가 <그림>에 나타난 것처럼 조절되는 것은 삼투압 때문이다. 캡슐이 체내에 들어가 둘러싸이게 되면 팽윤된 고분자 캡슐을 통해서 물이 안으로 들어가 약을 녹인다. 농도가 높은 약 수용액은 삼투압을 받아 농도가 낮은 캡슐 밖으로 서서히 녹아 나오게 된다. 캡슐 고분자 막의 구멍은 <그림>에 보이는 속도에 맞도록 조절되어 있어서 약이 한꺼번에 쏟아져 나오지 못한다.

최근 이 분야의 연구는 항암제를 정교하게 캡슐화해서 정상 세포에서는 전혀 약이 방출되지 않다가 암세포 속에 들어가면 약이 방출되는 제제의 개발에 치중되어* 있다. 이런 제제를 ㉡ 미사일 제제라고 부른다. 미사일 제제의 방출 조절 원리는 단순한 삼투압만이 아니고 지극히 미세한 온도 차이까지 인식하는 것이다. 연구를 통해 암세포는 분열, 성장 속도가 빨라 정상 세포보다 조금 높은 온도를 유지한다는 사실이 밝혀졌고, 이러한 사실은 치료법을 찾는 데 도움이 되고 있다. 이런 미사일 제제에 사용될 고분자 캡슐은 외부 자극에 훨씬 더 예민하게 선택적으로 반응하는 재료로 만든다. 앞으로 기술이 더욱 발전한다면 정상 세포와 암세포 사이만 구분하지 않고, 암세포끼리도 구분해 내는 영리한 미사일 제제가 나올 수 있을 것이라 전망된다.

01 내용 전개 방식 파악하기

윗글의 내용 전개 방식으로 가장 적절한 것은?

① 미사일 제제의 특징을 설명하고 예상되는 부작용을 지적하고 있다.
② 제제의 장점과 단점을 언급하여 효과적인 제제의 기준을 세우고 있다.
③ 제제되지 않은 약과 제제된 약을 비교하여 제제의 필요성을 설명하고 있다.
④ 제제에 대한 인식의 변화를 시간순으로 나열하고 미래의 전망을 제시하고 있다.
⑤ 과거 제제에 사용되었던 원리를 설명한 후 현재 사용되는 원리를 서술하고 있다.

02 세부 내용 파악하기

㉠과 ㉡에 대한 설명으로 적절하지 않은 것은?

① ㉠과 ㉡ 모두 효능의 극대화가 기대된다.
② ㉠과 ㉡ 모두 삼투압의 원리를 활용한다.
③ ㉠과 ㉡ 모두 암세포들을 구분할 수 있다.
④ ㉠은 고분자 캡슐을 이용해 만들기도 한다.
⑤ ㉡은 미세한 온도 차이를 인식해 작용한다.

중요 03 구체적 사례에 적용하기

윗글을 읽은 학생이 보기 에 대해 보인 반응으로 적절하지 않은 것은?

보기

의사: 감기 증상은 어떠신가요?
환자 A: 약사 선생님이 말해 준 복용법을 잘 지켜서 먹었더니 일정 시간이 지나 증상이 완화되었고 감기가 많이 나았어요.
환자 B: 저도 어제 A와 같은 감기약을 처방받아 먹었는데, 처음부터 약의 효과가 들지는 않았어요. 그리고 A처럼 복용법을 잘 지켰는데도 가슴이 두근거려 잠을 제대로 자지 못했어요.

① 환자 A는 이상적인 농도를 초과하지 않은 약을 먹었겠군.
② 환자 A가 제제되지 않은 약을 먹었다면 약 효과를 더 빨리 느꼈겠군.
③ 환자 B가 가슴이 두근거리고 잠을 자지 못했으니 약을 교체해야겠군.
④ 환자 B는 최고 농도가 이상적인 농도를 더 높게 초과한 약을 먹어야겠군.
⑤ 환자 A와 B는 제제된 약을 먹어서 증상이 바로 완화되지 않았다고 추측할 수 있군.

서답형 04 세부 내용 이해하기

빈칸에 들어갈 말을 골라 차례대로 쓰시오.

제제되지 않은 약은 시간이 지나면서 약 농도가 급격히 (증가 / 감소)하는 반면, 방출 조절 제제는 최고 농도가 (오래 / 짧게) 지속된다.

문제풀이

13강

13강

문학 - 현대시

너를 기다리는 동안 _ 황지우

| 정답 및 해설 | 83쪽

한방에! 개념정리

한방에! 핵심정리

갈래	자유시, 서정시
성격	의지적, 희망적
주제	간절한 기다림과 만남에 대한 의지
특징	① 소극적 태도에서 적극적 태도로 변화함. ② 절실하고 안타까운 어조로 '너'를 기다리는 마음을 표현함.
해제	이 작품은 일상적인 시어를 활용하여 누군가를 기다리며 느끼는 절실함을 표현하였다. 화자는 마냥 기다리기만 하는 소극적이고 수동적인 태도에서, 상대를 직접 만나러 가기로 결심하는 적극적이고 능동적인 태도로의 변화를 보인다.

※ 다음 글을 읽고 물음에 답하시오.

네가 오기로 한 그 자리에
내가 미리 가 너를 기다리는 동안
다가오는 모든 발자국은
㉠ 내 가슴에 쿵쿵거린다
바스락거리는 나뭇잎 하나도 다 내게 온다
㉡ 기다려 본 적이 있는 사람은 안다
세상에서 기다리는 일처럼 가슴 애리는 일 있을까
네가 오기로 한 그 자리, 내가 미리 와 있는 이곳에서
문을 열고 들어오는 모든 사람이
너였다가
너였다가, 너일 것이었다가
㉢ 다시 문이 닫힌다
사랑하는 이여
㉣ 오지 않는 너를 기다리며
마침내 나는 너에게 간다
아주 먼 데서 나는 너에게 가고
㉤ 아주 오랜 세월을 다하여 너는 지금 오고 있다
아주 먼 데서 지금도 천천히 오고 있는 너를
너를 기다리는 동안 나도 가고 있다
남들이 열고 들어오는 문을 통해
내 가슴에 쿵쿵거리는 모든 발자국 따라
너를 기다리는 동안 나는 너에게 가고 있다.

- 황지우, 〈너를 기다리는 동안〉 -

01 표현상의 특징 파악하기

윗글에 대한 설명으로 적절하지 않은 것은?

① 현재 시제를 활용하여 현장감을 표현하고 있다.
② 유사한 시구를 반복하여 화자의 초조함을 표현하고 있다.
③ 설의적 표현을 활용하여 기다림의 고통을 표현하고 있다.
④ 청각적 심상을 활용하여 기다림의 절실함을 표현하고 있다.
⑤ 대립적 이미지를 활용하여 만남에 대한 의지를 표현하고 있다.

02 시구의 의미 파악하기

㉠~㉤에 대한 이해로 적절하지 않은 것은?

① ㉠: '나'의 심장 소리와 발자국 소리의 중의적 의미로 해석된다.
② ㉡: '나'의 상황이 남들은 겪지 않는 특수한 상황임이 드러난다.
③ ㉢: '나'의 기대가 좌절되는 이유를 단적으로 제시한다.
④ ㉣: '나'가 태도를 바꾸기로 결심하는 계기가 된다.
⑤ ㉤: '나'와 '너'의 시간적 거리감을 나타낸다.

중요

03 화자의 태도 파악하기

화자의 태도가 (가)에서 (나)로 전환된 시행으로 가장 적절한 것은?

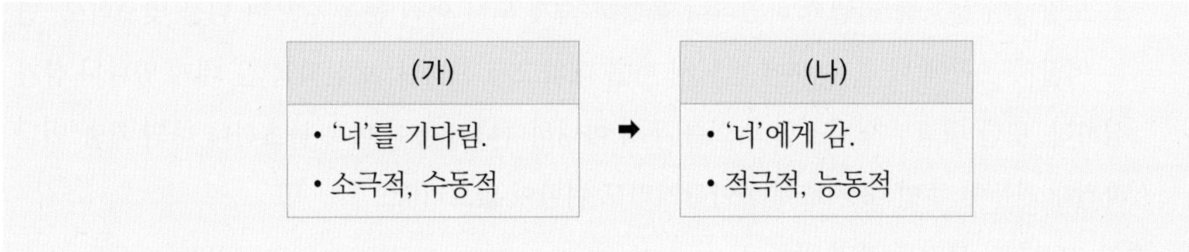

(가)
• '너'를 기다림.
• 소극적, 수동적
(나)
• '너'에게 감.
• 적극적, 능동적

① 내가 미리 가 너를 기다리는 동안
② 네가 오기로 한 그 자리, 내가 미리 와 있는 이곳에서
③ 마침내 나는 너에게 간다
④ 아주 먼 데서 지금도 천천히 오고 있는 너를
⑤ 내 가슴에 쿵쿵거리는 모든 발자국 따라

서답형

04 표현상의 특징 파악하기

윗글에서 역설적 표현이 쓰인 시행 두 개를 찾아 몇 행인지 쓰시오.

13강

문학 – 고전산문

금방울전 _ 작자 미상

| 정답 및 해설 | 84쪽

한방에! 개념정리

한방에! 핵심정리

갈래	영웅 소설, 전기 소설, 도술 소설
성격	전기적, 도술적
주제	시련을 극복하고 사랑을 이루는 금방울의 삶
특징	① 고난과 행복이 번갈아 나타나며 사건이 전개됨. ② 난생 설화, 변신 모티프 등 다양한 설화가 사용됨. ③ 두 영웅인 금방울과 해룡의 역할이 상호 보완적임.
해제	이 작품은 여주인공 금방울과 남주인공 해룡이 온갖 고난과 시련을 극복하고 혼인함으로써 전생의 인연을 회복하는 과정을 그리고 있다. 여주인공 금방울의 신비로운 능력과 활약은 당시 여성 독자들의 의식을 반영한 것이라고 볼 수 있다. 부귀 획득과 신분 상승은 권력에서 소외된 피지배 계층 독자들의 의식을 반영한 것이며, 주인공의 고난과 시련은 이런 독자들의 고통스러운 현실을 구체적으로 보여 주는 것이다. 남해 용왕의 딸이 방울로 태어난다는 점에서 난생 설화를, 결말 부분에서 다시 사람으로 돌아온다는 점에서는 변신 모티프를 취하고 있다.

※ 다음 글을 읽고 물음에 답하시오.

[앞부분 줄거리] 장원은 아들을 낳아 이름을 해룡이라 짓는다. 피란길에 장원 부부는 해룡을 버리고, 본래 도적이었던 장삼이 해룡을 거둔다. 막 씨는 옥황상제로부터 아이를 점지받아 금방울을 낳는데, 금방울은 자신의 재주로 막 씨를 돕는다. 한편, 장삼의 부인 변 씨는 해룡을 탐탁지 않아 한다.

변 씨가 늦도록 자식이 없다가 우연히 태기가 있어 십 삭이 되매, **아들을 낳으니 장삼이 크게 기뻐하**여 이름을 소룡이라 하였고, 소룡이 점점 자라 칠 세가 되매, 크기는 하였으나 어찌 해룡의 늠름한 풍도*며 넓은 도량*을 따라갈 수 있으리오. 둘이 글을 배우매 해룡은 한 자를 알면 열 자를 깨우치는지라 열 살 미만에 하나의 문장가가 되더라, ㉠ 장삼은 본시 어진 사람인지라 해룡을 친자식같이 사랑하매 변 씨가 매양 시기하여 마지 않으니 장삼이 매양 변 씨의 어질지 못함을 한할 뿐이더라.

해룡이 점점 자라 열세 살이 되매 그 영풍* 준모*함에 태양이 빛을 잃을 만하며 헌헌한* 도량은 바다를 뒤치는 듯하고 맑고 빼어남이 어찌 범용한* 아이와 비교하리오.

이때 변 씨의 시기하는 마음이 날로 더하여 **백 가지로 모해하며 내치려 하**되 장삼은 듣지 아니하고 더욱 사랑하여 일시도 떠나지 아니하여 애지중지하니, 이러함으로 해룡은 몸을 보전하여 공순하며* 장삼을 지극히 섬기니, 이웃과 친척들이 칭찬치 않는 이 없더라.

장삼이 갑자기 병을 얻어 약이 효과가 없으니 해룡이 지극 지성으로 구호하되 조금도 차도가 없고 점점 날로 더하여 장삼이 마침내 일어나지 못할 줄 알고 해룡의 손을 잡고 눈물지으며,

"내 명은 오늘뿐이라. 어찌 천륜지정을 속이리오, 내 너를 난 중에 얻음에 기골이 비상하거늘 업고 도망하여 문호를 빛낼까 하였더니 불행히 죽게 되니 어찌 눈을 감으며 너를 잊으리오. 변 씨는 어질지 못함에 나 죽은 후에 반드시 너를 해하고자 하리니, 보신지책*은 네게 있나니 삼가 조심하라. 또한 대장부가 사소한 혐의를 두지 아니하나니 소룡이 비록 불초하나 나의 기출*이니 바라건대 거두어 주면 내 지하에 돌아갈지라도 여한이 없으리라."

하고, 또 변 씨 모자를 불러 앉히고,

"내 명은 오늘뿐이라, 죽은 후에라도 해룡을 각별 사랑하여 소룡과 다름없이 대하라. 이 아이는 후일 귀히 될 것이니 길이 영화를 보리니, 오늘 나의 유언을 저버리지 말라."

하고, 말을 마치며 죽으니, 해룡이 애통해하기를 마지아니하매 보는 사람이 감탄치 않을 이가 없더라. 상례를 갖추어 선산에 안장하고 돌아오니 몸을 의지할 곳 없는지라 주야로 애통해 마지않더니 이때 변 씨는 해룡을 박대함이 나날이 더하여 의복과 음식을 제때에 주지 아니하고 낮이면 밭갈기와 논 매기며 소도 먹이며 나무하기를 한때도 놀리지 아니하고 주야로 보채니 한때도 편안한 날이 없더라.

㉡ 그러나 해룡은 더욱 공근하여* 조금도 회피함이 없으매 자연히 용모가 초췌하고 주림과 추위를 이기지 못하더라. 이때가 엄동설한이라 변 씨는 소룡과 더불어 더운 방에서 자고 해룡은 방아질만 하라 하니, 해룡이 할 수 없어 밤이 새도록 방아질하니 홑것만 입은 아이가 어찌 추위를 견디

리오. 추움을 견디지 못하여 자기 방에 들어가 쉬려 하였으나 눈바람은 들이치고 덮을 것은 없는지라. 몸을 옹송그려 엎디었더니, 홀연히 **방이 밝기가 대낮과 같은지라 여름과 같이 더**워 온몸에 땀이 나거늘, 해룡이 한편 놀라고 한편 괴이히 여겨 즉시 일어나 자세히 살펴보니 오히려 동녘이 아직 채 트이지 않았는데 백설이 뜰에 가득하더라.

㉢ 방앗간에 나아가 보니 밤에 못다 찧은 것이 다 찧어 그릇에 담겨 있거늘, 크게 의심하고 괴이히 여기어 방으로 돌아오니 전과 같이 밝고 더운지라, 아무리 생각하여도 의심이 없지 못하여 두루 살피니 침상에 이전에 없던 북만 한 방울 같은 것이 놓였으매, 해룡이 잡으려 한즉 이리 미끈 달아나고 저리 미끈 달아나니, 요리 구르고 저리 굴러 잡히지 아니하는지라, 또한 놀라고 신통히 여겨 자세히 보니 금빛이 방안에 가득하고 움직일 때마다 향취가 나는지라, 해룡이 생각하매 이것이 반드시 무심치 아니할지라 내 두고 보리라 하여 잠을 좀 늦도록 자매, 이때 변 씨 모자가 추워 잠을 잘 수 없어 떨며 앉았다가, 날이 밝으매 나아가 보니 적설이 집을 두루 덮었는데 한풍은 얼굴을 깎는 듯하여 사람의 몸을 움직이기가 어려운지라 변 씨는 생각하되,

'해룡이 얼어 죽었으리라.'

생각하고 생을 부르니 대답이 없더라. 아마도 죽었나 보다 하고 눈을 헤치고 나와 문틈으로 내다보니 해룡이 벌거벗고 누워 잠들어 깨지 않았거늘 놀라 깨우려 하다가 자세히 보니 ㉣ 천상천하에 흰 눈이 가득하되 오직 해룡의 방 위에는 눈이 없고 검은 기운이 연기같이 일어나니 이 어찌 된 일이냐? 이때 변 씨가 크게 놀라 소룡에게 말하기를,

"참 내 하도 이상하기에 거동을 보자."

하고, 나왔노라 하더니, 해룡이 들어와 변 씨에게 문후한* 후에 **비를 들고 눈을 쓸려 함에 홀연히 일진광풍*이 일어**나며 반 시간이 못 되어 눈을 쓸어 버리고 광풍이 그치는 것이었으니, 해룡은 이미 짐작하되 변 씨는 더욱 신통히 여기어 마음에 생각하되 해룡이 분명 요술을 부리어 사람을 속이는도다. 만약 그대로 두었다가는 큰 화를 입으리라 하고 아무쪼록 죽여 없앨 의사를 내어 틈을 얻어 해할 묘책을 생각하다가 한 계교를 얻고 해룡을 불러 이르기를,

"집안 어른이 돌아가시매, 가산이 점점 탕진하여 형편이 없음을 너도 보아 아는 바라, 우리 집의 논밭이 구호동에 있더니 요즘에는 **호환*이 자주 있어 사람을 상하**기로, 폐농*된 지가 아마 수십 년이 된 지라, 이제 그 땅을 다 일구면 너를 장가도 들이고 우리도 또한 네 덕에 좋이 잘 살면 어찌 아니 기쁘리오마는 너를 위험한 곳에 보내면 행여 후회 있을까 저어하노라."

해룡이 흔연히* 허락하고 이에 쟁기를 수습하여 가지고 가려 하거늘, 변 씨가 짐짓 말리는 체하니 해룡이 웃고 말하기를,

㉤ "인명은 재천*이니 어찌 짐승에게 해를 보리오."

하고, 표연히* 떠나가니 변 씨가 밖에 나와 말하기를,

"속히 잘 다녀오라."

하고 당부하더라.

- 작자 미상, 〈금방울전〉 -

* **전체 줄거리**
동해 용왕의 셋째 아들은 장원의 아들 해룡으로 태어나지만, 피란길에 장원 부부에게 버림받고 도적 장삼에게 거두어진다. 남해 용왕의 딸은 선관들로부터 능력을 받고 막 씨에게서 금방울의 모습으로 태어난다. 장삼이 죽은 뒤 해룡은 계모 변 씨로부터 괴롭힘을 당하고, 금방울 역시 여러 번 위기를 겪는다. 금방울은 해룡이 변 씨의 괴롭힘에서 벗어날 수 있게 하고, 해룡이 금선공주를 납치해 간 요괴를 물리치도록 돕는다. 천자는 금선공주를 구해 온 해룡을 크게 칭찬하고, 사람으로 변한 금방울을 양녀로 삼아 금령공주라는 이름을 준다. 해룡은 금선공주와 금령공주 두 사람과 결혼하여 부귀영화를 누린다.

한방에! 어휘풀이

* **풍도(風度)**: 풍채와 태도를 아울러 이르는 말.
* **도량(度量)**: 사물을 너그럽게 용납하여 처리할 수 있는 넓은 마음과 깊은 생각.
* **영풍(英風)**: 영웅스러운 모습이나 자세.
* **준모(俊髦)**: 준수한 사람.
* **헌헌하다(軒軒하다)**: 풍채가 당당하고 빼어나다.
* **범용하다(凡庸하다)**: 평범하고 변변하지 못하다.
* **공순하다(恭順하다)**: 공손하고 온순하다.
* **보신지책(保身之策)**: 자신의 몸을 온전히 지키기 위한 꾀.
* **기출(己出)**: 자기가 낳은 자식.
* **공근하다(恭勤하다)**: 공손하고 부지런하다.
* **문후하다(問候하다)**: 웃어른의 안부를 묻다.
* **일진광풍(一陣狂風)**: 한바탕 몰아치는 사나운 바람.
* **호환(虎患)**: 호랑이에게 당하는 화.
* **폐농(廢農)**: 농사를 그만둠.
* **흔연히(欣然히)**: 기쁘거나 반가워 기분이 좋게.
* **인명재천(人命在天)**: 사람의 목숨은 하늘에 달려 있다는 뜻으로, 목숨의 길고 짧음은 사람의 힘으로 어쩔 수 없음을 이르는 말.
* **표연히(飄然히)**: 훌쩍 나타나거나 떠나는 모양이 거침없이.

01 작품의 내용 파악하기

윗글의 내용으로 가장 적절한 것은?

① 소룡은 해룡보다 뛰어난 재주를 지녔다.
② 해룡은 장삼이 병으로 죽을 것을 예측했다.
③ 장삼은 해룡에게 변 씨를 보살펴 달라고 부탁했다.
④ 해룡은 방의 방울이 평범한 방울이 아님을 눈치챘다.
⑤ 변 씨는 해룡이 호랑이에게 해를 입을까 봐 걱정했다.

02 구절의 의미 파악하기

㉠~㉤에 대한 설명으로 적절하지 않은 것은?

① ㉠: 해룡이 장삼에게는 사랑받고 변 씨에게는 미움받았음을 알 수 있다.
② ㉡: 게으름을 피우지 않고 성실한 해룡의 성격이 드러나 있다.
③ ㉢: 신비한 존재가 해룡을 도왔음을 의미하고 있다.
④ ㉣: 현실적인 상황을 묘사하여 해룡의 긍정적인 면모를 부각하고 있다.
⑤ ㉤: 해룡이 죽음을 두려워하지 않으며 하늘에 자신의 목숨을 맡겼음을 알 수 있다.

중요 03 외적 준거를 바탕으로 작품 이해하기

보기 를 바탕으로 윗글을 이해한 내용으로 적절하지 않은 것은?

보기

〈금방울전〉에는 고난과 행운이 반복해서 나타난다. 해룡은 어려서 부모를 잃고 장삼의 양육을 받았으나, 장삼이 죽은 뒤 장삼의 아내 변 씨의 계교에 빠져 여러 번 죽을 고비를 맞는다. 그러나 해룡은 방울의 도움을 받아 고난을 극복하고 행운을 얻는다. 해룡의 일생은 고난과 행운이 반복적으로 대립하면서 행운이 고난에 의해 부정되고, 고난은 행운에 의해 극복되는 양상을 보인다.

① 변 씨가 '아들을 낳으니 장삼이 크게 기뻐하'였다는 것은, 해룡이 장삼으로 인해 고난을 겪을 것을 암시하고 있다.
② 변 씨가 해룡을 '백 가지로 모해하며 내치려 하'였다는 것은, 해룡이 변 씨로 인해 고난을 겪었음을 나타내고 있다.
③ 해룡의 '방이 밝기가 대낮과 같은지라 여름과 같이 더'웠던 것은, 방울이 해룡의 고난 극복을 도왔음과 연관이 있다.
④ 해룡이 '비를 들고 눈을 쓸려 함에 홀연히 일진광풍이 일어'난 것은, 해룡의 고난이 행운에 의해 부정되었음을 보여 준다.
⑤ 변 씨가 '호환이 자주 있어 사람을 상하'게 하는 곳으로 해룡을 보내려는 것은, 새로운 고난이 주어졌음을 드러내고 있다.

서답형 04 인물의 태도 파악하기

ⓐ, ⓑ에 들어갈 말을 각각 3음절로 차례대로 쓰시오.

변 씨는 표면적으로는 해룡을 장가들이는 데 도움이 된다는 이유로 해룡을 (ⓐ)(으)로 보냈지만, 실제로는 해룡이 (ⓑ)에게 죽을 것을 기대하고 보냈다.

문제풀이

복습하기

문법

홑받침의 발음	• 음절의 [1] □□□ **규칙**: 받침소리로는 'ㄱ, ㄴ, ㄷ, ㄹ, ㅁ, ㅂ, ㅇ'의 7개 자음만 발음함. • **홑받침과 쌍받침**: 받침 'ㄲ, ㅋ', 'ㅅ, ㅆ, ㅈ, ㅊ, ㅌ', 'ㅍ'은 어말 또는 자음 앞에서 각각 대표음 [ㄱ, [2] □, ㅂ]으로 발음함.
겹받침의 발음	• 겹받침 'ㄳ', 'ㄵ', 'ㄼ, ㄽ, ㄾ', 'ㅄ'은 어말 또는 자음 앞에서 각각 [ㄱ, ㄴ, [3] □, ㅂ]으로 발음함. • 겹받침 'ㄺ, ㄻ, ㄿ'은 어말 또는 자음 앞에서 각각 [[4] □, ㅁ, ㅂ]으로 발음함.

독서

1문단	[5] □□의 개념과 제제되지 않은 약의 단점
2문단	제제된 약의 장점과 [6] □□□ 캡슐에 사용되는 재료
3문단	약의 [7] □□ 속도를 조절하는 [8] □□□
4문단	암 치료를 목적으로 하는 [9] □□□ 제제

문학 - 너를 기다리는 동안(황지우)

1~12행	'너'를 기다리며 설렘과 절망을 느끼는 '나' → 다가오는 '[10] □□□'과 바스락거리는 '나뭇잎'에 기다림이 투영됨.
13~22행	'너'와의 만남에 대한 의지를 보이는 '나' → '너를 기다리는 동안 나는 너에게 [11] □□있다.'

문학 - 금방울전(작자 미상)

소룡이 태어나자 [12] □ □는 해룡을 시기함.

⬇

해룡을 사랑하던 [13] □□이 죽자 변 씨가 해룡을 박대함.

⬇

변 씨가 해룡에게 방아질을 시킴.

⬇

[14] □□이 나타나 해룡을 도움.

⬇

변 씨가 해룡을 구호동으로 보냄.

정답

1 끝소리 2 ㄷ 3 ㄹ 4 ㄱ 5 제제 6 고분자 7 방출 8 삼투압 9 미사일 10 발자국 11 가고 12 변 씨 13 장삼 14 방울

한수

14

Contents

14강

매체

매체의 표현 방법 평가하며 읽기

| 정답 및 해설 | 88쪽

한방에! 개념정리

한방에! 핵심정리

갈래	블로그 글
주제	스마트폰을 현명하게 사용하자.
특징	① 다양한 표현 방법을 활용하여 스마트폰 과의존의 실태와 문제점을 보여 줌. ② 질문을 통해 독자가 자신의 경험을 떠올리고, 글의 내용에 집중하게 유도함.

＊스마트폰 과의존

개념	스마트폰을 과다하게 사용하여 스마트폰 사용에 대한 조절 능력이 줄어들고, 일상생활에 장애가 유발되는 상태
실태	• 2013년부터 2016년까지 꾸준히 증가함. • 청소년의 스마트폰 과의존 위험 비율은 성인에 비해 약 두 배 가까이 높음. → 도표를 활용하여 제시
문제점	• 일상생활에서 자신이 해야 할 일에 몰입하지 못하는 경우가 발생함. → 사진을 활용하여 제시 • 보행 중 스마트폰을 사용하면 생명과 안전에 위협을 받을 수 있음. → 도표를 활용하여 제시

※ 다음은 블로그 글이다. 물음에 답하시오.

스마트폰을 똑똑하게

스마트폰이 대중화된 요즘, 청소년들도 스마트폰을 많이 사용하고 있어요. 전화 통화를 하거나 문자 메시지를 주고받는 것뿐만 아니라 정보 검색, 음악 감상, 게임하기 등 스마트폰을 다양하게 활용하고 있지요. 하지만 이렇게 유용한 스마트폰도 지나치게 사용하면 문제가 생길 수 있어요.

> **스마트폰 과의존**
> 스마트폰을 과다하게 사용하여 스마트폰 사용에 대한 조절 능력이 줄어들고, 일상생활에 장애가 유발되는 상태.

다음 링크를 따라가서 자신의 스마트폰 사용 습관을 점검해 볼까요?

☞ https://www.iapc.or.kr/kor/PBYS/diaSurvey.do?idx=8

진단 결과, 여러분은 어떤 스마트폰 사용자에 해당하나요? 혹시 스마트폰에 과의존하고 있지는 않나요?

스마트폰 과의존, 어느 정도일까?

먼저 스마트폰 과의존 실태를 알아볼게요. 정부에서는 매년 스마트폰 과의존 실태를 조사하여 발표하고 있어요.

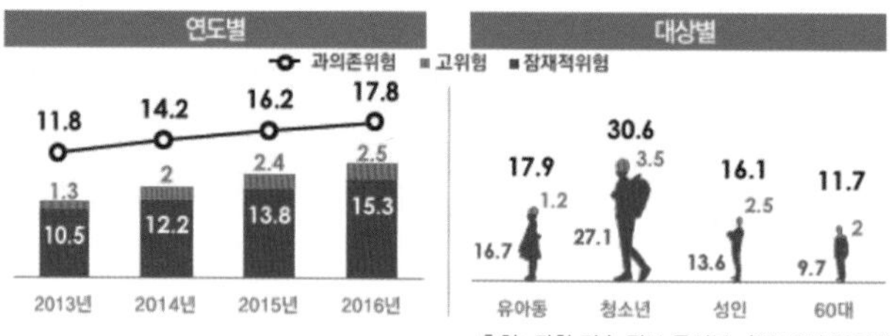

- 출처: 과학 기술 정보 통신부, 〈2016년 인터넷 과의존 실태 보고서〉(2016)

연도별 스마트폰 과의존 위험 현황을 나타낸 도표를 보면 스마트폰 과의존 위험 비율이 2013년부터 2016년까지 꾸준히 증가한 것을 알 수 있어요. 그리고 대상별 스마트폰 과의존 위험 현황을 나타낸 도표를 보면 청소년의 스마트폰 과의존 위험 비율이 성인에 비해 약 두 배 가까이 높은 것을 확인할 수 있어요. 즉, 스마트폰 과의존 현상은 날이 갈수록 심화되고 있으며, 특히 청소년들의 스마트폰 과의존 현상이 심각하다는 것을 보여 주는 것이지요.

스마트폰 과의존, 어떤 문제점이 있을까?

- 출처: 게티 이미지 뱅크 (www.gettyimagesbank.com)

사진 속의 모습, 청소년들에게 익숙한 풍경이 아닌가요? 많은 청소년들이 공부나 독서를 할 때 습관적으로 스마트폰을 확인해요. 때로는 스마트폰을 확인하고 싶어서 불안해하거나 초조해할 때도 있지요. 스마트폰에 과의존하면 일상생활에서 자신이 해야 할 일에 몰입하지 못하는 경우가 발생할 수 있어요.

혹시 길을 걸으며 스마트폰을 사용하다가 교통사고가 날 뻔했던 경험이 있나요? 도표에서 알 수 있듯이 보행 중에 스마트폰을 사용하면 스마트폰을 사용하지 않을 때보다 인지 거리가 절반 이상 줄어들어요. 따라서 길에서 다양한 사고를 당할 확률이 훨씬 더 높아지지요. 하지만 이러한 위험에도 불구하고 등하굣길에 스마트폰을 사용하며 이동하는 청소년들이 종종 눈에 띄곤 해요. 스마트폰에 과의존하면 자신의 생명과 안전에 위협을 받을 수 있어요.

스마트폰 사용에 따른 인지 거리 변화

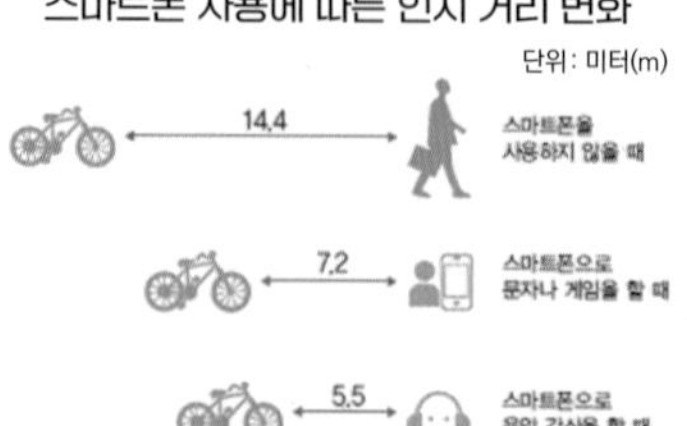

- 출처: 교통 안전 공단 공식 블로그 (https://blog.naver.com/autolog)

01 매체의 내용 파악하기

윗글에서 알 수 있는 내용으로 가장 적절한 것은?

① 스마트폰 과의존의 원인
② 외국의 스마트폰 과의존 실태
③ 스마트폰 과의존이 미치는 악영향
④ 스마트폰 과의존을 예방하는 방법
⑤ 청소년의 스마트폰 과의존이 심각해진 이유

02 매체의 표현 방법 파악하기

윗글에 대한 설명으로 적절하지 않은 것은?

① 도표를 삽입하여 상황의 심각성을 드러내고 있다.
② 비유를 활용하여 말하고자 하는 바를 강조하고 있다.
③ 질문을 통해 독자가 자신의 경험을 떠올리게 하고 있다.
④ 쓰기 윤리에 어긋나지 않도록 자료의 출처를 밝히고 있다.
⑤ 사진을 활용하여 청소년들의 모습을 사실적으로 나타내고 있다.

중요 03 매체 자료의 활용 방법 이해하기

윗글에 보기 의 자료를 추가한다고 할 때, 활용 방법으로 가장 적절한 것은?

보기

- 한국 방송 광고 진흥 공사, 〈묵념〉(2014)

① 청소년보다 성인의 스마트폰 과의존이 더 심각함을 보여 준다.
② 스마트폰이 일상생활 속 다양한 상황에서 쓰이고 있음을 보여 준다.
③ 스마트폰 과의존을 막기 위해 주위 사람들과 많은 시간을 보내야 함을 보여 준다.
④ 스마트폰 과의존으로 인해 정서적인 교류가 이루어지지 못하고 있음을 보여 준다.
⑤ 스마트폰이 대중화되며 개인적인 인간관계를 깊게 맺을 수 있게 되었음을 보여 준다.

서답형 04 매체의 특성 파악하기

다음은 윗글의 매체적 특성이 드러나는 부분을 설명한 것이다. 빈칸에 들어갈 말을 골라 쓰시오.

윗글에서 (광고 영상 / 사진 자료 / 인터넷 사이트)을/를 하이퍼링크 형태로 제공한 것을 통해 블로그 글의 특성을 알 수 있다.

문제풀이

14강

14강

독서 – 기술(에너지)

신재생 에너지

| 정답 및 해설 | 89쪽

한방에! 개념정리

한방에! 핵심정리

주제	신재생 에너지의 종류
해제	이 글은 다양한 신재생 에너지를 설명하고 있다. 신재생 에너지는 재생 에너지와 신에너지를 총칭하는 개념이다. 가장 상용화가 널리 이루어진 태양열과 태양광 발전, 바람을 이용하는 풍력 발전 등이 있다. 또한 폐기물을 이용해서도 연료와 에너지를 생산할 수 있으며, 이제는 잘 쓰이지 않지만 석탄으로도 에너지를 생산할 수 있다.

* **문단 중심 내용**

1문단	신재생 에너지의 개념과 특징
2문단	태양열과 태양광 발전
3문단	풍력 발전
4문단	폐기물을 이용한 연료 및 에너지 생산
5문단	석탄을 이용한 에너지 생산

※ 다음 글을 읽고 물음에 답하시오.

신재생 에너지는 재생 에너지와 신에너지를 총칭하는* 개념이다. 신재생 에너지는 화석 연료의 고갈*과 기후 이변 등의 문제를 해결할 새로운 대안으로 주목받고 있으며, 자연으로부터 얻는 친환경 에너지와 폐기물을 통해 재생산된 에너지를 주로 이용한다는 것이 특징이다.

이들 중 가장 상용화가 널리 이루어진 것은 태양열과 태양광 발전이다. 보통 태양열 발전은 난방에 이용되며, 태양광 발전은 전기를 생산하는 데 사용된다. 태양열 발전은 집열판으로 흡수한 태양열로 물을 끓이면 증기가 발생하고, 이것으로 터빈을 돌려 전기 에너지를 생산한다. 한편 태양광 발전은 반도체로 구성된 태양 전지를 이용하여 태양 에너지를 전기로 변환하는 방식을 따른다. 그러나 태양열 발전은 열의 손실률이 높아 효율이 떨어지며, 따라서 열에너지 자체를 난방 및 온수용으로 활용하는 경우가 많다. 태양광과 태양열의 설치 비용을 비교했을 때는 태양열 발전이 훨씬 저렴하나 효율이 떨어지므로, 전기 요금이 많이 나온다면 태양광 발전을 채택하는 것이 좋다.

풍력 발전은 바람을 이용하여 에너지를 얻는 방식이다. 풍력은 오래전부터 사용되어 온 에너지원이기도 한데, 바로 풍차가 풍력을 이용한 것이다. 풍력 발전기는 주로 산지나 바닷가 부근처럼 바람이 상대적으로 많이 불거나, 고도가 높은 지역에서 자주 볼 수 있다. 이러한 풍력 발전의 원리는 바람으로 날개가 회전하면 그로 인해 발생하는 운동 에너지를 전기 에너지로 변환해 전기를 공급하는 것이다. 풍력 발전은 험한 산지에도 발전기를 설치할 수 있어 낙후된 지역이나 오지에도 전력을 보급할 수 있다는 장점이 있다. 하지만 발전기 설치에 비용이 많이 들며, 바람이 많이 불어야만 채산성*이 있다는 한계로 인해 설치가 가능한 지역이 한정되어 있다는 것이 단점이다.

한편 폐기물을 이용해 연료 및 에너지를 생산할 수도 있다. 원래라면 재활용이나 재사용이 불가능한 종이나 나무, 플라스틱을 재료로 하여 얻은 성형* 고체 연료와 자동차 폐유를 정제하여* 얻는 재생유가 여기에 해당한다. 플라스틱, 고무, 폐타이어 등에서 플라스틱 열분해 연료유를 얻는 것도 가능하며, 폐기물을 소각할 때 발생하는 소각열도 이용할 수 있다.

이제는 잘 쓰이지 않는 석탄을 이용한 에너지 생산법도 존재한다. 석탄 액화는 석탄을 휘발유나 디젤유 등으로 바꾸는 방법이고, 석탄 가스화는 석탄을 고열로 기체화하여 가스로 변화시키는 방법이다. 이 둘을 합쳐 석탄 액화 가스화라고 한다. 석탄을 비롯한 저급 연료를 활용해 고부가 가치*를 지닌 에너지를 생산한다면 환경 오염 물질 배출도 줄일 수 있다.

한방에! 어휘풀이

* **총칭하다(總稱하다)**: 전부를 한데 모아 두루 일컫다.
* **고갈(枯渴)**: 어떤 일의 바탕이 되는 돈이나 물자, 소재, 인력 따위가 다하여 없어짐.
* **채산성(採算性)**: 수입과 지출이 맞아서 이익이 있는 성질.
* **성형(成型)**: 공업 원료에 물과 점결제를 넣거나 열을 가하여 물렁물렁하게 만든 것을, 적당한 물리적 과정을 거쳐 일정한 모형으로 만듦.
* **정제하다(精製하다)**: 물질에 섞인 불순물을 없애 그 물질을 더 순수하게 하다.
* **고부가 가치(高附加價値)**: 생산 과정에서 새롭게 부가된 높은 가치.

01 내용 전개 방식 파악하기

윗글의 내용 전개 방식으로 가장 적절한 것은?

① 다양한 시각에서 중심 개념을 입체적으로 조망하고 있다.
② 중심 개념과 유사한 개념 사이의 차이점을 중심으로 설명하고 있다.
③ 구체적인 일화를 제시함으로써 중심 개념의 필요성을 부각하고 있다.
④ 중심 개념을 소개하고 이와 관련된 구체적인 예시와 각각의 특징을 열거하고 있다.
⑤ 중심 개념이 등장한 배경을 소개하고 그것이 발전한 과정을 통시적으로 전개하고 있다.

* **통시적(通時的)**: 어떤 시기를 시간의 흐름에 따라 바라보는 것.

02 세부 내용 파악하기

윗글에 제시된 신재생 에너지의 특징으로 가장 적절한 것은?

① 성형 고체 연료는 자동차 폐유를 정제하여 얻을 수 있다.
② 태양광 발전은 에너지 손실률이 높기 때문에 비효율적이다.
③ 석탄을 가스로 변화시키면 에너지를 얻을 수 있지만 환경이 오염된다.
④ 풍력 발전은 경제적인 측면에서 보면 설치가 가능한 지역이 한정적이다.
⑤ 태양열 발전은 전기 요금이 많이 나오는 건물에서 활용하기에 적절하다.

중요 03 인과 관계 파악하기

보기는 태양열 발전 과정을 임의로 늘어놓은 것이다. 순서대로 나열한 것으로 적절한 것은?

보기

ㄱ. 집열판으로 열을 흡수한다.
ㄴ. 터빈이 전기를 생산한다.
ㄷ. 태양열로 물을 끓인다.
ㄹ. 증기가 발생한다.

① ㄱ-ㄴ-ㄷ-ㄹ ② ㄱ-ㄷ-ㄹ-ㄴ ③ ㄴ-ㄹ-ㄱ-ㄷ
④ ㄷ-ㄴ-ㄱ-ㄹ ⑤ ㄹ-ㄱ-ㄷ-ㄴ

서답형 04 세부 내용 파악하기

㉠, ㉡에 들어갈 말을 찾아 차례대로 쓰시오.

태양광 발전은 (㉠) 에너지를 전기로 변환하고, 풍력 발전은 (㉡) 에너지를 전기로 변환한다.

문제풀이

14강

문학 - 고전운문

관등가 _ 작자 미상

| 정답 및 해설 | 91쪽

한방에! 개념정리

한방에! 핵심정리

갈래	월령가, 규방 가사
성격	서정적, 애상적
주제	오지 않는 임에 대한 그리움과 외로움
특징	① 후렴구의 반복으로 운율을 형성함. ② 흥겨운 외적 상황과 화자의 외로움이 대비됨.
해제	이 작품은 정월부터 오월까지의 세시풍속을 즐기는 이들의 모습을 부러워하는 한편, 오지 않는 임을 그리워하는 화자의 정서가 드러난 월령체 가사이다. 본래 ≪청구영언≫에 실린 것은 정월(1월)령부터 오월령까지인데, 사본인 〈월령상사가〉에서 유월령부터 십이월령까지를 추가하였다. 4월의 관등 행사가 특히 자세하게 묘사되어 있어 〈관등가〉라는 제목이 붙었다.

※ 다음 글을 읽고 물음에 답하시오.

정월 상원일*에 달과 노는 소년들은 답교*하고 노니는데
우리 임은 어디 가고 답교할 줄 모르는고
이월이라 청명*일에 나무마다 춘기* 들고
잔디 잔디 속잎 나니 만물이 화락한데*
우리 임은 어디 가고 춘기 든 줄 모르는고
삼월 삼일날에
강남서 나온 제비 왔노라 현신하고
소상강 기러기는 가노라 하직한다
이화 도화 만발하고 행화* 방초* 흩날린다
우리 임은 어디 가고 화유할* 줄 모르는고
[A] 사월이라 초파일*에 관등하러* 임고대하니*
원근 고저*에 석양은 비꼈는데
어룡등 봉학등과 두루미 남성이며
종경등 선등 북등이며 수림등 마늘등과
연꽃 속에 선동이며 난봉* 위에 천녀로다
배등 집등 산대등과 영등 알등 병등 벽장등
가마등 난간등과 사자 탄 체괄*이며
호랑이 탄 오랑캐며 발로 툭 차 구을등에
일월등 밝아 있고 칠성등 벌렸는데
동령*에 달이 뜨고 곳곳에 불을 켠다
우리 임은 어디 가고 관등할 줄 모르는고
오월이라 단오일에 남의 집 소년들은
높고 높게 그네 매고 한 번 굴러 앞이 높고
두 번 굴러 뒤가 높아 추천*하며 노니는데
우리 임은 어디 가고 추천할 줄 모르는고

- 작자 미상, 〈관등가〉 -

한방에! 어휘풀이

* 상원일(上元日): 음력 정월 보름날을 이르던 말.
* 답교(踏橋): 정월 보름날 밤에 다리를 밟는 풍속. 이날 다리를 밟으면 일 년간 다릿병을 앓지 아니하며, 열두 다리를 건너면 일 년 열두 달 동안의 액을 면한다고 한다.
* 청명(淸明): 민속 이십사절기의 하나로, 양력 4월 5일 무렵.
* 춘기(春機): 봄의 정취. 또는 봄의 기운.
* 화락하다(和樂하다): 화평하게 즐기다.
* 행화(杏花): 살구꽃.
* 방초(芳草): 향기롭고 꽃다운 풀.
* 화유하다(花遊하다): 꽃을 구경하며 즐기다.
* 초파일(初八日): 음력 4월 8일로, 석가모니(부처)의 탄생일.
* 관등하다(觀燈하다): 초파일이나 절의 주요 행사 때에 등대를 세우고 온갖 등을 달아 불을 밝히다.
* 임고대하다(臨高臺하다): 높은 곳에 올라가다.
* 원근 고저(遠近高低): 멀고 가깝고 높고 낮은 곳.
* 난봉(鸞鳳): 전설 속의 새인 난새와 봉황.
* 체괄(體适): 나무로 다듬어 만든 인형의 하나. 팔다리에 줄을 매어 그 줄을 움직여 춤을 추게 한다.
* 동령(東嶺): 동쪽에 있는 고개.
* 추천(鞦韆): 민속놀이의 하나인 그네뛰기, 혹은 그러기 위한 그네.

01 표현상의 특징 파악하기

윗글에 대한 설명으로 적절하지 않은 것은?

① 자연물을 의인화하여 표현하고 있다.
② 외적 상황과 화자의 상황이 서로 대조되고 있다.
③ 반어법을 활용하여 화자의 정서를 강조하고 있다.
④ 특정 장면의 시간적 배경이 구체적으로 드러나 있다.
⑤ 유사한 문장 구조를 반복하여 운율을 형성하고 있다.

02 장면의 의미 이해하기

[A]에서 화자의 모습에 대한 설명으로 가장 적절한 것은?

① 다양한 등이 켜진 모습을 보며 행복해하고 있다.
② 높은 곳에 올라 관등놀이 풍경을 바라보고 있다.
③ 등을 켜는 방법을 모르는 임을 한심하게 생각하고 있다.
④ 등을 켜며 부처에게 임이 돌아오게 해 달라고 빌고 있다.
⑤ 다른 이들과 어울리면서도 관등놀이를 즐기지 못하고 있다.

중요 03 작품 간의 공통점, 차이점 파악하기

윗글과 보기 를 비교한 내용으로 적절하지 않은 것은?

보기

정월의 냇물은 아으 얼었다 녹았다 하는데
세상 가운데 난 이 몸은 홀로 살아가는구나
아으 동동다리

이월 보름에 아으 높이 켠 등불 같아라
만인 비추실 모습이로다
아으 동동다리

삼월 지나며 핀 아으 늦봄의 진달래꽃이여
남이 부러워할 모습을 지녀 나셨도다
아으 동동다리

사월 아니 잊어 아으 오셨구나 꾀꼬리 새여
무엇 때문에 녹사님은 옛 나를 잊고 계십니까
아으 동동다리

오월 오일에 아으 수릿날 아침 약은
즈믄 해를 길이 사실 약이라 바치옵니다
아으 동동다리

- 작자 미상, 〈동동〉

① 윗글과 〈보기〉 모두 임의 부재가 드러나 있다.
② 윗글과 〈보기〉 모두 특정 달의 명절이 나타나 있다.
③ 윗글과 〈보기〉 모두 시간의 흐름에 따라 시상을 전개하고 있다.
④ 윗글은 〈보기〉와 달리 비유법을 통해 임을 묘사하고 있다.
⑤ 〈보기〉는 윗글과 달리 동일한 후렴구가 반복되고 있다.

* 녹사(錄事): 고려 시대에, 각급 관아에 속하여 기록에 관련된 일을 맡아 보던 하급 실무직 벼슬.
* 수릿날: 우리나라 명절의 하나. 음력 5월 5일 단오날로, 건강을 기원하며 단오떡을 해 먹음.
* 즈믄: '천'의 옛말.

서답형 04 작품의 내용 이해하기

㉠, ㉡에 들어갈 2음절의 말을 찾아 차례대로 쓰시오.

화자는 정월에는 임이 (㉠) 할 줄 모르기 때문에, 삼월에는 (㉡) 할 줄 모르기 때문에 외로워하고 있다.

문제풀이

14강

문학 – 현대소설

달밤 _ 이태준

| 정답 및 해설 | 92쪽

한방에! 개념정리

한방에! 핵심정리

갈래	단편 소설
성격	서정적, 애상적
주제	소외된 약자의 삶에 대한 연민
특징	① 과거를 회상하는 방식으로 서사를 전개함. ② 주인공과 관련된 일화를 병렬적으로 제시함. ③ 방언과 비속어를 통해 인물의 성격을 드러냄. ④ 서정적인 분위기의 결말로 독자에게 여운을 남김.
해제	이 작품은 소외된 약자의 삶에 대한 작가의 연민을 우둔하지만 순박한 주인공 '황수건'을 통해 나타내고 있다. 황수건은 학교 급사, 신문 보조 배달부, 참외 장수 등의 직업을 가지지만 모자라다는 이유로 번번이 실패한다. 자신의 신세를 한탄하며 노래를 부르는 황수건과 그를 배려하는 마음으로 몸을 숨기는 '나'의 모습이 드러난 결말 부분에서 사회적 약자의 고통과 이를 바라보는 따뜻한 시선을 느낄 수 있다.

※ 다음 글을 읽고 물음에 답하시오.

하루는 나는 '평생 소원이 무엇이냐?'고 그에게 물어보았다. 그는 '그까짓 것쯤 얼른 대답하기는 누워서 떡 먹기'라고 하면서 평생 소원은 **자기도 원배달이 한 번 되었으면 좋겠다**는 것이었다.

남이 혼자 배달하기 힘들어서 한 이십 부 떼어 주는 것을 배달하고, 월급이라고 원배달에게서 한 삼 원 받는 터라 월급을 이십여 원을 받고, 신문사 옷을 입고, 방울을 차고 다니는 원배달이 제일 부럽노라 하였다. 그리고 방울만 차면 자기도 뛰어다니며 빨리 돌 뿐 아니라 그 은행소에 다니는 집 개도 조금도 무서울 것이 없겠노라 하였다.

그래서 나는 '그럴 것 없이 아주 신문사 사장쯤 되었으면 원배달도 바랄 것 없고 그 은행소에 다니는 집 개도 상관할 바 없지 않겠느냐?' 한즉 그는 뚱그래지는 눈알을 한참 굴리며 생각하더니 '딴은 그렇겠다'고 하면서, 자기는 경난이 없어 거기까지는 바랄 생각도 못 하였다고 무릎을 치듯 가슴을 쳤다.

그러나 신문 사장은 이내 잊어버리고 원배달만 마음에 박혔던 듯, 하루는 바깥마당에서부터 무어라고 떠들어 대며 들어왔다.

"이 선생님, 이 선생님 곕쇼? 아, 저도 내일부턴 원배달이올시다. 오늘 밤만 자면입쇼……."

한다. 자세히 물어보니 성북동이 따로 한 구역이 되었는데, 자기가 맡게 되었으니까 내일은 배달복을 입고 방울을 막 떨렁거리면서 올 테니 보라고 한다. 그리고 '사람이란 게 그러게 무어든지 끝을 바라고 붙들어야 한다'고 나에게 일러주면서 신이 나서 돌아갔다. ㉠ 우리도 그가 원배달이 된 것이 좋은 친구가 큰 출세*나 하는 것처럼 마음속으로 진실로 즐거웠다. 어서 내일 저녁에 그가 배달복을 입고 방울을 차고 와서 쫄럭거리는 것을 보리라 하였다.

그러나 이튿날 그는 오지 않았다. 밤이 늦도록 신문도 그도 오지 않았다. 그다음 날도 신문도 그도 오지 않다가 사흘째 되는 날에야, 이날은 해도 지기 전인데 방울 소리가 요란스럽게 우리 집으로 뛰어들었다.

㉡ '어디 보자!' / 하고 나는 방에서 뛰어나갔다.

그러나 웬일일까, 정말 배달복에 방울을 차고 신문을 들고 들어서는 사람은 황수건이가 아니라 처음 보는 사람이다.

"왜 전의 사람은 어디 가고 당신이오?" / 물으니 그는,

"제가 성북동을 맡았습니다." / 한다.

"그럼, 전의 사람은 어디를 맡았소?" / 하니 그는 픽 웃으며,

"그까짓 반편*을 어딜 맡깁니까? 배달부로 쓸랴다가 **똑똑지가 못하니까 안 쓰**고 말았나 봅니다." / 한다.

"그럼 보조 배달도 떨어졌소?" / 하니,

"그럼요, 여기가 따루 한 구역이 된 걸요." / 하면서 방울을 울리며 나갔다.

이렇게 되었으니 황수건이가 우리 집에 올 길은 없어지고 말았다. 나도 가끔 문안*엔 다니지만 그의 집은 내가 다니는 길 옆은 아닌 듯 **길가에서도 잘 보이지 않**았다.

나는 가까운 친구를 먼 곳에 보낸 것처럼, 아니 친구가 큰 사업에나 실패하는 것을 보는 것처럼, 못 만나는 섭섭뿐이 아니라 마음이 아프기도 하였다. 그 당자*와 함께 세상의 야박함*이 원망스럽기도 하였다.

(중략)

"아, 방학 될 때까지 차미* 장사도 하굽쇼, 가을부턴 군밤 장사, 왜떡* 장사, 습자지, 도화지 장사 막 합죠. 삼산학교 학생들이 저를 어떻게 좋아하겝쇼. 저를 선생들보다 낫게 치는뎁쇼." / 한다.

나는 그날 그에게 돈 삼 원을 주었다. ㉢ 그의 말대로 삼산학교 앞에 가서 버젓이 참외 장사라도 해보라고. 그리고 돈은 남지 못하면 돌려오지 않아도 좋다 하였다.

그는 삼 원 돈에 덩실덩실 춤을 추다시피 뛰어나갔다. 그리고 그 이튿날,

"선생님 잡수시라굽쇼."

하고 나 없는 때 참외 세 개를 갖다 두고 갔다.

그리고는 온 여름 동안 그는 우리 집에 얼른하지* 않았다.

들으니 참외 장사를 해보긴 했는데 이내 **장마가 들어 밑천만 까먹었**고, 또 그까짓 것보다 한 가지 놀라운 소식은 그의 **아내가 달아났**단 것이다. 저희끼리 금실은 괜찮았건만 동서*가 못 견디게 굴어 달아난 것이라 한다. 남편만 남 같으면 따로 살림나는 날이나 기다리고 살 것이나 평생 동서 밑에 살아야 할 신세를 생각하고 달아난 것이라 한다.

그런데 요 며칠 전이었다. 밤인데 달포 만에 수건이가 우리 집을 찾아왔다. ㉣ 웬 포도를 큰 것으로 대여섯 송이를 종이에 싸지도 않고 맨손에 들고 들어왔다. 그는 벙긋거리며,

"선생님 잡수라고 사 왔습죠."

하는 때였다. 웬 사람 하나가 날쌔게 그의 뒤를 따라 들어오더니 다짜고짜로 수건이의 멱살을 움켜쥐고 끌고 나갔다. 수건이는 그 우둔한* 얼굴이 새하얗게 질리며 꼼짝 못 하고 끌려나갔다.

나는 수건이가 포도원에서 포도를 훔쳐 온 것을 직각하였다*. 쫓아나가 매를 말리고 포돗값을 물어 주었다. 포돗값을 물어 주고 보니 수건이는 어느 틈에 사라지고 보이지 않았다.

나는 그 다섯 송이의 포도를 탁자 위에 얹어 놓고 오래 바라보며 아껴 먹었다. 그의 은근한 순정의 열매를 먹듯 한 알을 가지고도 오래 입 안에 굴려 보며 먹었다.

어제다. ㉤ 문안에 들어갔다 늦어서 나오는데 불빛 없는 성북동 길 위에는 밝은 달빛이 깁*을 깐 듯하였다.

그런데 포도원께를 올라오노라니까 누가 맑지도 못한 목청으로,

"사…… 케…… 와 나…… 미다카 다메이…… 키…… 카…….*"

를 부르며 큰길이 좁다는 듯이 휘적거리며 내려왔다. 보니까 수건이 같았다. 나는,

"수건인가?"

하고 아는 체하려다 그가 나를 보면 [무안해할 일]이 있는 것을 생각하고 휙 길 아래로 내려서 나무 그늘에 몸을 감추었다.

그는 길은 보지도 않고 달만 쳐다보며, 노래는 그 이상은 외우지도 못하는 듯 **첫 줄 한 줄만 되풀이하**면서 전에는 본 적이 없었는데 담배를 다 퍽퍽 빨면서 지나갔다.

달밤은 그에게도 유감한 듯하였다.

- 이태준, 〈달밤〉 -

* **전체 줄거리**

성북동으로 이사 온 '나'의 집에 못난이 황수건이 찾아온다. '나'는 황수건과의 대화에서 즐거움을 느낀다. 황수건은 삼산학교 급사로 있다가 쫓겨난 뒤 보조 배달원으로 일하고 있는데, 그의 소원은 원배달이 되는 것임을 알게 된다. 어느 날 황수건은 '나'에게 원배달이 되었다는 소식을 알리고 '나'는 이를 기뻐하지만, 황수건이 똑똑하지 못해 배달 일을 하지 못하게 되었다는 사실을 다른 배달부로부터 전해 듣는다. '나'는 황수건에게 참외 장사를 해 보라며 돈 삼 원을 준다. 그러나 여름에 장마가 드는 바람에 황수건은 밑천을 까먹고 그의 아내마저 동서의 괴롭힘을 견디지 못해 도망치고 만다. 어느 달밤, 술에 취한 채 노래를 부르고 담배를 피우며 걸어가는 황수건을 본 '나'는 그에게 연민을 느낀다.

한방에! 어휘풀이

* **출세(出世)**: 사회적으로 높은 지위에 오르거나 유명하게 됨.
* **반편(半偏)**: 지능이 보통 사람보다 모자라는 사람을 낮잡아 이르는 말.
* **문안(門안)**: 사대문 안.
* **당자(當者)**: 어떤 일이나 사건에 직접 관계가 있거나 관계한 사람.
* **야박하다(野薄하다)**: 야멸치고 인정이 없다.
* **차미**: '참외'의 충청도 사투리.
* **왜떡(倭떡)**: 밀가루나 쌀가루를 반죽하여 얇게 늘여서 구운 과자.
* **얼른하다**: 얼씬하다.
* **동서(同壻)**: 남편의 형, 또는 남동생의 아내를 이르는 말.
* **우둔하다(愚鈍하다)**: 어리석고 둔하다.
* **직각하다(直覺하다)**: 보거나 듣는 즉시 곧바로 깨닫다.
* **깁**: 명주실로 바탕을 조금 거칠게 짠 비단.
* **사케와 나미다카 다메이키카**: 일본 가요의 가사로, '술은 눈물인가 한숨인가'라는 뜻.

14강

01 서술상의 특징 파악하기

윗글에 대한 설명으로 가장 적절한 것은?

① 인물을 희화화하여 비판적으로 표현하고 있다.
② 대화를 통해 인물 간의 갈등을 고조시키고 있다.
③ 작품 밖의 서술자가 주인공의 행동을 서술하고 있다.
④ 긴 시간에 걸쳐 일어난 일을 요약하여 전달하고 있다.
⑤ 작품 안의 서술자가 주인공의 내면을 직접 제시하고 있다.

* 희화화(戱畫化): 어떤 인물의 외모나 성격, 또는 사건이 의도적으로 우스꽝스럽게 묘사되거나 풍자됨. 또는 그렇게 만듦.
* 고조시키다(高調시키다): 극도로 높이다.

02 구절의 의미 파악하기

㉠~㉤에 대한 이해로 적절하지 않은 것은?

① ㉠: '나'가 황수건에게 호의를 가졌음을 알 수 있다.
② ㉡: 황수건을 향한 '나'의 반가움과 호기심이 드러나 있다.
③ ㉢: 실리를 따지는 '나'의 성격을 간접적으로 제시하고 있다.
④ ㉣: 황수건이 포도를 막 훔쳐 왔기 때문이라고 추측할 수 있다.
⑤ ㉤: 서정적인 분위기를 형성하며 황수건의 비참한 처지를 부각하고 있다.

* 실리(實利): 실제로 얻는 이익.
* 부각하다(浮刻하다): 어떤 사물을 특징지어 두드러지게 하다.

중요 03 외적 준거를 통해 작품 감상하기

보기를 바탕으로 윗글을 감상한 내용으로 적절하지 않은 것은?

보기

〈달밤〉의 시대적 배경은 1930년대의 일제 강점기로, 이 시대 조선인들은 대부분 경제적 어려움을 겪었다. 또한 공간적 배경은 성북동인데, 사대문 밖에 위치한 성북동은 가난한 조선인들이 주로 살던 곳이었다. 〈달밤〉은 이러한 배경 설정을 통해 어리숙하지만 순박한 주인공이 실패를 거듭하며 사회에서 더욱 변두리로 밀려나는 모습을 실감 나게 그리고 있다.

① 황수건이 '자기도 원배달이 한 번 되었으면 좋겠다'고 하는 것은, 황수건의 순박함을 보여 주는군.
② 황수건이 '똑똑지가 못하니까 안 쓰'이게 되었다는 것은, 황수건이 사회의 변두리로 밀려났음을 의미하는군.
③ 황수건이 '길가에서도 잘 보이지 않'는 집에 산다는 것은, 황수건이 '나'보다 가난하게 산다는 사실을 암시하는군.
④ 황수건이 '장마가 들어 밑천만 까먹었'고, '아내가 달아났'다는 것은, 실패를 거듭하는 황수건의 모습을 드러내는군.
⑤ 황수건이 '첫 줄 한 줄만 되풀이하'는 노래가 일본 노래라는 것은, 1930년대 일제 강점기라는 시대적 배경을 나타내는군.

* 변두리(邊두리): 어떤 지역의 가장자리가 되는 곳.

서답형 04 작품의 내용 이해하기

빈칸에 들어갈 말을 윗글에서 찾아 2음절로 쓰시오.

'나'가 생각한 무안해할 일이란, 황수건이 (　　　　)을/를 훔쳐 '나'에게 갖다 주려다가 '나'가 보는 앞에서 주인에게 끌려나간 일을 뜻한다.

문제풀이

복습하기

매체

주제	스마트폰 [1]☐☐☐
매체의 활용	• 하이퍼링크 → 스마트폰 [2]☐☐ ☐☐ 점검 • 도표 ① → 스마트폰 과의존 실태 • 사진 → 청소년들의 스마트폰 과의존 • 도표 ② → 스마트폰 사용에 따른 [3]☐☐ ☐☐ 변화

독서

1문단	[4]☐☐☐ ☐☐☐의 개념과 특징
2문단	태양열과 [5]☐☐☐ 발전
3문단	풍력 발전
4문단	폐기물을 이용한 연료 및 에너지 생산
5문단	[6]☐☐을 이용한 에너지 생산

문학 – 관등가(작자 미상)

정월령	상원일에 [7]☐☐하며 노는 소년들과 임의 부재
이월령	청명일에 춘기가 들어 화락한 만물과 임의 부재
삼월령	삼짇날에 만발한 꽃과 임의 부재
사월령	초파일에 [8]☐☐놀이하는 모습과 임의 부재
오월령	단오일에 [9]☐☐하고 노는 소년들과 임의 부재

문학 – 달밤(이태준)

좋은 일	나쁜 결과
황수건이 '나'에게 [10]☐☐☐이 되었음을 전함.	보조 배달마저 떨어짐.
'나'가 황수건에게 [11]☐☐ 장사를 하라고 돈을 줌.	장마가 들어 밑천만 까먹음.
황수건이 '나'에게 [12]☐☐를 가져다줌.	훔친 [12]☐☐임이 드러남.

정답

1 과의존　2 사용 습관　3 인지 거리　4 신재생 에너지　5 태양광　6 석탄　7 답교　8 관등　9 추천　10 원배달　11 참외　12 포도

한수

15

Contents

15 강

문법

받침의 발음 (2) 받침 'ㅎ'과 모음 앞에서의 발음

| 정답 및 해설 | 96쪽

한방에! 개념정리

한방에! 핵심정리

* **음운의 축약**
두 음운이 하나의 음운으로 줄어드는 현상. 받침 'ㅎ'이 'ㄱ, ㄷ, ㅂ, ㅈ'과 결합하여 [ㅋ, ㅌ, ㅍ, ㅊ]으로 줄어드는 현상은 '거센소리되기'라고도 부름.

* **음운의 탈락**
두 음운이 만나면서 한 음운이 사라져 소리 나지 않는 현상

1 받침 'ㅎ'의 발음

→ 뒤에 결합하는 말에 따라 달라짐.

결합하는 말	발음	예
'ㄱ, ㄷ, ㅈ'	[ㅋ, ㅌ, ㅊ]	놓고[노코], 좋던[조:턴], 닳지[달치]
'ㅅ'	[ㅆ]	싫소[실쏘]
'ㄴ'	[ㄴ]	쌓네[싼네]
모음으로 시작하는 어미나 접미사	발음하지 않음.	낳은[나은], 많아[마:나]

단, 'ㄶ, ㅀ' 뒤에 'ㄴ'이 결합되는 경우에는, 'ㅎ'을 발음하지 않음.
예 않는[안는], 옳네[올네]

2 뒤 음절 첫소리가 'ㅎ'인 경우의 발음

① 받침 'ㄱ(ㄺ), ㄷ, ㅂ(ㄼ), ㅈ(ㄵ)'

받침	결합하는 말	발음	예
ㄱ(ㄺ)	음절 첫소리 'ㅎ'	[ㅋ]	각하[가카]
ㄷ		[ㅌ]	맏형[마텽]
ㅂ(ㄼ)		[ㅍ]	밟힌[발핀]
ㅈ(ㄵ)		[ㅊ]	꽂히다[꼬치다]

② 'ㄷ'으로 발음되는 'ㅅ, ㅈ, ㅊ, ㅌ'

받침	결합하는 말	발음	예
ㅅ	음절 첫소리 'ㅎ'	[ㅌ]	옷 한 벌[오탄벌]
ㅈ			낮 한때[나탄때]
ㅊ			꽃 한 송이[꼬탄송이]
ㅌ			숱하다[수타다]

3 모음 앞에서의 발음

* **'맛있다'와 '멋있다'의 발음**
'맛'과 '멋'의 받침 'ㅅ'이 대표음 [ㄷ]으로 바뀌어 [마딛따], [머딛따]로 발음해야 함.
그러나 예외적으로 많은 사람들이 [마싣따], [머싣따]로 발음하고 있기 때문에 두 가지 발음 모두 표준 발음으로 인정함.

① 홑받침/쌍받침 + 모음으로 시작된 조사/어미/접미사
→ 뒤 음절 첫소리로 옮겨 발음 예 깎아[까까], 덮어[더퍼]

② 겹받침 + 모음으로 시작된 조사/어미/접미사
→ 뒤엣것만을 뒤 음절 첫소리로 옮겨 발음 ('ㅅ'은 된소리로) 예 넋이[넉씨], 닭을[달글]

③ 받침 + 모음 'ㅏ, ㅓ, ㅗ, ㅜ, ㅟ'로 시작되는 실질 형태소
→ 대표음으로 바꾸어서 뒤 음절 첫소리로 옮겨 발음
예 밭 아래[바다래], 맛있다[마싣따/마딛따]

01 받침 'ㅎ'의 발음 이해하기

밑줄 친 부분의 발음으로 적절하지 않은 것은?

① 여기서 설명하기는 좀 그렇소. [그러쏘]
② 노랗던 은행나무 잎이 떨어졌다. [노ː라턴]
③ 그는 희망을 잃고 집에 틀어박혔다. [일코]
④ 의자 없이도 저 위의 찬장에 손이 닿니? [단ː니]
⑤ 무릎을 꿇은 채 있었더니 다리에 쥐가 났다. [꾸른]

02 'ㅎ'과 결합한 말의 발음 이해하기

단어와 발음이 적절하게 연결되지 않은 것은?

① 썩히다[써키다]
② 얽히다[얼기다]
③ 밥 한 공기[바판공기]
④ 밭 한 뙈기[바탄뙈ː기]
⑤ 주저앉히다[주저안치다]

중요 03 받침의 발음 이해하기

보기의 ㉠~㉤의 발음을 적절하게 제시한 것은?

보기

㉠ 모래밭에 앉아 ㉡ 흙을 가지고 놀다가 손을 ㉢ 더럽히고 말았다. 엄마는 ㉣ 헛웃음을 지으며 "너 때문에 살 수가 ㉤ 없어."라고 하셨다.

① ㉠: [모래바데]
② ㉡: [흐글]
③ ㉢: [더러피고]
④ ㉣: [허수슴]
⑤ ㉤: [업ː서]

서답형 04 받침의 발음 이해하기

보기를 참고하여 밑줄 친 부분의 발음을 ⓐ, ⓑ에 차례대로 쓰시오.

보기

표준 발음법 제4장

제12항 받침 'ㅎ'의 발음은 다음과 같다.

4. 'ㅎ(ㄶ, ㅀ)' 뒤에 모음으로 시작된 어미나 접미사가 결합되는 경우에는, 'ㅎ'을 발음하지 않는다.

제14항 겹받침이 모음으로 시작된 조사나 어미, 접미사와 결합되는 경우에는, 뒤엣것만을 뒤 음절 첫소리로 옮겨 발음한다.

- 젊은 [ⓐ] 친구여, 꿈을 꾸어라.
- 꿈을 꾸기에 아직 늦지 않은 [ⓑ] 나이다.

15강

독서 – 예술(디자인)

단청

| 정답 및 해설 | 97쪽

한방에! 개념정리

한방에! 핵심정리

주제	단청의 상징적 의미와 기법
해제	이 글은 단청의 상징적 의미와 기법을 설명하고 있다. 단청은 건물의 보존 효과를 높이기 위해 시작되었으나, 다양한 색과 문양이 더해지면서 장식성과 상징적 의미도 생기게 되었다. 단청의 가장 대표적인 기법으로는 시각적 율동성을 이끌어 내는 '빛넣기', 색의 조화를 이끌어 내는 '보색대비', 문양의 색조를 두드러지게 하는 '구획선 긋기'가 있다.

* 문단 중심 내용

1문단	단청의 개념
2문단	단청 문양의 의미
3문단	단청이라는 명칭의 의미
4문단	단청의 색
5문단	단청의 대표적 기법
6문단	단청의 대표적 기법 ① – 빛넣기
7문단	단청의 대표적 기법 ② – 보색대비
8문단	단청의 대표적 기법 ③ – 구획선 긋기
9문단	단청 문양의 안정감

※ 다음 글을 읽고 물음에 답하시오.

단청이라 하면 일반적으로 목조 건물에 여러 가지 색으로 무늬를 그려 아름답게 장식하는 것을 말한다. 단청은 건물의 보존 효과를 높이기 위해서 시작되었는데, 이후 여러 가지 색감으로 문양을 더함으로써 보존 효과뿐만 아니라 장식성과 상징적 의미도 부여하게 되었다.

단청의 문양은 건축물의 성격에 따라, 그리고 나타내고자 하는 의미에 따라 달라진다. 예를 들어 봉황은 주로 궁궐에만 사용되었고, 사찰에는 주로 불교적 소재들이 문양으로 사용되었다. 또 극락왕생의 의미를 나타낼 때는 연꽃 문양을 그리고 자손의 번창을 나타낼 때는 박쥐 문양을 그렸다.

단청은 붉은색을 의미하는 '단(丹)'과 푸른색을 의미하는 '청(青)'을 결합하여 만든 단어이다. 이처럼 상반된 색을 뜻하는 두 글자가 결합한 '단청(丹青)'은 대비되는 두 색의 조화로운 관계를 의미한다.

하지만 단청에서 붉은색과 푸른색만을 쓴 것은 아니었다. 단청은 오방색을 기본으로 하여 채색하는데, 여기서 오방색이란 오행*의 각 기운과 직결된 청(青), 백(白), 적(赤), 흑(黑), 황(黃)의 다섯 가지 기본색을 말한다. 단청을 할 때에는 이 오방색을 적절히 섞어 여러 가지 다른 색을 만들어 썼는데, 이 색들을 적색 등의 더운 색 계열과 청색 등의 차가운 색 계열로 구분하여 사용하였다.

단청의 가장 대표적인 기법으로는 '빛넣기', '보색대비', '구획선 긋기' 등이 있다.

빛넣기는 문양에 백색 분이나 먹을 혼합하여 적절한 명도 변화를 주는 것으로, 한 계열에서 명도가 가장 높은 단계를 '1빛', 그보다 낮은 단계는 '2빛' 등으로 말한다. 빛넣기를 통한 문양의 명도 차이는 시각적 율동성을 이끌어내어 결과적으로 단순한 평면성을 탈피하는 시각적 효과를 얻을 수 있다. 즉 명도가 낮은 빛은 물러나고 명도가 높은 빛은 다가서는 듯한 느낌을 주게 된다.

보색대비는 더운 색 계열과 차가운 색 계열을 서로 엇바꾸면서 색의 층을 조성함으로써 색의 조화를 이끌어내는 것을 말한다. 예를 들어 오색구름 문양을 단청할 때 더운 색과 차가운 색을 엇바꾸면서 대비시키는 방법이 그것인데, 이것을 통해 색의 조화를 이끌어낼 수 있으며 문양의 시각적 장식 효과를 더욱 높일 수 있다.

구획선 긋기는 색과 색 사이에 흰 분으로 선을 긋는 것을 말하는데, 특히 보색대비가 일어나는 색과 색 사이에는 빠짐없이 구획선 긋기를 한다. 이 기법을 사용하면 문양의 색조를 더욱 두드러지게 하는 효과를 얻을 수 있다.

이러한 빛넣기와, 보색대비 그리고 구획선 긋기 등의 기법을 활용하여 시각적 단층을 형성함으로써 단청의 각 문양은 전체적으로 안정감을 얻게 된다.

한방에! 어휘풀이

* 오행(五行): 우주 만물을 이루는 다섯 가지 원소. 금(金)·수(水)·목(木)·화(火)·토(土)를 이른다.

01 중심 내용 파악하기

윗글의 주요 내용으로 적절하지 않은 것은?

① 단청의 정의
② 단청의 역사적 배경
③ 단청의 문양과 채색
④ 단청의 효과와 의미
⑤ 단청의 다양한 기법

02 세부 내용 파악하기

윗글에 대한 이해로 적절하지 않은 것은?

① 단청은 건축물의 보존 효과를 높이기 위해 시작되었다.
② 단청의 구획선 긋기 기법은 색과 색 사이에 흰 분을 사용한다.
③ 단청의 빛넣기 기법을 통해 입체적인 시각적 효과를 얻을 수 있다.
④ 단청의 보색대비 기법을 통해 색의 조화 효과를 이끌어 낼 수 있다.
⑤ 단청은 다섯 가지의 기본색으로만 채색하여 채색의 단순화를 꾀했다.

중요 **03** 공통점 추론하기

윗글의 '단청'과 보기 의 '브로드웨이 부기우기'의 공통점으로 가장 적절한 것은?

보기

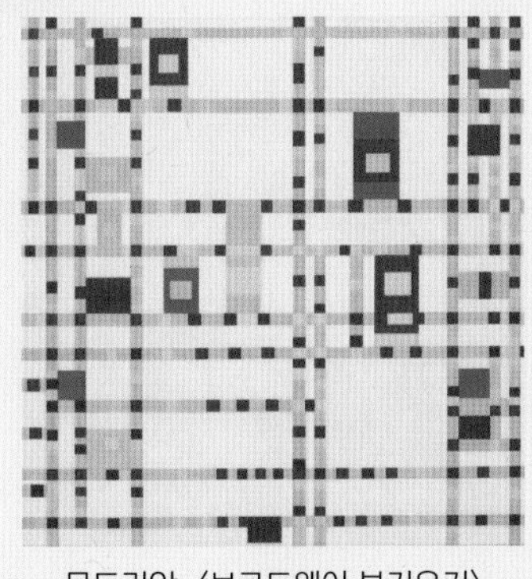
몬드리안, 〈브로드웨이 부기우기〉

몬드리안에게 있어 수평선과 수직선은 선과 선의 순수한 관계를 통해 보다 본질적인 접근을 시도하려는 것이었다. 색채 역시 빨강 · 노랑 · 파랑의 삼원색과 흑색 · 백색 · 회색으로 제한했다. 이는 색채의 순수한 관계를 증폭시키기 위한 것이었다. 여기서 선과 색은 자연의 질서를 표방하는데, 말하자면 수평선은 밀물, 수직선은 썰물을 표현했다. 색채 역시 자연에서 연상될 수 있는 가장 본질적인 질서를 생각했다. 노란색은 햇빛, 파란색은 하늘처럼 무한 확장되는 공간이며, 빨강은 노랑과 파랑의 중간 위치이다. 그 질서에서 다양한 현상을 기호화함으로써 우주의 질서에 도달하고자 했던 것이다.

- 김경자, 〈한국의 '단청'과 몬드리안의 '브로드웨이 부기우기'〉

① 선과 색으로 우주의 질서를 담고 있다.
② 실제에 가까운 색감을 표현해내고 있다.
③ 자연을 최대한 원형의 모습대로 표출하고 있다.
④ 형태를 마치 사진처럼 세밀하게 묘사하고 있다.
⑤ 자연의 순수함이 잘 드러나도록 형상화하고 있다.

서답형 **04** 세부 내용 파악하기

빈칸에 들어갈 말을 찾아 쓰시오.

(   )은/는 더운 색 계열과 차가운 색 계열을 서로 엇바꾸면서 색의 층을 조절하여 색의 조화를 이끌어 낼 수 있다.

15강

문학 – 현대시

승무 _ 조지훈

| 정답 및 해설 | 98쪽

✔ 한방에! 개념정리

✔ 한방에! 핵심정리

갈래	자유시, 서정시
성격	불교적, 전통적
주제	세속적 번뇌의 종교적 승화
특징	① 수미상관의 형식을 취함. ② 역설적 표현을 통해 주제를 전달함. ③ 춤을 추는 순서와 동작에 따라 시상을 전개함. ④ 예스러운 어휘를 활용하여 고풍스러운 분위기를 줌.
해제	이 작품은 승무를 추고 있는 여승의 모습을 그리고 있다. 승무는 불교적 색채가 짙은 춤으로, 여승은 승무를 통해 세속적인 번뇌를 종교적으로 승화시키려고 하고 있다.

✔ 한방에! 어휘풀이

* 사(紗): 생사로 짠 얇고 가벼운 비단.
* 나빌레라: 나비 같아라.
* 박사(薄紗): 얇은 사.
* 황촉(黃燭): 밀랍으로 만든 초.
* 외씨버선: 오이씨처럼 볼이 조붓하고 갸름하여 맵시가 있는 버선.
* 세사(世事): 세상에서 일어나는 온갖 일.
* 번뇌(煩惱): 마음이나 몸을 괴롭히는 노여움이나 욕망 따위의 감정.
* 합장(合掌): 두 손바닥을 합하여 마음이 한결같음을 나타냄. 또는 그런 예법.
* 삼경(三更): 밤 열한 시에서 새벽 한 시 사이.

※ 다음 글을 읽고 물음에 답하시오.

[A] 얇은 사* 하이얀 고깔은
고이 접어서 나빌레라*.

파르라니 깎은 머리
박사* 고깔에 감추오고,

두 볼에 흐르는 빛이
㉠ 정작으로 고와서 서러워라.

빈 대에 황촉*불이 말없이 녹는 밤에
오동잎 잎새마다 달이 지는데,

[B] 소매는 길어서 하늘은 넓고
돌아설 듯 날아가며 사뿐히 접어 올린 외씨버선*이여.

[C] 까만 눈동자 살포시 들어
먼 하늘 한 개 별빛에 모두오고,

[D] 복사꽃 고운 뺨에 아롱질 듯 두 방울이야
세사*에 시달려도 번뇌*는 별빛이라.

[E] 휘어져 감기우고 다시 접어 뻗는 손이
깊은 마음 속 거룩한 합장*인 양하고.

이 밤사 귀또리도 지새는 삼경*인데,
얇은 사 하이얀 고깔은 고이 접어서 나빌레라.

- 조지훈, 〈승무〉 -

01 표현상의 특징 파악하기

윗글에 대한 설명으로 적절하지 않은 것은?

① 시간적 배경을 드러내며 시상을 전개하고 있다.
② 과거와 현재를 대비하여 주제 의식을 강조하고 있다.
③ 색채 이미지를 활용하여 대상의 모습을 묘사하고 있다.
④ 수미상관의 형식을 통해 형태적 안정감을 부여하고 있다.
⑤ 예스러운 느낌의 시어를 사용하여 시의 분위기를 살리고 있다.

02 표현상의 특징 파악하기

㉠과 같은 표현이 사용되지 않은 것은?

① 아아, 님은 갔지마는 나는 님을 보내지 아니하였습니다.
- 한용운, 〈님의 침묵〉

② 나는 누워서 편히 지냈다. / 사랑하는 사람을 잃어버린 / 이 겨울
- 문정희, 〈겨울 일기〉

③ 괴로웠던 사나이, / 행복한 예수 그리스도에게처럼 / 십자가가 허락된다면
- 윤동주, 〈십자가〉

④ 네 뻗어 가는 끝을 하냥 축복하는 나는 / 어리석고도 은밀한 기쁨을 가졌어라
- 나희덕, 〈뿌리에게〉

⑤ 모든 소리들이 흘러 들어간 뒤에 비로소 생겨난 저 고요 / 저토록 시끄러운, 저토록 단단한,
- 김선우, 〈단단한 고요〉

중요

03 외적 준거에 따라 작품 감상하기

보기 를 참고하여 [A]~[E]를 감상한 내용으로 적절하지 않은 것은?

보기

승무는 승복을 입고 추는 춤으로, 우리나라의 민속춤 중 하나이다. 승무를 추는 사람은 희거나 검은 장삼 위에 붉은 가사를 걸치고, 흰 고깔을 쓰고 버선을 신는다. 승무에는 주술적인 요소와 종교적인 색채가 함께 어우러져 있다. 초월의 경지에 닿기 위한 춤사위를 추구하며, 장삼 소매를 뿌리는 동작이나 장삼 자락을 휘날리게 하는 팔 동작이 특징적이다. 승무는 인간의 기쁨과 슬픔, 세속적인 번뇌를 아름답게 승화시킨 춤이라고 할 수 있다.

① [A]: 승무를 출 때의 복장을 표현하고 있다.
② [B]: 승무의 춤사위를 감각적으로 묘사하고 있다.
③ [C]: 승무를 추는 여승의 슬픔을 보여 주고 있다.
④ [D]: 승무로 번뇌를 승화시키려 함이 나타나 있다.
⑤ [E]: 승무의 경건함과 종교적인 색채를 드러내고 있다.

* 승복(僧服): 승려의 옷.
* 장삼(長衫): 승려의 웃옷. 길이가 길고, 품과 소매를 넓게 만든다.
* 가사(袈裟): 승려가 장삼 위에, 왼쪽 어깨에서 오른쪽 겨드랑이 밑으로 걸쳐 입는 옷.

서답형

04 시구의 의미 이해하기

윗글에서 화자가 관찰하는 대상이 여승임을 알 수 있게 하는 시행을 찾아 3어절로 쓰시오.

문제풀이

15강

문학 – 고전산문

국선생전 _ 이규보

| 정답 및 해설 | 100쪽

한방에! 개념정리

한방에! 핵심정리

갈래	가전
성격	교훈적, 서사적, 우의적, 일대기적
주제	신하의 올바른 태도
특징	① 술을 의인화하여 표현함. ② 실존했던 역사적 인물을 인용함. ③ 인물의 일대기를 시간 순서에 따라 구성함.
해제	이 작품은 고려 시대의 가전으로, 술을 의인화하여 일대기 형식으로 썼다. 마찬가지로 술을 의인화한 가전인 임춘의 〈국순전〉과는 반대로, 술을 긍정적인 시각에서 바라보며 신하로서 가져야 할 올바른 태도를 우의적으로 전달하고 있다.

＊전체 줄거리

국성은 주천군 사람으로 아버지는 차이고 어머니는 곡씨의 딸이다. 어려서부터 깊은 국량이 있어 아버지의 손님이 사랑스럽게 여기고, 커서는 유영과 도잠과 친구가 되었다. 처음에는 고을에서 낮은 벼슬로 불렸다가, 천거를 받아 궁궐로 가게 되었는데 임금이 국성을 보고 높은 벼슬을 내려 나라의 일을 맡기며 총애했다. 그러나 국성의 세 아들이 아버지의 총애를 믿고 횡포를 부려 상서령 모영의 탄핵을 받았다. 이로 인해 아들들은 자살하고 국성은 서인이 되었으며, 국성의 친구 치이자 역시 자살했다. 제 고을과 격 고을에 도적이 일어나자 임금은 다시 국성을 불렀고, 국성은 도적을 물리치고 벼슬을 받았다. 하지만 일 년 만에 상소를 올려 은퇴를 요청했으며, 임금의 허락을 받고 고향에 돌아가 천수를 누리고 죽었다. 사신은 이에 대해 자신의 분수를 알고 스스로 벼슬에서 물러난 점을 높게 평가했다.

※ 다음 글을 읽고 물음에 답하시오.

국성의 자는 중지이니 주천군 사람이다. 어려서 서막에게서 사랑을 받았는 바, 바로 그이가 이름을 지어 주고 자도 붙여 준 것이다. 먼 조상은 본시 온 사람이었는데, 항상 애써 농사지으면서 스스로의 생활을 충당하여 살았다. 정나라가 주나라를 칠 때 그를 사로잡아 돌아왔던 까닭에 그 자손 가운데는 정나라에 퍼져 사는 이들도 있다. 증조부에 관하여는 사관*이 그 이름을 잃어버렸고, 조부인 모가 주천 땅으로 옮김으로 해서 한 집안을 이루었으매 드디어 주천군 사람이 되었다. 아버지인 차에 와서 비로소 벼슬하여 평원독우가 되고 농사의 행정을 맡은 귀족인 곡씨의 딸을 아내로 삼아서 성을 낳은 것이다.

성은 아이 때부터 벌써 깊숙한 국량*을 지니고 있었더니, 한번은 손님이 그 아비를 찾아왔다가 성을 눈여겨보고 사랑스러워 이렇게 말하였다.

"이 아이 마음 쓰는 그릇의 넘쳐남이 꼭 일만 굽이 파도와 같아서 **맑힐래야 더 맑아질 게 없고 뒤흔들어도 흐려짐이 없**으니 그대와 얘기함이 이 애 성과 즐기는 것과 같지 못하이."

장성하게 되자, 중산 땅의 유영, 심양 땅의 도잠과 더불어 벗하였다. 어느 땐가 두 사람의 하던 말이 있었다.

"하루 이 사람을 못 보면 속되고 쩨쩨함이 슬며시 고개를 든단 말야."

그래서 매양 만나 세월을 보내는데 피로함도 잊은 채 문득 마음이 황홀해서 돌아오곤 하였다. 고을에서 조구연으로 불렀지만 미처 나아가기도 전에 다시 청주종사로 호출받았고 공경*들이 번갈아 천거의 말을 드리니 임금이 명령을 내려 공거*에 모셔 오라 하였다. 이윽고 불러 보았는데 임금이 그윽이 눈여겨보더니,

"이 사람이 주천의 국생이란 말인가? 짐이 **그대의 향기로운 이름을 들어 온 지 오래**도다."

하고 반긴다. 이보다 좀 앞서 태사가,

"주기성이 크게 빛을 발합니다."

아뢰었는데, 얼마 안 되어서 성이 도착한 것이고 임금 또한 이 일로 인해 더욱 기이하게 생각하였다. 그 즉시 벼슬을 내려 주객랑중을 삼더니 이윽고 국자좨주로 돌려 예의사*를 겸하게 했다. 널리 조정의 모임 잔치며 종묘 앞에 음식 진상*과 작헌례* 등을 도맡게 된 바, 취지에 맞지 않음이 없었다.

임금이 그릇감이라 여기고 일약 발탁하여 후설*의 직임*에다 두고 높은 예의로써 대접하던 것이니, 성이 입궐하여 뵈올 때마다 가마를 부린 채로 전에 오르게 하는가 하면, 국 선생이라 하되 이름을 부르지 않았다. 임금이 **마음에 언짢음이 있다가도** 성이 들어와서 뵙게 되면 **큰 웃음꽃이 피어**나니 무릇 그 총애를 입음이 모두 이런 식이었다.

성품이 너그럽고 편안하여 날이 갈수록 가까워졌으되 임금이 조금도 거슬려 보는 일이 없었다. 이로부터 총애는 더욱 귀중하여져서 임금을 따라 잔치에 노닒에 있어 아무런 제약이 없었다.

아들인 곡과 포, 역이 아비가 누리는 총애를 믿고 꽤 횡포가 자심하였더니*, 중서령으로 있는 모영이 탄핵하는 ㉠ 상소를 올려 여쭈었다.

"괴임*을 받는 신하가 총애를 남용함은 천하의 걱정하는 바인데, 이제 국성이 얼마 아니 되는 재간을 갖고 요행을 얻어 조정의 관등에 올라 지위가 3품에 나란히 서서 깊숙이 숨어 있는 도적을 안으로 불러들이고 남의 몸과 명예를 손상시키기를 즐기옵니다. 까닭에 **만인이 아우성치고 골치를 앓으며 괴로워**하니 이야말로 나라를 고쳐 주는 충신이 아니라 실상은 백성에게 해독을 끼치는 도적이겠나이다. 성의 세 아들이 제 아비가 받는 총애를 믿고 기댄 나머지 횡포가 방자하여 사람들의 괴로움을 끼치는 바 되니, 청하옵건대 폐하께옵서는 한꺼번에 죽음을 내리시와 뭇사람 원망의 입을 막게 하소서."

이러한 글이 상주되자* 아들 곡 등이 그날로 독주를 마시고 죽었고, 성은 죄를 입고 밀려나 서인이 되어 버렸다.

(중략)

성이 **벼슬을 벗**고 나니 **제 고을과 격 고을의 사이에 도적이 떼로 일어**나 임금이 토벌하려 했으나 그 일을 제대로 맡을 만한 적당한 인물이 쉽지 않았기에 다시금 성을 기용하여 원수로 삼았다. 성이 군기를 엄숙하게 유지시킨 채 병졸들과 함께 고락을 같이하면서 수성에 물길을 터서 단 한 판의 싸움에 쳐 없애 버리고 장락판을 세운 후 돌아오니 임금은 그 공로로 상동후를 봉하였다.

그러나 일 년 만에 ㉡ 상소를 올려 은퇴를 요청하였다.

"신은 원래 가난한 집의 자식으로, 어려서 빈천하여 사람들에게 이리저리 팔려 다니다가 우연히 성군을 만나 뵈었는 바, 허심탄회*로써 남달리 절 받아 주시와 침체 가운데서 건져 주셨으며 강호와 같이 용납해 주시었나이다. 제가 비록 너른 세상에 내놓은 조업이야 약간 있다고는 하나 나라의 체면에 윤기를 더함이 없었사오며, 전에 삼가지 못한 탓에 향리에 물러나 편히 있을 적에도 비록 얇은 이슬이 다하고자 떨구려고 드리운 중에 요행으로 남은 방울이 있어, 감히 해와 달이 광명을 기뻐하고 다시금 초파리가 낀 묵은 뚜껑을 열어젖히었던 것이옵니다. 또한 그릇이 차게 되면 엎질러짐은 사물의 떳떳한 이치입니다. 이제 신이 목이 타고 소피*가 잦은 병에 걸려 목숨이 뜬 거품마냥 다해 가니, 바라옵건대 승낙하옵시는 말씀 한 차례로 물러나 여생을 보전케 해 주옵소서."

그러나 임금의 남달리 배려하심은 이를 윤허치* 아니하고 대신 궁중의 사신을 파견해서 송계, 창포 등의 약재를 가지고 그 집에 가서 문병토록 하였다. 하지만 성이 거듭 굳이 사직할 뜻을 나타내는 데에는 임금도 더 하는 수 없이 허락하게 되니 마침내 고향으로 돌아가 노후를 보내면서 천수*를 마치었다.

사신은 이렇게 평한다.

"국씨는 대대로 농가 태생이다. 성은 유독 넉넉한 덕과 맑은 재주가 있어서 임금의 심복이 되어 국정을 돕고, 임금의 마음을 흐뭇하게 하여 거의 태평을 이루었으니, 그 공이 성대하도다. 그러나 임금의 총애가 극도에 달하자 나라의 기강*을 어지럽혔으니, 그 화가 비록 자손에 미쳤더라도 유감될 것이 없다 하겠다. 그러나 만년에 분수에 족함을 알고 스스로 물러가 능히 천명으로 세상을 마쳤다. 《주역》에 이르기를 '기미를 보아서 일을 해 나간다.'라고 한 말이 있는데 성이야말로 거의 여기에 가깝다 하겠다."

- 이규보, 〈국선생전〉 -

한방에! 어휘풀이

* 사관(史官): 역사의 편찬을 맡아 초고를 쓰는 일을 맡아보던 벼슬.
* 국량(局量): 남의 잘못을 이해하고 감싸 주며 일을 능히 처리하는 힘.
* 공경(公卿): 가장 높은 벼슬인 삼공과 구경을 아울러 이르는 말.
* 공거(公車): 관청의 수레.
* 예의사(禮儀司): 고려 시대에 둔 육사의 하나로, 의례·제향 따위에 대한 일을 맡아보던 관아.
* 진상(進上): 진귀한 물품이나 지방의 토산물 따위를 임금이나 고관 따위에게 바침.
* 작헌례(酌獻禮): 임금이 몸소 왕릉, 영전, 종묘 따위에 참배하고 잔을 올리던 제례.
* 후설(喉舌): '승지'를 달리 이르는 말. 임금의 명령을 비롯하여 나라의 중대한 언론을 맡은 신하.
* 직임(職任): 직무상 맡은 임무.
* 자심하다(滋甚하다): 더욱 심하다.
* 괴임: 유난히 귀엽게 여겨 사랑함.
* 상주되다(上奏되다): 임금에게 아뢰어 올려지다.
* 허심탄회(虛心坦懷): 품은 생각을 터놓고 말할 만큼 아무 거리낌이 없고 솔직함.
* 소피(所避): '오줌'을 완곡하게 이르는 말.
* 윤허하다(允許하다): 임금이 신하의 청을 허락하다.
* 천수(天數): 타고난 수명.
* 기강(紀綱): 규율과 법도를 아울러 이르는 말.

01 작품의 내용 파악하기

윗글의 내용과 일치하지 않는 것은?

① 모영은 국성과 세 아들의 죄를 임금에게 알렸다.
② 국성의 아들은 국성이 총애를 잃자 잘못을 반성했다.
③ 임금은 국성을 처음 보았을 때부터 좋은 감정을 가졌다.
④ 국성의 아버지는 국성의 집안에서 처음으로 벼슬을 했다.
⑤ 국성은 건강을 이유로 들어 관직에서 물러나기를 임금에게 청했다.

02 말하기 방식 파악하기

㉠, ㉡에 대한 설명으로 가장 적절한 것은?

① ㉠과 ㉡은 모두 겸양의 표현을 사용하고 있다.
② ㉠은 ㉡과 달리 타인을 부정적으로 평가하고 있다.
③ ㉠은 ㉡과 달리 과거 상황과 현재 상황을 비교하고 있다.
④ ㉡은 ㉠과 달리 조건을 내세우며 상대방을 설득하고 있다.
⑤ ㉡은 ㉠과 달리 요구사항을 전달하며 글을 마무리하고 있다.

* 겸양(謙讓): 겸손한 태도로 남에게 양보하거나 사양함.

중요 03 외적 준거를 참고하여 작품 이해하기

보기 를 참고하여 윗글을 이해한 내용으로 적절하지 않은 것은?

보기

〈국선생전〉은 술을 의인화한 인물인 '국성'의 일대기를 서술한 가전이다. 술의 특성은 국성의 특징으로 부여되며, 등장하는 각종 인명이나 지명 등도 술과 직간접적으로 관련이 있는 것이 대부분이다. 예를 들어, '제 고을'은 배꼽을 의미하고 '격 고을'은 가슴을 의미하니 '제 고을과 격 고을의 사이'는 곧 마음을 의미한다.

① 국성이 '맑힐래야 더 맑아질 게 없고 뒤흔들어도 흐려짐이 없'다는 것은 국성이 맑은 술을 의인화한 인물이라는 것을 의미한다.
② 임금이 국성에게 '그대의 향기로운 이름을 들어 온 지 오래'라고 하는 것은 국성이 향기로운 술을 의인화한 인물이라는 것을 의미한다.
③ 임금이 '마음에 언짢음이 있다가도' 국성을 보면 '큰 웃음꽃이 피어'났다는 것은 술을 마시고 기분이 좋아진 사람들의 모습을 의미한다.
④ 국성으로 인해 '만인이 아우성치고 골치를 앓으며 괴로워'했다는 것은 술로 인한 폐해가 많은 것을 걱정하는 사람들의 모습을 의미한다.
⑤ 국성이 '벼슬을 벗'자 '제 고을과 격 고을의 사이에 도적이 떼로 일어'났다는 것은 술을 마시지 못해 근심을 풀지 못하는 사람들의 모습을 의미한다.

* 폐해(弊害): 어떤 일이나 행동에서 나타나는 옳지 못한 경향이나 해로운 현상으로 생기는 해.

서답형 04 작품의 의도 이해하기

○, × 중 적절한 것을 골라 차례대로 쓰시오.

• 〈국선생전〉은 국성을 통해 임금의 참된 도리를 제시하고 있다. ········· (○, ×)
• 사신은 국성의 긍정적인 면과 부정적인 면을 모두 언급하였다. ········· (○, ×)

문제풀이

복습하기

문법

받침 'ㅎ'	• 뒤에 결합하는 말에 따라 달라짐. • 'ㄱ, ㄷ, ㅈ' → [[1] ☐, ㅌ, ㅊ] / 'ㅅ' → [[2] ☐] / 'ㄴ' → [ㄴ] / 모음으로 시작하는 어미나 접미사 → 발음하지 않음.
뒤 음절 첫소리 'ㅎ'	• 받침 'ㄱ(ㄺ), ㄷ, ㅂ(ㄼ), ㅈ(ㄵ)'과 결합 → [ㅋ, ㅌ, [3] ☐, ㅊ] • 'ㄷ'으로 발음되는 'ㅅ, ㅈ, ㅊ, ㅌ'과 결합 → [[4] ☐]
모음 앞	• 홑받침 / 쌍받침 + 모음으로 시작하는 조사 / 어미 / 접미사 → 뒤 음절 첫소리로 옮겨 발음 • [5] ☐☐☐ + 모음으로 시작하는 조사 / 어미 / 접미사 → 뒤엣것만을 뒤 음절 첫소리로 옮겨 발음 ('ㅅ'은 된소리로) • 받침 + 모음 'ㅏ, ㅓ, ㅗ, ㅜ, ㅟ'로 시작되는 [6] ☐☐ 형태소 → 대표음으로 바꾸어서 뒤 음절 첫소리로 옮겨 발음

독서

1문단	단청의 개념
2~3문단	단청 문양과 단청이라는 명칭의 의미
4문단	단청의 색
5~8문단	단청의 대표적 기법 – [7] ☐☐☐, 보색대비, [8] ☐☐☐ 긋기
9문단	단청 문양의 안정감

문학 - 승무(조지훈)

1~4연	[9] ☐☐를 추기 전의 여승의 모습과 승무를 추는 배경
5~8연	아름다운 춤사위와 번뇌의 종교적 승화
9연	시간의 경과와 정적의 미

문학 - 국선생전(이규보)

국성	• [10] ☐을 의인화한 인물임. • 임금의 총애를 누리다가 [11] ☐☐의 탄핵을 받고 서인이 됨. • [12] ☐☐을 토벌한 공으로 다시 벼슬을 받았다가 스스로 물러남.

⬇

신하의 도리를 지키고 물러날 때를 알아야 함.

정답 1 ㅋ 2 ㅆ 3 ㅍ 4 ㅌ 5 겹받침 6 실질 7 빛넣기 8 구획선 9 승무 10 술 11 모영 12 도적

한수

16

Contents

16강

문법

언어의 특성

| 정답 및 해설 | 103쪽

✓ 한방에! 개념정리

✓ 한방에! 핵심정리

* **언어의 자의성과 사회성**

꽃을 '꽃'이라고 표기하게 된 것은 필연적인 이유가 있어서가 아니라 우연히 그렇게 하기로 결정된 것임[자의성]. 그러나 꽃을 '꽃'이라고 표기하기로 사회적으로 약속한 이후에는, 개인이 꽃을 '막' 등으로 바꾸어 쓸 수 없음[사회성].

* **언어의 다른 특성**

- 언어의 **기호성**: 언어는 '의미'라는 내용과 '말소리와 문자'라는 형식으로 이루어진 기호 체계임.

예

(의미) (문자)

- 언어의 **규칙성**: 언어에는 일정한 규칙이 있으며, 언어의 사용자들은 그 규칙을 따라야 함.

예 나는 예쁜 꽃을 본다. (○)
예쁜 본다 나는 꽃을. (×)

1 언어의 자의성

언어의 내용(의미)과 형식(말소리, 문자) 사이에는 필연적인 관계가 없음.

예

2 언어의 사회성

언어는 그 언어를 사용하는 사람들 사이의 사회적 약속임.

예 철수가 오늘부터 '글씨나 그림 따위를 지우는 물건'을 '별별'이라고 부르기로 했다고 해도, 한국어를 사용하는 사람들은 그것을 '지우개'라고 부르기로 사회적으로 약속했기 때문에 원활한 의사소통이 이루어지지 않을 것임.

3 언어의 역사성

언어는 시간이 지남에 따라 새로운 말이 생겨나거나, 소리나 의미가 달라지거나 없어지기도 함.

예

새롭게 생겨난 말			스마트폰, 네티즌
소리나 의미가 달라진 말	소리가 달라진 말		불휘 → 뿌리
	의미가 달라진 말	확대	식구: 입 → 가족이나 사람
		축소	언니: 남성과 여성 손윗사람 → 여성 손윗사람
		이동	어리다: 어리석다 → 나이가 적다
없어진 말	둘 이상의 단어 중 한쪽이 사라진 말		뫼 → 산(山)
	대상이 없어지면서 사라진 말		암행어사

4 언어의 창조성

한정된 말소리와 단어로 무한히 많은 단어와 문장을 만들 수 있음.

예 어린아이는 말을 배우며 자신이 아는 단어를 활용하여 문장을 만듦.

01 언어의 특성 이해하기

언어의 특성에 관한 설명으로 적절하지 않은 것은?

① 언어는 시간이 지나면서 의미가 달라지기도 한다.
② 한 번 생겨난 언어는 시간이 지나도 없어지지 않는다.
③ 언어의 의미와 문자는 우연적이고 임의적으로 결합한다.
④ 언어는 사회적 약속이므로 개인이 마음대로 바꿀 수 없다.
⑤ 언어는 내용인 의미와 형식인 말소리가 결합한 기호 체계이다.

02 언어의 창조성 이해하기

언어의 창조성을 설명하는 예시로 가장 적절한 것은?

① 한국어의 '고양이'는 영어로는 'cat', 프랑스어로는 'chat', 스페인어로는 'gato'이다.
② '평지보다 높이 솟아 있는 땅의 부분'을 '바다'라고 부르는 사람과는 의사소통이 되지 않는다.
③ '친구가 책 한 켤레를 샀다.'라는 문장은 의존 명사를 잘못 사용했기 때문에 문법적으로 틀린 문장이다.
④ '지갑'은 과거에는 종이로 만든 것만을 의미했지만, 현대에 들어서는 가죽이나 헝겊으로 만든 것도 포함한다.
⑤ '나는 딸기를 좋아한다.'라는 문장을 배우면, '딸기'가 들어가는 자리에 '사과'를 넣어 새로운 문장을 만들 수 있다.

중요 03 언어의 역사성 이해하기

보기 는 중세 국어 자료이다. ㉠~㉤에 대한 설명으로 가장 적절한 것은?

보기

나랏 ㉠ 말ᄊᆞ미 ㉡ 中듕國귁에 달아 文문字ᄍᆞᆼ와로 서르 ᄉᆞᄆᆞᆺ디 아니ᄒᆞᆯᄊᆡ 이런 젼ᄎᆞ로 ㉢ 어린 百ᄇᆡᆨ姓셩이 니르고져 호ᇙ배 이셔도 ᄆᆞᄎᆞᆷ내 제 ᄠᅳ들 시러 펴디 몯ᄒᆞᇙ ㉣ 노미 ㉤ 하니라

- 〈훈민정음〉 서문

[현대어 풀이]

나라의 말이 중국과 달라 문자가 서로 통하지 아니하여 이런 까닭으로 어리석은 백성이 이르고자 할 바가 있어도 마침내 제 뜻을 능히 펴지 못하는 사람이 많노라.

① ㉠: 의미가 확대된 말
② ㉡: 의미가 이동한 말
③ ㉢: 의미가 축소된 말
④ ㉣: 의미가 확대된 말
⑤ ㉤: 의미가 이동한 말

서답형 04 언어의 특성 이해하기

보기 에서 '아주머니'가 '닉'의 말을 이해하지 못한 것은 언어의 특성 중 무엇과 연관이 있는지 2어절로 쓰시오.

보기

닉은 페니 팬트리 가게에 가서 계산대에 있는 아주머니에게 '프린들'을 달라고 했다.
아주머니는 눈을 가늘게 뜨고 물었다.
"뭐라고?" / "프린들이요. 까만색으로 주세요."
닉은 이렇게 말하며 씽긋 웃었다.
아주머니는 한쪽 귀를 닉 쪽으로 돌리며 닉에게 몸을 더 가까이 기울였다.
"뭘 달라고?" / "프린들이요."
닉은 아주머니 뒤쪽 선반에 있는 볼펜을 가리켰다.

- 앤드루 클레먼츠, 〈프린들 주세요〉

16강

독서 – 인문(철학)

공자의 인 사상

| 정답 및 해설 | 104쪽

한방에! 개념정리

한방에! 핵심정리

주제	사회 혼란을 극복하기 위한 공자의 인 사상
해제	이 글은 춘추 말기의 사회 혼란을 극복하기 위해 공자가 주장한 인 사상을 설명하고 있다. 인은 타인에 대한 사랑과 사회적 존재로서의 인간다움을 의미한다. 공자는 가족에 대한 사랑으로부터 사랑의 대상을 확장해 나가야 한다고 주장하면서, 사회적 규범으로서의 예 또한 강조하였다. 예를 실천하기 위해서는 구체적인 행동과 실천이 필요하다. 더 나아가 사회 구성원이 각자의 역할을 최선을 다해 수행했을 때 바람직한 사회가 이루어진다고 하였다.

＊문단 중심 내용

1문단	공자의 인 사상의 배경
2문단	공자의 인 개념
3문단	가족에 대한 사랑의 필요성과 극기복례
4문단	예를 실천하기 위해 필요한 것
5문단	사회적 질서를 다지기 위한 정명

※ 다음 글을 읽고 물음에 답하시오.

공자는 춘추 말기에 활동한 노나라 출신의 유학자로, 유학의 근본을 마련한 사상가라 평가받는다. 그가 활동하던 당시는, 중국을 지배하던 주나라의 권위가 무너지고 봉건적 질서도 흔들리고 있었다. 공자는 이러한 사회 혼란을 극복하기 위한 방법을 찾으려 하였고, 그것이 바로 공자의 사상이 가지는 근본적인 동기라고 볼 수 있다.

공자는 당시 사회가 혼란스러워진 원인이 도덕성의 결여*와 인간성의 타락이라고 보았고, 이를 원래대로 되돌릴 방법은 인(仁)이라고 생각했다. 인이란 크게 두 가지로 나누어 설명할 수 있는데, 하나는 타인에 대한 사랑이며, 다른 하나는 사회적 존재로서의 인간다움을 의미한다.

공자는 인을 실천하기 위해서는 가족에 대한 사랑이 기본적으로 필요하다고 보았고, 이로부터 사랑의 대상을 확장해 나가야 한다고 강조했다. '효제(孝悌)는 행인(行人)의 근본'이라는 말에서 알 수 있듯이, 부모와 형제에 대한 사랑이 다른 이를 사랑할 수 있도록 하는 출발점이라고 주장한 것이다. 그는 또한 인을 실천하기 위해 극기복례(克己復禮)라는 다른 방법을 제시했는데, 이는 '자신을 극복하고(克己) 예로 돌아간다(復禮)'라는 뜻으로 자신의 이익만을 추구하는 이기적인 태도를 벗어나 사회적 규범과 질서를 따르고 지킨다는 것을 의미한다. 가족에 대한 사랑으로부터 출발한 인은 자칫하면 가족 중심주의나 혈연, 지연 중심의 이기주의로 변질될 수 있기 때문에 이를 극복하기 위해 사회적 규범으로서의 예 또한 강조하였던 것이다.

그렇다면 예를 실현하기 위해 필요한 것은 무엇인가? 공자는 구체적인 행동과 실천으로 예를 실현할 수 있다고 보았다. 이에 "예가 아니면 보지도 말고, 듣지도 말고, 말하지도 말고, 행동하지도 말라."라고 했다. 구체적인 행위를 통해 인간은 이기적이고 무분별한 욕망의 행사를 제어할 수 있다고 여긴 것이다.

또한, 예를 실천하는 것에서 더 나아가 사회적 질서를 다지는 방법으로 공자는 정명(正名)을 주장하기에 이른다. 정명이란 '이름을 바로잡음'이라는 의미로, 이는 사회 구성원이 자신의 역할과 의무에 따라 과업*을 수행해야 할 필요성을 나타낸다. 그에 따르면, 모두가 자신에게 주어진 명칭에 따라 역할 수행에 최선을 다했을 때 바람직한 사회가 이루어진다. 공자는 군주가 군자다운 인격을 갖추고 솔선수범하여 도덕과 예의로 백성을 교화하고* 다스리는 덕치*를 통해 정명이 실현될 수 있다고 보았다.

한방에! 어휘풀이

* 결여(缺如): 마땅히 있어야 할 것이 빠져서 없거나 모자람.
* 과업(課業): 꼭 하여야 할 일이나 임무.
* 교화하다(敎化하다): 가르치고 이끌어서 좋은 방향으로 나아가게 하다.
* 덕치(德治): 덕으로 다스림. 또는 그런 정치.

01 내용 전개 방식 파악하기

윗글의 내용 전개 방식으로 적절하지 않은 것은?

① 중심 화제와 관련된 사상가의 말을 인용하고 있다.
② 중심 화제와 관련된 역사적 배경에 대해 설명하고 있다.
③ 중심 화제와 관련된 반대 관점의 입장을 제시하고 있다.
④ 중심 화제와 관련된 개념을 두 가지로 나누어 설명하고 있다.
⑤ 중심 화제와 관련된 개념을 정의하여 독자의 이해를 돕고 있다.

02 세부 내용 파악하기

윗글에서 공자가 주장하는 내용으로 가장 적절한 것은?

① 인의 실천은 자기 자신에 대한 사랑으로부터 시작된다.
② 예가 없으면 인은 혈연 중심주의 등의 이기주의로 변질될 수 있다.
③ 군주는 엄격한 법으로 백성들을 다스려 사회 질서를 유지해야 한다.
④ 사회가 혼란스러워진 것은 국가의 권위를 바로 세우지 못했기 때문이다.
⑤ 사회 구성원은 언제든지 다른 사람의 역할을 대체할 수 있도록 노력해야 한다.

중요 03 구체적 사례에 적용하기

보기의 ㉠~㉢ 중, 극기복례의 사례로 볼 수 없는 행위만을 고른 것은?

보기

㉠ 버스줄이 길었지만 새치기하지 않고 차례가 오기를 기다렸다.
㉡ 좋아하는 반찬이 급식에 나와 그 반찬을 싫어하는 친구의 몫까지 먹었다.
㉢ 영화를 공짜로 볼 수 있는 불법 사이트가 아닌, 정식 사이트에서 돈을 내고 보았다.

① ㉠ ② ㉡ ③ ㉢ ④ ㉠, ㉡ ⑤ ㉡, ㉢

16강

서답형 04 핵심 내용 파악하기

ⓐ, ⓑ에 들어갈 말을 윗글에서 찾아 각각 1음절로 쓰시오.

공자는 타인에 대한 사랑과 인간다움을 의미하는 (ⓐ)와/과 사회적 규범을 의미하는 (ⓑ)의 조화를 통해 사회 혼란을 극복할 수 있다고 보았다.

16강

문학 – 고전운문

견회요 _ 윤선도

| 정답 및 해설 | 105쪽

한방에! 개념정리

한방에! 핵심정리

갈래	평시조, 연시조
성격	우국적
주제	강직한 삶의 자세와 임금에 대한 충성심, 부모에 대한 그리움
특징	① 감정 이입을 통해 정서를 드러냄. ② 반복과 대구를 활용하여 주제를 강조함.
해제	이 작품은 윤선도가 유배지에서 느끼는 정서를 표현한 시조이다. 윤선도는 이이첨의 횡포를 고발하는 상소를 올렸다가 탄핵받아 귀양을 갔는데, 이 작품에서 자신의 결백을 주장하는 한편 부모와 임금에 대한 그리움을 노래하고 있다.

한방에! 어휘풀이

* 외다: 그르다.
* 어리다: '어리석다'의 옛말.
* 추성(秋城): 함경북도 경원의 옛 이름.
* 예다: '가다'를 예스럽게 이르는 말.
* 삼기다: '생기게 하다'의 옛말.

※ 다음 글을 읽고 물음에 답하시오.

슬프나 즐거우나 옳다 하나 외다* 하나
내 몸의 **할 일**만 닦고 닦을 뿐이언정
그 밖의 여남은 일이야 분별할 줄 있으랴

<제1수>

내 일 망령된 줄 나라 하여 모를쏜가 ┐
이 마음 어리기도* 임 위한 탓이로세 ┘ [A]
아무가 아무리 일러도 임이 헤아려 보소서

<제2수>

추성* 진호루 밖에 울어 예는* 저 시내야
무엇을 하려고 밤낮으로 흐르느냐
임 향한 **내 뜻**을 좇아 그칠 줄을 모르는구나

<제3수>

뫼는 길고 길고 **물**은 멀고 멀고
어버이 그린 뜻은 많고 많고 하고 하고
어디서 외기러기는 울고 울고 가느니

<제4수>

어버이 그릴 줄을 처음부터 알았지만
임금 향한 뜻도 하늘이 삼기셨으니*
진실로 임금을 잊으면 그 불효인가 여기노라

<제5수>

- 윤선도, 〈견회요〉 -

01 표현상의 특징 파악하기

윗글에 대한 설명으로 가장 적절한 것은?

① 고사를 인용하여 자신의 처지를 나타내고 있다.
② 대구적 표현을 활용하여 운율을 형성하고 있다.
③ 음성 상징어를 사용하여 현장감을 살리고 있다.
④ 불가능한 상황을 가정하여 현실에서 도피하고 있다.
⑤ 설의적 표현을 통해 부모에 대한 그리움을 드러내고 있다.

02 화자의 태도 파악하기

[A]에서 드러나는 화자의 태도로 가장 적절한 것은?

① 스스로를 칭찬하는 거만한 태도를 취하고 있다.
② 자신과 뜻이 같은 사람이 없는 것을 한탄하고 있다.
③ 임금을 탓하며 유배에서 풀려나기를 소망하고 있다.
④ 과거의 어리석음을 반성하며 마음을 새롭게 하고 있다.
⑤ 자신의 행동을 후회하지 않고 굳건한 모습을 보이고 있다.

중요
03 외적 준거를 바탕으로 작품 이해하기

보기 를 바탕으로 하여 윗글을 이해한 내용으로 적절하지 않은 것은?

보기

1616년(광해군 8), 당시 성균관 유생이었던 윤선도는 권신 이이첨의 횡포를 고발하는 상소를 올린 일로 모함을 받아 함경북도 경원으로 유배를 갔다. 부모를 포함한 주위 사람들은 보복당할 수 있다는 이유로 윤선도를 만류했으나, 윤선도는 불의를 외면하는 것 또한 불충이라는 생각을 가지고 있었기 때문에 상소를 올렸고, 결국 유배를 가게 된 것이다. 유배지에서도 윤선도는 임금에 대한 충성심을 잃지 않는 한편, 부모를 그리워했다.

① <제1수>의 '할 일'은 의롭게 행동하는 것을 의미한다.
② <제2수>의 '아무'는 화자를 모함한 사람들을 의미한다.
③ <제3수>의 '내 뜻'은 임금에 대한 화자의 충성심을 의미한다.
④ <제4수>의 '뫼'와 '물'은 화자와 화자의 부모 사이를 가로막는 장애물을 의미한다.
⑤ <제5수>의 '임금 향한 뜻'은 유배에서 풀려나기를 바라는 화자의 마음을 의미한다.

* 권신(權臣): 권세를 잡은 신하. 또는 권세 있는 신하.

16강

04 시어의 기능 이해하기

윗글에서 화자의 감정 이입 대상으로 제시된 자연물 두 개를 찾아 차례대로 쓰시오.

16강

문학 - 극수필

토끼와 자라 _ 엄인희

| 정답 및 해설 | 106쪽

한방에! 개념정리

한방에! 핵심정리

갈래	희곡
성격	교훈적, 비유적, 우화적
주제	용왕의 욕심과 토끼의 지혜
특징	① 언어유희와 해학적 표현으로 웃음을 유발함. ② 고전 소설을 희곡으로 각색하고 현대적으로 재구성함. ③ 인간을 동물에 빗대어 사회를 풍자하고 교훈을 전달함.
해제	이 작품은 판소리계 소설인 〈토끼전〉을 희곡으로 각색하고, 현대적인 감각으로 재구성한 것이다. 토끼와 자라, 용왕 등을 의인화하여 사회를 풍자하고 무능한 지배층을 비판하며 교훈을 전달하고 있다.

※ 다음 글을 읽고 물음에 답하시오.

등장인물: 토끼, 자라, 용왕, 문어, 뱀장어, 전기뱀장어, 고등어, 꼴뚜기, 도루묵

장소: 바닷속 궁궐(용궁), 산속

제1장 (바닷속 궁궐)

용왕이 있는 용궁이 무대이다. 용궁은 온갖 해초들이 넘실대는 화려한 궁정이다. 가운데 용왕의 의자가 놓여 있다. 막이 오르면 시름시름 앓고 있는 용왕이 의자에 앉아 있다. 양옆으로 신하들이 늘어서 있다. 신하들은 용왕의 부름을 받고 분부를 기다리는 중이다.

용왕: (야단치며) 내가 물속에 사는 온갖 약초를 다 먹어 보았지만, 아직도 아프질 않느냐!

고등어: 황공하오이다, 마마. / **용왕**: 그놈의 황공 소리도 듣기 싫다.

문어: (머리를 조아리며) 황공무지*로소이다, 마마.

용왕: 듣기 싫어! 황공이고 무지고 그런 소리 말고 내 병이 깔끔히 나을 묘수*를 말하란 말이다.

꼴뚜기: 폐하! 약초보다는 어패류가 나은 줄 아뢰오.

용왕: 어패류가 무엇을 말하는고? 신약*이 나왔단 말이냐?

문어: 어패류란 물고기나 조개 종류를 말하는 줄 아뢰오. / **용왕**: 물고기…… 너희를 먹으라고?

용왕 놀란다. 용왕 구역질을 한다. 신하들은 깜짝 놀라 꼴뚜기를 두드려 팬다.

뱀장어: 어물전 망신은 꼴뚜기가 시킨다더니, 아예 용궁 망신까지 시키는구나. 누굴 먹어?

꼴뚜기: (분해서) 폐하! 예로부터 뱀장어가 몸에 좋고 기력이 살아난다는 명약*으로 알려졌다고 합니다.

뱀장어: (당황해서) 폐하! 죄송스러우나 지난 여섯 달간 다이어트를 하고 있어서 약 될 것이 없는 줄 아뢰오. 차라리 제 사촌 전기뱀장어가 어떨는지요.

(중략)

자라: (기가 막혀서) 아이고 자라 모가지 축축 늘어지는 소리 좀 하지 마라. 폐하! 바다의 대왕, 용왕께서는 산속 짐승의 간을 먹어야 하는 줄 아뢰오.

용왕: 산속 짐승? / **자라**: 새벽이슬만 먹고 숲에서 자라는 눈꽃 같은 짐승을요.

용왕: 그래, 그게 대체 누구냐? / **자라**: 그게 말이죠…… 도끼……

용왕: 도끼? 에라, 망치는 아니고? / **자라**: 깡충깡충이.

용왕: 아, 깡충깡충 뛰는 청설모를 말하는구나.

자라: 귀가 뾰족하게 길고 엉금엉금 기며 꼬꼬마 동산에서 풀을 뜯는다고 들었습니다.

용왕: 아, 알았다. 토끼!

자라: 그렇습니다. 토끼의 간을 꺼내 드시면 만병*이 다 낫는다고 하옵니다.

용왕: (벌떡 일어나) 여봐라! 얼른 자라를 땅으로 보내 토끼를 데려오도록 하여라!

(중략)

제3장 (다시 용궁)

용왕이 신이 나서 걸어 나온다. 그러나 금방 몸이 아파서 쓰러지며 의자에 앉아 거친 숨을 쉰다.

용왕: 그래, 토끼를 잡아 왔다고? 어서 들라 해라.

문어: 자라 대신! 토끼를 데리고 들어오세요.

토끼, 용궁으로 들어온다. 토끼, 온갖 대신들이 모두 물고기들이라 깜짝 놀란다

토끼: (뒤따라오는 자라에게 화를 낸다.) 아니, 용궁으로 데리고 온다더니 수산물 파는 횟집에 온 거야냐?

자라: 토끼님 눈에는 이 용궁이 수족관으로 보인단 말이오?

용왕: 허, 발칙하도다. 짐의 궁전을 모독하다니*?

토끼: (용왕을 본다.) 어어…… 저 생선은 처음 보는데……. 근데 싱싱하지가 않아서 회로는 못 먹고 매운탕으로 먹겠다.

용왕: (부르르 떨며 화를 낸다.) 어서 저 고얀 놈 배를 갈라라. 냉큼 간을 가져오지 못할까!

신하들이 토끼를 향해 달려든다. 토끼, 피한다.

토끼: 잠깐! 잠깐! 내가 잘못 들었나? (정중하게) 방금 간이라고 하셨습니까?

자라: 토끼님, 미안하오. 용왕께 명약으로 바치려고 당신을 데려온 것이오.

토끼: 내 간을 약으로 바치려고요?

신하들: 그렇다.

문어, 잽싸게 달려들어 다리로 토끼를 감싸 쥔다. 전기뱀장어는 토끼 옆을 스친다. 토끼는 전기가 올라 소스라친다.

토끼: (침착함을 잃지 않고, 과장해서) 아하하, 안타깝다. 오호통재*라. 토끼 간이 산속 짐승에게만 명약인 줄 알았더니, 이런 생선들한테도 쓸모가 있더란 말이냐? 그래서 우리 조상들은 간을 대여섯 개씩 물려받았구나. 좋다. 주지, 줘. 간을 줘서 생명을 살린다면 아까울 것이 없지.

고등어: 과연 듣던 대로 판단력이 빠른 총명한 토끼로고…….

토끼: (고등어한테) 얘, 너 배를 좍 갈라서 소금 쫙쫙 뿌려서 고등어자반 만들기 전에 입 다물어. 까불고 있어. 용왕마마! 다만 한 가지 안타까운 말씀을 드려야겠나이다.

용왕: 뭐냐? 얼른 칼을 가져다 배를 쭉 갈라 보자.

토끼: 예로부터 토끼들은 간이 배 밖으로 나왔습니다. 호랑이, 여우, 늑대, 표범, 살쾡이, 독수리한테 쫓기다 보니 간을 배 속에 넣고는 살아갈 수가 없거든요. 산속 깊은 골짜기에다 차곡차곡 재어 놓고 다니다 밤에만 배 안에 집어넣고 살고 있다고 합니다……가 아니라, 살고 있습니다.

용왕: 그거 큰일이다.

뱀장어: 저놈 말을 믿지 마세요, 폐하!

- 엄인희, 〈토끼와 자라〉 -

＊전체 줄거리

병에 걸린 용왕은 자신의 병을 낫게 할 약을 구해 오라면서 신하들을 닦달한다. 신하들이 서로 다른 신하를 약으로 먹어야 한다고 말하던 중 자라는 토끼의 간을 먹어야 병이 나을 것이라고 말하고, 용왕은 자라를 땅으로 보내 토끼를 데려오라고 한다. 자라는 산속에서 토끼를 찾아 아름다운 용궁 구경을 하자면서 용궁으로 데리고 온다. 자라가 자신을 속였음을 알게 된 토끼는 간을 땅에 두고 왔다는 거짓말로 위기를 모면하고, 용왕은 자라에게 땅으로 나가 토끼의 간을 받아 오라고 한다. 땅에 도착하자, 토끼는 자라의 어리석음을 비난하며 산속으로 돌아간다.

한방에! 어휘풀이

- **황공무지(惶恐無地)**: 위엄이나 지위 따위에 눌리어 두려워서 몸 둘 데가 없음.
- **묘수(妙手)**: 묘한 기술이나 수.
- **신약(新藥)**: 새로 발명한 약.
- **명약(名藥)**: 효험이 좋아 이름난 약.
- **만병(萬病)**: 온갖 병.
- **모독하다(冒瀆하다)**: 말이나 행동으로 더럽혀 욕되게 하다.
- **오호통재(嗚呼痛哉)**: '아, 비통하다'라는 뜻으로, 슬플 때나 탄식할 때 하는 말.

01 인물의 특징 파악하기

윗글의 인물에 대한 설명으로 가장 적절한 것은?

① 뱀장어는 꼴뚜기의 발언을 근거를 들어 지지한다.
② 토끼는 용왕에게 간을 주는 것은 아깝다고 말한다.
③ 자라는 용궁에 도착하고 나서야 토끼에게 진실을 밝힌다.
④ 용왕은 간을 꺼내 놓고 다닌다는 토끼의 말을 믿지 않는다.
⑤ 문어는 꼴뚜기가 말한 어패류가 용왕을 위한 신약이라고 생각한다.

02 작품의 내용 파악하기

윗글에 나타난 갈등 양상으로 적절하지 않은 것은?

① 용왕이 자신을 무시하는 토끼에게 화를 내며 긴장감이 조성된다.
② 토끼의 배를 가르려는 용왕과 목숨을 구하려는 토끼 사이의 갈등이 드러난다.
③ 신하들이 서로 다른 신하를 약으로 쓰라고 하면서 신하들 간의 대립이 일어난다.
④ 병에 걸린 용왕이 신하들에게 약을 구해 오라고 다그친 것이 갈등의 원인이 된다.
⑤ 자라가 토끼의 간을 약으로 추천하지만 용왕이 이를 믿지 않으면서 갈등이 발생한다.

중요 03 연출 방법 이해하기

다음은 연출가의 지시를 메모한 것이다. ㉠~㉤ 중 적절한 계획만을 고른 것은?

용왕 배우	아픈 사람처럼 분장해야 한다. ······ ㉠
	피곤한 얼굴로 기운 없이 움직여야 한다. ······ ㉡
	신하들에게 말할 때 다정한 어조로 말해야 한다. ······ ㉢
토끼 배우	용궁에 처음 왔을 때 감탄하는 모습을 보여야 한다. ······ ㉣
	간을 가져오라는 말을 듣고 당황한 마음을 감추려고 애써야 한다. ······ ㉤

① ㉠, ㉡, ㉣　② ㉠, ㉡, ㉤　③ ㉠, ㉢, ㉤　④ ㉡, ㉢, ㉣　⑤ ㉢, ㉣, ㉤

서답형 04 작품의 객색 파악하기

ⓐ, ⓑ에 들어갈 1어절의 말을 찾아 차례대로 쓰시오.

> 뱀장어는 (ⓐ)을/를 이유로 들어 자신은 약 될 것이 없다고 주장하고, 토끼는 용궁을 가리켜 (ⓑ)(이)라고 말한다. 이는 현대적인 소재를 사용하여 독자의 웃음을 유발한 것이다.

복습하기

문법

1 □□□	언어의 내용(의미)과 형식(말소리, 문자) 사이에는 필연적인 관계가 없음.
2 □□□	언어는 그 언어를 사용하는 사람들 사이의 사회적 약속임.
3 □□□	언어는 시간이 지남에 따라 새로운 말이 생겨나거나, 소리나 의미가 달라지거나, 없어지기도 함.
4 □□□	한정된 말소리와 단어로 무한히 많은 단어와 문장을 만들 수 있음.

독서

1문단	공자의 인 사상의 배경
2문단	공자의 인 개념
3문단	가족에 대한 사랑의 필요성과 5 □□□□
4문단	6 □를 실천하기 위해 필요한 것
5문단	사회적 질서를 다지기 위한 7 □□

문학 - 견회요(윤선도)

제1수	신념에 충실한 화자의 삶의 태도
제2수	8 □□에 대한 충성심과 결백함 주장
제3수	8 □□에 대한 변함없는 충성심
제4수	9 □□에 대한 그리움
제5수	충과 효의 일치에 대한 깨달음

문학 - 토끼와 자라(엄인희)

해학적 요소

⬇

현대적인 소재	뱀장어가 '10 □□□□', 토끼가 '11 □□', 자라가 '12 □□□'을 언급함.
언어유희	'13 □□'와 '도끼'의 발음이 비슷한 것을 이용함.
상황	13 □□의 이름을 정확히 모르는 자라를 통해 웃음을 유발함.

정답 1 자의성 2 사회성 3 역사성 4 창조성 5 극기복례 6 예 7 정명 8 임금 9 부모 10 다이어트 11 횟집 12 수족관 13 토끼

한수

17

Contents

17강

화법

핵심을 담아 발표하기

| 정답 및 해설 | 109쪽

한방에! 개념정리

한방에! 핵심정리

갈래	발표
화제	인라인스케이트 소개
특징	① '도입 - 전개 - 정리'의 순서로 발표 내용을 구성함. ② 동아리 발표회에서 정보를 전달하는 것을 목적으로 함.

※ 다음은 발표이다. 물음에 답하시오.

[A] 안녕하세요, 저는 인라인스케이트 동아리의 반장인 박지윤입니다. 저는 이번 동아리 발표회에서 인라인스케이트를 잘 모르는 분들께 인라인스케이트를 소개하려고 합니다. 발표 내용은 인라인스케이트의 개념과 인라인스케이트를 탈 때 필요한 안전 장비, 다음으로 인라인스케이트를 타는 방법과 타면 좋은 점, 마지막으로 인라인스케이트를 탈 때 지켜야 할 안전 수칙의 순서로 발표하겠습니다.

[B] 인라인스케이트는 네 개 또는 다섯 개의 바퀴가 달린 신발을 신고 지면*을 활주하는 활동입니다. 인라인스케이트는 속도감을 즐길 수 있는 운동이지만, 속도가 빠른 만큼 부상을 당할 위험도 있으므로 반드시 안전 장비를 착용해야 합니다. 인라인스케이트를 탈 때 필요한 안전 장비에는 머리를 보호하는 헬멧과 손목, 팔꿈치, 무릎 등 관절을 보호하는 보호대가 있습니다.

[C] 다음으로 인라인스케이트를 타는 방법을 간략하게 설명하겠습니다. 인라인스케이트를 탈 때에는 윗몸을 숙여 무게 중심을 낮추고, 시선은 가고자 하는 방향에 두어야 합니다. 그리고 발을 11자로 만든 후에 양손으로 무릎을 잡고 허리를 수평으로 숙여 무릎을 펴면서 한쪽 발을 옆으로 똑바로 밉니다. 강한 추진력*을 얻기 위해서는 발로 바퀴 전체에 힘을 주어 번갈아 가며 강하게 지면을 밀면 됩니다. 이때 오른팔과 왼팔을 번갈아 가며 저으면 더욱 속도를 낼 수 있습니다. 인라인스케이트를 타다가 멈출 때에는 스케이트의 앞축을 들고 무게를 발뒤꿈치로 옮겨 브레이크를 땅바닥에 대고 끌면 됩니다.

[D] 그렇다면 인라인스케이트를 타면 좋은 점은 무엇일까요? 우선 근력 및 근지구력, 심폐 지구력과 같은 기초 체력을 향상할 수 있고, 균형감 또한 기를 수 있습니다. 그리고 간단한 장비로 언제 어디서나 여가를 즐길 수 있으며, 가족이나 친구들과 함께 타며 건강한 인간관계를 형성할 수도 있습니다.

[E] 장점이 많은 인라인스케이트라도 이를 안전하게 즐기기 위해서는 다음과 같은 안전 수칙*을 반드시 지켜야 합니다. 준비 운동을 철저히 하고 안전 장비를 반드시 착용해야 합니다. 혼잡하거나 위험한 장소에서 타지 말고, 비가 오거나 젖은 길바닥에서는 미끄러질 수 있으니 특히 조심해야 합니다.

지금까지 인라인스케이트에 대하여 알아보았습니다. 인라인스케이트는 간단한 장비로 누구나 쉽게 배우고 즐길 수 있는, 장점이 많은 운동입니다. 여러분도 안전 수칙을 지키면서 인라인스케이트를 즐겨 보세요. 이상으로 발표를 마치겠습니다. 지금까지 들어주셔서 고맙습니다.

한방에! 어휘풀이

* 지면(地面): 땅의 거죽.
* 추진력(推進力): 물체를 밀어 앞으로 내보내는 힘.
* 수칙(守則): 행동이나 절차에 관하여 지켜야 할 사항을 정한 규칙.

01 발표 표현 전략 사용하기

위 발표에 활용된 말하기 방식으로 적절하지 <u>않은</u> 것은?

① 발표 첫머리에서 발표 순서를 안내하고 있다.
② 발표 내용을 요약 및 정리하며 마무리하고 있다.
③ 담화 표지를 활용하여 청중의 이해를 돕고 있다.
④ 공식적인 자리인 것을 고려하여 경어체를 쓰고 있다.
⑤ 청중과 공유하는 경험을 언급하여 관심을 이끌어내고 있다.

02 발표에서 자료, 매체 활용하기

위 발표를 위한 자료 화면을 만든다고 할 때, [A]~[E]의 자료 화면 계획으로 적절하지 <u>않은</u> 것은?

① [A]: 발표의 목차를 번호를 붙여 제시한다.
② [B]: 인라인스케이트의 안전 장비를 모두 착용한 사람의 사진을 제시한다.
③ [C]: 인라인스케이트를 타는 순서에 따라 사진을 제시한다.
④ [D]: 인라인스케이트를 타다가 다친 사람의 사진을 제시한다.
⑤ [E]: 인라인스케이트의 안전 수칙을 요약하여 제시한다.

중요 03 발표 내용 이해, 평가하기

다음은 위 발표를 들은 학생들이 보인 반응이다. 이를 바탕으로 학생의 듣기 활동을 이해한 내용으로 가장 적절한 것은?

> 학생 1: 인라인스케이트에 대한 정보는 많이 알 수 있었지만, 정작 동아리에 대한 설명은 없어서 아쉬웠어.
> 학생 2: 친구와 함께 인라인스케이트를 처음 탔을 때가 떠올랐어. 건강한 인간관계를 형성할 수 있다는 건 정말 맞는 말이야.
> 학생 3: 헬멧 없이 자전거를 타다가 크게 다친 적이 있어. 인라인스케이트를 탈 때 안전 장비를 착용해야 하는 것도 같은 이유에서구나.

① '학생 1'은 발표의 내용에 의문점을 제기하고 있다.
② '학생 2'는 발표 대상에 대한 추가 조사를 계획하고 있다.
③ '학생 3'은 발표자와 다른 관점에서 대상을 평가하고 있다.
④ '학생 1'과 '학생 2'는 모두 발표의 주장에 공감을 표하고 있다.
⑤ '학생 2'와 '학생 3'은 모두 발표와 관련된 경험을 떠올리고 있다.

서답형 04 발표 내용 이해하기

빈칸에 들어갈 말을 2어절로 쓰시오.

> 위 발표는 (　　　)에서 학생들에게 인라인스케이트를 소개하는 것을 목적으로 하고 있다.

문제풀이

17강

17강

독서 – 사회(일반)

스몰토크와 인간관계

| 정답 및 해설 | 110쪽

한방에! 개념정리

한방에! 핵심정리

주제	스몰토크의 증가에 의한 인간관계의 변화 양상
해제	이 글은 휴대 전화가 널리 보급됨에 따라 확산된 스몰토크가 대인 관계에 미친 영향을 분석하여 설명하고 있다. 휴대 전화가 시공간을 초월해서 의사소통 회기를 구성함에 따라, 공통의 생활 경험이 중시되었던 과거와 달리 오늘날에는 얼마나 자주 스몰토크를 하는지에 의해 친밀성이 형성되고 있다. 이로 인해 사람들의 표현적 자아가 강화되고 있으며 현대 사회에서 인간관계를 맺고 강화하는 매개체의 역할을 한다는 점에 주목해 그 영향을 서술함으로써 변화하고 있는 현대 사회를 보여 주고 있다.

* 문단 중심 내용

1문단	휴대 전화 보급에 따른 스몰토크의 영향력
2문단	의사소통 회기와 친밀성의 기준 변화
3문단	스몰토크로 인한 표현적 자아의 강화
4문단	스몰토크로 맺어진 관계의 한계

※ 다음 글을 읽고 물음에 답하시오.

휴대 전화가 널리 보급됨에 따라 가족이나 친구, 동료 간에 짧은 단문의 말들로 이루어지는 일상적이고 소소한 대화인 스몰토크를 나누는 횟수가 빈번해지고, 그에 따라 친밀성이 더욱 강화되었다. 스몰토크는 형식적인 관계를 맺고 있는 사람들 사이에서도 이루어지지만, 친한 사람들 사이에서 더 많이 이루어지는 행동이다. 관계가 긴밀하여 접촉할 필요가 많을수록 미시적으로 생각을 나눌 필요가 많이 생기기 때문이다. 현대 사회에서 빈번하게 이루어지고 있는 스몰토크는 친밀성의 의미를 변화시키고 대인 관계의 양상을 변화시키는 등 그 영향력이 작지 않다.

스몰토크는 얼마나 오래 깊이 이야기를 나누었는가가 아니라 얼마나 자주 접촉을 했는가가 중요하다. 여기서 '의사소통 회기*'라는 개념이 필요하다. '의사소통 회기'란 물리적 시·공간에서 시작과 끝으로 구획되는* 한 번의 의사소통의 흐름을 지칭한다. 휴대 전화는 시·공간을 초월해서 의사소통 회기를 구성한다. 그래서 가족의 경우 과거에는 같이 사는 경험에 기반을 둔 공통의 생활 경험이 친밀성을 형성하는 핵심적 요소였으나, 휴대 전화의 이용이 보편화된 현대에는 같이 살거나 그렇지 않거나 간에 얼마나 자주 스몰토크를 하는지에 의해 친밀성이 형성되고 있다. 공통의 생활 경험보다 짧고 빈번한 대화의 여부가 친밀성을 강화하고 유지하는 주요 요건*이 되어가는 것이다.

스몰토크에 의한 새로운 친밀성의 등장은 '표현적 자아'를 전제하고 있다. 짧지만 빈번한 대화에서 개인은 흔히 일상 속 경험에 대한 느낌, 자신의 감정 등과 같은 내용을 표현한다. 이때의 표현은 정확해야 한다거나 정보를 담고 있어야 한다거나 하는 전통적이고 효과적인 의사소통 모형의 전제들을 요구하지 않는다. 친밀한 관계를 맺는 사람과 스몰토크를 통한 의사소통에서 개인은 그저 자신의 느낌과 감정 등을 자주 표현하기만 하면 된다. 이러한 의사소통은 진솔한 표현과 공감적 감정 등을 중심으로 이루어지기 마련인데, 이때 의사소통의 당사자는 표현적 자아를 경험하는 주체가 된다. 스몰토크를 통한 의사소통이 주체의 표현적 자아로서의 정체성을 강화하는 것이다.

활발한 스몰토크를 통해 강화된 표현적 자아는 인터넷 공간에서 블로그, 인스타그램 등의 SNS를 만들거나 다양한 소모임에 참여하여 활동함으로써 말하고 듣는 새로운 의사소통 주체로서의 정체성을 더욱 강화한다. 그런데 이처럼 많은 사람들을 대하고 다양한 집단 속에서 활동한다는 것은 필연적으로 과거보다 양적으로 풍부하지만 느슨한 관계를 맺고 살아가게 된다는 것을 의미한다. 친밀한 관계를 만들기 위해서는 시간적으로나 정신적으로 투자가 필요한데, 사람들의 시간적·정신적 에너지는 어느 정도 제한되어 있다. 그렇기 때문에 사람들이 친밀하게 유지할 수 있는 관계는 현재나 미래 모두 한정적일 수밖에 없다.

한방에! 어휘풀이

* 회기(會期): 개회로부터 폐회까지의 기간.
* 구획되다(區劃되다): 토지 따위가 경계가 지어져 갈리다.
* 요건(要件): 필요한 조건.

01 내용 전개 방식 파악하기

윗글의 내용 전개 방식에 대한 설명으로 가장 적절한 것은?

① 묻고 답하는 형식을 활용하여 내용을 전개하고 있다.
② 비유를 통해 대상의 면모를 효과적으로 전달하고 있다.
③ 예상되는 반론을 반박하면서 자신의 주장을 강화하고 있다.
④ 권위 있는 사람의 의견을 인용하며 내용을 뒷받침하고 있다.
⑤ 대상으로 인한 변화 양상과 그로 인한 한계를 설명하고 있다.

* 양상(樣相): 사물이나 현상의 모양이나 상태.

02 세부 내용 파악하기

윗글의 내용으로 적절하지 않은 것은?

① 공통의 생활 경험은 친밀감을 형성하는 데 있어 덜 중요해졌다.
② 스몰토크를 통한 의사소통은 표현적 자아로서의 정체성을 강화한다.
③ 친밀한 관계를 형성하는 데에 필요한 사람들의 에너지는 제한적이다.
④ 스몰토크의 등장과 함께 사람들은 과거보다 양적으로 풍부한 관계를 맺게 되었다.
⑤ 스몰토크는 이미 친한 사람들보단 친하지 않은 사람들 사이에서 더 많이 이루어진다.

중요 03 구체적 사례에 적용하기

윗글을 참고하여 보기 를 이해한 내용으로 적절하지 않은 것은?

보기

A는 친한 친구들과 예쁜 카페를 방문하여 찍은 사진을 인스타그램에 올리고, 다른 친구들이 올린 게시물에 '좋아요'를 누른 뒤 그들의 근황을 묻는 짧은 인사말을 적었다. 그리고 먼 지역에 사는 소모임 친구들이 자신의 인스타그램 게시물에 다음에 그 카페에 같이 놀러 가자는 댓글을 올린 것을 확인하였다.

① A는 양적으로 풍부한 관계를 맺고 있다.
② A는 표현적 자아로서의 정체성이 강화되고 있다.
③ A는 친밀한 관계를 만들기 위해 시간적·정신적 투자를 하고 있다.
④ A는 정확한 정보, 진솔한 표현과 공감적 감정 등을 표현하고 있다.
⑤ A는 인스타그램을 통해 공간에 구애받지 않고 '의사소통 회기'를 구성하고 있다.

17강

서답형 04 세부 내용 파악하기

빈칸에 들어갈 말을 윗글에서 찾아 2어절로 쓰시오.

(㉠)을/를 구성하는 데 있어 시 · 공간의 제약을 받지 않는 휴대 전화가 널리 쓰이게 되면서, 스몰토크의 빈도에 따라 친밀성이 형성되고 있다.

문제풀이

17강

문학 – 현대시

사는 일 _ 나태주

| 정답 및 해설 | 112쪽

한방에! 개념정리

한방에! 핵심정리

갈래	자유시, 서정시
성격	긍정적, 독백적
주제	일상의 일을 긍정적으로 받아들이고 만족하는 삶의 태도
특징	① 수미상관의 구성을 통해 주제를 강조함. ② 감각적 이미지를 활용하여 자연물을 묘사함.
해제	이 작품은 하루 동안의 일상을 통해 얻은 소박한 감동을 독백조로 담담하게 서술하고 있다. 화자는 예상치 못한 고난을 겪게 되었음에도 이를 긍정적으로 바라보며 삶에 대해 여유로운 자세를 보인다.

※ 다음 글을 읽고 물음에 답하시오.

㉠ 오늘도 하루 잘 살았다
굽은 길은 굽게 가고
곧은 길은 곧게 가고

막판에는 나를 싣고
가기로 되어 있는 차가
㉡ 제 시간보다 일찍 떠나는 바람에
걷지 않아도 좋은 길을 두어 시간
㉢ 땀 흘리며 걷기도 했다

㉣ 그러나 그것도 나쁘지 아니했다
걷지 않아도 좋은 길을 걸었으므로
만나지 못했을 번했던 싱그러운
바람도 만나고 수풀 사이
빨갛게 익은 멍석딸기도 만나고
해 저문 개울가 고기비늘 찍으러 온 물총새
물총새, 쪽빛 날갯짓도 보았으므로

이제 날 저물려 한다
㉤ 길바닥을 떠돌던 바람은 잠잠해지고
새들도 머리를 숲으로 돌렸다
오늘도 하루 나는 이렇게
잘 살았다

- 나태주, 〈사는 일〉 -

01 표현상의 특징 파악하기

윗글에 대한 설명으로 적절하지 않은 것은?

① 대구법을 활용하여 화자의 삶의 자세를 나타내고 있다.
② 접속 부사를 사용하여 부정적인 인식을 보여 주고 있다.
③ 시간의 흐름을 나타내어 하루 동안의 일임을 드러내고 있다.
④ 시각적 심상을 사용하여 자연물을 감각적으로 묘사하고 있다.
⑤ 첫 연의 시행을 마지막 연에서 변형하여 주제를 강조하고 있다.

02 시구의 의미 파악하기

㉠~㉤에 대한 설명으로 적절하지 않은 것은?

① ㉠: 하루 동안의 생활에 대한 화자의 만족감이 드러난다.
② ㉡: 빠름을 중시하는 현대인에 대한 비판을 제시한다.
③ ㉢: 겪지 않아도 되었던 고난을 겪었음을 의미한다.
④ ㉣: 부정적 상황에 대한 긍정적 태도가 나타난다.
⑤ ㉤: 밤이 되어 거리가 조용해졌음을 의미한다.

중요 03 작품 간의 공통점, 차이점 파악하기

윗글과 보기 를 비교한 내용으로 가장 적절한 것은?

보기

나는 구부러진 길이 좋다.
구부러진 길을 가면
나비의 밥그릇 같은 민들레를 만날 수 있고
감자를 심는 사람을 만날 수 있다.
날이 저물면 울타리 너머로 밥 먹으라고 부르는
어머니의 목소리도 들을 수 있다.
구부러진 하천에 물고기가 많이 모여 살듯이
들꽃도 많이 피고 별도 많이 뜨는 구부러진 길.
구부러진 길은 산을 품고 마을을 품고
구불구불 간다.
그 구부러진 길처럼 살아온 사람이 나는 또한 좋다.
반듯한 길 쉽게 살아온 사람보다
흙투성이 감자처럼 울퉁불퉁 살아온 사람의
구불구불 구부러진 삶이 좋다.
구부러진 주름살에 가족을 품고 이웃을 품고 가는
구부러진 길 같은 사람이 좋다.

- 이준관, 〈구부러진 길〉

① 윗글과 〈보기〉는 모두 현실에 순응하는 태도를 보이고 있다.
② 윗글과 〈보기〉는 모두 자연물에 긍정적인 가치를 부여하고 있다.
③ 윗글은 〈보기〉와 달리 비유적 표현을 활용하여 풍경을 그리고 있다.
④ 〈보기〉는 윗글과 달리 과거형 어미를 사용하여 과거를 회상하고 있다.
⑤ 윗글은 대조적인 시어를 제시하고 있고, 〈보기〉는 유사한 시어를 나열하고 있다.

서답형 04 시어의 의미 이해하기

윗글에서 화자가 만난 대상이자, 소박한 아름다움을 상징하는 시어를 세 개를 찾아 차례대로 쓰시오.

(단, 각각 1어절로 쓸 것.)

17강

문학 – 고전산문

두껍전 _ 작자 미상

| 정답 및 해설 | 113쪽

한방에! 개념정리

한방에! 핵심정리

갈래	우화 소설, 세태 풍자 소설
성격	우의적, 풍자적
주제	① 지배층에 대한 풍자 ② 조선 후기 신분 질서의 변화
특징	① 인간을 동물에 빗대어 인간 세상을 풍자함. ② 자리를 차지하기 위해 다투는 쟁좌형 소설의 성격을 띰.
해제	이 작품은 다양한 인간상을 동물에 빗대어 표현하고 있다. 잔치에 호랑이가 초대되지 않아 윗자리가 비자, 동물들은 거짓말을 하면서 상좌를 차지하려고 싸운다. 이를 통해 기존의 신분 질서가 흔들리고 새로운 질서가 세워지던 조선 후기의 시대상을 엿볼 수 있다.

*** 전체 줄거리**

어느 봄날 노루인 장 선생이 호랑이를 제외한 동물들을 초대하여 잔치를 연다. 잔치에서 동물들이 상좌를 차지하려고 싸우자, 토끼가 나이가 많은 순서대로 자리를 정하자는 의견을 낸다. 노루와 여우가 나서 거짓 근거를 대며 서로 나이가 더 많다고 주장하던 중, 두꺼비가 꾀를 부려 상좌에 앉고자 한다. 두꺼비의 주장이 받아들여져 두꺼비가 상좌에 앉게 되자 여우는 이를 억울해하며 두꺼비를 골탕 먹이려 하지만, 두꺼비는 여우보다 훨씬 깊은 지식으로 응수한다. 결국 여우는 두꺼비에게 상좌를 양보하고, 잔치가 끝난 뒤 두꺼비가 모든 동물을 대표하여 장 선생에게 감사의 말을 전하고 헤어진다.

※ 다음 글을 읽고 물음에 답하시오.

[앞부분 줄거리] 노루인 장 선생이 잔치를 연다. 장 선생은 산중의 왕 호랑이를 제외한 동물들만을 초대하고, 동물들은 서로 상좌*에 앉으려고 다툰다.

토끼 모든 손님을 돌아보며 말하기를,

"내 일찍 들으니 조정에서는 벼슬만 한 것이 없고, 마을에서는 나이만 한 것이 없다 했으니 부질없이 다투지 말고 **나이를 따라 자리를 정하**소서."

노루가 허리를 수그리고 펄쩍 뛰어 내달아,

"내가 나이 많아 허리가 굽었노라. 상좌에 처함이 마땅하도다."

하고, 암탉의 걸음으로 엉금엉금 기어 상좌에 앉으니, 여우란 놈이 생각하되,

'저놈이 한갓 허리 굽은 것으로 나이 많은 체하고 상좌에 앉으니, 난들 어찌 무슨 간계*로 나이 많은 체 못 하리오.'

하고 수염을 쓰다듬으며 내달아,

"내 나이 많아 수염이 세었노라." / 한대, 노루가 답하기를,

"네 나이 많다 하니 어느 갑자에 났는가. 호패*를 올리라."

하니, 여우 답하기를,

[A] "소년 시절에 호방하고 의협심이 있어 주색청루에 다닐 적에 술 취하여 오다가, 대신 가시는 길을 건넜다 하여 호패를 떼여 이때까지 찾지 못하였거니와, 천지개벽한 후 처음에 황하수 치던 시절에 나더러 힘세다 하고 가래장부 되었으니 내 나이 많지 아니하리오. 나는 이러하거니와 너는 어느 갑자에 났느냐."

노루 답하기를,

"**천지개벽하고 하늘에 별 박을 때**에, 날더러 궁통하다* 하여 별자리를 분간하여 도수를 정하였으니 내 나이 많지 아니하리오."

하고 둘이 상좌를 다투거늘 두꺼비 곁에 엎드렸다가 생각하되,

'저놈들이 서로 거짓말로 나이 많은 체하니 **난들 거짓말 못 하**리오.'

하고 공연히 건넛산을 바라보고 슬피 눈물을 흘리거늘 여우가 꾸짖어 말하되,

"무슨 슬픔이 있기에 남의 잔치에 참여하여 상서롭지 못한 형상을 보이느냐."

두꺼비 대답하기를, / "저 건너 고양나무를 보니 자연히 비창하여* 그리하노라."

여우가 말하되, / "저 고양나무에서 네 고조할아버지라도 돌아가셨냐? 어찌 그리 슬퍼하느냐?"

두꺼비 정색하여 말하되,

"내 소년 때에 저 나무 세 그루 심었더니 한 그루는 맏아들이 별 박는 방망이로 쓰려고 베었고, 한 그루는 둘째 아들이 은하수 칠 때 가루 막대기로 쓰려고 베었더니, 동티*가 나서 다 죽고 다만 저 나무 한 그루와 내 목숨만 살았으니, 내 그때 죽고 싶으되 인명은 재천*인 고로 이때까지 살아 있다가 오늘 저 나무를 다시 보니 자연 비감하도다*."

토끼가 이 말을 듣고 여쭈되, / "그러하시면 두껍 존장*이 상좌에 앉으소서."

두꺼비 사양하고 말하되,

"그렇지 않다. 나이 많은 이가 있으면 상좌를 할 것이니 좌중에 물어보라."

좌객*이 다 말하기를,

"우리는 하늘에 별을 박으며, 은하수 친단 말을 듣지도 못하였으니 다시 물을 바 없다."

하거늘, 이제야 두꺼비 펄쩍 뛰어 상좌에 앉고, 여우는 서편에 앉고 자기 차례를 정하였다.

여우가 두꺼비에게 상좌를 빼앗기고 분한 기운이 치밀어 올라 두꺼비에게 기롱하여* 말하기를,

"존장이 춘추*가 많을진대 구경을 많이 하였을 것이니 어디 어디 보았소이까?"

두꺼비 말하기를,

"내가 구경한 바는 이루 헤아리지 못하거니와 너는 구경을 얼마나 하였나 먼저 아뢰라."

(중략)

또 여쭈되, / "존장이 천지만물을 무불통지하오니*, 글도 아시나이까."

두꺼비 말하되,

"미련한 짐승아. 글을 못 하면 어찌 천자 만고* 역대*를 이르며 음양지술을 어찌 알리오."

하거늘 여우 말하되,

"존장은 문학도 거룩하니 풍월*을 들으리이다."

두꺼비 부채로 서안*을 치며 크게 읊어,

"**대월강우입하니 고루석연부라.** 금일군호회중에 유오대장부라*."

읽기를 그치니 여우 말하기를,

"존장의 문학이 심상치 아니하거니와, 실없이 묻잡느니 존장의 껍질이 어찌 우둘투둘하시나이까."

두꺼비 답하기를,

"소년에 장안 팔십 명을 밤낮으로 데리고 지내다가, 남의 몸에서 옴*이 올라 그리하도다."

여우 또 물으니, / "그리하면 눈은 **왜 그리 노르**시나이까."

"눈은 보은 현감 갔을 때에 대추 찰떡과 고욤*을 많이 먹었더니 열이 성하여 눈이 노르도다."

또 물으니, / "그리하면 등이 굽고 목정*이 움츠러졌으니 그는 어찌한 연고입니까."

두꺼비 답하기를,

[B] "평양 감사로 갔을 때 마침 중추 팔월이라 연광정에 놀음하고 여러 기생을 녹의홍상에 초립*을 씌워 좌우에 앉히고, 육방 하인을 대 아래에 세우고 풍악을 갖추고 술에 취하여 노닐다가, 술김에 정자 아래에 떨어지며 곱사등이 되고 길던 목이 움츠러졌음에, 지금까지 한탄하되 후회막급이라. 술을 먹다가 종신을 잘못할 듯하기로 지금은 밀밭 가에도 가지 않느니라. 이른바 소 잃고 외양간 고치는 격이라."

또 물으니, / "존장의 **턱 밑이 왜 벌떡벌떡하**시나이까."

두꺼비 답하기를,

"너희 놈들이 어른을 몰라보고 말을 함부로 하기에 분을 참노라고 자연 그러하도다."

\- 작자 미상, 〈두껍전〉 -

한방에! 어휘풀이

- 상좌(上座): 윗사람이 앉는 자리.
- 간계(奸計): 간사한 꾀.
- 호패(號牌): 조선 시대에, 신분을 증명하기 위하여 16세 이상의 남자가 가지고 다녔던 패.
- 궁통하다(窮通하다): 깊이 연구하여 통달하다.
- 비창하다(悲愴하다): 마음이 몹시 상하고 슬프다.
- 동티: 재앙을 받는 일. 또는 그 재앙.
- 인명재천(人命在天): 사람의 목숨은 하늘에 달려 있다는 뜻으로, 목숨의 길고 짧음은 사람의 힘으로 어쩔 수 없음을 이르는 말.
- 비감하다(悲感하다): 슬픈 느낌이 있다.
- 존장(尊丈): 지위가 자기보다 높은 사람을 높여 이르는 말.
- 좌객(座客): 자리에 앉은 손님.
- 기롱하다(欺弄하다): 남을 속이거나 비웃으며 놀리다.
- 춘추(春秋): 어른의 나이를 높여 이르는 말.
- 무불통지하다(無不通知하다): 무슨 일이든지 환히 통하여 모르는 것이 없다.
- 만고(萬古): 매우 먼 옛날.
- 역대(億代): 아주 멀고 오랜 세대.
- 풍월(風月): 맑은 바람과 밝은 달을 대상으로 시를 짓고 흥취를 자아내어 즐겁게 놂.
- 서안(書案): 예전에, 책을 얹던 책상.
- 대월강우입하니~유오대장부라: '솟는 달을 맞아 강가로 들어서니, 높은 누각에 저녁 안개가 이는구나! 오늘 모인 뭇사람 가운데 오직 나만이 대장부로다!'라는 뜻의 한문 구절.
- 옴: 옴진드기가 기생하여 일으키는 전염 피부병.
- 고욤: 고욤나무의 열매. 감보다 작고 맛이 달면서 좀 떫음.
- 목정: 소의 목덜미에 붙은 고기. 여기서는 두꺼비의 목을 이름.
- 초립(草笠): 예전에, 주로 어린 나이에 관례를 한 사람이 쓰던 갓.

01 작품의 내용 파악하기

윗글에 대한 설명으로 가장 적절한 것은?

① 두꺼비는 상좌에 앉지 못하는 것이 분해 눈물을 흘렸다.
② 노루는 여우의 호패를 확인하고 여우의 말을 믿게 되었다.
③ 토끼는 증거가 없다는 이유로 두꺼비의 주장을 의심하였다.
④ 노루와 여우는 외양적 특징을 들어 나이가 많음을 주장하였다.
⑤ 여우는 두꺼비가 자신보다 나이가 많다는 것을 순순히 수긍하였다.

02 인물의 말하기 방식 파악하기

[A], [B]의 말하기 방식에 대한 설명으로 가장 적절한 것은?

① [A]는 고사를 인용하여 상대에게 반박하고 있고, [B]는 속담을 인용하여 주장을 강화하고 있다.
② [A]는 상대를 설득하기 위해 경험을 언급하고 있고, [B]는 문제를 해결하기 위해 방법을 제시하고 있다.
③ [A]는 상대의 요구를 회피하기 위해 변명을 하고 있고, [B]는 상대의 질문에 답하기 위해 일화를 들고 있다.
④ [A]는 상대의 권위를 깎아내리며 자신을 내세우고 있고, [B]는 자신의 권위를 내세우며 상대를 깎아내리고 있다.
⑤ [A]는 비유를 사용하여 상대를 우회적으로 조롱하고 있고, [B]는 상대의 어리석음을 직접적으로 비판하고 있다.

* 우회적(迂廻的): 곧바로 가지 않고 멀리 돌아서 가는 것.

중요 03 외적 준거에 따라 작품 감상하기

보기 를 참고하여 윗글을 이해한 것으로 적절하지 않은 것은?

보기

〈두껍전〉의 갈등은 장 선생이 왕인 호랑이를 잔치에 초대하지 않으면서 발생한다. 호랑이의 부재로 상좌가 비게 된 것은 기존 신분제의 동요를 의미하는데, 이에 따라 새로운 질서가 생겨난다. 상좌에 앉기 위해 거짓말을 하고, 유식한 체하거나 상대의 외모로 트집을 잡는 동물들의 모습은 풍자의 대상이 된다. 즉, 〈두껍전〉은 조선 후기 신분 질서의 변화를 드러내는 한편 목적을 달성하기 위해 비윤리적인 일도 서슴지 않는 세태를 비판하는 것이다.

① 토끼가 '나이에 따라 자리를 정하'자고 한 것을 통해, 기존 신분제가 흔들리면서 새 질서가 생겨났음을 드러내는군.
② 노루가 '천지개벽하고 하늘에 별 박을 때'를 언급하는 것을 통해, 기존 신분제를 유지하고자 하는 세력을 나타내는군.
③ 두꺼비가 '난들 거짓말 못 하'겠냐고 하면서 다툼에 참여하는 것을 통해, 거짓말을 일삼는 비윤리적인 세태를 비판하는군.
④ 두꺼비가 '대월강우입하니 고루석연부라'라고 읊는 장면을 통해, 어려운 한자어를 쓰며 유식한 체하는 모습을 풍자하는군.
⑤ 여우가 '눈은 왜 그리 노르'신지와 '턱 밑이 왜 벌떡벌떡하'는지 묻는 장면을 통해, 외모로 트집을 잡는 사람을 풍자하는군.

* 동요(動搖): 어떤 체제나 상황 따위가 혼란스럽고 술렁임.
* 세태(世態): 사람들의 일상생활, 풍습 따위에서 보이는 세상의 상태나 형편.

서답형 04 소재의 의미 이해하기

㉠, ㉡에 들어갈 1어절의 말을 찾아 차례대로 쓰시오.

'두꺼비는 (㉠)의 존재를 근거로 들어 자신이 노루나 여우보다 나이가 많다고 주장한다. 두꺼비의 말을 들은 토끼는 두꺼비가 (㉡)에 앉아야 한다고 판단한다.

문제풀이

복습하기

화법

1문단	발표의 주제, [1]☐☐, 목차 소개	4문단	인라인스케이트를 타면 좋은 점
2문단	인라인스케이트의 개념과 안전 장비	5문단	인라인스케이트를 탈 때 지켜야 할 안전 수칙
3문단	인라인스케이트를 타는 방법	6문단	발표 내용 [2]☐☐ 및 정리

독서

1문단	[3]☐☐ ☐☐ 보급에 따른 스몰토크의 영향력
2문단	[4]☐☐☐☐ ☐☐와 친밀성의 기준 변화
3문단	스몰토크로 인한 [5]☐☐☐ ☐☐의 강화
4문단	[6]☐☐☐☐로 맺어진 관계의 한계

문학 - 사는 일(나태주)

1연	현실에 순응하는 삶
2연	예상하지 못한 고난
3연	고난에 대한 긍정적 인식 → '바람, 멍석딸기, [7]☐☐☐'와의 만남
4연	하루를 마무리하며 느끼는 만족감 → '오늘도 하루 나는 이렇게 / [8]☐ 살았다.'

문학 - 두껍전(작자 미상)

동물	발언 내용
노루	[9]☐☐가 굽고 하늘에 별을 박을 때에 별자리를 분간하여 도수를 정함.
여우	[10]☐☐이 세고 황하수 치던 시절에 가래장부가 됨.
두꺼비	• [11]☐☐☐☐를 심어 아들들이 별 박는 방망이와 은하수 치는 막대기로 쓰려고 했음. • [12]☐☐가 껍질, 눈, 등, 목정, 턱 밑의 모양새에 관해 묻자 대답함.

정답 1 목적 2 요약 3 휴대 전화 4 의사소통 회기 5 표현적 자아 6 스몰토크 7 물총새 8 잘 9 허리 10 수염 11 고양나무 12 여우

한수

18

Contents

18강

작문

고쳐쓰기의 원리

| 정답 및 해설 | 116쪽

✔ 한방에! 개념정리

✔ 한방에! 핵심정리

갈래	강연록
주제	좋은 글을 쓰기 위해서는 고쳐쓰기가 필요하다.
특징	① 선배가 후배에게 강연하는 형식을 취함. ② 구체적인 예시를 들어 고쳐쓰기의 방법을 설명함.

＊고쳐쓰기의 원리

삭제	글의 주제와 맞지 않거나 관련이 적은 내용을 삭제함.
추가	글의 주제를 효과적으로 전달하는 데에 필요한 내용을 추가함.
대치	주제나 문맥, 독자의 수준에 맞지 않는 내용이나 표현을 적절한 것으로 바꿈.
재구성	내용의 순서나 글의 구조 등을 적절하게 재구성함.

＊교정 부호

부호	기능	예
∨	글자를 띄움.	바람이∨세게 분다.
⌴	여러 글자를 고침.	개가 ~~짹짹~~(멍멍) 짖었다.

※ 다음은 강연록이다. 물음에 답하시오.

고쳐쓰기를 부탁해

안녕, 글쓰기 동아리 후배들! 나는 여러분의 글쓰기 동아리 선배인 고치훈이라고 해. 여러분이 고쳐쓰기를 어려워한다는 소식을 듣고 급히 달려왔어. 사실 내가 글쓰기 동아리 활동을 할 때 고쳐쓰기를 많이 하는 걸로 유명했거든. 일단 오늘은 너희들에게 고쳐쓰기가 무엇이고 왜 해야 하는지 이야기할 거야. 그리고 글을 어떻게 고쳐 써야 하는지도 알려 줄게.

고쳐쓰기는 글의 내용과 형식을 바로잡는 활동이야. 소설가 이태준은 고칠수록 글이 좋아지는 것은 글쓰기의 진리라고 말하기까지 했어. 다시 말해, 글은 고쳐 쓰면 고쳐 쓸수록 더 좋은 글이 된다는 거지. 그럼 좋은 글이란 어떤 글일까? 여러 가지 기준이 있겠지만 좋은 글은 기본적으로 글을 쓴 사람의 의도가 쉽게 파악되는 글이야. 고쳐쓰기는 좋은 글을 쓰는 데 도움이 되는 방법 가운데 하나인데, 글쓴이가 글을 통해 자신의 생각을 잘 전달하기 위해서 거치는 글쓰기의 한 과정이야. 글을 읽는 사람이 글쓴이의 생각을 쉽게 알아차리고, 정확히 이해할 수 있게 하려고 고쳐쓰기를 하는 거지.

고쳐쓰기를 할 때는 '삭제, 추가, 대치, 재구성'이라는 네 가지 원리를 활용할 수 있어. 어려우면 '빼기, 더하기, 바꾸기'만 기억하면 돼. 그래도 모르겠다고? 그럼 다음 글을 보면서 자세히 알아보자.

> 1 은주에게
>
> 은주야 안녕. 우리가 같은 반이 된 지도 벌써 여섯 달이나 지났네. 나는 지금 집에서 고전 음악을 듣고 있어. 새로 산 이어폰으로 듣는데, 소리가 정말 좋아. 사실 나 너 좋아해. 나는 요즘 고전 음악에 푹 빠져 있어. 너도 음악 좋아해? 너도 나랑 같은 마음이면 좋겠다. 서신 기다릴게.
>
> \- 민수가

이건 민수가 은주에게 보내는 편지야. 그런데 민수가 하려는 말이 자기가 고전 음악을 좋아한다는 건지, 은주를 좋아한다는 건지 헷갈리지? 만약 민수가 이 편지로 은주에게 고백을 하는 거라면 민수의 고백은 받아들여지지 않을지도 몰라. 그럼 민수의 사랑이 꼭 이루어질 수 있게 이걸 근사한 연애편지로 고쳐 보자.

> 2 은주에게
>
> 은주야 안녕. 우리가 같은 반이 된 지도 벌써 여섯 달이나 지났네. ~~나는 지금 집에서 고전 음악을 듣고 있어. 새로 산 이어폰으로 듣는데, 소리가 정말 좋아.~~ [사실 나 너 좋아해.] ~~나는 요즘 고전 음악에 푹 빠져 있어. 너도 음악 좋아해?~~ 그동안 너랑 많이 친해진 것 같아서 기분이 좋아. 근데 나, 너한테 못 한 말이 있어. 오래전부터 하고 싶었던 말인데 용기가 없어서 이제서야 말하는 거야. 갑자기 이런 얘기를 해서 당황스러울지도 모르겠다. 하지만 오랫동안 고민하다가 용기 내서 하는 말이니 장난으로 생각하지 않았으면 해. 너도 나랑 같은 마음이면 좋겠다. ~~서신~~(답장) 기다릴게.
>
> \- 민수가

2번 편지를 볼까? 일단 원래 편지에서 고전 음악과 관련된 내용을 모두 빼 보았어. 글을 고쳐 쓸 때에는 이렇게 글의 주제와 맞지 않거나 관련이 적은 내용을 '삭제'해야 해. 다음으로 민수의 마음을 잘 전달할 수 있는 내용들을 덧붙여 보았어. 글을 고쳐 쓸 때에는 이렇게 글의 주제를 효과적으로 전달하는 데에 필요한 내용을 '추가'하기도 해. 또 원래 편지에 있는 '서신'이라는 표현은 중학생들이 잘 쓰지 않는 단어야. 이럴 땐 '답장'이라는 다른 단어로 바꿔서 고치면 돼. 단어뿐만 아니라 혹시 읽는 이에게 너무 어려운 내용이 있다면 그것도 고치는 것이 좋아. 이렇게 주제나 문맥, 독자의 수준에 맞지 않는 내용이나 표현을 적절한 것으로 바꾸는 것을 '대치'라고 해. 마지막으로 "사실 나 너 좋아해."는 글의 흐름상 순서를 바꾸는 것이 자연스러워. 고쳐쓰기를 할 때는 이렇게 내용의 순서나 글의 구조 등을 적절하게 '재구성'할 수도 있어.

01 글의 내용 파악하기

윗글의 내용으로 적절하지 <u>않은</u> 것은?

① 고쳐쓰기를 하면 글의 의도를 명확하게 밝힐 수 있다.
② 고쳐쓰기는 글쓴이의 생각을 정확히 전달하기 위해 필요하다.
③ 글이 다 완성된 후에 한 번의 고쳐쓰기를 하는 것이 효과적이다.
④ 고쳐쓰기에는 글의 주제와 관련 있는 내용을 추가하는 것도 포함된다.
⑤ 글의 흐름을 해치지 않도록 문장의 순서를 바꾸는 것도 고쳐쓰기이다.

02 고쳐 쓴 글 비교하기

편지 [2]는 [1]을 수정한 것이다. 수정한 내용으로 적절하지 <u>않은</u> 것은?

① 편지의 목적에 부합하는 내용을 추가하였다.
② 주제에 맞지 않는 내용을 주제에 맞게 수정하였다.
③ 잘 쓰이지 않는 단어를 널리 쓰이는 단어로 고쳤다.
④ 글의 흐름에 맞게 문장의 위치를 다른 곳으로 옮겼다.
⑤ 고전 음악에 대한 내용은 통일성을 해치므로 삭제하였다.

중요 03 고쳐쓰기의 원리 이해하기

㉠~㉢이 나타내는 고쳐쓰기의 원리로 가장 적절한 것은?

㉠ 전학을 가고 나서는 슬펐다.
(친구가 없어서)
㉡ 친구와 놀았더니 ~~전혀~~ 행복했다.
(매우)
㉢ 그래서 자주 먹는다. 나는 과자를 좋아한다.

	㉠	㉡	㉢
①	대치	삭제	재구성
②	추가	대치	재구성
③	추가	재구성	대치
④	재구성	대치	추가
⑤	재구성	삭제	대치

서답형 04 고쳐쓰기의 원리 적용하기

다음은 보기 의 글을 고쳐 쓰기 위한 방법을 설명한 것이다. 빈칸에 들어갈 말을 찾아 쓰시오.

보기

"다음 순서로는 합창 동아리의 강연이 있겠습니다."

〈보기〉의 글을 고쳐 쓰기 위해서는 '강연'을 '공연'으로 수정해야 한다. 이는 '(　　　　)'의 원리에 해당한다.

문제풀이

18강

18강

독서 – 과학(지구과학)

빙하를 이용한 기후 분석

| 정답 및 해설 | 117쪽

한방에! 개념정리

한방에! 핵심정리

주제	빙하를 이용한 기후 분석 방법
해제	이 글은 고기후학에서 빙하를 이용하여 기후를 분석하는 방법을 설명하고 있다. 고기후학에서는 과거 지구의 기후를 분석하여 미래의 기후 변화를 예측하는데, 빙하는 과거의 기후를 파악하는 데 필수적이다. 빙하에 길게 구멍을 뚫어 캐낸 긴 원통 모양의 빙하 얼음인 빙하코어를 통해 기온 변화와 관계있는 기체의 농도나 과거의 화산 폭발, 산불 발생 시기 등을 알 수 있다. 이외에도 강설량을 파악하거나 화산 폭발 여부를 추정하는 등, 빙하코어는 고기후 연구에 필수적인 연구 자료이다.

* 문단 중심 내용

1문단	고기후학 연구 방법
2문단	기후 연구를 위한 빙하 분석
3문단	빙하에 대한 연구를 통해 알 수 있는 것
4문단	고기후 연구에 필수적인 빙하코어

한방에! 어휘풀이

* **퇴적물(堆積物)**: 암석의 파편이나 생물의 유해 따위가 물, 빙하, 바람, 중력 따위의 작용으로 운반되어 땅 표면에 쌓인 물질.
* **간빙기(間氷期)**: 빙하 시대에, 저위도 지방에 있던 빙하는 녹아 없어지고, 고위도 지방에만 빙하가 존재하였던 시기. 빙기와 빙기 사이의 시기로 비교적 기후가 따뜻했다.

※ 다음 글을 읽고 물음에 답하시오.

아주 먼 옛날부터 지금까지 장기간에 걸쳐 지구의 기후가 어떻게 변화했는지 탐구하는 학문을 고기후학이라고 한다. 고기후학자들은 과거 지구 기후의 분석을 통해 미래의 기후 변화를 예측한다. 고기후학 연구는 과거의 기후가 어떠했는지를 나타내 주는 간접적인 증거들을 최대한 모아서 분석하는 방법을 사용한다. 예를 들어, 오늘날 참나무 숲이 우거진 지역의 호수 퇴적물*에서 가문비나무의 꽃가루 입자가 발견되었다면 과거 그 지역의 기후가 지금보다 추웠음을 알 수 있다.

특히 빙하는 과거의 기후를 파악하는 데 필수적인 요소다. 남극의 빙하는 과거 지구의 대기 성분과 기온 변화에 관한 기초 자료를 생생하게 보존하고 있다. 과학자들은 빙하를 분석함으로써 지구 온난화 등 지구가 겪고 있는 여러 문제에 대한 정보를 얻고 있다. 빙하는 해마다 내린 눈이 겹겹이 쌓이면서 만들어졌기 때문에 빙하의 아랫부분일수록 더 오래전에 내린 눈이 만든 얼음이라고 할 수 있다. 눈이 얼음으로 변형되는 과정에서 눈 입자들 사이에 들어 있는 공기가 얼음 속에 갇히게 되고, 얼음이 두꺼워지면서 위쪽 얼음이 가하는 압력이 증가하게 되면 이산화탄소, 메탄 등 대기의 기체 성분이 포함된 결정체가 형성된다. 기포가 포함된 얼음을 발굴하여 녹이면 원래의 상태로 바뀌므로, 정밀 기기를 사용하여 그 속의 기체 성분을 분석하는 과정을 통해 과거 지구의 대기 성분과 농도를 알아낼 수 있으며, 지구가 간빙기*를 거쳐 다시 빙하기가 되는 과정을 일정한 주기로 반복하였음을 알 수 있다. 이때 빙하를 조사하기 위해 빙하에 길게 구멍을 뚫어 캐낸 긴 원통 모양의 빙하 얼음을 [빙하코어]라고 한다.

연구자들은 빙하에 대한 연구를 통해 이산화탄소와 메탄의 농도 변화가 기온 변화와 밀접한 관계가 있음을 알아냈다. 이 기체들의 농도가 증가하면 기온이 올라가고, 반대로 농도가 감소하면 기온이 내려간다는 사실이 밝혀진 것이다. 또한 빙하코어 속의 공기를 분석하면 과거 어느 때에 큰 산불이 일어났고 바다가 어떻게 변화해왔는지 알 수 있으며, 사막이 얼마만큼 늘었는지도 알 수 있다.

이외에도 얼음층의 두께로 강설량을 파악하거나 화산재나 황산의 포함 여부로 화산 폭발을 추정하는 등 100만 년 이전의 기후 정보까지 알 수 있어 빙하코어는 고기후 연구에 빼놓을 수 없는 연구 자료가 되고 있다.

01 핵심 내용 파악하기

윗글의 제목으로 가장 적절한 것은?

① 대자연의 보고, 고기후학
② 지구의 다양한 자연 현상
③ 과거 기후에 대한 열쇠, 빙하코어
④ 기후 변화를 촉진하는 이산화탄소와 메탄
⑤ 지구 온난화를 막기 위한 고기후학자들의 노력

02 세부 내용 확인하기

윗글을 통해 알 수 있는 내용이 아닌 것은?

① 가문비나무는 참나무가 사는 기후보다 추운 환경에서 생장한다.
② 빙하를 통해 과거 지구의 대기 성분과 기온 변화에 관한 정보를 알 수 있다.
③ 빙하 속 기포를 통해 기포가 발견된 당시 지구의 대기 성분을 파악할 수 있다.
④ 빙하 속 대기 성분은 과거가 어떠했는지를 나타내는 간접적인 증거에 해당한다.
⑤ 빙하코어 속의 공기를 분석하여 과거의 사막 면적과 현재의 사막 면적을 비교할 수 있다.

* 생장하다(生長하다): 나서 자라다.

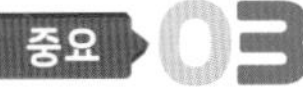

03 구체적 사례에 적용하기

보기 는 빙하코어의 단면을 나타낸 그림이다. 윗글을 통해 보기 를 이해한 것으로 적절하지 않은 것은?

보기

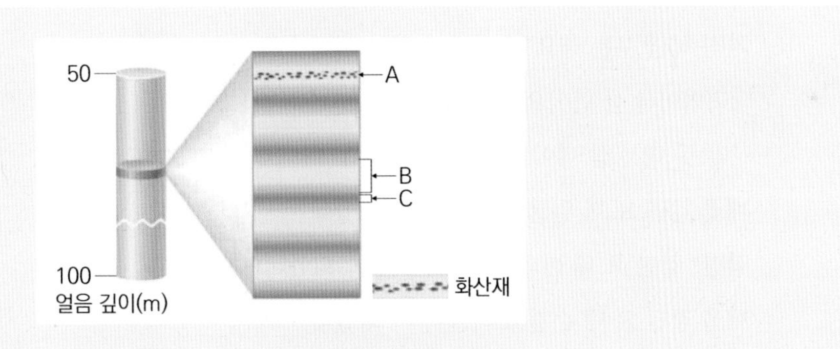

① A 지점이 생성된 시기에는 화산 활동이 일어났을 것으로 추측할 수 있다.
② B와 C를 통해 간빙기와 빙하기가 일정한 주기로 반복되었음을 알 수 있다.
③ 얼음층의 두께를 통해 B 시기가 C 시기보다 눈이 더 많이 왔음을 추측할 수 있다.
④ 얼음 깊이가 100m인 지점보다 50m인 지점의 빙하가 더 먼저 만들어졌을 것이다.
⑤ 현재 지구의 온도가 과거보다 높다면, 이산화탄소의 농도는 B보다 A가 높을 것이다.

서답형

04 세부 내용 추론하기

빈칸에 들어갈 말을 골라 쓰시오.

간빙기에 형성된 빙하는 빙하기에 형성된 빙하보다 이산화탄소나 메탄의 농도가 (높을 / 낮을) 것이다.

18강

18강

문학 – 고전운문

시집살이 노래 _ 작자 미상

| 정답 및 해설 | 119쪽

한방에! 개념정리

한방에! 핵심정리

갈래	민요
성격	서민적, 풍자적, 해학적
주제	시집살이의 어려움과 한
특징	① 서민 여성의 삶의 애환이 드러남. ② 대구, 반복, 과장, 비유 등이 활용됨. ③ 동생의 물음과 사촌 형님의 대답으로 이루어짐.
해제	이 작품은 여성 화자의 입으로 여성이 시집살이에서 느끼는 어려움과 한을 표현하고 있다. 사촌 형님을 마중 나간 동생이 시집살이에 대해 묻고, 사촌 형님이 질문에 답하는 방식으로 전개된다. 봉건적인 가족 관계에서 여성들이 겪는 고통이 드러나는 한편, 다양한 표현 방식을 활용하여 해학성을 살리고 있다.

※ 다음 글을 읽고 물음에 답하시오.

형님 온다 형님 온다 분고개로 형님 온다
형님 마중 누가 갈까 형님 동생 내가 가지
형님 형님 사촌 형님 시집살이 어떱뎁까
이애 이애 그 말 마라 시집살이 개집살이
[A] ┌ 앞밭에는 당추* 심고 뒷밭에는 고추 심어
└ 고추 당추 맵다 해도 시집살이 더 맵더라
둥글둥글 수박 식기 밥 담기도 어렵더라
도리도리 도리소반* 수저 놓기 더 어렵더라
[B] ┌ 오 리 물을 길어다가 십 리 방아 찧어다가
└ 아홉 솥에 불을 때고 열두 방에 자리 걷고
[C] ┌ 외나무다리 어렵대야 시아버니*같이 어려우랴
└ 나뭇잎이 푸르대야 시어머니보다 더 푸르랴
시아버니 호랑새요 시어머니 꾸중새요
동세* 하나 할림*새요 시누 하나 뾰족새요
시아지비* 뾰중새요 남편 하나 미련새요
자식 하난 우는 새요 나 하나만 썩는 샐세
[D] ┌ 귀먹어서 삼 년이요 눈 어두워 삼 년이요
└ 말 못 해서 삼 년이요 석 삼 년을 살고 나니
배꽃 같던 요 내 얼굴 호박꽃이 다 되었네
삼단* 같던 요 내 머리 비사리춤*이 다 되었네
백옥 같던 요 내 손길 오리발이 다 되었네
열새* 무명 반물치마* 눈물 씻기 다 젖었네
두 폭 붙이 행주치마 콧물 받기 다 젖었네
울었던가 말았던가 베갯머리 소* 이뤘네
[E] ┌ 그것도 소이라고 거위 한 쌍 오리 한 쌍
└ 쌍쌍이 때 들어오네

- 작자 미상, 〈시집살이 노래〉 -

한방에! 어휘풀이

* 당추: '고추'의 방언.
* 도리소반(도리小盤): 둥글게 생긴 조그마한 상.
* 시아버니(媤아버니): 시아버지.
* 동세(同壻): 동서. 시아주버니의 아내를 이르는 말.
* 할이다: '참소를 당하다'의 옛말.
* 시아지비(媤아지비): 시아주버니. 남편의 형.
* 삼단: 삼을 묶은 단.
* 비사리춤: 오래 쓴 댑싸리비처럼 성기고 거친 물건.
* 열새: 고운 베.
* 반물치마: 검은빛을 띤 짙은 남색의 치마.
* 소(沼): 작은 연못.

01 표현상의 특징 파악하기

윗글에 대한 설명으로 적절하지 않은 것은?

① 동일한 시어를 반복하여 운율을 형성하고 있다.
② 설의법을 활용하여 시집살이의 어려움을 강조하고 있다.
③ 시간의 흐름을 표현하여 새롭게 얻은 깨달음을 나타내고 있다.
④ 대조적인 시어를 제시하여 과거와 현재의 모습을 비교하고 있다.
⑤ 묻고 답하는 형식을 활용하여 현실에 대한 인식을 드러내고 있다.

02 시구의 의미 파악하기

[A]~[E]에 대한 설명으로 적절하지 않은 것은?

① [A]: '당추'와 '고추'와의 비교는 시집살이의 어려움을 의미한다.
② [B]: '오 리', '십 리', '아홉', '열두'라는 수 표현은 친정집과의 거리를 의미한다.
③ [C]: '외나무다리'와 '나뭇잎'의 활용은 시부모가 대하기 어렵고 무서운 사람임을 의미한다.
④ [D]: '삼 년'의 반복은 고된 시집살이를 참고 견뎠음을 의미한다.
⑤ [E]: '거위'와 '오리'의 등장은 자식 때문에 체념하고 사는 상황을 의미한다.

중요 03 작품 간의 공통점 파악하기

윗글과 보기 의 공통점으로 적절하지 않은 것은?

보기

시어머님 며느리가 미워서 부엌 바닥을 구르지 마오
빛 대신에 받은 며느린가 값을 치러서 데려온 며느린가. 밤나무 썩은 등걸에 휘초리 난 것처럼 매서우신 시아버님, 볕을 쬔 쇠똥처럼 딱딱하신 시어머님, 삼 년 엮어 만든 망태기에 새 송곳 끝처럼 뾰족하신 시누이님, 당피 심은 밭에 돌피 난 것처럼 샛노란 오이꽃같이 연약한 데다 피똥까지 누는 아들 하나 두고
기름진 밭에 메꽃 같은 며느리가 어디가 미워서 그러시는고

- 작자 미상, 〈시어머님 며느리가 미워서〉

① 시집 식구들을 부정적으로 표현하고 있다.
② 서민적이고 일상적인 소재를 사용하고 있다.
③ 남편이 도움이 되지 않는 사람임을 암시하고 있다.
④ 초라해진 화자의 모습을 비유적으로 나타내고 있다.
⑤ 화자가 특정한 상대에게 말하고 있음이 드러나고 있다.

* 등걸: 줄기를 잘라 낸 나무의 밑동.
* 휘초리: 휘추리. 가늘고 긴 나뭇가지.
* 당피: 품질이 좋은 곡식을 의미함.
* 돌피: 품질이 낮은 곡식을 의미함.

서답형 04 시어의 기능 이해하기

윗글에서 발음의 유사성을 활용한 언어유희이면서, 시집살이의 어려움을 단적으로 표현하는 시어를 찾아 1어절로 쓰시오.

18강

문학 – 현대소설

소나기 _ 황순원

| 정답 및 해설 | 120쪽

한방에! 개념정리

한방에! 핵심정리

갈래	단편 소설
성격	비극적, 서정적, 향토적
주제	소년과 소녀의 순수하고 짧은 사랑
특징	① 시간의 흐름에 따라 사건이 전개됨. ② 소설의 계절적, 공간적 배경을 감각적으로 묘사함. ③ 등장인물의 성격이 주로 행동이나 소재를 통해 제시됨.
해제	이 작품은 시골 소년과 서울 소녀의 사랑을 간결한 문장을 사용하여 낭만적으로 서술하였다. 제목인 '소나기'는 갑자기 세차게 쏟아지다가 곧 그치는 비를 뜻하는 말로, 소년과 소녀의 짧은 사랑을 상징적으로 드러낸다.

※ 다음 글을 읽고 물음에 답하시오.

참 **먹장구름*** 한 장이 **머리 위에 와 있**다. 갑자기 사면이 소란스러워진 것 같다. 바람이 우수수 소리를 내며 지나간다. 삽시간에 주위가 보랏빛으로 변했다.

산을 내려오는데 떡갈나무 잎에서 빗방울 듣는* 소리가 난다. 굵은 빗방울이었다. 목덜미가 선뜩선뜩했다*. 그러자 대번에 눈앞을 가로막는 빗줄기.

비안개 속에 **원두막**이 보였다. 그리로 가 비를 그을* 수밖에.

그러나, 원두막은 **기둥이 기울고 지붕도 갈래갈래 찢어**져 있었다. 그런대로 비가 덜 새는 곳을 가려 소녀를 들어서게 했다. / 소녀의 입술이 파아랗게 질렸다. 어깨를 자꾸 떨었다.

무명 겹저고리를 벗어 소녀의 어깨를 싸 주었다. 소녀는 비에 젖은 눈을 들어 한 번 쳐다보았을 뿐, 소년이 하는 대로 잠자코 있었다. 그러고는 안고 온 꽃묶음 속에서 가지가 꺾이고 꽃이 일그러진 송이를 골라 발밑에 버린다.

소녀가 들어선 곳도 비가 새기 시작했다. 더 거기서 비를 그을 수 없었다.

밖을 내다보던 소년이 무엇을 생각했는지 수수밭 쪽으로 달려간다. 세워 놓은 수숫단 속을 비집어 보더니, 옆의 수숫단을 날라다 덧세운다*. 다시 속을 비집어 본다. 그리고는 이쪽을 향해 손짓을 한다.

수숫단 속은 비는 안 새었다. 그저 **어둡고 좁은** 게 안 됐다. 앞에 나앉은 소년은 그냥 비를 맞아야만 했다. 그런 소년의 어깨에서 김이 올랐다.

소녀가 속삭이듯이, 이리 들어와 앉으라고 했다. 괜찮다고 했다. 소녀가 다시, 들어와 앉으라고 했다. 할 수 없이 뒷걸음질을 쳤다. 그 바람에 소녀가 안고 있는 꽃묶음이 망그러졌다*. ㉠ 그러나 소녀는 상관없다고 생각했다. 비에 젖은 소년의 몸 내음새가 확 코에 끼얹어졌다. 그러나 고개를 돌리지 않았다. 도리어 소년의 몸기운으로 해서 떨리던 몸이 적이* 누그러지는 느낌이었다.

소란하던 수숫잎 소리가 뚝 그쳤다. 밖이 멀개졌다.

수숫단 속을 벗어 나왔다. 멀지 않은 앞쪽에 햇빛이 눈부시게 내리붓고 있었다.

도랑 있는 곳까지 와 보니, 엄청나게 **물이 불어 있**었다. 빛마저 제법 붉은 흙탕물이었다. 뛰어 건널 수가 없었다.

소년이 등을 돌려 댔다. 소녀가 순순히 업히었다. 걷어 올린 소년의 잠방이*까지 물이 올라왔다. 소녀는 '어머나' 소리를 지르며 소년의 목을 끌어안았다.

개울가에 다다르기 전에 **가을 하늘**은 언제 그랬는가 싶게 **구름 한 점 없이 쪽빛으로 개어 있**었다.

그 뒤로 소녀의 모습은 뵈지 않았다. 매일같이 개울가로 달려와 봐도 뵈지 않았다.

학교에서 쉬는 시간에 운동장을 살피기도 했다. 남몰래 5학년 여자 반을 엿보기도 했다. 그러나 뵈지 않았다.

그날도 소년은 주머니 속 흰 조약돌만 만지작거리며 개울가로 나왔다. 그랬더니 이쪽 개울둑에 소녀가 앉아 있는 게 아닌가.

㉡ 소년은 가슴부터 두근거렸다.

"그동안 앓았다." / 어쩐지 소녀의 얼굴이 해쓱해져 있었다.

"그날 소나기 맞은 탓 아냐?"

소녀가 가만히 고개를 끄덕이었다.

"인제 다 났냐?" / "아직도……."

"그럼 누워 있어야지."

"하도 갑갑해서 나왔다. …… 참, 그날 재밌었다. …… 그런데 그날 어디서 이런 물이 들었는지 잘 지지 않는다."

소녀가 분홍 스웨터 앞자락을 내려다본다. 거기에 검붉은 진흙물 같은 게 들어 있었다.

소녀가 가만히 보조개를 떠올리며, / "그래 이게 무슨 물 같니?"

소년은 스웨터 앞자락만 바라보고 있었다.

"내, 생각해 냈다. 그날 도랑을 건너면서 내가 업힌 일이 있지? 그때 네 등에서 옮은 물이다."

소년은 얼굴이 확 달아오름을 느꼈다.

갈림길에서 소녀는, / "저, 오늘 아침에 우리 집에서 대추를 땄다. 낼 제사 지내려고……."

대추 한 줌을 내준다. 소년은 주춤한다.

"맛봐라. 우리 증조할아버지가 심었다는데, 아주 달다."

소년은 두 손을 오그려 내밀며, / "참, 알도 굵다!"

"그리고 저, 우리 이번에 제사 지내고 나서 집을 내주게 됐다."

소년은 소녀네가 이사해 오기 전에 벌써 어른들의 이야기를 들어서, 윤 초시* 손자가 서울서 사업에 실패해 가지고 고향에 돌아오지 않을 수 없게 되었다는 걸 알고 있었다. 그것이 이번에는 고향 집마저 남의 손에 넘기게 된 모양이었다.

"왜 그런지 난 이사 가는 게 싫어졌다. 어른들이 하는 일이니 어쩔 수 없지만……."

㉢ 전에 없이 소녀의 까만 눈에 쓸쓸한 빛이 떠돌았다.

소녀와 헤어져 돌아오는 길에, 소년은 혼잣속으로 소녀가 이사를 간다는 말을 수없이 되뇌어 보았다. 무어 그리 안타까울 것도 서러울 것도 없었다. ㉣ 그렇건만 소년은 지금 자기가 씹고 있는 대추알의 단맛을 모르고 있었다.

(중략)

마을 갔던 아버지가 언제 돌아왔는지,

"윤 초시 댁도 말이 아니야. 그 많던 전답*을 다 팔아 버리고, 대대로 살아오던 집마저 남의 손에 넘기더니, 또 악상*까지 당하는 걸 보면……."

남폿불* 밑에서 바느질감을 안고 있던 어머니가, / "증손이라곤 계집애 그 애 하나뿐이었지요?"

"그렇지, 사내 애 둘 있던 건 어려서 잃어버리고……."

"어쩌면 그렇게 자식 복이 없을까."

"글쎄 말이지. 이번 앤 꽤 여러 날 앓는 걸 약도 변변히 못 써 봤다더군. 지금 같아서 윤 초시네도 대가 끊긴 셈이지……. 그런데 참 이번 계집애는 어린 것이 여간 잔망스럽지가* 않아. 글쎄, 죽기 전에 이런 말을 했다지 않아? ㉤ 자기가 죽거든 자기 입던 옷을 꼭 그대로 입혀서 묻어 달라고……."

- 황순원, 〈소나기〉 -

* **전체 줄거리**

소년은 개울가에서 윤 초시네 증손녀라는 소녀를 만난다. 며칠 동안 개울가에 소녀의 모습이 보이지 않자, 소년은 허전함을 느끼며 소녀가 자신에게 던졌던 조약돌만 만지작거린다. 그러다 어느 날, 개울가에서 다시 만난 소년과 소녀는 소녀의 제안으로 산에 놀러 간다. 그러나 산에서 내려오던 중에 소나기를 만나는 바람에 좁은 수숫단 속에서 함께 비를 피하고, 소년은 소녀를 업고 물이 불어난 도랑을 건넌다. 또다시 며칠을 보이지 않다가 나타난 소녀는 자신이 그동안 앓았다는 것과, 제사가 끝나면 이사를 하게 되었다는 사실을 전한다. 다음날 밤, 소년은 윤 초시네 제사에 다녀온 아버지와 어머니의 대화를 듣고 소녀가 죽었으며, 자기가 입던 옷을 그대로 입혀 묻어 달라는 유언을 남겼음을 알게 된다.

한방에! 어휘풀이

* **먹장구름**: 먹빛같이 시꺼먼 구름.
* **듣다**: 눈물, 빗물 따위의 액체가 방울져 떨어지다.
* **선뜩선뜩하다**: 갑자기 서늘한 느낌이 잇따라 들다.
* **긋다**: 비를 잠시 피하여 그치기를 기다리다.
* **덧세우다**: 본래 있는 위에 겹쳐 세우다.
* **망그러지다**: 부서지거나 찌그러져 못 쓰게 되다.
* **적이**: 꽤 어지간한 정도로.
* **잠방이**: 가랑이가 무릎까지 내려오도록 짧게 만든 홑바지.
* **초시(初試)**: 예전에, 한문을 좀 아는 유식한 양반을 높여 이르던 말.
* **전답(田畓)**: 논과 밭을 아울러 이르는 말.
* **악상(惡喪)**: 수명을 다 누리지 못하고 젊어서 죽은 사람의 상사. 흔히 젊어서 부모보다 먼저 자식이 죽는 경우를 이른다.
* **남폿불**: 남포등(석유를 넣은 그릇의 심지에 불을 붙이고 유리로 만든 등피를 끼운 등)에 켜 놓은 불.
* **잔망스럽다(孱妄스럽다)**: 얄밉도록 맹랑한 데가 있다.

01 작품의 내용 파악하기

윗글의 인물에 대한 설명으로 가장 적절한 것은?

① 윤 초시는 소녀를 살리기 위해 백방으로 노력했다.
② 소녀는 스웨터에 진흙물이 든 것을 아쉽게 여겼다.
③ 소녀는 소년과 함께 비를 피하는 것을 불편하게 느꼈다.
④ 소년의 부모님은 윤 초시 집안의 가계에 관심이 없었다.
⑤ 소년은 소녀의 아버지가 고향에 돌아온 이유를 알고 있었다.

* 백방(百方): 여러 가지 방법. 또는 온갖 수단과 방도.
* 가계(家系): 대대로 이어 내려온 한집안의 계통.

02 인물의 태도, 심리 파악하기

㉠~㉤에 대한 설명으로 적절하지 않은 것은?

① ㉠: 꽃보다 소년을 소중하게 여겼기 때문이다.
② ㉡: 소녀가 자신을 책망할까 봐 불안했기 때문이다.
③ ㉢: 소년과 헤어지는 것을 아쉬워했기 때문이다.
④ ㉣: 소녀가 떠난다는 사실에 충격받았기 때문이다.
⑤ ㉤: 소년과의 추억을 간직하고자 했기 때문이다.

* 책망하다(責望하다): 잘못을 꾸짖거나 나무라며 못마땅하게 여기다.

중요 03 외적 준거를 바탕으로 작품 이해하기

보기 를 참고하여 윗글을 이해한 내용으로 적절하지 않은 것은?

보기

소설에서의 배경은 사건이 벌어지는 구체적인 시간과 공간을 의미한다. 배경은 작가의 의도에 따라 설정됨으로써 작가가 말하고자 하는 주제를 효과적으로 드러낸다. 또한 작품 전체의 분위기를 조성하기도 하고, 인물의 심리나 새로운 사건의 등장, 혹은 사건 전개 방향을 암시하기도 한다.

① '머리 위에 와 있'는 '먹장구름'은 긴장감과 위기감을 조성한다.
② '기둥이 기울고 지붕도 갈래갈래 찢어'진 '원두막'은 소년의 불안정한 심리를 의미한다.
③ '어둡고 좁은' '수숫단 속'에서의 경험은 소녀가 소년에게 친밀감을 느끼는 계기가 된다.
④ '물이 불어 있'는 '도랑'은 소년과 소녀가 가까워지는 사건을 제공한다.
⑤ '구름 한 점 없이 쪽빛으로 개어 있'는 '가을 하늘'은 소년과 소녀의 순수한 사랑을 나타낸다.

* 친밀감(親密感): 지내는 사이가 매우 친하고 가까운 느낌.

04 소재의 의미 파악하기

소년에 대한 소녀의 마음이 담긴 소재를 윗글에서 찾아 2음절로 쓰시오.

복습하기

작문

1 □□	글의 주제와 맞지 않거나 관련이 적은 내용을 1 □□ 함.
2 □□	글의 주제를 효과적으로 전달하는 데에 필요한 내용을 2 □□ 함.
3 □□	주제나 문맥, 독자의 수준에 맞지 않는 내용이나 표현을 적절한 것으로 바꿈.
4 □□□	내용의 순서가 글의 구조 등을 적절하게 4 □□□ 함.

독서

1문단	5 □□□□ 연구 방법	**3문단**	빙하에 대한 연구를 통해 알 수 있는 것
2문단	기후 연구를 위한 6 □□ 분석	**4문단**	고기후 연구에 필수적인 7 □□□□

문학 - 시집살이 노래(작자 미상)

1~6행	시집살이에 대한 8 □□의 질문과 9 □□ 형님의 대답
7~16행	시집살이의 어려움, 식구들의 성격 묘사(10 □에 빗대어 표현)
17~21행	고생으로 변한 자신의 모습 한탄
22~26행	고된 시집살이로 인한 서러움과 체념

문학 - 소나기(황순원)

산을 내려오던 길에 소나기가 내려 11 □□□에서 비를 피함.

⬇

소년이 12 □□□을 덧세워 그 속에서 함께 비를 피함.

⬇

소년이 소녀를 업고 13 □□을 건넘.

⬇

소녀가 그동안 앓았다고 말하며 스웨터에 든 14 □□□을 보여 주고 이사 소식을 전함.

⬇

소년이 소녀의 죽음을 알게 됨.

정답 1 삭제 2 추가 3 대치 4 재구성 5 고기후학 6 빙하 7 빙하코어 8 동생 9 사촌 10 새 11 원두막 12 수숫단 13 도랑 14 진흙물

한수

19

Contents

19강

문법

자음의 창제 원리

| 정답 및 해설 | 123쪽

✓ 한방에! 개념정리

✓ 한방에! 핵심정리

* **가획자와 이체자**

이체자는 획을 더하여 만든 것처럼 보이지만, 가획자와는 달리 소리의 세기가 강해지지 않음. ㆁ(옛이응)과 ㅿ(반치음)은 없어지고 현재 남은 이체자는 ㄹ(리을)밖에 없음. ㆆ(여린히읗)은 주로 한자어 표기에 사용되다가 없어짐.

1 상형

발음 기관의 모양을 본떠 기본자인 'ㄱ, ㄴ, ㅁ, ㅅ, ㅇ'을 만듦.

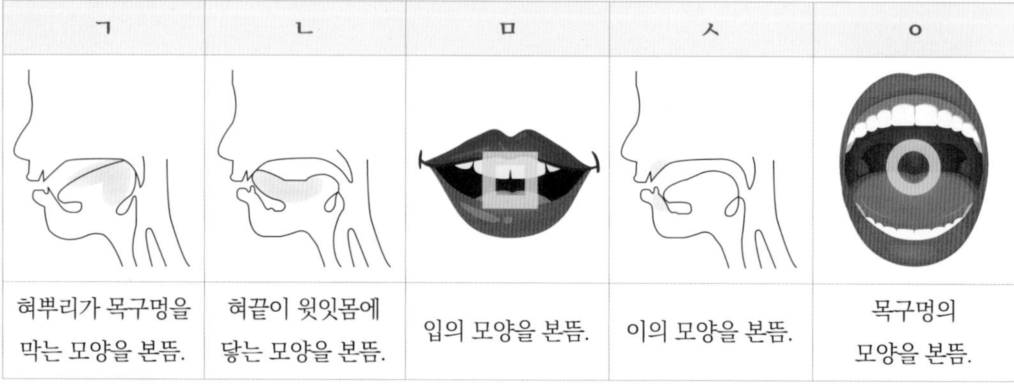

ㄱ	ㄴ	ㅁ	ㅅ	ㅇ
혀뿌리가 목구멍을 막는 모양을 본뜸.	혀끝이 윗잇몸에 닿는 모양을 본뜸.	입의 모양을 본뜸.	이의 모양을 본뜸.	목구멍의 모양을 본뜸.

2 가획

기본자에 획을 더하여 소리의 세기를 나타내며 새 글자를 만듦.

ㄱ	ㅋ	
ㄴ	ㄷ	ㅌ
ㅁ	ㅂ	ㅍ
ㅅ	ㅈ	ㅊ
ㅇ	ㆆ	ㅎ

3 이체

상형이나 가획의 원리를 적용하지 않고 모양을 달리해 만듦.

→ ㄹ, ㆁ, ㅿ

* **병서의 종류**

- **각자 병서**: 같은 자음 두 글자를 나란히 써서 만든 글자
  예 ㄸ, ㅉ
- **합용 병서**: 서로 다른 자음 두 글자를 나란히 써서 만든 글자
  예 ㄵ, ㄻ, ㅵ

4 병서

글자를 옆으로 나란히 쓰는 것

예 ㄲ, ㅃ / ㄳ, ㄶ, ㄺ, ㄾ, ㅄ / ㅴ

5 연서

글자를 위아래로 이어 쓰는 것

예 ㅱ, ㅸ, ㆄ

01 자음의 창제 원리 이해하기

다음 중 자음과 창제 원리가 적절하게 연결된 것은?

① ㄹ: 상형　② ㆁ: 가획　③ ㅿ: 이체　④ ㅆ: 연서　⑤ ㅸ: 병서

중요 02 자음의 창제 원리 이해하기

보기 에 대한 설명으로 적절하지 않은 것은?

보기

ㅇ → ㆆ → ㅎ

① 'ㅇ'은 목구멍의 모양을 본떠 만든 글자이다.
② 'ㆆ'은 'ㅇ'에 모음 'ㅡ'를 더하여 만든 글자이다.
③ 'ㆆ'은 과거에는 쓰였으나 현대에는 사라진 글자이다.
④ 'ㅎ'은 'ㅇ'에 획을 두 번 더하여 만든 글자이다.
⑤ 〈보기〉에서 오른쪽에 있을수록 소리가 센 글자이다.

중요 03 가획의 원리 이해하기

(가), (나)에 대한 내용으로 가장 적절한 것은?

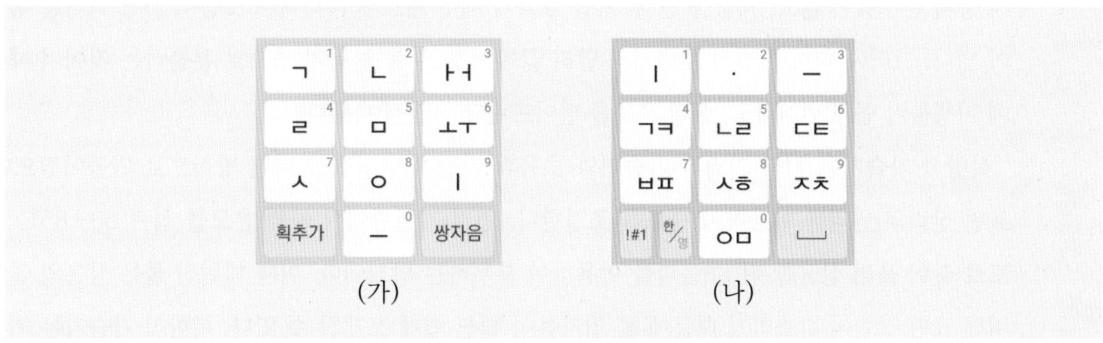

(가)　(나)

① (가)는 (나)보다 'ㅂ'을 입력하기 위해 자판을 눌러야 하는 횟수가 더 적다.
② (나)는 (가)보다 'ㅌ'을 입력하기 위해 자판을 눌러야 하는 횟수가 더 많다.
③ (가)와 (나)에서 'ㅊ'을 입력하기 위해 자판을 눌러야 하는 횟수는 같다.
④ (가)에서 'ㅈ'을 입력하려면 7번 자판과 '획추가'를 한 번 눌러야 한다.
⑤ (나)의 5번 자판은 기본자와 가획자를 함께 둔 것이다.

서답형 04 자음의 제자 원리 이해하기

㉠~㉢에 들어갈 자음을 차례대로 쓰시오.

(㉠)은 이의 모양을 본떠 만든 기본자이다. (㉠)에 획을 하나 더하면 (㉡)이 되고, 각자 병서의 원리를 적용하면 (㉢)이 된다.

19강

독서 – 기술(생활기술)

가습기의 종류

| 정답 및 해설 | 124쪽

한방에! 개념정리

한방에! 핵심정리

주제	가습기의 종류와 장단점
해제	이 글은 원리에 따라 가습기의 종류를 분류하고, 각각의 장단점을 설명하고 있다. 히터 가열식 가습기는 가습기 내부의 가열관을 통해 물을 끓여 수증기를 내뿜는 방식이고, 초음파식 가습기는 물을 넣은 용기의 밑부분에서 초음파를 발생시켜 물을 작은 입자로 쪼개어 내뿜는 방식이다. 그리고 복합식 가습기는 히터 가열식 가습기와 초음파 가습기의 장점을 더한 방식에, 표면 장력의 원리를 이용하여 습도를 조절한다.

* 문단 중심 내용

1문단	원리에 따른 가습기의 종류
2문단	히터 가열식 가습기의 장단점
3문단	초음파식 가습기의 장단점
4문단	복합식 가습기의 장단점

한방에! 어휘풀이

* 분사하다(噴射하다): 액체나 기체 따위에 압력을 가하여 세차게 뿜어 내보내다.
* 진동자(振動子): 아주 작은 진동체.
* 주파수(周波數): 전파나 음파가 1초 동안에 진동하는 횟수.

※ 다음 글을 읽고 물음에 답하시오.

가습기는 실내 습도를 적정하게 유지해주어 호흡기 질환을 완화하는 데 도움을 준다. 가습기는 원리에 따라 다양한 종류의 가습기로 나뉘는데, 그중 히터 가열식 가습기, 초음파식 가습기, 복합식 가습기가 대표적이다.

히터 가열식 가습기는 가습기 내부의 가열관을 통해 물을 끓여 수증기를 내뿜는 방식이다. 이렇게 뿜어져 나온 증기가 방안의 찬 공기를 만나면 수증기가 응결되어 하얗게 보이게 된다. 끓인 물의 수증기를 공기 중에 분사하는* 것이기 때문에 위생적으로 우수하고 실내 온도 유지 및 호흡 기관에 좋지만, 전력 소모가 많아 전기료가 많이 발생하고, 뜨거운 수증기로 인해 화상을 입을 위험성이 있다. 또한 제품을 켜고 난 후 가습 효과가 나타나는 시간이 오래 걸리며, 소음이 발생한다는 단점이 있다.

초음파식 가습기는 물을 넣은 용기의 밑부분에서 초음파를 발생시켜 물을 작은 입자로 쪼개어 내뿜는 방식이다. 가습기의 바닥 면에 진동판이 있고 그 뒷면에 초음파 진동자*가 붙어 있다. 초음파 진동자에 전류가 흐르면 주파수*에 따라 진동자의 크기가 변하고 진동판이 진동하게 된다. 이 진동에 의해 초음파가 발생하고 물에 진동을 일으켜 물 표면에 있던 물 입자들이 수증기같이 뿌연 안개 형식으로 뿜어져 나온다. 초음파식 가습기는 히터 가열식 가습기에 비해 전력 소모가 낮으면서 증기 분무량이 많고, 제품을 켠 후 가습 효과가 매우 빠르게 나타나며 소음이 가장 적다는 장점이 있다. 그러나 히터 가열식 가습기와 달리 끓이지 않은 물을 공기 중으로 분출하는 것이기 때문에 미생물이 쉽게 번식하고, 실내 온도를 떨어뜨린다는 단점이 있다.

복합식 가습기는 히터 가열식 가습기와 초음파 가습기의 장점을 더한 방식으로 만들어졌으며, 표면 장력의 원리를 이용하여 습도를 조절한다. 먼저 가열관에서 물의 온도를 섭씨 60~85℃ 정도로 끌어 올려 살균한 뒤, 초음파를 이용하여 분무하는 방식이다. 이때 데워진 물은 상온의 물에 비해 표면 장력이 감소하기 때문에 물 입자들이 훨씬 쉽게 쪼개질 수 있다. 복합식 가습기는 기존의 가습기보다 습도를 빠른 시간 내에 조절할 수 있다. 그러나 가열식 가습기처럼 전력 소모가 크다는 단점이 있다.

01 내용 전개 방식 파악하기

윗글의 내용 전개 방식으로 가장 적절한 것은?

① 질문 형식으로 대상에 대한 관심을 유도하고 있다.
② 특정한 기준에 따라 대상을 분류하여 설명하고 있다.
③ 대상을 둘러싼 논쟁을 소개하고 현황을 제시하고 있다.
④ 각 대상이 지닌 문제점을 언급하고 해결책을 밝히고 있다.
⑤ 대상이 변화하는 과정을 시간의 흐름에 따라 서술하고 있다.

* 유도하다(誘導하다): 사람이나 물건을 목적한 장소나 방향으로 이끌다.
* 현황(現況): 현재의 상황.

02 세부 내용 추론하기

윗글을 통해 추론할 수 있는 내용으로 적절하지 않은 것은?

① 표면 장력이 높을수록 물 입자들의 결속력은 강해진다.
② 물을 끓이는 방식은 가습기의 전력 소모를 증가시킨다.
③ 찬물과 달리 끓인 물에서는 미생물이 쉽게 번식하지 못한다.
④ 진동자의 주파수가 커질수록 가습기의 증기 분무량도 증가한다.
⑤ 수증기가 응결되는 것은 수증기의 온도와 공기의 온도 차 때문이다.

* 결속력(結束力): 한 덩어리가 되게 묶는 성질.
* 응결되다(凝結되다): 포화 증기의 온도 저하 또는 압축에 의하여 증기의 일부가 액체로 변하게 되다.

중요 03 구체적 사례에 적용하기

윗글을 바탕으로 보기 를 이해한 내용으로 적절한 것은?

보기

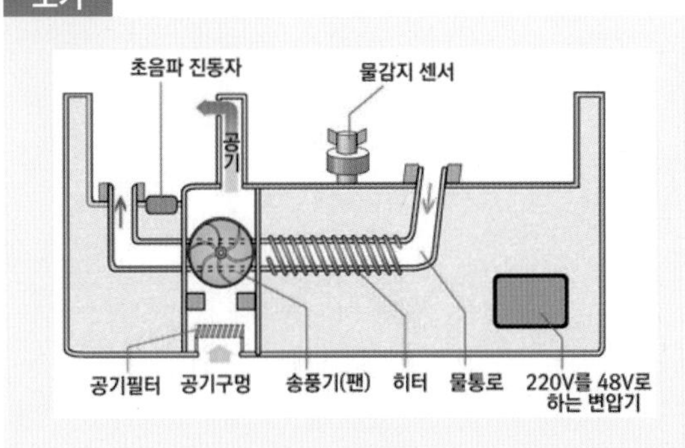

① 소음이 가장 적다는 장점이 있다.
② 표면 장력의 원리를 이용해 물의 온도를 높인다.
③ 기존에 존재하던 가습기의 장점만을 더한 방식이다.
④ 습도를 빠른 시간 내에 조절하지 못한다는 단점이 있다.
⑤ 다른 가습기와 달리, 물 입자들이 쉽게 쪼개지기 어렵다.

서답형 04 세부 내용 파악하기

빈칸에 들어갈 말을 골라 차례대로 쓰시오.

히터 가열식 가습기는 실내 온도를 (높이며 / 유지시키며 / 낮추며), 초음파식 가습기에 비해 가습 효과가 (빠르게 / 느리게) 나타난다.

문제풀이

19강

문학 – 현대시

고층 빌딩 유리창닦이의 편지 _ 김혜순

| 정답 및 해설 | 125쪽

한방에! 개념정리

한방에! 핵심정리

갈래	자유시, 서정시
성격	상징적, 비판적
주제	타인과의 소통을 향한 갈망
특징	① 대구, 반복, 역설 등을 활용함. ② 공간의 대립을 통해 화자의 의도를 강화함.
해제	이 작품은 고층 빌딩의 유리창을 닦는 일을 하는 '나'와 창 안의 사람인 '당신들'의 대조를 통해 소통의 단절을 표현하고 있다. '풍뎅이'가 된 화자는 '당신들'과 소통하려고 노력하지만, 창문 앞에서 결국 좌절하게 된다.

한방에! 어휘풀이

* 큰골: 대뇌.

※ 다음 글을 읽고 물음에 답하시오.

저녁엔 해가 뜨고 / 아침엔 해가 집니다.

해가 지는 아침에
㉠ 유리산을 오르며
나는 바라봅니다.
깊고 깊은 ㉡ 산 아래 계곡에
햇살이 퍼지는 광경을.

해가 뜨는 저녁엔
유리산을 내려오며
나는 또 바라봅니다.
깊고 깊은 저 아래 계곡에
해가 지고 석양에 물든
소녀가 붉은 얼굴을
쳐드는 것을.

이윽고 ㉢ 두 개의 밤이 오면
나는 한 마리 풍뎅이가 됩니다.
그리곤 당신들의 유리 창문에 달라붙었다가
그 창문을 열고 / 들어가려 합니다.
창문을 열면 창문, 다시 열면
창문, 창문, 창문…… / 창문
밤새도록 창문을 여닫지만
창문만 있고 ㉣ 방 한 칸 없는 사람들이
산 아래 계곡엔 가득 잠들어 있습니다.

밤새도록 닦아도 닦이지 않는 창문.
두드려도 열리지 않는
창문, 두드리면 두드릴수록 두꺼워지는
큰골*의 잠, 나는 늘 창문을 닦으며 삽니다.
저녁엔 해가 뜨고 / 아침엔 해가 지는 곳,
㉤ 그 높은 곳에서 나는 당신들의 창문을 닦으며 삽니다.

- 김혜순, 〈고층 빌딩 유리창닦이의 편지〉 -

01 표현상의 특징 파악하기

윗글에 대한 설명으로 가장 적절한 것은?

① 시어의 반복을 활용하여 시적 대상을 예찬하고 있다.
② 역설적 표현을 활용하여 상황 인식을 드러내고 있다.
③ 색채 이미지를 활용하여 계절적 배경을 나타내고 있다.
④ 비유적 표현을 활용하여 밝은 분위기를 조성하고 있다.
⑤ 음성 상징어를 활용하여 자연과의 교감을 보여 주고 있다.

* **예찬하다(禮讚하다)**: 무엇이 훌륭하거나 좋거나 아름답다고 찬양하다.
* **교감(交感)**: 서로 접촉하여 따라 움직이는 느낌.

02 시구의 의미 파악하기

㉠~㉤에 대한 설명으로 적절하지 않은 것은?

① ㉠: 화자가 오르는 고층 빌딩의 유리창을 의미한다.
② ㉡: 고층 빌딩에서 내려다보는 세상을 의미한다.
③ ㉢: 빌딩 안의 밤과 바깥의 밤을 의미한다.
④ ㉣: '당신들'의 물질적 풍요를 의미한다.
⑤ ㉤: '당신들'과 단절된 공간을 의미한다.

중요 03 공간의 의미 파악하기

윗글을 보기에 따라 감상한 것으로 가장 적절한 것은?

보기

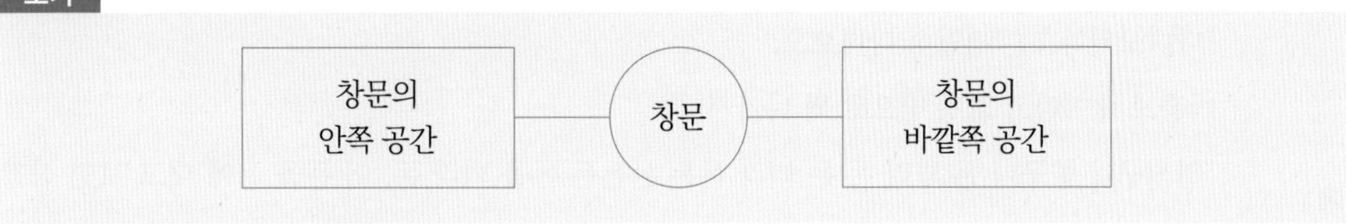

① 화자는 창문의 안쪽 공간에 위치한다.
② 화자는 창문의 바깥쪽 공간에 다가가기를 소망한다.
③ 창문은 안쪽 공간과 바깥쪽 공간을 단절시키는 존재이다.
④ 창문의 바깥쪽 공간에서의 행동은 안쪽 공간에서 반복된다.
⑤ 창문의 안쪽 공간은 현실적, 바깥쪽 공간은 비현실적 공간이다.

서답형 04 시어의 의미 이해하기

보기에서 설명하는 시어를 윗글에서 찾아 쓰시오.

보기

- 화자를 비유함.
- 타인과의 소통을 갈망하는 화자의 모습이 드러남.

19강

문학 – 고전산문

흥보가 _ 작자 미상

| 정답 및 해설 | 126쪽

한방에! 개념정리

한방에! 핵심정리

갈래	판소리 사설
성격	교훈적, 풍자적, 해학적
주제	형제간의 우애와 권선징악
특징	① 과장과 해학이 두드러짐. ② 일상적인 구어체를 사용하여 현장감을 부여함. ③ 양반의 한문투와 평민의 비속어가 함께 나타남.
해제	이 작품은 가난하지만 착한 흥보와 부유하지만 심술궂은 놀보를 등장시켜 형제간의 우애와 권선징악이라는 교훈을 전하고 있다. 한편으로는 몰락한 양반과 자본을 토대로 성장하는 서민층의 등장, 빈부 갈등 등 조선 후기의 사회상도 확인할 수 있다.

* 전체 줄거리

옛날에 착한 흥보와 못된 놀보 형제가 살았다. 놀보는 부모의 유산을 독차지하고, 아우 흥보에게 집에서 당장 나가라고 한다. 흥보는 아내와 자식들과 함께 집에서 쫓겨나 가난하게 산다. 어느 해 봄, 흥보네 집에 둥지를 지어 살던 제비 새끼가 땅에 떨어져 다리가 부러지자 흥보는 제비 새끼의 다리를 고쳐 준다. 이듬해 제비가 박씨 하나를 물어다 주고, 흥보는 박씨를 심는다. 가을이 되어 다 익은 박을 탔더니 박에서 재물이 나와 흥보는 부자가 된다. 이 소식을 들은 놀보는 일부러 제비 다리를 부러뜨린 뒤 치료해 준다. 제비는 그 이듬해 놀보에게도 박씨를 물어다 주고, 놀보는 그 박씨를 심었으나 박에서는 온갖 재앙이 쏟아져 나와 놀보를 망하게 한다. 흥보는 놀보에게 자신의 재물을 나누어 주고, 놀보는 반성하여 형제가 평생 화목하게 지낸다.

※ 다음 글을 읽고 물음에 답하시오.

[아니리]

흥보가 들어가며 별안간 걱정이 하나 생겼지.

'내가 아무리 궁핍할망정 반남 박씨 양반인데 호방*을 보고 하대를 하나, 존경을 하나? 아서라, 말은 하되 끝은 짓지 말고 웃음으로 얼리는* 수밖에 없다.'

[A]

질청*으로 들어가니 호방이 문을 열고 나오다가, / "박 생원 들어오시오?"

"호방 뵌 지 오래군." / "어찌 오셨소?"

"양도*가 부족해서 환자* 한 섬만 주시면 가을에 착실히 갚을 테니 호방 생각이 어떨는지? 하하하!"

"박 생원, 품* 하나 팔아 보오." / "돈 생길 품이라면 팔고말고."

"다른 게 아니라, 우리 고을 좌수가 병영 영문에 잡혔는데, 좌수 대신 가서 곤장 열 대만 맞으면 한 대에 석 냥씩 서른 냥은 꼽아 논 돈이오. 마삯*까지 닷 냥 제시했으니 그 품 하나 팔아 보오."

"돈 생길 품이니 가고말고, 매품 팔러 가는 놈이 말 타고 갈 것 없고 내 발로 다녀올 테니 그 돈 닷 냥을 나를 내어 주지."

[중모리]

저 아전 거동 좀 보소. 궤 문을 철컹 열고 돈 닷 냥을 내어 주니 흥보가 받아 들고,

"다녀오리다." / "평안히 다녀오오."

박흥보 좋아라고 질청 밖으로 썩 나가서,

"얼씨구나 좋구나 돈 봐라 돈 돈 봐라 돈돈 돈돈돈 돈을 봐라 돈. 이 돈을 눈에 대고 보면 삼강오륜*이 다 보이고, 조금 이따 나는 돈을 손에다 쥐고 보면 삼강오륜이 끊어져도 보이는 건 돈밖에 또 있느냐. 돈돈돈 도돈 돈."

떡국집으로 들어를 가서 떡국 한 푼어치를 사서 먹고 막걸릿집으로 들어를 가서 막걸리 두 푼어치를 사서 먹고, 어깨를 느리우고* 죽통을 빼뜨리고,

"대장부 한 걸음에 엽전 서른닷 냥이 들어를 간다. ㉠ <u>얼씨구나 돈 봐라!</u>"

저의 집으로 들어가며,

"여보게 마누라! 집안 어른이 어딜 갔다가 집안이라고서 들어오면 우루루루루 쫓아 나와서 영접하는* 게 도리에 옳지. 계집 이 사람아 당돌히 앉아서 좌이부동*이 웬일인가? 에라 이 사람 몹쓸 사람."

(중략)

[아니리]

"여보 영감, 이 돈이 무슨 돈이요. 돈 속이나 좀 압시다."

"이 돈은 다른 돈이 아닐세. 우리 고을 좌수가 병영 영문에 잡혔는데 대신 가서 곤장 열 대만 맞으면 한 대에 석 냥씩 준다기에 대신 가기로 삯전으로 받아온 돈이제."

흥보 마누라가 이 말을 듣더니,

"아이고 여보 영감, ㉡ 중한 가장 매품 팔아 먹고산다는 말은 고금천지* 어디 가 보았소."

(중략)

[아니리]

흥보가 삼문* 간에 들어서서 가만히 굽어보니 죄인이 볼기를 맞거늘, 그 사람들도 돈 벌러 온 줄 알고, / "저 사람들은 먼저 와서 돈 수백 냥 번다. 나도 볼기 까고 엎드려 볼까?"

[B]

엎드려 노니, 사령 한 쌍이 나오다가, / "병영이 설치된 후로 볼기 전* 보는 놈이 생겼구나."

사령 중에 뜻밖에 흥보를 아는 사람이 있던가.

"아니 박 생원 아니시오." / "알아맞혔구만 그려."

"당신 곯았소." / "곯다니, 계란이 곯지 사람이 곯아. 그래 어쨌단 말인가."

"박 생원 대신이라고 와서 곤장 열 대 맞고 돈 서른 냥 받아 가지고 벌써 떠나갔소."

흥보가 기가 막혀, / "그놈이 어떻게 생겼든가."

"키가 구 척이요 방울눈에 기운이 좋습디다."

흥보가 이 말을 듣더니,

"허허 전날 밤에 우리 마누라가 밤새도록 울더니마는 옆집 꾀수란 놈이 발등거리*를 하였구나."

[중모리]

"번수*네들 그러한가. 나는 가네. 지키기나 잘들 하소. ㉢ 매품 팔러 왔는데도 손재*가 붙어 이 지경이 웬일이냐. 우리 집을 돌아가면 밥 달라고 우는 자식은 떡 사 주마고 달래고, 떡 사 달라 우는 자식은 엿 사 주마고 달랬는데, 돈이 있어야 말을 하지."

그렁저렁 울며불며 돌아온다. 그때 흥보 마누라는 영감이 떠난 그날부터 후원에 단을 세우고 정화수를 바치고, 병영 가신 우리 영감 매 한 대도 맞지 말고 무사히 돌아오시라고 밤낮 기도하면서,

"병영 가신 우리 영감 하마* 오실 때 되었는데 어찌하여 못 오신가. 병영 영문 곤장을 맞고 허약한 체질 주린 몸에 병이 나서 못 오신가. 길에 오다 누웠는가."

[아니리]

문밖에를 가만히 내다보니 자기 영감이 분명하것다. 눈물 씻고 바라보니 흥보가 들어오거늘,

"여보 영감 매 맞았소? 매 맞았거든 어디 곤장 맞은 자리 상처나 좀 봅시다."

"놔둬. ㉣ 상처고 여편네 죽은 것이고*, 요망스럽게 여편네가 밤새도록 울더니 돈 한 푼 못 벌고 매 한 대를 맞았으면 인사불성 쇠아들*이다."

흥보 마누라가 좋아라고,

[중중모리]

"얼씨구나 절씨구 얼씨구 절씨구 지화자 좋네. 얼씨구나 좋을시구. 영감이 엊그저께 병영 길을 떠나신 후 부디 매를 맞지 말고 무사히 돌아오시라고 하느님 전에 빌었더니 매 아니 맞고 돌아오시니 어찌 아니 즐거운가. 얼씨구나 절씨고. ㉤ 옷을 헐벗어도 나는 좋고 굶어 죽어도 나는 좋네. 얼씨구나 절씨구."

- 작자 미상, 〈흥보가〉 -

한방에! 어휘풀이

* 호방(戶房): 조선 시대에, 각 지방 관아의 호방에 속하여 호전에 관한 일을 맡아보던 구실아치(각 관아의 벼슬아치 밑에서 일을 보던 사람).
* 얼리다: 어울리게 하다.
* 질청(秩廳): 관아에서 구실아치가 일을 보던 곳.
* 양도(糧道): 일정한 기간 동안 먹고 살아 갈 양식.
* 환자(還子): 조선 시대에, 곡식을 관아의 창고에 저장하였다가 백성들에게 봄에 꾸어 주고 가을에 이자를 붙여 거두던 일. 또는 그 곡식.
* 품: 삯을 받고 하는 일.
* 마삯(馬삯): 말을 부린 데 대한 삯.
* 삼강오륜(三綱五倫): 유교의 도덕에서 기본이 되는 세 가지의 강령과 지켜야 할 다섯 가지의 도리.
* 느리우다: 늘어뜨리다.
* 영접하다(迎接하다): 손님을 맞아서 대접하다.
* 좌이부동(坐而不動): 한곳에 꼼짝도 안 하고 그대로 앉아 있음.
* 고금천지(古今天): 예전부터 지금까지의 온 세상.
* 삼문(三門): 대궐이나 관청 앞에 세운 세 문.
* 전(廛): 물건을 벌여 놓고 파는 가게.
* 발등거리: 남이 하려는 일을 앞질러서 하는 짓.
* 번수(番首): 숙직이나 당직을 서는 사령.
* 손재(損財): 재물을 잃어버림. 또는 그 재물.
* 하마: '벌써'의 방언.
* 상처고 여편네 죽은 것이고: '몸을 다쳐서 부상을 입은 자리'라는 뜻의 '상처(傷處)'와 '아내의 죽음을 당함'이라는 뜻의 '상처(喪妻)'의 음이 같음.
* 쇠아들: 은정도 모르고 인정도 없는 미련하고 우둔한 사람을 속되게 이르는 말.

01 인물의 태도, 심리 파악하기

윗글의 인물에 대한 설명으로 적절하지 않은 것은?

① 흥보는 호방을 대하면서 양반의 체면을 지키려고 했다.
② 흥보는 매품을 팔기로 하여 돈을 받고 의기양양해졌다.
③ 흥보는 매품을 팔지 못한 이유를 아내의 탓으로 돌렸다.
④ 흥보는 옆집 꾀수에게 매품을 팔 기회를 빼앗기고 슬퍼했다.
⑤ 흥보의 아내는 흥보가 매품을 팔기로 했다는 말을 듣고 기뻐했다.

02 대화의 내용 파악하기

[A], [B]에 대한 설명으로 가장 적절한 것은?

① [A]는 과거 생활에 대한 반성이, [B]는 인물의 외양 묘사가 나타나고 있다.
② [A]는 문제를 해결할 방법을, [B]는 문제 해결이 좌절된 이유를 제시하고 있다.
③ [A]는 자신의 처지에 대한 슬픔을, [B]는 상대방에 대한 두려움을 표현하고 있다.
④ [A]는 상황 설명과 더불어 요구 사항을, [B]는 예상되는 긍정적 결과를 드러내고 있다.
⑤ [A]는 권위를 내세우며 우위를 점하려고 하고, [B]는 비굴하게 굴며 자신을 낮추고 있다.

* 우위(優位): 남보다 나은 위치나 수준.

중요 03 표현상의 특징 파악하기

㉠~㉤ 중 보기 의 설명과 관련 있는 것으로 가장 적절한 것은?

보기

판소리에는 우스꽝스러운 말을 통해 웃음을 유발하는 언어유희가 잘 드러나 있다. 언어유희에는 동음이의어를 활용하는 방법, 유사한 음운이나 발음을 활용하는 방법, 말의 배치를 바꾸는 방법 등이 있다.

① ㉠ ② ㉡ ③ ㉢ ④ ㉣ ⑤ ㉤

서답형 04 작품의 내용 파악하기

빈칸에 들어갈 말을 골라 차례대로 쓰시오.

흥보는 호방에게 매품을 팔겠다고 말하고 먼저 돈 (닷 냥 / 서른 냥 / 서른닷 냥)을 받는다. 그러나 곤장을 맞고 받기로 한 돈 (닷 냥 / 서른 냥 / 서른닷 냥)은 받지 못한다.

문제풀이

복습하기

문법

[1] □□	발음 기관의 모양을 본떠 기본자인 'ㄱ, ㄴ, ㅁ, ㅅ, ㅇ'을 만듦.
[2] □□	기본자에 획을 더하여 소리의 세기를 나타내며 새 글자를 만듦.
[3] □□	[1] □□이나 [2] □□의 원리를 적용하지 않고 모양을 달리해 만듦.
[4] □□	글자를 옆으로 나란히 써서 만듦.
[5] □□	글자를 위아래로 이어 써서 만듦.

독서

1문단	[6] □□에 따른 가습기의 종류	3문단	[8] □□□□ 가습기의 장단점
2문단	[7] □□ □□□ 가습기의 장단점	4문단	[9] □□□ 가습기의 장단점

문학 - 고층 빌딩 유리창닦이의 편지(김혜순)

1~3연	[10] □□ □□에서 [11] □□□을 닦으며 세상을 내려다봄.
4연	창문 안쪽으로 들어가려 하지만 불가능함.
5연	단절된 공간에서 [11] □□□을 닦으며 살아가는 화자

문학 - 흥보가(작자 미상)

흥보가 [12] □□의 체면을 차리며 환자를 빌리러 감.

⬇

[13] □□을 팔기로 하고 마삯 닷 냥을 먼저 받음.

⬇

흥보의 [14] □□는 흥보가 [13] □□을 팔기로 했다는 말을 듣고 슬퍼함.

⬇

옆집 꾀수가 흥보보다 먼저 [13] □□을 팔고 서른 냥을 받아 감.

⬇

흥보가 매를 맞지 않고 돌아오자 흥보의 아내가 기뻐함.

정답 1 상형 2 가획 3 이체 4 병서 5 연서 6 원리 7 히터 가열식 8 초음파식 9 복합식 10 고층 빌딩 11 유리창 12 양반 13 매품 14 아내

한수

20

Contents

20강

문법

모음의 창제 원리

| 정답 및 해설 | 130쪽

한방에! 개념정리

한방에! 핵심정리

* ·(아래아)
한글 모음을 만드는 데 있어 핵심적인 기본자이나, 시간이 지나면서 없어짐.

* 한글 자모 기본자의 제자 원리의 공통점과 차이점
• 공통점: 상형의 원리로 만들어짐.
• 차이점: 자음은 발음 기관, 모음은 하늘·땅·사람의 모양을 본떠 만들어짐.

* 훈민정음의 창제 정신
• 실용 정신: 백성이 쉽게 익혀 쓸 수 있도록 사용하기 쉽고 편리하게 만듦.
• 애민 정신: 말하고자 하는 바가 있어도 한자를 몰라 뜻을 표현하지 못하는 백성에 대한 사랑을 계기로 만듦.
• 자주 정신: 중국과 말이 달라 문자가 잘 맞지 않자 이를 인식하여 중국에 의지하지 않고 우리만의 문자를 만듦.

1 상형

하늘, 땅, 사람의 모양을 본떠 기본자인 '·, ㅡ, ㅣ'를 만듦.

·	ㅡ	ㅣ

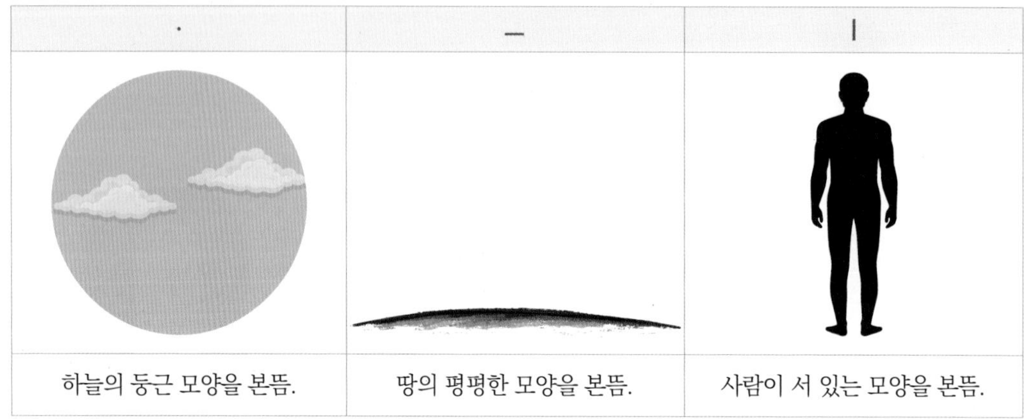

하늘의 둥근 모양을 본뜸.	땅의 평평한 모양을 본뜸.	사람이 서 있는 모양을 본뜸.

2 합성

기본자를 합쳐서 초출자와 재출자를 만듦.

기본자	+	초출자	+	재출자
ㅡ	·	ㅗ, ㅜ	·	ㅛ, ㅠ
ㅣ		ㅏ, ㅓ		ㅑ, ㅕ

3 합용

초출자끼리 결합하거나 기본자인 'ㅣ'를 그 외의 모음과 결합하여 만듦.

초출자끼리 결합	ㅘ, ㅝ
'ㅣ'와 결합	ㅐ, ㅒ, ㅔ, ㅖ, ㅙ, ㅚ, ㅞ, ㅟ, ㅢ

4 한글의 우수성

① **독창성**: 다른 나라의 문자를 모방하거나 변형하지 않고 독창적으로 만듦.
② **과학성**: 자음은 발음 기관, 모음은 하늘·땅·사람의 모양을 본떠 기본자를 만들고, 기본자에 획을 더해 새로운 글자를 만듦.
③ **경제성**: 현대 기준 자음 14자와 모음 10자, 총 24자의 문자로 많은 소리를 표현할 수 있음.
④ **실용성**: 한 개의 글자가 한 개의 소리로 발음되는 원리에 충실하여 누구나 쉽게 읽고 쓸 수 있음.

01 모음의 창제 원리 이해하기

모음 'ㅏ'와 'ㅑ'의 공통점으로 가장 적절한 것은?

① 초출자 두 개를 합쳐 만든 글자이다.
② '·'를 합쳐 'ㅛ, ㅠ'를 만들 수 있다.
③ 기본자 두 종류를 합쳐 만든 글자이다.
④ 사람이 서 있는 모양을 본떠 만든 글자이다.
⑤ 기본자, 초출자, 재출자 중 재출자에 해당한다.

02 합성의 원리 이해하기

다음 자판에서 모음 'ㅙ'를 입력하려고 할 때, 자판을 누르는 순서로 적절한 것은?

① 2 → 2 → 1 → 1
② 1 → 2 → 1 → 2 → 3
③ 2 → 3 → 1 → 2 → 1
④ 2 → 3 → 1 → 1 → 2
⑤ 3 → 2 → 2 → 1 → 1

중요

03 훈민정음의 창제 정신 이해하기

보기 의 ㉠과 관련이 있는 훈민정음의 창제 정신으로 가장 적절한 것은?

보기

나라의 말이 중국과 달라 문자가 서로 통하지 아니하여 이런 이유로 어리석은 백성이 이르고자 할 바가 있어도 마침내 제 뜻을 능히 펴지 못하는 사람이 많노라. ㉠ 내 이를 위하여 가엾게 여겨 새로 스물여덟 자를 만드노니 사람마다 하여금 쉽게 익혀 날로 씀에 편안케 하고자 할 따름이니라.

- 〈훈민정음〉 서문

① 실용 정신
② 애민 정신
③ 자주 정신
④ 창의 정신
⑤ 평등 정신

서답형

04 한글의 우수성 이해하기

보기 의 (가), (나)와 관련이 있는 한글의 우수성을 차례대로 쓰시오.

보기

(가) 한자는 표의문자이기 때문에 각각의 대상을 가리키는 문자가 모두 따로 존재한다. 그러나 한글은 자음 14자와 모음 10자를 조합하여 11,172개의 소리를 표현할 수 있다.

(나) 영어의 알파벳 'a'는 'apple[애플]'에서는 [애]로, 'ace[에이스]'에서는 [에이]로, 'adult[어덜트]'에서는 [어]로 발음된다. 그러나 한글 모음 'ㅏ'는 '아기[아기]', '간장[간장]', '엄마[엄마]' 등에서 모두 [ㅏ]로 발음된다.

문제풀이

독서 – 예술(현대미술)

그라피티

| 정답 및 해설 | 131쪽

한방에! 개념정리

한방에! 핵심정리

주제	그라피티의 발전 과정
해제	이 글은 그라피티의 개념과 기원, 현재의 위상에 이르기까지의 과정을 설명하고 있다. 그라피티는 낙서처럼 긁거나 그린 그림을 가리키는 것이다. 1971년 '타키 183'이 뉴욕 지하철 일대에 마커펜으로 남긴 서명이 관심을 끌면서 많은 사람이 그와 같이 지하철 내부를 서명으로 채웠는데, 이를 통해 뉴욕시 전체에 그라피티가 널리 유행하였다. 1981년 전시회를 기점으로 그라피티의 주변 문화까지 인기를 얻기 시작하며 예술가들의 관심을 끌었지만, 건물의 소유주에게 허락받지 않고 무단으로 낙서를 하는 행위이기 때문에 논쟁의 대상이기도 하다.

*문단 중심 내용

1문단	그라피티의 개념과 기원
2문단	그라피티가 주목받게 된 계기
3문단	그라피티의 주류 예술 편입
4문단	그라피티에 관한 논쟁

※ 다음 글을 읽고 물음에 답하시오.

그라피티는 벽이나 화면에 낙서처럼 긁거나 스프레이 페인트를 이용해 그려진 그림을 말한다. 그라피티의 기원은 고대 동굴의 벽화나 이집트의 유적에서 볼 수 있는 낙서에 가까운 그림에서 찾을 수 있다. 그라피티가 예술로서 등장한 것은 제2차 세계대전 이후로, 반항적인 청소년들과 흑인, 푸에르토리코인들과 같은 소수민족들이 분무 페인트를 이용해 극채색*과 격렬한 에너지를 지닌, 속도감 있고 도안화된* 문자들을 거리의 벽에 그린 것에서 시작되었다.

그라피티가 본격적으로 주목받기 시작한 것은 1971년에 등장한 '타키 183'에 의해서이다. 타키 183은 드미트리우스라는 17세 청년의 가명인데, 그가 뉴욕시 일대를 지하철로 돌아다니면서 물건이나 서류 등을 전달하며 지하철 일대에 마커펜으로 남긴 서명이 '뉴욕 타임즈'에 실리게 된 것이다. 타키 183에 관한 기사를 읽은 사람들은 그를 따라 지하철의 내부를 스프레이와 마커 등을 이용해 알아보기 힘든 일종의 서명들로 가득 채우기 시작했으며, 이를 통해 뉴욕시 전체에 그라피티 작품이 널리 유행하게 되었다. 당시 타키 183이 남긴 서명은 태그(tag)라고 불렸다. 휘갈겨 쓰인 글씨와도 같은 이 태그는 일반적으로 자신의 애칭이나 별명, 이름의 이니셜을 사용하며, 오늘날에는 익명을 전제로 작업하는 이들이 자신의 개성을 드러내는 보편적인 수단이 되었다. 또한 그라피티를 즐기던 젊은이들은 자기 자신은 작가(writer), 그들의 작품 활동은 라이팅(writing)이라고 불렀는데, 작가들에게 태그란 그라피티 예술가로서 자신의 정체성인 동시에 라이팅의 뿌리이기도 했다.

1975년에는 '아티스트 스페이스'에서 그라피티 작품을 모아 최초의 전시회를 열었고, 1980년 타임스퀘어 쇼에서 그라피티가 공식 데뷔함으로써 주류 예술로 편입하게* 되었다. 1981년 뉴욕의 현대미술관인 모마 PS1에서 열린 〈New York / New Wave〉 전시회는 그라피티뿐만 아니라 힙합과 같은 그 주변의 문화까지도 대중의 인기를 얻기 시작한 계기가 되었다. 하위문화였던 그라피티가 흑인들만의 문화로 남지 않고, 전 세계 예술가들의 관심을 끌면서 힙합 문화 또한 세계적으로 확산될 수 있었던 것이다.

그러나 건물의 소유주에게 허락받지 않고 무단으로 낙서를 하는 행위라는 점에서, 그라피티는 한국을 비롯한 거의 모든 나라에서 재물 손괴죄*와 건조물* 침입죄 등으로 처벌받는다. 이로 인해 그라피티는 예술이 아니라 범죄 행위라는 주장과, 그라피티는 하나의 문화이므로 표현의 자유를 보장해 줘야 한다는 주장이 충돌하기도 한다.

한방에! 어휘풀이

* 극채색(極彩色): 아주 정밀하고 짙은 여러 가지 고운 빛깔.
* 도안화되다(圖案化되다): 그 모양이나 색채 등을 나타내는 그림으로 만들어지다.
* 편입하다(編入하다): 이미 짜인 한 동아리나 대열 따위에 끼어 들어가다.
* 손괴죄(損壞罪): 다른 사람의 재물이나 문서의 가치를 손상하여 성립하는 범죄.
* 건조물(建造物): 지어 만든 물건. 또는 지어 세운 가옥, 창고, 건물 따위를 통틀어 이르는 말. 사람이 살거나 주생활에 크게 이용하는 주거용을 주로 이른다.

01 글의 짜임 파악하기

윗글에 대한 설명으로 가장 적절한 것은?

① 그라피티가 다양한 분야에 미친 영향을 제시하고 있다.
② 그라피티와 고대 벽화의 특징을 기준에 따라 비교하고 있다.
③ 그라피티의 발전 과정을 시간의 흐름에 따라 제시하고 있다.
④ 그라피티와 힙합 문화가 상호 작용하는 과정을 설명하고 있다.
⑤ 그라피티가 전시된 장소를 지역에 따라 구분하여 설명하고 있다.

02 세부 내용 파악하기

윗글의 내용으로 적절하지 않은 것은?

① 그라피티는 벽에 그린 낙서에서부터 시작되었다.
② 그라피티를 작업하는 사람들은 자신의 이름을 숨기고 활동하기도 하였다.
③ 처음 그라피티를 주도한 계층은 사회의 주목을 받지 못했던 사람들이었다.
④ 그라피티는 1975년 '아티스트 스페이스'에서의 전시를 통해 공식 데뷔하였다.
⑤ 타키 183의 기사를 읽은 사람들에 의해 뉴욕에 그라피티 작품이 널리 유행하였다.

중요
03 구체적 사례에 적용하기

윗글을 바탕으로 보기 를 이해한 내용으로 적절하지 않은 것은?

보기

뉴욕 지하철의 내부에 'TAKI 183(타키 183)'이라는 서명이 남겨져 있다.

① 그라피티가 본격적으로 주목받기 시작한 계기와 관련이 있겠군.
② 일반적으로 자신의 애칭이나 별명, 이름의 이니셜을 그려 넣었겠군.
③ 그라피티 예술가들의 정체성인 동시에 라이팅의 뿌리이기도 하였겠군.
④ 한국에서는 재물 손괴죄와 건조물 침입죄 등으로 처벌받을 수도 있겠군.
⑤ 힙합 문화가 전 세계적으로 인기를 끌면서 그 하위문화 중 하나로 정착되었겠군.

서답형
04 세부 내용 파악하기

㉠, ㉡에 들어갈 연도를 윗글에서 찾아 차례대로 쓰시오.

그라피티는 제2차 세계대전 이후 예술로서 등장하였다. 그러나 본격적으로 주목받기 시작한 것은 (㉠)년, 주류 예술로 편입된 것은 (㉡)년이다.

문제풀이

20강

문학 – 고전운문

규원가 _ 허난설헌

| 정답 및 해설 | 132쪽

한방에! 개념정리

한방에! 핵심정리

갈래	규방 가사
성격	서정적, 애상적, 체념적
주제	가부장제 사회에서의 여성의 한
특징	① 한문투의 고사와 숙어를 많이 사용함. ② 다양한 대상에 화자의 감정을 투영함.
해제	이 작품은 현재까지 전하여 온 최초의 규방 가사로, 남성 사대부들의 전유물이었던 가사의 작자층을 여성으로까지 확대했다는 의의를 지닌다. 자신의 신세를 한탄하며 임을 원망하고 그리워하면서도 우아한 품격을 잃지 않는 화자의 모습이 돋보인다.

※ 다음 글을 읽고 물음에 답하시오.

엊그제 젊었거니 벌써 어찌 다 늙거니
㉠ 소년 행락* 생각하니 말해도 속절없다
늙어서야 서러운 말 하자니 목이 멘다
부모님이 낳으시고 고생하여 이내 몸 길러 낼 제
공후 배필*은 못 바라도 군자 호구* 원하더니
삼생의 원망스러운 업보요 월하*의 인연으로
장안 유협* 경박한 사람을 꿈같이 만나 있어
㉡ 당시에 마음 쓰기 살얼음 디디는 듯
삼오이팔* 겨우 지나 천연여질* 절로이니
이 얼굴 이 태도로 백년 기약 하였더니
세월이 훌쩍 지나 조물이 시샘하여
봄바람 가을 물이 베올에 북 지나듯
설빈화안* 어디 가고 면목가증* 되었구나
내 얼굴 내 보거니 어느 님이 날 사랑할까
스스로 부끄러워하니 누구를 원망하랴
(중략)
차라리 잠을 들어 꿈에나 보려 하니
바람에 지는 잎과 풀 속에 우는 벌레
㉢ 무슨 일 원수로서 잠조차 깨우는가
천상의 견우직녀 은하수 막혔어도
㉣ 칠월칠석 일 년에 한 번 때를 놓치지 않거늘
우리 님 가신 후는 무슨 약수* 가렸기에
오거나 가거나 소식조차 그쳤는가
난간에 비겨 서서 님 가신 데 바라보니
초로*는 맺혀 있고 모운*이 지나갈 제
대숲 푸른 곳에 새소리 더욱 섧다
세상의 서러운 사람 수없다 하려니와
박명한 홍안*이야 나 같은 이 또 있을까
㉤ 아마도 이 님의 탓으로 살 동 말 동 하여라

- 허난설헌, 〈규원가〉 -

한방에! 어휘풀이

* 소년 행락(少年行樂): 어린 시절에 즐겁게 지내던 일.
* 공후 배필(公侯配匹): 높은 벼슬아치의 짝.
* 군자 호구(君子好逑): 군자의 좋은 짝.
* 월하(月下): 월하노인. 부부의 인연을 맺어 준다는 전설상의 늙은이.
* 유협(遊俠): 호방하고 의협심이 있는 사람.
* 삼오이팔(三五二八): 열다섯 살과 열여섯 살.
* 천연여질(天然麗質): 타고난 아리따운 자질.
* 설빈화안(雪鬢花顔): 고운 머릿결과 아름다운 얼굴.
* 면목가증(面目可憎): 얼굴 생김생김이 남에게 미움을 살 만한 데가 있음.
* 약수(弱水): 신선이 살았다는 중국 서쪽의 전설 속의 강.
* 초로(草露): 풀잎에 맺힌 이슬.
* 모운(暮雲): 날이 저물 무렵의 구름.
* 홍안(紅顔): 젊어서 혈색이 좋은 얼굴.

01 표현상의 특징 파악하기

윗글에 대한 설명으로 적절하지 않은 것은?

① 감정 이입을 활용하여 화자의 서러움을 강조하고 있다.
② 직유법을 활용하여 세월이 빠르게 흘렀음을 나타내고 있다.
③ 역설법을 활용하여 님에 대한 화자의 원망을 표현하고 있다.
④ 설의법을 활용하여 화자의 체념적인 태도를 보여 주고 있다.
⑤ 대조를 활용하여 현재 상황에 대한 화자의 태도를 드러내고 있다.

02 시구의 의미 파악하기

㉠~㉤에 대한 설명으로 적절하지 않은 것은?

① ㉠: 과거를 회상하며 현재 자신의 처지를 한탄하고 있다.
② ㉡: 남편을 모시며 조심스럽게 살아갔음을 떠올리고 있다.
③ ㉢: 님과의 만남을 방해하는 잎과 벌레 소리를 원망하고 있다.
④ ㉣: 자신의 처지와 대비되는 견우와 직녀를 떠올리고 있다.
⑤ ㉤: 님을 그리워하며 순종적으로 기다리고 있음을 의미하고 있다.

중요 03 작품 비교하기

윗글과 보기 를 비교한 내용으로 가장 적절한 것은?

보기

꿈에나 님을 보려 턱 받치고 기댔으니
앙금도 차도 찰샤 이 밤은 언제 샐고
하루도 열두 때 한 달도 서른 날
마음에 맺혀 있어 뼛속까지 사무치니
편작이 열이 온들 이 병을 어찌 하리
어와 내 병이야 이 님의 탓이로다
차라리 죽어서 범나비 되오리라
꽃나무 가지마다 간 데 족족 앉았다가
향 묻은 날개로 님의 옷에 옮으리라
님이야 나인 줄 모르셔도 내 님 좇으려 하노라

- 정철, 〈사미인곡〉

① 윗글의 화자는 〈보기〉의 화자와 달리 그리움을 과장하고 있다.
② 윗글의 화자는 〈보기〉의 화자와 달리 님을 직접적으로 원망하고 있다.
③ 〈보기〉의 화자는 윗글의 화자와 달리 소극적인 모습으로 일관하고 있다.
④ 〈보기〉의 화자는 윗글의 화자와 달리 님과 즐겁게 보낸 과거를 회상하고 있다.
⑤ 윗글과 〈보기〉의 화자는 모두 꿈속에서라도 님을 만나고자 하는 소망을 품고 있다.

* **앙금(鴦衾)**: 원앙을 수놓은 이불.
* **편작(扁鵲)**: 중국 전국 시대의 전설적인 명의.

서답형 04 시어의 의미 이해하기

ⓐ, ⓑ에 들어갈 2어절의 말을 찾아 차례대로 쓰시오.

〈규원가〉에는 과거 화자가 가졌던 혼인 상대에 대한 소망이 드러난다. 화자의 이상적 소망의 대상은 (ⓐ)이고, 현실적 소망의 대상은 (ⓑ)이다.

문제풀이

20강

문학 – 극수필

천국의 아이들 _ 박흥식 각본·연출

| 정답 및 해설 | 134쪽

한방에! 개념정리

한방에! 핵심정리

갈래	시나리오
성격	교훈적
주제	교사와 학생 간의 진정한 소통과 배려
특징	① 실화를 바탕으로 재구성됨. ② 영상 언어의 구성 요소가 효과적으로 사용됨. ③ 대사와 행동을 통해 등장인물의 성격과 심리 변화를 드러냄.
해제	이 작품은 중학교 문제 학생들이 특별반 교사와 함께 뮤지컬 공연을 준비하는 과정을 다루고 있다. 학생들과 교사는 갈등을 겪지만, 서로를 이해하며 성장해 나간다.

※ 다음 글을 읽고 물음에 답하시오.

S# 52 특별반 교실 및 강당(낮)

뮤지컬 연습이 한창인 교실. 처음과는 달리 모두 밝아 보인다. 손뼉을 치며 연습에 집중하는 아이들. 강당으로 옮겨서 연습을 이어 나간다. 악보를 보며 열심히 노래하는 아이들.

아이들의 합창: 일어나.

'아아' 하는 입들. 합창으로 후렴구를 부르고 있다. 듣고 있던 유진이 다른 아이들에게 눈짓으로 한번 조용히 해 보라는 시늉을 한다. 쉿, 쉿. 한 명씩 노래를 멈추기 시작하고 유진이 슬쩍 병민에게 다가간다. 자세히 귀를 기울이니, 뻐끔뻐끔 흉내만 내는 병민.

아이들: 에이.

뻐끔거리는 병민을 구박하는 정훈. 그 와중에도 헤헤 실실 웃는 병민. 분위기가 화기애애하다. 이를 몰래 보고 있던 홍구, 유진과 눈이 마주치자 몰래 강당에서 빠져나간다.

S# 53 복도(낮)

복도로 급하게 걸어 나온 유진이 홍구를 부른다.

유진: 선생님!

돌아서 휘적휘적 재빠르게 나가려다 우뚝 제자리에 멈춰 서는 홍구. 홍구가 어색하게 씩 돌아선다.

홍구: ㉠ 아니 저는 뭐, 애들이 사고 안 치고 잘하고 있나 하고. 허허.

유진: 아유, 애들 진짜 잘하고 있어요.

홍구: 잘하기는 하던데요. 그, 정유진 선생님이 고생이 많으십니다. (자리를 슬슬 피할 기색으로) 필요한 거 있으면 말씀하시고, 그럼 고생하십시오.

S# 64 강당(낮)

안무를 맞추고 있는 아이들. 종전에는 화기애애했는데 자꾸 안 맞으니까 조금씩 신경질이 난 상태다. 성아가 손짓을 탁! 하면 팔을 쫙쫙 벌리면서 옆으로 퍼져 나가야 하는데 자꾸 부딪친다.

성아: ㉡ 야, 내가 이리로 오면 너는 옆으로 빠져야지.

형주: 나는 원래대로 한 거야. / **성아:** 아, 조용히 해.

지혜: 아, 오늘 진짜 하기 싫어.

고은: 아, 선생님. 우리 놀러 가면 안 돼요?

자꾸 반복되는 연습에 지친 아이들이 바닥에 풀썩풀썩 주저앉는다.

유진: 야, 너넨 요거 하고 쉬냐?

병민: (작게) 바다 가고 싶다. / **정훈:** ㉢ 오! 김병민! 바다!

퍼질러 앉아 있던 아이들과 유진이 쫑긋한다.

병민: 좋겠지? 바다! 나 한 번도 안 가 봤는데.

형주: 뻥치시네. 가족 여행으로 한 번 정도는 가 봤을 거 아니야?

병민: 나 가족 여행 같은 거 안 가 봤어.

정훈: 가족 여행도 안 가 봤어? / **병민**: 응.

유진: 너희 몇 년 살았지?

형주: 십오 년이요. / **성아**: 만으로 십삼 년이요.

유진: 김병민. 너 진짜 거짓말하면 안 된다. 십오 년 동안 살면서 바다를 한 번도 안 가 봤단 말이야?

병민: 네. / **성아**: 선생님! 바다 가요, 바다!

아이들: (박수를 치며) 바다! 바다! 바다! 바다! 바다!

S# 66　교장실(낮)

교장: 저도 뭐 애들 밖에 내보내고 싶죠. 하지만 원칙은 지켜야 하는 거 아니겠습니까?

아이들을 바다로 데려가도 되겠냐고 물어봤던 유진은 스스로 부끄러워지는 기분이다.

유진: ㉣ 아, 애들 문제 생기면 제가 다 책임질게요! 진짜 부탁드립니다.

교장: 정유진 선생님 고생하시는 것은 제가 다 압니다. 공연도 기대가 되고 하는데…….

유진이 침을 꿀꺽 삼킨다.

교장: 애들이 사고를 치면 그게 정유진 선생님 책임이 아닙니다. 그게 다 제 책임이 되는 거지요. 아무튼……. 뭐 고생하세요.

유진, 쭈뼛거리며 자리에서 일어난다.

S# 67　복도(낮)

어딘가 바쁘게 계단을 내려가는 홍구. 휴대 전화 벨 소리를 듣고 주머니에서 휴대 전화를 꺼내 보니, 교장 선생님이다.

홍구: 아, 여보세요. 교장 선생님.

교장: ㉤ 아, 뮤지컬반 애들이 바다를 가고 싶다는데…….

홍구: 바다요? / **교장**: 아, 예. 이 선생님이 같이 갔다 오면 어떨까요?

홍구: 아, 예. 알겠습니다, 교장 선생님. 교장 선생님도 애들한테 관심이 많으시네요…….

교장: 나도 교장 이전에 선생 아닙니까? / **홍구**: 예.

S# 68　학교 강당 근처(낮)

뮤지컬 연습을 하던 강당 옆 계단. 아이들이 앉아 있고, 유진이 풀이 죽은 표정으로 말을 꺼낸다.

유진: 내가 생각해 봤는데, 우리가 지금 연습해야지, 바다에 갈 때는 아닌 것 같아. (머뭇거리며) 우리 끝나고 갈까?

정훈: 왜 안 된대요? 우리가 또 사고 칠까 봐 그렇대요?　[A]

성아: 뻔하지 뭐. / **형주**: 그냥 가요.

어쩔 줄 몰라 하는 유진. 갑자기 자동차 경적 소리(E.)가 난다. 아이들의 시선이 뒤쪽으로 향한다. 차에서 내리는 사람은 가죽 재킷을 입고 선글라스를 낀 홍구. 유진의 표정이 점점 밝아지며, 홍구와 아이들을 번갈아 쳐다본다.

홍구: 얘들아, (손을 흔들며) 가자! 이리 와.

- 박흥식 각본·연출 〈천국의 아이들〉 -

＊**전체 줄거리**

새로 부임한 교장 선생님은 문제 학생인 성아, 정훈, 고은, 형주, 병민, 지혜를 모아 방과 후 동아리 활동 특별반을 만든다. 특별반의 지도 교사가 된 유진은 아이들의 활기를 돋우어 주기 위해 '학생 동아리 한마당'에서 뮤지컬 공연을 하기로 한다. 유진과 아이들, 그리고 학생 주임 홍구는 뮤지컬 공연을 준비하며 함께 짜장면을 먹고 바다에 가는 등 조금씩 가까워진다. 그러다가 성아가 형주를 도우려다 폭력 사건에 휘말려 뮤지컬 공연을 하지 못하게 된다. 하지만 병민은 몰래 '학생 동아리 한마당'에 재신청을 하고, 홀로 무대에 오른다. 부족할 수밖에 없는 병민의 공연 영상을 본 특별반 아이들은 늦은 밤 놀이터에 모여 자신들만의 뮤지컬 공연을 펼친다.

01 갈래의 특성 이해하기

윗글의 갈래에 대한 설명으로 적절하지 않은 것은?

① 장면(S#)을 단위로 한다.
② 영화 상영을 목적으로 한다.
③ 시간과 공간의 제약을 많이 받는다.
④ 촬영에 필요한 특수 용어를 사용한다.
⑤ 대사를 통해 인물의 성격이 드러난다.

02 인물의 태도, 심리 파악하기

㉠~㉤을 연기하는 방법으로 적절하지 않은 것은?

① ㉠: 머쓱하게 웃으며 말한다.
② ㉡: 짜증 섞인 목소리로 말한다.
③ ㉢: 몸을 기울여 관심을 보이며 말한다.
④ ㉣: 예의를 지키며 설득적인 어조로 말한다.
⑤ ㉤: 냉정하고 단호한 태도가 전해지도록 말한다.

중요 03 연출 방식 파악하기

[A]를 촬영하기 위한 계획으로 적절하지 않은 것은?

구분	계획
카메라	• 계단에 앉아 있는 아이들과 그 앞에 선 유진의 모습이 한 번에 들어오게 촬영한다. …… ① • 아이들의 시선을 따라 카메라를 움직여 홍구의 모습을 촬영한다. …… ② • 홍구를 보고 밝아진 유진의 표정을 확대하여 촬영한다. …… ③
소리	• **배경 음악**: 홍구의 등장과 함께 어두운 분위기의 음악이 이어진다. …… ④ • **효과음**: 화면 밖에서 자동차 경적 소리가 난다. …… ⑤

서답형 04 작품의 내용 이해하기

빈칸에 들어갈 말을 골라 차례대로 쓰시오.

S# 52에서 아이들은 (적극적으로 / 소극적으로) 연습에 참여하며, (활기찬 / 울적한) 분위기를 만들고 있다.

문제풀이

복습하기

문법

1 □□	하늘, 땅, 사람의 모양을 본떠 2 □□□인 'ㆍ, ㅡ, ㅣ'를 만듦.
3 □□	기본자를 합쳐서 초출자와 4 □□□를 만듦.
5 □□	초출자끼리 결합하거나 기본자인 'ㅣ'를 그 외의 모음과 결합하여 만듦.
한글의 우수성	독창성 / 과학성 / 경제성 / 실용성

독서

1문단	그라피티의 개념과 기원
2문단	그라피티가 주목받게 된 계기 - '6 □□ □□□'의 등장
3문단	그라피티의 주류 예술 편입 → 7 □□과 같은 주변 문화에도 영향
4문단	그라피티에 관한 논쟁

문학 - 규원가(허난설헌)

(중략) 전	과거 회상과 늙음에 대한 한탄
(중략) 후	운명에 대한 한탄과 님에 대한 원망 → 8 □□□□와 자신을 대비함.

문학 - 천국의 아이들(박흥식 각본·연출)

S# 52~53	9 □□의 어리숙한 행동으로 연습 분위기가 화기애애해짐.
S# 64	연습 분위기가 좋지 않다가, 병민이 10 □□에 가고 싶다고 하여 분위기가 밝아짐.
S# 66~67	유진은 11 □□에게 거절당하지만, 11 □□이 홍구에게 전화하여 아이들과 바다에 가 달라고 부탁함.
S# 68	바다에 갈 수 없게 되자 분위기가 침울해졌다가, 12 □□의 등장과 함께 분위기가 밝아짐.

정답 1 상형 2 기본자 3 합성 4 재출자 5 합용 6 타키 183 7 힙합 8 견우직녀 9 병민 10 바다 11 교장 12 홍구

펴 낸 이	주민홍
펴 낸 곳	서울특별시 마포구 월드컵북로 396(상암동) 누리꿈스퀘어 비즈니스타워 10층 ㈜NE능률 (우편번호 03925)
펴 낸 날	2023년 6월 5일 초판 제1쇄
전 화	02 2014 7114
팩 스	02 3142 0356
홈 페 이 지	www.neungyule.com www.iap2000.com
등 록 번 호	제 1-68호
정 가	14,000원

NE 능률 IAP BOOKS 아이에이피북스

교재 내용 문의: https://iap2000.com/booksinquiry
제품 구매, 교환, 불량, 반품 문의: 02-2014-7114
☎ 전화문의는 본사 업무시간 중에만 가능합니다.

한 번에
수능까지
한수
완성하는
중학국어

중등 국어
1-2

1. 한 권으로 국어 전 갈래를 한 번에!
2. 시험 출제 빈도가 높은 필수 지문 선정!
3. 국어의 기초체력을 키우는 문해력 개발!

정답 및 해설

- 한수 중학 국어 1-2 -

정답 및 해설

Contents

01강

| 본문 | 9쪽

문법 어휘의 체계

빠른 정답 체크 01 ⑤ 02 ③ 03 ⑤ 04 외국어, 외래어

01 고유어의 특징 파악하기 답 | ⑤

고유어에 대한 설명으로 적절하지 않은 것은?

정답 선지 분석

⑤ 한자어에 비해 의미가 세분화되어 있어 전문 용어를 표현하는 데 용이하다.
의미가 세분화되어 있어 전문 용어를 표현하는 데 용이한 것은 고유어가 아닌 한자어의 특징이다.

오답 선지 분석

① 의성어나 의태어, 감각어가 발달되어 있다.
고유어는 의성어나 의태어, 감각어가 발달되어 있어 색이나 모양, 소리 등을 다양하게 표현할 수 있다.

② 하나의 단어가 여러 의미를 담고 있는 경우가 많다.
고유어는 의미의 폭이 넓고 상황에 따라 여러 가지 다른 의미로 해석되는 다의어가 많다.

③ 우리 민족의 고유한 문화와 정서를 표현하는 데 적합하다.
고유어는 '길쌈', '달맞이', '강강술래'와 같은 우리 민족의 고유한 문화를 표현하는 데 적합하고, '기쁘다', '아쉽다', '섭섭하다' 등 정서를 표현하는 데 적합하다.

④ 우리말에 기초하여 새롭게 만들어진 단어도 고유어에 해당한다.
고유어는 옛날부터 우리말에 있었거나, 우리말에 기초하여 새로 만들어진 말을 의미한다.

02 외래어 구분하기 답 | ③

어휘의 종류가 나머지와 다른 것은?

정답 선지 분석

③ 감기
'감기'는 한자어에 해당하기 때문에 어휘의 종류가 나머지 단어들과 다르다.

오답 선지 분석

① 빵
'빵'은 포르투갈어로, 외래어에 해당한다.

② 냄비
'냄비'는 일본어로, 외래어에 해당한다.

④ 돈가스
'돈가스'는 일본어로, 외래어에 해당한다.

⑤ 고구마
'고구마'는 일본어로, 외래어에 해당한다.

03 단어 분류하기 답 | ⑤

보기 의 밑줄 친 단어를 고유어, 한자어, 외래어로 분류했을 때, 각각의 개수로 적절한 것은?

보기

"내가 너무 늦었나 보지. 말도 말아 그게 웬 눈인지, 버스가 끊겨 혼났다. 자고 가라는 걸 사정사정해서 그 집 자가용을 얻어타고 오는 길야. 운전수도 안 두고 사는 집 차를 얻어타려니 어찌나 황공한지. 귀한 사람들이 목숨 걸고 여기까지 데려다준 거란다. 정말 지독한 눈이었어."

나는 그들의 어깨 너머로 눈과는 무관한 우리집 골목, 아파트의 복도를 바라보며 말했다.

"엄마, 놀라지 마세요."

- 박완서, 〈엄마의 말뚝 2〉

정답 선지 분석

	고유어	한자어	외래어
⑤	3개	3개	2개

〈보기〉에서 고유어는 '사람', '목숨', '골목'으로 3개가 사용되었다. 한자어는 '자가용', '운전수', '복도'로 3개가 사용되었다. 외래어는 '버스', '아파트'로 2개가 사용되었다.

04 외국어와 외래어의 차이 파악하기

다음은 외국어와 외래어의 차이에 대해 서술한 것이다. 빈칸에 들어갈 말로 적절한 것을 골라 차례대로 쓰시오.

외국어와 외래어는 모두 외국에서 들어온 말이다. 그러나 (외국어 / 외래어)는 (외국어 / 외래어)와 달리 아직 국어로 정착되지 않은 단어이며, 대부분 대체할 수 있는 고유어나 한자어가 존재한다.

정답

외국어, 외래어

독서 인간과 동물의 도덕적 차이

빠른 정답 체크 01 ④ 02 ⑤ 03 ⑤ 04 자율성, 수단

19세기의 사상가 다산 정약용은 살아 있는 존재를 세 종류로 분류하였다. 첫 번째 종류는 식물로,(살아 있는 존재 ①) 살아 있으며 성장하지만 쾌락과 고통을 느낄 수는 없다(식물의 특징 ①). 따라서 식물은 삶이 무엇인지 느낄 만한 내면세계가 존재하지 않는다(식물의 특징 ②). 두 번째 종류는 동물로,(살아 있는 존재 ②) 식물과 같이 살아 있고 성장한다(식물과 동물의 공통점). 그러나 식물과는 반대로 고통을 느낄 수 있다(동물의 특징). 즉 지각 능력이 있는 존재다(식물과 비교되는 동물의 특성 ①). 따라서 삶이 무엇인지 느낄 수도 있다(식물과 비교되는 동물의 특성 ②). 이것이 동물과 식물의 중요한 차이점이다. 마지막 존재는 인간으로,(살아 있는 존재 ③) 인간 또한 살아 있고 성장하며, 감정을 느낄 수 있고 지각 능력이 있다(동물과 인간의 공통점). 이렇게 본다면 동물과 인간은 차이점이 없다. 그렇다면 인간과 동물의 도덕적 차이는 무엇일까? 무엇을 기준으로 삼아 도덕적으로 중요한 존재와 그렇지 않은 존재를 나눌 수 있을까?

▶ 1문단: 세 종류의 살아 있는 존재와 그들을 구분하는 기준

다양한 철학자들은 그들만의 방식으로 동물과 인간의 차이를 정당화하였다. 아리스토텔레스는 도덕적 지위를 부여하는 기준을 이성이라 보았다(아리스토텔레스가 생각하는 인간과 동물의 도덕적 차이). 이성이 없는 존재는 이성적인 존재를 위해

세상에 존재하며, 인간은 동물보다 더 이성적인 존재이므로 동물을 이용해도 괜찮다는 것이다. 하지만 아리스토텔레스는 이러한 주장을 바탕으로 노예 제도를 옹호하였으며, 『동물보다 특별히 더 이성적이라 할 수 없는, 가령 지적 장애를 가진 인간이 존재하고 인간들과 비슷한 수준의 지적 능력을 가진 동물이 존재함에도 우리는 동물과 인간을 똑같이 취급하지 않기 때문에』 그의 주장이 절대적으로 옳다 할 수 없다.

『』: 아리스토텔레스의 주장이 가진 모순점

▶ 2문단: 아리스토텔레스가 주장하는 도덕적 지위의 부여 기준

칸트는 인간이 자의식*과 자율성을 갖고 있기 때문에 도덕적 지위를 부여받았다고 보았다. 이때 자율성은 스스로 선택하고 결정을 내릴 수 있는 능력으로, 도덕적 자율성의 유무에 따라 인간과 동물을 구분 지었다. 또한 칸트는 자의식과 자율성을 지닌 인간을 목적으로, 그렇지 않은 동물을 수단으로 대해야 한다고 주장했다. 그러나 『일부 동물의 경우 인간처럼 자율성을 지니고, 심지어 인간보다 자율성이 더 높은 경우가 있어』 칸트의 주장에서도 모순점을 발견할 수 있다.

칸트가 생각하는 인간과 동물의 도덕적 차이 / 자율성의 정의 / 『』: 칸트의 주장이 가진 모순점

▶ 3문단: 칸트가 주장하는 도덕적 지위의 부여 기준

제레미 벤담은 태어난 지 얼마 되지 않은 아기의 예시를 들면서, 말을 못 하고 동물보다 이성적이지 않기 때문에 말이나 사유 능력은 도덕적 지위를 부여하는 기준이 되지 못한다고 주장했다. 벤담은 고통을 느끼는 능력에 따라 도덕적 지위가 달라진다고 보았다. 이에 따르면 『동물 또한 인간처럼 고통을 느낄 수 있으므로 인간과 마찬가지로 동물에게도 권리가 있으며 도덕적 지위가 있는 존재이므로』 함부로 대해서는 안 되며 인간과 같은 대우를 받아야 한다는 것이다. 이는 『생명의 존엄성*을 동물에게까지 확대하여 적용하는 계기가 되었으며, 동물에 대한 윤리적 문제를 촉발시켰다*.』

제레미 벤담의 주장을 뒷받침하는 예시 / 아리스토텔레스와 칸트의 주장에 대한 반박 / 제레미 벤담이 생각하는 도덕적 지위를 부여하는 기준 / 『』: 동물도 도덕적 지위를 지닌 존재로 판단하는 제레미 벤담 / 『』: 제레미 벤담의 주장의 의의와 영향

▶ 4문단: 제레미 벤담이 주장하는 도덕적 지위의 부여 기준과 그 의의

* 자의식(自意識): 자기 자신이 처한 위치나 자신의 행동, 성격 따위에 대하여 깨닫는 일.
* 존엄성(尊嚴性): 감히 범할 수 없는 높고 엄숙한 성질.
* 촉발시키다(觸發시키다): (무엇이 어떤 일을) 영향이나 자극을 주어 일어나게 하다.

01 내용 전개 방식 파악하기 답 | ④

윗글의 내용 전개 방식으로 적절하지 않은 것은?

정답 선지 분석

④ 다양한 철학 사상을 지역적 특성에 따라 분류하여 서술하고 있다.
윗글에서는 19세기 한국의 사상가인 정약용부터 아리스토텔레스, 칸트, 제레미 벤담과 같이 다양한 철학자들의 의견을 제시하고 있을 뿐, 다양한 철학 사상을 지역적 특성에 따라 분류하여 서술하고 있지는 않다.

오답 선지 분석

① 예시를 통해 앞서 서술된 주장의 모순점을 제시하고 있다.
4문단에서 제레미 벤담은 태어난 지 얼마 되지 않은 아기의 예시를 들며 앞서 2문단과 3문단에 서술된, 아리스토텔레스와 칸트의 주장에 대한 모순점을 제시하고 있다.

② 주장에 대한 의의와 영향을 제시하며 글을 마무리하고 있다.
4문단에서 제레미 벤담은 도덕적 지위를 부여하는 기준을 고통을 느낄 수 있는 능력이라 보았고, 이는 생명의 존엄성을 동물에게까지 확대하는 계기가 되었으며 동물에 대한 윤리적 문제를 촉발시켰다고 하였다.

③ 중심 주제와 관련된 다양한 철학자들의 의견을 제시하고 있다.
윗글은 도덕적 지위를 부여하는 기준에 대한 다양한 철학자들의 의견을 제시하며 내용을 전개하고 있다.

⑤ 물음의 방식을 통해 독자로 하여금 이어질 내용을 예측하게 하고 있다.
1문단의 '그렇다면 인간과 동물의 도덕적 차이는 무엇일까? 무엇을 기준으로 삼아 도덕적으로 중요한 존재와 그렇지 않은 존재를 나눌 수 있을까?'와 같은 물음의 방식을 통해 독자로 하여금 이어질 내용을 예측하게 하고 있다.

02 세부 내용 파악하기 답 | ⑤

윗글에 대한 이해로 적절한 것은?

정답 선지 분석

⑤ 칸트는 스스로 선택하고 결정을 내릴 수 있는 인간만이 목적이 될 수 있다고 보았다.
3문단에 따르면 인간은 스스로 선택하고 결정을 내릴 수 있는 자율성을 가진 존재로, 칸트는 자의식과 자율성을 지닌 인간을 목적으로 대해야 한다고 주장했으므로 적절하다.

오답 선지 분석

① 정약용은 동물이 인간과 달리 고통을 느낄 수 없다고 보았다.
1문단에 따르면 정약용은 인간, 동물과 달리 식물을 고통을 느낄 수 없는 존재로 보았다.

② 정약용은 지각 능력의 유무에 따라 인간과 동물을 구별하였다.
1문단에 따르면 정약용은 동물과 인간은 모두 지각 능력이 있는 존재이기 때문에 인간과 동물은 지각 능력의 유무로 구별될 수 없다고 보았다.

③ 제레미 벤담은 이성에 따라 생물의 도덕적 지위가 부여된다고 보았다.
2문단에 따르면 도덕적 지위를 부여하는 기준을 이성으로 본 것은 아리스토텔레스이다.

④ 아리스토텔레스는 동물도 인간과 같이 동등한 대우를 받아야 한다고 주장하였다.
4문단에 따르면 동물도 인간과 동등한 대우를 받아야 한다고 주장한 철학자는 제레미 벤담이다.

03 구체적 사례에 적용하기 답 | ⑤

윗글을 바탕으로 보기 를 해석한 내용으로 적절하지 않은 것은?

보기

㉠ 1970년 미국 툴레인대학교 심리학과 고든 갤럽 교수는 '거울 마크 테스트(mirror mark test)' 실험을 통해 침팬지가 거울 속에 비친 자기 모습을 자신이라고 인식한다는 사실을 증명했다. 교수는 마취된 침팬지의 한쪽 눈썹 위에 냄새와 피부 자극이 없는 빨간 반점을 그렸다. 놀랍게도 깨어난 침팬지는 거울 앞에서 반점이 있는 눈썹을 계속 쳐다봤고 그 부위를 손가락으로 문질렀다.

㉡ 박쥐는 초음파를 이용하여 먹이인 나방을 찾아다닌다. 그런데 나방은 자신의 위치를 찾기 어렵게 하기 위해 불규칙하게 움직이며 박쥐로부터 도망간다. 그러면 박쥐 역시 나방의 불규칙한 패턴을 예상하며 움직인다.

정답 선지 분석

⑤ ㉠과 ㉡의 침팬지와 나방은 스스로 선택하고 결정을 내릴 수 있는 능력이 없기 때문에 도덕적 지위가 있다고 보기는 어렵군.

<보기>의 ㉠에서는 자의식이 있는 침팬지의 사례를, ㉡에서는 이성이 있는 나방과 박쥐의 사례를 언급하고 있다. 이때 윗글에서 아리스토텔레스는 도덕적 지위를 부여하는 기준을 이성으로 보았고, 칸트는 도덕적 지위를 부여하는 기준을 자의식과 자율성으로 보았으므로 이에 따르면 침팬지와 나방이 도덕적 지위를 갖지 않는다고 보기 어렵다.

오답 선지 분석

① ㉠에서는 칸트의 주장에 대한 모순점이, ㉡에서는 아리스토텔레스의 주장에 대한 모순점이 드러나는군.

3문단에 따르면 칸트는 인간만이 자의식과 자율성을 지닌 존재이므로 도덕적 지위를 부여받았다고 보았다. 그러나 <보기>의 ㉠에서는 침팬지가 거울 속에 비친 모습을 자신이라고 인식하고 있다. 이를 통해 동물 또한 자의식을 지닌 존재임을 알 수 있으며, 칸트의 주장에 대한 모순점을 확인할 수 있다. 또한 2문단에서 아리스토텔레스는 도덕적 지위를 부여하는 기준을 이성으로 보았다. 그러나 <보기>의 ㉡에서는 박쥐의 초음파를 피하기 위해 불규칙하게 도망가는 나방과 이러한 나방의 움직임을 예상하여 움직이는 박쥐를 통해 동물 역시 생각하며 움직이는 이성이 있는 존재라 할 수 있으므로 아리스토텔레스의 주장에 대한 모순점을 확인할 수 있다.

② ㉠을 통해 침팬지가 지각 능력이 있는 존재임을 알 수 있군.

<보기>의 ㉠에서 반점이 그려진 자신의 눈썹을 계속 쳐다보며 그 부위를 손가락으로 문지르는 행동을 통해 침팬지가 지각 능력이 있는 동물임을 확인할 수 있다.

③ ㉡의 박쥐와 나방은 지적 장애를 가진 인간보다 지적 능력이 높다고 볼 수 있겠군.

<보기>의 ㉡에서 나방은 박쥐의 초음파로부터 도망가기 위해 불규칙한 움직임으로 이동하고, 박쥐는 그런 나방의 움직임을 예상하며 이동하고 있다. 이는 생각할 수 있는 지적 능력이 있다고 볼 수 있는 행동으로, 지적 장애를 가져 이성 능력이 상실된 인간보다 지적 능력이 높을 것으로 추론할 수 있다.

④ ㉠과 ㉡을 통해 자의식과 이성은 도덕적 지위를 부여하는 기준이 될 수 없다는 것을 알 수 있군.

<보기>의 ㉠과 ㉡에서는 각각 자의식과 이성이 있는 동물의 사례를 언급하고 있다. 따라서 자의식과 이성은 인간과 동물 간의 도덕적 지위를 분류하는 기준이 될 수 없음을 알 수 있다.

04 중심 내용 요약하기

다음은 칸트의 주장의 모순점을 요약한 내용이다. ⓐ, ⓑ에 들어갈 말로 적절한 것을 윗글에서 찾아 차례대로 쓰시오.

> 심한 뇌 손상을 입은 환자는 자신의 인생에 대해 스스로 선택할 수 없기 때문에 (ⓐ)을/를 지니지 못한다. 칸트에 따르면 이러한 환자는 목적이 아닌 (ⓑ)에 해당하기 때문에 모순점을 지닌다.

정답

자율성, 수단

문학 1 딱지(이준관)

빠른 정답 체크 01 ⑤ 02 ② 03 ① 04 흉물, 고약

나는 어릴 때부터 그랬다.

칠칠치 못한 나는 걸핏하면 넘어져
(과거의 '나')
무릎에 **딱지**를 달고 다녔다.
(몸에 생긴 상처) ▶ 어린 시절 '나'는 자주 넘어져 무릎에 딱지를 달고 다님
그 흉물 같은 딱지가 보기 싫어 (□: 직유법 사용)
(딱지를 대하는 어린 시절의 '나'의 태도 ①)
손톱으로 득득 긁어 떼어 내려고 하면
(딱지를 대하는 어린 시절의 '나'의 태도 ②)
아버지는 그때마다 말씀하셨다.

딱지를 떼어 내지 말아라 그래야 낫는다.
(딱지를 대하는 아버지의 태도)
아버지 말씀대로 그대로 놓아두면
▶ 아버지는 '나'에게 딱지를 떼어 내지 말아야 상처가 낫는다고 말씀하심

까만 고약* 같은 딱지가 떨어지고

딱정벌레 날개처럼 하얀 새살이

돋아나 있다.
▶ 아버지 말씀대로 딱지를 그대로 놓아두니 새살이 돋아남

지금도 칠칠치 못한 나는
(현재의 '나')
사람에 걸려 넘어지고 부딪히며

마음에 딱지를 달고 다닌다.
(인간관계에서 얻은 마음의 상처)
그때마다 그 딱지에 아버지 말씀이

얹혀진다.

딱지를 떼지 말아라 딱지가 새살을 키운다.
(새살: 성장, 성숙, 회복)
(인간은 상처를 회복하는 과정에서 더욱 성장할 수 있음)
▶ 지금의 '나'는 딱지를 떼어 내지 말라던 아버지의 가르침을 이해함

- 이준관, <딱지> -

* 고약(膏藥): 주로 헐거나 곪은 데에 붙이는 끈끈한 약.

01 표현상의 특징 파악하기 답 | ⑤

윗글에 대한 설명으로 적절하지 않은 것은?

정답 선지 분석

⑤ 대상을 대하는 태도의 변화를 통해 내적 갈등이 심화되고 있다.

어린 시절의 화자는 '흉물 같은 딱지'를 떼어 내려 했으나 '나'는 '흉물 같은 딱지'를 떼어 내려 하던 어린 시절과 달리, '마음의 딱지를 달고 다'니는 현재에는 '딱지가 새살을 키운다'는 아버지의 말씀을 상기하고 있다. 따라서 '딱지'를 대하는 화자의 태도가 변화하고 있다고 볼 수 있다. 그러나 이를 통해 화자의 내적 갈등이 심화되는 것은 아니다.

오답 선지 분석

① 현재의 화자가 과거의 경험을 회상하고 있다.

화자는 어린 시절 무릎에 난 '딱지'를 '떼어 내지 말'라던 아버지의 말씀을 회상하며, '딱지가 새살을 키운다'는 아버지의 가르침을 이해하고 있다.

② 개인의 체험을 보편적인 삶의 가치로 확장하고 있다.

어린 시절 무릎에 딱지를 달고 다녔던 화자 개인의 경험을, 인간관계 또한 상처를 입고 회복하는 과정을 통해 성장할 수 있다는 보편적인 삶의 가치로 확장하고 있다.

③ 직유법을 사용하여 상처가 낫는 과정을 표현하고 있다.

윗글에서는 '까만 고약 같은 딱지', '딱정벌레 날개처럼 하얀 새살'과 같이 직유법을 사용하여 상처가 낫는 과정을 표현하고 있다.

④ 일상적 소재를 활용하여 삶의 깨달음을 전달하고 있다.

윗글은 '딱지'라는 일상적인 소재를 통해 몸에 생긴 딱지가 상처를 아물게 하는 것처럼 마음에 생긴 딱지 역시 화자를 성숙하게 만들 것이라는 깨달음을 전달하고 있다.

02 세부 내용 파악하기

답 | ②

윗글에 대한 내용으로 적절하지 않은 것은?

정답 선지 분석

② '까만 고약'은 화자가 '딱지'를 없애기 위해 사용한 수단이다.

윗글의 '까만 고약'은 화자의 무릎에 생긴 '딱지'를 비유한 표현이다. 화자가 '딱지'를 없애기 위해 사용한 수단에 해당하지 않는다.

오답 선지 분석

① 어린 시절의 화자는 '딱지'를 부정적으로 바라보고 있다.

윗글의 4행에서 화자는 '딱지'를 '흉물 같'다고 표현하고 있다. 따라서 어린 시절의 화자는 '딱지'를 부정적으로 바라보고 있음을 알 수 있다.

③ 현재의 화자는 인간관계에서 얻은 '딱지'를 아버지의 방식대로 극복하고 있다.

윗글의 14행에서 현재의 화자는 '마음에 딱지를 달고 다닌다'라고 말하였다. 이는 인간관계에서 얻은 마음의 상처를 의미하는데, 화자는 딱지가 달릴 때마다 '딱지가 새살을 키운다'는 아버지의 말씀이 얹혀진다고 하였으므로 적절하다.

④ '딱지'는 몸에 생긴 상처가 낫는 과정이면서 동시에 마음의 상처가 치유되는 과정이다.

어릴 때의 화자에게 생긴 '딱지'는 몸에 생긴 상처가 낫는 과정을 의미하고, 지금의 화자에게 생긴 '딱지'는 마음의 상처, 즉 인간관계에서 얻은 상처가 치유되는 과정을 의미한다.

⑤ 아버지가 말한 '새살'은 성장이자 회복의 과정이다.

윗글의 17행에서 화자는 '딱지가 새살을 키운다'는 아버지의 가르침을 이해하고 있다. 즉 아버지가 말한 '새살'은 상처의 회복이자, 성장이면서 동시에 성숙해지는 과정을 의미한다.

03 작품 간의 공통점, 차이점 파악하기

답 | ①

보기 와 윗글을 비교한 내용으로 적절하지 않은 것은?

보기

나는 구부러진 길이 좋다.
구부러진 길을 가면
나비의 밥그릇 같은 민들레를 만날 수 있고
감자를 심는 사람을 만날 수 있다.
날이 저물면 울타리 너머로 밥 먹으라고 부르는
어머니의 목소리도 들을 수 있다.
구부러진 하천에 물고기가 많이 모여 살 듯이
들꽃도 많이 피고 별도 많이 뜨는 구부러진 길.
구부러진 길은 산을 품고 마을을 품고
구불구불 간다.
그 구부러진 길처럼 살아온 사람이 나는 또한 좋다.
번듯한 길 쉽게 살아온 사람보다
흙투성이 감자처럼 울퉁불퉁 살아온 사람의
구불구불 구부러진 삶이 좋다.
구부러진 주름살에 가족을 품고 이웃을 품고 가는
구부러진 길 같은 사람이 좋다.

- 이준관, 〈구부러진 길〉

정답 선지 분석

① 윗글과 〈보기〉 모두 대화체를 사용하여 친근감을 형성하고 있다.

윗글과 〈보기〉 모두 청자에게 이야기를 하는 듯한 대화체가 아닌, 독백체를 사용하고 있다.

오답 선지 분석

② 윗글과 〈보기〉 모두 시적 화자가 시의 표면에 직접적으로 드러나 있다.

윗글과 〈보기〉 모두 시적 화자인 '나'가 시 속에 등장하여 시상을 전개하고 있다.

③ 윗글과 〈보기〉 모두 동일한 종결 어미를 반복하여 운율을 형성하고 있다.

윗글과 〈보기〉 모두 종결 어미 '-다'를 반복해서 사용함으로써 운율을 형성하고 있다.

④ 윗글과 〈보기〉 모두 대상을 의인화하여 대상이 지닌 가치를 강조하고 있다.

윗글에서는 '딱지가 새살을 키운다'고 말하며 대상인 '딱지'를 의인화하여 상처를 회복하는 과정에서 성장할 수 있음을 강조하고 있으며, 〈보기〉에서는 '구부러진 길은 산을 품고 마을을 품고 / 구불구불 간다'에서 알 수 있듯, '구부러진 길'을 의인화하여 '구부러진 길'이 갖는 포용성을 강조하고 있다.

⑤ 〈보기〉의 대상은 윗글과 달리 화자가 처음부터 긍정적으로 인식하고 있는 대상이다.

윗글의 화자는 처음에는 '딱지'가 흉물 같아 보기 싫었지만 이후 아버지의 가르침을 이해하며 대상을 긍정적으로 바라보고 있다. 반면, 〈보기〉의 화자는 1연에서 '구부러진 길이 좋다'라고 밝히며 처음부터 대상을 긍정적으로 바라보는 일관된 태도를 보여주고 있다.

04 소재의 의미 파악하기

윗글에서 어릴 때의 '나'가 생각하는 '딱지'의 모습 두 가지를 찾아 각각 2음절로 쓰시오. (단, 윗글에 등장한 순서대로 쓸 것.)

정답

흉물, 고약

문학 2 용소와 며느리바위(작자 미상)

빠른 정답 체크 01 ③ 02 ⑤ 03 ① 04 ㉤

○: 설화의 구체적 증거물을 제시 → 설화의 신빙성을 부여

용소는 장연읍에서 한 이십 리 되는 거리에 있는데, 장연읍에서

황해도에 위치한 마을(실제 지명)

그 서도 민요로 유명한 몽금포 타령이 있는 데거든. 그 몽금포 가

황해도와 평안도 지역에서 불리는 민요 　 구체적 지명을 사용하여 용소의 위치를 설명

는 길 옆에 그 인지 바로 길 옆에 그 용소라는 것이 있는데 그 전

이제(말 앞에 상투적으로 붙이는 군말)

설이 어떻게 됐냐 할 거 같으면, 그렇게 옛날 옛적 얘기지. 옛날에

호기심 유발

그 지금 용소 있는 자리가 장재* 첨지네 집터 자리라 그래. 장재 첨지네 집터 자린데, 거게서 그 영감이 수천 석 하는 부자루 아주

~: 같은 말을 반복하여 사용 → 구어체의 특징

잘살구 거기다 좋은 집을 짓구서 있었는데, 그 영감이 아주 깍쟁

인물의 성격을 직접 제시

이가 돼서, 뭐 다른 사람 도무지 뭐 도와두 주지 않구, 돈만 모으던 그런 유명한 영감이래서 거기 사람들이 말하자면, '돼지, 돼지'

탐욕스러운 장재 첨지의 성격을 드러냄

하는 그런 영감이라네.

그래서 구걸하는 사람이 구걸을 와두 당최 주질 않구, 또 대개 중들이 인지 그 시주*를 하러 와두 도무지 주지를 않구, 그런 아

주 소문이 나쁘게 나 있는 영갬인데, 어느 여름철에 거기서 인지 그 용소 있는 데서 한 이십 리 가면 불타산이라는 산이 있는데 그 불타산은 절이 많기 때문에 불타산이라는 그런 절이 있는데, 거게서 그 도승이, 그 영감이 아주 나쁘다는 소리를 듣구서, 우정* 인지 그 집을 찾어가서 목탁을 치면서 시주를 해 달라고, 그러니까 이 영감이 뛰어나가면서,

초월적 공간 / 불타(부처)산 이름의 유래를 설명 / 초월적 존재

"㉠ 이놈, 너이 중놈들이란 것은 불농불사*하구, 댕기면서 얻어만 먹구 그러는데 우리 집에서는 절대루 인지 쌀 한 톨이라두 줄 수가 없으니까 가라구." 「」: 중에 대한 부정적 인식

무위도식(無爲徒食)

소리를 질러두 그대루 그 중이 이제 가지를 않구섬날 독경*을 하구 있으니까, 이 영감이 성이 나서 「지금은 대개 삽이라는 게 있지마는 옛날에는 저 **그것을 뭐이라구 하나, 부삽이라구 하나,**」 그거 있는데 그걸로 두엄* 더미에서 쇠똥을 퍼 가주구서는,

도승의 차분한 반응 → 오히려 장재 첨지의 화를 돋움 / 「」: 청자의 이해를 돕기 위한 보충 설명

"㉡ 우리 집에 쌀은 줄 거 없으니까 이거나 가져가라."

장재 첨지의 악행 → 벌을 받게 되는 원인

하구서는 바랑*에다가 쇠똥을 옇단 말야. 「그래두 그 중은 조금두 낯색두 변하지 않구서, 거저 '나미아미타불'만 부르다가」 그 쇠똥을 걸머진 채 바깥으루 나오는데, 그 마당 옆에 우물이 있었는데 우물가에서 그 장재 첨지의 며느리가 인제 쌀을 씻구 있다가, 그 광경을 보구서, 그 중 보구서는 얘기하는 말이,

그저 / 「」: 장재 첨지를 벌할 것을 결심함 → 심판자의 역할 / 선한 인물이지만 인간적 한계를 지닌 인물

"㉢ 우리 아버지 천생이 고약해서 그런 일이 있으니까, 조금두 나쁘게 생각하지 말라구."

「그러면서 쌀, 씻든 쌀을 바가지에다 한 바가지 퍼섬낭, 그 바랑에다 여 줬단 말야.」 그러니께 그 중이 며느리 보고 하는 말이,

「」: 며느리의 선행 / 넣어(방언) / 도승이 장재 첨지에게 내리는 벌

"㉣ 당신 집에 인제 조금 있다가 큰 재앙이 내릴 테니까, 당신 빨리 집으로 들어가서, 평소에 제일 귀중하게 생각하는 것이 무어 있는지, 두세 가지만 가지구서 빨리 나와서는, 저 불타산을 향해서 빨리 도망질하라구."

세속적 욕망의 대상 / 재앙을 피할 수 있는 방법을 며느리에게 알려 줌

그랬단 말야. 그러니까 그 며느리가 급히 자기 집으로 들어가서, 방 안에 자기 아들을, 뉘어서 재우든, 아이를 들쳐 업구, 또 그 여자가 인지 명지를 짜던 그 명지 도토마리*를 끊어서 이구 나오다가, 그 또 자기네 집에서 개를, 귀엽게 기르던 개를 불러 가지구서 나와서는 그 불타산을 향해서 달음박질루 가는데, 어린애를 업구 명지 도토마리를 이구, 개를 불러 가지구 그 불타산을 향해서 얼마쯤 가는데, 그때까지 아주 명랑하던 하늘이 갑자기 흐리면서 뇌성벽력*을 하더니 말야. 「근데 그 중이 먼저 무슨 주의를 시켰냐면,

□: 세속적 욕망의 대상 / 명주(비단) / 「」: 역순행적 구성

"㉤ 당신, 가다가서 뒤에서 아무런 소리가 나두 절대루 뒤를 돌아보면 안 된다."

도승이 며느리에게 제시한 금기

는 거를 부탁을 했는데,」 이 여인이 가는데 갑자기 뇌성벽력을 하면서 그 벼락 치는 소리가 나니까, 깜짝 놀래서 뒤를 돌아봤단 말야. 그러니까 그 자리에서 그만 화석이 됐어. 그 사람이 그만 화석이 되구 말았다는 게야. 개두 그렇게 화석이 돼서 그 자리에 서 있다고 하는데, 그 지금두 그 불타산 아래서 얼마 내려오다가서 그 비슥하니 거기 사람들은 이것이 며느리가 화석 된 게라고 하는 바위가 있는데, 역시 사람 모양 하고, 뭐 머리에 뭐 인 거 겉은 거 하구, 그 아래 개 모양 겉은, 그런 화석이 아직도 있단 말야. 한데 그때 그 이 벼락을 치면서 그 장재 첨지네 그 집이 전부 없어지면서 그만 거기에 몇백 길*이 되는지 모르는 이제 큰 소가 됐단 말야. 한데 그 소가 어느만침 넓으냐 하면, 여기 어린이 놀이터보담두 더 넓은데, 이거 고만 두 배쯤 되는 품인데 그 소에서 물이 얼마나 많이 나오는지, 물 나오는 소리가 쿵쿵쿵쿵쿵쿵 하면서 그 곁에 가면 이제 지반이 울린단 말야. 이리 이리 너무 물이 많이 나와서 그 물을 가지구서 몇만 석 되는, 이제 말할 것 같으면 수천 정보*에 그 평야에, 논에 물을 소에서 나오는 물 가지구서 대는데, 그 물은 아무리 비가 와두 느는 벱이 없구, 아무리 가물어두 주는 벱이 없는데, 사람들이 그게 얼마나 깊으나 볼라구 명지실을 갖다가, 돌을 넣어서 재니까 명지실 몇을 넣어도 도무지 끝을 몰른다는, 그만침 깊은 소가 됐단 말야.

금기를 어김 → 인간의 삶에 대한 미련 / 금기를 어긴 것에 대한 징벌 / 극적인 결과를 강조 / 명지 도토마리 / 장재 첨지의 악행에 대한 징벌 / 용소 / 단순 징벌이 아니라 정화를 통한 재창조를 상징함 / 신이한 특성 ① – 언제나 수량이 일정함 / 신이한 특성 ② – 깊이를 알 수 없을 정도로 깊음

- 작자 미상, 〈용소와 며느리바위〉 -

* 장재(장자(長者)): 부자를 점잖게 이르는 말.
* 시주(施主): 자비심으로 조건 없이 절이나 승려에게 물건을 베풀어 주는 일. 또는 그런 일을 하는 사람.
* 우정: '일부러'의 방언.
* 불농불사(불농불상(不農不商)): 농사도 짓지 않고 장사도 하지 않으며 놀고 지냄.
* 독경(讀經): 불경을 소리 내어 읽거나 욈.
* 두엄: 풀, 짚 또는 가축의 배설물 따위를 썩힌 거름.
* 바랑: 승려가 등에 지고 다니는 자루 모양의 큰 주머니.
* 도토마리: 베를 짤 때 날실을 감는 틀을 의미하는 '도투마리'의 방언.
* 뇌성벽력(雷聲霹靂): 천둥소리와 벼락을 아울러 이르는 말.
* 길: 길이의 단위. 한 길은 사람의 키 정도의 길이이다.
* 정보(町步): 땅 넓이의 단위.

01 서술상의 특징 파악하기

답 | ③

윗글의 서술상의 특징으로 적절하지 않은 것은?

정답 선지 분석

③ 전기적 요소를 삽입하여 현실성을 부각하고 있다.

윗글에서는 며느리가 화석으로 변한 것, 장재 첨지의 집이 전부 없어지는 것과 같은 전기적 요소를 삽입하여 설화의 비현실성을 부각하고 있다.

오답 선지 분석

① 구체적 지명을 언급하여 사실성을 높이고 있다.

윗글에서는 '장연읍'과 '몽금포' 등의 구체적 지명을 사용하여 이야기의 사실성을 높이고 있다.

② 화자가 청자에게 구술하는 형식을 취하고 있다.

윗글은 설화로, 화자가 청자에게 설화의 내용을 구술하는 '~지', '~단 말야' 등의 구어체 문장이 그대로 드러나 있다.

④ 청자의 이해를 돕기 위한 구체적인 설명이 드러나 있다.

윗글에서는 '지금은 대개 삽이라는 게 있지마는 옛날에는 저 그것을 뭐이라구 하나, 부삽이라구 하나'와 같이 청자의 이해를 돕기 위해 서술자가 구체적인 설명을 덧붙이고 있다.

⑤ 같은 말을 반복해서 사용함으로써 비극성을 강조하고 있다.

윗글의 '그 자리에서 그만 화석이 됐어. 그 사람이 그만 화석이 되구 말았다는 게야.'에서 같은 말을 반복해서 사용함으로써 화석으로 변한 며느리의 비극을 강조하고 있다.

02 세부 내용 파악하기 답 | ⑤

윗글에 대한 설명으로 적절하지 않은 것은?

정답 선지 분석

⑤ 며느리는 장재 첨지와 달리 선행을 베풀고, 도승의 징벌로부터 자유로워진다.

며느리의 선행에 대한 대가로 도승은 며느리에게 징벌을 피할 방법과 함께, 징벌에 대해 경고해주지만, 며느리는 도승의 경고를 어기는 바람에 화석으로 변하고 만다. 따라서 도승의 징벌로부터 자유로워졌다고 볼 수 없다.

오답 선지 분석

① 장재 첨지는 중을 무위도식하는 존재로 인식하고 있다.

장재 첨지의 "이놈, 너이 중놈들이란 것은 불농불사하구, 댕기면서 얻어만 먹구 그러는데"라는 말을 통해 장재 첨지가 중을 농사도 짓지 않고 장사도 하지 않으며 무위도식하는 존재로 인식하고 있음을 알 수 있다.

② '돼지'는 장재 첨지의 탐욕스러운 성격을 단적으로 제시한다.

장재 첨지는 다른 사람을 도와주지 않고, 돈만 모으던 사람이라 마을 사람들은 장재 첨지를 '돼지'라고 불렀다. 즉 '돼지'는 장재 첨지의 인색하고 탐욕스러운 성격을 보여 주는 별명으로 볼 수 있다.

③ 도승은 의도적으로 장재 첨지의 집에 방문하여 시주를 요구하고 있다.

도승은 장재 첨지의 이야기를 듣고 '우정 인지 그 집을 찾'아가 '목탁을 치면서 시주를 해 달라고' 말하고 있다. 즉 도승의 시주 요구는 의도적인 행위임을 알 수 있다.

④ '쇠똥'은 장재 첨지가 벌을 받게 된 원인으로, 장재 첨지의 악행을 보여 준다.

장재 첨지는 시주를 해달라고 온 도승의 바랑에 쇠똥을 넣는 악행을 저질렀다. 도승이 쇠똥을 받고 난 이후 장재 첨지의 며느리에게 "큰 재앙을 내릴 테니까"라고 말한 것을 통해 '쇠똥'을 장재 첨지가 벌을 받게 된 원인으로 볼 수 있다.

03 외적 준거를 바탕으로 작품 이해하기 답 | ①

보기 를 바탕으로 윗글을 이해한 것으로 적절하지 않은 것은?

보기

설화는 일정한 형식을 지닌 꾸며 낸 이야기이다. 설화는 구전됨으로써 그 존재를 유지해 가는데, 설화의 구전은 이야기의 구조에 힘입어 전승된다. 즉, 화자는 이야기의 세세한 부분을 그대로 기억하여 고스란히 그것을 전승하는 것이 아니라 그 이야기의 핵심이 되는 구조를 기억하고, 이것을 화자 나름의 수식을 덧붙여서 전달하게 된다. 설화는 일반적으로 신화와 전설, 민담으로 나눌 수 있는데, 전설은 구체적으로 제한된 시간과 장소를 갖고, 개별적 증거물을 제시하는 것이 특징이다. 〈용소와 며느리바위〉는 '장자못'계 전설에 해당하는데, 이는 가장 널리 알려진 지명 전설 중 하나이다. 이 전설의 특징은 중이 도승이나 거지로 변이되어 나타나기도 하고, 부인이 며느리나 딸, 하녀로 변이되기도 한다는 것이다. 또한 장자의 집이 못이 될 때에 장자는 구렁이로 변해서 그 못에서 살고 있다는 변이형도 있다.

정답 선지 분석

① 윗글은 장재 첨지가 구렁이로 변해 못에서 살고 있다는 변이형이 반영되어 있군.

윗글의 장재 첨지의 집이 전부 없어지면서 몇 길이 되는지 모르는 큰 소가 되었음을 밝히고 있으나, 장재 첨지가 구렁이가 되어 못에서 살고 있다는 변이형이 반영되지는 않았다.

오답 선지 분석

② '용소'와 '장연읍', '화석'은 모두 윗글이 전설에 해당한다는 사실을 보여 주는 증거물이군.

윗글은 '장연읍'이라는 구체적인 지명과, '용소'와 사람 모양의 '화석'이라는 개별적 증거물을 제시하며 전설의 특징을 보여 주고 있다.

③ 설화가 구전되면서 '그것을 뭐이라구 하나, 부삽이라구 하나'와 같은 화자 나름의 수식이 덧붙여졌군.

〈보기〉에 따르면 설화는 고스란히 전승되는 것이 아니라, 이야기의 핵심에 화자 나름의 수식이 덧붙여 전달된다. 윗글의 화자는 '그것을 뭐이라구 하나, 부삽이라구 하나'와 같이 청자의 이해를 돕기 위해 보충 설명을 하며 화자 나름의 수식을 덧붙이고 있다.

④ 인색한 부자 영감이 벌을 받고, 선행을 베푼 며느리는 금기를 어겨 돌이 된다는 핵심 구조를 바탕으로 구전되고 있군.

윗글의 중심 내용이라고 볼 수 있는 인색한 부자 영감이 벌을 받고, 선행을 베푼 며느리가 금기를 어겨 돌이 되는 것은 〈보기〉에 따르면 전승자가 해당 이야기의 핵심이 되는 구조를 기억하고 이를 바탕으로 전달하여 구전된 것이다.

⑤ 〈보기〉에 따르면 윗글에 등장하는 며느리는 원래 장재 첨지의 부인인데 전승되는 과정에서 변이된 것일 수도 있겠군.

〈보기〉에 따르면 '장자못'계 전설에서는 부인이 며느리나 딸, 하녀로 변이되어 나타나기도 한다. 따라서 윗글에 등장하는 며느리가 원래는 장재 첨지의 부인이었는데 전승되는 과정에서 며느리로 변이된 것일 수도 있다는 추측은 적절하다.

04 서술상의 특징 파악하기

윗글의 ㉠~㉤ 중에서 역순행적 구성이 나타나는 부분을 찾아 쓰시오.

정답

㉤

02강

| 본문 | 21쪽

문법 어휘의 양상

빠른 정답 체크 01 ⑤ 02 ⑤ 03 ① 04 은어

01 방언의 특징 파악하기 답 | ⑤

방언에 대한 설명으로 적절하지 않은 것은?

정답 선지 분석

⑤ 지역 방언과 달리 사회 방언은 모든 사람과 원활한 소통을 가능하게 한다.
모든 사람과 원활한 소통을 가능하게 하는 것은 표준어이다. 지역 방언과 사회 방언은 모두 해당 방언을 모르는 사람과는 원활한 의사소통을 하기 어렵다.

오답 선지 분석

① 표준어와 상호 보완적 관계에 위치한다.
지역 방언은 표준어와 상호 보완적 관계이기 때문에 담화 상황에 따라 표준어와 지역 방언을 적절하게 선택하여 사용하는 것이 중요하다.

② 지역 방언은 지역의 고유한 정서와 문화를 담고 있다.
지역 방언은 그 지역의 고유한 정서와 문화를 담고 있다.

③ 같은 방언을 사용하는 사람들끼리 동질감을 형성한다.
방언은 사용하는 사람들끼리 소속감과 동질감을 느끼게 한다. 또한 지역 방언의 경우 같은 지역 사람들끼리의 유대감을 형성하기도 한다.

④ 전문 분야에서 사용되는 어휘는 일의 효율성을 높여준다.
전문 분야에서 사용되는 사회 방언인 전문어는 그 분야에 속한 사람들이 일을 효과적으로 수행할 수 있게 한다.

02 유행어의 특징 파악하기 답 | ⑤

보기 의 단어들에 대한 설명으로 적절한 것은?

보기

어쩔티비, 갓생, 점메추(점심 메뉴 추천), 어사(어색한 사이)

정답 선지 분석

⑤ 비교적 짧은 시기에 만들어졌으며, 기존의 표현보다 신선한 느낌을 준다.
〈보기〉의 단어들은 사회 방언 중에서도 유행어에 속한다. 유행어는 비교적 짧은 시기에 사람들의 입에 오르내리는 말을 의미하는데, 기존의 표현보다 기발하고 신선한 느낌을 주기 때문에 대화의 분위기를 가볍게 이끌어 갈 수 있다는 장점이 있다.

오답 선지 분석

① 지역 간의 문화적 차이를 반영한다.
지역 간의 문화적 차이를 반영하는 것은 지역 방언이다.

② 한자에 기초하여 만들어진 어휘이다.
한자에 기초하여 만들어진 어휘는 한자어이다.

③ 집단 밖에서 효율적인 의사소통을 가능하게 한다.
〈보기〉의 단어들은 사회 방언 중에서도 유행어에 속한다. 사회 방언의 경우 집단 밖에서가 아닌, 집단 내에서 효율적인 의사소통을 가능하게 한다.

④ 우리 민족의 고유한 문화나 정서를 풍부하게 표현할 수 있다.
우리 민족의 고유한 문화와 정서를 풍부하게 표현할 수 있는 것은 고유어이다.

03 어휘의 양상 파악하기 답 | ①

보기 의 ㉠~㉣에 대한 설명으로 적절하지 않은 것은?

보기

동생: 형, 또 ㉠ 현질하는 거야?
엄마: 얘, 이리 와서 ㉡ 옥수깽이 좀 먹어보렴.
방송국 PD: ㉢ 클로즈업 들어갈게요.
할아버지: ㉣ 자당께서는 건강하신가?

정답 선지 분석

① ㉠은 성별에 따라 달리 사용되며, 사용하는 구성원 간의 결속력을 높인다.
㉠은 사회 방언에 해당하는 유행어로 사용하는 구성원 간의 결속력을 높일 수는 있지만, 성별에 따라 구분되지 않는다.

오답 선지 분석

② ㉡은 널리 사용될 경우 표준어로 인정될 수 있다.
㉡은 지역 방언으로, 널리 사용될 경우 표준어가 되기도 한다. 지역 방언이었던 '멍게'는 표준어인 '우렁쉥이'보다 더 많이 사용됨에 따라 표준어로 인정된 어휘이다.

③ ㉢은 의미가 구체적이고 명확하며 다의성이 적다.
㉢은 사회 방언 중에서도 전문어에 해당한다. 전문어는 의미가 구체적이고 명확하며, 다의성이 적은 것이 특징이다.

④ ㉣은 젊은 사람들은 잘 사용하지 않는 언어로, 대체로 한자어로 이루어져 있다.
㉣은 사회 방언 중에서도 노년층이 주로 사용하는 언어이다. 노년층이 사용하는 언어이기 때문에 젊은 사람들은 잘 사용하지 않으며, 그 의미를 알기 어렵다. 또한 노년층이 주로 사용하다 보니 대체로 한자어로 이루어져 있는 것이 특징이다.

⑤ ㉡은 지역에 따라, ㉢은 직업에 따라 달리 사용된다.
㉡은 지역 방언이기 때문에 지역에 따라 달리 사용되며, ㉢은 사회 방언 중 전문어에 해당하기 때문에 전문 분야에서 사용된다. 따라서 ㉢은 직업에 따라 달리 사용된다고 볼 수 있다.

04 어휘의 양상 파악하기

빈칸에 공통으로 들어갈 말로 적절한 것을 골라 쓰시오.

(은어 / 유행어 / 전문어)는 특정 집단의 구성원 간의 소속감과 동질감을 강화한다. 그러나 (은어 / 유행어 / 전문어)를 사용하지 않는 사람들은 소외감을 느낄 수 있기 때문에 상황과 상대방에 맞게 적절히 사용해야 한다.

정답

은어

독서 광고의 표현 방법

빠른 정답 체크 01 ① 02 ④ 03 ① 04 이성적

광고는 광고주가 다수의 소비 대중에게 상품 또는 서비스 등의 존재를 알려 판매를 촉진하는* 일종의 설득 커뮤니케이션 활동이다. (광고의 개념) 이때 광고 소구란 「브랜드, 제품, 서비스의 특성이나 우월성*을 드러내는 메시지를 광고를 통해 소비자들에게 전달함으로써 소비자들의 구매욕을 자극하여 상품의 구매를 유도하고 긍정적인 반응을 얻기 위한 광고 표현 방법」이다. (「」: 광고 소구의 개념) 광고 소구는 일반적으로 이성적 소구와 감성적 소구로 나뉘는데, (광고 소구의 유형) 두 유형은 서로 다른 방식으로 소비자에게 영향을 미친다.

▶ 1문단: 광고 소구의 개념과 유형

이성적 소구란 「광고주가 자신의 어떤 신념이나 의견을 주장할 때 그것을 뒷받침해주는 논리적 자료들을 메시지에 제시함으로써 소비자들로 하여금 광고주의 의도를 쉽게 받아들이도록 하는 방법」이다. (「」: 이성적 소구의 개념) 주로 제품에 대한 정보를 제공하는 방식으로, (이성적 소구의 실현 방식) 「소비자들에게 제품과 서비스가 소비자들의 욕구를 충족시켜 줄 특별한 속성을 가지고 있거나 이점을 제공한다는 사실을 확신시켜 주기 위해 사용」한다. (「」: 이성적 소구를 이용하는 이유) 경쟁사의 제품이나 서비스를 광고에 등장시켜 비교함으로써 우리 회사의 제품이 경쟁사의 것보다 훌륭하다는 것을 보여 주거나 (이성적 소구의 활용 방식 ①) 유명인, 연예인, 전문가 등이 광고의 모델로 등장하여 제품에 대한 설명을 해주는 광고 (이성적 소구의 활용 방식 ②) 등이 이성적 소구를 활용한 광고이다.

▶ 2문단: 이성적 소구의 개념과 활용 방식

감성적 소구는 「소비자들의 감정이나 가치 또는 감성 등에 어필하도록 내용을 정리하여 메시지의 효과를 증대시키는* 방법」이다. (「」: 감성적 소구의 개념) 오늘날 많은 광고는 감성적 소구를 이용하여 소비자들의 본능적 욕구를 재인식시키려 하고 있다. (감성적 소구를 이용하는 이유) 감성적 소구를 활용하는 광고에서는 「낭만, 동경, 흥분, 기쁨, 두려움, 슬픔 등 자신의 개인적 감정과 존경, 과시 등 다른 사람들과의 관계에서 비롯되는 감정을 불러일으켜 구매나 어떤 행동을 하게끔 심리 상태를 변화시킨다.」 (「」: 감성적 소구의 실현 방식) 유머를 통해 광고에 등장하는 표현을 익살스럽게 표현함으로써 소비자에게 호의적*인 반응을 일으키거나, (감성적 소구의 활용 방식 ①) 언제 발생할지 모르는 인간의 신체적, 정신적 고통과 관련된 두려움이나 불안감을 활용하는 광고 (감성적 소구의 활용 방식 ②) 등이 감성적 소구를 활용한 광고이다. 감성적 소구는 주로 제품 구매를 유도하는 심리적 욕구 또는 사회적 욕구에 초점을 맞추고 긍정적 정서를 조성하려 한다. (감성적 소구의 효과 ①) 또한 감성적 소구는 소비자의 기억반응에 긍정적인 효과가 있으며 호의적인 반응을 일으킨다. (감성적 소구의 효과 ②)

▶ 3문단: 감성적 소구의 개념과 활용 방식

* 촉진하다(促進하다): 다그쳐 빨리 나아가게 하다.
* 우월성(優越性): 우월한 성질이나 특성.
* 증대시키다(增大시키다): (사람이나 사물 따위가 무엇을) 더하여 많아지게 하다.
* 호의적(好意的): 좋게 생각해 주는 것.

01 중심 내용 파악하기 답 | ①

윗글의 중심 주제로 적절한 것은?

정답 선지 분석

① 광고 소구의 두 가지 유형

윗글은 광고의 표현 방법, 즉 광고 소구를 이성적 소구와 감성적 소구로 나누어 설명하고 있으므로 윗글의 중심 주제로 볼 수 있다.

오답 선지 분석

② 광고에 활용되는 다양한 감정

3문단에서 감성적 소구를 활용하는 광고에서는 낭만, 동경, 흥분, 기쁨, 두려움, 슬픔 등 자신의 개인적 감정과 존경, 과시 등 다른 사람들과의 관계에서 비롯되는 감정을 불러일으켜 구매나 어떤 행동을 하게끔 심리 상태를 변화시킨다고 하였으나, 이는 윗글 전체를 포괄하지 못하므로 중심 주제라 볼 수 없다.

③ 제품의 특성과 우월성을 드러내는 메시지

1문단에서 광고 소구란 브랜드, 제품, 서비스의 특성이나 우월성을 드러내는 메시지를 광고를 통해 소비자에게 전달함으로써 소비자들의 구매욕을 자극하여 상품의 구매를 유도하고 긍정적인 반응을 얻기 위한 광고 표현 방법이라 하였으나, 이를 윗글의 중심 주제라고 볼 수 없다.

④ 소비자들의 본능적 욕구에 따른 제품 구매

3문단에서 오늘날 많은 광고는 감성적 소구를 이용하여 소비자들의 본능적 욕구를 재인식시키려 하고 있다고 하였으나, 이를 윗글의 중심 주제라고 볼 수 없다.

⑤ 판매 촉진을 위한 커뮤니케이션 활동의 종류

1문단에서 광고는 판매를 촉진하는 일종의 설득 커뮤니케이션 활동이라 언급하고 있다. 그러나 윗글은 광고의 종류가 아닌 광고 표현 방법의 종류, 즉 광고 소구를 크게 두 가지로 나누어 설명하고 있으므로 이를 윗글의 중심 주제라고 볼 수 없다.

02 세부 내용 파악하기 답 | ④

윗글에 대한 설명으로 적절하지 않은 것은?

정답 선지 분석

④ 이성적 소구는 소비자의 기억반응에 긍정적인 효과가 있으며 호의적인 반응을 일으킨다.

3문단에 따르면 소비자의 기억반응에 긍정적인 효과가 있으며 호의적인 반응을 일으키는 광고 소구는 감성적 소구다.

오답 선지 분석

① 이성적 소구는 제품에 대한 정보를 제공하는 방식으로 이루어진다.

2문단에서 이성적 소구를 활용한 광고는 주로 제품에 대한 정보를 제공하는 방식이라 하였으므로 적절하다.

② 감성적 소구는 소비자의 심리 상태를 변화시키는 것을 목적으로 한다.

3문단에서 감성적 소구를 활용한 광고는 낭만, 동경, 흥분, 기쁨, 두려움, 슬픔 등 자신의 개인적 감정과 존경, 과시 등 다른 사람들과의 관계에서 비롯되는 감정을 불러일으켜 구매나 어떤 행동을 하게끔 심리 상태를 변화시킨다 하였으므로 적절하다.

③ 감성적 소구는 소비자의 제품 구매를 위해 긍정적 정서를 조성하려 한다.

3문단에서 감성적 소구는 주로 제품 구매를 유도하는 심리적 욕구 또는 사회적 욕구에 초점을 맞추고 긍정적 정서를 조성하려 한다고 하였으므로 적절하다.

⑤ 유명인이나 연예인을 광고 모델로 등장시키는 것은 광고 소구를 활용한 광고 방식 중 하나다.

2문단에서 유명인, 연예인, 전문가 등이 광고의 모델로 등장하여 제품에 대한 설명을 해주는 광고 등은 이성적 소구를 활용한 광고라고 하였으므로 적절하다.

03 구체적 사례에 적용하기 답 | ①

윗글을 바탕으로 보기 를 해석한 내용으로 적절한 것은?

보기

'폐암 주세요'

흡연은 질병입니다. 치료는 금연입니다.

-〈공익광고협의회〉

정답 선지 분석

① 질병과 관련된 두려움이나 불안감을 활용하여 광고 소비자의 심리 변화를 유도한다.

〈보기〉는 금연을 촉진하는 공익 광고로, 담배를 구매할 때 담배가 아닌 '폐암'을 구매하는 것이라 인식하게 함으로써 소비자들의 건강에 대한 불안감을 활용하여 금연을 유도하고 있다. 이는 광고 소구 중 감성적 소구를 활용하고 있는 것이므로 적절하다.

오답 선지 분석

② 흡연에 관한 정보를 제공함으로써 광고 소비자들의 욕구를 충족시켜줄 수 있다는 것을 드러낸다.

〈보기〉는 흡연으로 인해 발생할 수 있는 질병을 언급함으로써 소비자들의 두려움과 불안감을 이용한 광고 표현 방법을 사용하고 있다. 이러한 표현 방법은 감성적 소구에 해당하는데, 2문단에 따르면 제품에 관한 정보를 제공함으로써 광고 소비자들의 욕구를 충족시켜줄 수 있다는 것을 드러내는 광고 표현 방법은 이성적 소구이므로 적절하지 않다.

③ 광고 소비자에게 우리 회사의 제품이 경쟁사의 것보다 훌륭하다는 것을 보여 줄 수 있는 전략을 활용하였다.

2문단에 따르면 우리 회사의 제품이 경쟁사의 것보다 훌륭하다는 것을 보여 주는 광고 표현 방법은 이성적 소구이다. 〈보기〉의 광고는 소비자의 감정을 불러일으켜 어떤 행동을 하게끔 심리 상태를 변화시키는 감성적 소구를 활용하고 있으므로 적절하지 않다.

④ 금연을 해야 할 논리적 자료들을 메시지에 제시하여 소비자로 하여금 광고주의 의도를 쉽게 받아들이도록 한다.

2문단에 따르면 광고주가 자신의 신념이나 의견을 주장할 때 그것을 뒷받침해주는 논리적 자료들을 메시지에 제시함으로써 소비자들로 하여금 광고주의 의도를 쉽게 받아들이도록 하는 방식은 이성적 소구이다. 〈보기〉는 감성적 소구를 활용하고 있으므로 적절하지 않다.

⑤ 소비자가 다수의 광고주에게 상품 또는 서비스 등의 존재를 알려 판매를 촉진하는 설득 커뮤니케이션 활동에 해당한다.

1문단에 따르면 광고는 소비자가 아닌 광고주가 다수의 소비 대중에게 상품 또는 서비스 등의 존재를 알려 판매를 촉진하는 설득 커뮤니케이션 활동이라 하였으므로 적절하지 않다.

04 세부 내용 추론하기

빈칸에 들어갈 말로 적절한 것을 골라 쓰시오.

증언 광고는 (이성적 / 감성적) 소구에 해당하는 광고 중 하나로, 인지도와 신뢰성이 강한 이미지의 광고모델이 제품에 대해 설명함으로써 그들의 호소력을 기반으로 제품의 신뢰도를 높이는 광고이다. 80세의 한 유명 연예인 A가 등장하는 생명 보험 광고가 이에 해당한다.

정답

이성적

문학 1 구지가(작자 미상)

빠른 정답 체크 01 ③ 02 ⑤ 03 ① 04 거북

㉠ 거북아 거북아 — 부름 (신성한 존재, 주술의 대상)
↓
머리를 내어라 — 명령 (① 새로운 생명 ② 임금(수로왕))
[부름→명령: 요구] ▶ 임금의 출현을 기원
↓
내밀지 않으면 — 가정
↓
구워서 먹으리 — 위협 (소원 성취를 위해 고압적인 자세로 대상을 위협)
[가정→위협: 위협] ▶ 소원 성취를 위한 위협

龜何龜何

首其現也

若不現也

燔灼而喫也

- 작자 미상, 〈구지가〉 -

01 표현상의 특징 파악하기 답 | ③

윗글에 대한 설명으로 가장 적절한 것은?

정답 선지 분석

③ 위협적인 어조를 사용하여 화자의 소망을 드러내고 있다.

윗글에서는 머리를 내밀지 않으면 구워서 먹겠다고 '거북'을 위협하며 '머리', 즉 우두머리를 내놓으라는 화자의 소망을 드러내고 있다.

오답 선지 분석

① 시어의 반복을 통해 화자의 고뇌를 강조하고 있다.

윗글에서는 '거북아 거북아'라고 하며 시어를 반복해서 사용하고 있으나 이를 통해 화자의 고뇌를 강조하고 있지 않다.

② 계절적 소재를 사용하여 작품의 분위기를 형성하고 있다.

윗글에서는 계절을 알 수 있는 소재가 등장하지 않는다.

④ 대상을 의인화하여 신에 대한 절대적인 신앙심을 드러내고 있다.

윗글에서는 '거북'을 의인화하고 있지 않으며, 신(거북)에 대한 절대적인 신앙심을 드러내는 것이 아니라 '거북'을 위협하고 있다.

⑤ 설의적 표현을 사용하여 화자의 정서를 간접적으로 제시하고 있다.
윗글에서는 설의적 표현을 사용하고 있지 않고, 화자의 정서 또한 제시되어 있지 않다.

02 표현상의 특징 파악하기

답 | ⑤

㉠과 동일한 표현법이 사용된 것으로 적절한 것은?

정답 선지 분석

⑤ 산아, 우뚝 솟은 푸른 산아 철철철 흐르듯 짙푸른 산아

- 박두진, 〈청산도〉

〈청산도〉에서는 '산'을 호명하며 반복해서 부르고 있다. ㉠ 역시 '거북'을 호명하며 반복해서 부르고 있다는 점에서 동일한 표현법이 사용되고 있다.

오답 선지 분석

① 이것은 소리 없는 아우성
저 푸른 해원을 향하여 흔드는
영원한 노스탤지어의 손수건

- 유치환, 〈깃발〉

'이것은 소리 없는 아우성'은 모순된 상황을 보여 주는 역설법이자, 깃발을 비유하는 은유법이 사용되었다. ㉠에서는 역설법과 은유법이 사용되고 있지 않으므로 적절하지 않다.

② 나는 이제 너에게도 슬픔을 주겠다
사랑보다 소중한 슬픔을 주겠다

- 정호승, 〈슬픔이 기쁨에게〉

'사랑보다 소중한 슬픔'은 사랑보다 더 가치 있는 슬픔이란 뜻으로 슬픔에 대한 일반적인 통념을 뒤집는 역설적 표현이다. ㉠에서는 역설법이 사용되고 있지 않으므로 적절하지 않다.

③ 나보기가 역겨워 가실 때에는
죽어도 아니 눈물 흘리우리다

- 김소월, 〈진달래꽃〉

'죽어도 아니 눈물 흘리우리다'는 슬프지만 겉으로는 슬픔을 드러내지 않겠다는 반어법과 과장법이 사용되고 있다. ㉠에서는 반어법과 과장법이 사용되고 있지 않으므로 적절하지 않다.

④ 모란이 피기까지는
나는 아직 기다리고 있을 테요, 찬란한 슬픔의 봄을

- 김영랑, 〈모란이 피기까지는〉

'찬란한 슬픔의 봄'에서 모란이 피는 기쁨과 모란이 지는 슬픔을 모두 제시하며 화자의 복합적인 심정을 역설적으로 표현하고 있고, 서술어와 목적어의 위치를 바꾸는 도치법이 사용되고 있다. ㉠에서는 역설법과 도치법이 사용되고 있지 않으므로 적절하지 않다.

03 작품 간의 공통점, 차이점 파악하기

답 | ①

윗글과 보기 를 비교한 내용으로 적절한 것은?

보기

훨훨 나는 꾀꼬리는
암수 다정히 즐기는데
외로울사 이 내 몸은
뉘와 함께 돌아갈꼬

- 유리왕, 〈황조가〉

정답 선지 분석

① 〈보기〉는 윗글과 달리 화자의 정서가 직접적으로 드러나 있다.
윗글에서는 화자의 정서가 드러나 있지 않지만, 〈보기〉에서는 '외로울사 이 내 몸은 / 뉘와 함께 돌아갈꼬'와 같이 화자의 정서가 직접적으로 드러나 있다.

오답 선지 분석

② 〈보기〉는 윗글과 달리 자연물과 인간의 대조를 통해 주술적인 특징을 드러내고 있다.
자연물과 인간의 대조를 보여 주는 것은 〈보기〉이지만, 대조를 통해 주술적인 특징을 드러내는 것이 아닌, 화자의 슬픔을 강조하고 있다. 주술적인 특징이 드러나는 것은 윗글에 해당한다.

③ 윗글과 〈보기〉 모두 선경후정의 대비를 통해 시상을 전개하고 있다.
〈보기〉의 1, 2행에서는 주변 경치를, 3, 4행에서는 화자의 정서를 대비시켜 화자의 정서를 강조하고 있다. 그러나 윗글에서는 경치를 보여 주고 있지 않으며, 화자의 정서를 드러내고 있지 않다.

④ 윗글과 〈보기〉 모두 상징적 소재를 사용하여 소원의 성취를 바라고 있다.
윗글은 '거북'을 등장시켜 '머리', 즉 우두머리를 내놓을 것을 바라고 있지만 〈보기〉에서는 소원의 성취를 바라고 있지 않다.

⑤ 윗글의 '거북'과 〈보기〉의 '꾀꼬리'는 모두 화자가 감정을 이입하고 있는 대상이다.
윗글의 '거북'은 화자가 소원을 성취하기 위한 수단이며, 〈보기〉의 '꾀꼬리'는 화자의 상황과 대비되는 존재로, 윗글의 '거북'과 〈보기〉의 '꾀꼬리'는 모두 화자가 감정 이입을 하고 있는 대상에 해당하지 않는다.

04 소재의 기능 파악하기

빈칸에 들어갈 말로 적절한 것을 2음절로 쓰시오.

〈구지가〉의 (　　　)은/는 소원을 들어주는 신령스러운 존재로, 토테미즘 사상이 반영된 소재이다.

정답

거북

문학 2 나비를 잡는 아버지(현덕)

빠른 정답 체크 01 ⑤ 02 ② 03 ⑤ 04 학교 성적

[앞부분 줄거리] 경환과 바우는 같은 소학교를 졸업했지만, 마름*의 아들인 경환은 서울에 있는 상급 학교에 진학하고, 소작농의 아들인 바우는 상급 학교에 진학하지 못한다. 방학이 되자 집에 내려온 경환은 나비를 잡으러 다닌다. 경환은 바우에게 나비를 잡아 달라고 하지만 바우는 경환의 말을 못 들은 체하며 나비를 날려 보낸다. 화가 난 경환은 나비를 잡는다는 핑계를 대며 바우네 참외밭을 밟아 버린다.

"넌 남의 집 농사 결딴내두* 상관없니, 인마."
소작농의 입장

그러나 경환이는,

"㉠ 우리 집 땅 내가 밟았기로 무슨 상관야."
마름의 입장(바우와 대조적)

하고 기가 막히다는 듯, 피이 하고 고개를 옆으로 돌린다.

그러나 사실 기가 막히기는 바우다.

"우리 집 땅?" / 하고 허 참, 하늘을 쳐다보고 탄식하고,

"땅은 너희 집 거라두 참이 넝쿨은 우리 집 거 아니냐. 누가 너희 집 땅을 밟는대서 말야? 우리 집 참이 넝쿨을 결딴내니까 말이지."

그러나 경환이는 머리에 썼던 운동 모자를 벗으며 한 발자국 다가선다.

『"너희 집 참이 넝쿨을 그렇게 소중히 알면서, 어째 남이 나비 잡는 건 훼방을 노는 거냐. 나두 장난으로 잡는 건 아냐."』
『』: 생계와 연관된 일과 그렇지 않은 일을 구분하지 못하고 억지를 부리고 있음

"장난이 아닌지도 몰라도 넌 나비를 잡는 거고 우리 집 참이 넝쿨은 거기서 양식도 팔고 그래야 할 것이거든. 그래, 나비가 중하냐, 사람 사는 게 중하냐."

바우는 팔을 저어 시늉하며 어느 것이 소중하냐고 턱을 대는데 경환이는,

"나두 거기 학교 성적이 달린 거야."

하고 피이 하고 업신여기는 웃음을 짓더니,
바우의 성질을 돋우고 있음

"너희 집 집안 살림을 내가 알 게 뭐냐."
경환의 이기적인 면모가 드러남

하고 같은 웃음으로 좌우를 돌아본다. 개울 건너 길가에 동네 아이들이 모여 서 있고 그 뒤로 지게를 진 어른들도 서 있다. 바우는 낯이 화끈 달았다.
바우뿐만 아니라 마을 사람 모두를 업신여김

"뭐, 인마." / 하고 대뜸 상대의 멱살을 잡고,

"그래서 남의 참이밭 결딴내는 거냐. 나빈 우리 집 참이밭에만 있구 다른 덴 없어, 인마?"

경환이는 멱살을 잡히우고 이리저리 목을 저으며,

"이게 유도 맛을 보지 못해 이래. 너 다 그랬니, 다 그랬어?"
허세를 부림

하고 으르다가 날래게 궁둥이를 들이대고 팔을 낚아 넘겨 치려 하나 ㉡ 원체 나무통처럼 버티고 서 있는 바우의 몸은 호리호리한 경환의 허릿심으로는 꺾이지 않았다. 도리어 바우가 슬쩍 딴죽을 걸고 밀자 경환이 자신이 쿵 나둥그러졌다. 그러나 쓰러졌다가 다시 일어설 때 경환이는 손에 돌을 집어 들고 그리고 얼굴에 울음을 만들고는,
농사꾼의 아들 / 대조적 / 마름의 아들
경환의 비겁한 성격

"이 자식아, 남 나비 잡는 사람, 왜 때리고 훼방을 노는 거야, 왜?"

하고 비겁하게 돌 든 손을 머리 위로 쳐들어 겨누는 것이다. 『결국 싸움은, 이때껏 아이들 등 뒤에 입을 벌리고 서서 보고만 있던 동네 어른 하나가 성큼성큼 개울을 건너가 사이를 뜯어 놓고 그리고 경환이를 참외밭 밖으로 이끌어 나간 것으로 끝났으나,』 그러나 경환이가 손목을 이끌려 가면서 연해* 뒤를 돌아보며, ㉢ 어디 두고 보자고, 벼르던 그 말이 허사가 아니었다.
『』: 바우가 다치게 될 지경에 이르자 어른이 개입함
바우와의 일을 부모님께 말할 것임을 암시함

(중략)

"자식이 어떻게 했으면 어미 망신을 그렇게 시키니. 어서 나비 잡아 가지고 가서 빌어라, 빌어."
어머니가 제시하는 갈등의 해소 방법

그리고 아버지를 향하고는, / "당신도 가 보우. 바깥사랑에서 부릅디다."
경환의 아버지

아버지는 어리둥절하여 바우와 어머니를 번갈아 쳐다보다가, /
어머니의 말을 바로 이해하지 못했기 때문

"어떻게 된 일야, 응?"

그러나 어머니는 바우를 향해서만 또,

"남 나빌 잡거나 말거나 내버려 두지 어쭙잖게 다니며 훼방을 노는 거냐?"
경환

"누가 훼방을 놀았나. 남의 참이밭에 들어가 그러길래 못 하게 말린 거지."
나비를 잡는다고 참외밭을 망쳐 놓은 것

"아, 니가 밤나뭇골 언덕에서 손에 잡았던 나비까지 날려 보내며 뭐라구 그랬다는데 그래."
경환이 부모님께 바우와의 일을 자세히 일러바쳤음

그리고 어머니는 경환이 집 안주인이 꾸중꾸중하더라는 것, 그리고 바우가 나비를 잡아 가지고 와서 경환이에게 빌지 않으면 내년부턴 땅 얻어 부칠 생각을 말라더란 말을 옮기며 또 바우에게,
경환의 어머니
바우 부모님이 가장 걱정하는 것

"㉣ 어서 나비 잡아 가지고 가서 빌어라, 빌어."
한 번 더 언급하며 어머니의 절박한 심정을 드러냄

아버지는 연해 끙끙 땅이 꺼지는 못마땅한 소리로 뒷짐을 지고 마당을 오락가락하며 무섭게 눈을 흘겨 바우를 본다. 그리고 바우는 어머니가 등을 미는 대로 부엌으로, 뒤꼍으로 피하다가는 대문 밖으로 나갔다. 그러나 담 밑에 붙어 서서 움직이지 않은 바우를
아버지의 초조한 심리
어머니의 말에 따라 경환에게 빌고 싶지 않음

어머니는 좇아 나와 단단히 주의를 준다.

"이렇게 고집을 부리고 안 가면 어떡헐 셈이냐. 땅 떨어져도 좋겠니? 너두 소견*이 있지."

그러나 바우는 『어슬렁어슬렁 길로 나가더니 우물 앞 정자나무 앞에 이르자 걸음을 멈추고, 그리고 동네 노인들이 장기를 두고 앉아 있는 것을 넋을 놓고 들여다보고 서 있다. 장기가 두 캐가 끝나고 세 캐가 끝나고 모였던 사람이 헤어져도 바우는 자리를 뜨지 않는다.』 바우는 다만 자기가 조금도 잘못한 것이 없는 것, 그러니까 누구에게든 머리를 굽힐 까닭이 없다는 고집이 정자나무통만큼 뻣뻣할 뿐이었다.

『』: 사과하러 갈 마음이 없어 시간을 때우며 버팀

캐: 장기 두는 횟수를 세는 단위

누구에게든 ~ 뻣뻣할 뿐이었다: 바우의 자존심이 센 성격이 드러남

해가 저물었다. 지붕 너머로 바우 굴뚝에도 연기가 오르고 그리고 그 연기가 졸아든* 때에야 바우는 슬슬 눈치를 살피며 대문을 들어섰다. 그러나 건넌방 쪽에 눈이 갔을 때 바우는 크게 놀랐다. 아궁이 앞에, 위하던* 그림 그리는 책이 조각조각 찢기어 허옇게 흩어져 있다. 바우는 그 앞에 이르러 멍멍히 내려다보고 서 있는데 등 뒤에서 아버지 음성이 났다.

『"㉤ 인마, 남은 서울 학교 다녀서 다 나비도 잡고 그러는 건데 건방지게 왜 다니며 훼방을 노는 거냐, 훼방을."』

『』: 바우가 소작농의 자식이라는 자신의 처지를 인정하기를 바라는 아버지

그리고 바우가 그림 그리는 것과 그것은 아랑곳없는 일일 텐데 아버지는,

"담부터 내 눈앞에 그 그림 그리는 꼴 보이지 말어라. 네깟 놈이 그림 그걸루 남처럼 이름을 내겠니, 먹고 살게 되겠니?"

하고 돌아서 문 밖으로 나가려다가 다시 돌아서며 아버지는,

"나빈 잡아갔지?" / 하고 다져 묻는다. 바우는 고개를 숙인 채 묵묵하다.

- 현덕, 〈나비를 잡는 아버지〉 -

* 마름: 지주를 대리하여 소작권을 관리하는 사람.
* 결딴내다: 어떤 일이나 물건 따위를 아주 망가져서 도무지 손을 쓸 수 없는 상태가 되게 하다.
* 연하다(連하다): 행위나 현상이 끊이지 않고 계속 이어지다.
* 소견(所見): 어떤 일이나 사물을 살펴보고 가지는 생각이나 의견.
* 졸아들다: 부피가 줄거나 분량이 적어지다.
* 위하다: 물건이나 사람을 소중하게 여기다.

01 작품의 내용 이해하기

답 | ⑤

윗글에 대한 설명으로 적절하지 않은 것은?

정답 선지 분석

⑤ 경환은 바우의 처지가 안타까웠지만 자존심을 굽히기 싫어 바우에게 화를 내고 있다.

"우리 집 참이 넝쿨은 거기서 양식도 팔고 그래야 할 것이거든, 그래, 나비가 중하냐, 사람 사는 게 중하냐."라고 말하는 바우에게 경환은 비웃으며 "너희 집 집안 살림을 내가 알 게 뭐냐."라고 말하고 있다. 경환은 참외밭에 생계가 달려 있는 바우의 처지를 안타까워하고 있지 않다.

오답 선지 분석

① 경환은 마름의 아들로 상급 학교에 진학했다.

'우리 집 땅 내가 밟았기로'를 통해 경환이 마름의 아들임을 알 수 있고, 학교 성적이 달렸기에 나비를 잡아야 한다는 경환의 말을 통해 경환이 상급 학교에 진학했음을 짐작할 수 있다.

② 경환은 바우를 쓰러뜨리려 하다가 되려 넘어졌다.

경환은 "이게 유도 맛을 보지 못해 이래."라고 허세를 부리며 바우에게 달려들었지만, 도리어 바우가 슬쩍 딴죽을 걸고 밀자 경환이 나둥그러졌다.

③ 바우는 나비를 잡기 위해 참외밭을 망가뜨리는 경환이 못마땅했다.

바우는 경환에게 "넌 남의 집 농사 결딴내두 상관없니, 인마."라고 하며 경환이 나비를 잡으려 참외밭을 망가뜨리는 경환에게 못마땅한 심정을 내비치고 있다.

④ 바우의 어머니와 아버지는 소작농 일이 없어질까 봐 바우를 나무랐다.

바우의 부모님은 경환네의 땅을 빌려 농사를 짓고 있는 소작농이다. 바우네 어머니는 '내년부터 땅 얻어 부칠 생각을 말라'하던 경환네 부모님의 말에 소작농 일이 없어질까 봐 얼른 나비를 잡아 경환에게 빌라고 바우에게 말하고 있고, 바우네 아버지 또한 바우가 나비를 잡으려던 경환을 훼방 놓았던 것을 꾸짖고 있다.

02 구절의 의미 파악하기

답 | ②

㉠~㉤에 대한 설명으로 적절하지 않은 것은?

정답 선지 분석

② ㉡: 마름의 아들인 경환과 농사꾼의 아들인 바우의 모습을 대조해 바우가 외적으로도 경환에게 밀리고 있음을 보여 준다.

마름의 아들인 경환의 호리호리한 몸과 농사꾼의 아들인 바우의 몸을 대조적으로 제시하여 경환이 바우에게 외적으로 밀리고 있음을 보여 주고 있다.

오답 선지 분석

① ㉠: 바우를 업신여기는 경환의 이기적인 면모를 보여 준다.

"넌 남의 집 농사 결딴내두 상관없니, 임마."라고 묻는 바우에게 "우리 집 땅 내가 밟았기로 무슨 상관야."라고 대답하는 경환의 모습에서 마름의 아들이라는 지위를 이용하여 바우를 업신여기는 경환의 이기적인 성격을 보여 주고 있다.

③ ㉢: 바우와 몸싸움을 벌인 일을 부모님에게 말할 것을 암시한다.

경환이 바우에게 '어디 두고 보자고' 벼르던 것은 바우와의 일을 경환이 부모님께 말할 것을 암시하는 것으로 바우와 경환의 갈등이 부모님의 갈등으로 확장될 것을 드러내는 것이다.

④ ㉣: 마름 집에 잘못 보여서 소작을 못하게 될까 봐 걱정하는 어머니의 절박한 심정이 드러난다.

바우의 어머니는 내년부터는 땅을 빌려 농사를 짓지 못할까 봐 바우에게 어서 나비를 잡아 경환에게 빌라고 재차 말하며 절박한 심정을 드러내고 있다.

⑤ ㉤: 바우가 소작농의 자식이라는 자신의 처지를 인정하기를 바라는 아버지의 속마음이 드러난다.

바우의 아버지는 "건방지게 왜 다니며 훼방을 노는 거냐, 훼방을."이라고 바우를 나무라며 바우가 소작농의 자식이라는 자신의 처지를 인정하기를 바라고 있다.

03 외적 준거를 참고하여 작품 이해하기

답 | ⑤

보기 를 참고하여 윗글을 이해한 내용으로 적절하지 않은 것은?

보기

갈등이란 소설에서 등장인물이 겪게 되는 대립적인 관계를 의미하며 개인의 어떤 정서나 동기가 다른 정서나 동기와 대립될 때 발생한다. 갈등은 작품 속에서 사건을 전개시키기도 하고, 등장인물의 성격과 역할을 보여 주기도 한다. 이러한 갈등은 크게 두 종류로 나눠볼 수 있는데, 개인과 개인, 개인과 사회, 개인과 운명이 서로 대립되어 나타날 수 있는 갈등을 '외적 갈등'이라 한다면, 한 인물의 내면에서 발생하는 갈등을 '내적 갈등'이라고 한다.

정답 선지 분석

⑤ 바우의 아버지는 바우가 그림을 그리는 것을 지지하면서도, 제대로 도움을 주지 못하는 것에 미안해하며 내적 갈등을 겪고 있다.

윗글에서 바우의 아버지는 바우가 소중히 여기던 그림 그리는 책을 찢어버리고, "네깟 놈이 그림 그걸루 남처럼 이름을 내겠니, 먹고 살게 되겠니?"라고 말하고 있다. 이를 통해 바우의 아버지는 바우가 그림을 그리는 것을 지지하지 않음을 알 수 있다.

오답 선지 분석

① 바우와 경환이 외적 갈등을 겪게 된 것은 나비 때문이다.

바우와 경환은 바우가 경환이 나비를 잡는 것을 훼방 놓았기 때문에 외적 갈등을 겪고 있다. 따라서 둘이 외적 갈등을 겪게 된 것은 나비 때문이다.

② 바우와 경환의 갈등은 참외밭을 망가뜨린 일로 더욱 심화된다.

경환이 바우네 참외밭을 결딴낸 일로 인해 바우와 경환의 갈등은 더욱 심화되고 있다.

③ 바우는 나비를 잡아 경환에게 사과하라는 부모님과 외적 갈등을 겪고 있다.

바우는 어서 나비를 잡아 경환에게 빌라는 부모님의 요구를 받아들이고 싶지 않아 부모님과 외적 갈등을 겪고 있다.

④ 바우와 경환의 다툼은 아이들 간의 단순한 다툼을 넘어, 사회적 계급 간의 갈등을 보여 준다.

마름의 지위로 소작농을 위협하는 경환의 부모님을 통해, 소작농의 아들인 바우와 마름의 아들인 경환의 다툼이 단순히 아이들 간의 다툼에 그치는 것이 아니라 사회적 계급 간의 갈등으로 확장됐음을 알 수 있다.

04 작품의 내용 이해하기

'경환'이 나비를 잡으려 한 이유를 윗글에서 찾아 2어절로 쓰시오.

정답

학교 성적

03강

| 본문 | 33쪽

화법 의미 공유하며 듣고 말하기

빠른 정답 체크 01 ⑤ 02 ② 03 ② 04 청소년들

제가 오늘 여러분들에게 소개해 드릴 것은 다양한 매력이 있는 열대어입니다(연설의 소재). 기대되지 않나요?(질문의 형식을 사용하여 청중의 흥미와 관심을 유발) 저는 열대어를 키우는데요, 저의 어항에는 백여 마리의 많은 열대어들이 각각의 개성을 가지고 살고 있습니다.

▶ 1문단: 연설의 소재를 소개

제가 열대어를 키워 본 결과 열대어의 특징은 세 가지로 들 수 있는데요, 첫 번째로 열대어는 굉장히 약합니다(열대어의 특징 ①). 그래서 수온이나 산도*가 갑자기 높아지면 죽을 수도 있습니다. 두 번째로는 진화를 합니다(열대어의 특징 ②). 코리도라스라는 열대어는 여느 물고기처럼 아가미로 호흡하지만 창자를 통한 장 호흡이 가능하게 진화해서 모세혈관을 통해 대기 중의 산소를 흡수하기도 합니다. 세 번째 특징은 혼자 있으면 안 된다는 것입니다(열대어의 특징 ③). 네온테트라라는 열대어는 무리 지어 헤엄치는 물고기인데, 한 마리만 키우면 먹이도 안 먹고 움직이지도 않고 잠도 안 자며 굉장히 불안에 떨다가 3~4일 후면 죽고 맙니다.

▶ 2문단: 열대어의 세 가지 특징

그런데 제가 소개한 열대어들의 특징에서 무언가 느껴지시지 않았나요? 제가 2년 동안 열대어를 키우면서 생각한 것은 이 열대어들의 특징이 저나 제 친구들(청소년들)의 특징과 굉장히 비슷하다는 점입니다. 약하고, 진화하고, 혼자 두면 안 되고.(열대어의 특징과 유사한 청소년들의 특징)

▶ 3문단: 열대어의 특징과 유사한 청소년들의 특징

청소년들은 열대어입니다(청소년들의 특징을 열대어에 빗대어 설명). 저희는 약해서 잘 보살펴 주어야 해요. 차가운 수온이 열대어를 죽게 만들 수도 있듯이 어른들의 차가운 시선은 우리의 마음을 얼어붙게 하고, 차가운 말들은 우리를 아프게 만듭니다. 우리는 매일 진화하고, 혼자 있으면 외로워집니다. 방황하는 청소년, 무기력한 청소년들은 사회의 시선, 사회가 자신에게 대하는 태도에 따라 점점 변하고 있는 것입니다.

▶ 4문단: 어른들의 따뜻한 보살핌과 사랑이 필요한 청소년들

제 이야기를 듣는 분들께서 한 가지 약속을 해 주셨으면 좋겠습니다. **여러분들의 사랑하는 열대어들**(원관념 → 청소년들)에게 사랑하는 말투, 사랑하는 마음으로 다가가 주세요(연설의 주제: 청소년을 대할 때 사랑하는 마음으로 따뜻하게 보살펴 달라고 당부). 그러면 열대어들은 자신의 예쁜 원래 색을 찾고, 원래의 자신으로 돌아갈 겁니다. 제 이야기를 들어 주셔서 감사합니다.

▶ 5문단: 연설의 주제를 밝히며 마무리

-《세상을 바꾸는 시간, 15분》(시비에스(CBS), 2015. 9. 16. 방송) -

* 산도(酸度): 산성의 세기를 나타내는 정도. 수소 이온 농도 지수(pH)로 나타낸다.

01 말하기 방식 이해하기 답 | ⑤

위 연설에 대한 설명으로 적절한 것은?

정답 선지 분석

⑤ 청중에게 질문을 하며 관심과 흥미를 유도하고 있다.
위 연설의 연설자는 '기대되지 않나요?'라고 청중에게 질문을 하며 청중의 관심과 흥미를 유도하고 있다.

오답 선지 분석

① 청중의 반응을 확인하며 연설을 이어가고 있다.
위 연설에서는 청중의 반응을 확인하고 있지 않다.

② 연설자가 자신을 소개하며 연설을 시작하고 있다.
위 연설의 연설자는 연설의 시작 전, 자신을 소개하고 있지 않다.

③ 시각적 자료를 활용하여 청중의 이해를 돕고 있다.
위 연설에서는 시각적 자료를 사용하고 있지 않다.

④ 청중의 이해도를 점검하며 연설을 마무리하고 있다.
위 연설의 연설자는 청중의 이해도를 점검하며 연설을 마무리하고 있지 않다.

02 연설의 내용 이해하기 답 | ②

위 연설의 주제로 적절한 것은?

정답 선지 분석

② 청소년에게는 열대어와 같이 따뜻한 사랑이 필요하다.
위 연설의 주제는 열대어만큼이나 약하고, 진화하고, 혼자 두면 안 되는 청소년들에게 따뜻한 보살핌과 사랑이 필요하다는 것이다.

오답 선지 분석

① 열대어를 잘 키우기 위해서는 물의 온도가 중요하다.
위 연설에서는 열대어가 수온이 올라가면 죽을 수도 있다는 점을 이야기하며 연약한 열대어의 특징을 설명하고 있다. 그러나 이는 열대어의 특징과 비교하여 청소년의 특징을 이야기하기 위함이지 위 연설의 주제로 볼 수 없다.

③ 방황하는 청소년에게는 어른들의 따끔한 충고가 필요하다.
위 연설에서는 방황하는 청소년들에게 사회의 시선이 중요하다고 언급하고 있다. 그러나 어른들의 따끔한 충고가 필요하다고는 말하지 않았으며, 오히려 따뜻한 시선으로 청소년들을 바라볼 것을 권유하고 있기 때문에 적절하지 않다.

④ 열대어와 청소년들의 성장을 위해서는 규칙적인 생활을 해야 한다.
위 연설에서는 열대어와 청소년들의 성장을 위해서는 사회의 따뜻한 시선과 태도가 필요하다고 언급하고 있을 뿐, 규칙적인 생활을 해야 하는지는 나타나 있지 않다.

⑤ 청소년과 비슷한 열대어를 기르기 위해서는 많은 관심이 필요하다.
위 연설은 열대어와 비슷한 청소년들에게 따뜻한 시선과 태도가 필요하다는 것을 주장하고 있다. 따라서 위 연설의 주제로 볼 수 없다.

03 연설의 내용 평가하기

답 | ②

보기 는 위 연설을 들은 후 청중이 보인 반응이다. 연설을 고려하여 청중의 반응을 분석한 내용으로 적절하지 않은 것은?

보기

청자 1: 열대어의 특징에 대해 처음 알게 되었는데, 정말 많은 부분에서 열대어와 청소년들이 비슷하구나!

청자 2: 연설의 내용은 정말 좋았던 것 같아. 다만, '산도'라는 단어가 조금 어렵게 느껴졌어. 다른 쉬운 단어로 대체할 수는 없었을까?

청자 3: 방황하는 청소년, 무기력한 청소년들이 사회가 자신에게 대하는 태도에 따라 점점 변하고 있다는 말이 와닿아. 나도 내가 힘들고 무기력해졌을 때 아무도 위로의 말을 해 주지 않아서 너무 슬펐어.

청자 4: 연설의 마지막에서 비유적 표현을 활용하여 청소년들에게 따뜻한 보살핌이 필요하다는 점을 강조한 것이 좋았어.

청자 5: 오늘 연설을 부모님과 함께 듣지 못해서 너무 아쉬워. 나도 나중에 성인이 되면 오늘의 연설을 잊지 않고 무기력한 청소년들을 따뜻하게 보살펴야겠어.

정답 선지 분석

② '청자 2'는 연설의 아쉬운 점에 대해 언급하며 대안을 제시하고 있다.

'청자 2'는 연설의 내용에 대해 긍정적으로 평가하면서, 연설의 어휘 선정에 대한 아쉬움을 이야기하고 있다. 그러나 '청자 2'는 '대체할 수는 없었을까?'라고 아쉬움을 드러낼 뿐, 구체적으로 대체할 어휘를 제시하고 있지 않다.

오답 선지 분석

① '청자 1'은 연설자의 생각에 공감하며 연설의 정보를 수용하고 있다.

'청자 1'은 열대어와 청소년들이 비슷하다는 연설자의 생각에 공감하며, 연설에서 얻은 정보를 수용하고 있다.

③ '청자 3'은 자신의 경험과 연관지어 연설의 내용에 공감하고 있다.

'청자 3'은 연설의 주제와 관련된 자신의 경험을 이야기하며, '방황하는 청소년, 무기력한 청소년들은 사회의 시선, 사회가 자신에게 대하는 태도에 따라 점점 변하고 있'다는 연설의 내용에 공감하고 있다.

④ '청자 4'는 연설의 표현적인 측면을 긍정적으로 평가하고 있다.

'청자 4'는 연설의 마지막에서 '여러분들의 사랑하는 열대어들'이라고 청소년들을 비유적으로 표현한 점에 대해 긍정적으로 평가하고 있다.

⑤ '청자 5'는 연설자의 권유에 따라 자신이 실천할 수 있는 방법을 생각하고 있다.

'청자 5'는 청소년들에게 '사랑하는 말투, 사랑하는 마음'으로 다가가야 함을 권유하는 연설자의 말에 따라 자신이 미래에 실천할 수 있는 방법을 생각하고 있다.

04 연설의 표현 전략 파악하기

'여러분들의 사랑하는 열대어들'이 의미하는 원관념을 위 연설에서 찾아 4음절로 쓰시오.

정답

청소년들

독서 활성형 비타민 D

빠른 정답 체크 01 ③ 02 ③ 03 ④ 04 햇빛

비타민은 우리 몸에 꼭 필요한 물질이지만 체내에서 만들어지지 않기 때문에 식품으로부터 섭취해야만 하는, 우리 몸에 꼭 필요한 탄소를 함유하는 화합물이다.(비타민의 개념) 그러나 비타민 D의 경우, 식품을 섭취하지 않고도 체내에서 합성이 가능하다는(다른 비타민과 구별되는 비타민 D의 속성 ①) 점에서 다른 비타민들과는 그 성격이 다르다. 또한 비타민 D를 제외한 「다른 비타민들은 다양한 식품들에 골고루 들어 있는 반면, ㉠ 비타민 D가 함유된 식품은 고등어, 연어, 계란 노른자 등으로 매우 제한적인 것」(「」: 다른 비타민과 구별되는 비타민 D의 속성 ②)도 비타민 D의 특징이다.

▶ 1문단: 비타민의 개념과 비타민 D의 속성

「우리 몸이 햇빛으로부터 일정한 파장*의 자외선을 받으면 피하조직*의 세포에서는 콜레스테롤*의 일종인 7-디하이드로콜레스테롤이라는 물질을 비타민 D_3로 만든다.」(「」: 활성형 비타민 D가 합성되는 과정 ①) 비타민 D_3는 피부 세포 밖으로 분비되어 간으로 이동해 중간 활성형 비타민 D로 합성된다.(활성형 비타민 D가 합성되는 과정 ②) 그 다음 세포 밖으로 분비되어 혈관을 통해 신장으로 이동한 뒤 신장 세포에 의해 $1,25(OH)_2D$로 합성된다.(활성형 비타민 D가 합성되는 과정 ③) 이후 신장 세포 밖으로 분비되면 혈관을 통해 온몸의 각 조직 세포로 이동해 생리적 기능을 수행한다.(활성형 비타민 D가 합성되는 과정 ④) 이때 신장 세포가 합성하는 마지막 단계의 비타민 D를 '활성형 비타민 D'라고 한다. 이처럼 비타민 D는 우리 몸에 흡수된 형태 그대로 기능하는 다른 비타민들과 달리, 우리 몸의 세포가 활용할 수 있는 형태인 활성형 비타민 D로 합성되는 과정을 거친다는(다른 비타민과 구별되는 비타민 D의 속성 ③) 점에서 차별화된다.

▶ 2문단: 활성형 비타민 D가 합성되는 과정

활성형 비타민 D는 우리 몸속에서 혈중 칼슘 농도를 조절하는(활성형 비타민 D의 기능) 중요한 역할을 한다. 활성형 비타민 D가 혈중 칼슘을 조절하는 방법에는 두 가지가 있다. 하나는 비타민 D가 소장*에서 칼슘을 더 많이 흡수하게 만드는 것이다.(활성형 비타민 D가 혈중 칼슘을 높이는 방법 ①) 이는 혈액 내의 칼슘의 농도를 높이는 것으로, 이 경우 혈액 중 여분의 칼슘이 뼈에 저장되기 때문에 뼈의 칼슘화를 촉진하여 뼈 형성을 도와줄 수 있다. 그러나 혈중 칼슘 농도가 일정 수준 이하로 내려가면 근육 세포나 기타 칼슘을 필요로 하는 세포의 대사 기능이 방해를 받게 된다.(혈중 칼슘 농도가 일정 수준 이하로 내려갈 때 발생하는 일) 이를 방지하기 위해 비타민 D는 일정한 수준의 칼슘을 뼈로부터 직접 공급받아 혈중 칼슘 농도를 정상으로 유지하려 한다.(활성형 비타민 D가 혈중 칼슘을 높이는 방법 ②) 그러나 이 경우에는 오히려 뼈가 약해지게 된다.(칼슘을 뼈로부터 직접 공급받을 때 나타날 수 있는 문제)

▶ 3문단: 혈중 칼슘 농도를 조절하는 활성형 비타민 D의 양면적 기능

이처럼 비타민 D는 양면적인 성격의 기능을 수행한다. 비타민 D는 흔히 칼슘의 흡수를 도와 뼈를 튼튼하게 만든다고 알고 있지만, 이는 어디까지나 혈중 칼슘 농도가 일정 수준 이상일 때에 한

정된 것이다. 따라서 뼈 건강을 증진하기 위해서는 칼슘이 함유된 음식물을 섭취하여 혈중 칼슘 농도를 일정 수준으로 유지하여야 한다.

혈중 칼슘 농도 수준을 일정하게 유지해야 하는 이유

뼈를 튼튼하게 유지하기 위한 방법

▶ 4문단: 혈중 칼슘 농도 수준을 일정하게 유지해야 하는 이유

* **파장(波長)**: 파동에서, 같은 위상을 가진 서로 이웃한 두 점 사이의 거리.
* **피하 조직(皮下組織)**: 척추동물의 피부밑의 진피 아래에 있는 조직.
* **콜레스테롤**: 고등 척추동물의 뇌, 신경 조직, 부신, 혈액 따위에 많이 들어 있는 대표적인 스테로이드. 무색의 고체로, 물·산·알칼리에 녹지 않고 에테르, 클로로포름에 녹는다. 핏속에서 이 양이 많아지면 동맥 경화증이 나타난다.
* **소장(小腸)**: 위와 큰창자 사이에 있는, 대롱 모양의 위창자관. 샘창자, 빈창자, 돌창자로 나뉜다.

01 세부 내용 이해하기 답 | ③

윗글을 통해 알 수 있는 내용이 아닌 것은?

정답 선지 분석

③ 비타민 D가 칼슘을 일정량보다 많이 흡수하게 된다면 뼈가 약해질 수 있다.

3문단에 따르면 비타민 D가 칼슘을 일정량보다 많이 흡수할 때가 아니라, 일정한 수준의 칼슘을 뼈로부터 직접 공급받을 경우 뼈가 약해지게 된다.

오답 선지 분석

① 비타민 D를 제외한 다른 비타민들은 합성의 과정이 불필요하다.

1문단에서 비타민 D의 경우, 식품을 섭취하지 않고도 체내에서 합성이 가능하다는 점에서 다른 비타민들과는 그 성격이 사뭇 다르다고 하였으므로 적절하다.

② 비타민 D가 합성되기 위해서는 일정한 파장의 자외선이 필요하다.

2문단에서 우리 몸이 햇빛으로부터 일정한 파장의 자외선을 받으면 피하 조직의 세포에서 콜레스테롤의 일종인 7-디하이드로콜레스테롤이라는 물질을 비타민 D_3로 만든다고 하였다. 이때 비타민 D_3는 비타민 D의 합성 과정 중 하나이기 때문에 적절하다.

④ 비타민 D는 활성형 비타민 D의 형태가 되어야만 우리 몸에서 기능할 수 있다.

2문단에서 비타민 D는 우리 몸에 흡수된 형태 그대로 기능하는 다른 비타민들과 달리, 우리 몸의 세포가 활용할 수 있는 형태인 활성형 비타민 D로 합성되는 과정을 거친다고 하였으므로 적절하다.

⑤ 근육 세포의 원활한 대사 기능을 위해서는 일정한 수준의 칼슘을 공급받아야 한다.

3문단에서 혈중 칼슘 농도가 일정 수준 이하로 내려가면 근육 세포나 기타 칼슘을 필요로 하는 세포의 대사 기능이 방해를 받게 된다고 하였고, 이를 방지하기 위해 비타민 D는 일정한 수준의 칼슘을 뼈로부터 직접 공급받는다고 하였으므로 적절하다.

02 세부 내용 추론하기 답 | ③

㉠에도 불구하고 비타민 D를 외부로부터 섭취하지 않아도 되는 이유로 가장 적절한 것은?

정답 선지 분석

③ 비타민 D가 인간의 몸속에서 자연적으로 합성이 가능하기 때문이다.

1문단에 따르면 비타민 D는 식품을 섭취하지 않고도 체내에서 합성이 가능하다. 따라서 다른 비타민들과 달리 비타민 D가 함유된 식품이 제한적임에도 불구하고 외부로부터 식품을 섭취하지 않아도 되는 이유는 체내에서 합성이 가능하기 때문일 것이라 추론할 수 있다.

오답 선지 분석

① 우리 몸에 꼭 필요한 탄소를 함유하지 않는 화합물이기 때문이다.

1문단에 따르면 비타민은 우리 몸에 꼭 필요한 탄소를 함유하는 화합물이라 하였으므로 적절하지 않다.

② 식품이 아닌 인공적 방식으로 비타민 D를 섭취해야 하기 때문이다.

1문단에서 비타민 D는 식품이 아닌 체내에서 합성이 가능하다고 하였다. 인공적 방식으로 섭취해야 한다는 내용은 찾을 수 없다.

④ 비타민 D는 다른 비타민의 분해 과정을 통해 얻을 수 있기 때문이다.

비타민 D를 다른 비타민의 분해 과정을 통해 얻을 수 있다는 내용은 윗글에서 찾을 수 없다.

⑤ 다른 비타민들과 마찬가지로 단백질을 통해 합성이 될 수 있기 때문이다.

비타민 D가 다른 비타민들과 마찬가지로 단백질을 통해 합성이 될 수 있다는 내용은 윗글에서 찾을 수 없다.

03 핵심 내용 파악하기 답 | ④

보기 에 대한 설명으로 적절하지 않은 것은?

보기

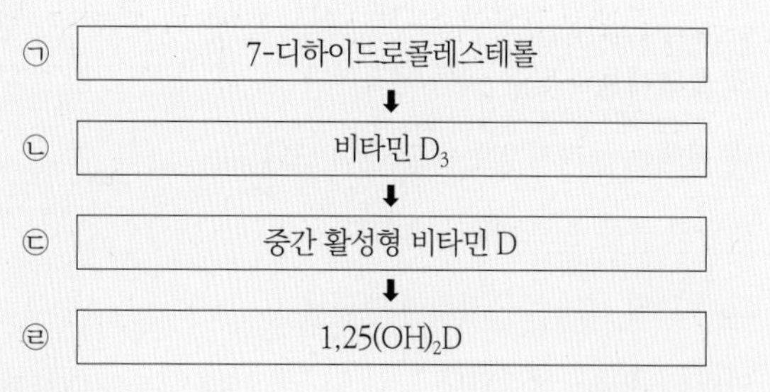

정답 선지 분석

④ ㉣은 신장 세포 밖으로 분비되어 혈관을 통해 피부 세포 밖으로 이동한다.

$1,25(OH)_2D$은 신장 세포 밖으로 분비되어 혈관을 통해 피부 세포 밖이 아닌 온몸의 각 조직 세포로 이동한다.

오답 선지 분석

① ㉠은 피하 조직에서 체내 콜레스테롤이 합성되어 피부 세포 밖으로 분비된다.

7-디하이드로콜레스테롤은 피하 조직의 세포에 존재하며, 자외선을 받아 비타민 D_3로 변한다.

② ㉡은 피부 세포 밖으로 분비되어 간으로 이동한다.

비타민 D_3는 피부 세포 밖으로 분비되어 간으로 이동해 중간 활성형 비타민 D로 합성된다.

③ ㉢은 간세포에서 혈관을 통해 신장으로 이동한 뒤 새로운 형태로 합성된다.

중간 활성형 비타민 D는 세포 밖으로 분비되어 혈관을 통해 신장으로 이동한 뒤 신장 세포에 의해 $1,25(OH)_2D$라는 새로운 형태로 합성된다.

⑤ ㉠~㉣의 과정을 거친 비타민 D는 뼈로부터 칼슘을 공급받아 혈중 칼슘 농도를 일정하게 유지한다.

㉠~㉣의 과정을 거친 활성형 비타민 D는 혈중 칼슘 농도를 조절하는 역할을 한다. 이때 혈중 칼슘 농도가 일정 수준 이하로 내려가면 칼슘을 필요로 하는 세포의 대사 기능이 방해받는 것을 방지하기 위해 비타민 D는 뼈로부터 칼슘을 직접 공급받아 혈중 칼슘 농도를 유지한다.

04 핵심 내용 추론하기

빈칸에 들어갈 말로 적절한 것을 2음절로 쓰시오.

비타민 D의 결핍은 실내에서 대부분의 시간을 보내는 사람들 혹은 이슬람교의 여성들처럼 몸을 가린 채 생활하는 사람들에게서 주로 발생한다. 그 이유는 (   )에 충분히 노출되지 못해 비타민 D가 합성되지 않기 때문이다.

정답

햇빛

문학 1 풀벌레들의 작은 귀를 생각함(김기택)

빠른 정답 체크 01 ⑤ 02 ④ 03 ④ 04 까맣고 좁은 통로들

텔레비전을 끄자 △: 자연과의 소통을 방해하는 소재
대조 ○: 자연과의 교감을 상징
풀벌레 소리
듣지 못했던 자연의 소리
어둠과 함께 방 안 가득 들어온다
풀벌레 소리를 들을 수 있는 시간 ～: 종결 어미 '-ㄴ다'의 반복을 통한 운율 형성
어둠 속에서 들으니 「벌레 소리들 환하다
「」: 공감각적 심상(청각의 시각화)
별빛이 묻어 더 낭랑하다*」
▶ 텔레비전을 끄고 어둠 속에서 풀벌레 소리에 귀를 기울임
귀뚜라미나 여치 같은 큰 울음 사이에는
대조 평소에 들을 수 있는 소리
너무 작아 들리지 않는 소리도 있다
큰 소리에 묻혀 듣지 못했던 소리 → 인식의 확장
그 풀벌레들의 작은 귀를 생각한다
작은 소리도 들을 수 있는 귀
내 귀에는 들리지 않는 소리들이 드나드는

까맣고 좁은 통로들을 생각한다
풀벌레들의 작은 귀
그 통로의 끝에 두근거리며 매달린

여린 마음들을 생각한다 ▶ 울음소리를 만들어 낸 풀벌레들의 작은 귀와 여린 마음을 생각함
풀벌레들의 마음 → 풀벌레들과 교감
발뒤꿈치처럼 두꺼운 내 귀에 부딪쳤다가
풀벌레들의 울음소리를 듣지 못함 → 자연과 소통하지 못함
되돌아간 소리들을 생각한다
전달되지 못한 풀벌레의 울음소리
브라운관이 뿜어낸 현란한 빛이
별빛과 대비되는 현대 문명의 빛, 풀벌레들의 소리를 듣지 못한 원인
내 눈과 귀를 두껍게 채우는 동안
현대 문명에 익숙해지는 동안
「그 울음소리들은 수없이 나에게 왔다가
자연과의 소통의 좌절
너무 단단한 벽에 놀라 되돌아갔을 것이다
브라운관, 자연의 소리와 단절된 귀를 비유
하루살이들처럼 전등에 부딪쳤다가 「」: 공감각적 심상(청각의 시각화) – 풀벌레들(자연)과의 소통이 단절된 상황을 형상화
바닥에 새카맣게 떨어졌을 것이다」
▶ 벌레 소리가 '나'의 귀에 도달하지 못하고 되돌아갔을 것이라 짐작함
크게 밤공기 들이쉬니
자연과 교감하려는 행동
허파 속으로 그 소리들이 들어온다
작은 풀벌레들의 소리를 내면 깊숙이 받아들임
허파도 별빛이 묻어 조금은 환해진다
풀벌레의 소리를 받아들임
▶ 밤공기를 들이쉬며 풀벌레 소리로 인해 내면이 환해짐을 느낌
- 김기택, 〈풀벌레들의 작은 귀를 생각함〉 -

* 낭랑하다: 소리가 맑고 또랑또랑하다.

01 표현상의 특징 파악하기 답 | ⑤

윗글의 표현상의 특징으로 적절하지 않은 것은?

정답 선지 분석

⑤ 자연물의 변화 과정을 비유적으로 제시하며 자연 친화적인 태도를 보이고 있다.
윗글의 화자가 자연과의 교감을 시도하고 있다는 점에서 자연 친화적인 태도를 보이고 있다고 볼 수 있으나, 자연물의 변화 과정이 제시되어 있지 않다.

오답 선지 분석

① 공감각적 심상을 활용하여 시의 이미지를 형상화하고 있다.
윗글에서는 작은 풀벌레들의 울음소리를 시각적으로 표현함으로써 시의 이미지를 형상화하고 있다.

② 경험을 바탕으로 새롭게 깨달은 점을 고백하며 성찰하고 있다.
윗글은 화자가 텔레비전을 끄면서 경험한 자연과의 교감을 통해 텔레비전으로 인해 단절된 자연과의 소통을 성찰하며, 현대 문명에 익숙해진 삶을 반성하고 자연과의 교감을 시도하고 있다.

③ 현재형 종결 어미를 반복적으로 사용함으로써 운율을 형성하고 있다.
윗글에서는 현재형 종결 어미 '-ㄴ다'를 반복적으로 사용함으로써 운율을 형성하고 있다.

④ 상반된 성격의 소재를 제시하며, 소재들의 대조를 통해 시를 전개하고 있다.
윗글에서는 화자가 긍정적으로 인식하는 자연과 관련된 소재들과 화자가 부정적으로 인식하는 현대 문명을 상징하는 소재들을 제시하며, 이들의 대조를 통해 현대 문명에 대한 화자의 비판적인 시각을 드러내고 있다.

02 세부 내용 파악하기 답 | ④

윗글에 대한 설명으로 적절하지 않은 것은?

정답 선지 분석

④ '현란한 빛'은 '별빛'과 유사한 존재로, 현대 문명의 빛을 의미한다.
'현란한 빛'은 브라운관, 즉 텔레비전이 뿜어내는 빛으로 현대 문명을 의미한다. 그러나 '별빛'은 풀벌레 소리를 더 두드러지게 만드는 것으로 '현란한 빛'과 유사한 존재로 볼 수 없다.

오답 선지 분석

① 현대 문명을 대표하는 '텔레비전'을 끈 행위를 통해 화자는 평소 지각하지 못했던 소리를 인식하고 있다.
윗글의 '텔레비전'은 현대 문명을 상징한다. 화자는 '텔레비전을 끄자' '풀벌레 소리'가 들려왔다고 하였다. 이때 화자는 '풀벌레 소리'가 '내 귀에는 들리지 않는 소리'라 하였으므로, 화자와 자연의 교감을 방해하는 장애물인 '텔레비전'을 끈 행위는 화자가 평소 지각하지 못했던 소리를 인식하게 되는 계기라 볼 수 있다.

② '어둠'은 자연의 존재들이 자신들을 드러내는 시간으로, 화자는 이 시간을 긍정적으로 바라보고 있다.
윗글의 화자는 '텔레비전을 끄자' '풀벌레 소리'가 '어둠과 함께 방 안 가득 들어온다'고 하고 있다. 그리고 '어둠 속에서 들으니 벌레 소리들 환하다', '별빛이 묻어 더 낭랑하다'라고 말하고 있다. 따라서 '어둠'은 자연의 존재인 '풀벌레들'이 자신들을 드러내는 시간으로, 화자는 이 시간을 긍정적으로 바라보고 있음을 알 수 있다.

③ '귀뚜라미나 여치'는 '풀벌레들'보다 큰 울음소리를 내는 존재로, 화자가 그동안 인식하던 소리이다.
'귀뚜라미나 여치'는 '풀벌레들'보다 큰 울음소리를 내는 존재로, 화자가 그동안 인식하던 소리이다. 화자는 '귀뚜라미나 여치 같은 큰 울음 사이에' 있는, '너무 작아 들리지 않'았던 '풀벌레들'의 소리까지 귀를 기울이며 인식의 범위를 확장하고 있다.

⑤ '너무 단단한 벽'은 화자와 자연의 소통을 단절시키는 장애물에 해당한다.
윗글에서 '현란한 빛'이 화자의 '눈과 귀를 두껍게 채우는 동안', 풀벌레의 울음소리들은 '너무 단단한 벽에 놀라 되돌아갔을 것'이라고 하고 있다. 따라서 '너무 단단한 벽'은 화자와 '풀벌레', 즉 자연과의 소통과 교감을 단절시키는 장애물에 해당한다.

03 작품 간의 공통점, 차이점 파악하기 답 | ④

윗글과 보기 를 비교한 내용으로 적절하지 않은 것은?

보기

성북동 산에 번지가 새로 생기면서
본래 살던 성북동 비둘기만이 번지가 없어졌다.
새벽부터 돌 깨는 산울림에 떨다가
가슴에 금이 갔다.
그래도 성북동 비둘기는
하느님의 광장 같은 새파란 아침 하늘에
성북동 주민에게 축복의 메시지나 전하듯
성북동 하늘을 한 바퀴 휘돈다.
(중략)
예전에는 사람을 성자처럼 보고
사람 가까이
사람과 같이 사랑하고
사람과 같이 평화를 즐기던
사랑과 평화의 새 비둘기는
이제 산도 잃고 사람도 잃고
사랑과 평화의 사상까지
낳지 못하는 쫓기는 새가 되었다.

- 김광섭, 〈성북동 비둘기〉

정답 선지 분석

④ 윗글의 '풀벌레'와 〈보기〉의 '비둘기'는 모두 인간이 파괴한 자연을 상징한다.
〈보기〉의 '비둘기'는 현대 문명으로 인해 훼손된 자연이자, 산업화 과정에서 삶의 터전을 잃어버린 도시 변두리의 사람들을 상징한다. 그러나 윗글의 '풀벌레'는 자연 그 자체를 상징하는 것이지, 인간이 파괴한 자연을 상징한다고는 볼 수 없다.

오답 선지 분석

① 윗글과 〈보기〉 모두 대상을 의인화하여 표현하고 있다.
윗글에서는 '풀벌레'를 의인화하여 대상에 대한 친화적인 태도를 보이고 있고, 〈보기〉에서는 '비둘기'를 의인화하여 현대 문명으로 인한 자연의 파괴와 비인간성을 우회적으로 드러내고 있다.

② 윗글과 〈보기〉 모두 청각적 심상을 활용하여 상황을 구체적으로 묘사하고 있다.
윗글에서는 '풀벌레 소리'가 '방 안 가득 들어온다', '귀뚜라미나 여치 같은 큰 울음 사이에는 / 너무 작아 들리지 않는 소리도 있다' 등을 통해 청각적 심상을 활용해 상황을 구체적으로 묘사하고 있음을 알 수 있고, 〈보기〉에서는 '새벽부터 돌 깨는 산울림에 떨다가 / 가슴에 금이 갔다'를 통해 보금자리가 파괴되는 것을 보는 '비둘기'의 심정을 구체적으로 제시하고 있다.

③ 〈보기〉는 윗글과 달리 과거와 현재의 대비를 통해 현대 문명의 폭력성을 보여 준다.
윗글과 달리 〈보기〉에서는 '비둘기'의 과거와 현재 상황의 대비를 통해 '비둘기'가 처한 상황을 효과적으로 보여 주며 현대 문명의 폭력성을 보여 준다.

⑤ 윗글의 '텔레비전'과 〈보기〉의 '성북동 산에 번지'는 화자가 부정적으로 바라보는 대상이다.
윗글의 '텔레비전'과 〈보기〉의 '성북동 산에 번지'는 모두 현대 문명을 상징하며 화자가 부정적으로 바라보는 대상이다.

04 시어의 의미 파악하기

'풀벌레들의 작은 귀'를 비유한 시어를 윗글에서 찾아 3어절로 쓰시오.

정답

까맣고 좁은 통로들

문학 2 황새결송(작자 미상)

빠른 정답 체크 01 ④ 02 ③ 03 ⑤ 04 친척, 따오기

[앞부분 줄거리] 어느 시골에 한 부자가 있었는데, 그의 친척 중 한 명이 수시로 횡포를 부리더니, 어느 날은 재산의 절반을 달라고 위협한다. 그러자 부자는 서울 형조에 송사를 제기하지만, 친척이 미리 관원들에게 뇌물을 주어 송사가 자신들에게 유리하게 만든다.

"양척을 불러들이라." / 하고 계하*에 꿇리며 분부하되,
(양척: 피고와 원고(친척과 부자))
"네 들으라. 부자는 너같이 무지한 놈이 어디 있으리오. 네 자수성가를 하여도 빈족*을 살리며 불쌍한 사람을 구급하거든*, 하물며 너는 조업*을 가지고 대대로 치부하여 만석꾼에 이르니 족히 흉년에 이른 백성을 진휼도 하거든, 너의 지친*을 구제치 아니하고 송사를 하여 물리치려 하니 너같이 무뢰한 놈이 어디 있으리오. 어디 자손은 잘 먹고 어디 자손은 굶어 죽게 되었으니 네 마음에 어찌 죄스럽지 아니하랴. ㉠「네 소위*를 헤아리면 소당 형추 정배*할 것이로되 십분 안서하여* 송사만 지우고 내치노니」 네게는 이런 상덕이 없는지라. 「저놈 달라하는 대로 나눠주고 친척 간 서로 의를 상치 말라." / 하며, / "그대로 다짐받고 끌어 내치라." / 하거늘,」
(부자는 너같이 ~ 있으리오: 오히려 부자를 비판(적반하장) → 친척이 관원들에게 뇌물을 주었기 때문)
(조업*을 ~ 만석꾼에 이르니: 조상 대대로 내려온 재산 덕분에 큰 부자로 지냄)
(어디 자손은 ~ 아니하랴: 가난한 친척을 돌보지 않고 혼자만 잘사는 것은 죄라고 억지를 부림)
(「」: 마땅히 벌을 내리고 유배를 보내야 하지만 소송에만 지게 하고 따로 벌은 내리지 않음)
(상덕: 윗사람이 베푸는 은덕)
(저놈: 친척)
(「」: 관원이 내린 최종 판결 → 뇌물을 쓴 친척에게 유리한 판결)

부자 생각하매 이제 송사를 지니 가장 절통하고 분함을 이기지 못하여 그놈의 청으로 정작 무도한 놈은 착한 곳으로 돌아가고 나같이 어진 사람을 부도*로 보내니 그 가슴이 터질 듯하매 전후사를 고쳐 고하면 반드시 효험이 있을까 하여 다시 꿇어앉으며 고하려 한즉 호령이 서리 같아 등을 밀어 내치려 하거늘, 부자 생각하되,
(그놈: 친척)
(정작 무도한 ~ 부도*로 보내니: 악한 친척은 선량하게, 선량한 부자는 도리에 맞지 않게 대함 → 모순된 현실 사회 비판)
(효험이 있을까: 판결이 다시 바뀔 수 있을 거라는 기대)
(호령이 서리 ~ 하거늘: 권위를 앞세워 부자의 말을 들으려 하지 않음)

「'내 관전에서 크게 소리를 하여 전후사를 아뢰려 하면 필경 관전 발악이라 하여 뒤얽어 잡고 조율*을 할 양이면 청 듣고 송사도 지우는데, 무슨 일을 못하며 무지한 사령 놈들이 만일 함부로 두드리면 고향에 돌아가지도 못하고 종신 어혈*될 것이니 어찌할꼬.'」
(「」: 함부로 판결에 반발하면 도리어 자신에게 해가 될 것을 걱정함)
(관전 발악이라 ~ 조율*을 할 양이면: 관원 앞에서 불손하다는 죄를 엮어 잡아들이고)
(청 듣고 송사도 지우는데: 뇌물을 받고 잘못된 판결을 내리는데)
(종신 어혈*될 것이니: 죽도록 몸 고생만 할 것이니)

이리 생각 저리 생각 아무리 생각하여도 그저 송사를 지고 가기는 차마 분하고 애달픔이 가슴에 가득하여 송관을 뚫어지게 치밀어 보다가 문뜩 생각하되,
(이리 생각 ~ 생각하여도: 쉽게 결정을 내리지 못함)
(차마 분하고 ~ 가득하여: 부당한 판결에도 어찌할 도리가 없기 때문)

'㉡ 내 송사는 지고 가거니와 이야기 한마디를 꾸며 내어 조용히 할 것이니 만일 저놈들이 듣기만 하면 무안이나 뵈리라.'
(이야기 한마디: 내부 이야기)
(저놈들: 형조의 관원들)
(이야기 한마디를 ~ 무안이나 뵈리라: 이야기를 꾸며 내려는 이유)

하고, 다시 일어서 계하에 가까이 앉으며 고하여 가로되,

"소인이 천 리에 올라와 송사는 지고 가옵거니와 들음직한 이야기 한마디 있사오니 들으심을 원하나이다."
우회적 풍자

관원이 이 말을 듣고 가장 우습게 여기나 평소에 이야기 듣기를 좋아하는 고로 시골 이야기는 재미있는가 하여 듣고자 하나 다른 송사도 결단치 아니하고 저놈의 말을 들으면 남이 보아도 체모*에 괴이한지라. 거짓 꾸짖는 분부로 일러 왈,
남의 눈을 의식함
관원의 위선적 태도

"ⓒ 네 본디 시골에 있어 사체* 경중*을 모르고 관전에서 이야기한단 말이 되지 못한 말이로되, 네 원이나 풀어 줄 것이니 무슨 말인고 아뢰어라."
부자를 배려하는 척함

하니 그 부자 그제야 잔기침을 하며 말을 내어 왈,

『옛적에 뫼꼬리와 뻐꾹새와 따오기 세 짐승이 서로 모여 앉아 우는 소리 좋음을 다투되 여러 날이 되도록 결단치 못하였더니 일일은 뫼꼬리 이르되,』
『』: 내부 이야기 시작(액자 구성)
송사의 원인
하루는

"우리 서로 싸우지 말고 송사하여 보자."

하니, 그중 한 짐승이 이르되,

"내 들으니 황새가 날짐승 중 키 크고 부리 길고 몸집이 어방져위* 통량이 있으며 범사를 곧게 한다 하기로 이르기를 황장군이라 하노니, 우리 그 황장군을 찾아 소리를 결단함이 어떠하뇨."
외부 이야기의 형조 관원에 해당 → 풍자의 대상
실제 황새의 인물됨과 달리 세간의 평이 좋게 나 있음

세 짐승이 옳이 여겨 그리로 완정하매* 그중 따오기란 짐승이 소리는 비록 참혹하나 소견은 밝은지라. 돌아와 생각하되,
외부 이야기의 친척에 해당 → 풍자의 대상
소리는 형편없지만 처세술에 강함

'내 비록 큰 말은 하였으나 세 소리 중 내 소리 아주 초라하니 날더러 물어도 나밖에 질 놈 없는지라. 옛사람이 이르되 모사는 재인이요, 성사는 재천이라 하였으니 아뭏커나 청촉*이나 하면 필연 좋으리로다.'
일을 꾸미는 것은 사람이지만, 결과는 하늘에 달려 있다는 뜻

[중간 부분 줄거리] 따오기는 송사에서 이기기 위해 황새에게 여러 곤충을 잡아다 미리 청탁을 하고, 날이 밝자 세 짐승은 황새 앞에서 소리를 내기 시작한다. 황새는 청탁을 받아들여 뫼꼬리의 소리를 터무니없는 이유를 들며 부정적으로 평가한다.

뫼꼬리 점즉히 물러 나올 새, 뻐꾹새 들어와 목청을 가다듬고 소리를 묘하게 하여 아뢰되,

"소인은『녹수청산* 깊은 곳에 만학천봉* 기이하고 안개 피어 구름 되며, 구름 걷어 다기봉*하니 별건곤*이 생겼는데 만장폭포* 흘러내려 수정렴을 드리운 듯 송풍은 소슬하고* 오동추야 밝은 달』에 이내 소리 만첩산중에 가금성이 되오리니 뉘 아니 반겨하리이까."
『』: 깊은 산 속의 아름답고 신비로운 모습
오동잎 떨어지는 가을밤
누구나 반겨할 것이다(설의법)

황새 듣고 또 생각하여 이르되,

『"ⓔ 월낙자규제 초국천일애*라 하였으니, 네 소리 비록 깨끗하나 아주 어려웠던 옛날의 일을 떠오르게 하니, 가히 불쌍하도다."』
고사를 인용
『』: 뻐꾹새의 소리를 터무니없는 이유를 대며 부정적으로 평가함

하니 뻐꾹새 또한 무료하여 물러나거늘, 그제야 따오기 날아들어 소리를 하고자 하되, 저보다 나은 소리도 벌써 지고 물러나거늘 어찌할꼬 하며 차마 남부끄러워 입을 열지 못하나, 그 황새에게 약 먹임을 믿고 고개를 낮추어 한번 소리를 주하며 아뢰되,

『"소인의 소리는 다만 따옥성이옵고 달리 풀쳐 고할 일 없사오니 사또 처분만 바라고 있나이다."』
『』: 뫼꼬리와 뻐꾹새보다 소리는 좋지 못하나, 황새에게 뇌물을 바친 것을 믿고 한 말

하되, 황새놈이 그 소리를 듣고 두 무릎을 탕탕치며 좋아하여 이른 말이,

『"쾌재며 장재*로다. 화난 감정이 일시에 터져나와서 큰 소리로 꾸짖음은 옛날 항 장군의 위풍이요, 장판교 다리 위에 백만 군병 물리치던 장익덕의 호통이로다. 네 소리가 가장 웅장하니 짐짓 대장부의 기상이로다."』
『』: 뇌물을 받은 황새가 따오기의 소리를 극찬하며 공정하지 않은 판결을 함
항우가 큰 소리로 꾸짖으면 천 명이 그 목소리에 놀라 엎드렸다는 이야기
장비(장익덕)가 장판교 위에서 조조의 백만 내군을 호통으로 막은 이야기

하고,

"이렇듯 처결하여*, 따옥성을 상성으로 처결하여 주오니, 그런 짐승이라도 뇌물을 먹은즉 잘못 판결하여 그 뫼꼬리와 뻐꾹새에게 못할 노릇 하였으니 어찌 앙급자손* 아니 하오리이까. 이러하온 짐승들도 물욕에 잠겨 틀린 노릇을 잘하기로 ⓜ 그놈을 개아들 개자식이라 하였으니, 이제 서울 법관도 여차하오니 소인의 일은 벌써 판이 났으매 부질없는 말하여 쓸데없으니 이제 물러가나이다."
따오기의 소리가 가장 아름답다고 판결함
황새와 관원을 동시에 비판함
잘못된 판결이 바뀌지 않을 것임

하니, 형조 관원들이 대답할 말이 없어 가장 부끄러워하더라.

- 작자 미상, 〈황새결송〉 -

* 계하(階下): 섬돌이나 층계의 아래.
* 빈족(貧族): 가난한 족속이나 사람.
* 구급하다(救急하다): 위급한 상황에서 구하여 내다.
* 조업(祖業): 조상 때부터 대대로 내려오는 가업.
* 지친(至親): 매우 가까운 친족.
* 소위(所爲): 하는 일.
* 형추 정배(刑推定配): 조선 시대에, 죄인을 신문하여 자백을 받아 내고 유배를 보내던 일.
* 안서하다(安徐하다): 잠시 보류하다.
* 부도(不道): 도리에 어긋나 있거나 도리에 맞지 않음.
* 조율(照律): 법원이 법규를 구체적인 사건에 적용하는 일.
* 어혈(瘀血): 타박상 따위로 살 속에 피가 맺힘. 또는 그 피.
* 체모(體貌): 남을 대하기에 떳떳한 도리나 얼굴.
* 사체(事體): 일이 되어 가는 형편이나 상황. 또는 벌어진 일의 상태.
* 경중(輕重): 중요함과 중요하지 않음.
* 어방지다: 넓고 크다.
* 완정하다(完定하다): 완전히 결정하다.
* 청촉(請囑): 청을 들어주기를 부탁함.

* 녹수청산(綠水靑山): 푸른 산과 푸른 물이라는 뜻으로, 산골짜기에 흐르는 맑은 물을 이르는 말.
* 만학천봉(萬壑千峯): 첩첩이 겹쳐진 깊고 큰 골짜기와 수많은 산봉우리.
* 다기봉: 기이한 산봉우리처럼 솟아 있는 모양.
* 별건곤(別乾坤): 특별히 경치가 좋거나 분위기가 좋은 곳.
* 만장폭포(萬丈瀑布): 매우 높은 데서 떨어지는 폭포.
* 소슬하다(蕭瑟하다): 으스스하고 쓸쓸하다.
* 월낙자규제 초국천일애(月落子規啼 楚國千日愛): '달이 지고 두견이 우니 초나라 천 일의 사랑이라.'는 뜻으로 나라가 망할 것을 암시함.
* 장재(壯哉): 어떤 일이 장하여 감탄할 때 하는 말.
* 처결하다(處決하다): 결정하여 조처하다.
* 앙급자손(殃及子孫): 화가 자손에게 미침.

01 서술상의 특징 파악하기 답 | ④

윗글에 대한 설명으로 가장 적절한 것은?

정답 선지 분석

④ 우화를 활용하여 대상에 대한 비판을 강화하고 있다.
윗글에서 부자는 우화를 활용하여 우화 속에 등장하는 황새와 같이 부패한 관원들을 효과적으로 비판하고 있다.

오답 선지 분석

① 과거의 사건을 요약하여 제시하고 있다.
윗글에서는 과거의 사건을 요약하여 제시하고 있지 않다.

② 시간의 경과에 따른 갈등의 해소가 나타나고 있다.
윗글에서는 시간의 경과에 따른 갈등의 해소가 나타나고 있지 않다.

③ 역순행적 구성을 통해 사건의 흥미를 높이고 있다.
윗글은 역순행적 구성이 아닌, 액자식 구성을 통해 이야기의 재미를 더하고 있다.

⑤ 구체적인 외양 묘사를 통해 인물의 성격을 드러내고 있다.
윗글에서는 구체적인 외양 묘사를 찾아볼 수 없다. 인물들의 내적 독백과 대화를 통해 인물의 성격을 드러내고 있다.

02 구절의 의미 파악하기 답 | ③

㉠~㉤에 대한 이해로 적절한 것은?

정답 선지 분석

③ ㉢: 부자를 위하는 척하는 위선적인 관원의 모습을 보여 준다.
관원은 맡은 일을 하지 않고 이야기를 듣는 것이 올바른 일이 아니기 때문에 남의 눈을 의식하고 있다. 관원이 '네 원이나 풀어 줄 것이니'라고 하는 것은 부자를 배려하는 척하며 자신의 사욕을 채우려는 위선적인 모습을 보여 주는 것이다.

오답 선지 분석

① ㉠: 악한 친척을 둔 부자를 안타까워하며, 부자의 편에서 덕을 베풀려고 하고 있다.
관원은 친척으로부터 뇌물을 받아 친척에게 유리한 판결을 하고 있다. 따라서 ㉠은 악한 친척을 둔 부자를 안타까워하며 부자의 편에서 덕을 베푸는 것이 아니라, 상덕을 베푸는 것이라고 하며 관원의 위선적인 태도를 보여 주는 것이다.

② ㉡: 이야기를 통해 판결을 뒤집고자 하는 부자의 속셈이 나타나 있다.
부자는 이야기를 통해 판결을 뒤집고자 하고 있지 않다. 부자는 부당한 판결에도 어찌할 도리가 없자, 관원들에게 무안을 주고 부끄럽게 만들기 위해 이야기를 하고자 한 것이다.

④ ㉣: 고사를 인용하여 뻐꾹새의 노래를 극찬하고 있다.
내부 이야기 속 황새는 고사를 인용하여 뻐꾹새의 노래를 극찬하는 것이 아니라, 터무니없는 이유를 대며 뻐꾹새의 소리를 부정적으로 평가하고 있다.

⑤ ㉤: 황새를 비판하며 관원에게 자신의 억울함을 호소하고 있다.
부자가 '그놈을 개아들 개자식이라 하였으니'라고 한 것은 황새를 비판하며 관원에게 자신의 억울함을 호소하는 것이 아니라, 황새와 마찬가지로 부패한 관원들을 비판하고 있는 것이다.

03 외적 준거를 참고하여 작품 감상하기 답 | ⑤

보기를 참고하여 윗글을 감상한 내용으로 적절하지 않은 것은?

보기

액자식 구성이란 하나의 이야기 속에 또 하나의 이야기가 들어 있는 구성으로 핵심 내용인 내부 이야기와 이를 둘러싼 외부 이야기로 나눌 수 있다. 일반적으로 내부 이야기는 외부 이야기와 긴밀한 관련을 맺으며 전개되며, 외부 이야기와 시점이 달라지는 경우도 있다. 윗글은 액자식 구성을 활용하여 부패한 관리들에게 간접적으로 항의하며 부정부패가 만연했던 조선 사회를 비판하고 있다.

정답 선지 분석

⑤ 내부 이야기는 외부 이야기와 달리 3인칭 시점으로 서술하여 사건을 객관적으로 서술하고 있군.
윗글은 외부 이야기와 내부 이야기 모두 3인칭 시점으로 이야기가 전개된다. 외부 이야기 역시 작가가 인물의 심리를 직접 제시하고 있다.

오답 선지 분석

① 부자의 송사와 꾀꼬리의 송사는 긴밀하게 관련을 맺으며 전개되는군.
윗글의 외부 이야기 속 부자는 내부 이야기 속 꾀꼬리와 뻐꾹새에 대응하고 있다. 이를 통해 외부 이야기와 내부 이야기가 긴밀하게 연결되어 있음을 알 수 있다.

② 외부 이야기의 부자는 내부 이야기의 꾀꼬리, 뻐꾹새와 같은 입장이군.
내부 이야기 속 꾀꼬리와 뻐꾹새는 따오기의 부정한 행위로 인해 올바른 판결을 받지 못한다. 외부 이야기의 부자는 친척으로 인해 억울하게 패소하는 인물이다. 따라서 외부 이야기의 부자는 내부 이야기의 꾀꼬리, 뻐꾹새와 같은 입장이라 볼 수 있다.

③ 부자는 내부 이야기를 통해 부패한 관리들에게 간접적으로 항의하고 있군.
부자는 관원들에게 내부 이야기를 함으로써 부패한 관리들에게 간접적으로 항의하고 있다.

④ 부자의 말을 빌려 내부 이야기를 전달함으로써 당시 사회를 우회적으로 비판하고 있군.
윗글은 부자의 말을 빌려 내부 이야기를 전달함으로써 뇌물로 송사가 좌우되는 현실과 부패한 지배층을 우회적으로 비판하고 있다.

04 세부 내용 파악하기

빈칸에 들어갈 말로 적절한 것을 골라 차례대로 쓰시오.

(친척 / 부자)와/과 (황새 / 따오기)는 모두 부당한 방법으로 이득을 취하려는 간교한 인물로써 소설 속에 등장한다.

정답

친척, 따오기

04강

| 본문 | 45쪽

작문 다양한 표현을 활용하여 글 쓰기

빠른 정답 체크 01 ④ 02 ③ 03 ② 04 울며 겨자 먹기

㉠ 아버지와 함께 한 등산

지난 일요일 아침, 아버지께서 내 방문을 두드리시더니 아침을 먹고 같이 동네 뒷산에 가자고 하셨다. 나는 시험공부 때문에 시간이 없어서 안 된다고 버텼지만, 결국 울며 겨자 먹기로 아버지를 따라나섰다.
(울며 겨자 먹기: 싫은 일을 억지로 마지못해 함을 비유적으로 이르는 말(속담))

아버지께서 산을 오르다 보이는 나무를 가리키며 말을 거셨지만 나는 들은 척도 하지 않고 앞만 보고 걸어 올라갔다. 빨리 등산을 끝내고 집에 가고 싶은 마음뿐이었다. 아버지는 나의 이런 모습에 ㉡ 언짢아하시며 말씀하셨다.

"현지야, 등산은 그렇게 경주하듯이 하는 게 아니다."

그런 아버지께 이 정도는 ㉢ 쉬운 일이라고 으스대며 앞서가는 것도 잠시, 경사진 길을 올라가다 보니 숨이 턱에 닿아 걸음이 느려졌다. 올라갈수록 운동화가 천근만근 무겁게 느껴졌다. 뒤따라오시던 아버지께 이제 더는 못 가겠다고, 그만 내려가자고 떼를 썼다.
(숨이 턱에 닿아: 몹시 숨이 차다(관용 표현))
(천근만근: 아주 무거움을 비유적으로 이르는 말)

"너무 급하게 올라와서 힘든 거다. 천천히 쉬엄쉬엄 걸어 보자."

아버지는 힘들어지면 잠깐 쉬었다가 올라가자고 하셨다. 더는 못 올라갈 것 같았지만, 아버지의 숨소리에 내 호흡을 맞추고 걷다 보니 ㉣ 어느새 정상에 도착했다. 아버지는 "급히 먹는 밥이 목이 멘다."라는 속담처럼 너무 서두르면 오히려 목표를 이룰 수 없다는 것을 알려 주고 싶으셨던 것이 아닐까?
(급히 먹는 밥이 목이 멘다: 일을 조급하게 서두르면 오히려 틀어지고 실패하게 된다는 것을 비유적으로 이르는 말(속담))

산 정상에 올라 탁 트인 마을 풍경을 바라보니 시험공부 때문에 쌓인 스트레스가 ㉤ 모두 사라졌다. 시원한 바람에 머리가 맑아지는 것을 느끼며 "건강한 신체에 건강한 정신이 깃든다."라는 말을 실감했다.
(건강한 신체에 건강한 정신이 깃든다: 완전한 건강이란 육체와 정신이 모두 건강한 상태임을 표현한 말(명언))

아버지와 등산을 하면서 적당한 휴식이 목표를 달성하는 데 도움이 된다는 것을 깨달았다. 독일의 정치인 비스마르크는 "청년들이여 일하라, 좀 더 일하라, 끝까지 열심히 일하라."라고 말했다. 나는 "쉬어라, 좀 더 쉬어라, 충분히 쉬고 공부하라."라고 말하고 싶다. 우리에게는 지금 쉼표가 필요하기 때문이다. 다음 주에는 내가 먼저 아버지께 뒷산에 오르자고 말씀드려야겠다.
(청년들이여 일하라, 좀 더 일하라, 끝까지 열심히 일하라: 성실하게 끝까지 최선을 다해야 함을 강조한 말(명언))

01 친교 표현 글쓰기 내용 이해, 평가하기 답 | ④

윗글에 대한 내용으로 적절하지 않은 것은?

정답 선지 분석

④ 아버지는 경사진 길을 재빠르게 걷는 '나'의 발걸음에 맞춰 걸었다.
윗글의 '나'는 경사진 길을 올라가다 보니 숨이 턱에 닿아 걸음이 느려졌고 아버지는 그런 '나'에게 "천천히 쉬엄쉬엄 걸어 보자."라고 조언했다. 아버지는 경사진 길을 재빠르게 걷는 '나'의 발걸음에 맞춰 걷고 있지 않다.

오답 선지 분석

① '나'는 지난 주말에 아버지와 동네 뒷산을 다녀왔다.
'나'는 지난 일요일 아침에 아버지와 함께 동네 뒷산을 다녀왔다.

② 아버지는 '나'가 산을 오르는 모습을 못마땅하게 여겼다.
아버지는 '나'가 아버지의 말을 들은 척도 하지 않고 걸어 올라가는 모습을 보고 언짢아하셨다.

③ 아버지는 '나'에게 천천히 걸으면 힘들지 않을 것이라고 조언했다.
아버지는 '나'가 힘들어서 더는 못 가겠다고 떼를 쓰자, "너무 급하게 올라와서 힘든 거다. 천천히 쉬엄쉬엄 걸어 보자."라고 조언했다.

⑤ '나'는 등산 이후 공부하느라 마음의 여유를 잃었던 '나' 자신을 되돌아보았다.
'나'는 아버지와 함께 산에 다녀온 이후 적당한 휴식이 목표를 달성하는 데 도움이 된다는 것을 깨달았고 시험공부 때문에 마음의 여유가 없었던 '나' 자신을 되돌아보고 있다.

02 친교 표현 글쓰기 표현 전략 파악하기 답 | ③

윗글에서 사용된 표현에 대한 설명으로 적절하지 않은 것은?

정답 선지 분석

③ 아버지가 언급한 속담을 직접 인용하여 등산을 통해 깨달은 점을 전달하고 있다.
윗글의 '나'가 너무 급히 서둘러 일을 하면 오히려 실패하게 된다는 깨달음을 "급히 먹는 밥이 목이 멘다."라는 속담을 인용하여 표현한 것은 이 속담을 아버지가 언급했기 때문이 아니라, 등산을 통해 깨달은 아버지의 가르침을 효과적으로 나타내기 위해서이다.

오답 선지 분석

① 등산하면서 느낀 어려움을 참신한 표현을 통해 생생하게 전달하고 있다.
윗글에서는 '숨이 턱에 닿다'라는 관용 표현을 사용하여 산에 오르다가 숨이 찬 '나'의 상황을 생생하게 전달하고 있다.

② 비스마르크의 명언을 창의적으로 재해석하여 '나'의 생각을 밝히고 있다.
윗글에서 '나'는 비스마르크의 명언을 재해석하여 비스마르크와 반대되는 '나'의 생각을 밝히고 있다.

④ 산의 정상에 오른 '나'의 경험과 느낌을 인상 깊게 전달하기 위해 명언을 사용하고 있다.
윗글에서는 '건강한 신체에 건강한 정신이 깃든다'라는, 고대 로마 시인인 유베날리스의 명언을 사용하여 정상에 오른 '나'의 몸과 마음이 상쾌한 상태임을 표현하고 있다.

⑤ 운동화의 무게를 사자성어로 표현하여 산을 오를수록 힘든 '나'의 심정을 신선하게 제시하고 있다.
윗글에서는 산에 올라갈수록 운동화가 '천근만근' 무겁게 느껴졌다고 표현함으로써 산에 오를수록 힘이 든 '나'의 심정을 신선하게 제시하고 있다.

03 친교 표현 글쓰기 내용 점검, 조정하기 답 | ②

보기 는 '나'가 초고를 수정하기 위해 작성한 메모이다. 보기 의 메모를 참고하여 윗글의 ㉠~㉤을 수정한 내용으로 적절하지 않은 것은?

보기

독자의 관심을 끌고, 내가 깨달은 점이 잘 드러나도록 제목을 수정해야겠어. 또한 간결하고 생생하게 전달하기 위해서 속담과 관용 표현을 추가해야지. 그렇다면 내가 말하려고 하는 것을 효과적으로 전달할 수 있을 거야.

정답 선지 분석

② ㉡: '혀를 차다'라는 관용 표현을 활용해서 아버지를 바라보는 '나'의 심정을 더욱 생생하게 표현한다.

㉡은 아버지를 바라보는 '나'의 심정이 아니라, '나'를 바라보는 아버지의 심정이다. 따라서 ㉡을 '혀를 차다'라는 관용 표현을 사용하여 수정한다면 '나'의 태도를 마음에 들어 하지 않는 아버지의 심정을 생생하게 드러낼 수 있다.

오답 선지 분석

① ㉠: 글의 제목을 '지금은 쉼표가 필요할 때'로 수정하면 내가 깨달은 점을 효과적으로 드러낸다.

㉠을 '지금은 쉼표가 필요할 때'로 수정하여 나타낸다면 독자의 관심을 끌 수 있고 깨달은 점을 더욱 효과적으로 드러낼 수 있다.

③ ㉢: 산에 오르는 일을 쉽게 여기고 있는 '나'의 태도를 '누워서 떡 먹기'라는 속담을 사용하여 흥미를 유발한다.

㉢을 '누워서 떡 먹기'라는 속담을 사용해 수정한다면 산에 오르는 일을 쉽게 여기고 있는 '나'의 태도를 인상적으로 드러내며 흥미를 유발할 수 있다.

④ ㉣: 아버지의 충고대로 산을 오르니 빠르게 정상에 오를 수 있었던 것을 '눈 깜짝할 사이'로 수정하여 인상적으로 드러낸다.

㉣을 관용 표현을 사용하여 '눈 깜짝할 사이'로 수정한다면 아버지의 충고대로 산을 오르니 이전과는 다르게 빠르게 정상에 오를 수 있었던 것을 인상적으로 드러낼 수 있다.

⑤ ㉤: 정상에 오른 순간 '나'가 느낀 후련함을 실감 나게 나타내기 위해 '씻은 듯이 사라졌다'로 수정한다.

㉤을 관용 표현을 사용하여 '씻은 듯이 사라졌다'로 수정한다면 정상에 오른 순간 '나'가 느낀 후련함을 더욱 구체적이고 실감 나게 표현할 수 있다.

04 친교 표현 글쓰기 내용 이해하기

윗글에서 보기 에 해당하는 표현을 찾아 3어절로 쓰시오.

보기

'싫은 일을 억지로 마지못해 함'을 이르는 표현으로 속담에 해당한다.

정답

울며 겨자 먹기

독서 거북선의 구조에 관한 두 가지 가설

빠른 정답 체크 01 ② 02 ⑤ 03 ④ 04 판옥선, 3층, 2층

거북선은 민족의 자긍심을 유발하는 국가 유산으로, 이순신 장군을 소재로 한 다양한 매체에서 함께 주목받아 왔다. 그러나 실물이 전해지지 않아 현재 우리가 알고 있는 임진왜란 당시의 거북선은 기록을 바탕으로 임의로 제작된 허구적 상상에 불과하다. 특히 거북선의 구조에 관한 내용은 확실하게 전해진 바가 없어 학계에서도 다양한 주장이 논의되고 있다.

(거북선의 의의 / 현재 알고 있는 거북선)

▶ 1문단: 거북선의 구조에 관한 다양한 주장

거북선의 구조에 관한 가설은 2층 구조설과 3층 구조설로 나뉜다. 먼저 2층 구조설은 거북선을 2층으로 제작하였다는 가설을 바탕으로 1층을 선실이나 창고로, 2층은 노를 젓거나 포를 쏘는 공간으로 추정하였다. 2층 구조 거북선의 장점은 무게 중심이 낮아 복원력*이 뛰어나다는 것이다. 거북선은 돌격선으로, 전쟁 시 적진을 빠르게 돌파하면서 방향을 급히 바꾸는 과정에서 높은 복원력을 필요로 하기 때문에 복원력은 거북선 구조 논쟁에서 중요한 쟁점이다. 2층 구조설의 근거는 거북선 지붕에 쇠못이나 칼과 송곳을 꽂았다는 이순신 장군의 장계에서도 발견할 수 있다. 당시 해양 전쟁에서의 주된 돌격 방법은 적의 배에 뛰어내려 전면전을 하는 것이었기 때문에 적선보다 높이가 낮을 경우 적이 뛰어내리지 못하게 하는 장치를 개발해야 했다. 그러나 2층 구조로 운용될* 경우 거북선은 노를 젓는 격군과 전투원이 같은 공간에서 섞여 있기 때문에 전투 효율성이 떨어진다. 2층 구조 거북선이 적과 교전할 때는 격군들이 전투원 뒤로 물러나 있어야 하고, 이동 중에는 전투원들이 격군 뒤에 물러나 있어야 하기 때문이다.

(2층 구조설에서 추정하는 거북선의 구조 / 2층 구조 거북선의 장점 / 복원력이 중요한 쟁점인 이유 / 2층 구조설의 증거가 될 수 있는 구체적인 자료 / 거북선 지붕에 쇠못이나 칼과 송곳을 꽂았어야 하는 이유 / 2층 구조 거북선의 단점)

▶ 2문단: 2층 구조설의 특징

이에 반해 3층 구조설에 따른 거북선은 노를 젓는 격군과 전투원의 공간을 분리하여 전투 효율성을 극대화할 수 있다. 더불어 기존 전투선이었던 판옥선에 지붕을 덮는 구조로 간단하게 개조할 수 있어 제작이 편리하다. 또한 2층 구조 거북선과 달리 높이가 왜선보다 비슷하거나 높은 경우, 적이 지붕에 못 뛰어내리도록 쇠못, 칼, 송곳 등을 설치해 둘 필요가 굳이 없다. 그러나 3층 구조 거북선은 2층 구조 거북선에 비해 무게 중심이 높아 복원력이 낮다. 2층 구조 거북선이 오랫동안 정설로 인정받았던 이유도 바로 이 복원력 문제 때문이었다. 거북선의 복원력과 관련된 직접적인 기록은 없으나 「3층 구조인 판옥선이 복원력을 상실하여 전복된 사건은 이순신 장군이 선조에게 보고한 장계」에서 찾을 수 있다. 따라서 실제 전투 상황에서 군인들의 우발적인 행동과 무기

(3층 구조 거북선의 장점 ① / 3층 구조 거북선의 장점 ② / 3층 구조 거북선의 단점 / 「」: 복원력과 관련된 구체적인 자료 / 2층 구조설이 더 유력한 이유)

의 배치에 따른 무게 중심의 변화까지 고려하면 2층 구조가 3층 구조보다 안정적임은 분명하다. 또한 3층 구조설은 3층에 화포를 설치했음에도 왜 격군들이 있는 2층 공간에 포혈*을 뚫었는가를 설명하지 못한다. (3층 구조설의 한계) 거북선이 판옥선 3층에 지붕을 올린 구조라면 2층 구조 거북선과 달리, 격군이 있는 2층 공간은 판옥선과 마찬가지로 방패 판으로 막혀 있어야 하지만, 현재 남아 있는 거북선 그림들은 2층 격군들이 있는 공간에도 포혈이 뚫려 있기 때문이다.

▶ 3문단: 3층 구조설의 특징과 한계

* **복원력(復元力)**: 평형을 유지하던 선박 따위가 외부의 힘을 받아서 기울어졌을 때, 중력과 부력 따위의 외부 힘이 우세하게 작용하여 물체를 본디의 상태로 되돌리는 힘.
* **운용되다(運用되다)**: 무엇이 움직이게 되거나 부려져 쓰이다.
* **포혈(砲穴)**: 포를 쏠 수 있게 참호나 성벽에 뚫은 구멍.

01 내용 전개 방식 파악하기 답 | ②

윗글의 특징으로 적절한 것은?

정답 선지 분석

② 중심 소재에 대한 상반된 주장과 그 장단점을 설명하고 있다.
윗글은 거북선의 구조에 대한 상반된 주장과 각 주장에 대한 장단점을 설명하고 있으므로 적절하다.

오답 선지 분석

① 중심 소재와 관련된 용어를 구체적으로 설명하고 있다.
윗글에서는 중심 소재인 거북선과 관련된 용어를 설명하고 있지 않다.

③ 중심 소재가 갖는 문제점과 그로 인한 영향을 제시하고 있다.
윗글에서는 거북선의 구조에 대한 상반된 주장을 제시하고 있다. 이때 각 구조의 특징을 설명하면서 해당 구조가 갖는 문제점에 대해서는 설명하고 있으나, 그로 인한 영향을 제시하고 있지는 않다.

④ 중심 소재의 발전 과정을 시간의 흐름에 따라 요약하고 있다.
윗글에서는 중심 소재인 거북선의 발전 과정을 시간의 흐름에 따라 요약하고 있지 않다.

⑤ 전문가의 말을 인용하여 중심 소재가 나아갈 올바른 방향을 주장하고 있다.
윗글에서 전문가의 말을 인용한 부분을 찾을 수 없고, 중심 소재가 나아갈 올바른 방향 또한 주장하고 있지 않다.

02 세부 내용 이해하기 답 | ⑤

윗글에 대한 이해로 적절하지 않은 것은?

정답 선지 분석

⑤ 이순신 장군의 장계에는 2층 구조설과 3층 구조설의 근거가 모두 제시되어 있다.
2문단에서 2층 구조설에 대한 근거는 거북선 지붕에 쇠못이나 칼과 송곳을 꽂았다는 이순신 장군의 장계에서 알 수 있다 하였으나 3층 구조 거북선에 대한 근거는 제시되지 않는다. 3문단에서 3층 구조인 판옥선이 복원력을 상실해 전복된 사건을 알 수는 있으나 이를 3층 구조설의 근거라 보기는 어렵다.

오답 선지 분석

① 기존의 판옥선은 3층 구조로 되어 있다.
3문단에서 3층 구조 거북선은 기존 판옥선에 지붕을 덮는 구조로 간단하게 개조할 수 있다고 하였고, 3층 구조의 판옥선이 복원력을 상실하여 전복된 사건이 이순신 장군이 선조에게 보고한 장계에 기록되어 있다고 하였으므로 기존의 판옥선이 3층 구조로 이루어져 있음을 파악할 수 있다.

② 무게 중심이 높을수록 복원력은 작아진다.
2문단에서 2층 구조 거북선의 장점은 무게 중심이 낮아 복원력이 뛰어나다는 것이라 하였고, 3문단에서 3층 구조 거북선은 2층 구조 거북선에 비해 무게 중심이 높아 복원력이 낮다고 하였으므로 무게 중심이 높을수록 복원력이 작아진다는 것을 추론할 수 있다.

③ 우리가 알고 있는 거북선은 기록을 토대로 제작된 것이다.
1문단에서 현재 우리가 알고 있는 임진왜란 당시의 거북선은 기록을 바탕으로 임의로 제작된 허구적 상상에 불과하다고 하였으므로 적절하다.

④ 격군과 전투원이 같은 공간에 있을 경우 전투의 효율성이 떨어진다.
2문단에서 2층 구조로 거북선이 운용될 경우 노를 젓는 격군과 전투원이 같은 공간에 섞여 있기 때문에 전투 효율성이 떨어진다고 하였으므로 적절하다.

03 구체적 사례에 적용하기 답 | ④

윗글을 바탕으로 보기 의 ㉠, ㉡을 이해한 내용으로 적절하지 않은 것은?

보기

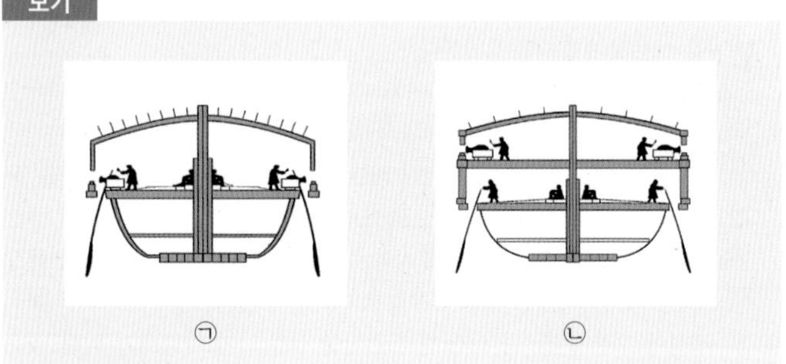

정답 선지 분석

④ ㉡은 ㉠과 달리 지붕에 쇠못이나 칼, 송곳 등을 꽂음으로써 적군의 침입을 방지했겠군.
㉠은 2층 구조 거북선이고, ㉡은 3층 구조 거북선이다. 2문단에 따르면 거북선 지붕에 쇠못이나 칼과 송곳을 꽂았다는 이순신 장군의 장계는 2층 구조설의 근거가 된다.

오답 선지 분석

① ㉠과 ㉡ 모두 2층 공간에 포를 쏠 수 있게 구멍을 뚫어 놓았겠군.
3문단에서 3층 구조 거북선은 3층에 화포를 설치했음에도 왜 격군들이 있는 2층 공간에 포혈을 뚫었는가를 설명하지 못한다고 하면서, 거북선이 판옥선 3층에 지붕을 올린 구조라면 2층 구조 거북선과 달리 격군이 있는 2층 공간은 판옥선과 마찬가지로 방패판으로 막혀 있어야 하지만, 현재 남아 있는 거북선 그림들은 2층 격군들이 있는 공간에도 포혈이 뚫려 있다고 하였으므로 적절하다.

② ㉠은 ㉡과 달리 무게 중심이 낮아 방향을 급히 바꿔도 안정적이겠군.
2문단에서 2층 구조 거북선의 장점은 무게 중심이 낮아 복원력이 뛰어나다는 것이라고 하였다. 〈보기〉에서 ㉠은 2층 구조 거북선을 의미하므로 적절하다.

③ ㉠은 ㉡과 달리 실제 전투 상황에 따른 무게 중심의 변화까지 고려한 설계라고 볼 수 있겠군.
3문단에서 3층 구조 거북선은 2층 구조 거북선에 비해 무게 중심이 높아 복원력이 낮아진다고 하였고, 실제 전투 상황에서 군인들의 우발적인 행동과 무기의 배치에 따른 무게 중심의 변화까지 고려하면 2층 구조 거북선이 훨씬 안정적인 설계라고 보았으므로 적절하다.

⑤ ㉡은 ㉠과 달리 당시 해양 전쟁에서의 주된 돌격 방법에 대비하여 장치를 개발할 필요가 없었겠군.
3문단에서 3층 구조 거북선은 2층 구조 거북선과 달리 높이가 왜선보다 비슷하거나 높은 경우, 적이 지붕에 뛰어내리지 못하도록 쇠못, 칼, 송곳 등을 설치해 둘 필요가 굳이 없다고 하였으므로 적절하다.

04 세부 내용 추론하기

ⓐ~ⓒ에 들어갈 말로 적절한 것을 차례대로 쓰시오.

> 현재 남아 있는 기록에 따르면, 거북선은 (ⓐ)와/과 달리 2층에 포혈이 뚫려 있다는 점에서 (ⓑ) 구조설보다 (ⓒ) 구조설이 유력하다.

정답

판옥선, 3층, 2층

문학 1 송인(정지상)

빠른 정답 체크 01 ① 02 ② 03 ④ 04 대동강, 것인가

아름다운 자연의 모습
→ 화자의 처지와 대조되어 화자의 슬픔을 부각

비 갠 긴 언덕에는 **풀빛**이 푸르데
▶ 비 온 뒤 강둑의 싱그러운 풀빛(자연사)

남포에서 임 보내며 **슬픈 노래** 부르네
이별의 공간 화자의 슬픔이 직접적으로 제시됨 ▶ 임을 보내는 화자의 슬픔(인간사)

「**대동강 물**이야 어느 때 마를 것인가」
「」: 설의법 → 이별의 눈물로 대동강 물이 마를 날이 없음 ▶ 마르지 않는 대동강 물(자연사)

해마다 **이별 눈물** 푸른 물결에 보태질 터인데
대동강이 마르지 않는 이유(과장법) ▶ 이별의 정한과 눈물(인간사)

→ 도치법

雨歇長堤草色多(우헐장제초색다)

送君南浦動悲歌(송군남포동비가)

大同江水何時盡(대동강수하시진)

別淚年年添綠波(별루년년첨록파)

- 정지상, 〈송인〉 -

01 표현상의 특징 파악하기 답 | ①

윗글의 표현상의 특징으로 적절한 것은?

정답 선지 분석

① 인간사와 자연사의 대조를 통해 이별의 정서를 심화하고 있다.
윗글은 이별의 슬픔(인간사)과 자연의 아름다움(자연사)을 대비하여 이별의 정서를 심화하고 있다.

오답 선지 분석

② 음성 상징어를 사용하여 아름다운 자연의 풍경을 강조하고 있다.
윗글은 음성 상징어를 사용하고 있지 않다.

③ 먼 곳에서 가까운 곳으로 시선이 이동하며 화자의 정서가 강조되고 있다.
윗글에서 시선의 이동은 찾아볼 수 없다.

④ 처음과 마지막에 유사한 문장을 배치하여 형태적 안정감을 형성하고 있다.
윗글은 처음과 마지막에 유사한 문장을 배치하여 형태적 안정감을 형성하고 있지 않다.

⑤ 도치법을 사용하여 임과의 이별을 극복하고자 하는 의지를 보여 주고 있다.
윗글에서는 3구와 4구의 문장 순서를 바꿔 이별의 정한을 강조하고 있는 것이지, 임과의 이별을 극복하고자 하는 의지를 드러내는 것이 아니다.

02 시어의 의미 파악하기 답 | ②

윗글에 대한 설명으로 적절하지 않은 것은?

정답 선지 분석

② '남포'는 화자와 임의 재회의 공간으로 구체적 지명을 통해 현장감을 높이고 있다.
'남포'라는 구체적 지명을 활용하여 현장감을 높이고 있으나, '남포'는 화자와 임이 재회하는 공간이 아니라, 화자와 임이 이별하는 장소이다.

오답 선지 분석

① '풀빛'은 아름다운 자연의 모습으로 화자와 대비되는 대상이다.
'풀빛'은 아름다운 자연의 모습으로 이별의 상황에 놓인 화자와 대비되는 대상이다.

③ '슬픈 노래'는 화자가 부르는 이별의 노래로 화자의 정서가 직접적으로 드러난다.
'슬픈 노래'는 임과 이별하면서 화자가 부르는 노래로, 이별에 슬퍼하는 화자의 정서가 직접적으로 드러나고 있다.

④ '대동강 물'은 '이별 눈물'과 동일시되며, 화자의 슬픔을 심화시킨다.
'대동강 물'은 '이별 눈물'과 동일시되며, '이별 눈물'로 인해 '대동강 물'이 마르지 않는다고 말하고 있기 때문에 화자의 슬픔을 심화시키는 대상으로 볼 수 있다.

⑤ '이별 눈물'은 단순히 화자의 눈물이 아닌, 이별을 겪는 모든 사람들의 눈물을 가리킨다.
'이별 눈물'은 단순히 화자의 눈물만을 의미하는 것이 아니라 이별하는 모든 사람들의 눈물을 의미한다. 화자는 해마다 이별하는 사람들의 눈물로 인해 대동강 물이 마르지 않는다고 말하며 슬픔의 깊이를 확대하고 있다.

03 작품 간의 공통점, 차이점 파악하기 답 | ④

윗글과 보기 를 비교한 내용으로 적절하지 않은 것은?

보기

구슬이 바위에 떨어진들
위 두어렁셩 두어렁셩 다링디리
끈이야 끊어지겠습니까
위 두어렁셩 두어렁셩 다링디리
천 년을 외롭게 살아도
위 두어렁셩 두어렁셩 다링디리
임을 사랑하고 있는 마음이야 끊어지겠습니까
위 두어렁셩 두어렁셩 다링디리

대동강이 넓은 줄을 몰라서
위 두어렁셩 두어렁셩 다링디리
배 내어 놓았느냐 사공아
위 두어렁셩 두어렁셩 다링디리
네 각시가 음탕한 짓을 하는 줄도 모르고
위 두어렁셩 두어렁셩 다링디리
떠나는 배에 내 임을 태웠느냐 사공아
대동강 건너편 꽃을
위 두어렁셩 두어렁셩 다링디리
배를 타면 꺾을 것입니다
위 두어렁셩 두어렁셩 다링디리

- 작자 미상, 〈서경별곡〉

정답 선지 분석

④ 〈보기〉는 윗글과 달리 과장법을 활용하여 이별의 슬픔을 극대화하고 있다.
과장법을 활용하여 이별의 슬픔을 극대화하고 있는 것은 윗글에 해당한다. 윗글의 화자는 임이 그리워 흘리는 눈물 때문에 대동강 물이 마르지 않을 것이라고 과장하여 이별의 슬픔을 극대화하고 있다.

오답 선지 분석

① 윗글과 〈보기〉 모두 대동강을 배경으로 시가 전개되고 있다.
윗글은 대동강을 배경으로 임을 떠나보내는 슬픔을 노래하고 있다. 〈보기〉 역시 대동강을 배경으로 이별의 상황을 노래하고 있다. 다만, 〈보기〉의 대동강은 화자와 임을 단절시키는 공간으로서의 역할을 한다면, 윗글의 대동강은 이별의 장소임과 동시에 화자의 깊은 슬픔이 투영되는 배경이라고 볼 수 있다.

② 윗글과 〈보기〉 모두 설의적 표현을 사용하여 화자의 정서를 효과적으로 드러내고 있다.
윗글에서는 '대동강 물이야 어느 때 마를 것인가'라며 설의법을 활용하여 대동강 물이 마르지 않을 정도로 눈물이 나는 이별의 슬픔을 극대화하고 있고, 〈보기〉는 '구슬이 바위에 떨어진들~끈이야 끊어지겠습니까'라며 설의법을 활용하여 임을 향한 변치 않는 애정을 강조하고 있다.

③ 〈보기〉는 윗글과 달리 일정한 후렴구를 사용하여 운율을 형성하고 있다.
윗글과 달리 〈보기〉는 규칙적으로 '위 두어렁셩 두어렁셩 다링디리'를 사용하여 운율을 형성하고 있다.

⑤ 윗글은 〈보기〉와 달리 선명한 색채 표현을 활용하여 이별의 정서를 심화하고 있다.
윗글은 〈보기〉와 달리 '풀빛'과 '푸른 물결'을 통해 푸른색의 선명한 색채 표현을 활용하여 자연과 대비되는 이별의 슬픔을 심화하고 있다.

04 표현상의 특징 이해하기

보기 에서 설명하고 있는 표현 기법이 활용된 시구의 첫 어절과 마지막 어절을 찾아 쓰시오.

보기

의문문의 형식을 빌려 말함으로써 독자가 한 번 더 생각해보도록 만드는 표현 기법

정답

대동강, 것인가

문학 2 촌놈과 떡장수(이금이)

빠른 정답 체크 01 ④ 02 ③ 03 ③ 04 촌놈, 떡

[앞부분 줄거리] 시골에서 도시로 전학온 '나'는 친구들에게 '촌놈'이라 불리며 무시를 당한다. 반 친구들에게 무시를 당하면서, '나'는 자신이 무시했던 시골의 친구 광식이를 떠올린다. 어느 날, '나'는 피시방에서 같은 반 장수를 만나 함께 게임을 한다.

학교에 가는데 콧노래가 저절로 나왔습니다.『이제 학교에 가면 마주 보며 웃을 친구가 생겼으니까요. 다른 녀석들도 내가 장수와 친구가 된 걸 알면 깜짝 놀라겠죠. 앞으로 날 무시하지 못할 거예요.』
『』: '나'가 콧노래가 저절로 나온 까닭

장수를 교문 앞에서 만났습니다. 장수는 동준이와 걸어가고 있었어요. 다른 아이들에게도 우리가 친구 사이란 걸 알려 주고 싶었습니다.
'나'가 장수와 친구라는 사실이 알려지면 반 친구들이 더 이상 '나'를 촌놈이라 놀리지 않을 거라 생각함

"장수야, 장수야!"

장수와 동준이가 돌아보았습니다. 난 신주머니를 휘두르며 뛰어갔지요. 하지만 장수의 얼굴을 보는 순간, 나는 큰 잘못을 저지른 것처럼 얼굴이 화끈 달아올랐습니다. 장수가 날 바라보는 눈빛 때문이었습니다. 어제 피시방에서 함께 게임을 한 것이 꿈이었나 하는 착각이 들 만큼 날 무시하는 눈빛이었습니다.
'나'와 장수의 갈등 원인 ①

동준이가 나와 장수를 번갈아 보았습니다. 나는 점점 눈 둘 데가 없어졌습니다.

"촌놈이 무슨 일로 날 부르냐?"

비웃음까지 담고 있는 장수를 보자 모욕당한 기분이 들었습니다.
친구라고 생각한 장수가 '나'를 촌놈이라 부르며 무시했기 때문

『장수 앞에서 발걸음을 돌리는데, 문득 내가 아이들과 어울려 웃고 떠들 때 먼발치에서 나를 바라보던 광식이의 눈길이 떠올랐습니다. 한 명이라도 함께 놀 친구가 있으면 자기를 무시해 버렸던 날 광식이는 어떻게 생각했을까요?』
『』: '나'가 무시했던 광식이의 처지를 이해하게 됨

며칠 뒤 나는 장수를 또 피시방에서 만났습니다. 이번엔 내가 먼저 가서 하고 있는데 장수가 왔습니다.

"어? 촌놈 또 왔네. 언제 왔냐?"

날 모르는 척할 때는 언제고, 아무렇지도 않은 얼굴로 내게 말을 거는 장수에게 화가 치밀어 올랐습니다. 나는 함부로 별명을 부르며 무시해도 괜찮은 아이가 아닙니다. 아는 척만 해 주어도 감지덕지 고마워하는 광식이 같은 아이가 아닙니다. 도시 아이들에게 주눅이 들어 있었던 건 사실이지만 더 이상 참을 수는 없었습니다.
'나'와 장수의 갈등 원인 ②

"네가 무슨 상관이냐? 그리고 내가 촌놈이면 넌 떡장수다."
갈등의 고조

나는 장수를 째려보면서 말했어요. 이름 탓이기도 했지만 하고많은 장수 중에 왜 떡장수가 떠올랐는지 모르겠어요. 아마도 내가 떡이라면 자다가도 일어날 만큼 좋아하기 때문인 모양입니다.
장수를 떡장수라 부른 이유 ①
장수를 떡장수라 부른 이유 ②

"뭐라고?"

장수의 얼굴이 시뻘게졌어요. 그 모습을 보자 복수를 해 준 것 같아 통쾌했습니다.

하지만 싸움까지 할 생각은 정말 없었습니다. 그런데 장수 녀석이 먼저 때리는 거예요. 난 맞고도 가만히 있을 만큼 바보가 아닙니다. 장수 녀석쯤은 거뜬히 이길 수 있다고 생각했습니다. 하지만 장수는 만만한 상대가 아니었습니다.

[중간 부분 줄거리] '나'는 장수가 '나'와 싸운 일을 소문낼거라 생각했지만, 장수는 소문내지 않았다. 장수는 여전히 '나'를 무시했지만, '나'는 계속해서 장수가 눈에 밟힌다.

그날 나는 학원 차를 놓쳤습니다. 학원 선생님이 내 준 문제를 풀고 나오니까 학원 차가 가 버린 거예요. 나는 다음 차를 기다리느니 걸어가기로 마음먹었습니다. 노랗게 물든 은행나무 가로수가 날 꼬드겼는지도 모릅니다. 은행나무 잎이 깔린 보도블록은 시골길처럼 폭신했습니다. 다시 한번 광식이와 시골길을 걸을 수 있다면 이젠 내가 광식이 가방을 들어 주고 싶습니다. (장수와의 갈등을 통해 과거를 성찰함) 다른 아이들한테 광식이가 내 친구라는 것을 알려 주고 싶습니다.

지하도를 건너려던 나는 깜짝 놀라 걸음을 멈추었습니다. 지하도 입구엔 떡 파는 할머니가 있었습니다. 엄마와 함께 지나가다 떡을 사 먹은 적이 여러 번 있습니다. 할머니의 손자(장수)도 나와 같은 학년이라고 했습니다. 그 사실을 안 할머니는 덤으로 떡 한 개씩을 더 주곤 했습니다. 마치 돌아가신 우리 할머니 같았어요. 그런데 그 할머니 대신 장수가 떡 그릇 앞에 앉아 있는 것입니다. ('나'가 깜짝 놀라 걸음을 멈춘 이유)

나와 눈이 마주친 장수가 새빨개진 얼굴로 벌떡 일어나더니 어쩔 줄 몰라 했습니다. (할머니가 떡장수라는 사실을 들켰기 때문) 나는 장수가 왜 그러는지 알 수가 없어 멀뚱히 바라보고 서 있었습니다. 그때 떡장수 할머니가 돌아왔습니다.

"아이고, 우리 장수가 마침 안 지나갔으면 할미 오줌 쌀 뻔했네. 누가 보기 전에 어여 집에 가거라."

떡장수 할머니가 장수에게 말했습니다. 장수 할머니가 떡장수였다니요! 잘 사는 집 아인 줄 알았는데 떡장수 할머니의 손자였다니요! (장수 할머니가 떡장수인 것을 알게 됨)

내가 떡장수라고 하자 새빨개지던 장수 얼굴이 생각났습니다. 장수 할머니가 떡장수인 줄 정말 몰랐습니다. 『장수에게 큰 실수를 한 것 같아 얼굴을 마주 볼 수가 없었습니다. 나는 얼른 그 자리에서 도망치고 싶었습니다.』 (『 』: 장수에게 한 말이 부끄러웠기 때문) 막 걸음을 옮기려는데 장수 할머니가 날 보았습니다. 나는 할 수 없이 인사를 했습니다.

"그래. 오늘은 혼자구나. 엄마는 안녕하시지?"

장수와 눈이 마주쳤습니다. 나는 눈길을 피하며 입속말로 "네." 했습니다.

"단골손님을 그냥 보낼 수야 없지. 너 인절미 좋아하지? 옜다, 가면서 먹어라."

할머니가 콩고물이 묻은 인절미 몇 개를 비닐봉지에 넣어 주었어요. 나는 장수의 눈길을 피한 채 떡 봉지를 받아 들었습니다. 그러곤 꾸벅 인사를 한 뒤 지하도 계단을 내려 왔습니다.

"할미가 일찍 가서 저녁 주마."

할머니가 장수에게 하는 이야기가 들려왔습니다. 지하도를 건너 계단을 오르다 힐끗 돌아보니 장수가 뒤에 오고 있었습니다.

지하도를 빠져 나오니 애완동물 파는 아저씨가 있었습니다. 강아지 구경을 하는 척하면서 꾸물거리는데 장수가 내 곁을 쓱 지나쳐 갔습니다. 나는 장수 뒷모습을 보면서 걸어갔습니다. (장수에게 사과하기 위해서)

[뒷부분 줄거리] '나'는 장수를 떡장수라고 불렀던 것을 사과하고, 장수는 '나'의 사과를 받아들이고 화해한다.

- 이금이, 〈촌놈과 떡장수〉 -

01 핵심 내용 파악하기 답 | ④

윗글에 대한 설명으로 적절하지 않은 것은?

정답 선지 분석

④ '나'는 장수의 할머니가 떡장수라는 사실을 알고 장수에게 '떡장수'라고 했다.
'나'가 장수에게 떡장수라고 놀린 것은 장수의 할머니가 떡장수라는 사실을 알고 있었기 때문이 아니라, 장수의 이름이 '장수'인데다가 마침 '나'가 좋아하는 떡이 떠올랐기 때문이다.

오답 선지 분석

① 장수의 할머니는 '나'에게 종종 떡을 한 개씩 더 주곤 했다.
장수의 할머니는 할머니의 손자도 '나'와 같은 학년이라는 사실을 안 이후로 덤으로 떡 한 개씩을 더 주곤 했다.

② '나'는 강아지를 구경하는 척하다 장수를 발견하고 장수를 따라갔다.
'나'가 지하도를 빠져나와 강아지를 구경하는 척하며 꾸물거리는 사이, 장수가 '나'의 곁을 지나쳐 가자 '나'는 장수의 뒤를 따라갔다.

③ '나'는 서울로 전학을 온 이후 광식이에게 했던 행동들을 반성하고 있다.
'나'는 자신이 무시했던 광식이와 똑같은 처지가 되어, 반 친구들에게 놀림을 받자 그제서야 광식이에게 했던 행동을 반성하고 있다.

⑤ 장수는 '나'와 어울렸다는 사실을 친구들에게 들키고 싶지 않아 '나'를 무시했다.
'나'가 장수를 부르자 장수는 무시하는 눈빛으로 '나'를 바라보며 "촌놈이 무슨 일로 날 부르냐?"라고 말했다. 이는 장수가 촌놈이라고 놀림받는 '나'와 어울렸다는 사실을 동준이를 비롯한 친구들에게 들키고 싶지 않았기 때문이다.

02 인물의 심리 파악하기 답 | ③

윗글에 나타난 갈등 상황에 대한 설명으로 적절하지 않은 것은?

정답 선지 분석

③ '나'는 공부도 잘하고 인기도 많은 장수를 질투하며 장수와 갈등을 겪고 있다.
'나'와 장수가 갈등을 겪은 것은 장수가 피시방에서 같이 놀았음에도 다음 날 학교에서 '나'를 무시했기 때문이다. '나'는 오히려 공부도 잘하고 인기도 많은 장수와 친구가 된다면 반 친구들이 '나'를 놀리지 않을 것이라고 생각한다. 따라서 '나'와 장수가 갈등을 겪는 것은 '나'가 공부도 잘하고 인기도 많은 장수를 질투했기 때문이라고 볼 수 없다.

오답 선지 분석

① '나'가 장수의 뒤를 따라간 것은 장수와의 갈등을 해소하기 위함이다.
'나'가 장수를 '떡장수'라고 부른 일로 인해 '나'와 장수는 갈등을 겪고 있다. '나'는 장수의 할머니가 떡장수라는 사실을 알고 부끄러움을 느꼈고, 이후 장수의 뒤를 따라간 것은 '나'가 장수에게 사과를 하고 갈등을 해소하기 위함이다.

② '나'는 장수와의 갈등으로 인해 과거를 성찰하며 내적 갈등을 겪고 있다.
'나'는 자신을 무시하는 장수로 인해 과거에 '나'가 무시했던 광식이를 떠올리며 스스로를 성찰하고 있다. 또한 '나'를 무시한 장수에 대한 분노와 그런 장수와 똑같이 행동했던 '나'의 행동 사이에서 내적 갈등을 겪고 있다.

④ '나'와 장수의 갈등이 심화된 것은 '나'가 장수에게 떡장수라고 놀렸기 때문이다.
'나'는 자신을 무시한 장수를 피시방에서 다시 만나자 장수에게 "내가 촌놈이면 넌 떡장수다."라고 이야기한다. 이 말을 들은 장수는 얼굴이 빨개지며 '나'를 때렸다. 즉 '나'와 장수의 갈등이 심화된 것은 '나'가 장수를 떡장수라고 불렀기 때문이다.

⑤ '나'와 장수가 갈등을 겪게 된 것은 장수가 동준의 앞에서 '나'를 '촌놈'이라 불렀기 때문이다.
장수는 학교 친구인 동준의 앞에서 '나'를 촌놈이라 부르며 무시했다. '나'는 그런 장수를 보고 모욕당한 기분이 들었다. 따라서 '나'와 장수의 갈등이 시작된 것은 장수가 '나'를 무시했기 때문이라고 볼 수 있다.

03 외적 준거를 참고하여 작품 감상하기

답 | ③

보기를 참고하여 윗글을 감상한 내용으로 적절하지 않은 것은?

보기

〈촌놈과 떡장수〉는 1인칭 주인공 시점으로 이야기가 전개된다. 주인공 '나'가 바로 화자가 되어 자기 자신의 이야기를 하고 있기 때문에 독자의 감정에 직접 호소하는 힘을 갖거나, 진술하고자 하는 내용의 신뢰감을 높일 수 있다. 그러나 타인의 내면을 들여다볼 수 없기 때문에 객관적으로 판단하기 어렵다.

정답 선지 분석

③ '나'는 객관적 태도로 눈에 보이는 것을 묘사하여 서술하고 있군.
'나'가 객관적 태도로 눈에 보이는 것을 서술하는 것은 1인칭 관찰자 시점이다. 윗글은 1인칭 주인공 시점으로 '나'가 자신의 이야기를 전달하고 있다. 따라서 객관적 태도로 서술하는 것이 아닌, 주관적 태도로 이야기를 전개하고 있다.

오답 선지 분석

① '나'가 처한 상황을 생생하게 감상할 수 있군.
1인칭 주인공 시점은 '나'가 서술자가 되어 자신의 이야기를 전달하기 때문에 '나'가 처한 상황을 생생하게 감상할 수 있다.

② '나'의 내면 심리가 효과적으로 묘사되고 있군.
1인칭 주인공 시점은 '나'가 서술자가 되어 자신의 이야기를 전달하기 때문에 '나'의 내면 심리의 변화를 효과적으로 드러낼 수 있다.

④ '나'가 아닌 다른 인물의 생각이나 감정은 중립적으로 바라봐야겠군.
〈보기〉에 따르면 1인칭 주인공 시점은 주인공인 '나'가 서술자가 되어 자신의 이야기를 전달한다. 따라서 다른 인물의 생각이나 감정은 주인공인 '나'의 입장에서 서술된 것이기 때문에 중립적으로 바라봐야 한다.

⑤ '나'는 자신이 겪은 일을 구어체를 사용하여 친근하게 전달하고 있군.
1인칭 주인공 시점은 주인공인 '나'가 자신이 겪은 일을 전달한다. 이때 서술자는 구어체를 활용하여 이야기를 친근하게 전달하고 있다.

04 세부 내용 이해하기

㉠, ㉡에 들어갈 말로 적절한 것을 차례대로 쓰시오.

'나'가 자신을 (㉠)(이)라고 부르는 장수에게 "넌 떡장수다."라고 한 것은 장수의 이름이 '장수'인데다가, 나도 모르게 평소에 좋아하던 (㉡)이/가 생각났기 때문이다.

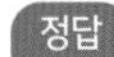

정답

촌놈, 떡

05강

| 본문 | 57쪽

문법 문장의 성분 (1) 주성분

빠른 정답 체크 01 ⑤ 02 ② 03 ④ 04 문장 성분, 품사

01 주성분 파악하기 답 | ⑤

밑줄 친 부분 중, 주성분에 해당하지 않는 것은?

정답 선지 분석

⑤ 모든 학생들은 학교에 간다.

문장의 주성분에는 주어, 서술어, 목적어, 보어가 해당한다. '모든'은 뒤에 오는 명사 '학생'을 수식하는 관형어에 해당하기 때문에 문장의 주성분에 해당하지 않는다.

오답 선지 분석

① 꽃이 아름답게 피었다.

'피었다'는 서술어로 문장의 주성분에 해당한다.

② 유민이는 반장이 되었다.

'반장이'는 서술어 '되었다' 앞에 사용된 보어로 문장의 주성분에 해당한다.

③ 나는 아이스크림을 먹었다.

'나는'은 주어로 문장의 주성분에 해당한다.

④ 시우는 공부를 열심히 했다.

'공부를'은 목적어로 문장의 주성분에 해당한다.

02 문장 성분 파악하기 답 | ②

밑줄 친 부분의 문장 성분이 잘못 연결된 것은?

정답 선지 분석

② 민수는 노래만 잘한다. → 부사어

'노래만'은 체언에 조사 '만'이 붙어 문장에서 목적어로 사용되고 있기 때문에 적절하지 않다.

오답 선지 분석

① 그것은 사실이 아니다. → 보어

서술어 '아니다' 앞에 위치한 '사실이'는 체언에 조사 '이'가 붙은 것으로, 사용된 문장의 불완전한 의미를 보충해주는 보어에 해당한다.

③ 지혜는 어제 밥을 먹었다. → 서술어

'먹었다'의 기본형은 '먹다'로 용언 자체가 서술어가 되어, 주어의 동작을 설명하고 있다.

④ 너 언제 부산에 갈 예정이야? → 주어

'너'는 주격 조사가 생략된 형태로 문장의 동작의 주체가 되는 주어에 해당한다.

⑤ 주말 동안 나영이는 드라마를 하루 종일 봤다. → 목적어

'드라마를'은 체언에 조사 '를'이 붙어 문장에서 목적어로 사용되고 있다.

03 주성분 파악하기 답 | ④

보기의 ㉠~㉣에 대한 설명으로 적절하지 않은 것은?

보기

㉠ 학교에서 운동회를 개최하기로 결정했다.
㉡ 나는 학교에서 상우를 만났다.
㉢ 물이 얼음이 되었다.
㉣ 물이 얼음으로 되었다.

정답 선지 분석

④ ㉢의 '얼음이'와 ㉣의 '얼음으로'는 모두 보어에 해당한다.

㉢과 ㉣ 모두 서술어 '되었다' 앞에서 사용되고 있으나, ㉢은 체언 '얼음'에 보격 조사가 결합한 보어에 해당하고, ㉣은 체언 '얼음'에 부사격 조사가 결합한 부사어에 해당한다.

오답 선지 분석

① ㉠과 ㉡ 모두 주성분인 목적어가 사용되었다.

㉠에서는 목적어로 '운동회를'을 사용하고 있고, ㉡에서는 목적어로 '상우를'을 사용하고 있다.

② ㉠의 '학교에서'는 ㉡의 '학교에서'와 달리 주어로 사용되었다.

㉡의 '학교에서'는 체언 '학교'에 부사격 조사 '에서'가 결합하여 부사어로 사용되지만, ㉠의 '학교에서'는 단체를 나타내는 체언 뒤에 주격 조사 '에서'가 결합하여 주어로 사용되었다.

③ ㉢과 ㉣의 주어는 모두 '물이'이다.

㉢과 ㉣의 주어는 모두 체언에 주격 조사 '이'가 결합한 '물이'이다.

⑤ ㉠~㉣은 모두 용언을 서술어로 사용하였다.

서술어는 용언 그 자체를 서술어로 실현하거나, 체언에 서술격 조사 '이다'가 결합하여 실현한다. ㉠~㉣ 모두 용언인 동사가 서술어로 실현되었다.

04 문장 성분과 품사의 특징 비교하기

다음은 문장 성분과 품사를 비교한 것이다. 빈칸에 들어갈 말로 적절한 것을 골라 차례대로 쓰시오.

(문장 성분 / 품사)은/는 (문장 성분 / 품사)와/과 달리 조사나 쓰는 위치에 따라 같은 단어라 하더라도 달라질 수 있다.

정답

문장 성분, 품사

독서 사진의 연출

빠른 정답 체크 01 ② 02 ③ 03 ③ 04 긍정, 부정

사진에서 촬영이란 작가의 생각이나 느낌을 카메라를 통해 표현하는 과정을 말한다. (촬영의 정의) 촬영이 끝나면 작가의 모든 표현은 끝난다. 셔터를 누른 순간 촬영은 끝이 나며 작가의 의도는 어떤 방식으로든 사진에 드러나기 때문이다. 사진이 자동적으로 영상을 형성한다고는 하지만, 어떤 피사체를 골라 최선의 프레임을 정하 (작가의 의도에 따라 결정됨)

고, 알맞은 순간에 셔터를 누르는 것은 순전히 작가의 몫이다. 작가의 눈을 통해 드러난 현실이 현실로 되는 것이며, 그 작가의 눈을 통한 현실에 우리는 공감을 하기도 하고 반감을 나타내기도 한다. 그러므로 성공적인 사진 촬영을 위해 때때로 연출이 활용되곤 한다.

▶ 1문단: 사진에서의 촬영의 개념

연출이란 좁은 의미로 작가가 어떤 효과를 얻기 위해 피사체를 인위적으로 수정하고 조절하는 행위를 가리킨다.(좁은 의미의 연출) 반면, 넓은 의미로써의 연출은 작가가 목적에 맞는 사진을 만들기 위해 행하는 모든 기술을 가리키는 말이다.(넓은 의미의 연출) 『사진을 찍기 위해 알맞은 피사체를 고르는 일에서부터 앵글이나 거리를 정하고, 노출을 주며, 셔터를 누를 때까지의 모든 조작 행위』가 연출에 해당하는 것이다.(『』: 넓은 의미의 연출에 해당하는 것)

▶ 2문단: 좁은 의미와 넓은 의미에서의 연출의 개념

그러나 일부 사진작가들은 이러한 연출을 부정적으로 바라본다. 사진작가는 현실에서 그가 발견한 진실을 있는 그대로 기억하고 보고하는 증인으로서 그 존재 가치를 인정받아야 한다는 것이다.(연출을 부정적으로 바라보는 이유 ①) 또한 ㉠ 이들은 연출이란 곧 현실에 대한 왜곡이며 거짓이라 여겼다.(연출을 부정적으로 바라보는 이유 ②) 연출은 사진의 자동적 기록성을 모독하는 것으로 영상의 기록적 가치 자체를 파괴하는 행위라는 것이다. 따라서 연출이란 그들에게 절대로 용납될 수가 없었다.

▶ 3문단: 연출에 대한 부정적 견해

이에 반해 사진에서의 연출을 긍정적으로 여기는 작가들도 있다. ㉡ 이들은 '거짓'과 '연출'을 별개의 것으로 여긴다. 즉 연출은 『거짓 영상을 만들기 위해서가 아니라 작가가 인식한 현실을 보다 더 현실답게, 적어도 작가의 인식에 가장 가깝게 묘사하고 표현하기 위해서 필요한 것이라고 본다. 무엇보다도 사진은 절대로 객관적일 수 없으며, 사진이 현실을 그대로 재현하는 것은 도저히 불가능하다는 것』이다.(『』: 연출을 긍정적으로 바라보는 이유 ①) 사진이 절대로 객관적일 수 없다는 것은 우선 어떤 대상을 피사체로 골랐느냐 하는 문제로부터 시작된다.(연출을 긍정적으로 바라보는 이유 ②) 많은 사물들 중에서 하필 그것을 골랐다는 것은 분명 작가의 주관이 작용했다는 것을 뜻하기 때문이다.

▶ 4문단: 연출에 대한 긍정적 견해

01 세부 내용 파악하기

답 | ②

윗글을 읽고 답변할 수 있는 질문으로 적절하지 않은 것은?

정답 선지 분석

② 피사체에 맞는 프레임을 정하는 기준에는 무엇이 있는가?

1문단에서 작가는 피사체를 골라 프레임을 정하고 알맞은 순간에 셔터를 누른다고 하였으나, 작가가 피사체에 맞는 프레임을 정하는 기준이 무엇인지는 윗글을 통해 알 수 없다.

오답 선지 분석

① 사진에서 작가의 표현은 어느 순간에 끝나는가?

1문단에서 작가의 표현은 촬영이 끝나는 순간, 즉 셔터를 누른 순간 끝이 난다고 하였으므로 적절하다.

③ 작가의 눈을 통해 드러난 현실에 우리는 어떻게 반응하는가?

1문단에서 우리는 작가의 눈을 통해 드러난 현실에 공감을 하기도 하고 반감을 나타내기도 하는 식으로 반응한다고 하였으므로 적절하다.

④ 성공적인 사진 촬영을 위해 작가가 활용하는 것은 무엇인가?

1문단에서 작가는 성공적인 사진 촬영을 위해 때때로 연출을 활용한다고 하였으므로 적절하다.

⑤ 작가가 목적에 맞는 사진을 만들기 위해 행하는 조작 행위에는 무엇이 있는가?

2문단에서 연출은 작가가 목적에 맞는 사진을 만들기 위해 행하는 모든 기술을 의미하며, 이러한 행위에는 피사체를 고르는 일에서부터 앵글이나 거리를 정하고, 노출을 주며, 셔터를 누를 때까지의 모든 조작 행위가 해당한다고 하였으므로 적절하다.

02 세부 내용 이해하기

답 | ③

윗글에 대한 설명으로 적절하지 않은 것은?

정답 선지 분석

③ 작가의 의도가 사진에 드러나지 않을수록 좋은 촬영이다.

1문단에서 작가의 의도는 어떤 방식으로든 사진에 드러난다고 하였으나, 작가의 의도가 사진에 드러나지 않을수록 좋은 촬영인지는 윗글에서 알 수 없다.

오답 선지 분석

① 연출은 작가가 셔터를 누른 순간 끝이 난다.

2문단에서 연출은 작가가 셔터를 누를 때까지의 모든 조작 행위가 해당한다고 하였으므로 적절하다.

② 촬영은 작가의 생각을 카메라를 통해 표현하는 과정이다.

1문단에서 사진에서 촬영이란 작가의 생각이나 느낌을 카메라를 통해 표현하는 과정이라 하였으므로 적절하다.

④ 촬영된 사진을 통해 현실에 대한 작가의 인식을 알 수 있다.

1문단에서 촬영을 통해 작가의 눈을 통해 드러난 현실이 현실로 되는 것이며, 그 작가의 눈을 통한 현실에 우리는 공감을 느끼기도 하고 반감을 나타내기도 한다고 하였으므로 적절하다.

⑤ 좁은 의미에서의 연출이란 피사체를 인위적으로 수정하고 조절하는 행위이다.

2문단에 따르면 연출이란 좁은 의미로 작가가 어떤 효과를 얻기 위해 피사체를 인위적으로 수정하고 조절하는 행위를 가리키므로 적절하다.

03 구체적 사례에 적용하기

답 | ③

윗글에서 ㉠, ㉡의 관점에 따라 보기를 이해한 내용으로 적절한 것은?

보기

20세기 가장 유명한 사진 중 하나인 사진작가 로베르 두아노의 이 작품은 전 세계적으로 청춘의 사랑과 파리의 낭만을 상징하는 사진으로 사랑을 받았으나, 이 사진이 연출된 것임이 밝혀지자 큰 논란에 휩싸였다.

정답 선지 분석

③ ㉡은 ㉠과 달리 작가의 인식이 사진에 묘사되어 있으므로 바람직하다 여겼을 것이다.

㉠은 연출을 부정적으로 바라보는 사진작가이고, ㉡은 연출을 긍정적으로 바라보는 사진작가이다. 4문단에 따르면 ㉡은 연출을 작가가 인식한 현실을 보다 더 현실답게, 적어도 작가의 인식에 가장 가깝게 묘사하고 표현하기 위해서 필요한 것이라 생각하므로 〈보기〉를 본 뒤 작가의 인식이 사진에 묘사되어 있다고 느꼈을 것이라 추측할 수 있다.

오답 선지 분석

① ㉠은 ㉡과 달리 현실에서 작가가 발견한 진실을 있는 그대로 기억하고 보고하였다고 생각했을 것이다.

〈보기〉는 연출을 활용한 사진이다. 3문단에 따르면 ㉠은 사진작가는 현실에서 그가 발견한 진실을 있는 그대로 기억하고 보고하는 증인으로서 그 존재 가치를 인정받아야 한다고 주장하였으므로 ㉠의 관점에 따라 〈보기〉를 이해할 경우 현실에서 발견한 진실을 왜곡했다고 생각할 것이다.

② ㉡은 ㉠과 달리 현실을 왜곡한 것이므로 거짓이라고 여겼을 것이다.

3문단에 따르면 연출을 현실에 대한 왜곡이며 거짓이라 여긴 것은 ㉠이다.

④ ㉠, ㉡ 모두 영상의 기록적 가치 자체를 파괴하는 행위라 보았을 것이다.

3문단에 따르면 연출을 영상의 기록적 가치 자체를 파괴하는 행위라고 본 것은 ㉠뿐이다.

⑤ ㉠, ㉡ 모두 작가가 느낀 현실을 보다 현실답게 전달하기 위해 노력하였다고 생각했을 것이다.

4문단에 따르면 연출을 통해 작가가 인식한 현실을 보다 더 현실답게 묘사할 수 있다고 본 것은 ㉡ 뿐이다.

04 구체적 사례에 적용하기

보기 를 참고하여, 빈칸에 들어갈 말로 적절한 것을 골라 차례대로 쓰시오.

보기

모금을 유도하기 위해 곤경에 처한 사람들의 상황을 자극적으로 묘사하여 동정심을 불러일으키는 영상이나 사진 등을 '빈곤 포르노'라고 부른다. 실제로 한 매체에서 빈곤층의 아이들의 모습을 담은 영상을 송출하고 수억 달러에 이르는 금액을 모금한 사례도 있다. 그러나 빈곤 포르노는 영상을 자극적으로 연출하기도 하며, 실제를 왜곡하기도 한다.

〈보기〉에 따르면 연출을 (긍정 / 부정)하는 사진작가들은 '빈곤 포르노'가 현실을 묘사한 사진을 통해 공감을 불러일으킬 수 있다고 생각하겠지만, 연출을 (긍정 / 부정)하는 사진작가들은 해당 사진들의 존재 가치를 부정하였겠군.

정답

긍정, 부정

문학 1 접동새(김소월)

빠른 정답 체크 01 ⑤ 02 ② 03 ② 04 접동새

접동 / / : a-a-b-a 구조
의성어(접동새의 울음소리) → 애상적 분위기를 강화
접동 /

아우래비*/ 접동
슬픔의 이유가 혈육에 대한 그리움 때문임을 암시

▶ 접동새의 울음소리

진두강 가람* 가에 살던 누나는
구체적 지명(평안도 지역) → 3연에 제시되는 설화의 현실성을 강조
진두강 마을에

와서 웁니다.

▶ 마을을 떠나지 못하는 누나

「 」: 접동새 설화 내용 - 누나의 비극적 죽음을 요약적으로 제시
「옛날, 우리나라
우리 민족 모두에게 보편성을 띠는 설화임을 강조
먼 뒤쪽의

진두강 가람 가에 살던 누나는

의붓어미 시샘에 죽었습니다.」
누나의 비극적 죽음

▶ 의붓어미의 시샘에 죽은 누나

누나라고 불러 보랴
영탄법
오오 불설워*
감정의 직접적 표출
시새움*에 몸이 죽은 우리 누나는
설화에 등장하는 누나를 '우리 누나'라고 하여 시적 대상을 확대
죽어서 접동새가 되었습니다.
한의 상징물 → 죽은 누이의 화신

▶ 죽어서 접동새가 된 누나

아홉이나 남아 되던 오랩동생을
그 정도나 되던 남동생
죽어서도 못 잊어 차마 못 잊어
접동새로 환생한 이유 → 혈육의 정
「야삼경* 남 다 자는 밤이 깊으면
「 」: 죽어서도 계모의 눈을 피해 다녀야 하는 누나의 서러움과 한
이 산 저 산 옮아가며 슬피 웁니다.」
죽어서도 의붓어미의 눈을 피해 다니며 동생들을 걱정함

▶ 죽어서도 동생들을 잊지 못하는 누나

- 김소월, 〈접동새〉 -

* 아우래비: 아홉 오라비.
* 가람: '강', '호수'의 옛말이다.
* 불설워: '몹시 서러워'의 평안도 방언.
* 시새움: 자기보다 잘되거나 나은 사람을 공연히 미워하고 싫어함. 또는 그런 마음.
* 야삼경(夜三更): 하룻밤을 오경으로 나눈 셋째 부분. 밤 열한 시에서 새벽 한 시 사이이다.

01 표현상의 특징 파악하기

답 | ⑤

윗글의 표현상의 특징으로 적절하지 않은 것은?

정답 선지 분석

⑤ 색채어를 활용하여 시적 대상에 대한 그리움을 형상화하고 있다.

윗글에서는 색채어를 사용하고 있지 않다.

오답 선지 분석

① 화자의 정서가 직접적으로 표출되고 있다.
윗글의 4연에서는 '오오 불설워'라고 하며 화자의 감정을 직접적으로 표출하고 있다.

② 방언을 활용하여 향토성을 강화하고 있다.
윗글의 4연에서는 '불설워'라는 평안도 방언을 활용하여 향토성을 강화하고 있다.

③ 유사한 통사 구조를 반복하여 운율을 형성하고 있다.
윗글의 5연에서는 '죽어서도 못 잊어 차마 못 잊어'와 같이 유사한 통사 구조를 반복하여 활용함으로써 운율을 형성하고 있다.

④ 음성 상징어를 활용하여 애상적 분위기를 형성하고 있다.
윗글의 1연에서는 접동새의 울음소리를 통해 애상적 분위기를 형성하고 있다.

02 세부 내용 파악하기 답 | ②

윗글의 접동새가 의미하는 것으로 적절하지 않은 것은?

정답 선지 분석

② 의붓어미의 시샘
윗글의 접동새는 죽은 누나의 화신이자, 우리 민족이 지닌 전통적인 한의 상징물이다. 의붓어미의 시샘으로 볼 수 없다.

오답 선지 분석

① 한 가족의 비극
윗글의 접동새는 의붓어미의 시샘으로 죽은 누나의 화신이자 한의 상징이라고 볼 수 있다. 즉 억울하게 죽은 누나로 인한 한 가족의 비극을 의미한다고도 볼 수 있다.

③ 화자의 그리움의 대상
화자는 억울하게 의붓어미의 시샘으로 죽은 누나를 그리워하고 있다. 또한 '누나는 / 진두강 마을에 / 와서 웁니다'라는 것을 통해 화자가 접동새를 누나와 동일시했음을 알 수 있다.

④ 억울하게 죽은 누나의 혼
윗글에서 '시새움에 몸이 죽은 우리 누나는 / 죽어서 접동새가 되었습니다'를 통해 접동새를 억울하게 죽은 누나의 화신으로 볼 수 있다.

⑤ 우리 민족이 지닌 전통적인 한의 표상
윗글의 접동새는 죽은 누나의 화신이면서 동시에 우리 민족이 지닌 전통적인 한의 상징물이라고 볼 수 있다. 윗글의 화자는 접동새 설화 속의 누나를 '우리 누나'로 확장하여 공감을 이끌어 내고 있다.

03 외적 준거를 참고하여 작품 감상하기 답 | ②

보기를 참고하여 윗글을 감상한 내용으로 적절하지 않은 것은?

보기

〈접동새〉는 평안도 박천의 진두강 가의 한 소녀가 계모의 시기로 죽은 뒤 접동새가 되어 깊은 밤마다 동생들이 자는 창가에 와 슬피 울었다는 접동새 설화를 차용하였다. 작가는 억울하게 죽은 소녀의 사연을 통해 일제 강점기 당시 나라를 잃고 슬픔에 빠진 우리 민족의 한을 향토적으로 노래하고자 하였다.

정답 선지 분석

② 설화 속 '소녀'의 죽음에 대해 객관적인 시선을 유지하며 우리 민족의 비극성을 담담하게 드러내고 있군.
윗글의 2연과 3연에서는 접동새 설화의 내용을 요약하여 설화 속 '소녀'의 죽음을 객관적으로 제시하고 있으나, 4연에서 '누나라고 불러 보랴 / 오오 불설워'라고 하며 화자의 주관적 정서가 개입되고 있다.

오답 선지 분석

① 윗글은 접동새와 관련된 설화의 내용을 요약적으로 제시하고 있군.
윗글의 1연에서는 접동새의 울음소리를 통해 설화를 차용했음이 드러나고, 2연과 3연에서는 접동새에 얽힌 설화의 내용을 요약적으로 제시하고 있다.

③ 첫 연에 '접동 / 접동 / 아우래비 접동'을 배치함으로써 설화에서 차용한 소재를 제시하고 있군.
〈보기〉에 따르면 접동새 설화에는 접동새가 된 소녀와 아홉 남동생이 등장하는데, 윗글의 첫 연에서도 '아우래비 접동'이라고 하며 아홉 남동생이 등장하고 있다. 또한 접동새의 울음소리를 첫 연에 배치함으로써 윗글이 접동새 설화를 차용했음을 알려 주고 있다.

④ '진두강 가람 가'라는 구체적 지명을 언급함으로써 설화의 향토적 정서와 현장성을 강화하고 있군.
윗글에서는 '진두강 가람 가'와 같이 평안도 지역의 구체적 지명을 언급함으로써 설화의 향토적 정서와 현장성을 강화하고 있다.

⑤ 접동새 설화 속의 '소녀'를 '우리 누나'로 확장하여 개인에서 민족으로 주체가 확장되고 있군.
3연까지의 '누나'가 4연에서 '우리 누나'로 확장되는 것은 독자를 작품 속에 끌어들여 독자로 하여금 누나의 한과 동생들의 그리움을 느끼게 하는 것이다. 이는 '우리'를 통해 한의 주체를 개인에서 우리 민족으로 확장하고 있는 것이다. 즉 우리 민족이 지닌 공통된 한의 정서로 확장함으로써 공감을 이끌어 내고 있는 것으로 볼 수 있다.

04 세부 내용 이해하기

빈칸에 들어갈 말로 적절한 시어를 윗글에서 찾아 쓰시오.

윗글의 화자는 죽은 누이를 그리워하는 오랩동생 중 한 명으로, 계모의 시샘으로 죽은 누나는 (   )이/가 되어 화자의 곁을 떠나지 못하고 있다.

정답

접동새

문학 2 네모난 수박(정호승)

빠른 정답 체크 01 ⑤ 02 ② 03 ⑤ 04 네모난, 네모난, 둥근

네모난 수박을 보고 충격을 받았다. 어릴 때 동화적 상상의 세계에서나 존재했던 네모난 수박이 물리적 현실의 세계에 존재하게 된 것은 정말 놀라운 일이 아닐 수 없다. (네모난 수박은 불가능하다고 생각해 왔음) 이는 '수박은 둥글다'는 기본 개념을 파괴해 버린 일이다.「이제 우리는 식탁에 올려진 네모난 수박을 늘 먹으면서 무슨 생각을 하게 될까. 별로 대수롭지 않게 그저 먹기에 편하고 맛있으면 그만이라고 생각하게 되지는 않을까.」 (「」: 네모난 수박에 대한 글쓴이의 문제의식 제기)

정작 수박이 네모지면 운반하기에 편할 뿐만 아니라 보관하기에도 좋고 썰어 먹기에도 좋다고 한다. 그러나 수박의 입장에서는 여간 화가 나는 일이 아닐 것이다.「네모난 수박은 유전 공학자들에 의해 유전 인자*가 변형되어 만들어진 것이 아니라 네모난 인공의 틀 속에서 자라게 함으로써 단순히 외형만 바뀌도록 만들어진 것이다.」그러니까 둥글다는 내면의 본질은 그대로 둔 채 인위적으로 외형만 바뀐 것이다. 따라서 수박은 기형화된* 자신의 몸을 이해하고 받아들이기가 여간 힘들지 않을 것이다. 어쩌면 "둥글지 않으면 수박이 아니다. 둥글어야만 수박이다."라고 말하며 분노의 눈물을 흘릴지도 모른다.

네모난 수박의 장점

「」: 네모난 수박이 만들어지는 과정

수박의 본질은 둥근 외형에 있음

네모난 수박을 만든 이들의 말에 의하면, 철제와 아크릴로 네모난 수박의 외형 틀을 만드는 데 무려 5년이라는 시간이 걸렸다고 한다. 수박꽃이 지고 계란 크기만 한 수박이 맺히기 시작하면 특수 아크릴로 만든 네모난 상자를 그 위에 씌우는데, 놀랍게도 수박이 자라면서 네모난 상자를 밀어내는 힘이 자그마치 1톤이나 되었다고 한다.「이렇게 수박의 생장력*이 너무나 강해 만드는 족족 외형 틀이 부서져 그 힘을 견딜 수 있도록 만들기가 여간 어렵지 않았다는 것이다. 결국 네모난 수박 재배의 성공 여부가 전적으로 수박의 생장력을 견뎌낼 만큼 튼튼한 아크릴 상자를 만들 수 있느냐에 달려 있었다는 것이다.」

수박의 자연적인 본성을 억압하려 하는 인간의 태도에 대한 글쓴이의 비판적 인식이 드러남

「」: 네모난 수박이 만들어지는 과정

나는 그 말을 들으면서 네모난 틀 속에서 자라게 되는 한 알의 수박씨가 겪게 되는 고통에 대해서 생각해 보았다. 비록 햇볕과 공기와 수분을 예전과 똑같이 공급받을 수 있는 상태라 하더라도 어느 순간부터는 그만 네모난 틀의 형태에다 자신의 몸을 맞추어야만 하니 그 고통을 어떻게 견딜 수 있었을까.

자연적인 성장이 아닌 인위적인 성장을 겪어야 하는 고통

처음 몸피*가 작을 때에는 아무런 고통 없이 원래의 본질대로 둥글게 자랄 것이다. 그러다가 차차 몸피가 커지고 일정 크기가 지나면서부터는 그만 네모난 틀의 형태와 똑같이 네모나지는 자신을 발견하고 참으로 참담했을 것이다. 어쩌면 그대로 죽고 싶은 심정이었을지도 모른다.

나는 네모난 수박을 한참 들여다보다가 비록 겉모양은 네모졌으나 수박으로서의 본질적인 맛과 향은 그대로일 것이라고 생각하면서 오늘을 사는 우리들이야말로 바로 이 네모난 수박과 같은 존재가 아닌가 하는 생각이 들었다.「예전의 우리 삶이 둥근 수박과 같은 자연적 형태의 삶이었다면, 지금은 외형을 중시하는 네모난 수박과 같은 인위적 형태의 삶을 살고 있다고 할 수 있다.」

「」: 인위적인 형태의 삶에 대한 비판(글쓴이가 지닌 문제의식)
→ 네모난 수박과 현대 사회를 살아가는 인간의 공통점

오늘 우리의 삶의 속도는 무척 빠르다. 변화의 속도가 너무 빨라 도무지 정신을 차릴 수 없다. 오늘의 속도를 미처 느끼기도 전에 내일의 속도에 몸을 실어야 한다. 그렇지만 네모난 수박이 수박으로서의 맛과 향기만은 잃지 않았듯이 우리도 인간으로서의 맛과 향기만은 결코 잃어서는 안 된다.

인간이 인위적인 형태의 삶을 살게 된 원인

수박이 수박 자체의 본질을 잃지 않는 것처럼 인간 본연의 마음과 삶을 잃어서는 안 됨

나는 아직도 냉장고에서 꺼내 먹는 수박보다 어릴 때 어머니가 차가운 우물 속에 담가 두었다가 두레박으로 건져 주셨던 수박이 더 맛있게 느껴진다. 이제 그런 목가적*인 시대는 지나고 말았지만, 모깃불을 피우고 평상에 앉아 밤하늘의 총총한 별들을 바라보면서 쟁반 가득 어머니가 썰어 온 둥근 수박을 먹고 싶다. 까맣게 잘 익은 수박씨를 별똥인 양 마당가에 힘껏 뱉으면서, 칼을 갖다 대기만 해도 쩍 갈라지는 둥근 수박의 그 경쾌한 목소리를 들으면서.

- 정호승, 〈네모난 수박〉 -

* **유전 인자(遺傳因子)**: 생물체의 개개의 유전 형질을 발현시키는 원인이 되는 인자. 염색체 가운데 일정한 순서로 배열되어, 생식 세포를 통하여 어버이로부터 자손에게 유전 정보를 전달한다.
* **기형화되다(畸形化되다)**: 형태나 모습이 비정상적으로 되다.
* **생장력(生長力)**: 나서 자라는 능력.
* **몸피**: 몸통의 굵기.
* **목가적(牧歌的)**: 농촌처럼 소박하고 평화로우며 서정적인 것.

01 세부 내용 파악하기

답 | ⑤

'네모난 수박'에 대한 설명으로 적절한 것은?

정답 선지 분석

⑤ 네모난 수박을 만들기 위해서는 수박의 생장력을 견딜 수 있는 상자를 만드는 것이 중요하다.

네모난 수박 재배의 성공 유무는 수박의 생장력을 견뎌 낼 만큼 튼튼한 아크릴 상자를 만들 수 있느냐에 달려 있다.

오답 선지 분석

① 수박이 다 자라면 네모난 상자를 수박 위에 씌운다.

네모난 수박을 만들기 위해서는 수박꽃이 지고 계란 크기만 한 수박이 맺히기 시작하면 특수 아크릴로 만든 네모난 상자를 그 위에 씌워야 한다. 즉, 수박이 다 자라기 전에 수박 위에 상자를 씌우는 것이다.

② 유전 공학자들에 의해 유전자가 변형되어 만들어진다.

네모난 수박은 유전 공학자들에 의해 유전 인자가 변형되어 만들어진 것이 아니다.

③ 인위적으로 외형을 바꿈으로써 내면의 본질도 변형시킨다.

네모난 수박은 둥글다는 내면의 본질은 그대로 둔 채 인위적으로 외형만 바꾼 것이다.

④ 둥근 수박보다 보관하기에는 편하지만 운반하기에는 어렵다.

네모난 수박은 운반하기에 편할 뿐만 아니라 보관하기에도 좋고 썰어 먹기에도 좋다는 장점을 가진다.

02 핵심 내용 파악하기

답 | ②

윗글의 '나'가 '네모난 수박'을 통해 깨달은 내용으로 적절한 것은?

정답 선지 분석

② 점차 빨라지는 삶 속에서 인간다움을 잃어서는 안 된다.
윗글의 '나'는 빠른 삶의 속도에도 인간으로서의 맛과 향기를 잃지 않는 것이 올바른 삶이라고 성찰하고 있다. 이는 곧, 인간다움과 본질적이며 자연적인 형태의 삶을 잃어서는 안 된다는 것이다.

오답 선지 분석

① 사회 변화의 속도에 맞춰 발 빠르게 대처해야 한다.
윗글의 '나'는 과학 기술 등의 발전으로 사회 변화의 속도가 너무 빨라지면서 현대인들이 인간다움과 본질적이며 자연적인 형태의 삶을 잃어가고 있음을 지적하고 있다. 따라서 사회 변화의 속도에 맞춰 발 빠르게 대처해야 한다는 것은 '나'가 네모난 수박을 보며 성찰한 내용이라고 보기 어렵다. '나'는 사회 변화 속에서도 인간다움을 잃지 않아야 한다고 말하고 있다.

③ 때로는 인위적인 성장을 통해 자연적인 본성을 억압해야 한다.
윗글의 '나'는 인위적인 성장을 통해 자연적인 본성이 사라지는 네모난 수박과 같은 삶을 비판하고 있다. 따라서 윗글의 '나'가 깨달은 것이 아니라, 비판하고 있는 것이라고 볼 수 있다.

④ 변해가는 사회 속에서 내면만큼이나 외형을 중시하는 삶을 살아야 한다.
윗글의 '나'는 사람들이 변해가는 사회 속에서 외형을 중시하는 인위적 형태의 삶을 살게 되었음을 지적하며, 이와 같은 삶이 아닌 인간으로서의 맛과 향기를 잃지 않는 것이 올바른 삶이라고 말하고 있다. 따라서 내면만큼이나 외형을 중시하는 삶을 살아야 한다는 것은 적절하지 않다.

⑤ 현대 사회를 살아가기 위해서는 네모난 수박과 같은 삶을 선택해야 한다.
윗글에서 네모난 수박은 본질대로 둥글게 자라지 못한 존재이다. '나'는 예전의 우리 삶이 둥근 수박과 같은 자연적 형태의 삶이었다면, 지금은 외형을 중시하는 네모난 수박과 같은 인위적 형태의 삶을 살아가고 있다면서, 이와 같은 사회 속에서도 인간으로서의 맛과 향기만은 결코 잃어서는 안 된다고 성찰하고 있다.

03 외적 준거를 바탕으로 작품 감상하기

답 | ⑤

보기를 참고하여 윗글을 감상한 것으로 적절하지 않은 것은?

보기

수필은 내용에 따라, 글쓴이의 태도에 따라, 시대에 따라 여러 종류로 나누어 살펴볼 수 있다. 경수필은 일상생활에서 일어난 일을 소재로 가볍게 쓴 수필을 말한다. 글쓴이는 자신의 개인적인 경험을 형식의 제약 없이 주관적으로 작성하게 된다. 중수필은 자신의 개인적인 경험이 아니라 사회적인 경험, 즉 사회 문제를 소재로 다루는 수필이다. 사회적 문제를 다루기 때문에 철학적이고 객관적이며 논리적인 것이 특징이다. 수기는 자신이 겪은 일을 직접 기록한다는 점에서 경수필과 유사하지만, 어려움을 극복한 이야기를 소재로 한다는 점에서 차이를 보인다. 그렇기 때문에 수기는 비슷한 처지에 놓인 사람들에게 공감을 불러일으키고 용기를 준다. 마지막으로 설은 고전 수필의 하나로, 사물의 이치를 풀이한 뒤 자신의 의견을 덧붙인 글이다. 개인적 체험을 보편화하면서 교훈적인 내용을 담고 있는 것이 특징이다.

정답 선지 분석

⑤ 외형 틀이 주는 압박을 이겨내는 네모난 수박을 통해 공감대를 형성하고 있다는 점에서 수기의 특징을 반영하고 있군.
윗글의 네모난 수박은 외형 틀이 주는 압박을 이겨낸 결과물이라고 볼 수 없다. 네모난 수박은 압박으로 인해 자연적인 본성을 상실한 것이다. 또한 네모난 수박을 통해 공감대를 형성하고 있지 않기 때문에 적절하지 않다.

오답 선지 분석

① '나'는 네모난 수박을 본 경험에 주관적인 감상을 덧붙여 서술하고 있군.
윗글은 글쓴이인 '나'가 네모난 수박을 본 개인적 경험에 주관적인 감상을 덧붙여 서술하는 경수필에 해당한다.

② 윗글은 구성상의 제약을 받지 않고 자유롭게 창작된 경수필에 해당하는군.
윗글은 인물, 배경, 구성 등의 제약을 받으며 창작되는 소설과는 달리 구성상의 제약 없이 자유롭게 창작된 경수필에 해당한다.

③ 네모난 수박을 관찰하고 있으나 주관적인 감상이 중심이 된다는 점에서 중수필과 차이를 보이는군.
네모난 수박을 객관적으로 관찰하고 있다는 점에서 중수필의 성격을 보이고 있으나, 네모난 수박을 관찰한 뒤 '나'가 깨달은 주관적인 감상을 서술하고 있기 때문에 객관적이며 논리적인 성격의 중수필과는 차이를 보인다.

④ 네모난 수박을 본 개인적 체험을 인간의 보편적 삶으로 확장하고 있다는 점에서 설과 유사성을 보이는군.
윗글은 네모난 수박을 본 개인적 체험에서 현대 사회를 살아가는 인간들의 삶으로 인식을 확장하며 자연적인 본성을 억압하는 인간의 태도를 비판하고, 인간다움을 잃지 않는 삶을 살아갈 것을 강조하고 있다. 이는 개인적 체험을 보편화하면서 교훈적인 내용을 담고 있는 설과 유사성을 지닌다고 볼 수 있다.

04 작품의 주제 파악하기

빈칸에 들어갈 말로 적절한 것을 골라 차례대로 쓰시오.

'나'는 (네모난 / 둥근) 수박을 보고 (네모난 / 둥근) 수박과 같은 삶이 아닌 (네모난 / 둥근) 수박과 같은 삶을 살아야 할 것을 다짐하고 있다.

정답

네모난, 네모난, 둥근

06강

| 본문 | 69쪽

문법 문장의 성분 (2) 부속 성분, 독립 성분

빠른 정답 체크 01 ④ 02 ③ 03 ② 04 소식

01 문장의 성분 파악하기 답 | ④

문장의 성분에 대한 설명으로 적절하지 않은 것은?

정답 선지 분석

④ 부속 성분은 다른 문장 성분을 꾸며 줄 뿐 다른 뜻을 더하지는 못한다.
부속 성분은 다른 문장 성분을 꾸며 줄 뿐만 아니라 의미를 더하기도 한다.

오답 선지 분석

① 감탄이나 응답 등을 나타내는 말은 독립 성분에 해당한다.
감탄이나 응답 등을 나타내는 말은 독립어로, 독립 성분에 해당한다.

② 부속 성분은 무엇을 꾸미냐에 따라 관형어와 부사어로 나눌 수 있다.
부사어와 관형어는 부속 성분에 해당하는데, 체언을 꾸미면 관형어에, 체언을 제외한 용언, 관형어, 다른 부사어, 혹은 문장 전체를 꾸미면 부사어에 해당한다.

③ 부속 성분은 생략되어도 문장이 지닌 본래의 의미가 달라지지 않는다.
부속 성분은 생략되어도 문장의 기본 의미가 변하지 않는다.

⑤ 독립 성분은 독립적으로 사용되어 다른 문장 성분과는 직접적인 관계를 맺지 않는다.
독립 성분은 독립적으로 사용하며, 다른 문장 성분과 직접적인 관련이 없는 문장 성분이다.

02 문장의 성분 분류하기 답 | ③

보기의 ㉠~㉤에 대한 설명으로 적절한 것은?

보기

정민아(㉠), 내가(㉡) 지금(㉢) 그쪽으로(㉣) 갈게(㉤).

정답 선지 분석

③ ㉢은 문장에서 부사가 부사어로 실현된 형태이다.
㉢은 부사어로, 문장에서 부사가 부사어로 실현된 형태이다.

오답 선지 분석

① ㉠은 체언에 호격 조사가 결합하여 문장의 주성분으로 사용되고 있다.
㉠은 체언 '정민'에 호격 조사 '아'가 결합하여 문장의 독립 성분으로 사용되고 있다.

② ㉡은 문장의 주어로 다른 성분에 영향을 주고 있다.
㉡은 문장의 주성분인 주어에 해당한다. 주어는 때로 다른 성분에 영향을 줄 수 있으나, 〈보기〉에서는 다른 문장 성분에 영향을 주고 있지 않다.

④ ㉣은 체언에 관형격 조사가 결합하여 뒤에 오는 서술어를 수식하고 있다.
㉣은 체언 '그쪽'에 부사격 조사 '으로'가 결합하여 뒤에 오는 서술어를 수식한다.

⑤ ㉤은 서술어로 문장에서 생략되어도 그 의미가 제대로 전달된다.
㉤은 문장의 서술어로 주성분에 해당한다. 주성분은 생략할 수 있으나, 생략될 경우 그 의미가 제대로 전달되지 않는다.

03 필수적 부사어 파악하기 답 | ②

밑줄 친 부분이 필수적 부사어에 해당하지 않는 것은?

정답 선지 분석

② 네가 뜻한 바를 잘 알 것 같다.
'잘'은 뒤에 오는 서술어 '알다'를 수식하는 부사어에 해당하지만, 필수적으로 요구되는 부사어에 해당하지 않는다.

오답 선지 분석

① 수진이는 엄마와 닮았다.
'닮다'는 필수적 부사어를 요구하는 서술어로, '엄마와'는 필수적 부사어에 해당한다.

③ 민수가 영지에게 반지를 주었다.
'주다'는 필수적 부사어를 요구하는 서술어로, '영지에게'는 필수적 부사어에 해당한다.

④ 소크라테스는 플라톤을 제자로 삼았다.
'삼다'는 필수적 부사어를 요구하는 서술어로, '제자로'는 필수적 부사어에 해당한다.

⑤ 나는 아내에게 어제 있었던 일을 말했다.
'말하다'는 필수적 부사어를 요구하는 서술어로, '아내에게'는 필수적 부사어에 해당한다.

04 부속 성분 이해하기

다음 문장의 밑줄 친 부속 성분이 꾸며 주는 대상을 찾아 쓰시오.
(단, 조사는 빼고 쓸 것.)

그 소식을 듣고 너무 놀라 뛰쳐나갔다.

정답

소식

독서 역사를 바라보는 관점

빠른 정답 체크 01 ⑤ 02 ① 03 ⑤ 04 실증주의, 주관주의

역사란, 『과거에 일어난 사실, 과거 사실의 기록을 의미하며, 한편으로는 과거에 인간이 행한 일에 대하여 조사 내지 탐구하는 활동』을 의미하기도 한다. (『 』: 역사의 의미) 역사를 배움으로써 우리는 인간 생활에 관한 지식의 보고*에 다가갈 수 있다. 아울러 우리는 역사 속의 인물과 사건을 통해서도 많은 것을 배울 수 있다.
▶ 1문단: 역사의 의미

역사라는 말은 사람에 따라 다양한 뜻으로 사용되고 있지만, 일반적으로 '과거에 있었던 사실'과 '조사되어 기록된 과거'라는 두 가지 뜻을 지니고 있다. 과거의 사실을 기록하는 '사실로서의 역사'는 있는 그대로의 역사를 의미하며(실증주의 역사관에 따른 역사), 이를 ㉠ 실증주의 역사관이라고 부른다. 실증주의를 대표하는 역사학자인 랑케(실증주의 역사학자)는 『역사가의 임무는 과거를 평가하거나 살아 있는 사람들에게 교훈을 주는 것이 아니라, 오직 '본래 있는 그대로'를 보여 주는 것이어야 한

다고 주장했다. 즉 역사적 사실이 역사가의 눈과 생각에 따라 굴절되고 주관적으로 해석된다면 객관적이고 보편적인 역사는 가능하지 않으므로, 역사가는 사실 자체를 넘어서는 모든 주관적인 해석을 거부해야 하며, 역사를 서술할 때에는 자기의 선입견, 편견, 가치관 따위를 완전히 배제해야 한다는 것이다.

『 』: 랑케의 주장 – 역사는 있는 그대로를 기록해야 함
실증주의 역사관에서 다루는 역사
역사를 서술할 때의 역사가의 자세에 대한 실증주의 역사관의 주장

▶ 2문단: 실증주의 역사관에 따른 역사

이러한 랑케의 주장을 비판하며 나타난 것이 ㉡ 주관주의 역사관이다. 크로체와 콜링우드는 실증주의를 비판하며, 과거를 본래 있는 그대로 복원하는 것은 불가능하므로, 역사란 현재의 사고와 관심을 과거에 반영시키는 것일 뿐이라고 주장했다. 역사가와 사건은 서로 뗄 수 없는 관계에 있어 서로 영향을 주고받으므로 역사는 '조사되어 기록된 과거' 그 자체라는 것이다. 그러나 주관주의 역사관처럼 『역사가의 주관적인 해석을 지나치게 강조하다 보면 하나의 역사적 사실을 두고 쓰인 역사들이 모두 진실을 담은 역사가 되는 혼란이 일어날 수밖에 없고, 결국 역사가 역사가들의 개인적인 생각으로 나타나게 되는 한계가 발생한다.』

주관주의 역사학자 ①, ②
주관주의 역사관의 주장 – 역사에는 주관이 반영될 수밖에 없음
서로 영향을 주고받음
주관주의 역사관에 따른 역사
『 』: 주관주의 역사관의 한계

▶ 3문단: 주관주의 역사관에 따른 역사

이러한 두 입장의 한계를 극복하려 한 사람이 바로 에드워드 카다. 카는 과거의 사실만 지나치게 강조하면 그것이 현실과 갖는 관련성을 간과하게 되어 역사가 과거 사실에 대한 연대기적인 나열의 수준으로 떨어지게 되고, 반대로 현재의 해석만 지나치게 강조하면 역사는 역사가가 만들어 낸 것에 지나지 않게 된다고 보았다. 따라서 사실과 해석 간의 끊임없는 상호 작용으로 역사를 보아야 한다고 주장했다. 과거를 통해 현재를 돌아보고 미래를 주의할 수 있다고 생각한 것이다. '역사는 과거와 현재와의 끊임없는 대화이다.'라는 카의 말은 그가 역사를 바라보는 관점을 명확하게 말해준다.

실증주의 역사관에 대한 비판
주관주의 역사관에 대한 비판
에드워드 카가 주장하는 역사

▶ 4문단: 실증주의 역사관과 주관주의 역사관의 한계를 극복한, 에드워드 카가 주장하는 역사

* 보고(寶庫): 귀중한 것이 많이 나거나 간직되어 있는 곳을 비유적으로 이르는 말.

01 세부 내용 파악하기

답 | ⑤

윗글에 대한 설명으로 적절하지 않은 것은?

정답 선지 분석

⑤ 에드워드 카는 역사가가 해석한 기록만이 현재를 돌아보게 한다고 보았다.
4문단에서 에드워드 카는 과거의 사실만 지나치게 강조하면 역사가 과거 사실에 대한 연대기적인 나열의 수준으로 떨어지게 되고, 반대로 현재의 해석만 지나치게 강조하면 역사는 역사가가 만들어 낸 것에 지나지 않게 된다고 보았다. 따라서 카는 있는 그대로를 기록한 역사와 역사가가 해석한 기록 간의 끊임없는 상호 작용으로 역사를 보아야 한다고 주장했다.

오답 선지 분석

① 역사는 일반적으로 두 개의 의미로 나눌 수 있다.
2문단에 따르면 역사는 일반적으로 '과거에 있었던 사실'과 '조사되어 기록된 과거'라는 두 가지 뜻을 지니고 있다.

② 랑케는 과거에 있었던 사실을 있는 그대로 기록해야 한다고 보았다.
2문단에서 랑케는 역사가의 임무는 본래 있는 그대로를 보여 주는 것이어야 한다고 하면서, 역사를 서술할 때에는 역사가의 선입견, 편견, 가치관 따위를 완전히 배제해야 한다고 주장했다.

③ 크로체와 콜링우드는 과거를 그대로 기록하는 것을 불가능하다고 보았다.
3문단에서 크로체와 콜링우드는 랑케의 실증주의 역사관을 비판하면서, 과거를 본래 있는 그대로 복원하는 것은 불가능하므로 역사란 현재의 사고와 관심을 과거에 반영시키는 것이라고 주장하였다.

④ 역사를 배운다는 것은 인간 생활에 관한 지식의 보고에 다가가는 것이다.
1문단에서 우리는 역사를 배움으로써 인간 생활에 관한 지식의 보고에 다가갈 수 있다고 하였으므로 적절하다.

02 세부 내용 간의 관련성 파악하기

답 | ①

㉠, ㉡을 구분하는 기준으로 가장 적절한 것은?

정답 선지 분석

① 역사 기록에 있어서 역사가의 개입
㉠은 실증주의 역사관, ㉡은 주관주의 역사관이다. 2문단에 따르면 실증주의 역사관은 역사를 서술할 때 역사가의 선입견, 편견, 가치관 따위를 완전히 배제해야 한다고 보았고, 3문단에 따르면 주관주의 역사관은 역사는 역사가에 의해 조사되어 기록된 과거라고 보았다. 따라서 ㉠, ㉡을 구분하는 기준은 역사 기록의 있어 역사가의 개입 유무라고 볼 수 있다.

오답 선지 분석

② 실제 역사와 역사를 기록한 시기의 차이
윗글에서 실제 역사와 역사를 기록한 시기와의 상관관계는 등장하지 않는다.

③ 과거의 사람들에게 교훈을 주는지의 여부
2문단에서 실증주의 역사관은 역사가의 임무를 살아 있는 사람들에게 교훈을 주는 것이 아니라고 본다고 했을 뿐, 과거의 사람들에게 교훈을 주는지 여부에 따라 ㉠, ㉡을 구분할 수 있는지는 확인할 수 없다.

④ 하나의 역사적 사실에 담긴 인물들의 정보
윗글에서 역사적 사실에 담긴 인물들의 정보에 관한 내용은 등장하지 않는다.

⑤ 역사가가 역사의 기록을 위해 조사 내지 탐구한 기간
1문단에서 역사는 과거에 인간이 행한 일에 대하여 조사 내지 탐구하는 활동을 의미한다 했을 뿐, 이것이 ㉠, ㉡을 구분하는 기준이 되지는 않는다.

03 다른 이론과 비교하기

답 | ⑤

윗글을 참고하여 보기를 이해할 때, 보기에서 일어날 수 있는 문제점으로 적절한 것은?

보기

• 일제 침략 전쟁에 의해 우리나라는 전쟁 물자를 공급하는 병참기지로 변했다. (중략) 일제는 우리의 물적, 인적 자원을 약탈하고 우리 민족과 민족 문화를 말살하려는 정책을 실시했다.
- 〈한국의 국사 교과서〉

• 일본은 여러 전쟁에서 승리하여 동남아시아와 인도에게 독립이라는 꿈과 용기를 주었다. (중략) 일본의 전쟁 목적은 아시아를 구미*의 지배에서 해방시키고 '대동아 공영권'을 건설하는 데 있다고 선언했다.
- 〈일본의 후소샤 역사 교과서〉

* 구미(歐美): 유럽과 미국을 아울러 이르는 말.

정답 선지 분석

⑤ 하나의 사실을 두고 쓰인 다양한 기록들이 모두 진실을 담은 역사가 될 수 있다.
〈보기〉는 하나의 역사를 있는 그대로 기록한 것이 아닌, 국가에 따라 해석을 달리한 것으로 볼 수 있다. 이는 크로체와 콜링우드가 주장한 주관주의 역사관으로 볼 수 있다. 3문단에서 주관주의 역사관처럼 역사가의 주관적인 해석을 지나치게 강조하다 보면 하나의 역사적 사실을 두고 쓰인 역사들이 모두 진실을 담은 역사가 되는 혼란이 일어날 수밖에 없고, 결국은 역사가 역사가들의 역사에 관한 생각으로 나타나게 되는 한계가 나타난다고 하였으므로 〈보기〉에서 일어날 수 있는 문제점으로 적절하다.

오답 선지 분석

① 역사가와 사건이 서로 영향을 주고받을 수 없다.
〈보기〉는 주관주의 역사관으로, 역사가와 사건이 서로 영향을 주고받지 않는 역사관은 주관주의 역사관이 아닌 실증주의 역사관이다.

② 사실 자체를 넘어서는 모든 주관적인 해석이 거부될 수 있다.
사실 자체를 넘어서는 모든 주관적인 해석이 거부되어야 한다고 본 역사관은 랑케가 주장한 실증주의 역사관이다.

③ 역사가 과거 사실에 대한 연대기적인 나열의 수준으로 떨어지게 될 수 있다.
역사가 과거 사실에 대한 연대기적인 나열의 수준으로 떨어지게 될 수 있다는 문제점을 가진 역사관은 실증주의 역사관이다.

④ 역사를 기록할 때 역사가의 선입견, 편견, 가치관 등이 완전히 배제될 수 있다.
역사를 기록할 때 역사관의 선입견, 편견, 가치관 등을 완전히 배제해야 한다고 본 역사관은 실증주의 역사관이다.

04 구체적 사례에 적용하기

보기 를 참고하여, ⓐ, ⓑ에 들어갈 말로 적절한 것을 차례대로 쓰시오.

보기

하늘을 다스리는 신인 환인의 아들인 환웅은 인간 세상을 편안하게 해 주고자 하늘 세상의 사람들을 이끌고 신단수 아래로 내려왔다. 어느 날 곰과 호랑이가 환웅에게 찾아와 인간이 되게 해 달라고 부탁하자 환웅은 쑥과 마늘만을 먹고 동굴에서 100일을 견디면 인간이 될 수 있다고 이야기했다. 그러나 호랑이는 이를 견디지 못해 동굴을 나왔고, 곰은 21일 만에 인간이 되었다. 환웅은 인간이 된 곰(웅녀)과 결혼하여 아들을 낳았는데, 그가 바로 단군이다. 단군은 태백산에 나라를 세우고 이름을 조선이라 했다.

- 일연, 〈삼국유사〉 중 '단군신화' 부분

(ⓐ) 역사관에서는 단군신화를 부정하겠지만, (ⓑ) 역사관에서는 단군신화를 긍정하겠군.

정답

실증주의, 주관주의

문학 1 사청사우(김시습)

빠른 정답 체크 01 ④ 02 ④ 03 ④ 04 세상 사람들

잠시 개었다 비 내리고 내리다 다시 개이니
변덕스러운 날씨
하늘의 도 또한 그러하거늘, 하물며 **세상 인정**이야 어떠랴.
변덕스러운 인정 ▶ 날씨처럼 변덕스러운 세상의 인정
「나를 높이다가는 곧 도리어 나를 헐뜯고,
「」: 변덕스러운 사람들의 모습 → 염량세태
공명을 피하다가는 도리어 스스로 공명을 구하는구나.」
▶ 변덕스러운 인간의 모습
꽃이 피고 지는 것을 봄이 어찌 다스릴고
□: 쉽게 변하는 자연의 모습 ○: 변화와 상관없이 순리를 따르는 의연한 자연의 모습
구름이 가고 구름이 와도 산은 그것을 탓하지 아니하네.
▶ 변화에 의연하게 대처하는 자연
[A] 「세상 사람들이 모름지기 기억하고 알아야 할 것을 부탁하노니
세태에 따라 인정이 변하는 사람들
기쁨을 취하려 한들, 어디에서 평생 즐거움을 얻을 것인가를.」
「」: 세태에 따라 처세를 달리한다고 평생의 즐거움을 얻을 수는 없음
▶ 세태에 따라 처세를 달리하는 자세에 대한 경계

乍晴乍雨雨還晴 (사청사우우환청)
天道猶然況世情 (천도유연황세정)
譽我便是還毁我 (예아편시환훼아)
逃名却自爲求名 (도명각자위구명)
花開花謝春何管 (화개화사춘하관)
雲去雲來山不爭 (운거운래산부쟁)
寄語世人須記認 (기어세인수기인)
取歡無處得平生 (취환무처득평생)

- 김시습, 〈사청사우〉 -

01 작품의 내용 파악하기 답 | ④

윗글에 대한 설명으로 적절한 것은?

정답 선지 분석

④ 화자는 자연물을 통해 자신이 추구하는 가치를 드러내고 있다.
화자는 변덕스러운 자연물인 '꽃'과 '구름', 그리고 변함없는 자연물인 '봄'과 '산'을 대조하여 변덕스러운 세상 사람들에게 '봄'과 '산' 같이 순리에 따르는 의연하고 변함없는 삶에서 즐거움을 찾을 수 있다고 얘기하고 있다.

오답 선지 분석

① 화자는 자신이 처한 상황을 극복하고자 노력하고 있다.
화자는 자신이 처한 상황을 극복하고자 노력하고 있지 않다.

② 화자는 자연과 인간의 대조를 통해 인간을 예찬하고 있다.
화자는 변덕스러운 인정과 변화에도 의연한 자연의 모습을 대조하여, 세태에 따라 처세를 달리하는 자세를 경계할 것을 드러내고 있으므로 인간을 예찬하고 있다고 볼 수 없다.

③ 화자는 과거를 회상하며 현실 극복의 의지를 드러내고 있다.
화자는 과거를 회상하며 현실 극복의 의지를 드러내고 있지 않다.

⑤ 화자는 걱정, 근심 등에서 탈피하여 달관적 자세를 보이고 있다.
윗글의 화자는 걱정, 근심 등에서 탈피하여 달관적 태도를 보이고 있지 않다.

02 표현상의 특징 파악하기 답 | ④

[A]와 동일한 표현 방법이 사용된 것은?

정답 선지 분석

④ 모두 다 마음에 들지 않어라 / 이 황혼도 저 돌벽 아래 잡초도
- 김수영, 〈사령〉

[A]에서는 문장 성분의 배열 순서를 뒤바꾸어 내용을 강조하는 도치법이 사용되고 있다. '모두 다 마음에 들지 않어라 / 이 황혼도 저 돌벽 아래 잡초도' 역시 문장의 순서를 바꾸어 내용을 강조하는 도치법이 사용되었다.

오답 선지 분석

① 나는 나룻배 / 당신은 행인
- 한용운, 〈나룻배와 행인〉

[A]에서는 도치법이 사용되고 있으나, 〈나룻배와 행인〉에서는 표현하고자 하는 대상을 다른 대상에 비유하여 표현하는 은유법이 사용되었다.

② 임 향한 일편단심이야 가실 줄이 있으랴
- 정몽주, 〈단심가〉

[A]에선 도치법이 사용되고 있으나, 〈단심가〉에서는 누구나 알 수 있는 진술을 의문문의 형식으로 말하는 설의법이 사용되었다.

③ 산이 날 에워싸고 / 씨나 뿌리며 살아라 한다
- 박목월, 〈산이 날 에워싸고〉

[A]에선 도치법이 사용되고 있으나, 〈산이 날 에워싸고〉에서는 사람이 아닌 것을 사람에 비겨 표현하는 의인법이 사용되었다.

⑤ 어머니의 은빛 머리칼 / 산새 울음처럼 / 겨울 하늘에 흩어진다
- 최무자, 〈첫눈〉

[A]에서는 도치법이 사용되고 있으나, 〈첫눈〉에서는 하나의 사물을 다른 사물과 직접 비교하는 비유법인 직유법이 사용되었다.

03 외적 준거를 바탕으로 작품 이해하기 답 | ④

보기 를 참고하여 윗글을 이해한 내용으로 적절하지 않은 것은?

보기

〈사청사우〉는 '잠시 개었다 또 비가 내린다'는 뜻으로, 세상 인심의 변덕스러움을 날씨에 빗대어 읊으면서 명예와 부귀의 헛됨을 경계하고, 자연에 순응하는 삶을 살아갈 것을 권고하고 있다. 한편, 김시습은 현실에 만족하지 못하고 끝없이 무언가를 찾기 위해 떠돌아다니는 자신의 처지를 이 작품을 통해 자조적으로 밝히고 있다.

* 자조적(自嘲的): 자기를 비웃는 듯한 것.

정답 선지 분석

④ '세상 사람들'은 화자가 깨달음을 주고자 하는 대상으로 화자가 애정하는 대상이다.

'세상 사람들'은 화자가 깨달음을 주고자 하는 대상이지만, 화자가 애정하는 대상이 아니라 3행과 4행의 태도를 보이는 변덕스러운 사람들이다. 따라서 화자는 세상 사람들의 모습을 비판적으로 바라보고 있다.

오답 선지 분석

① 화자는 '잠시 개었다' 다시 내리는 '비'와 '세상 인정'이 다르지 않다고 생각한다.

화자는 '잠시 개었다' 다시 내리는 '비'와 같은 변덕스러운 날씨와 3행과 4행에서 구체적으로 밝히고 있는 '세상 인정'이 다르지 않다고 여기며 이러한 변덕스러운 모습을 경계해야 할 것을 강조하고 있다.

② '꽃'과 '구름'은 가변적인 존재로, 화자가 경계하는 삶의 자세이다.

'꽃'과 '구름'은 쉽게 변하는 자연의 모습을 보여 주는 존재로, 화자가 경계하는 삶의 자세이다. 화자는 변덕스러운 '꽃'과 '구름'이 아닌, '봄'과 '산'과 같은 삶을 살아야 한다고 강조하고 있다.

③ '봄'과 '산'은 외부의 변화에도 흔들리지 않고 유유히 살아가는 존재로 화자가 권고하는 삶의 자세이다.

'봄'과 '산'은 변화와 상관없이 의연한 모습을 보이는 불변의 존재로, 화자가 권고하는 삶의 자세라고 볼 수 있다.

⑤ 화자는 '기쁨을 취하려 한들, 어디에서 평생 즐거움을 얻을 것인가'라고 하며 스스로 반성적 태도를 보이고 있다.

〈보기〉에 따르면 화자인 김시습은 스스로도 현실에 만족하지 못하고 끝없이 무언가를 찾기 위해 떠돌아다니고 있다. 따라서 윗글의 8행에서 '기쁨을 취하려 한들, 어디에서 평생 즐거움을 얻을 것인가'라고 하며 스스로 욕심을 버리고 살아야 할 것을 다짐하며 반성적인 태도를 보이고 있다고 볼 수 있다.

04 세부 내용 파악하기

빈칸에 들어갈 말로 적절한 것을 2어절로 쓰시오.

윗글의 화자는 청자를 (   )(으)로 설정하여 주제의식을 효과적으로 드러내고 있다.

정답

세상 사람들

문학 2 메밀꽃 필 무렵(이효석)

빠른 정답 체크 01 ③ 02 ④ 03 ⑤ 04 허 생원, 동이, 성 서방네 처녀

[앞부분 줄거리] 허 생원은 곰보에 왼손잡이인 장돌뱅이*이다. 봉평 장터에서 옷감을 팔던 허 생원은 친구인 조 선달과 함께 주막인 충주집으로 향한다. 그곳에서 허 생원은 충주집에게 수작을 부리는 동이와 다투게 되지만 곧 화해한다. 허 생원과 조 선달, 그리고 동이는 함께 대화로 향하며, 허 생원은 조 선달과 동이에게 자신의 이야기를 들려 준다.

봉평에서의 일
허 생원은 오늘 밤도 또 그 이야기를 끄집어내려는 것이다. 조 선
허 생원이 이전에도 자신의 사랑 이야기를 들려준 일이 있음
달은 친구가 된 이래 귀에 못이 박히도록 들어 왔다. 그렇다고 싫증을 낼 수도 없었으나, 허 생원은 시침을 떼고 되풀이할 대로는
너그럽고 이해심이 많은 조 선달
되풀이하고야 말았다. / "**달밤**에는 그런 이야기가 격에 맞거든."
과거 회상의 매개체
조 선달 편을 바라는 보았으나, 물론 미안해서가 아니라 달빛에
달밤의 낭만적 분위기에 취한 허 생원
감동하여서였다. 이지러는 졌으나 보름을 가제 지난 달은 부드러
이제 막
운 빛을 흐붓이* 흘리고 있다. **대화까지는 칠십 리의 밤길**, 고개
다음 장이 열리는 지역
를 둘이나 넘고 개울을 하나 건너고 벌판과 산길을 걸어야 된다.
가는 길이 멀고 험함 → 장돌뱅이의 고단한 삶의 모습을 보여 줌
길은 지금 긴 산허리에 걸려 있다. 「밤중을 지난 무렵인지 죽은 듯
「」: 달밤의 정경을 서정적으로 묘사 → 낭만적 분위기를 조성
이 고요한 속에서 짐승 같은 달의 숨소리가 손에 잡힐 듯이 들리
달밤의 고요함과 신비로움을 강조(직유법, 활유법 사용)
며, 콩 포기와 옥수수 잎새가 한층 달에 푸르게 젖었다. 산허리는
온통 **메밀밭**이어서 피기 시작한 꽃이 소금을 뿌린 듯이 흐뭇한
중심 소재 → 허 생원의 순수한 사랑을 부각

달빛에 숨이 막힐 지경이다. 붉은 대궁이* 향기같이 애잔하고, 나
아름다운 풍경
귀들의 걸음도 시원하다. 길이 좁은 까닭에 세 사람은 나귀를 타
허 생원의 이야기가 동이에게 들리지 않게 하기 위한 서사적 장치
고 외줄로 늘어섰다. 방울 소리가 시원스럽게 딸랑딸랑 메밀밭께
공감각적 이미지 사용(청각의 시각화)
로 흘러간다.』 앞장선 허 생원의 이야기 소리는 꽁무니에 선 동이에게는 확적히*는 안 들렸으나, 그는 그대로 개운한 제멋에 적적하지는 않았다.

"장 선 꼭 이런 날 밤이었네. 객줏집* 토방이란 무더워서 잠이 들어야지. 밤중은 돼서 혼자 일어나 개울가에 목욕하러 나갔지. **봉평**은 지금이나 그제나 마찬가지나, 보이는 곳마다 메밀밭이어서 개울가가 어디 없이 하얀 꽃이야. 돌밭에 벗어도 좋을 것을, 달이 너무도 밝은 까닭에 옷을 벗으러 물방앗간으로 들어가
허 생원이 성 서방네 처녀와 인연을 맺은 장소
지 않았나. 이상한 일도 많지. 거기서 난데없는 성 서방네 처녀
뜻밖에 겪은 일임을 강조
와 마주쳤단 말이네. 봉평서야 제일가는 일색*이었지."

"팔자에 있었나 부지."
늘 듣던 말임에도 맞장구를 쳐 줌 → 이해심이 많은 성격임을 보여 줌

아무렴 하고 응답하면서 말머리를 아끼는 듯이 한참이나 담배를
단 한 번뿐인 추억을 천천히 음미하고 싶은 허 생원의 마음
빨 뿐이었다. 구수한 자줏빛 연기가 밤기운 속에 흘러서는 녹았다.
공감각적 이미지 사용(시각의 후각화)

"날 기다린 것은 아니었으나 그렇다고 달리 기다리는 놈팽이*가 있는 것두 아니었네. 처녀는 울고 있단 말야. 짐작은 대고 있었으나 성 서방네는 한창 어려워서 들고 날 판인 때였지. 한집
처녀가 울고 있던 이유
안 일이니 딸에겐들 걱정이 없을 리 있겠나. 좋은 데만 있으면 시집도 보내련만 시집은 죽어도 싫다지……. 그러나 처녀란 울
처녀의 모습에 연민과 애정을 느낌
때같이 정을 끄는 때가 있을까. 처음에는 놀라기도 한 눈치였으나 걱정 있을 때는 누그러지기도 쉬운 듯해서 이럭저럭 이야기가 되었네……. 생각하면 무섭고도 기막힌 밤이었어."
성 서방네 처녀와 허 생원이 사랑을 나누었음을 간접적으로 표현

"제천인지로 줄행랑을 놓은 건 그다음 날이렷다."
다음 이야기를 짐작한 조 선달의 말. 성 서방네가 가난을 견디지 못하고 마을을 떠남

[중간 부분 줄거리] 동이는 허 생원과 조 선달에게 아버지 없이 홀어머니 밑에서 컸음을 밝히고, 셋은 여름 장마로 인해 물이 불어난 **개울**을 건너게 된다.

물은 깊어 허리까지 찼다. 속 물살도 어지간히 센 데다가 발에 채이는 돌멩이도 미끄러워 금시에 휩칠 듯하였다. 나귀와 조 선달은 재빨리 거의 건넜으나 동이는 허 생원을 붙드느라고 두 사람은 훨씬 떨어졌다.

"모친의 친정은 원래부터 제천이었던가?"

"웬걸요, 시원스리 말은 안 해주나, 봉평이라는 것만은 들었죠."
허 생원과 동이의 관계를 암시

"봉평? 그래 그 아비 성은 무엇인구?"
동이가 자신의 아들일지도 모른다는 기대감

"알 수 있나요. 도무지 듣지를 못했으니까." / "그, 그렇겠지."
하고 중얼거리며 흐려지는 눈을 까물까물하다가 허 생원은 경망
동이가 자신의 아들일지도 모른다는 생각 때문에 당황함
하게도* 발을 빗디디었다. 앞으로 고꾸라지기가 바쁘게 몸째 풍덩 빠져 버렸다. 허비적거릴수록 몸을 걷잡을 수 없어 동이가 소리를 치며 가까이 왔을 때에는 벌써 퍽이나 흘렀었다. 옷째 쫄딱 젖으니 물에 젖은 개보다도 참혹한 꼴이었다. 동이는 물속에서 어른을 해깝게* 업을 수 있었다. 젖었다고는 하여도 여윈 몸이라 장정 등에는 오히려 가벼웠다.

"이렇게까지 해서 안됐네. 내 오늘은 정신이 빠진 모양이야." / "염려하실 것 없어요."

"그래 모친은 아비를 찾지는 않는 눈치지?"
허 생원의 은근한 기대

"늘 한번 만나고 싶다고는 하는데요." / "지금 어디 계신가?"

"의부와도 갈라져 제천에 있죠. 가을에는 봉평에 모셔 오려고 생각 중인데요. 이를 물고 벌면 이럭저럭 살아갈 수 있겠죠." / "아무렴, 기특한 생각이야. 가을이렷다?"

동이의 탐탁한 등허리가 뼈에 사무쳐 따뜻하다. 물을 다 건넜을
혈육의 정을 느낌
때에는 도리어 서글픈 생각에 좀 더 업혔으면도 하였다.

"진종일 실수만 하니 웬일이오, 생원."

조 선달은 바라보며 기어코 웃음이 터졌다.

『"㉠ 나귀야. 나귀 생각하다 실족*을 했어. 말 안 했던가? 저 꼴에
허 생원
제법 ㉡ 새끼를 얻었단 말이지. ㉢ 읍내 강릉집 피마*에게 말일
동이 / 성 서방네 처녀
세. 귀를 쫑긋 세우고 달랑달랑 뛰는 것이 나귀 새끼같이 귀여운 것이 있을까? 그것 보러 나는 일부러 읍내를 도는 때가 있다네."』
『』: 동이가 자신의 자식일지도 모른다는 기대감

"사람을 물에 빠치울 젠 딴은 대단한 나귀 새끼군."

허 생원은 젖은 옷을 웬만큼 짜서 입었다. 이가 덜덜 갈리고 가슴이 떨리며 몹시도 추웠으나, 마음은 알 수 없이 둥실둥실 가벼
기대감으로 인한 기쁨
웠다.

"주막까지 부지런히들 가세나. 뜰에 불을 피우고 훗훗이 쉬어.
동이의 어머니가 있는 곳
나귀에겐 더운물을 끓여 주고. 내일 대화 장 보고는 제천이다."
동이 어머니를 만나기 위해

"생원도 제천으로……?" / "오래간만에 가 보고 싶어. 동행하려
자신의 아들인지 확인하고 싶음
나, 동이?"

나귀가 걷기 시작하였을 때 동이의 채찍은 왼손에 있었다. 오랫동안 아둑시니*같이 눈이 어둡던 허 생원도 요번만은 동이의 왼
허 생원과 동이의 관계를 암시 → 허 생원 또한 왼손잡이임
손잡이가 눈에 뜨이지 않을 수 없었다.

걸음도 해깝고 방울 소리가 밤 별판에 한층 청청하게 울렸다. / 달이 어지간히 기울어졌다.
시간의 경과, 여운을 남기며 이야기가 끝이 남

- 이효석, 〈메밀꽃 필 무렵〉

* 장돌뱅이(場돌뱅이): '장돌림'을 낮잡아 이르는 말. 여러 장으로 돌아다니면서 물

건을 파는 장수.
* **흐붓이**: 넉넉하고 푸근하게.
* **대궁이**: '대'의 방언.
* **확적히(確的히)**: 정확하게 맞아 조금도 틀리지 아니하게.
* **객줏집(客主집)**: 예전에, 길 가는 나그네들에게 술이나 음식을 팔고 손님을 재우는 영업을 하던 집.
* **일색(一色)**: 뛰어난 미인.
* **놈팽이(놈팡이)**: '사내'를 낮잡아 이르는 말.
* **경망하다(輕妄하다)**: 행동이나 말이 가볍고 조심성이 없다.
* **해깝다**: '가볍다'의 방언.
* **실족(失足)**: 발을 헛디딤.
* **피마(피馬)**: 다 자란 암말.
* **아둑시니**: 눈이 어두워서 사물을 제대로 분간하지 못하는 사람.

01 서술상의 특징 파악하기 답 | ③

윗글에 대한 설명으로 적절하지 않은 것은?

정답 선지 분석

③ 작품 안의 서술자가 인물의 심리를 관찰하여 서술하고 있다.
윗글은 전지적 작가 시점으로 서술자가 작품 밖에서 인물의 심리를 서술하고 있다. 특히 윗글은 허 생원의 심리에 초점을 맞추어 이야기를 전개하고 있다.

오답 선지 분석

① 대화를 통해 두 인물의 관계를 암시하고 있다.
윗글은 허 생원과 동이의 대화를 통해 허 생원과 동이가 부자지간일지도 모른다는 것을 암시하고 있다.

② 실제 지명을 언급함으로써 이야기의 현실성을 높이고 있다.
윗글에서는 봉평, 제천, 대화 등 구체적인 지명을 언급함으로써 이야기의 현실성을 높이며 생생하게 전달하고 있다.

④ 서정적인 문체를 활용하여 낭만적인 분위기를 형성하고 있다.
윗글은 다양한 묘사와 비유 등 서정적인 문체를 활용하여 작품 전반에 낭만적인 분위기를 형성하고 있다.

⑤ 여운을 남기며 이야기를 맺음으로써 이후의 내용을 독자의 상상에 맡기고 있다.
윗글은 허 생원과 동이가 둘 다 왼손잡이라는 점을 통해 둘이 부자지간일지도 모른다는 가능성을 암시하며 이야기가 끝이 난다. 즉 둘의 관계를 확실하게 밝히는 것이 아니라 여운을 남기며 이야기를 맺음으로써 결말 이후의 내용을 독자의 상상에 맡기고 있다고 볼 수 있다.

02 세부 내용 파악하기 답 | ④

윗글에 대한 내용으로 적절하지 않은 것은?

정답 선지 분석

④ 허 생원은 동이가 자신의 아들일지도 모른다는 생각에 불안해하고 있다.
허 생원은 동이가 자신의 아들일지도 모른다는 생각에 불안해하는 것이 아니라 기대하고 있다.

오답 선지 분석

① 허 생원은 성 서방네 처녀와의 하룻밤 인연을 잊지 못하고 있다.
허 생원은 조 선달의 귀에 못이 박힐 정도로 성 서방네 처녀와의 인연을 되풀이하여 이야기하고 있다. 즉 허 생원은 성 서방네 처녀와의 인연을 잊지 못하고 있다.

② 조 선달은 이미 허 생원의 과거 이야기를 여러 번 들은 적이 있다.
조 선달이 귀에 못이 박힐 정도로 허 생원의 이야기를 들었다는 점과, "제천인지로 줄행랑을 놓은 건 그다음 날이렷다."라고 허 생원의 다음 이야기를 짐작하여 말하고 있는 점에서 이미 허 생원의 이야기를 많이 들었음을 알 수 있다.

③ 허 생원이 제천으로 가자고 한 것은 동이의 어머니를 만나기 위함이다.
허 생원이 "내일 대화 장 보고는 제천이다."라고 하며 "오래간만에 가 보고 싶어. 동행하려나, 동이?"라고 말한 것은 동이의 어머니가 성 서방네 처녀일지도 모른다는 기대감 때문에 동이의 어머니를 만나 동이가 자신의 아들인지를 확인하고 싶기 때문이다.

⑤ 동이는 허 생원의 이야기를 듣지 못했기 때문에 허 생원이 자신의 부친일지도 모른다는 생각을 하고 있지 않다.
윗글에서 허 생원이 조 선달에게 성 서방네 처녀와의 인연을 이야기하고 있을 때 동이는 앞장선 허 생원의 이야기 소리가 안 들렸다고 밝히고 있다. 따라서 동이는 허 생원과 달리 허 생원이 자신의 부친일지도 모른다는 생각을 하고 있지 않다.

03 외적 준거를 참고하여 작품 이해하기 답 | ⑤

보기를 참고할 때, 윗글에 대한 이해로 적절하지 않은 것은?

보기

이효석의 〈메밀꽃 필 무렵〉은 강원도 봉평에서 대화로 향하는 길을 배경으로 장돌뱅이 허 생원의 떠돌이 삶의 애환을 드러내고 있다. 소설 속 사건이 일어나는 배경은 단순히 인물이 활동하는 물리적인 환경에 그치지 않는다. 사건이 일어나는 시간이나 장소를 제시할 뿐 아니라 작품의 전반적인 분위기를 조성하기도 하고, 인물의 심리 상태에 영향을 미치며 행동의 변화를 가져오기도 한다. 또한 사건의 전개 방향을 암시하거나, 소설의 주제를 형성하는 데 중요한 역할을 한다.

정답 선지 분석

⑤ '개울'은 허 생원과 동이의 심리적 거리감이 확대되며 둘의 갈등이 심화되는 장소이다.
'개울'을 건너기 위해 동이의 등에 업힌 허 생원은 동이에게 혈육의 정을 느끼게 되며 둘의 심리적 거리감이 가까워지게 된다.

오답 선지 분석

① '달밤'은 허 생원이 과거를 회상하는 매개체이자 시간적 배경을 알려 주는 요소이다.
허 생원은 "달밤에는 그런 이야기가 격에 맞거든."이라고 하며 성 서방네 처녀와 있었던 일을 회상한다. 또한 '달밤'이라는 점을 통해 이야기가 전개되는 시간이 밤임을 알려준다.

② '대화까지'의 '칠십 리의 밤길'은 장돌뱅이의 삶의 애환과 인간 본연의 애정이라는 주제를 효과적으로 제시한다.
허 생원과 조 선달, 그리고 동이가 이동하는 '대화까지'의 '칠십 리의 밤길'은 장돌뱅이의 떠돌이 삶에 대한 애환을 보여 주며, 길 위에서 인물들의 대화를 통해 인간 본연의 애정을 느낄 수 있게 한다.

③ 달이 비치는 '메밀밭'은 낭만적이고 신비로운 분위기를 조성하며 과거 추억과 현재의 사건을 연결해준다.
윗글에서는 달이 비치는 '메밀밭'을 감각적으로 묘사하여 표현함으로써 낭만적이고 신비로운 분위기를 조성한다. 또한 메밀꽃이 하얗게 핀 달밤에 만난 성 서방네 처녀와의 추억과 대화로 향하면서 과거의 이야기를 전달하는 현재의 사건의 배경이 일치됨으로써 과거와 현재가 연결되고 있다.

④ 허 생원에게 추억의 장소인 '봉평'은 허 생원과 동이의 관계를 암시한다.
'봉평'은 허 생원과 성 서방네 처녀가 만난 장소로, 허 생원에게는 추억의 장소이다. 이후 허 생원의 "모친의 친정은 원래부터 제천이었던가?"라는 물음에 동이가 "웬걸요, 시원스리 말은 안 해주나, 봉평이라는 것만은 들었죠."라고 대답하는 것을 통해 허 생원과 동이의 관계를 암시하는 공간으로 제시된다.

04 문장의 의미 파악하기

윗글의 ㉠~㉢과 동일시되는 인물을 찾아 차례대로 쓰시오.

(단, ㉢은 3어절로 쓸 것.)

정답

허 생원, 동이, 성 서방네 처녀

07강

| 본문 | 81쪽

매체 매체의 표현과 그 의도

빠른 정답 체크 01 ② 02 ③ 03 ② 04 흥미, 눈 건강

안과 전문의가 쉽게 풀이한 건강 상식 [스마트폰이 젊은 노안을 부른다]

1. 스마트폰 노안이란 무엇인가 조회 수 1024

젊은 노안?

← 스마트폰을 과도하게 사용하여 눈이 나빠진 사람의 모습을 그린 시각 자료를 제시함

「"노안이요? 나이 들어서 눈이 침침해지는 거 말이에요? 전 겨우 중학생인걸요!"」

「」: 중학생의 말을 인용하여 노안에 대한 화제를 이끌어냄

[A] 이 반응처럼 노안은 노화 현상의 하나로, 나이를 먹으면서 가까운 곳의 사물이나 글씨가 잘 보이지 않는 증세를 말한다. 그런데 최근에는 이러한 증상을 겪는 젊은 환자가 늘어나고 있다. 젊은 세대가 상대적으로 스마트폰을 자주, 오래 사용하는 경향이 있어, 이들을 중심으로 '신종 노안'을 겪는 사람이 빠르게 증가한 것이다. 특히 청소년의 '스마트폰 과의존 위험군' 비율이 다른 세대보다 높게 나타나는 것으로 보아, '스마트폰 노안'은 청소년들도 위협하고 있음을 알 수 있다.

(중심 소재 / 노안의 개념 / 젊은 세대 사이에서 신종 노안 환자가 증가한 이유)

▶ 스마트폰을 과하게 사용하는 젊은 세대를 중심으로 노안 증세가 나타나고 있음

㉠

스마트폰 노안이 위험한 까닭은 다음과 같다.

첫째는 환자 대부분이 한창나이이기 때문이다. 젊은 세대는 눈 건강에 크게 신경을 쓰지 않는다. 그러다 보니 스마트폰 노안의 증상을 자각하지 못하여 상황을 악화시킬 수 있다.

(스마트폰 노안이 위험한 까닭 ①)

둘째는 합병증이 뒤따르기 때문이다. 스마트폰 노안으로 눈 주변의 근육이 손상되면 어깨로 이어지는 신경에도 악영향을 준다. 이 때문에 어깨와 목에 통증이 생기고, 그 주변이 딱딱하게 굳거나 결려 시큰거리기도 한다. 흔히 말하는 거북목 증후군에 걸릴 수도 있고, 두통 및 만성 피로, 어지럼증이 생길 수도 있다.

(스마트폰 노안이 위험한 까닭 ②)

▶ 스마트폰 노안의 위험성

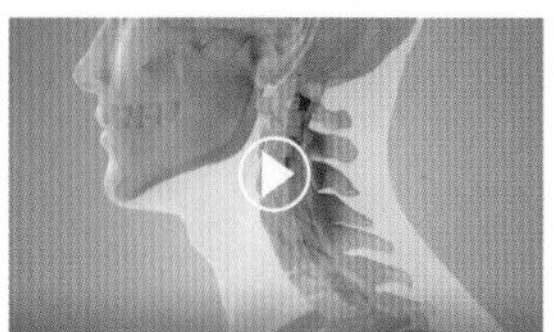

▲ 스마트폰 건강 주의보(《생로병사의 비밀》 571회, 케이비에스(KBS1 2015. 2. 17.)

나도 스마트폰 노안일까?

스마트폰 노안은 위험한 질환이므로, 될 수 있는대로 빨리 자신의 상태를 점검하고 대책을 마련해야 한다. 혹시 나도 스마트폰 노안은 아닌지, ⓐ 아래 검사표로 진단해보자.

↱ 점검표를 활용하여 블로그 글을 읽는 이가 자신의 눈 건강을 돌아보게 함

- ☐ 스마트폰을 하루 세 시간 이상 사용한다.
- ☐ 저녁이 되면 스마트폰 화면이 잘 보이지 않는다.
- ☐ 어깨가 결리고 목이 뻐근하며 가끔 두통이 있다.
- ☐ 눈을 찌푸려야 스마트폰 화면의 글씨가 겨우 보인다.
- ☐ 먼 곳을 보다가 가까운 곳을 보면 눈이 침침하다.
- ☐ 가까운 곳을 보다가 먼 곳을 보면 초점이 잘 맞지 않는다.
- ☐ 화면에서 눈을 떼면 한동안 초점이 잘 맞지 않는다.

댓글 3 | 공감 ♥ ♡ 352 구독 | 공유 | 인쇄

댓글 쓰기

↳ 눈 사랑: 스마트폰이 유용한 점도 많으니, 이를 올바르게 활용하려는 노력이 필요하겠네요.

↳ 즐겁게 살기: 유익한 내용 고마워요.^^ 스마트폰 노안이 아닌 것 같아서 마음이 놓여요.

↳ 스마트폰이 좋아: 저는 스마트폰을 너무 좋아하는 중학생이에요. 그래서 스마트폰 노안 예방법이 정말 궁금해요! *_*

→ 글쓴이와 읽는 이가 실시간으로 소통할 수 있음

[댓글 등록]

01 매체의 특성 이해하기 답 | ②

윗글에 대한 설명으로 적절하지 않은 것은?

정답 선지 분석

② 글쓴이가 읽은 이의 반응을 확인하고 이에 대해 즉각적으로 반응하고 있다.
윗글에서 댓글 창을 통해 글쓴이가 읽은 이의 반응을 확인할 수는 있으나, 이에 대해 즉각적으로 반응하고 있지는 않다.

오답 선지 분석

① 노안에 관한 오해를 가진 학생의 말을 인용하여 화제를 이끌어 내고 있다.
윗글의 '노안이요? 나이 들어서 눈이 침침해지는 거 말이에요? 전 겨우 중학생인걸요!'를 통해 노안에 관한 화제를 이끌어 내고 있다.

③ 스마트폰을 과도하게 사용하는 것에 대한 위험성과 그로 인한 질환을 설명하고 있다.
윗글에서는 스마트폰을 과도하게 사용하여 눈 주변의 근육이 손상되면 이로 인해 어깨와 목에 통증이 생기고, 거북목 증후군 등 여러 부작용이 나타날 수 있다면서 스마트폰을 과도하게 사용하는 것에 대한 위험성과 그로 인한 질환을 설명하고 있다.

④ 전문적인 지식을 설명하는 동영상을 활용하여 읽는 이의 이해를 돕고 내용의 신뢰도를 높이고 있다.
윗글에서는 스마트폰을 과도하게 사용할 때 발생하는 여러 가지 증상에 대한 내용을 보충하기 위해 의학적 지식을 설명하는 동영상을 활용하여 내용의 신뢰도를 높이고 있다.

⑤ 글의 주제를 예측하게 하는 시각 자료를 시작 부분에 제시함으로써 읽는 이의 흥미를 증가시키고 있다.

윗글에서는 스마트폰을 과도하게 사용하여 눈이 나빠진 사람의 모습을 그림으로 제시함으로써 읽는 이의 흥미를 높이고 있다.

02 매체 언어의 표현 방법 파악하기 답 | ③

㉠에 들어갈 글의 소제목으로 가장 적절한 것은?

정답 선지 분석

③ 스마트폰 노안의 위험성

㉠ 밑으로 이어지는 글에서는 스마트폰 노안이 위험한 까닭을 환자 대부분이 한창나이인 것, 합병증이 뒤따르는 것의 근거를 들어 설명하고 있으므로 ㉠에 들어갈 소제목으로 적절하다.

오답 선지 분석

① 스마트폰 노안의 개념

스마트폰 노안의 개념은 '젊은 노안?' 문단에 등장하는 내용이므로 적절하지 않다.

② 현대인의 거북목 증후군

㉠ 밑으로 이어지는 글에서는 스마트폰 노안은 여러 합병증을 유발한다면서, 그 예시로 거북목 증후군을 들고 있다. 그러나 이는 ㉠ 부분의 내용을 전체적으로 포괄하지 못하므로 적절하지 않다.

④ 어깨와 목에 통증이 생기는 이유

㉠ 밑으로 이어지는 글에서는 스마트폰 노안으로 눈 주변의 근육이 손상되면 어깨로 이어지는 신경에도 악영향을 준다고 하면서, 이로 인해 어깨와 목에 통증이 생긴다고 하였으나, 이는 ㉠ 부분의 내용을 전체적으로 포괄하지 못하므로 적절하지 않다.

⑤ 젊은 세대에게 발생하는 다양한 합병증

㉠ 밑으로 이어지는 글에서는 스마트폰 노안으로 인한 합병증을 설명하고 있으나, 이를 젊은 세대에게 발생하는 다양한 합병증이라 볼 수는 없으므로 적절하지 않다.

03 매체의 유형에 따른 특성 파악하기 답 | ②

[A]를 설명하기 위해 보기 를 활용할 때, 얻을 수 있는 효과로 가장 적절한 것은?

보기

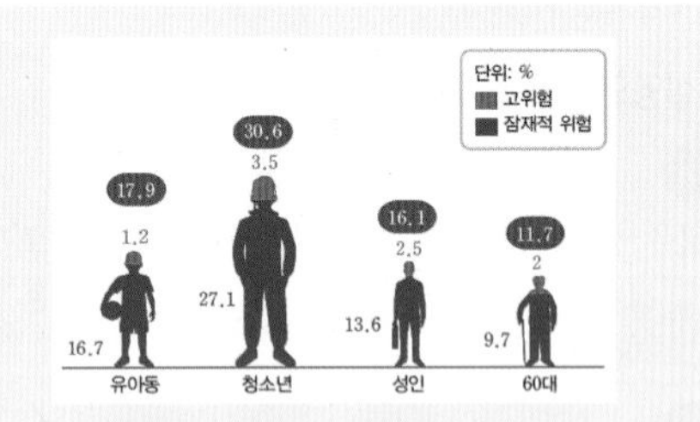

▲ 대상별 스마트폰 과의존 위험군 (스마트 쉼 센터, 2016)

정답 선지 분석

② 청소년의 스마트폰 과의존 비율이 다른 세대보다 높다는 것을 강조할 수 있다.

〈보기〉의 그래프는 대상별 스마트폰 과의존 위험군 비율을 나타내고 있으며, 청소년층의 스마트폰 과의존 비율이 가장 높은 것을 알 수 있다. [A]에서는 스마트폰 과의존 위험군 비율이 다른 세대보다 높게 나타나고 있다고 언급하고 있으므로 〈보기〉의 그래프를 활용한다면 블로그의 내용을 강화할 수 있다.

오답 선지 분석

① 스마트폰 과의존 문제가 청소년만의 문제가 아님을 알릴 수 있다.

[A]에서는 청소년의 스마트폰 과의존 위험군 비율이 다른 세대보다 높게 나타나고, 이로 인해 스마트폰 노안이 청소년들도 위험하고 있다고 하였다. 〈보기〉의 그래프에서는 다른 대상보다 청소년층의 스마트폰 과의존 비율이 월등히 높은 것을 알 수 있을 뿐, 스마트폰 과의존 문제가 청소년 만의 문제가 아님을 알리는 것은 아니다.

③ 나이가 어릴수록 스마트폰 과의존 현상의 비율이 높아지는 것을 나타낼 수 있다.

〈보기〉의 그래프에 따르면 청소년의 스마트폰 과의존 비율이 나이가 가장 어린 유아동의 스마트폰 과의존 비율보다 높은 것을 알 수 있으므로 적절하지 않다.

④ 젊은 세대의 스마트폰 과의존 비율이 작년보다 급격하게 증가했음을 드러낼 수 있다.

〈보기〉의 그래프에서 작년과 현재의 스마트폰 과의존 위험군 비율을 비교한 내용은 찾아볼 수 없다.

⑤ 스마트폰에 과도하게 의존하게 되면 건강이 나빠질 수 있음을 알기 쉽게 표현할 수 있다.

〈보기〉의 그래프에서 스마트폰 과의존 비율이 높을수록 건강이 나빠진다는 내용을 찾아볼 수 없다.

04 매체의 특성 파악하기

다음은 ⓐ의 효과를 설명한 것이다. 빈칸에 들어갈 말로 적절한 것을 골라 차례대로 쓰시오.

ⓐ를 통해 블로그 글을 읽는 이의 (감성 / 흥미)을/를 불러일으키며, 자신의 (눈 건강 / 스마트폰 활용 방식)을 돌아보게 하고 있다.

정답

흥미, 눈 건강

독서 과시적 소비

빠른 정답 체크 01 ⑤ 02 ④ 03 ③ 04 전시 효과

「품질의 차이가 없는 상품인데도 '프리미엄', '명품'이라는 이름이 붙으면 기꺼이 높은 가격을 지불하는 소비자의 행태」를 '과시적 소비' 혹은 '베블런 효과'로 정의한다. 대체로 가격이 높아질수록 수요가 줄어드는 다른 상품과 달리, 과시 소비의 대상이 되는 상품들은 아무리 가격이 높아져도 오히려 그 수요가 늘어난다. 왜 이런 현상이 일어나는 것일까?

「」: 과시적 소비의 개념 / 과시 소비의 대상이 되는 상품의 특징

▶ 1문단: 과시적 소비의 개념

베블런은 초기 제도학파에 속한 경제학자로, 사회 규범과 법률 및 관습, 윤리 등의 제도적 측면에 주목하여 경제를 바라보았다. 베블런은 그의 저서인 〈유한계급론〉에서 「소비자는 타인과는 별개로 자신의 주관에 따라 상품을 구매하며, 그와 동시에 그 상품의 한계 편익* 및 한계 비용*을 평가한다」고 본 신고전학파의 관점을 비현실적이라고 지적했다. 또한 그는 신고전학파의 관점과 달리 소비자가 자신의 주관에 따라 상품을 구매하는 것이 아니라 오히려 다른 사람에게 영향을 받아 구매를 결정하게 된다고 주장했다. 즉, 얼리어답터*나 반사회적 성향을 띤 사람들 등의 예외적

「」: 신고전학파의 관점에서 바라본 소비자의 특징 / 베블런이 주장한 소비자의 소비 양상 ①

인 소수자를 제외하고, 소비자들 대부분이 주위 사람들과 자신의 소비 행태를 비교하며 소비 활동을 한다고 본 것이다.

베블런이 주장한 소비자의 소비 양상 ②

▶ 2문단: 베블런이 주장한 소비자의 소비 양상

베블런은 이와 같이 소비자가 주위를 의식하는 소비를 통해 자아정체성을 확립하고 자신의 개성을 드러내는 방향으로 소비하고자 한다고 주장하면서, 이러한 행태를 과시적 소비라고 정의하였다. 이러한 소비 양상은 주로 부유한 계층 또는 이에 대한 모방 욕구가 있는 신흥 부유층이 주도하는 경향을 띠며, 과시적 소비가 일반화될수록 저렴한 가격의 상품은 수요가 떨어지고 고가 상품에 대한 수요는 증가하는데, 과시적 소비를 하는 소비자가 자신을 과시하기 위해 남들이 소비하기 힘든 고가의 사치품을 소비 또는 소유하고자 하기 때문이다.

베블런이 주장한 과시적 소비의 의의 ①

베블런이 주장한 과시적 소비의 의의 ②

과시적 소비 주도 계층

과시적 소비가 일반화될 경우 일어나는 현상

과시적 소비를 하는 소비자의 심리

▶ 3문단: 과시적 소비의 특징

한편, 「자신의 소득 수준에 변화가 없어도 주변의 높은 소비 생활에 영향을 받아 고가의 제품을 선호하게 되는 경우」도 발생하는데, 이를 '전시 효과'라 한다. 사람들은 주위에 소비 수준이 높은 사람이 있거나 사회의 분위기가 그러하면 자신의 소비 수준도 덩달아 높아진다는 것이다. 선진국에 인접해 있거나 영향을 많이 받는 개발도상국의 소비 수준이 높아지는 현상 등이 전시 효과의 예시라 할 수 있다.

「」: 전시 효과의 개념

전시 효과의 예시

▶ 4문단: 전시 효과의 특징

* **한계 편익(限界便益)**: 어떤 재화를 한 단위 더 추가하여 소비할 때 누리게 되는 편익.
* **한계 비용(限界費用)**: 생산량이 한 단위 증가할 때 늘어나는 비용.
* **얼리어답터**: 새로운 제품에 대한 정보를 다른 사람보다 먼저 알고 신제품을 구매하여 사용한 뒤, 이에 대한 평가를 주변 사람에게 알려 주는 소비자군을 이르는 말.

01 세부 내용 이해하기 답 | ⑤

윗글에서 알 수 있는 베블런의 주장으로 적절한 것은?

정답 선지 분석

⑤ 반사회적 성향의 사람들은 주위 사람들과 자신의 소비를 비교하지 않는다.

2문단에서 베블런은 얼리 어답터나 반사회적 성향을 띤 이들과 같은 예외적인 소수자를 제외한 소비자들 대부분이 주위 사람들과 자신의 소비 행태를 비교한다고 보았으므로 적절하다.

오답 선지 분석

① 사람들은 일반적으로 실용적인 소비를 지향한다.

3문단에 따르면 과시적 소비가 일반화될수록 저렴한 가격의 상품은 수요가 떨어지고, 고가 상품에 대한 수요는 증가하므로 이를 실용적인 소비라고 볼 수 없다.

② 상품을 구매할 때 가장 중요한 것은 소비자의 주관이다.

2문단에 따르면 소비자가 타인과는 별개로 자신의 주관에 따라 상품을 구매한다고 본 것은 베블런이 아닌 신고전학파의 관점이다.

③ 소비자는 대개 전시 소비를 통해 자아정체성을 확립한다.

3문단에서 베블런은 소비자가 과시적 소비를 통해 자아정체성을 확립하고 자기 개성을 드러내는 방향으로 소비하고자 한다고 주장했다.

④ 과시적 소비가 일반화될수록 고가 상품에 대한 수요는 무조건 하락한다.

3문단에서 베블런은 과시적 소비가 일반화될수록 저렴한 가격의 상품은 수요가 되려 떨어지고, 고가 상품에 대한 수요는 증가한다고 하였다.

02 구체적 사례에 적용하기 답 | ④

과시적 소비와 관련 있는 사례로 적절하지 않은 것은?

정답 선지 분석

④ 친구들 사이에서 유행하는 고가의 헤드폰 대신 저렴하고 튼튼한 이어폰을 구입한 주영

과시적 소비는 고가의 사치품을 구매하여 과시하는 것이므로, 고가의 헤드폰 대신 저렴하고 튼튼한 이어폰을 구매하는 것은 과시적 소비와 관련 있다고 볼 수 없다.

오답 선지 분석

① 재력을 자랑하려고 주문 제작 시계를 구매한 민지

과시적 소비는 자신을 과시하기 위해 남들이 소비하기 힘든 고가의 사치품을 소비 또는 소유하고자 하는 심리에서 비롯되는 것이므로 재력을 자랑하기 위해 남들이 소유하기 어려운 주문 제작 시계를 구매한 것은 과시적 소비와 관련된 사례로 볼 수 있다.

② 한정판 명품을 구매한 인증 사진을 SNS에 올리는 것이 취미인 재현

한정판 명품은 남들이 소비하기 힘든 사치품이며, 구매한 인증 사진을 SNS에 올리는 것은 다른 사람들에게 과시하기 위해서이므로 과시적 소비와 관련된 사례로 볼 수 있다.

③ 품질에 차이가 없어도 항상 저렴한 제품보다 고가의 제품을 구매하는 연희

과시적 소비가 일반화될수록 싼 가격의 상품은 수요가 떨어지고 고가 상품에 대한 수요가 증가하므로 저렴한 제품보다 고가의 제품을 구매하는 것 또한 과시적 소비와 관련된 사례라고 볼 수 있다.

⑤ 자신이 신고 다니던 명품 운동화가 망가지자, 운동화를 버리고 한정판 운동화를 새로 구입한 현정

과시적 소비의 특징은 남들이 소비하기 힘든 사치품을 소유하여 과시하는 것이므로, 자신이 신고 다니던 명품 운동화가 망가지자 한정판 운동화를 새로 구입하여 다시 사치품을 과시하는 것은 과시적 소비와 관련된 사례라고 볼 수 있다.

03 세부 내용 추론하기 답 | ③

윗글을 참고할 때, ㉠에 들어갈 말로 적절한 것은?

> 스노브 효과는 다른 사람들이 특정 상품을 많이 소비한다는 이유만으로 자신은 그 재화의 소비를 중단하거나 줄이는 것을 말하는데, 이는 (　　㉠　　)한다는 점에서 과시적 소비와 유사하다.

정답 선지 분석

③ 남들과 달라 보이고 싶은 욕구가 작용

과시적 소비는 남들이 소비하기 힘든 사치품을 소비함으로써 자신이 남들과 다르다는 것을 과시하고자 한다. 스노브 효과 또한 다른 사람들이 많이 소비하는 상품의 소비를 중단함으로써 자신과 남들이 다르다는 것을 드러내고자 하므로 ㉠에 들어갈 말로 적절하다.

오답 선지 분석

① 부유한 계층이 소비를 주도

과시적 소비는 주로 부유한 계층이나 신흥 부유층이 주도하는 경향을 띠지만, 〈보기〉에서 스노브 효과에 관련된 소비 행위를 주도하는 주체는 등장하지 않으므로 적절하지 않다.

② 자신의 주관에 따라 제품을 구매

과시적 소비는 베블런이 소비자가 자신의 주관에 따라 제품을 구매한다고 본 신고전학파의 관점을 지적하며 등장한 개념이고, 〈보기〉에 따르면 스노브 효과는 제품을 구매하는 것이 아니라 제품의 소비를 중단하는 현상이므로 적절하지 않다.

④ 소비자에 대한 신고전학파의 관점을 긍정

신고전학파는 소비자가 타인과 상관없이 자신의 주관에 따라 상품을 구매한다고 주장하였고, 이와 달리 〈보기〉의 스노브 효과는 타인의 소비에 영향을 받으므로 적절하지 않다.

⑤ 자신의 소득 수준에 변화가 없어도 소비를 지속

자신의 소득 수준에 변화가 없어도 소비하는 현상은 과시적 소비가 아닌 전시 효과이다. 또한 〈보기〉에서는 스노브 효과와 관련된 소비 행위를 하는 소비자의 소득 수준에 대한 내용을 찾을 수 없으므로 적절하지 않다.

04 구체적 사례에 적용하기

ⓐ와 유사한 성격의 소비 현상을 윗글에서 찾아 2어절로 쓰시오.

ⓐ 밴드웨건 효과는 유행에 따라 상품을 구입하는 소비 현상을 뜻하는 경제 용어로, 특정 상품에 대한 자신의 소비가 다른 사람들의 수요에 의해 결정되는 현상이다. 이는 유행에 동조함으로써 타인들과의 관계에서 소외되지 않으려는 비이성적인 심리에서 비롯된다.

정답

전시 효과

문학 1 달팽이의 사랑(김광규)

빠른 정답 체크 01 ④ 02 ④ 03 ① 04 요란한, 장대

「장독대 앞뜰
「」: 달팽이가 사랑을 나누는 곳 - 일상적 공간
이끼 낀 시멘트 바닥」에서

달팽이 두 마리

얼굴 비비고 있다
사랑을 나누는 달팽이의 모습
▶ 장독대 앞뜰에서 사랑을 나누는 달팽이의 모습

△: 시련과 역경
요란한 천둥 번개
장대 같은 빗줄기 뚫고
(사랑의 공간에 도달하기까지의 시련과 역경)

여기까지 기어오는 데
사랑의 공간(장독대 앞뜰)
얼마나 오래 걸렸을까
▶ 시련과 역경을 극복하고 사랑의 공간에 도달한 달팽이

멀리서 그리움에 몸이 달아
달팽이의 정서
그들은 아마 뛰어왔을 것이다
달팽이의 이미지와 대조적인 표현 ①
들리지 않는 이름 서로 부르면

[A] 「움직이지 않는 속도로
「」: 달팽이의 이미지와 대조적인 표현 ② - 역설법
숨 가쁘게 달려와」 그들은

이제 몸을 맞대고

기나긴 사랑 속삭인다
▶ 간절한 그리움으로 역경을 극복하고 이뤄 낸 달팽이의 사랑
(달팽이의 사랑과 '나'의 사랑 대비)
「짤막한 사랑 담아둘
「」: 달팽이의 사랑과 대조되는 '나'의 세속적이고 남루한 사랑
집 한 칸 마련하기 위하여

십 년을 바둥거린」 ㉠ 나에게
달팽이와 대조되는 대상
날 때부터 집을 가진
달팽이의 등껍질
달팽이의 사랑은
고난과 시련을 극복하고 이뤄낸 사랑
얼마나 멀고 긴 것일까
▶ 달팽이와 대비되는 인간의 사랑에 대한 성찰적 태도

- 김광규, 〈달팽이의 사랑〉 -

01 표현상의 특징 이해하기 답 | ④

윗글에 대한 설명으로 적절한 것은?

정답 선지 분석

④ 대상의 이미지와 대조되는 표현을 통해 정서를 강화하고 있다.

윗글에서는 달팽이의 느린 이미지와 대비되는 '뛰어왔을 것이다'라는 표현을 통하여 그리움의 정서를 강화하고 있다.

오답 선지 분석

① 대상의 대비를 통해 현실의 모순을 부각하고 있다.

윗글에서는 '달팽이'와 '나'를 대비하고 있으나, 이를 통해 현실의 모순을 부각하고 있지는 않다.

② 비유적 표현을 통해 대상의 이미지를 고착화하고 있다

윗글에서는 '장대 같은 빗줄기'와 같이 직유법이 활용되었으나, 이는 달팽이의 시련과 역경을 부각하기 위한 것이지 대상의 이미지를 고착화하기 위한 것은 아니다.

③ 대상에게 말을 건네는 방식을 통해 친근감을 드러내고 있다.

윗글에서는 대상에게 말을 건네는 방식을 활용하고 있지 않다.

⑤ 일상적 시어를 통해 화자가 지향하는 이상 세계를 형상화하고 있다.

윗글에서는 '장독대 앞뜰'과 같은 일상적 시어를 활용하고 있으나, 이를 통해 화자가 지향하는 이상 세계를 형상화하고 있지는 않다.

02 표현상의 특징 파악하기 답 | ④

[A]와 유사한 표현 방법으로 적절하지 않은 것은?

정답 선지 분석

④ 나는 누워서 편히 지냈다. / 사랑하는 사람을 잃어버린 / 이 겨울.

- 문정희, 〈겨울 바다〉

[A]에서 활용된 표현 방법은 역설법이다. '나는 누워서 편히 지냈다. / 사랑하는 사람을 잃어버린 / 이 겨울.'에서는 사랑하는 사람을 잃어버린 슬픔을 '편히 지냈다'는 반어법을 활용하여 표현하고 있으므로 [A]와 유사한 표현 방법으로 볼 수 없다.

오답 선지 분석

① 날과 밤으로 흐르고 흐르는 남강은 가지 않습니다.

- 한용운, 〈논개의 애인이 되어서 그의 묘에〉

[A]에서 활용된 표현 방법은 역설법이다. '날과 밤으로 흐르고 흐르는 남강은 가지 않습니다.' 또한 흐르는 강이 가지 않는다는 역설법이 활용되었다.

② 괴로웠던 사나이 / 행복한 예수 그리스도에게 / 처럼

- 윤동주, 〈십자가〉

[A]에서 활용된 표현 방법은 역설법이다. '괴로웠던 사나이 / 행복한 예수 그리스도에게 / 처럼' 또한 예수가 괴로우면서 행복한 존재라고 표현하였으므로 역설법이 활용되었다.

③ 우리들의 사랑을 위하여서는 / 이별이, 이별이 있어야 하네

- 서정주, 〈견우의 노래〉

[A]에서 활용된 표현 방법은 역설법이다. '우리들의 사랑을 위하여서는 / 이별이, 이별이 있어야 하네' 또한 사랑을 이루기 위해 이별이 존재해야 한다는 역설법이 활용되었다.

⑤ 붉은 파밭의 푸른 새싹을 보아라 / 얻는다는 것은 곧 잃는 것이다.

- 김수영, 〈파밭 가에서〉

[A]에서 활용된 표현 방법은 역설법이다. '얻는다는 것은 곧 잃는 것이다.' 또한 얻는 것을 잃는 것이라 표현하는 역설법이 활용되었다.

03 작품 간의 공통점, 차이점 파악하기

답 | ①

윗글의 ㉠과 보기 의 ㉡을 비교한 내용으로 적절하지 않은 것은?

보기

너희들 어디서 오는지 설운 사람은 안다.
이 땅의 외진 흩섬 개펄도 얼어붙어
앉을 곳 없으므로 떠오는 너희들
기다렸다. / 기다림으로 말라버린
꺾어지는 갈대로
얼굴 모르는 이모부 생사 모를 외할머니
그들이 전하란 말 가슴 먼저 미어
울며 가는 너희 마음 끼루룩 ㉡ 나는 안다. (후략)

- 김창완, 〈기러기〉

정답 선지 분석

① ㉠, ㉡ 모두 자신과 같은 처지의 자연물에게 동조하고 있다.

가족과 이별한 처지인 ㉡은 홀로 떠다니는 기러기에게 '너희 마음 끼루룩 나는 안다.'라며 기러기에게 동조하는 모습을 보이나, ㉠과 달팽이는 서로 대조적인 관계이므로 적절하지 않다.

오답 선지 분석

② ㉠, ㉡ 모두 감정 이입을 통해 화자의 정서를 형상화하고 있다.

㉠은 달팽이에게, ㉡은 기러기에게 감정을 이입함으로써 화자의 정서를 형상화하고 있다.

③ ㉠은 ㉡과 달리 자연물을 통해 삶의 태도를 성찰하고 있다.

㉠은 장독대 앞뜰에서 사랑을 나누는 달팽이의 모습을 통해 자신의 세속적이고 남루한 사랑을 성찰하고 있다. 반면 ㉡은 기러기를 통해 삶의 태도를 성찰하는 것이 아니라, 분단으로 인해 가족을 만날 수 없는 슬픔과 안타까움을 드러내고 있으므로 적절하다.

④ ㉠은 ㉡과 달리 사물의 관찰을 통해 새로운 의미를 생성하고 있다.

㉠은 사랑의 공간에 도달하기 위해 시련과 역경을 극복한 달팽이를 통해 사랑의 새로운 의미를 다시 생각하고 있다. 반면 ㉡은 기러기를 통해 새로운 의미를 생성하고 있지 않으므로 적절하다.

⑤ ㉡은 ㉠과 달리 그리운 대상에 대한 상실감을 드러내고 있다.

㉡은 기러기를 통해 분단으로 인해 더 이상 만날 수 없게 된 '이모부'와 '외할머니'에 대한 그리움과 상실감을 드러내고 있으나, ㉠은 그리운 대상에 대한 상실감을 드러내지 않고 있으므로 적절하다.

04 구절의 의미 파악하기

보기 에서 설명하는 두 시행을 윗글에서 찾아, 각 행의 첫 어절을 차례대로 쓰시오.

보기

장독대 앞뜰에 도달하기 위해 달팽이가 겪은 시련을 가리킴.

정답

요란한, 장대

문학 2 결혼(이강백)

빠른 정답 체크 01 ④ 02 ④ 03 ④ 04 빈털터리

[앞부분 줄거리] 가난한 남자는 결혼을 하기 위해 최고급 저택, 고급 구두, 모자와 넥타이, 호사스러운 의복, 하인까지 빌리고, 맞선을 보기로 한 여자를 집으로 초대한다. 여자가 마음에 든 남자는 빌린 물건들로 자신을 과시하지만, 그것들은 모두 일정 시간이 지나면 되돌려 주어야 한다. 시간이 지날 때마다 하인은 남자의 구두, 넥타이 등을 차례로 빼앗는다.
(남자가 부를 과시하기 위해 빌린 것들)

여자: 왜 **난폭한 하인을 그냥 두**시죠? 당장 해고하세요.

남자: 하인은 아무 잘못도 없습니다.

여자: 그냥 두시니까 자꾸 빼앗기잖아요.

남자: 빼앗기는 건 아닙니다. 내가 되돌려 주는 겁니다.

여자: ㉠ 당신은 너무 착하셔요.
(여자는 남자의 정체를 아직 깨닫지 못함)

남자: 글쎄요, 내가 착한지 어쩐지는 잘 모르겠습니다만, 내 태도 하나만은 분명히 좋다고 봅니다. 이렇게 하나둘씩 되돌려 주면서도 당신에 대한 사랑은 줄어들지 않았습니다. 아니, 줄기는커녕 오히려 불어나고 있습니다. 아, 나의 천사님, 아니 덤이여! **구두와 넥타이**와 모자와 자질구레한* 소지품과 그리고 옷에 대해서 내 사랑은 분산되어 있었습니다. 그런데 지금은 어떤지 아십니까? 오로지 당신 하나에로만 모아지고 있는 겁니다! 내 청혼을 받아 주지 않으시겠습니까?
(당신에 대한 사랑: 본질적 가치(진정한 사랑) / 구두와 넥타이와 ~ 옷: 물질적·외면적 가치)

하인, 돌아와서 두 남녀에게 우뚝 선다.

여자: 어마, 또 왔어요!

남자: 염려 마십시오. 나도 이젠 그의 의무를 방해하지 않겠습니다.
(그의 의무: 시간이 되면 남자로부터 빌린 물건을 가져가는 일)

여자: 그의 의무? 의무가 뭐죠?

남자: 내가 빌린 물건들을 이 하인은 주인에게 가져다주는 겁니다.

하인, 남자에게 봉투를 하나 내민다.

남자는 봉투에서 쪽지를 꺼내 읽더니 아무 말 없이 여자에게 건
(쪽지: 경고문)

네준다.

여자: "나가라!" 나가라가 뭐예요?

남자: 네. 주인으로부터 온 **경고문**입니다. 시간이 다 지났으니 나가라는 거지요.
경고문의 내용

여자: 나가라…… 그럼 당신 것이 아니었어요?

남자: 내 것이라곤 없습니다.

여자: ㉡ (충격을 받는다.)

남자: 모두 빌린 것들뿐이었지요. 저기 두둥실 떠 있는 달님도, 저 은빛의 구름도, 이 하늬바람*도, 그리고 어쩌면 여기 있는 나마저도, 또 당신마저도…… (미소를 짓고) 잠시 빌린 겁니다.

여자: 잠시 빌렸다구요?

남자: 네. 그렇습니다.

하인, 엄청나게 큰 **구두 한 짝**을 가져오더니 주저앉아 **자기 발에 신는**다. 그 구둣발로 차 낼 듯한 험악한 분위기가 조성된다.
남자에 대한 하인의 위협

남자: 결혼해 주십시오. 당신을 빌린 동안에 오직 사랑만을 하겠습니다.
당신과 함께 살아갈 동안

여자: ㉢ ……아, 어쩌면 좋아?
남자의 정체를 알고 난 뒤, 청혼을 승낙할 것인지에 대한 내적 갈등

하인, 구두를 거의 다 신는다.
위협을 주어 남자가 집에서 나가도록 압박함

여자: 맹세는요, 맹세는 어떻게 하죠? 어머니께 오른손을 든…….

남자: 글쎄 그건……. (탁상 위의 사진들을 쓸어 모아 여자에게 주면서) 이것을 보여 드립시다. 시간이 가고 남자에게 남는 건 사랑이라면, 여자에게 남는 것은 무엇이겠습니까? 그건 사진 석 장입니다. 젊을 때 한 장, 그다음에 한 장, 늙고 나서 한 장. 당신 어머니도 이해하실 겁니다.
여자, 어머니, 할머니의 증명사진

여자: 이해 못 하실 걸요, 어머닌. (천천히 슬프고 낙담해서* 사진들을 핸드백 속에 담는다.) ㉣ 오늘 즐거웠어요. 정말이에요……. 그럼, 안녕히 계세요.
어머니는 진실된 사랑만으로 결혼하는 것을 이해 못할 것이라 생각함

여자, 작별 인사를 하고 문 앞까지 걸어 나간다.

(중략)

여자: (악의적인 느낌이 없이) 당신은 사기꾼이에요.

남자: 그래요, 난 사기꾼입니다. 이 세상 것을 잠시 빌렸었죠. 그리고 시간이 되니까 하나둘씩 되돌려 줘야 했습니다. 이제 난 본색이 드러나 이렇게 빈털터리입니다. 그러나 덤, 여기 있는 사람들에게 물어봐요. 누구 하나 자신 있게 이건 내 것이다, 말할 수 있는가를. 아무도 없을 겁니다. 없다니까요. 모두들 덤으로 빌렸지요. 언제까지나 영원한 것이 아닌, 잠시 빌려 가진 거예요.「(누구든 관객석의 사람을 붙들고 그가 가지고 있는 물건을 가리키며) 이게 당신 겁니까? 정해진 시간이 얼마지요? 잘 아꼈다가 그 시간이 되면 꼭 돌려주십시오.」덤, 이젠 알겠어요?
남자가 말하고자 하는 것
「」: 관객의 참여 ① – 주제를 전달함
여자의 별명이자, 여자에 대한 남자의 사랑을 나타내는 말

여자, 얼굴을 외면한 채 걸어 나간다.

하인, 서서히 그 무거운 구둣발을 이끌고 남자에게 다가온다. 남자는 뒷걸음질을 친다. 그는 마지막으로 절규하듯이 여자에게 말한다.

남자: 덤, 난 가진 것 하나 없습니다. 모두 빌렸던 겁니다. 그런데 덤, 당신은 어떻습니까? 당신이 가진 건 뭡니까? 무엇이 정말 당신 겁니까?「(넥타이를 빌렸었던 남성 관객에게) 내 말을 들어 보시오. 그럼 당신은 나를 이해할 거요. 내가 당신에게서 넥타이를 빌렸을 때, 그때 내가 당신 물건을 어떻게 다뤘었소? 마구 험하게 했었소? 어딜 망가뜨렸소? 아니요, 그렇진 않았습니다. 오히려 빌렸던 것이니까 소중하게 아꼈다간 되돌려 드렸지요. 덤, 당신은 내 말을 듣고 있어요? 여기 증인이 있습니다. 이 증인 앞에서 약속하지만, 내가 이 세상에서 덤 당신을 빌리는 동안에, 아끼고, 사랑하고, 그랬다가 언젠가 그 시간이 되면 공손하게 되돌려 줄 테요.」덤! 내 인생에서 당신은 나의 소중한 덤입니다. 덤! 덤! 덤!
여자가 소유한 것들 또한 모두 잠시 빌린 것임을 주장함
「」: 관객의 참여 ② – 남자의 진실한 고백에 대한 호소력을 높임
관객들

남자, 하인의 구둣발에 걷어차인다. 여자, ㉤ 더 이상 참을 수 없다는 듯 다급하게 되돌아와서 남자를 부축해 일으키고 포옹한다.
빌린 것을 돌려줘야 하는 시간이 다 됨

여자: 그만해요!

남자: 이제야 날 사랑합니까?

여자: 그래요! 당신 아니고 또 누굴 사랑하겠어요!

남자: 어서 결혼하러 갑시다, 구둣발에 차이기 전에!

- 이강백, 〈결혼〉 -

* **자질구레하다**: 모두가 잘고 시시하여 대수롭지 아니하다.
* **하늬바람**: 서쪽에서 부는 바람. 주로 농촌이나 어촌에서 이르는 말이다.
* **낙담하다(落膽하다)**: 바라던 일이 뜻대로 되지 않아 마음이 몹시 상하다.

01 작품의 특징 파악하기

답 | ④

윗글의 특징으로 적절하지 않은 것은?

정답 선지 분석

④ 무대와 객석의 경계를 명확하게 구분 지어 관객의 몰입을 돕는다.

윗글의 관객에게 물건을 빌리거나, 말을 건네는 행동을 통해 무대와 객석의 경계를 구분 짓지 않고 있다는 것을 확인할 수 있다.

오답 선지 분석

① 인물의 대사와 행동으로 사건이 전개된다.
윗글의 갈래는 희곡으로, 인물의 대사와 행동으로 사건이 전개된다.

② 인물의 행동을 통해 극적 긴장감을 고조시킨다.
윗글은 '하인'을 통해 극의 분위기를 긴박하게 이끌어가며, 긴장감을 고조시키고 있다.

③ 사건이 진행되면서 인물의 태도가 변화하고 있다.
윗글에서 여자가 남자의 청혼을 받아들이는 과정에 따라 인물의 태도가 변화하고 있음을 파악할 수 있으며, 이를 통해 소유의 본질과 진정한 사랑의 의미가 무엇인지 전달하고 있다.

⑤ 관객에게 물건을 빌리거나 말을 걸면서 관객의 적극적인 참여를 유도한다.
윗글에서는 관객에게 '넥타이'를 빌리기도 하며, 남자가 관객을 향해 말을 건네는 등, 관객의 적극적 참여를 유도하고 있다.

02 구절의 의미 파악하기 답 | ④

㉠~㉤을 통해 알 수 있는 여자의 모습으로 적절하지 않은 것은?

정답 선지 분석

④ ㉣: 남자에게 호감을 느꼈음을 간접적으로 고백하며 다음에 다시 만날 것을 희망하고 있다.
여자는 남자의 진실된 고백에도 불구하고 "오늘 즐거웠어요."라며 이별의 말을 건네고 있을 뿐, 다음에 다시 만날 것을 희망하고 있지는 않다.

오답 선지 분석

① ㉠: 남자의 진실을 아직 알지 못한 채 남자의 행동에 호감을 느끼고 있다.
여자가 남자에게 '너무 착하'다고 말한 것은 남자의 소지품을 뺏어가는 하인의 행동을 그냥 두는 남자에게 호감을 느끼는 것에서 비롯된 것이다. 이를 통해 여자가 남자가 가진 것이 없는 빈털터리임을 아직 깨닫지 못하고 있다는 것을 알 수 있다.

② ㉡: 부자인 줄 알았던 남자가 빈털터리라는 것을 알게 된 뒤의 감정을 의미한다.
여자가 충격에 빠진 이유는 남자의 물건이 모두 빌린 것이고, 자신의 소유는 하나도 없다는 것을 알게 되었기 때문이다.

③ ㉢: 남자의 청혼을 받아들여야 할지에 대한 내적 갈등이 일어나고 있다.
여자는 남자의 물질적인 부에 반해 호감이 생겼으나, 남자가 가진 것이 없다는 것을 알게 된 후, 남자의 진심 어린 고백을 듣고 혼란이 생겨 내적 갈등이 일어나는 것이다.

⑤ ㉤: 남자의 청혼을 받아들이는 것을 통해 물질적 요소보다 진실한 사랑을 중시하고 있음을 알 수 있다.
남자가 가진 것이 없다는 것을 알게 되어 이별을 고했지만, 남자의 진실된 고백을 듣고 난 뒤 남자의 청혼을 받아들이는 것은 여자가 물질적 요소보다 진실한 사랑을 중시하고 있음을 의미한다.

03 외적 준거를 참고하여 작품 감상하기 답 | ④

보기 를 참고하여 윗글을 감상한 내용으로 적절하지 않은 것은?

보기

…사람이 가지고 있는 것이 **어느 것이나 빌리지 아니한 것이 없다.** 임금은 백성으로부터 힘을 빌려서 **높고 부귀한 자리**를 가졌고, 신하는 임금으로부터 권세를 빌려 은총과 귀함을 누리며, 아들은 아비로부터, 지어미는 지아비로부터, 비복은 주인으로부터 힘과 권세를 빌려서 가지고 있다.

그 빌린 바가 또한 깊고 많아서 대개는 자기 소유로 하고 **끝내 반성할 줄 모르**고 있으니, 어찌 미혹한 일이 아니겠는가? 그러다가도 혹 잠깐 사이에 그 빌린 것이 도로 돌아가게 되면, 만방의 임금도 **외톨이**가 되고, 백승을 가졌던 집도 외로운 신하가 되니, 하물며 그보다 더 미약한 자야 말할 것이 있겠는가?

- 이곡, 〈차마설〉

* 비복(婢僕): 계집종과 사내종을 아울러 이르는 말.
* 미혹하다(迷惑하다): 무엇에 홀려 정신을 차리지 못하다.
* 백승(百乘): 백 대의 수레.

정답 선지 분석

④ 하인이 '구두 한 짝을' '자기 발에 신는' 것은 〈보기〉에 따르면 신발을 자신이 소유함으로써 '끝내 반성할 줄 모르'는 것을 나타내는군.
윗글에서 하인이 '구두 한 짝'을 '자기 발에 신는' 것은 남자에게 위협을 주기 위한 도구로 활용한 것이다. 이는 〈보기〉의 내용과 관련이 없다.

오답 선지 분석

① 남자가 '난폭한 하인을 그냥 두'는 이유는 사람이 '어느 것이나 빌리지 아니한 것이 없다'는 〈보기〉의 주장과 비슷하군.
윗글에서 남자가 자신의 소지품을 빼앗는 '난폭한 하인을 그냥 두'는 이유는 남자의 소지품이 모두 자신의 것이 아닌 빌린 것이기 때문이며, 이는 세상의 모든 것은 빌린 것이라는 남자의 생각으로부터 비롯된 것이라 볼 수 있다. 따라서 '사람이 가지고 있는 것이 어느 것이나 빌리지 아니한 것이 없다'는 〈보기〉의 주장과 비슷한 맥락이라 볼 수 있다.

② 남자가 빌린 '구두와 넥타이' 등은 〈보기〉의 '임금'이 '높고 부귀한 자리'를 가진 것과 같은 의미겠군.
윗글에서 '구두와 넥타이', '모자와 자질구레한 소지품', '옷' 등은 남자가 빌린 것에 해당하고, 〈보기〉에서 임금의 높고 부귀한 자리는 백성으로부터 힘을 빌려 얻게 된 것이라 하였으므로 적절하다.

③ 윗글의 '경고문'은 〈보기〉의 임금이 '외톨이'가 되는 것과 관련이 있겠군.
윗글의 '경고문'은 시간이 지났으니 빌린 물건을 모두 놓고 나가라는 내용을 담고 있고, 〈보기〉의 임금이 외톨이가 되는 것은 백성으로부터 힘을 빌려서 높고 부귀한 자리를 가졌던 시간이 지나 빌린 것이 도로 돌아가는 것을 의미하므로 적절하다.

⑤ 윗글과 〈보기〉 모두 우리가 가진 것은 누군가로부터 빌린 것이고 언젠가는 돌려주어야 한다는 것을 주장하고 있군.
윗글에서 남자는 여자에게 세상의 모든 것은 빌린 것이고 언젠가는 돌려줘야 함을 주장하면서, 여자를 빌리는 동안 진실한 사랑으로 아끼고 사랑할 것을 약속하고 있다. 〈보기〉 또한 사람이 가지고 있는 것이 어느 것이나 빌리지 아니한 것이 없다고 주장하고 있으므로 적절하다.

04 단어의 의미 파악하기

ⓐ와 관련하여, 윗글에서 남자가 자신을 지칭하는 말을 찾아 4음절로 쓰시오.

이 작품의 제목인 '결혼'은 소유하고자 하는 욕망에서 벗어나 서로가 ⓐ 진실한 모습을 보였을 때 얻게 되는 이상적 만남을 의미한다.

정답

빈털터리

08강

| 본문 | 93쪽

문법 문장의 구조 (1) 홑문장, 이어진문장

빠른 정답 체크 01 ④ 02 ② 03 ③ 04 대등하게, 종속적으로

01 문장의 구조 이해하기 답 | ④

문장의 구조에 대한 설명으로 적절하지 않은 것은?

정답 선지 분석

④ 대등하게 이어진문장은 앞 절과 뒤 절의 순서를 바꾸면 의미가 변한다.
대등하게 이어진문장은 앞 절과 뒤 절의 순서를 바꾸어도 의미상 큰 차이가 없다.

오답 선지 분석

① 홑문장에서는 주어와 서술어의 관계가 한 번만 나타난다.
홑문장은 주어와 서술어의 관계가 한 번만 나타나는 문장이다.

② 연결 어미를 통해 이어진문장에서 반복되는 요소는 생략할 수 있다.
이어진문장에서 연결 어미를 통해 두 문장이 이어질 경우, 반복되는 요소는 생략한다.

③ 이어진문장이 이루어지기 위해서는 두 개 이상의 홑문장이 필요하다.
이어진문장은 둘 이상의 홑문장이 앞 절과 뒤 절의 관계에 따라 나란히 이어지는 문장이므로, 이어진문장이 이루어지기 위해서는 두 개 이상의 홑문장이 필요하다.

⑤ 대등하게 이어진문장과 종속적으로 이어진문장은 앞 절과 뒤 절의 관계에 따라 구분된다.
대등하게 이어진문장은 앞 절과 뒤 절의 의미 관계가 대등하게 이어지는 문장이고, 종속적으로 이어진문장은 앞 절과 뒤 절의 의미관계가 종속적으로 이어지는 문장이므로 앞 절과 뒤 절의 관계에 따라 대등하게 이어진문장과 종속적으로 이어진문장을 구분할 수 있다.

02 종속적으로 이어진문장의 의미 관계 파악하기 답 | ②

다음 중 종속적으로 이어진문장과 그 의미 관계가 적절하게 연결되지 않은 것은?

정답 선지 분석

② 사람은 나이를 먹을수록 겸손해져야 한다. - 배경
'사람은 나이를 먹을수록 겸손해져야 한다.'는 '사람은 나이를 먹는다'와 '사람은 겸손해져야 한다'라는 두 문장이 이어진문장이고 이때 '먹을수록'의 '-ㄹ수록'은 정도의 심화를 의미하는 연결 어미이므로 적절하지 않다.

오답 선지 분석

① 우리는 집에 가려고 가방을 챙겼다. - 목적/의도
'우리는 집에 가려고 가방을 챙겼다.'는 '우리는 집에 간다'와 '가방을 챙겼다'라는 두 문장이 이어진문장이고 이때 '가려고'의 '-려고'는 목적이나 의도를 의미하는 연결 어미이므로 적절하다.

③ 종이 울리니 학생들이 학교를 빠져나왔다. - 원인
'종이 울리니 학생들이 학교를 빠져나왔다.'는 '종이 울리다'와 '학생들이 학교를 빠져나왔다'라는 두 문장이 이어진문장이고 이때 '울리니'의 '-(으)니'는 원인을 의미하는 연결 어미이므로 적절하다.

④ 나는 아무리 졸려도 반드시 숙제를 끝내야 한다. - 양보
'아무리 졸려도 반드시 숙제를 끝마쳐야 한다.'는 '나는 졸리다'와 '나는 숙제를 끝내야 한다'라는 두 문장이 이어진문장이고 이때 '졸려도'의 '-어도'는 양보를 의미하는 연결 어미이므로 적절하다.

⑤ 네가 오는 줄 알았으면 고향을 떠나지 않았을 텐데. - 조건
'네가 오는 줄 알았다면 고향을 떠나지 않았을 텐데.'는 '(내가) 네가 오는 줄 알다'와 '(내가) 고향을 떠나지 않다'라는 두 문장이 이어진문장이고 이때 '알았으면'의 '-(으)면'은 조건을 의미하는 연결 어미이므로 적절하다.

03 홑문장과 겹문장 구분하기 답 | ③

보기 에 나타난 문장의 종류가 적절하게 연결된 것은?

보기

㉠ 개나리가 활짝 피었다.
㉡ 책을 읽으면 어휘력이 증가한다.

정답 선지 분석

③ ㉠: 함박눈이 펑펑 내리는구나.
㉡: 비가 와도 바다에 가고 싶다.

〈보기〉의 ㉠은 주어 '개나리가'와 서술어 '핀다'가 한 번만 나타나는 홑문장이고, ㉡은 '책을 읽다'와 '어휘력이 증가한다'가 연결 어미 '-(으)면'과 결합하여 이어진문장이다. '함박눈이 펑펑 내리는구나.'는 주어 '함박눈이'와 서술어 '내리는구나'가 각각 한 번씩 등장하므로 ㉠에 해당하고, '비가 와도 바다에 가고 싶다.'는 '비가 오다'와 '바다에 가고 싶다'가 연결 어미인 '-아도'와 결합하여 이어진문장이므로 ㉡에 해당한다.

오답 선지 분석

① ㉠: 내 동생은 초등학생이다.
㉡: 언니는 오늘 졸업을 했다.

'내 동생은 초등학생이다.'에서 주어는 '내 동생은'이고, 서술어는 '초등학생이다'로 주어와 서술어의 관계가 한 번만 나타나는 ㉠에 해당한다. '언니는 오늘 졸업을 했다.'에서 주어는 '언니는'이고 서술어는 '했다'로 주어와 서술어의 관계가 한 번만 나타나므로 ㉡이 아닌 ㉠에 해당한다.

② ㉠: 눈이 오면 눈사람을 만들자.
㉡: 고양이가 신나게 춤을 춘다.

'눈이 오면 눈사람을 만들자.'는 '눈이 오다'와 '눈사람을 만들다'가 조건을 의미하는 연결 어미인 '-(으)면'와 결합하여 이어진 문장이므로 ㉡에 해당한다. '고양이가 신나게 춤을 춘다.'는 주어는 '고양이가'이고, 서술어는 '춘다'로 주어와 서술어의 관계가 한 번만 나타나는 ㉠에 해당한다.

④ ㉠: 날씨가 더워서 얼음이 다 녹았다.
㉡: 학원에 가려는데 친구가 집에 왔다.

'학원에 가려는데 친구가 집에 왔다.'는 '학원에 가다'와 '친구가 집에 왔다'가 배경이나 상황을 의미하는 '-는데'와 결합하여 이어진문장이므로 ㉡에 해당하는 것은 맞으나, '날씨가 더워서 얼음이 다 녹았다.'는 '날씨가 덥다'와 '얼음이 다 녹았다'가 원인을 의미하는 연결 어미인 '-어서'와 결합하여 이어진문장이므로 ㉠이 아닌 ㉡에 해당한다.

⑤ ㉠: 나는 밥을 먹고 동생은 간식을 먹었다.
㉡: 우리는 추위를 피하려고 가게로 들어갔다.

'우리는 추위를 피하려고 가게로 들어갔다.'는 '우리는 추위를 피하다'와 '우리는 가게로 들어갔다'가 목적이나 의도를 의미하는 연결 어미 '-(으)려고'와 결합하여 이어진 문장이므로 ㉡에 해당하는 것은 맞으나, '나는 밥을 먹고 동생은 간식을 먹었다.'는 '나는 밥을 먹는다'와 '동생은 간식을 먹었다'가 나열을 의미하는 연결 어미 '-고'와 결합하여 이어진문장이므로 ㉠이 아닌 ㉡에 해당한다.

04 이어진문장의 종류 이해하기

보기 를 참고하여, 빈칸에 들어갈 말로 적절한 것을 골라 차례대로 쓰시오.

보기

ⓐ 남들은 자유를 사랑한다지마는, 나는 복종을 좋아하여요. / 자유를 모르는 것은 아니지만, 당신에게는 복종만 하고 싶어요. / 복종하고 싶은데 복종하는 것은 아름다운 자유보다도 달콤합니다. 그것이 나의 행복입니다.
ⓑ 그러나 당신이 나더러 다른 사람을 복종하라면 그것만은 복종할 수가 없습니다. / 다른 사람을 복종하려면, 당신에게 복종할 수가 없는 까닭입니다.

- 한용운, 〈복종〉

ⓐ는 (대등하게 / 종속적으로) 이어진문장이고, ⓑ는 (대등하게 / 종속적으로) 이어진문장이다.

정답

대등하게, 종속적으로

독서 일식 현상

빠른 정답 체크 01 ④ 02 ② 03 ③ 04 가까워져, 멀어져

일식이란 지구에서의 시점 기준으로 달이 태양 전체 또는 일부를 가리는 천문 현상을 말한다.(일식의 개념) 일식은 태양과 달의 겉보기 지름이 비슷하고,(일식을 볼 수 있는 조건 ①) 지구가 태양 근처를 도는 궤도면*과 달이 지구 근처를 도는 궤도면이 거의 일치하여(일식을 볼 수 있는 조건 ②) 달이 지구 주위를 돌면서 태양의 앞쪽을 지나 태양을 가릴 때(일식을 볼 수 있는 조건 ③) 관측이 가능하다. 이때 달그림자는 지구 표면에 드리워지는데, 해당 지역에서 태양이 달그림자에 가려지면 일식이 발생하는 것이다. 한편 달그림자에서 가장 어두운 중심 지역을 본그림자라고 하고, 덜 어두운 주변 부분은 반그림자라고 한다.(달그림자는 중심에서 멀어질수록 밝아짐)

▶ 1문단: 일식의 개념

그렇다면 일식은 언제 일어날까? 이론적으로는 달이 지구와 태양 사이에 있고, 이들이 나란히 일직선상에 오는 음력 1일경 한낮(이론적으로 일식이 발생하는 시기)에 발생한다. 하지만 이를 매달 볼 수 있지는 않다. 일식을 관측하는 이 또한 달그림자의 범위에 해당하는 지역에서만 일식을 관측할 수 있기 때문(매달 음력 1일경 한낮에 일식을 관측할 수 없는 이유)이다. 따라서, ㉠ 지구상에서 일식은 일어날 때마다 매번 관측할 수 있는 것은 아니다.

▶ 2문단: 일식의 발생 시기

일식의 종류는 크게 세 가지가 있다. 개기일식은 달이 태양을 완전히 가려 대낮임에도 한밤중이 된 것처럼 어두워지는 현상이고,(개기일식의 개념) 금환일식은 달이 태양의 가운데만 가려 미처 가려지지 못한 태양의 테두리 부분이 금빛 고리 형태로 나타나는 현상(금환일식의 개념)이다. 마지막으로 부분 일식은 달이 태양을 일부분만 가리는 현상(부분 일식의 개념)이다.

▶ 3문단: 일식의 종류

똑같이 지구와 달, 태양이라는 일직선상에 놓임에도 개기일식과 금환일식으로 나뉘게 되는 이유는 다음과 같다. 달은 지구 주위를 원형이 아니라 타원형으로 공전한다*.(달그림자는 중심에서 멀어질수록 밝아짐) 따라서 달이 지구와 가까워졌을 때는 지구에서는 달이 크게 보이고, 태양을 완전히 가리는 개기일식이 나타나게 된다. 반대로 달이 지구에서 멀어져 있을 때는 상대적으로 작게 보여 태양을 가운데만 가리는 금환일식이 일어나는 것이다. 한편, 부분 일식은 관측자가 달의 반그림자 영역에 속해 있을 때 관측할 수 있다.

▶ 4문단: 개기일식과 금환일식의 특징

일식은 매년 최소 2회에서 5회까지 발생하며,(일식의 발생 빈도) 그중 개기일식은 대개 연 2회를 넘겨 일어나는 일이 드물다.(개기일식의 발생 빈도) 또한, 지구상의 특정 지역은 개기일식을 관측할 기회가 다른 지역에 비해 적은 경우가 있다. 이는 지구에 드리운 본그림자의 면적이 지표면에 비해 협소한* 까닭에 아주 좁은, 한정된 지역에서만 볼 수 있기 때문(특정 지역에서 개기일식을 관측할 기회가 적은 이유)이다. 게다가 일식은 대개 한 시간 정도 지속되지만 그 중 개기일식은 2분가량만 관찰할 수 있는 것도 이와 관련이 있다. 한편 일식을 정면으로 보면 눈에 손상이 갈 수 있으므로, 태양 관측용 필터를 사용하거나(일식을 관측하는 적절한 방법 ①) 짙은 색의 셀로판지를 여러 장 겹쳐 간접적으로 관측하는 방법(일식을 관측하는 적절한 방법 ②)을 활용해야 눈을 보호할 수 있다.

▶ 5문단: 일식의 빈도와 일식 관측 시 주의점

* 궤도면(軌道面): 천체의 궤도를 포함하는 평면.
* 공전하다(公轉하다): 한 천체가 다른 천체의 둘레를 주기적으로 돌다. 행성이 태양의 둘레를 돌거나 위성이 행성의 둘레를 도는 현상 따위를 이른다.
* 협소하다(狹小하다): 공간이 좁고 작다.

01 세부 내용 이해하기 답 | ④

윗글에 대한 내용으로 적절하지 않은 것은?

정답 선지 분석

④ 지구가 달과 태양 사이에 나란히 일직선상으로 올 때 일식이 일어난다.
2문단에서 이론적으로 일식은 지구가 달과 태양 사이에 있는 것이 아니라, 달이 지구와 태양 사이에 있고 이들이 나란히 일직선상에 오는 음력 1일경 한낮에 발생한다고 하였다.

오답 선지 분석

① 달의 그림자는 중심에서 멀어질수록 밝아진다.
1문단에 따르면 달그림자에서 가장 어두운 중심 지역은 본그림자, 덜 어두운 주변 부분은 반그림자이므로 달의 그림자는 중심에서 멀어질수록 밝아진다는 것을 알 수 있다.

② 일식은 한 번 발생할 때 한 시간 정도 지속된다.
5문단에서 일식은 대개 한 시간 정도 지속된다고 하였다.

③ 일식은 지구에서 관측할 수 있는 천문 현상이다.
1문단에서 일식이란 지구에서의 시점 기준으로 달이 태양 전체 또는 일부를 가리는 천문 현상을 말한다고 하였으므로 지구에서 관측할 수 있는 천문 현상이다.

⑤ 일식을 관측할 때 맨눈으로 보면 눈에 손상이 갈 수 있으므로 도구를 활용해야 한다.
5문단에서 일식을 정면으로 보면 눈에 손상이 갈 수 있으므로 태양 관측용 필터를 활용하거나, 짙은 색의 셀로판지를 여러 장 겹쳐 간접적으로 관측하는 방법을 사용해야 한다고 하였으므로 적절하다.

02 세부 내용 추론하기 답 | ②

㉠의 이유로 적절한 것은?

정답 선지 분석

② 달그림자의 범위가 지역마다 다르기 때문이다.
일식은 달그림자의 범위에 해당하는 지역에서만 관찰되기 때문에 일식이 일어날 때마다 매번 관측할 수 없다는 ㉠의 이유로 적절하다.

오답 선지 분석

① 지구와 달의 궤도가 다르기 때문이다.

일식이 일어날 때마다 매번 관측할 수 없는 이유는 일식이 달그림자의 범위에 해당하는 지역에서만 관측할 수 있기 때문이다. 따라서 지구와 달의 궤도가 다른 것을 일식을 매번 관측할 수 없는 이유로 볼 수 없다.

③ 달이 지구 주위를 타원형으로 공전하기 때문이다.

달이 지구 주위를 타원형으로 공전한다는 것은 일식의 종류가 개기일식과 금환일식으로 나뉘는 이유이지, 일식이 일어날 때마다 매번 관측할 수 없는 이유라고 할 수 없다.

④ 일식이 매달 음력 1일경 한낮에만 발생하기 때문이다.

일식이 매달 음력 1일경 한낮에만 발생한다는 것은 일식 현상 자체가 자주 발생하지 않는 것을 의미한다. ㉠은 일식이 일어난다고 해서 매번 볼 수 없다는 내용이므로 적절하지 않다.

⑤ 태양과 달의 겉보기 지름이 비슷해지는 시기가 자주 오지 않기 때문이다.

태양과 달의 겉보기 지름이 비슷해지는 시기가 자주 오지 않는다는 것은 일식 현상 자체가 자주 발생하지 않는 이유이다. ㉠은 일식이 일어난다고 해서 매번 볼 수 없다는 내용이므로 적절하지 않다.

03 구체적 사례에 적용하기

답 | ③

윗글을 참고하여 보기 를 이해한 내용으로 적절하지 않은 것은?

보기

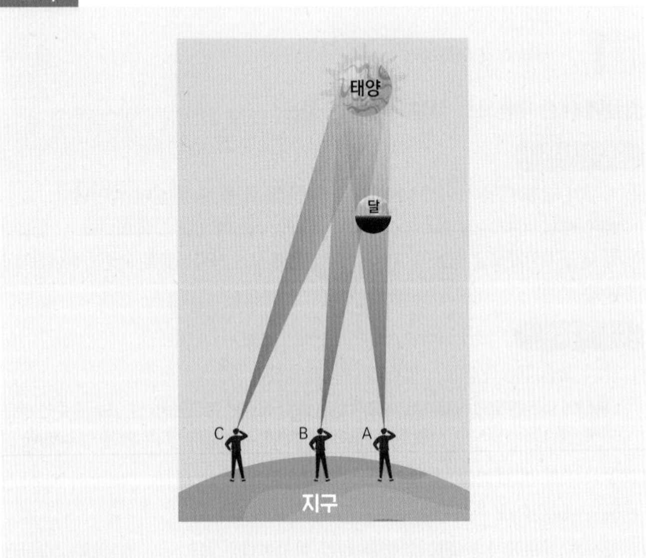

정답 선지 분석

③ B의 관측자는 태양의 테두리 부분만을 볼 수 있겠군.

B는 달의 반그림자가 드리워진 지역으로, 부분 일식을 관측할 수 있는 지역이다. 태양의 테두리 부분을 관측할 수 있는 경우는 금환일식이 일어났을 때이므로 적절하지 않다.

오답 선지 분석

① A는 본그림자가 지구에 드리운 면적에 해당하는군.

A는 달이 태양과 지구의 사이에 있고 이들이 나란히 일직선상에 있는 경우로, 달에서 가장 어두운 부분인 본그림자가 드리워진 곳에 해당한다.

② 달과 지구의 거리에 따라 A에서 관측할 수 있는 일식의 종류가 달라지겠군.

A에서는 지구와 달, 태양이 일직선상에 놓였으므로 개기일식과 금환일식을 관측할 수 있고, 이때 달이 지구와 까워졌을 때는 개기일식을, 달이 지구에서 멀어져 있을 때는 금환일식을 볼 수 있다.

④ B에서는 매년 최대 5회까지 일식을 관측할 수 있겠군.

B는 부분 일식을 관측할 수 있는 지역이며, 개기일식이 아닌 일식은 매년 최소 2회에서 5회까지 발생한다고 하였으므로 적절하다.

⑤ C는 달그림자가 드리워지는 지역이 아니겠군.

C는 달그림자가 지구 표면에 드리워졌으나, 그 범위에 해당하지 않으므로 일식을 관찰할 수 없는 지역이다.

04 세부 내용 파악하기

빈칸에 들어갈 말로 적절한 것을 골라 차례대로 쓰시오.

혼성일식은 개기일식과 금환일식이 섞여 있는 경우로, 달이 지구 쪽에서 멀어져 달과 태양 간의 거리가 (가까워져 / 멀어져) 되어 금환일식이 일어나다가 시간이 흐르면서 이 거리가 (가까워져 / 멀어져) 개기일식으로 바뀐다.

정답

가까워져, 멀어져

문학 1 황계사(작자 미상)

빠른 정답 체크 01 ② 02 ② 03 ② 04 황하수, 큰 배

일조* 낭군 이별 후에 소식조차 돈절하다* [A]
어허야아자 좋을씨고

어찌어찌 못 오던고 일정 자네가 아니 오던가
(일정: 정녕)
어허야아자 좋을씨고

□: 후렴구 - ① 작품의 정서와 상반되는 표현 ② 통일감과 운율을 형성함
△: 낭군이 화자에게 오는 것을 방해하는 장애물

춘수만사택*하니 물이 깊어 못 오던가 [B]
(도연명의 〈사시〉 중 '봄' 구절 인용)
하운이 다기봉*하니 산이 높아 못 오던가
(도연명의 〈사시〉 중 '여름' 구절 인용)
어디를 가고 나를 아니 와 보는고
(오지 않는 임에 대한 화자의 원망)
어허야아자 좋을씨고

▶ 갑작스레 이별한 뒤 돌아오지 않는 임에 대한 원망

「병풍에 그린 황계* 수탉이 두 날개를 둥둥 치며 [C]
(둥둥: 의성어 / 치며: 의태어)
사경일점*에 날 새라고 꼬끼오 울거든 오려는가」
「」: 불가능한 상황이 되어야 올 것이냐는 물음으로 임에 대한 간절한 그리움과 원망 표현
어허야아자 좋을씨고

▶ 임에 대한 애절한 그리움을 병풍에 그려진 황계에 투영함

저 달아 보느냐 임 계신 데 명기*를 비치렴 나도 보게
(기원의 대상, 임에 대한 그리움을 투영하는 자연물)
「너는 죽어 황하수* 되고 나는 죽어 큰 배가 되어 [D]
(황하수: 큰 강을 의미함)
밤이나 낮이나 낮이나 밤이나 어화 둥실 떠서 노세」
(언제나)
「」: 언제나 임과 함께 하고픈 화자의 소망을 대구법을 활용하여 나타냄
어허야아자 좋을씨고

▶ 임과 나를 황하수와 배의 관계로 비유하여 언제나 임과 함께 하고픈 소망을 드러냄

한 곳을 들어가니 육관 대사 제자 성진이는 팔선녀를 희롱한다
(김만중의 소설 '구운몽'을 인용함 - '구운몽'보다 늦은 시기에 쓰였음)
어허야아자 좋을씨고

죽관*사립* 젖혀 쓰고 십리 사장* 내려가니

어허야아자 좋을씨고

옥용이 적막루난간*하니 [E]

이화일지춘대우*라

어허야아자 좋을씨고

좋을 좋을 좋은 경(景)을 얼싸 좋다 경(景)이로다

▶ 오지 않는 임에 대한 기다림과 그리움

- 작자 미상, 〈황계사〉 -

- 일조(一朝): 하루 아침.
- 돈절하다(頓絶하다): 편지, 소식 따위가 갑자기 끊어지다.
- 춘수만사택(春水滿四澤): 도연명의 〈사시〉 중 한 구절로, '봄철의 물이 사방의 못에 가득하다'라는 의미.
- 하운다기봉(夏雲多奇峰): 도연명의 〈사시〉 중 한 구절로, '여름 구름이 많은 기이한 봉우리를 이룬다'라는 의미.
- 황계(黃鷄): 털빛이 누런 닭.
- 사경일점(四更一點): 하룻밤을 오경으로 나눈 넷째 부분인 사경의 한 시점. 사경은 새벽 1시에서 3시 사이.
- 명기(明氣): 맑고 아름다운 산천의 기운.
- 황하수(黃河水): 중국의 강 이름.
- 죽관(竹管): 대나무로 만든 관.
- 사립(簑笠): 도롱이와 삿갓을 아울러 이르는 말.
- 사장(沙場): 강가나 바닷가에 있는 넓고 큰 모래벌판.
- 옥용적막루난간(玉容寂寞淚欄干): 백거이의 〈장한가〉 중 한 구절로, '옥 같은 얼굴이 적막함에 눈물이 흐른다'라는 의미.
- 이화일지춘대우(梨花一枝春帶雨): 백거이의 〈장한가〉 중 한 구절. 배꽃 한 가지 봄비 머금은 듯하다는 의미로, 양귀비가 눈물을 흘리고 있는 모습을 형용한 시구. 미인이 눈물을 흘리는 모습을 의미함.

01 표현상의 특징 이해하기 답 | ②

윗글에 대한 설명으로 적절하지 않은 것은?

정답 선지 분석

② 시선의 이동을 통해 작품의 분위기를 심화하고 있다.
윗글에서 시선의 이동이 나타난 부분을 찾을 수 없다.

오답 선지 분석

① 동일한 어구를 반복하여 운율을 형성하고 있다.
윗글은 후렴구인 '어허야아자 좋을씨고'를 반복하여 운율을 형성하고 있다.

③ 의성어와 의태어를 통해 작품을 감각적으로 표현하고 있다.
윗글은 의성어인 '둥둥', '꼬끼오', 의태어인 '둥실' 등을 통해 작품을 감각적으로 표현하고 있다.

④ 다양한 작품을 인용하여 화자의 정서를 구체적으로 묘사하고 있다.
윗글은 도연명의 〈사시〉, 김만중의 〈구운몽〉 등의 작품을 인용하여 임을 그리워하는 화자의 정서를 구체적으로 묘사하고 있다.

⑤ 과장적 표현을 활용하여 부정적 상황을 해학적으로 나타내고 있다.
윗글은 병풍에 그려진 닭이 날개를 움직이며 우는 모습을 제시함으로써 임이 오지 않는 상황을 해학적으로 나타내고 있다.

02 구절의 의미 파악하기 답 | ②

[A]~[E]에 대한 설명으로 적절한 것은?

정답 선지 분석

② [B]: 임이 오지 않는 원인을 자연물에서 찾고 있다.
[B]에서 화자는 임이 오지 않는 원인을 '물'과 '산'에서 찾고 있으므로 적절하다.

오답 선지 분석

① [A]: 임과의 이별 후 느끼는 화자의 감정을 직접적으로 드러내고 있다.
[A]에서 임이 화자와 '이별 후'에 '소식조차 돈절'한 것을 통해 이별한 상황임을 알 수 있으나, 화자의 감정을 직접적으로 드러내고 있지는 않다.

③ [C]: 화자의 상황과 대비되는 자연물을 통해 임에 대한 화자의 그리움을 심화하고 있다.
[C]에서 '황계 수탉'이 등장하나, 이는 임에 대한 화자의 그리움을 과장하여 표현하기 위한 것으로, 화자의 상황과 대비되는 자연물로 볼 수 없다.

④ [D]: 임이 죽어 더 이상 만날 수 없는 상황임을 드러내고 있다.
[D]는 상황을 가정하여 죽어서라도 임과의 재회를 바라는 화자의 심정을 표현한 것이지, 실제로 임이 죽어 더 이상 만날 수 없는 상황인지는 알 수 없다.

⑤ [E]: 십리 사장의 아름다움을 표현하고 있다.
[E]는 오지 않는 임에 대한 그리움과 슬픔을 표현한 것이지, 십리 사장의 아름다움을 표현한 것이라 볼 수 없다.

03 작품 비교하기 답 | ②

윗글과 보기 를 비교하여 감상한 내용으로 적절하지 않은 것은?

보기

묏버들 가려 꺾어 보내노라 님에게
주무시는 창밖에 심어 두고 보소서
밤비에 새잎 나거든 나인가도 여기소서

\- 홍랑, 〈묏버들 가려 꺾어〉

정답 선지 분석

② 윗글과 〈보기〉 모두 불가능한 상황을 통해 정서를 심화하고 있군.
윗글에서는 '병풍에 그린 황계 수탉'이 날개를 움직이고 우는 불가능한 상황을 제시하여 임에 대한 화자의 그리움을 심화하고 있으나, 〈보기〉에서는 불가능한 상황을 찾을 수 없다.

오답 선지 분석

① 윗글과 〈보기〉 모두 임과 화자의 물리적 거리가 먼 상황이군.
윗글과 〈보기〉 모두 임과 멀리 떨어져 있는 상황에서 임에 대한 그리움을 나타낸 작품으로, 적절하다.

③ 윗글과 〈보기〉 모두 자연물을 통해 임에 대한 그리움을 드러내고 있군.
윗글에서는 '달', '황계 수탉' 등을 통해 임에 대한 그리움을 드러내고 있고, 〈보기〉에서는 '묏버들'을 통해 임에 대한 그리움을 드러내고 있으므로 적절하다.

④ 〈보기〉에서 윗글의 '달'과 유사한 기능을 하는 시어는 '묏버들'이겠군.
윗글의 '달'과 〈보기〉의 '묏버들'은 모두 화자와 임을 연결해 주는 자연물로, 화자의 정서가 투영된 대상으로 적절하다.

⑤ 윗글은 〈보기〉와 달리 임과 화자의 사이를 가로막는 장애물이 등장하는군.
윗글에서는 '물'과 '산'이 화자와 임의 사이를 가로막는 장애물로 등장하지만, 〈보기〉에서는 이러한 장애물을 찾을 수 없으므로 적절하다.

04 시어의 의미 파악하기

보기 의 ⓐ와 대응하는 시어 두 개를 윗글에서 찾아 차례대로 쓰시오.
(단, 하나는 1어절, 다른 하나는 2어절로 쓸 것.)

보기

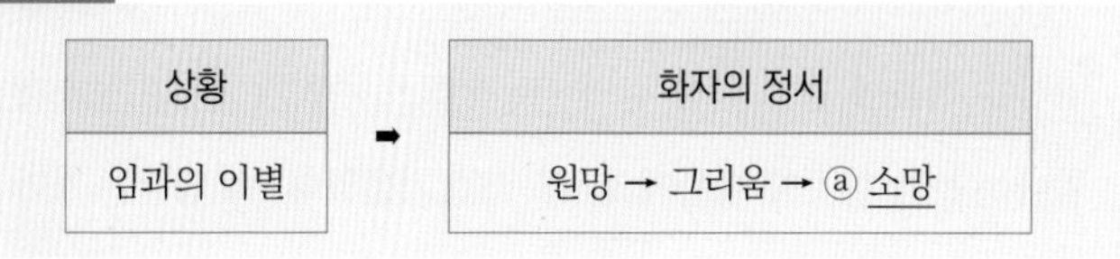

상황	➡	화자의 정서
임과의 이별		원망 → 그리움 → ⓐ 소망

정답

황하수, 큰 배

문학 2 독 짓는 늙은이(황순원)

빠른 정답 체크 01 ② 02 ③ 03 ① 04 독 튀는 소리

[앞부분 줄거리] 독 짓는 노인 송 영감은 부인과 그의 조수가 도망친 뒤 배신감과 분노에 떨지만, 아들을 위해 다시 독 짓기를 시작한다.

차차 송 영감의 솜씨에는 틈이 생기기 시작했다. 더구나 조마구와 부채마치*로 두드려 올릴 때, 퍼뜩 눈앞에 아내와 조수의 환영*
송 영감의 솜씨에 틈이 생기기 시작한 원인 ① – 아내와 조수에 대한 배신감
이 떠오르면 짓던 독을 때리는지 아내와 조수를 때리는지 분간 못 하는 새, ㉠ 독이 그만 얇게 못나게 지어지곤 했다. 그리고 전*을 잡는 손이 떨려, 가뜩이나 제일 힘든 마무리의 전이 잘 잡히지를 않았다. 열 때문도 있었다. 송 영감은 쓰러지듯이 짓던 독 옆
송 영감의 솜씨에 틈이 생기기 시작한 원인 ② – 건강 악화
에 눕고 말았다.

송 영감이 정신이 들었을 때는 저녁때가 기울어서였다. 왱손이도 흙 몇 덩이를 이겨 놓고 가고 없었다. 언제부터인가 바깥 저녁 그늘 속에 애가 남쪽 장길을 향해 쪼그리고 앉아 있었다. 어머니
송 영감의 아들
를 기다리는 거리라. 「언제나처럼 장 보러 간 어머니가 언제나처
아들이 남쪽 장길을 향해 쪼그리고 앉아 있는 이유
럼 저녁때면 조수에게 장감*을 지워 가지고 돌아올 줄로만 아직 아는가 보다.」 「」: 어머니가 떠났다는 것을 깨닫지 못한 아들의 행동을 서술함

밖을 내다보던 송 영감은 제힘만이 아닌 어떤 힘으로 벌떡 일어나 다시 독 짓기를 시작하는 것이었으나, 이번에는 겨우 한 개를 짓고는 다시 쓰러지듯이 눕고 말았다.

[중간 부분 줄거리] 방물장수인 앵두나뭇집 할머니가 찾아 와 송 영감에게 아들 당손이를 입양 보내자고 제안하고, 이를 들은 송 영감은 크게 화내며 거절한다. 다가올 겨울 양식을 마련하기 위해 마음이 조급해진 송 영감은 가마가 다 채워지기도 전에 조수와 자신의 독을 굽는다.

송 영감이, 이제 조금만 더, 하고 속을 죄고 있을 때였다. 가마 속에서 갑자기 뚜왕! 뚜왕! 하고 독 튀는 소리가 울려 나왔다. 송
자신이 만든 독이 깨지는 소리
영감은 처음에 벌떡 반쯤 일어나다가 도로 주저앉으며 이상스레 빛나는 눈을 한곳에 머물게 한 채 귀를 기울였다. 송 영감은 가마에 넣은 독의 위치로, 지금 것은 자기가 지은 독, 지금 것도 자기가 지은 독, 하고 있었다. 이렇게 튀는 것은 거의 송 영감의 것뿐
조수의 실력보다 송 영감의 실력이 쇠퇴하였음을 의미함
이었다. 그리고 송 영감은 또 그 튀는 소리로 해서 그것이 자기가 앓다가 일어나 처음에 지은 몇 개의 독만이 튀지 않고 남은 것을 알며, 왱손이의 거치적거린다고 거지들을 꾸짖는 소리를 멀리 들으면서 어둠 속에 그만 쓰러지고 말았다.

다음 날 송 영감이 정신이 들었을 때에는 자기네 뜸막* 안에 뉘어져 있었다. 옆에서 작은 몸을 오그리고 훌쩍거리던 애가 아버지
아버지에 대한 걱정과 깨어났다는 안도감 때문에
가 정신 든 것을 보고 더 크게 훌쩍거리기 시작했다. 송 영감이 저도 모르게 애보고 안 죽는다, 안 죽는다, 했다. ㉡ 그러나 송 영감
아들을 안심시키기 위한 말
은 또 속으로는, 지금 자기는 죽어 가고 있다고 부르짖고 있었다.
아들에게 말한 것과는 달리, 자신의 상태가 나빠짐

이튿날 송 영감은 애를 시켜 앵두나뭇집 할머니를 오게 했다. 앵두나뭇집 할머니가 오자 송 영감은 애더러 놀러 나가라고 하며 유심히 애의 얼굴을 쳐다보는 것이었다. 마치 애의 얼굴을 잊지
인물의 심리를 직접적으로 서술
않으려는 듯이.

[A]

앵두나뭇집 할머니와 단둘이 되자 송 영감은 눈을 감으며, 요전에 말하던 자리에 아직 애를 보낼 수 있겠느냐고 물었다. 앵
아들을 입양 보내려고 함
두나뭇집 할머니는 된다고 했다. 얼마나 먼 곳이냐고 했다. 여기서 한 이삼십 리 잘 된다는 대답이었다. 그러면 지금이라도 보낼 수 있느냐고 했다. 당장이라도 데려가기만 하면 된다고 하면서 앵두나뭇집 할머니는 치마 속에서 지전* 몇 장을 꺼내
아들을 입양보내는 것에 대한 사례
어 그냥 눈을 감고 있는 송 영감의 손에 쥐여 주며, 아무 때나 애를 데려오게 되면 주라고 해서 맡아 두었던 것이라고 했다.

송 영감이 갑자기 눈을 뜨면서 ㉢ 앵두나뭇집 할머니에게
자신이 머지않아 죽을 것임을 직감하였기 때문에
돈을 도로 내밀었다. 자기에게는 아무 소용없으니 애 업고 가는 사람에게나 주어 달라는 것이었다. 그러고는 다시 눈을 감았다. 앵두나뭇집 할머니는 애 업고 가는 사람 줄 것은 따로 있다고 했다. 송 영감은 그래도 그 사람을 주어 애를 잘 업어다 주게 해 달라고 하면서, 어서 애나 불러다 자기가 죽었다
아들이 미련 없이 떠나길 바라는 마음에서 거짓말을 함
고 하라고 했다. 앵두나뭇집 할머니가 무슨 말을 하려는 듯하다가 저고리 고름으로 눈을 닦으며 밖으로 나갔다.

송 영감은 눈을 감은 채 가쁜 숨을 죽이고 있었다. 그리고 무슨 일이 있더라도 눈물일랑 흘리지 않으리라 했다.
아들과의 이별을 의연하게 받아들이려 함

그러나 앵두나뭇집 할머니가 애를 데리고 와, 저렇게 너의 아버지가 죽었다고 했을 때, 송 영감은 절로 눈물이 흘러내림을 어찌할 수 없었다. 앵두나뭇집 할머니는 억해 오는 목소리를 겨우 참고, ㉣ 저것 보라고 벌써 눈에서 썩은 물이 나온다고 하고는, 그
아들에게 송 영감이 죽었다는 것을 납득시키기 위해 거짓말을 함
러지 않아도 앵두나뭇집 할머니의 손을 잡은 채 더 아버지에게 가까이 갈 생각을 않는 애의 손을 끌고 그곳을 나왔다.

그냥 감은 송 영감의 눈에서 다시 썩은 물 같은, 그러나 뜨거운
아내가 도망가고, 아들마저 입양 보내야 하는 자신의 삶에 대한 회한의 눈물
새 눈물 줄기가 흘러내렸다. 그러는데 어디선가 애의 훌쩍훌쩍 우는 소리가 들리는 듯했다. 눈을 떴다. 아무도 있을 리 없었다.

ⓜ 지어 놓은 독이라도 한 개 있었으면 싶었다. 순간 뜸막 속 전
외로움과 공허함이 몰려 와 무엇이라도 곁에 있었으면 하는 마음에서
체만 한 공허가 송 영감의 파리한* 가슴을 억눌렀다. 온몸이 오므라들고 차옴을 송 영감은 느꼈다.

그러는 송 영감의 눈앞에 독 가마가 떠올랐다. 그러자 송 영감은 그리로 가리라는 생각이 불현듯 일었다. 거기에만 가면 몸이 녹여지리라. 송 영감은 기는 걸음으로 뜸막을 나섰다.

거지들이 초입에 누워 있다가 지금 기어들어 오는 게 누구라는 것도 알려 하지 않고, 구무럭거려 자리를 내주었다. 송 영감은 한 옆에 몸을 쓰러뜨렸다. 우선 몸이 녹는 듯해 좋았다.

「그러나 송 영감은 다시 일어나 가마 안쪽으로 기기 시작했다.
「 」: 자신의 독 조각들과 함께 죽음을 맞이하는 송 영감
무언가 지금의 온기로써는 부족이라도 한 듯이. 곧 예사 사람으로는 더 견딜 수 없는 뜨거운 데까지 이르렀다. 그런데도 송 영감은 기기를 멈추지 않았다. 그렇다고 그냥 덮어놓고 기는 것은 아니었다. 지금 마지막으로 남은 생명이 발산하는 듯 어둑한 속에서도 이상스레 빛나는 송 영감의 눈은 무엇을 찾고 있는 것이었
자신이 만든 독 조각
다. 그러다가 열어젖힌 곁창으로 새어 들어오는 늦가을 맑은 햇빛 속에서 송 영감은 기던 걸음을 멈추었다. 자기가 찾던 것이 예 있다는 듯이. 거기에는 터져 나간 송 영감 자신의 독 조각들이 흩어져 있었다.

송 영감은 조용히 몸을 일으켜 단정히, 아주 단정히 무릎을 꿇고 앉았다. 이렇게 해서 그 자신이 터져 나간 자기의 독 대신이라도 하려는 것처럼.」

\- 황순원, 〈독 짓는 늙은이〉 -

* 조마구와 부채마치: 옹기를 제작할 때 사용하는 한 쌍의 도구.
* 환영(幻影): 눈앞에 없는 것이 있는 것처럼 보이는 것.
* 전: 옹기 등 물건의 위쪽 가장자리가 조금 넓적하게 된 부분.
* 장감(場감): '장거리'의 북한어. 장을 보아 오는 물건.
* 뜸막(뜸幕): 뜸으로 지붕을 인 막집.
* 지전(紙錢): 종이에 인쇄를 하여 만든 화폐. 일반적으로 정부 지폐와 은행권을 이른다.
* 파리하다: 몸이 마르고 낯빛이나 살색이 핏기가 전혀 없다.

01 서술상의 특징 파악하기 답 | ②

윗글에 대한 설명으로 적절한 것은?

정답 선지 분석

② 인물의 심리와 상황을 구체적으로 묘사하고 있다.
윗글은 전지적 작가 시점으로, '그러나 송 영감은 또 속으로는, 지금 자기는 죽어 가고 있다고 부르짖고 있었다.', '무슨 일이 있더라도 눈물일랑 흘리지 않으리라 했다.'와 같이 작가가 인물의 심리와 상황을 구체적으로 묘사하고 있다.

오답 선지 분석

① 시간의 흐름을 뒤바꾸어 사건을 전개하고 있다.
시간의 흐름을 뒤바꾸어 사건을 전개하는 것은 역순행적 구성으로, 윗글에서는 역순행적 구성이 나타나지 않았다.

③ 하나의 사건을 다양한 인물의 관점에서 서술하고 있다.
윗글은 전지적 작가 시점으로만 서술되고 있다.

④ 대화를 통해 인물의 성격을 간접적으로 드러내고 있다.
윗글에서는 대화가 거의 생략되어 있으며, 대화를 통해 인물의 성격을 간접적으로 드러내고 있지 않다.

⑤ 작품 속 서술자가 인물의 행동을 직접 관찰하여 전달하고 있다.
윗글은 전지적 작가 시점으로, 작품 밖의 서술자가 인물의 행동을 전달하고 있다.

02 인물의 행동 이해하기 답 | ③

㉠~ⓜ에 대한 설명으로 적절하지 않은 것은?

정답 선지 분석

③ ㉢: 앵두나뭇집 할머니의 제안을 완곡하게 거절하는 것을 의미한다.
㉢에서 송 영감이 앵두나뭇집 할머니가 건넨 돈을 받지 않은 것은, 자신의 죽음을 예감하여 더 이상 돈이 필요 없을 것이라는 판단에서 비롯된 것이다. 아들을 입양 보내자는 앵두나뭇집 할머니의 제안을 거절한 것을 의미하지 않는다.

오답 선지 분석

① ㉠: 아내와 조수에 대한 배신감과 분노로 인한 것이다.
㉠은 송 영감이 독을 만들던 중 '아내와 조수의 환영'을 떠올렸기 때문으로, 아내와 조수에 대한 배신감과 분노로 인한 것이다.

② ㉡: 아들에게 말한 것과는 달리, 송 영감의 몸과 능력이 모두 쇠퇴하였기 때문이다.
㉡은 아들에게 자신이 '안 죽는다'고 말한 것과는 달리, 사실은 죽어 가고 있다는 인물의 심정을 서술함으로써 송 영감의 몸과 장인으로서의 실력이 쇠퇴해 감을 의미한다.

④ ㉣: 아버지가 죽었다고 이해시키기 위한 거짓말이다.
㉣은 아들과의 이별로 인해 송 영감의 눈에서 눈물이 흐르자, 그 눈물을 죽은 사람이 흘리는 '썩은 물'이라고 함으로써 아들에게 아버지가 죽었다고 이해시키기 위한 앵두나뭇집 할머니의 거짓말이다.

⑤ ⓜ: 아들이 떠난 후 외로움과 공허함이 몰려왔기 때문이다.
ⓜ은 앵두나뭇집 할머니와 아들이 자신의 곁을 떠나자, 누구라도 있었으면 하는 마음에서 '지어 놓은 독'이라도 있었으면 하고 바란 것으로, 송 영감이 외로움과 공허함으로 인한 것이다.

03 외적 준거를 통해 작품 감상하기

답 | ①

[A]를 보기 로 각색했을 때, 고려했을 사항으로 가장 적절한 것은?

보기

S# 86. 뜸막 안 (저녁)

(죽은 듯 눈 감고 누운 송 영감. 그의 앞에 방물장수가 서 있다. 송 영감 눈이 뜨인다.)

송 영감: (한참 동안 천정을 보다가) 아주머니! 우리 돌일 부탁하겠수…….

방물장수: (반가워) 잘 생각하셨죠. 아, 그 댁이야!

송 영감: 어서 애나 불러다 주시오…….

방물장수: (끄덕이며) 네, 그러지요……. (뒤돌아서려다가) 애들이라 영감님이 죽었다고 해야 할 거요…….

송 영감: ……. (묵묵부답.)

방물장수: 그러니까 죽은 척하고 눈을 꼭 감구 계슈. (안됐다는 듯) 아이구! 쯧쯧!

정답 선지 분석

① 대사를 통해 인물의 행동에 대한 이해를 도와야겠군.

〈보기〉는 윗글과 달리 '방물장수'의 대사를 통해 '송 영감'이 죽은 척한 이유를 직접적으로 제시한다. 따라서 윗글을 〈보기〉로 각색할 때 고려했을 사항이라 볼 수 있다.

오답 선지 분석

② 사건의 내용을 변화하여 원작과 차별화를 두어야겠군.

윗글과 〈보기〉 모두 '송 영감'이 아들을 입양 보내기로 결심하여 '방물장수'인 앵두나뭇집 할머니의 제안을 수락한 것이므로 사건의 내용을 변화하지는 않았다.

③ 사건을 축약하여 인물의 감정을 구체적으로 드러내야겠군.

〈보기〉는 윗글과 달리 '방물장수'인 앵두나뭇집 할머니가 건넨 돈을 거절하는 내용을 생략하고 있으나, 이를 통해 인물의 감정을 구체적으로 드러내고 있지는 않다.

④ 지시문을 통해 인물에게 일어날 일을 미리 알게 해야겠군.

〈보기〉는 윗글과 달리 시나리오 갈래로, 지시문을 통해 인물의 행동을 제시하고 있으나, 이를 통해 인물에게 일어날 일을 미리 알게 하지는 않는다.

⑤ 새로운 인물을 등장시켜 주인공과의 갈등 상황을 추가해야겠군.

〈보기〉에서는 윗글과 같이 '송 영감'과 '방물장수'인 앵두나뭇집 할머니만이 등장하고 있다. 따라서 새로운 인물을 등장시키지는 않았다.

04 작품의 내용 파악하기

보기 의 빈칸에 들어갈 말로 적절한 것을 윗글에서 찾아 3어절로 쓰시오.

보기

이청준의 〈줄〉은 2대에 걸친 줄광대의 삶을 그린 작품이다. '허 노인'은 평생 줄타기 한 길만을 걸어온 장인이지만, 어느 날 줄에서 발을 헛디딘 이후 줄을 타다가 떨어져 죽기로 결심한다. 이는 윗글의 송 영감이 가마 속에서 (　　　　)을/를 듣고 죽음을 준비하는 것과 유사하다.

정답

독 튀는 소리

09강

| 본문 | 105쪽

문법 문장의 구조 (2) 안은문장과 안긴문장

빠른 정답 체크 01 ② 02 ③ 03 ⑤ 04 너 자신을 알라

01 안은문장의 개념 이해하기 답 | ②

안은문장에 대한 설명으로 적절하지 않은 것은?

정답 선지 분석

② 단독으로 쓰이지 못하고 더 큰 문장의 일부를 이룬다.

단독으로 쓰이지 못하고 더 큰 문장의 일부를 이루는 것은 절이다.

오답 선지 분석

① 주어와 서술어의 관계가 두 번 나타난다.

안은문장은 하나의 홑문장이 다른 홑문장을 문장 성분처럼 안고 있는 문장으로, 주어와 서술어의 관계가 두 번 나타난다.

③ 절이 어떤 기능을 하느냐에 따라 안은문장의 종류가 달라진다.

안은문장은 절이 어떤 기능을 하느냐에 따라 명사절, 관형절, 부사절, 서술절, 인용절을 안은문장으로 구분된다.

④ 하나의 홑문장이 다른 홑문장을 하나의 문장 성분처럼 안고 있는 문장이다.

안은문장은 하나의 홑문장이 다른 홑문장을 하나의 문장 성분처럼 안고 있는 문장이다.

⑤ 인용절을 안은문장은 절 표지에 따라 직접 인용과 간접 인용으로 구분된다.

인용절을 안은문장에서 '-(이)라고'의 절 표지를 사용할 경우 직접 인용절이 되고, '-고'의 절 표지를 사용할 경우 간접 인용절이 된다.

02 안은문장의 종류 파악하기 답 | ③

다음 중 안은문장의 종류가 다른 것은?

정답 선지 분석

③ 내일은 아침 일찍 일어나기로 했다.

'내일은 아침 일찍 일어나기로 했다.'의 '아침 일찍 일어나기'는 명사형 어미 '-기'가 결합된 명사절이므로 위 문장은 명사절을 안은문장이다.

오답 선지 분석

① 그는 내일 볼 영화를 예매했다.

'그는 내일 볼 영화를 예매했다.'의 '내일 볼'은 관형사형 어미 '-(으)ㄹ'이 결합된 관형절이므로 위 문장은 관형절을 안은문장이다.

② 그녀는 키가 큰 기린을 좋아한다.

'그녀는 키가 큰 기린을 좋아한다.'의 '키가 큰'은 관형사형 어미 '-(으)ㄴ'이 결합된 관형절이므로 위 문장은 관형절을 안은문장이다.

④ 도서관에서 공부하던 동생은 깜짝 놀랐다.

'도서관에서 공부하던 동생은 깜짝 놀랐다.'의 '도서관에서 공부하던'은 관형사형 어미 '-던'이 결합된 관형절이므로 위 문장은 관형절을 안은문장이다.

⑤ 나는 오랜만에 만난 친구를 알아보지 못했다.

'나는 오랜만에 만난 친구를 알아보지 못했다.'의 '오랜만에 만난'은 관형사형 어미 '-(으)ㄴ'이 결합된 관형절이므로 위 문장은 관형절을 안은문장이다.

03 서술절을 안은문장 파악하기 답 | ⑤

보기 의 설명에 해당하는 안은문장으로 적절하지 않은 것은?

보기

- 한 문장에 주어가 두 개 있는 것처럼 보인다.
- 안긴문장을 나타내는 절 표지가 존재하지 않는다.

정답 선지 분석

⑤ 어제 첫눈이 예고도 없이 내렸다.

〈보기〉의 내용이 가리키는 안은문장은 서술절을 안은문장이다. '어제 첫눈이 예고도 없이 내렸다.'의 안긴문장인 '예고도 없이'는 부사 파생 접미사 '-이'가 결합된 절에 해당하므로 위 문장은 부사절을 안은문장에 해당한다.

오답 선지 분석

① 코끼리는 코가 길다.

'코끼리는 코가 길다.'는 '코끼리는 코가 길다.'에 '코가 길다'라는 서술절을 결합한 서술절을 안은문장이다.

② 지수는 눈웃음이 예쁘다.

'지수는 눈웃음이 예쁘다.'는 '지수는 눈웃음이 예쁘다.'에 '눈웃음이 예쁘다'라는 서술절을 결합한 서술절을 안은문장이다.

③ 우리 할머니는 손이 크시다.

'우리 할머니는 손이 크시다.'는 '우리 할머니는 손이 크시다.'에 '손이 크시다'라는 서술절을 결합한 서술절을 안은문장이다.

④ 우리 집 강아지는 코가 촉촉하다.

'우리 집 강아지는 코가 촉촉하다.'는 '우리 집 강아지는 코가 촉촉하다.'에 '코가 촉촉하다'라는 서술절을 결합한 서술절을 안은문장이다.

04 인용절을 안은문장 파악하기

보기 에서 안긴문장을 찾아, 절 표지를 제외하고 쓰시오.

보기

소크라테스는 너 자신을 알라고 말했다.

정답

너 자신을 알라

독서 음질 개선 기술

빠른 정답 체크 01 ① 02 ⑤ 03 ③ 04 역동적

최근에는 ㉠ 소음을 없애려는 노력보다 소음의 불쾌감을 없애는 방향으로 기술의 전환이 이루어지고 있다. 그 대표적인 방법 중 하나가 음질 개선 기술이다(소음의 불쾌감을 없애려는 방법 중의 하나). 이 기술은 ㉡ 소음의 음파를 변형해 사람이 듣기에 편한 소리로 바꿔 준다. 음의 크기가 아닌 파형*을 변형하여 같은 크기라도 다른 소리처럼 들리는 원리를 이용한 것이다. 이 방식은 기존의 연구에 비해 개발 비용도 저렴할(음질 개선 기술의 장점) 뿐 아니라 소리를 완벽하게 차단하지 않더라도 그 성질만 바꿔

주면 얼마든지 듣기 편한 소리가 될 수 있다는 것을 실제로 증명해 냈다. 음질 개선 기술은 최근 여러 분야에서 응용되기 시작했는데, 그중 자동차 실내 소음 차단과 전자 제품에 적용된 기술을 대표적인 사례로 꼽을 수 있다. 좋은 차일수록 문을 여닫을 때 작고 둔탁한 소리가 나는 것은 ⓒ 소음 전문가들의 정교한 튜닝*을 거쳐 탄생한 음질 개선의 예이다.

음질 개선 기술이 활용된 사례

▶ 1문단: 소음 연구의 최근 동향

이러한 음질 개선 기술은 어떻게 이루어질까? 『일단 ㉣ 소음을 정확히 감지하여 저장하는 것이 중요하다. 그 뒤 음질 변환용 소프트웨어를 이용해 저장된 소음을 변형해 가면서 여러 소리를 포착해 본다. 이렇게 해서 얻은 결과는 그 다음에 제작되는 제품부터 적용하여 더 나은 결과를 가져올 수 있게 한다.』 최근 음질에 대한 소비자의 반응은 더 민감해지는 추세이다. 실제 제품에서 나는 소리만으로 전체 품질을 평가하는 경우도 크게 늘었다.

『』: 음질 개선 과정

▶ 2문단: 음질 개선 기술이 이루어지는 과정

세계적인 모터사이클 전문 업체 할리 데이비슨은 『모터사이클의 배기음*을 독특하게도 ⓐ 말발굽 소리로 디자인하였다.』 음의 크기를 줄이기보다는 이를 적절히 변형시킨 재치가 돋보인다. 그 소리를 좀 더 상세히 분석해 보면 공회전* 시 파동이 초당 5~6회 발생하고 있는 것을 알 수 있다. 이는 ⓑ 20대의 젊은 사람이 운동 직후 뛰는 심장 맥박수의 2배 정도에 해당하는 것으로, 모터사이클 소리를 들은 사람은 매우 역동적인 느낌을 갖게 된다. 이는 소리를 잘 활용한 경우로 볼 수 있다. 소음은 아니지만 물 흐르는 소리를 욕실용품에 적용해 자연 친화적인 느낌을 갖게 하는 사례도 있다. 사용자에게 자연스럽고 편안한 느낌을 주는 이 기술들은 최근 공동 주택에서 많이 채택하고 있다. 이 밖에 아침 식탁의 단골 메뉴로 올라오는 시리얼도 씹을 때 부서지며 발생하는 경쾌한 소리로 소비자의 식욕을 돋우도록 고안된 제품이다.

『』: 음질 개선 기술의 성공적 사례 ①

음질 개선 기술을 활용하여 모터사이클의 배기음을 긍정적으로 변화시킴

음질 개선 기술의 성공적 사례 ②

음질 개선 기술의 성공적 사례 ③

▶ 3문단: 음질 개선 기술 활용 사례

앞으로 음질 개선 기술은 더욱 활발하게 연구되어 소음을 듣기 좋은 소리로 바꾸는 것에서 한 발짝 더 나아가 예술로 승화하는* 데까지 발전할 것으로 기대된다. 아울러 ⓜ 소음을 새로운 쪽에 이용하는 기술도 계속 등장할 것이다.

▶ 4문단: 음질 개선 기술의 전망

* 파형(波形): 물결처럼 기복이 있는 음파나 전파 따위의 모양.
* 튜닝: 음을 표준음에 맞추어 고름.
* 배기음(排氣音): 열기관에서, 일을 끝낸 뒤의 쓸데없는 증기나 가스를 뽑아낼 때 나는 소리.
* 공회전(空回轉): 기계 따위가 헛도는 일.
* 승화하다(昇華하다): 어떤 현상이 더 높은 상태로 발전하다.

01 내용 전개 방식 파악하기

답 | ①

윗글의 내용 전개 방식으로 적절하지 않은 것은?

정답 선지 분석

① 새로운 기술의 장단점을 언급하고 있다.
1문단에서 음질 개선 기술의 장점을 언급하고 있을 뿐, 단점을 언급하고 있지 않다.

오답 선지 분석

② 구체적인 예시를 통해 글의 이해를 돕고 있다.
3문단에서 음질 개선 기술이 활용된 모터사이클의 배기음과 욕실용품에 적용된 물 흐르는 소리, 시리얼 씹는 소리 등을 예시로 들고 있다.

③ 중심 소재의 원리를 구체적으로 설명하고 있다.
1문단에서 중심 소재인 음질 개선 기술이 '소음의 음파를 변형해 사람이 듣기에 편한 소리로 바꿔 준다'는 음질 개선 기술의 원리를 설명하고 있음을 알 수 있다.

④ 중심 소재에 대한 전망으로 글을 마무리하고 있다.
4문단에서 '앞으로 음질 개선 기술은 더욱 활발하게 연구되어~발전할 것으로 기대된다'고 하였으므로 미래에 대한 전망으로 글을 마무리하고 있음을 알 수 있다.

⑤ 자문자답의 방법을 사용하여 내용을 전개하고 있다.
2문단의 '이러한 음질 개선 기술은 어떻게 이루어질까? 일단 소음을 정확히 감지하여 저장하는 것이 중요하다.'를 통해 자문자답의 방법을 사용하고 있음을 알 수 있다.

02 외적 준거를 본문에 적용하기

답 | ⑤

㉠~ⓜ 중, 보기 와 가장 밀접한 관련이 있는 것은?

보기

백색소음은 특별한 스펙트럼을 가진 잡음을 뜻한다. 한국 산업 심리 학회 연구에 따르면 백색소음은 집중력 47.7% 향상 효과와 기억력 9.6% 향상 효과를 가져다 주는 것으로 발표되었다. 이에 따라 집중을 필요로 하는 독서실이나 치료실 등에서는 백색소음을 제공하여 이용자들의 정서적 안정을 돕고 있다.

정답 선지 분석

⑤ ⓜ
〈보기〉의 백색소음은 기존의 소음을 불쾌하다고 여기기보다 심리적인 안정감과 집중력을 가져다주는 역할을 한다. 즉 소음을 새로운 방면에 도입한 기술에 해당하므로 ⓜ이 적절하다.

오답 선지 분석

① ㉠
〈보기〉의 백색소음은 소음을 없애려는 노력이 아닌, 새로운 방식으로 활용한 사례에 해당하므로 적절하지 않다.

② ㉡
소음의 음파를 변형하는 것은 음성의 품질을 개선하는 방법으로, 소음을 새로운 방면에 활용한 〈보기〉와 관련이 없다.

③ ⓒ
소음 전문가들의 정교한 튜닝은 음질 개선 기술과 관련 있을 뿐, 소음을 새로운 방면에 활용하는 〈보기〉와 관련이 없다.

④ ㉣
소음을 정확히 감지하여 저장하는 것은 음질 개선 기술과 관련 있을 뿐, 소음을 새로운 방면에 활용하는 〈보기〉와 관련이 없다.

03 외적 준거를 바탕으로 이해하기

답 | ③

보기 를 참고하여 윗글을 이해한 내용으로 가장 적절한 것은?

보기

소음을 차단하거나 줄일 수 있는 방법은 수동적인 방법과 능동적인 방법으로 나눌 수 있다. 수동적인 방법으로는 소음원을 밀폐함으로 둘러싸 차단하거나, 소음이 흡음 덕트(통로)를 거쳐 방출되도록 하거나, 방음 울타리를 사용하여 소리의 전달 경로를 막는 방법을 들 수 있다. 그러나 500㎐ 이하의 낮은 주파수 영역의 소음은 파장이 상대적으로 길기 때문에, 효율적인 소음 제어를 위해서는 흡음재 또는 차음재의 크기 및 부피가 이에 맞춰 커져야 한다. 따라서 수동적인 방법은 소음 제어 장치의 설치 장소에 제약이 있고 비용이 증가하며, 고주파 영역의 소음 제어 효과에 비해 저주파에서의 제어 성능이 떨어지는 문제점을 갖는다.

* 흡음(吸音): 음파가 매질을 통과할 때나 물체 표면에 닿을 때, 매질이나 물체가 음파를 빨아들임으로써 소리 에너지가 감소하는 일.
* 차음재(遮音材): 소리가 전해지는 것을 차단하는 재료.

정답 선지 분석

③ 음질 개선 기술은 소음 제어 기술에 대한 대안으로 고안되었다.

〈보기〉는 소음을 없애는 기술인 소음 제어 기술에 대한 설명이다. 소음을 차단하거나 줄이는 기술은 흡음재 또는 차음재의 크기 및 부피가 커야 하기 때문에 소음 제어 장치의 설치 장소에 제약이 있고, 비용이 증가하며, 고주파 영역의 소음 제어 효과에 비해 저주파에서의 제어 성능이 떨어지는 문제점이 있다. 반면 음질 개선 기술은 개발 비용도 저렴하며, 소음의 성질만 바꿔 주면 얼마든지 듣기 좋은 소리가 될 수 있다. 따라서 소음 제어 기술의 한계를 극복하기 위해 소음에 대한 기술 개발이 음질 개선 기술 쪽으로 발달하고 있다고 추론할 수 있다.

오답 선지 분석

① 음질 개선 기술과 소음 제어 기술의 원리는 유사하다.

소음 제어 기술은 소음을 줄이거나 막는 기술인 반면, 음질 개선 기술은 음질을 변형하여 소음을 듣기 좋은 소리로 바꾸는 기술이므로 그 원리가 유사하지 않다.

② 음질 개선 기술과 소음 제어 기술을 하나로 접목시켜야 한다.

윗글과 〈보기〉에서 언급되지 않은 내용이며, 추론할 수 있는 내용이라고 볼 수도 없다.

④ 음질 개선 기술은 소음 제어 기술보다 소음 제거 효과가 뛰어나다.

음질 개선 기술은 소음을 제어하는 것이 아니라 소음의 음파를 변형해 사람이 듣기에 편한 소리로 바꿔 주는 기술이기 때문에 소음 제어 기술보다 소음 제어 효과가 뛰어나다고 할 수 없다.

⑤ 음질 개선 기술과 소음 제어 기술은 수동적인 방법의 사용이 효율적이다.

〈보기〉에서 소음 제어 기술은 수동적인 방법과 능동적인 방법이 있다고는 하나 수동적인 방법의 사용이 효율적이라는 것은 확인할 수 없고, 음질 개선 기술에 수동적인 방법이 있다는 것은 윗글이나 〈보기〉에서 확인할 수 없다.

04 세부 내용 파악하기

다음은 윗글을 통해 추론할 수 있는 ⓐ, ⓑ의 공통점이다. 빈칸에 들어갈 말로 적절한 것을 윗글에서 찾아 쓰시오.

ⓐ, ⓑ 모두 매우 (　　　)인 느낌을 갖게 한다.

정답

역동적

문학 1 동해 바다 - 후포에서(신경림)

빠른 정답 체크 01 ② 02 ③ 03 ③ 04 섬

친구가 원수보다 더 미워지는 날이 많다

티끌*만 한 잘못이 맷방석*만 하게
(남의 작은 잘못 / □: 티끌보다 큰 존재)
동산만 하게 커 보이는 때가 많다

그래서 세상이 어지러울수록
(삶이 힘들고 어려울수록)
남에게는 엄격해지고 내게는 너그러워지나 보다
㉠ 돌처럼 잘아지고* 굳어지나 보다
(남에게는 엄격하고 자신에게는 너그러운 존재)
[자신의 삶에 대한 반성]
▶ 남에게는 엄격하고 자신에게는 너그러운 자신의 태도를 반성함

멀리 동해 바다를 내려다보며 생각한다
(① 화자를 성찰하게 하는 대상 ② 남에게는 너그럽고 자신에게는 엄격한 존재)
『널따란 ㉡ 바다처럼 너그러워질 수는 없을까』
(『 』: 화자가 본받고 싶은 바다의 속성 ① - 너그러움)
깊고 짙푸른 바다처럼
감싸고 끌어안고 받아들일 수는 없을까
[화자가 본받고 싶은 바다의 속성 ② - 포용력이 있음]
스스로는 억센 파도로 다스리면서
제 몸은 맵고 모진 매로 채찍질하면서
▶ 남에게는 너그럽고 자신에게는 엄격한, 바다 같은 삶을 살기를 소망함

- 신경림, 〈동해 바다 - 후포*에서〉 -

* 티끌: 몹시 작거나 적음을 이르는 말.
* 맷방석(맷方席): 매통이나 맷돌을 쓸 때 밑에 까는, 짚으로 만든 방석.
* 잘다: 알곡이나 과일, 모래 따위의 둥근 물건이나 글씨 따위의 크기가 작다.
* 후포: 경상북도 울진군 후포면에 있는 항구.

01 표현상의 특징 파악하기

답 | ②

윗글에 대한 설명으로 적절하지 않은 것은?

정답 선지 분석

② 공간의 이동에 따라 화자의 심리가 변화하고 있다.

윗글에서 화자가 '동해 바다'를 바라보고 있음을 알 수 있으나, 공간의 이동을 찾을 수는 없다.

오답 선지 분석

① 일상적인 소재를 통해 깨달음을 얻고 있다.

윗글은 '돌', '바다'와 같은 자연물을 통해 깨달음을 얻고 있다.

③ 비유적 표현을 활용하여 화자의 반성과 소망을 나타내고 있다.

윗글에서 화자가 '바다'처럼 타인에게 너그럽고 자신에게 엄격한 삶의 태도를 살아가야겠다고 다짐하는 모습을 통해 반성과 소망을 나타내고 있다.

④ 자신이 바라는 바람직한 삶의 태도를 독백의 형식으로 나타내고 있다.

독백은 상대방 없이 혼자서 중얼거리는 말을 의미하는데, 윗글의 화자는 바다를 보며 자신을 반성하고, 바람직한 삶의 태도를 이러한 독백의 형식을 통해 나타내고 있다.

⑤ 의문을 나타내는 종결 어미를 활용하여 화자의 바람을 효과적으로 드러내고 있다.

윗글의 '널따란 바다처럼 너그러워질 수는 없을까', '감싸고 끌어안고 받아들일 수는 없을까'와 같이 의문을 나타내는 종결 어미 '-까'를 활용하여 화자의 바람을 효과적으로 드러내고 있다.

02 시어의 의미 파악하기

답 | ③

㉠, ㉡에 대한 설명으로 적절한 것은?

정답 선지 분석

③ ㉠은 남에게 엄격한 존재를, ㉡은 자신에게 엄격한 존재를 의미한다.
㉠은 '돌'로, 남에게는 엄격하고 자신에게는 너그러운 존재를 의미한다. 반면 ㉡은 '억센 파도'로, 자신에게 엄격하고 남에게 너그러운 존재를 의미하므로 적절하다.

오답 선지 분석

① ㉠, ㉡ 모두 남을 이해하고 받아들이는 모습을 의미한다.
㉠, ㉡ 모두 남을 이해하고 받아들이는 모습과는 관련이 없다.

② ㉠, ㉡ 모두 화자를 성찰하고 반성하게 하는 대상을 의미한다.
㉡은 화자를 성찰하고 반성하게 한다고 볼 수 있으나, ㉠은 남에게 엄격한 태도를 의미하는 단어이므로 적절하지 않다.

④ ㉠은 화자가 단호하게 다스리는 존재를, ㉡은 화자가 너그럽게 대하는 존재를 의미한다.
㉠은 남에게 엄격한 화자의 태도를, ㉡은 자신에게 엄격한 화자의 태도를 의미하므로 적절하지 않다.

⑤ ㉠은 세상이 어지러울수록 변하는 것을, ㉡은 세상이 변해도 바뀌지 않는 것을 의미한다.
㉠, ㉡ 모두 세상의 변화와 관련이 없다.

03 기준에 따라 작품 감상하기

답 | ③

ⓐ~ⓒ를 바탕으로 윗글을 감상한 것으로 적절하지 않은 것은?

> 독자는 문학 작품을 감상하며 작품에 담긴 다양한 삶의 모습을 간접적으로 경험하며 자신의 삶을 성찰한다. 성찰하며 작품을 감상할 때에는 먼저 ⓐ 시의 화자가 처한 상황을 파악하고, ⓑ 상황에 대해 화자가 성찰하고 깨달은 내용을 파악한다. 그리고 ⓒ 화자의 깨달음을 보고 자신의 삶을 성찰한 다음 바람직한 삶의 태도에 대해 생각하며 생활 속에서 실천한다.

정답 선지 분석

③ ⓑ: 화자는 작은 돌과 같이 티끌만 했던 친구의 실수가 사실 동산만 했음을 깨달았군.
〈보기〉의 ⓑ는 화자가 성찰하고 깨달은 내용을 파악하는 것으로, 윗글에서 화자는 티끌만 한 친구의 실수를 동산만 하게 여겼던 자신을 반성하고 있다. 따라서 친구의 실수가 사실 동산만 했음을 깨달았다는 감상은 적절하지 않다.

오답 선지 분석

① ⓐ: 화자는 지금 후포에서 동해 바다를 바라보는 상황이겠군.
〈보기〉의 ⓐ는 시의 화자가 처한 상황을 파악하는 것으로, 이에 따라 화자의 상황을 파악하여 감상한 것으로 적절하다.

② ⓐ: 화자는 친구의 작은 잘못을 큰 잘못으로 여겼던 적이 있겠군.
〈보기〉의 ⓐ는 시의 화자가 처한 상황을 파악하는 것으로, 윗글의 화자는 친구의 티끌만 한 실수가 맷방석, 동산만 하게 보인 적이 있었다고 하였으므로 적절하다.

④ ⓑ: 화자는 타인에게는 엄격하고 자신에게는 너그러운 사람이었던 과거를 성찰하고 있군.
〈보기〉의 ⓑ는 화자가 성찰하고 깨달은 내용을 파악하는 것으로, 윗글에서 화자는 티끌만 한 친구의 실수를 동산만 하게 여겼던 자신의 과거를 성찰하고 있으므로 적절하다.

⑤ ⓒ: 화자의 깨달음을 통해 다른 사람의 잘못을 쉽게 용서하지 않았던 내 삶을 반성하게 되는군.
〈보기〉의 ⓒ는 화자의 깨달음을 보고 자신의 삶을 성찰하는 것으로, 남에게는 엄격하고 자신에게는 너그러웠던 모습을 성찰하는 화자의 모습을 보고 자신의 삶에서 남에게 엄격했던 상황을 떠올리며 성찰하고 있으므로 적절하다.

04 시어의 의미 파악하기

윗글의 '동해 바다'와 유사한 의미를 지닌 시어를 보기 에서 찾아 1음절로 쓰시오.

보기

> 사는 길이 슬프고 외롭거든 / 바닷가
> 가물가물 멀리 떠 있는 섬을 보아라
> 홀로 견디는 것은 순결한 것
> 멀리 있는 것은 아름다운 것
> 스스로 자신을 감내하는 자의 의지가 거기 있다
>
> - 오세영, 〈바닷가에서〉

정답

섬

문학 2 어미 말과 새끼 말(작자 미상)

빠른 정답 체크 01 ① 02 ③ 03 ② 04 새끼 말, 어미 말

옛날 대국* 천자*가 조선에 인재가 있나 없나아, 이걸 알기 위해서 말을 두 마리를 보냈어. 말. 대국서 잉? 조선 잉금게루 보내먼서,
(민담의 특징 - 배경이 불분명함 / 천자가 말 두 마리를 보낸 이유 / 구어체의 사용과 같은 내용의 반복 / 임금께로)

"이 말이 어떤 눔이 새끼구 어떤 눔이 에밍가 이것을 골라내라아." 하구서…….
(시험의 내용)

똑같은 눔여. 똑같어 그게 둘 다. 그러구서 보냈어. 조선에 인자*가 있나 웂나. 인자가 많었억거던? 조선에? 내력이루*. 자아 그러니 워트겨 이걸?
(사투리 사용을 통해 현장감, 생동감이 드러남)

원 정승이라는 사램(사람)이 있어. 그래 아침 조회* 때 들어가닝깨,
(문제 해결 임무를 맡은 인물)

"이 원 정승 이눔 갖다가 이걸 골러내쇼오." 말여. 보낸다능 게 원 정승에게다 보냈어. 응. 인제 가서 골라내라능 기여.
(어느 말이 어미 말이고 어느 말이 새끼 말인지 / 내용의 반복)

원 정승이 갖다 놓구서, 이거 어떤 눔이구 똑같은 눔인디 말여, 색두 똑같구 워떵 게 에민지 워떵 게…… 똑같어어? 그저어?

"새끼가 워떵 겐지 에미가 워떵 겐지 그거 모른다." 그러닝깨,
(원 정승이 문제를 해결하는 데 어려움에 처함)

"그려요?"

그러구 가마안히 생각해 보닝깨 도리*가 있으야지? 그래 앓구 두러눴네? 머리 싸매구 두러눴느라니까, 즈이 아들이, 어린 아들이,
(문제 해결 주체)

"아버지 왜 그러십니까아?" 그러거든.

"야? 아무 날 조회에 가닝까아, 이 말을 두 마리를 주면서 골르라구 허니이, 이 일을 어트가야 옳은단 말이냐아?"
(이전 사건을 요약하여 제시함)

"아이구, 아버지. 걱정 말구 긴지* 잡수시라구. 내가 골라 디리께."
(아버지의 문제를 아들이 대신 해결하려 함)

"니가 골러?"

"예에. 걱정 말구 긴지 잡수시요."

그래, 아침을 먹었어. 먹구서 그 이튿날 갔는디,「이넘이 콩을 잔뜩, 쌂어 가지구설랑은 여물을 맨들어. 여물을. 여물을 대애구* 맨들어 놓는단 말여. 여물을 맨들어 가지구서는 갖다 항곳이다가 떠억 놓거든. 준담 말여. 구유*다가 여물을.」여물을 주닝깨, 잘 먹어어? 둘이 먹기를. 썩 잘 먹더니 주둥패기*루 콩을 대애구 요롷게 제쳐 주거든? 옆있 눔을? 콩을 제쳐 줘. 저는 조놈만 먹구. 짚만 먹구 인저, 콩을 대애구 저쳐 준단 말여.

군말의 사용

「」: 아들의 문제 해결 방법

새끼 주는 쇡(셈)이지 그러닝깨. 대애구 요롷게,

몸짓을 활용함

"아버지, 아버지. 이거 보시교. 이루 오시교."

"왜냐?"

나가 보닝깨,

"요게 새낍니다. 요건 에미구. 포*를 허시교."

포를 했어.

"음. 왜 그러냐?" 그러닝깨,

「"아 이거 보시교. 콩을 골라서 대애구 에미라 새끼 귀해서 새끼를 주지 않습니까? 새끼 귀헌 중 알구. 그래 콩 중 게 이게 새끼요오. 이건 에미구."」

「」: 어미 말의 모성애를 이용해 문제를 해결하는 아들의 지혜가 드러남

아, 그 이튿날 아닝 것두 아니라 가주 가서, "이건 새끼구 이건 에미라구." 그러닝깨, 그러구서는 대국으로 떠억 포해서 보냈단 말여. 그러닝깨.

"하하아, 한국에 연대*까장 조선에 인자가 연대 익구나아." 그러드랴.

천자의 평가를 통해 조선의 우월성을 드러내려는 민족의식이 반영됨

- 작자 미상, 〈어미 말과 새끼 말〉 -

* **대국(大國)**: 예전에, 우리나라에서 중국을 이르던 말.
* **천자(天子)**: 천제의 아들, 즉 하늘의 뜻을 받아 하늘을 대신하여 천하를 다스리는 사람이라는 뜻으로, 군주 국가의 최고 통치자를 이르는 말.
* **인자**: 은자. 숨은 인재.
* **내력이루**: 고래로. 예로부터 내려오면서.
* **조회(朝會)**: 모든 벼슬아치가 함께 정전에 모여 임금에게 문안드리고 정사를 아뢰던 일.
* **도리(道理)**: 어떤 일을 해 나갈 방도(方道).
* **긴지**: 진지의 방언으로, '밥'의 높임말.
* **대애구**: 자꾸.
* **구유**: 소나 말 따위의 가축들에게 먹이를 담아 주는 그릇. 흔히 큰 나무 토막이나 큰 돌을 길쭉하게 파내어 만든다.
* **주둥패기**: '주둥아리'의 방언
* **포**: 표.
* **연대**: 여태.

01 서술상의 특징 파악하기

답 | ①

윗글에 대한 설명으로 적절하지 않은 것은?

정답 선지 분석

① 이야기의 배경이 분명하고 구체적이다.

윗글의 배경은 시기가 불분명한 옛날 조선이므로, 작품의 정확한 배경을 알기 어렵다.

오답 선지 분석

② 개연성이 있는 허구적 내용을 담고 있다.

윗글은 개연성 있는 허구의 이야기를 통해 보편적 주제인 모성애를 드러낸다.

③ 사투리를 통한 생생한 현장감이 드러난다.

윗글은 충청도 사투리를 사용하여 현장감과 생동감을 드러낸다.

④ 일상적인 대화에서 주로 쓰는 단어를 사용한다.

윗글은 일상적인 대화에서 사용하는 단어를 사용하여 이야기를 서술하고 있다.

⑤ 군말, 불필요한 반복 같은 구어적 특성이 드러난다.

윗글에서는 '말을 두 마리를 보냈어. 말. 대국서 잉?', '똑같은 눔여. 똑같어 그게 둘 다'라고 말함으로써 군말과 불필요한 단어의 반복 같은 구어적 특성이 드러난다.

02 인물의 행동 파악하기

답 | ③

인물에 대한 설명으로 적절하지 않은 것은?

정답 선지 분석

③ 원 정승은 아들의 말을 듣고 깨달음을 얻어 문제를 주체적으로 해결하였다.

어미 말과 새끼 말을 구별하는 문제를 해결한 사람은 원 정승이 아닌, 원 정승의 아들이다. 원 정승은 어미 말과 새끼 말을 구별한 표를 붙여 대국으로 보냈다.

오답 선지 분석

① 천자는 원 정승과 그의 아들이 문제를 해결하게 되는 직접적인 원인이다.

천자는 조선에 어미 말과 새끼 말을 구별하라는 문제를 낸 인물로, 원 정승과 그의 아들이 문제를 해결하게 되는 직접적인 요인이다.

② 원 정승은 임금으로부터 받게 된 문제의 해결 방법을 몰라 전전긍긍하였다.

원 정승은 임금으로부터 어미 말과 새끼 말을 구별해내라는 문제를 부여받고 해결 방법을 몰라 머리를 싸매고 드러눕는 등 전전긍긍하였다.

④ 어린 아들은 인간과 동물의 보편적 정서를 활용하여 천자의 문제를 해결하였다.

원 정승의 아들은 어미 말이 새끼 말에게 콩을 밀어주는 행동을 통해 인간과 동물의 보편적 정서인 모성애를 활용하여 문제를 해결하였음을 알 수 있다.

⑤ 어린 아들이 아버지인 원 정승의 문제를 대신 해결하겠다고 하는 점에서, 아버지에 대한 효심이 드러난다.

원 정승의 아들은 원 정승이 임금에게 부여받은 문제를 풀지 못하고 앓고 있자, 자신감을 보이며 자신이 문제를 해결할 수 있다고 말하였다. 이를 통해 어린 아들의 아버지에 대한 효심을 알 수 있다.

03 작품 비교하기

답 | ②

윗글과 보기 의 공통점으로 적절한 것은?

보기

"신라의 선비들 중엔 글재주가 뛰어난 이들이 이루 헤아릴 수 없을 정도로 많습니다. 그중에 특히 빼어난 이는 저희 같은 사람 백 명이 있다 하더라도 대적할 수 없습니다."

황제가 이 말을 듣고 매우 노하여 신라를 침공하고자 했다. 그리하여 황제는 계란을 솜으로 싸서 돌로 만든 함에 가득 채운 뒤 그 속에 밀랍을 녹여 부어 움직이지 않게 하고, 다시 함 밖에 구리와 철을 녹여 부어 함을 열어 볼 수 없게 했다. 그러고는 함을 가져가는 사신에게 옥새를 찍은 문서를 주었다. 문서에는 이런 글귀가 적혀 있었다.

'함 속에 든 물건을 알아맞혀 이에 대한 시를 지어 바치지 못한다면 장차 너희 나라를 쑥대밭으로 만들 것이다.'

- 작자 미상, 〈최고운전〉

정답 선지 분석

② 강대국의 통치자가 약소국을 시험하기 위해 과제를 제시하고 있다.

윗글과 〈보기〉 모두 중국의 황제가 약소국인 조선과 신라를 시험하기 위해 어려운 문제를 내고 있다.

오답 선지 분석

① 강대국에 대한 약소국의 거만한 태도가 드러나 있다.

윗글과 〈보기〉에서는 모두 강대국이 약소국을 시험하기 위해 문제를 내고 있다. 이를 통해 약소국이 아닌, 강대국의 거만한 태도를 확인할 수 있다.

③ 다른 나라의 인재를 확인하려는 강대국의 지혜로움을 엿볼 수 있다.

윗글의 천자가 조선에 인재가 있는지 시험하기 위해 문제를 낸 것은 맞으나, 〈보기〉에서는 다른 나라의 인재를 확인하려는 목적이 아닌, 다른 나라를 침략하기 위한 목적으로 문제를 낸 것이며, 이를 통해 강대국의 지혜로움 또한 확인할 수 없다.

④ 역사적 사실을 바탕으로 하여 실제 인물을 작품에 등장시키고 있다.

윗글과 〈보기〉 모두 조선과 신라라는 시간적 배경을 제시하고 있으나, 역사적 사실을 바탕으로 한 작품이 아니며 실제 인물이 등장하지도 않는다.

⑤ 강대국이 약소국을 빈번하게 침략했던 당시의 역사적 상황이 반영되어 있다.

〈보기〉에서는 황제가 낸 문제를 풀지 못한다면 신라를 침략할 것이라고 경고하는 것을 통해 당시 강대국이 약소국을 침략했음을 알 수는 있으나, 윗글을 통해서는 강대국이 약소국을 침략하던 일이 빈번했다는 역사적 사실을 확인할 수 없다.

04 세부 내용 파악하기

빈칸에 들어갈 말로 적절한 것을 골라 차례대로 쓰시오.

아들은 콩을 골라 (어미 말 / 새끼 말)에게 주는 (어미 말 / 새끼 말)의 행동을 통해 어느 말이 어미 말이고, 어느 말이 새끼 말인지 파악하였다.

정답

새끼 말, 어미 말

10강

| 본문 | 117쪽

화법 공감하며 대화하기

빠른 정답 체크 01 ④ 02 ③ 03 ④ 04 자원을 절약하는 좋은 방법

가

지혁: 소정아, 주말에 뭐 했어?
주말에 한 일을 질문하며 대화를 시작함

소정: 마을 장터에 갔다가 새것은 아니지만 괜찮아 보이는 책을 한 권 샀어.
소정이 주말에 한 일 – 마을 장터에 가서 책을 삼

지혁: ㉠ 사회 시간에 배운 아나바다 운동 같은 거구나. '아껴 쓰고, 나눠 쓰고, 바꿔 쓰고, 다시 쓰자.'라는 의미였지?
자신의 배경지식을 활용하여 소정의 말에 호응함

소정: 맞아. 그러고 보니 이번 마을 장터가 바로 아나바다 운동이었네. 너도 비슷한 경험이 있어?
지혁이 언급한 배경지식과 마을 장터를 연관지음

지혁: 『나는 물건을 사 본 적은 없는데, 아무도 타지 않아서 먼지만 쌓이던 우리 집 자전거를 사촌 동생에게 준 적이 있어.』 동생이 무척 좋아하면서 매일 타고 다닌대. 이런 것도 아나바다 운동이지?
『 』: 아나바다 운동과 관련된 자신의 경험을 언급함

소정: 그럼. 쓸모없던 자전거를 누가 다시 잘 쓸 수 있게 된 거니까.

지혁: 그러네. 너는 마을 장터에서 책을 사 보니까 어땠어?
소정의 경험에 대한 소감을 물음

소정: 처음에는 남이 보던 책을 산다는 것이 내키지 않았지만 값이 싸고 책 상태도 깨끗해 보이길래 한번 사 봤거든. 정작 책을 읽어 보니 아무렇지도 않더라고. 누구에게는 필요 없던 물건이 다른 사람에게는 유용하게 쓰일 수도 있는 것 같아.
소정이 생각하는 아나바다 운동의 효과

지혁: ㉡ 네 말을 듣고 보니 마을 장터와 같은 아나바다 운동이 자원을 절약하는 좋은 방법이라는 것을 알겠어. 나도 진작 알았더라면 마을 장터에 갔을 텐데 아쉽다.
소정의 말을 듣고 아나바다 운동의 의미를 공유함

소정: 그래? 잘됐다. 매달 두 번째 주말에 마을 장터가 열린대. 다음에 같이 가 볼래?
지혁에게 마을 장터에 같이 갈 것을 제안함

지혁: 좋아. 다음에 같이 가서 내게 필요한 물건이 있는지 찾아봐야겠다.

나

지애: 효진아, 내 이야기 좀 들어 줄래?

효진: 무슨 고민 있어? 편하게 말해 봐.
지애가 편하게 이야기할 수 있도록 유도함

지애: 사실은 친구랑 조금 다퉜어.
지애의 고민

효진: ㉢ 친구랑 다퉈서 고민이구나. 좀 더 자세히 이야기해 볼래?
지애의 말을 반복하여 지애의 말을 이해하고 있음을 드러냄 / 질문을 통해 지애가 말을 이어갈 수 있도록 함

지애: 『내가 휴대 전화가 없어져서 걱정하고 있었거든. 그런데 친구는 같이 걱정해 주기는커녕 내가 물건을 잘 잃어버린다고 타박만 하지 뭐야. 그래서 나도 모르게 친구에게 심한 말을 해 버렸어.』
『 』: 지애가 친구와 싸운 자세한 상황

효진: (고개를 끄덕이며) [ⓐ]
몸짓을 통해 상대의 감정에 공감하고 있음을 드러냄

지애: 친구와 멀어지게 된 것 같아 괴로워. 사과하고 싶은데 어떻게 해야 할지 모르겠어.

효진: ㉣ (부드럽게 눈을 맞추며) 그래, 답답하겠다. 그 친구에게 네 마음을 솔직하게 이야기해 보면 어떨까?
시선을 맞춤으로써 지애의 말에 집중하고 있음을 나타냄 / 지애의 말에 맞장구치며 공감을 드러냄

지애: 그러고 싶지만 친구가 들어 주지 않을까 봐 겁이 나.

효진: ㉤ 그럴 수도 있겠어. 하지만 그 친구도 너와 같은 고민을 하고 있을지도 모르잖아. 용기를 내서 먼저 말해 보는 것이 어때?
지애의 상황과 입장을 고려하여 조언함

지애: 그럴까? 너와 이야기를 하니까 마음이 편해지고 친구에게 내 마음을 말할 용기가 나는 것 같아. 네 조언대로 해 볼게.
효진의 조언에 따라 행동하기로 결심함

01 대화의 내용 이해하기 답 | ④

(가)와 (나)를 이해한 내용으로 적절하지 않은 것은?

정답 선지 분석

④ 효진은 지애의 고민을 듣고 자신의 상황과 관련지으며 공감하였다.
(나)에서 효진은 지애의 말에 공감하며 듣고 있으며, 지애의 고민을 듣고 "그 친구에게 네 마음을 솔직하게 이야기해 보면 어떨까?", "그 친구도 너와 같은 고민을 하고 있을지도 모르잖아. 용기를 내서 먼저 말해 보는 것이 어때?"라며 자신의 상황이 아닌, 지애의 상황과 입장을 고려하며 조언하고 있다.

오답 선지 분석

① 지혁은 안 쓰는 물건을 사촌 동생에게 준 적이 있다.
(가)에서 아나바다 운동과 비슷한 경험을 해 본 적이 있냐는 소정의 질문에 지혁은 "아무도 타지 않아서 먼지만 쌓이던 우리 집 자전거를 사촌 동생에게 준 적이 있어."라고 말하고 있다.

② 소정과 지혁은 다음에 마을 장터에 함께 가기로 했다.
(가)에서 마을 장터에 대한 정보를 진작 알았더라면 그곳에 갔을 것이라며 아쉬움을 내비치는 지혁에게 소정은 "그래? 잘됐다. 매달 두 번째 주말에 마을 장터가 열린대. 다음에 같이 가 볼래?"라고 마을 장터에 같이 갈 것을 제안하고 있고, 이에 지혁이 "좋아. 다음에 같이 가서 내게 필요한 물건이 있는지 찾아봐야겠다."라며 제안을 수용하고 있다.

③ 지애는 효진에게 친구와 싸운 뒤 생긴 고민을 털어놓았다.
(나)에서 지애는 효진에게 친구와 다툰 일을 말하면서, 친구에게 사과하고 싶은데 어떻게 해야 할지 모르겠다고 말하고 있다.

⑤ 지애는 효진과의 대화를 통해 친구에게 솔직하게 이야기할 용기를 얻었다.
효진은 지애에게 용기를 내서 친구에게 지애의 마음을 솔직하게 이야기해 볼 것을 제안하고 있고, 이에 지애는 "너와 이야기를 하니까 마음이 편해지고 친구에게 내 마음을 말할 용기가 나는 것 같아. 네 조언대로 해 볼게."라며 친구에게 이야기할 용기를 얻었다.

02 대화의 표현 전략 파악하기

답 | ③

㉠~㉤에 대한 설명으로 적절하지 않은 것은?

정답 선지 분석

③ ㉢: 상대방의 말을 반복하여 대답함으로써 대화의 주제를 바꾸고 있다.

(나)에서 효진은 친구랑 조금 다퉜다는 지애의 말에 "친구랑 다퉈서 고민이구나."라고 말하고 있다. 이는 지애의 말을 잘 이해하고 있음을 나타내는 것으로, 대화의 주제를 바꾸고 있는 것은 아니다.

오답 선지 분석

① ㉠: 자신의 배경지식을 활용하여 상대방의 말에 호응하고 있다.

(가)에서 소정이 마을 장터에 대해 설명하자, 지혁이 "사회 시간에 배운 아나바다 운동 같은 거구나."라고 말한 것을 통해 지혁이 자신의 배경지식을 활용하여 소정의 말에 호응하고 있음을 알 수 있다.

② ㉡: 상대방의 말을 듣고 대화의 주제에 대한 의미를 공유하고 있다.

(가)에서 지혁은 소정과의 대화를 통해 아나바다 운동을 떠올리고, 소정에게 "마을 장터와 같은 아나바다 운동이 자원을 절약하는 좋은 방법이라는 것을 알겠어."라며 대화의 주제인 아나바다 운동에 대한 의미를 소정에게 공유하고 있음을 알 수 있다.

④ ㉣: 비언어적 표현을 통해 상대방의 말에 집중하고 있음을 나타내고 있다.

(나)에서 지애가 고민을 털어놓자, 효진이 지애의 눈을 맞추며 반응하고 있는 것은 비언어적 표현을 통해 지애의 말에 집중하고 있음을 나타내기 위한 것이다.

⑤ ㉤: 상대방의 말에 공감하며, 상대방의 상황과 입장을 고려하여 조언하고 있다.

(나)에서 효진은 친구가 자신의 말을 들어주지 않을까 봐 겁이 난다는 지애의 말에 "그럴 수도 있겠어."라며 지애의 말에 공감을 드러내고 있고, "하지만 그 친구도 너와 같은 고민을 하고 있을지도 모르잖아. 용기를 내서 먼저 말해 보는 것이 어때?"라고 말하며 지애의 상황과 입장을 고려하여 조언하고 있다.

03 대화의 표현 전략 적용하기

답 | ④

보기 를 참고할 때, ⓐ에 들어갈 말로 가장 적절한 것은?

보기

공감하며 대화하는 방법 중에는 상대의 관점에서 문제를 바라보고, 상대의 상황과 처지에 공감하는 것이 있다.

정답 선지 분석

④ 친구가 네 마음을 알아주지 않아서 속상했겠네. 그렇지만 친구에게 상처를 주는 말을 한 것은 후회되겠다.

지애는 휴대 전화를 잃어버린 자신의 상황에 공감하지 않고 오히려 타박만 늘어놓던 친구와 싸우다 자신도 모르게 심한 말을 한 것을 후회하고 있다. 따라서 상대의 관점에서 친구와 싸우다 심한 말을 내뱉었다는 문제를 바라보고, 이에 '속상했겠네', '후회되겠다'처럼 지애가 느낄 상황과 처지에 공감하고 있으므로 ⓐ에 들어갈 말로 적절하다.

오답 선지 분석

① 친구에게 상처를 주는 말을 한 게 후회되는구나. 나였다면 그러지 않았을 거야.

'친구에게 상처를 주는 말을 한 게 후회되는구나.'를 통해 상대방의 관점에서 문제를 바라보고 있음을 알 수 있으나, 상대의 상황과 처지에 공감하고 있지는 않다.

② 친구는 어쩜 그렇게 자기 마음만 생각하는 거야? 차라리 잘 됐어. 그런 친구는 멀리하는 게 좋아.

지애는 친구와 싸우며 자신도 모르게 친구에게 심한 말을 한 것을 후회하고 있다. 이때 친구의 잘못을 탓하는 것은 상대의 상황과 처지에 공감하는 것으로 볼 수 없다.

③ 휴대 전화가 없어져서 너무 걱정되겠다. 친구의 말대로 물건을 잘 잃어버리는 버릇을 고쳐 보는 게 어때?

지애는 휴대 전화가 없어져 친구와 갈등이 생기고, 자신도 모르게 친구에게 심한 말을 한 것을 후회하고 있는 것이지, 휴대 전화가 없어진 상황에 대한 고민을 드러낸 것은 아니므로 상대의 관점에서 문제를 바라보고, 상대의 상황과 처지에 공감하는 것으로 볼 수 없다.

⑤ 아무리 그래도 친구에게 심한 말을 한 것은 잘못된 일이야. 어서 친구에게 가서 사과하는 게 좋을 것 같아.

상대의 관점에서 문제를 바라보고 있지도 않으며, 상대의 상황과 처지에 공감하고 있지도 않다.

04 대화의 내용 파악하기

(가)에서 지혁이 소정과의 대화를 통해 알게 된 아나바다 운동의 의미를 윗글에서 찾아 4어절로 쓰시오.

정답

자원을 절약하는 좋은 방법

독서 오페라

빠른 정답 체크 01 ③ 02 ③ 03 ③ 04 작곡을 위한 대본

오페라는 음악을 중심으로 한 종합 무대 예술로 독창과 합창, 그리고 관현악 등으로 구성된다. (오페라의 구성 요소) 독창은 등장인물을 연기하는 배우가 맡게 되고, 배우의 발성이 속하는 음역대에 따라 소프라노, 메조소프라노, 알토, 테너, 바리톤, 베이스 등으로 나뉘게 된다. (배우의 음역대에 따른 분류) 배우들은 단독으로 노래를 부를 때도 있고, 함께 노래를 부르는 중창을 하기도 한다. 전통적인 오페라에서는 노래마다 완결성이 있는 독창곡이 다수를 차지하며, (전통적인 오페라의 특징 ①) 극 중의 순서에 따라 번호가 붙어 있는 것을 드물지 않게 볼 수 있다. (전통적인 오페라의 특징 ②) 이들이 단독으로 부르는 노래는 선율의 아름다움을 부각하는 아리아와 (독창의 종류 ①) 이야기하듯이 부르는 레치타티보로 (독창의 종류 ②) 나뉜다. 합창은 오페라에 군중이 부르는 형태의 노래로 등장한다.

▶ 1문단: 오페라의 구성 요소

관현악은 성악의 반주를 맡거나 등장인물의 감정이나 성격, 행동 등을 그려내어 (오페라에서 관현악의 역할) 무대의 분위기를 드러내는 등 여러 역할을 수행한다. 관현악은 보통 오페라극장에 전속된 경우가 많고, 대규모 오페라에는 100명, 때로는 그 이상의 연주자가 필요할 때가 있다. 또한 일류 오페라 극장에는 전속 발레단이 존재하며, 자주 있는 일은 아니나 발레만 단독으로 상연하기도 한다.

▶ 2문단: 오페라에서 관현악의 역할

한편 오페라의 대본은 리브레토라 불리는데, 작곡을 위해 특별히 집필된 것으로 (리브레토의 특징) 리브레토만을 쓰는 전문가들도 있었다. 보통 운문체로 작성되며, (리브레토가 희곡과 비슷한 점 ①) 막과 장, 경 등으로 나뉘는데 (리브레토가 희곡과 비슷한 점 ②) 이는 일반 희곡의 양상과 유사하다. 작곡을 위한 대본이 아닌 경우도 있었는데, 가령 완성된 희곡에 따라 작곡한 리하르트 슈트라우스의 〈살로메〉가 (완성된 희곡을 바탕으로 노래를 작곡함) 그러한 예외에 속한다. 또한 작곡가 바그너는 대본을 스스로

쓰기도 했으며, 그러한 작곡가들의 영향으로 현대에 와서는 작곡자가 직접 대본을 쓰는 경우도 많아졌다.

▶ 3문단: 리브레토의 개념

또한, 오페라 배우는 목소리의 높이와 종류에 따라 배역이 정해진다. 가령 오페라의 남녀 주인공은 대개 소프라노와 테너가 맡는다. 오페라를 상연할 때 최고 지도자는 지휘자인데, 가수나 합창단원 그리고 무용수를 비롯한 많은 인원이 그의 지휘를 따른다. 합창지휘자는 합창 훈련과 전체적인 밸런스의 조율을 담당하고, 연출 감독은 극적 연출이 필요한 부분에서 연기를 비롯한 중요한 것을 지도한다. 무용이 삽입될 때는 무용지도자가 안무를 따라 올 수 있도록 지도한다. 그 외의 도구나 의상, 조명, 분장 등의 담당자와 배우에게 대사 등을 일러주는 프롬프터 등은 일반 연극의 경우와 동일하다. 결과적으로는 오페라 상연을 위해서는 많은 전문적인 인원이 필요하게 된다.

(오페라에서 배역을 정하는 기준 / 남녀 오페라 배우의 주요 음역대 / 오페라에서 지휘자의 역할 / 오페라에서 합창지휘자의 역할 / 오페라에서 연출 감독의 역할 / 오페라에서 무용지도자의 역할 / 오페라가 일반 연극과 동일한 점)

▶ 4문단: 오페라 상연을 위한 구성 인원

01 글의 주제 파악하기 답 | ③

윗글의 주제로 가장 적절한 것은?

정답 선지 분석

③ 오페라의 형식 및 구성 요소

윗글은 오페라의 형식 및 구성 요소와 관련된 특징 및 용어에 대해 설명하고 있다.

오답 선지 분석

① 오페라의 역사

윗글에서 오페라의 역사와 관련된 내용은 찾을 수 없다.

② 오페라의 종류별 특징

윗글에서 아리아, 레치타티보 등 오페라에서 불리는 노래의 종류가 등장하지만, 오페라의 종류별 특징에 대한 내용은 찾을 수 없다.

④ 오페라 배우에게 요구되는 역량

윗글에서 오페라 배우에게 요구되는 역량에 대한 내용은 찾을 수 없다.

⑤ 오페라 상연을 하기까지의 준비 과정

윗글에서 오페라를 구성하는 요소들에 대해서는 언급되어 있으나, 오페라의 준비 과정에 대한 내용은 찾을 수 없다.

02 세부 내용 파악하기 답 | ③

윗글에 언급된 내용으로 적절하지 않은 것은?

정답 선지 분석

③ 오페라의 대본인 리브레토는 전통적으로 작곡가가 집필했다.

3문단에 따르면 리브레토는 최근에 들어 작곡자가 직접 대본을 쓰는 경우가 많아졌으므로 전통적으로 작곡가가 집필했다는 것은 적절하지 않다.

오답 선지 분석

① 전통적인 오페라는 독창곡이 차지하는 지분이 높다.

1문단에 따르면 전통적인 오페라에서는 노래마다 완결성이 있는 독창곡이 다수를 차지한다.

② 리브레토는 완성된 희곡을 바탕으로 집필되는 일도 있었다.

3문단에 따르면 리하르트 슈트라우스의 〈살로메〉는 완성된 희곡을 바탕으로 집필된 리브레토에 해당한다.

④ 지휘자는 가수와 합창단원, 무용수 등의 많은 인원을 지휘한다.

4문단에 따르면 오페라의 최고 지도자는 지휘자로, 가수나 합창단원 그리고 무용수를 비롯한 많은 인원이 지휘자의 지휘를 따른다.

⑤ 오페라의 남녀 주인공은 소프라노와 테너가 담당하는 경우가 많다.

4문단에 따르면 오페라의 남녀 주인공은 대개 소프라노와 테너가 담당한다.

03 구체적 사례에 적용하기 답 | ③

〈보기〉는 베르디가 작곡한 오페라 〈아이다〉의 줄거리이다. 윗글을 바탕으로 〈보기〉를 이해한 내용으로 적절하지 않은 것은?

보기

아이다는 에티오피아의 공주이다. 그녀는 몰래 왕궁을 나섰다가 이집트의 포로로 잡혀 공주의 시녀가 되었지만, 젊은 장군 라다메스와 사랑에 빠지게 된다. 그러나 아이다를 구하고자 그녀의 아버지이자 에티오피아의 왕인 아모나스로는 이집트를 상대로 전쟁을 일으키고, 라다메스는 지휘관으로서 전쟁에 나가게 된다. 이집트가 전쟁에 승리하자 파라오는 라다메스를 사랑하고 있던 자신의 딸 암네리스를 그와 결혼시키려 하나, 라다메스는 아이다에게 사랑한다고 고백하고 그녀의 부탁으로 에티오피아로 망명할 계획을 세운다. 그러나 이는 아이다의 아버지인 아모나스로가 꾸민 계획이었다. 계획이 어긋나 아모나스로는 죽게 되고 라다메스는 석실에 감금된다. 이에 먼저 석실에 들어와 있던 아이다는 라다메스 앞에 나타나 그와 함께 죽음을 맞이하기를 택하고, 그들의 순수한 사랑을 인정한 암네리스가 그들이 죽어서라도 행복하기를 기도하는 것으로 끝난다.

* 망명(亡命): 혁명 또는 그 밖의 정치적인 이유로 자기 나라에서 박해를 받고 있거나 박해를 받을 위험이 있는 사람이 이를 피하기 위하여 외국으로 몸을 옮김.
* 석실(石室): 고분 안의 돌로 된 방.

정답 선지 분석

③ 아이다와 라마메스가 함께 노래를 부를 때는 아리아보다 레치타티보를 더 많이 불렀겠군.

1문단에서 오페라 배우들은 단독으로 노래를 부르기도 하고 함께 노래를 부르는 중창을 하기도 한다고 하였으나, 아리아와 레치타티보는 모두 배우가 단독으로 부르는 노래의 종류이므로 적절하지 않다.

오답 선지 분석

① 아이다와 라다메스는 각각 소프라노와 테너 음역의 배우가 맡았겠군.

4문단에서 오페라 배우는 목소리의 높이와 종류에 따라 배역이 정해지며, 오페라의 남녀 주인공은 대개 소프라노와 테너가 맡는다고 하였으므로 〈보기〉에서 여자 주인공인 아이다와 남자 주인공이 라다메스는 각각 소프라노와 테너 음역의 배우가 맡았을 것이다.

② 공연이 진행될 때 배우들은 프롬프터의 도움을 받으며 대사를 할 수 있었겠군.

4문단에서 오페라는 일반 연극처럼 배우에게 대사 등을 일러주는 프롬프터가 존재했다고 했으므로 오페라 배우들 또한 프롬프터를 보며 대사를 할 수 있었을 것이다.

④ 라다메스가 지휘관으로 승전하고 돌아오는 대목에서 그를 환영하는 관현악이 연주되겠군.

2문단에서 관현악은 등장인물의 감정이나 성격, 행동 등을 그려내어 무대의 분위기를 드러내는 등 여러 역할을 수행한다고 하였으므로 〈보기〉의 라마데스가 승전 뒤 다시 돌아오는 장면에서는 즐겁고 쾌활한 분위기를 드러내기 위해 관현악이 연주되었을 것이다.

⑤ 아이다와 라다메스가 함께 죽음을 맞이하는 장면은 극적인 연출을 위해 연출 감독이 지도했겠군.

4문단에서 극적 연출은 연출 감독이 맡아 연기를 비롯한 중요한 것을 지도한다고 하였다. 〈보기〉에서 아이다와 라다메스가 함께 죽음을 맞이하는 장면에서는 극적인 연출이 필요할 것이므로 연출 감독이 지도했을 것이다.

04 세부 내용 파악하기

빈칸에 들어갈 말로 적절한 것을 윗글에서 찾아 3어절로 쓰시오.

조르주 비제의 오페라 〈카르멘〉은 프랑스 작가 프로스페르 메리메의 소설 〈카르멘〉을 원작으로 하여 대본을 집필하였다. 이는 리브레토의 종류 중 (   )이/가 아닌 경우에 속한다.

정답

작곡을 위한 대본

문학 1 동동(작자 미상)

빠른 정답 체크 01 ⑤ 02 ② 03 ⑤ 04 아으 동동다리

덕일랑 신령님께 바치옵고 / 복일랑 임금에게 바치오니
덕이며 복이라 하는 것을 / 바치러 오시오
북과 그 밖의 악기 소리를 흉내 낸 의성어
아으 동동다리 ～: 후렴구
① 음악적 흥취를 고조시킴
② 연을 구분하고 구조적 통일감을 줌
▶ 신령님과 임금에게 덕과 복을 빎

정월 ㉠ 시냇물은 / 아으 얼었다 녹았다 하는데
대조
세상 가운데 나서는 / 이 몸 홀로 살아가는구나
임이 오지 않아 얼어붙은 화자의 마음
아으 동동다리
▶ 임 없이 홀로 살아가는 외로움

□: 임을 비유하는 사물
이월 보름에 / 아으 높이 켠 / 등불 같구나
연등회 – 석가모니의 탄생일에 불을 켜고 복을 비는 의식
만인을 비추실 모습이시도다
임이 오지 않아 얼어붙은 화자의 마음
아으 동동다리
▶ 등불 같은 임의 훌륭한 인품 찬양

삼월 나며 핀 / 아으 만춘* 진달래꽃이여
남이 부러워할 모습을 / 지녀 나셨구나
아으 동동다리
▶ 진달래꽃 같은 임의 아름다움 예찬

계절에 따라 반복적으로 찾아오는 자연물
사월 아니 잊어 / 아으 오셨구나 ㉡ 꾀꼬리 새여
대조
무엇 때문에 녹사*님은 / 옛날의 나를 잊으셨는가
임. 화자를 찾아오지 않는 존재
아으 동동다리
▶ 오지 않는 임에 대한 원망

임을 향한 사랑과 정성
오월 오일에 / 아으 **수릿날 아침 약**은
단오 – 모내기를 끝내고 풍년을 기원하는 제삿날
천년을 오래 사실 / 약이라 바치옵니다
아으 동동다리
▶ 약을 바치며 임의 만수무강 기원

유월 보름에 / 아으 **벼랑에 버린 빗** 같구나
유두일 △: 임에게 버려진 화자의 처지를 비유하는 사물
돌아보실 임을 / 잠시나마 따르겠습니다
임을 향한 화자의 일편단심
아으 동동다리
▶ 벼랑에 버린 빗처럼 임에게 버림받은 슬픔

- 작자 미상, 〈동동〉 -

* 만춘(晩春): 늦은 봄. 주로 음력 3월을 이른다.
* 녹사(錄事): 고려 시대에, 각급 관아에 속하여 기록에 관련된 일을 맡아보던 하급 실무직 벼슬.

01 표현상의 특징 이해하기 답 | ⑤

윗글에 대한 설명으로 적절하지 않은 것은?

정답 선지 분석

⑤ 4음보의 규칙적인 율격을 통해 민요의 특징을 확인할 수 있다.
윗글의 갈래는 고려 가요로, 4음보의 규칙적인 율격을 찾아볼 수 없다.

오답 선지 분석

① 시간의 흐름에 따라 시상을 전개하고 있다.
윗글은 정월(일월)부터 유월까지 시간의 흐름에 따라 시상을 전개하고 있다.

② 내용의 흐름이 이질적인 부분을 찾을 수 있다.
윗글의 1연은 임을 그리워하는 내용의 2~7연과 달리, 신령님과 임금께 덕과 복을 빌고 있으므로 내용의 흐름이 이질적이라 할 수 있다.

③ 자연물과 사물을 통해 화자의 처지를 표현하고 있다.
윗글에서는 화자의 심정과 대조되는 자연물인 '시냇물', 임에게 버림받은 화자의 상황을 비유한 사물인 '벼랑에 버린 빗'을 통해 화자의 처지를 표현하고 있다.

④ 후렴구의 삽입을 통해 구조적 통일성을 이루고 있다.
윗글은 후렴구인 '아으 동동다리'를 반복하여 구조적 통일성과 안정감을 이루고 있다.

02 시어의 의미 파악하기 답 | ②

㉠, ㉡에 대한 설명으로 적절한 것은?

정답 선지 분석

② ㉠과 ㉡ 모두 시간의 흐름에 따라 주기적으로 변화하는 자연물이다.
㉠은 냇물로, 정월이 되자 얼고 녹기를 반복하고 있다. ㉡은 꾀꼬리로, 사월이 되자 다시 돌아오고 있으므로 ㉠, ㉡ 모두 시간의 흐름에 따라 변화하는 자연물로 볼 수 있다.

오답 선지 분석

① ㉠과 ㉡ 모두 자연의 아름다움에 대한 화자의 감탄을 드러낸다.
㉠은 임이 오지 않아 가슴이 얼어붙은 화자와 달리, 얼고 녹기를 반복하는 자연물로 화자와 대조를 이루는 시어이다. ㉡은 아무리 시간이 지나도 돌아오지 않는 임과 달리, 계절의 변화에 따라 주기적으로 돌아오는 자연물로 임과 대조를 이루는 시어이다. 따라서 ㉠, ㉡ 모두 자연의 아름다움에 대한 화자의 감탄을 드러내지 않는다.

③ ㉠과 대조되는 시어는 '녹사님'이고, ㉡과 대조되는 시어는 '진달래꽃'이다.
㉠과 대조되는 시어는 화자를 의미하는 '몸'이고, ㉡과 대조되는 시어는 임을 의미하는 '녹사님'이다.

④ ㉠은 떠나간 임에 대한 그리움을, ㉡은 다시 돌아올 임에 대한 희망을 의미한다.
㉠은 오지 않는 임으로 인해 얼어붙은 자신과 대조되는 시어이고, ㉡은 돌아오지 않는 임에 대한 원망과 그리움을 불러일으키는 시어이므로 적절하지 않다.

⑤ ㉠은 화자의 심정을 비유하는 시어이고, ㉡은 임의 아름다운 용모를 비유하는 시어다.
㉠은 화자의 처지와 대조되는 시어이고, ㉡은 임의 아름다운 용모를 비유하는 시어가 아니라 오지 않는 임과 대조되는 시어이다.

03 외적 준거를 참고하여 작품 감상하기

답 | ⑤

보기 는 윗글에 제시된 세시 풍속에 대한 정보이다. 보기 를 참고하여 윗글을 감상한 내용으로 적절하지 않은 것은?

보기

- 연등회 – 음력 1월 15일에 등불을 하늘 높이 날리며 부처에게 복을 비는 불교 행사로, 고려 때부터는 2월 15일로 그 날짜가 바뀌어 진행되었다.
- 수릿날(단오절) - 음력 5월 5일. 모내기를 끝내고 나서 풍년을 기원하는 제사를 지내던 명절로, 이 무렵의 익모초와 쑥이 약효가 가장 좋은 때라고 하여 베어다 즙을 내어 마시는 풍속이 전해진다.
- 유두일 – 음력 6월 15일. 동쪽으로 흐르는 물에 머리를 감아 빗은 다음 그 빗을 벼랑에 던져 버리면 그 해의 액운을 없애준다고 믿었다.

정답 선지 분석

⑤ '벼랑에 버린 빗'은 임이 액운을 막기 위해 화자와 이별한 것을 비유한 말로, 세시 풍속이 반영되었군.
〈보기〉에 따르면 유두일에는 액운을 없애기 위해 머리를 빗은 빗을 벼랑에 던지는 풍습이 있었다. 그러나 윗글의 화자는 임에게 버림받은 자신을 '벼랑에 버린 빗'에 비유한 것이므로 적절하지 않다.

오답 선지 분석

① 윗글을 통해 작품이 창작될 당시의 세시 풍속을 엿볼 수 있군.
윗글을 통해 연등회, 수릿날, 유두일 등의 세시 풍속을 확인할 수 있다.

② 만약 연등회의 날짜가 변하지 않았다면, '등불'은 '정월'에 등장하는 소재겠군.
〈보기〉에 따르면 연등회는 정월 대보름에 진행되었다가 고려 때부터 2월 15일로 바뀌었으므로, 고려 때 날짜가 바뀌지 않았다면 '등불'은 정월 대보름 시기가 나타난 2연에 등장했을 것이라 추측할 수 있다.

③ 화자는 하늘 높이 날리는 '등불'이 마치 화자의 높은 기상과 닮아있다고 생각했겠군.
〈보기〉에 따르면 연등회는 등불을 하늘 높이 날리며 부처에게 복을 비는 행사로, 이때 화자는 높이 날리는 '등불'의 모습이 임의 높은 기상과 닮아있다고 생각했을 것이다.

④ 화자가 임에게 바친 '수릿날 아침 약'은 익모초와 쑥으로 만든 즙이겠군.
〈보기〉에 따르면 수릿날 무렵의 익모초와 쑥이 약효가 가장 좋은 때라고 하여 베어다 즙을 내어 마시는 풍속이 전해졌으므로, 화자가 임에게 바친 약은 익모초와 쑥으로 만든 즙일 것이라 추측할 수 있다.

04 시어의 의미 파악하기

빈칸에 들어갈 말로 적절한 것을 윗글에서 찾아 2어절로 쓰시오.

고려 가요에는 후렴구가 자주 등장하는데, 〈동동〉의 경우 '(   )'(이)라는 후렴구를 통해 연을 구분하고 구조적 통일감을 준다. 또한 운율을 형성하여 음악적 흥취를 고조시키는 기능을 한다.

정답

아으 동동다리

문학 2 수일이와 수일이(김우경 원작·광대 각색)

빠른 정답 체크 01 ④ 02 ② 03 ④ 04 쥐

1장. 학원에 가기 싫어

『무대 오른쪽은 수일이네 집 거실이고 왼쪽은 수일이 방이다. 거실 가운데에는 소파가 놓여 있고, 그 맞은편에는 텔레비전이 있다. 수일이는 자신의 방, 컴퓨터 주변에서 무언가를 찾고 있다. 얼굴을 찌푸리고 투덜거리더니 거실로 가서 소파에 벌렁 눕는다.』
(『』: 지시문 – 등장인물, 시간, 장소, 무대 등을 설명하거나 인물의 동작, 표정, 조명 등을 지시 / 행동 지시문 – 등장인물의 행동, 표정, 말투 등을 지시)

수일: (짜증스럽게) 엄마 진짜 너무해! 그깟 컴퓨터 내가 얼마나 한다고 선은 뽑아 가고 그래? 아, 짜증 나. 텔레비전이나 봐야겠다.
(컴퓨터를 하지 못하게 엄마가 선을 뽑아 감추어 화가 남)

[A] 수일, 소파에 누워 리모컨을 발로 누른다. 수일이가 누를 때마다 텔레비전 소리가 바뀐다. 뉴스, 만화, 광고, 오락 프로그램 등 몇 번 소리가 바뀌다가 멈추면서 수일이가 잠이 든다. 엄마, 무대 위로 등장한다.

[B] **엄마:** (화가 난 목소리로) 아니, 이 녀석이 아직도 집에 있는 거야? 내가 이럴 줄 알았어. (텔레비전을 끄고 수일이를 흔들며) 정수일! 일어나! 지금 몇 신 줄 알아? 학원 갈 시간 지났잖아.

수일, 엄마가 흔들자 얼굴을 찌푸린다. 눈을 비비고 하품을 하지만 여전히 눈을 감고 있다. 엄마, 더 세게 수일이를 흔든다.
(엄마와 수일의 갈등이 행동을 통해 직접적으로 드러남)

수일: (눈을 반쯤 뜨며) 엄마, 저 배 아파요. (이마를 짚으며) 열이 나는 것 같기도 하고. 오늘만 학원 안 가면 안 돼요?
(학원에 가기 싫어 꾀병을 부림)

엄마: 그걸 말이라고 해? 며칠만 지나면 시험이잖아. 얼른 일어나!
(엄마가 수일에게 학원에 갈 것을 재촉하는 이유)

수일: 아, 짜증 나. 매일같이 학원, 학원! 저도 좀 쉬고 싶단 말이에요.
(수일은 매일 학원 가는 것에 지침)

엄마: 셋 셀 동안 안 일어나면 너 엄마한테 진짜 혼난다. 하나! 둘! 셋!

수일, 소파에서 벌떡 일어난다.

수일: 엄마, 오늘 한 번만 봐주세요. 진짜 배도 아프고 머리도 아프단 말이에요.

엄마: 배 아프고 머리 아픈 게 어디 한두 번이야?
(수일이 꾀병을 부린 것은 이번이 처음이 아님)

수일: 알았어요. 학원 가면 되잖아요! 아, 간다고요!

수일, 무대 밖으로 퇴장한다. 엄마, 화가 난 표정으로 수일이가 나가는 것을 지켜보다가 소파 한쪽에 수일이가 놓고 간 가방을 발견한다.

엄마: (가방을 들고 쫓아가다가) 야, 정수일! 정수일! (한숨을 쉬며) 저 녀석은 누굴 닮아 저런 거야.

(중략)

2장. 또 하나의 나
제목을 통해 이어질 내용을 예측할 수 있음

수일이네 가족이 집 안팎 대청소를 하고 있다. 엄마는 방에서, 아빠는 집 밖 정원에서, 수진이는 거실에서 청소를 하고 있다. 거실에 있는 수일이, 청소는 하지 않고 장난을 치며 수진이를 괴롭힌다. [C]

엄마, 갑자기 걸레질을 멈추며 놀란 표정으로 벌떡 일어난다. 걸레를 내동댕이치며 소리를 지른다.

엄마: 아아악! 쥐다! (거실로 뛰어오며) 수일아, 쥐야! 잡아!
엄마가 소리를 지른 이유

커다란 쥐 등장. 엄마와 수진, 우왕좌왕하며 뛰어다니고 커다란 쥐가 그 뒤를 쫓는다. 수일이가 빗자루를 들고 쥐를 따라간다. 아빠, 빗자루를 들고 무대 위로 등장한다. [D]
새로운 사건이 전개될 것을 암시하는 소재

아빠: 뭐, 쥐? 쥐가 어디 있어?

아빠, 두리번거리며 쥐를 찾는다. 그 사이 수일이에게 쫓기던 쥐는 소파 밑으로 들어가고, 수일이는 숨을 헉헉 몰아쉬며 소파에 앉는다. 엄마와 수진, 아빠 뒤로 숨는다.
엄마와 수진은 쥐를 보고 무서워함

아빠: (엉뚱한 방향만 살피며) 안 보이는데, 어디 간 거지? (거실을 둘러보며) 여보, 쥐가 나간 것 같아요.
쥐를 쫓지만 잡지 못함

엄마: (겁에 질린 표정으로) 여보, 안 되겠어요. 쥐약 좀 사 갖고 와야겠어요. 당신은 정원에 쥐덫 좀 놓고요.

수진: (겁에 질린 목소리로) 아빠, 무서워요. 나가지 마세요.

아빠: (수진이를 달래며) 수일아, 동생 잘 보고 있어라. 아빠가 금방 쥐덫만 놓고 올게.

엄마와 아빠, 퇴장한다. 수진이는 무서워서 벌벌 떨고, 수일이는 슬쩍 소파 밑을 본다. 쥐가 찍찍 운다.
수일은 쥐가 숨은 곳을 발견함

수일: (수진이에게 다가가 걸레를 던지며) 쥐다!
수일은 장난치는 것을 좋아하는 성격임

수진: (엉덩방아를 찧으며) 으악!

수일: 이 바보야, 이게 쥐로 보이냐? 메롱! [E]

수진: 정말 너무해!

아빠: (무대 밖에서 목소리로) 정수일!

수일: 쳇! 나만 갖고 그래. (한숨을 쉬며 소파에 앉는다.) 어디 나하고 똑같은 놈 없나? 하기 싫은 건 다 그놈 시키고, 나는 매일 놀기만 할 텐데.
수일은 소파 밑에 쥐가 있음에도 잡으려 하지 않음
공부를 하지 않고 매일 놀기만을 원함

수진: 오빠는 그런 것도 몰라? 손톱 먹은 들쥐한테 시키면 되잖아.

수일: 뭐? 손톱 먹은 들쥐? 그게 무슨 말이야?

수진: 옛날 이야기 중에 들쥐가 사람 손톱을 먹고 그 손톱 주인과 똑같은 사람이 된 이야기가 있어. 그래서 가짜랑 진짜가…….
〈쥐 둔갑 설화〉의 내용

수일: (수진이의 말을 자르며) 들쥐한테 손톱을 먹이면 손톱 주인이랑 똑같은 사람이 된다는 말이지?

수진: 옛날 이야기지 뭐, 진짜 그런 일이 일어나겠어? 암튼 쥐라면 징그러워.
수진은 쥐가 사람으로 변한다는 이야기를 대수롭지 않게 생각함

수진, 퇴장하고 수일이만 거실에 혼자 남았다. 수일, 거실 벽을 쳐다본다. 엄마가 붙여 놓은 수일이의 성적표. 백 점 만점에 이십 점이다. 그 옆에 '목표 점수 백 점'이라고 크게 쓰여 있다. 수일, 소파 밑을 보더니 자신의 손톱을 깎아서 바닥에 떨어뜨린다.
수일은 평소 좋은 성적을 받지 못함
쥐가 손톱을 먹길 바라고 한 행동임

수일: 손톱 먹은 들쥐라고 했지? (소파 밑을 보며) 야, 먹어. 어서 먹으란 말이야.

쥐가 찍찍 울다가 수일이가 떨어뜨린 손톱을 먹기 시작한다. 손톱을 먹은 쥐가 점점 커진다. 수일이는 비명을 지르며 뒤로 물러서는데 수일이와 똑같은 얼굴을 한 가짜 수일이가 소파 밑에서 나온다.
손톱을 먹은 쥐가 가짜 수일로 변함

- 김우경 원작·광대 각색, 〈수일이와 수일이〉 -

01 갈래의 특성 이해하기

답 | ④

윗글에 대한 설명으로 적절하지 않은 것은?

정답 선지 분석

④ 서술자의 서술과 묘사를 통해 사건이 전개된다.
윗글의 갈래는 희곡으로, 등장인물의 대사와 행동을 통해 사건이 전개된다. 서술자의 서술과 묘사로 사건이 전개되는 것은 소설이다.

오답 선지 분석

① 무대 상연을 목적으로 창작된 글이다.
희곡은 무대 상연을 목적으로 창작된 글을 가리키므로 적절하다.

② 등장인물 사이에 갈등 상황이 나타난다.
윗글에서는 수일과 엄마 사이에 갈등 상황이 나타나고 있다.

③ 작가가 상상하여 꾸며 낸 허구의 이야기이다.
윗글의 갈래는 희곡으로, 작가가 상상하여 꾸며 낸 허구의 이야기를 바탕으로 하고 있다.

⑤ 지시문을 통해 등장인물의 행동과 심리를 알 수 있다.
윗글의 '짜증스럽게', '화가 난 목소리로' 등의 지시문을 통해 등장인물의 행동과 심리를 파악할 수 있다.

02 인물의 특징 파악하기

답 | ②

인물에 관한 설명으로 적절하지 않은 것은?

정답 선지 분석

② 아빠는 수진과 수일을 대하는 태도가 대조적이다.
아빠는 수일이 수진에게 장난을 치자, 수일의 이름을 큰 소리로 부른다. 그러나 이는 장난을 치는 수일을 말리려 한 것으로, 이를 통해 수진과 수일을 대하는 태도가 대조적이라고 볼 수는 없다.

오답 선지 분석

① 엄마는 수일을 이해하려는 마음이 부족하다.

엄마는 학원에 가기 싫어 꾀병을 부리는 수일에게, "그걸 말이라고 해? 며칠만 지나면 시험이잖아."라며 학원에 갈 것을 종용한다. 이를 통해 엄마는 수일이 학원에 왜 가기 싫어하는지 이해하려는 마음이 부족하다는 것을 알 수 있다.

③ 수일은 공부만을 강요하는 엄마에게 짜증이 난다.

수일은 학원에 가라고 강요하는 엄마에게, "아, 짜증 나. 매일같이 학원, 학원! 저도 좀 쉬고 싶단 말이에요."라며 엄마에게 짜증을 내고 있다.

④ 아빠는 가장으로서 가족들을 보호하려는 책임감이 있다.

대청소를 하던 도중, 소파 밑에서 쥐가 등장하자 아빠는 쥐를 잡기 위해 빗자루를 들고 쥐를 찾아다니고, 엄마와 수진이 아빠 뒤로 숨는 것으로 보아 아빠는 가장으로서 가족들을 보호하려는 책임감이 있는 인물임을 알 수 있다.

⑤ 수일은 수진의 말이 맞는지 실제로 확인하려고 하고 있다.

수진이 "옛날 이야기 중에 들쥐가 사람 손톱을 먹고 그 손톱 주인과 똑같은 사람이 된 이야기가 있어."라고 하자, 수일은 이를 듣고 실제로 쥐에게 손톱을 먹이고 있다. 따라서 수일은 수진의 말이 맞는지 실제로 확인하려 하고 있음을 알 수 있다.

03 기준에 따라 연극 계획하기

답 | ④

보기의 ⓐ~ⓒ를 참고하여 [A]~[E]의 연출 계획을 준비한 것으로 적절하지 않은 것은?

보기

연극에서 연출이란, 각본을 바탕으로 배우의 연기, 무대 장치, 의상, 조명, 분장 따위의 여러 부분을 종합적으로 지도하여 작품을 완성하는 일을 말한다. 연출 계획은 크게 세 가지로 나눌 수 있는데, ⓐ '대본 분석'은 대본을 읽으며 행동 지시문, 무대 지시문을 꼼꼼하게 분석하는 것이다. ⓑ '무대 구성 계획'은 무대 장치, 조명, 배경, 음향 등 무대를 어떻게 꾸밀 것인지 정하고 이를 바탕으로 인물의 이동 경로를 생각한다. ⓒ '인물 분석'은 인물의 성격, 가치관, 특징 등을 분석하여 인물의 목소리, 표정, 동작을 구체적으로 정하는 것이다.

정답 선지 분석

④ [D]: ⓒ를 참고하여, 극에 등장하는 쥐는 실제 동물을 사용할 수 없으니 종이로 만든 가짜 쥐를 등장시켜야겠어.

〈보기〉의 ⓒ는 인물을 분석하여 인물의 목소리, 표정, 동작을 구체적으로 정하는 것이다. 그러나 극에 등장하는 소품을 계획하는 것은 무대를 어떻게 꾸밀 것인지 정하는 ⓑ에 해당하므로 적절하지 않다.

오답 선지 분석

① [A]: ⓐ를 참고하여, 인물이 TV 채널을 돌리는 모습을 표현하기 위해 행동 지시문을 추가하고, 효과음에 관한 무대 지시문을 추가해야겠어.

〈보기〉에서 ⓐ는 대본을 읽으며 행동 지시문, 무대 지시문을 꼼꼼하게 분석하는 것이라 하였다. 따라서 [A]에서 인물이 TV 채널을 돌리는 모습을 실감 나게 표현하기 위해 행동 지시문과 무대 지시문을 수정하는 것은 〈보기〉의 ⓐ에 해당한다.

② [B]: ⓐ를 참고하여, 수일을 깨우는 엄마의 목소리가 점점 커지며 수일을 더 세게 흔들도록 행동 지시문을 추가해야겠어.

[B]에서 엄마가 수일을 깨우는 모습을 행동 지시문을 통해 계획하고 있으므로, 이는 대본을 읽으며 지시문을 꼼꼼하게 분석하는 〈보기〉의 ⓐ에 해당한다.

③ [C]: ⓑ를 참고하여, 집의 구조가 한눈에 들어오도록 문을 만들지 말되, 각 공간 사이에 문이 있는 것처럼 행동하게 해야겠어.

〈보기〉의 ⓑ는 무대를 어떻게 꾸밀지 정하고 이를 바탕으로 인물의 이동 경로를 생각하는 것이다. [C]에서 집의 구조를 표현하기 위한 방법을 계획하는 것은 무대를 어떻게 꾸밀 것인지 계획하는 것에 해당하므로 적절하다.

⑤ [E]: ⓒ를 참고하여, 수일을 중학교 1학년 남학생으로, 장난꾸러기 같은 얼굴과 목소리로 설정해야겠어.

[E]에서 수일이 수진에게 장난치는 모습을 참고하여 수일을 장난꾸러기 같은 얼굴과 목소리로 설정한 것은 〈보기〉에서 인물의 목소리, 표정, 동작을 구체적으로 정하는 ⓒ에 해당하므로 적절하다.

04 중심 소재 파악하기

윗글에서, 새로운 사건이 진행될 것임을 암시하는 소재를 찾아 1음절로 쓰시오.

정답

쥐

11강

| 본문 | 129쪽

작문 설명하는 글 쓰기

빠른 정답 체크 01 ④ 02 ② 03 ③ 04 번갈아 가며

콧구멍은 왜 두 개일까?

감기에 걸려 코가 막히면 제대로 숨쉬기가 어렵다. 그런데 양쪽 콧구멍이 다 막혔다가 한쪽이라도 뚫리면 한결 숨쉬기가 편하다. 그래서 콧구멍이 두 개인 걸까? 코의 구조와 기능을 살펴보면서 콧구멍이 두 개인 까닭을 알아보자.

▶ 1문단: 콧구멍이 두 개인 까닭에 대한 의문

㉠「코는 크게 바깥 코와 코안으로 나뉜다. 바깥 코는 콧등, 콧부리, 코끝, 콧구멍, 콧방울로 이루어진다. 코안에는 안쪽 공간을 좌우로 나누는 코중격이 있고, 더 안쪽의 윗부분에 세 겹으로 된 선반 모양의 칸막이인 코선반이 있다. 코선반은 밖에서 들어온 공기를 체온과 비슷하게 만들어 온도와 습도를 조절한다. 코선반의 위쪽에는 코 천장이 있는데 여기에 후각 세포가 모여 있다.」

「」: 분석 방법을 활용하여 코의 구조를 설명함

▶ 2문단: 코의 구조

다음으로 코의 기능에 관해 알아보자. 사람과 동물의 코는 호흡을 담당하는 신체 기관이다(코의 기능 ①). 숨쉬기를 효율적으로 하기 위해 사는 환경에 따라 콧구멍의 모습도 다르다.「추운 지방에 사는 사람의 콧구멍은 더운 지방에 사는 사람의 콧구멍보다 크기가 작다. 낙타는 효율적으로 숨을 쉬기 위해 콧구멍 크기가 크고, 모래바람을 막아 주기 위해 콧구멍을 닫을 수 있다는 점에서 사람과 다르다.」 따라서 코는 숨을 쉬는 중요한 호흡 기관이다. 코로 숨을 쉴 때, 체온보다 낮은 공기가 몸 안으로 들어오기 때문에 숨을 쉬는 동안 콧구멍의 크기가 줄어든다. 그렇게 되면 숨쉬기가 어려울 텐데(콧구멍의 크기가 줄어 들어오고 내쉬는 공기의 양이 줄어들 것이므로) 실제로는 별다른 문제가 생기지 않는다. 왜냐하면 두 개의 콧구멍을 번갈아 가며 숨을 쉬기 때문이다(콧구멍이 두 개인 이유 ①). 많은 사람이 양쪽 콧구멍으로 동시에 숨을 쉬고 있다고 생각하지만 실제로는 콧구멍 한 쪽씩 교대로 숨을 쉰다.

「」: 대조 방법을 활용하여 동물과 사람의 콧구멍을 설명함

▶ 3문단: 코의 기능 ① - 호흡을 담당

㉡ 그리고 코는 냄새를 맡는 기능도 한다(코의 기능 ②). 냄새를 맡는 후각 세포는 아주 ㉢ 예리해서 쉽게 피곤해진다. 지독한 냄새가 나는 공간에 들어가도 금방 그 냄새를 느끼지 못하는 까닭도 코안에 있는 후각 세포가 ㉣ 금새 마비되기 때문이다. 그렇기 때문에「왼쪽 콧구멍과 오른쪽 콧구멍이 번갈아 가며 냄새를 맡아 ㉤ 피로를 방지하는 것이다.」우리의 콧구멍이 두 개인 것도 바로 이 때문이다.

「」: 콧구멍이 두 개인 이유 ②

▶ 4문단: 코의 기능 ② - 냄새를 맡음

지금까지 코의 구조와 기능을 살펴보고 콧구멍이 두 개인 까닭을 알아보았다. 그 과정에서 우리는 코가 중요한 신체 기관임을 알게 되었다. 그러므로 규칙적인 운동, 균형 잡힌 영양 섭취, 충분한 수면, 실내 환기, 습도 유지 등을 통해 소중한 코를 건강하게 관리하는 습관이 필요하다.

▶ 5문단: 코를 건강하게 관리하는 방법

01 정보 전달 글쓰기 내용 생성하기 답 | ④

윗글을 작성할 때, 고려해야 할 사항으로 적절하지 않은 것은?

정답 선지 분석

④ 자신의 주장을 독자에게 설득하는 글임을 고려하여 내용을 구성한다.

윗글의 갈래는 설명문으로, 독자에게 대상을 설명하기 위한 글이다. 자신의 주장을 읽는 이에게 설득하는 글이 아니다.

오답 선지 분석

① '처음-중간-끝'의 구조로 글을 작성한다.

설명하는 글을 쓸 때는 독자가 전달하고자 하는 내용을 쉽게 이해할 수 있도록 '처음-중간-끝'의 구조로 글을 작성해야 한다.

② 글의 예상 독자를 고려하여 주제를 정한다.

설명하는 글의 주제를 정할 때는 글의 예상 독자를 고려해야 한다.

③ 객관적이고 정확한 정보를 바탕으로 쉽고 간결하게 작성한다.

설명하는 글을 쓸 때는 독자의 이해를 돕기 위해 객관적이고 정확한 정보를 바탕으로 쉽고 간결하게 작성해야 한다.

⑤ 독자의 이해를 돕기 위해 설명 대상에 적절한 설명 방법을 활용하여 작성한다.

설명하는 글을 쓸 때는 설명 대상에 적절한 설명 방법을 활용하여 독자의 이해를 도와야 한다.

02 정보 전달 글쓰기 표현 전략 사용하기 답 | ②

윗글을 고쳐 쓸 때, ㉠~㉤에서 고려한 내용으로 적절하지 않은 것은?

정답 선지 분석

② ㉡: 앞 문단의 내용과 이어져서 코의 기능을 설명하고 있으므로 '그리고'가 아니라 '그래서'로 바꾼다.

2문단에서는 호흡을 담당하는 코의 기능을 설명하고 있고, 3문단에서는 냄새를 맡는 코의 또 다른 기능을 설명하고 있다. 따라서 앞 문단의 내용과 이어져서 코의 기능을 설명하기 위해 '그리고'가 사용된 것은 적절하다.

오답 선지 분석

① ㉠: 문장 앞에 문단과 문단이 자연스럽게 연결되도록 이어질 내용을 안내하는 '먼저 코의 구조를 살펴보자.'를 추가한다.

1문단에서 코의 구조와 기능을 살펴볼 것이라 하였고, 2문단에서 코의 구조를 설명하고 있으므로, 글의 내용이 자연스럽게 이어지도록 '먼저 코의 구조를 살펴보자.'라는 문장을 추가하는 것은 적절하다.

③ ㉢: 문맥상 의미가 자연스럽게 연결되기 위해 '예민해서'로 바꾼다.

'예리하다'는 '관찰이나 판단이 정확하고 날카롭다.'의 의미를 가지므로, 후각 세포가 쉽게 피곤해지는 이유를 제시하는 글의 문맥상 '자극에 대한 반응이나 감각이 지나치게 날카롭다.'의 의미를 가진 '예민해서'로 바꾸는 것이 적절하다.

④ ㉣: 맞춤법에 맞게 '금세'로 수정한다.

'지금 바로'를 뜻하는 ㉣의 표준어는 '금새'가 아닌 '금세'이므로 수정하는 것이 적절하다.

⑤ ㉤: 문장의 의미를 명확하게 하기 위해 '후각 세포의'를 삽입한다.

4문단에서 냄새를 맡는 후각 세포는 쉽게 피곤해진다고 하였고, 이는 왼쪽 콧구멍과 오른쪽 콧구멍이 번갈아 가며 냄새를 맡는 원인이므로 ㉤에 피로를 방지하는 주체인 '후각 세포의'를 삽입하는 것은 적절하다.

03 정보 전달 글쓰기 내용 조직하기

답 | ③

다음은 윗글을 주제에 따라 요약한 것이다. ⓐ~ⓔ에 활용된 설명 방법이 적절하게 짝지어진 것은?

주제: 콧구멍이 두 개인 까닭

구성 단계	내용
처음	콧구멍이 두 개인 까닭에 관한 의문 ······ ⓐ
중간	[중간 1] 코의 구조 • 바깥 코: 콧등, 콧부리, 코끝, 콧구멍, 콧방울 ······ ⓑ • 코안: 코중격, 코선반, 코 천장
	[중간 2] 코의 기능 1-숨쉬기 • 환경에 따라 다른 콧구멍의 모습 ······ ⓒ • 숨 쉬는 과정: 한쪽씩 번갈아서 숨을 쉼.
	[중간 3] 코의 기능 2-냄새 맡기 ······ ⓓ • 후각 세포의 예민함: 쉽게 피로해짐.
끝	코를 건강하게 관리하는 방법 ······ ⓔ

정답 선지 분석

③ ⓒ - 대조

3문단에서 코의 기능을 설명할 때 추운 지방에 사는 사람의 콧구멍과 더운 지방에 사는 사람의 콧구멍의 크기를 대조하여 설명하고 있으므로 대조의 설명 방법이 활용되었다.

오답 선지 분석

① ⓐ - 비교

1문단에서는 독자의 흥미를 위해 콧구멍이 두 개인 까닭에 관한 의문을 제시하였을 뿐, 비교의 설명 방법이 활용되지 않았다.

② ⓑ - 인과

2문단에서 코의 구조를 설명하기 위해 활용된 설명 방법은 인과가 아닌 분석이다.

④ ⓓ - 예시

4문단에서 코의 기능을 설명할 때 활용된 설명 방법은 예시가 아닌 인과이다.

⑤ ⓔ - 분석

5문단에서 코를 건강하게 관리하는 습관을 설명할 때 '규칙적인 운동, 균형 잡힌 영양 섭취, 충분한 수면, 실내 환기, 습도 유지'라며 예시의 방법을 사용하고 있다.

04 정보 전달 글쓰기 내용 파악하기

빈칸에 들어갈 말로 적절한 것을 골라 쓰시오.

사람의 동물의 콧구멍이 두 개인 이유는 양쪽 콧구멍이 (번갈아 가며 / 최대한 많이) 호흡함으로써 숨 쉬기가 용이하도록 하기 위해서이다.

정답

번갈아 가며

독서 플라세보 효과

빠른 정답 체크 01 ② 02 ④ 03 ③ 04 부정적인, 노세보

인간의 심리 상태는 약의 효과를 향상하거나 아무런 효과가 나타나지 않게 하기도 한다. 이 중 전자의 현상을 ㉠ 플라세보 효과라고 한다. 플라세보란 '기쁘게 해주거나 즐겁게 하다'라는 뜻을 지닌, 같은 이름의 라틴어 단어인 '플라세보(placebo)'에서 유래하였다. 플라세보 효과란 『회복에 진전*이 없는 환자에게 의사가 효과가 없는 가짜 약이나 치료법을 제안했는데, 의사에 대한 환자의 긍정적인 믿음이 병세를 호전시키는* 현상』이다. 가짜 약을 이용하기 때문에 '위약 효과'라고 하기도 한다.

『』: 플라세보 효과의 개념

플라세보 효과의 또 다른 명칭

▶ 1문단: 플라세보 효과의 개념

플라세보 효과는 신약품 개발 절차에 필요한 실험에도 널리 활용된다. 가령 『신약을 개발할 때 그 약이 실제로 임상적*인 효과가 있음을 증명하기 위해 두 집단을 표본*으로 삼은 뒤, 한쪽에는 가짜 약을, 다른 쪽에는 진짜 약을 투여하는 것이다. 그 뒤 상대적 효과를 비교하여 플라세보 효과의 파급력이 어느 정도인지 확인하는 절차를 거친다. 가짜 약을 투여했을 때 효과가 없거나 약한 것을 확인하면, 새로 개발된 약품의 임상적인 효과가 증명되는 것이다.』

플라세보 효과의 활용 사례

『』: 플라세보 효과를 활용한 임상 실험 과정

▶ 2문단: 플라세보 효과의 활용 양상

플라세보 효과는 환자가 질병을 오랜 시간 동안 앓았거나, 심리 상태에 영향을 받기 쉬운 질환을 앓은 경우라면 잘 드러나지 않는다. 물론 우울증이나 불면증 환자의 증상 개선에 일부 제한적으로 도움이 되는 경우가 있기는 하지만, 이는 과학적으로 입증되지 않았다는 한계에 부딪힌 상황이다. 그 때문에 현재 위약 처방은 거의 사용되지 않고 있다. 윤리적인 측면에서의 문제뿐만이 아니라, 환자가 진짜가 아닌 가짜 약이 처방된 사실을 안다면 이는 오히려 환자의 상태나 경과를 더 악화시키는 부작용을 낳기 때문이다.

플라세보 효과가 드러나지 않는 경우 ①

플라세보 효과가 드러나지 않는 경우 ②

현재 위약 처방이 사용되지 않는 이유

플라세보 효과는 환자의 심리 상태에 따라 그 효과가 달라지므로

▶ 3문단: 플라세보 효과의 부작용

그러나 플라세보 효과가 잘 듣는 경우 또한 존재한다. 첫째, 환자가 의사와 병원에 대한 신뢰가 강할수록 효과가 좋다. 둘째, 한 번이라도 가짜 약을 먹었고, 그 약효를 본 환자일수록 효과가 좋다. 셋째, 이전에 먹은 약과 다른 약이지만, 약 성분과 구성이 그 약과 같다는 것을 모르는 상태에서 새로 복용하는 약의 가격이 비싸다고 인식하면 효과가 좋아진다. 마지막으로 순진한 사람이라면 새로운 경험을 긍정적으로 받아들이므로 효과가 더 크다.

(플라세보 효과가 잘 듣는 경우 ① / 플라세보 효과가 잘 듣는 경우 ② / 플라세보 효과가 잘 듣는 경우 ③ / 플라세보 효과가 잘 듣는 경우 ④)

▶ 4문단: 플라세보 효과가 발생하는 조건

이와 반대 개념인 ㉡ 노세보 효과는 『진짜 약을 처방해도 그 약이 해롭다고 생각하거나 효과가 없을 것이라는 환자의 부정적인 믿음 때문에 약효가 떨어지는 현상』을 말한다. 실제로 아무런 해가 되지 않음에도 불구하고 해를 입을 것이라는 부정적 믿음이 실제로 그러한 효과를 가져오며, 플라세보 효과와 달리 개인뿐만 아니라 집단 내의 전염성도 강하다는 것이 그 특징이다.

(『 』: 노세보 효과의 개념 / 노세보 효과가 일어나기 위한 전제 / 노세보 효과의 특징)

▶ 5문단: 노세보 효과의 개념

* 진전(進展): 일이 진행되어 발전함.
* 호전하다(好轉하다): 병의 증세가 나아지다.
* 임상적(臨床的): 실제로 환자를 접하여 병을 치료하거나 연구하는 것.
* 표본(標本): 여러 통계 자료를 포함하는 집단 속에서 그 일부를 뽑아내어 조사한 결과로써 본디의 집단의 성질을 추측할 수 있는 통계 자료.

01 글의 주제 파악하기

답 | ②

윗글의 제목으로 가장 적절한 것은?

정답 선지 분석

② 플라세보 효과의 정의와 특징
윗글은 플라세보의 효과의 개념과 어원, 특징 등의 전반적인 특징에 대해 서술하고 있으므로 적절하다.

오답 선지 분석

① 플라세보 효과의 발전 과정
윗글에서 플라세보 효과의 발전 과정을 서술하지는 않았다.

③ 가짜 약으로 환자를 속이는 의사들
1문단에서 플라세보 효과란 의사가 환자에게 가짜 약이나 치료법을 제안하는 방식으로 이루어진다고 하였으나, 이를 부정적인 관점에서 서술한 것은 아니다.

④ 약의 종류가 인간의 심리에 미치는 영향
윗글은 인간의 심리에 약의 효과가 미치는 영향이 아닌, 인간의 심리에 따라 달라지는 약의 효과를 서술하고 있다.

⑤ 환자와 의사의 신뢰 관계와 증상 호전의 관련성
4문단에서 플라세보 효과는 환자가 의사와 병원에 대한 신뢰가 강할수록 효과가 좋다고 하였으나, 이는 윗글을 전체적으로 포괄하는 내용이라 볼 수 없다.

02 구체적 사례에 적용하기

답 | ④

다음 중 플라세보 효과를 경험한 환자는?

정답 선지 분석

④ 사탕을 약으로 착각하고 복용한 뒤 두통이 나아진 정서
플라세보 효과는 효과가 없는 약이나 치료법으로 효과를 보는 현상을 의미한다. 따라서 약 대신 사탕을 먹고 두통이 나아진 것은 치료와는 관계없는 방법으로 증세가 호전된 사례라고 볼 수 있다.

오답 선지 분석

① 암이라고 진단받았으나 수술로 완치된 태수
플라세보 효과는 효과가 없는 약이나 치료법으로 효과를 보는 현상이므로 수술로 인해 증세가 호전된 사례는 플라세보 효과라고 볼 수 없다.

② 처방받은 위장약을 꾸준히 복용해 위염이 나은 준형
효과가 있는 약을 복용해서 증세가 호전된 사례는 플라세보 효과와는 관계가 없다.

③ 독감에 걸려 병원에서 입원 치료를 받고 퇴원한 수희
입원 치료를 받는 것은 효과가 없는 약이나 치료법으로 효과를 보는 현상에 해당하지 않는다.

⑤ 코가 막힌 상태에서 눈을 가린 채 양파를 먹고는 사과라고 인식한 민아
감각 기관이 차단된 상태에서 양파를 사과로 인식하는 것은 약이나 치료법과는 아무런 관련이 없다.

03 맥락을 바탕으로 추론하기

답 | ③

보기 를 참고하여 ㉠~㉢을 이해한 내용으로 적절하지 않은 것은?

보기

키프로스의 왕 피그말리온은 평생 독신으로 살 것을 결심했지만, 너무나 외로운 나머지 완벽하고 아름다운 여인을 조각하여 함께 지냈다. 매일같이 조각상을 어루만지고 보듬으면서 마치 자신의 아내인 것처럼 대하며 온갖 정성을 다하였으나 대답 없는 조각상에 괴로워하던 피그말리온은 아프로디테에게 자신의 조각상과 같은 여인을 아내로 맞이하도록 해달라고 기도했고, 이에 아프로디테가 조각상을 사람으로 환생시켰다. 이처럼 무언가에 대한 사람들의 믿음이나 기대, 예측이 그 대상에게 그대로 실현되는 경향을 ㉢ '피그말리온 효과'라고 부른다.

정답 선지 분석

③ ㉠, ㉢은 모두 새로운 경험을 긍정적으로 받아들이는 사람만이 효과가 있겠군.
4문단에서 순진한 사람일수록 새로운 경험을 긍정적으로 받아들이므로 ㉠의 효과가 더 크다고 하였을 뿐, 순진한 사람만이 효과가 있는 것은 아니며, ㉢ 또한 동일한 특징을 지니는지 알 수 없으므로 적절하지 않다.

오답 선지 분석

① ㉠, ㉡은 약의 성분이 환자에게 실제 의학적 반응을 일으키느냐에 따라 차이가 있군.
㉠은 긍정적 믿음으로 인해 효과가 없는 가짜 약이나 치료법이 오히려 병세를 호전시키는 현상이고, ㉡은 진짜 약을 처방해도 그 약이 해롭다고 생각하거나 효과가 없을 것이라는 환자의 부정적인 믿음 때문에 약효가 떨어지는 현상이므로 ㉠과 ㉡은 약의 성분이 환자에게 실제 의학적 반응을 일으키느냐에 따라 차이가 있다.

② ㉠은 ㉡과 달리 집단 간 전염성이 낮다는 특징을 지니고 있겠군.
5문단에서 ㉡은 ㉠과 달리 개인뿐만 아니라 집단 내의 전염성도 강하다는 것이 그 특징이라 하였으므로 ㉠은 집단 내의 전염성이 낮을 것이라고 추론할 수 있다.

④ ㉡은 ㉢과 달리 대상의 효과가 없거나, 아주 낮다는 믿음으로 인해 발생하겠군.
5문단에서 ㉡은 실제로 아무런 해가 되지 않음에도 불구하고 해를 입을 것이라는 부정적 믿음으로 발생하는 현상이고, 〈보기〉에서 ㉢은 무언가에 대한 사람들의 믿음이나 기대, 예측이 그 대상에게 그대로 실현되는 경향이라 하였으므로 적절하다.

⑤ ㉠, ㉡, ㉢ 모두 사고방식에 따라 결과가 달라진다는 점에서 공통점이 있군.
㉠은 긍정적인 믿음으로 발생하는 현상, ㉡은 부정적인 믿음으로 발생하는 현상이고, ㉢ 또한 무언가에 대한 사람들의 믿음이나 기대, 예측이 그 대상에게 그대로 실현되는 경향을 의미하므로 적절하다.

04 세부 내용 파악하기

빈칸에 들어갈 말로 적절한 것을 골라 차례대로 쓰시오.

'스티그마 효과'는 부정적으로 낙인찍히면 실제로 그 대상이 점점 더 나쁜 행태를 보이고, 또한 대상에 대한 부정적 인식이 지속되는 현상으로, (긍정적인 / 부정적인) 믿음으로 발생한다는 점에서 (플라세보 / 노세보) 효과와 유사하다.

정답

부정적인, 노세보

문학 1 깃발(유치환)

빠른 정답 체크 01 ② 02 ② 03 ④ 04 푯대

이것은 **소리 없는 아우성** → ① 시각적 심상에서 청각적 심상으로의 전이(공감각적 심상) ② 역설법을 통해 이상을 실현하려는 깃발의 열망 표현
(이것은: 깃발 / □: 깃발의 보조 관념)
저 **푸른 해원***을 향하여 흔드는 (푸른 해원: 이상향)
영원한 노스탤지어*의 손수건 (이상향에 대한 그리움)
▶ 이상향을 동경하는 깃발의 모습

순정*은 물결같이 바람에 나부끼고 (순정: 이상향에 대한 동경 / 물결같이: 직유법)
오로지 맑고 곧은 이념*의 푯대* 끝에 (이상향에 도달할 수 없는 태생적 한계)
↱ 이상향에 도달할 수 없는 것에 대한 좌절
애수*는 **백로처럼 날개를 펴다.** (~~: 깃발의 펄럭임(직유법) / 백로: '푸른 해원'과 색채 대비)
▶ 깃발의 동경과 한계로 인한 애수

『아아 누구던가. (영탄법)
이렇게 **슬프고도 애달픈 마음**을 (이상향에 대한 좌절에서 오는 비애)
맨 처음 공중에 달 줄을 안 그는.』 (『 』: 도치법 – 인간 존재에 대한 의문과 고뇌)
▶ 이상향에 도달할 수 없는 것에 대한 좌절과 고뇌

- 유치환, 〈깃발〉 -

* **해원(海原)**: 바다.
* **노스탤지어**: 고향을 몹시 그리워하는 마음. 또는 지난 시절에 대한 그리움.
* **순정(純情)**: 순수한 감정이나 애정.
* **이념(理念)**: 이상적인 것으로 여겨지는 생각이나 견해.
* **푯대(標대)**: 목표로 삼아 세우는 대.
* **애수(哀愁)**: 마음을 서글프게 하는 슬픈 시름.

01 표현상의 특징 파악하기

답 | ②

윗글에 대한 설명으로 적절한 것은?

정답 선지 분석

② 영탄법을 통해 화자의 고조된 감정을 드러내고 있다.
영탄법은 감탄사나 호격 조사를 활용하여 슬픔이나 기쁨 등의 감정을 강하게 표현하는 수사법이다. 윗글에서는 '아아 누구던가. / 이렇게 슬프고도 애달픈 마음을 / 맨 처음 공중에 달 줄을 안 그는.'에서 영탄법을 사용하여 이상의 좌절에 대한 비애와 고뇌를 드러내고 있다.

오답 선지 분석

① 시선의 이동에 따라 시상을 전개하고 있다.
윗글은 시선의 이동에 따라 시상을 전개하고 있지 않다.

③ 음성 상징어를 통해 대상을 감각적으로 표현하고 있다.
윗글은 음성 상징어를 활용하지 않았다.

④ 색채어를 활용하여 화자의 정서를 효과적으로 전달하고 있다.
윗글에서는 푸른색을 나타내는 시어인 '푸른 해원'과 흰색을 나타내는 시어인 '백로'를 활용하여 색채의 대비를 이루고 있으나, 이를 통해 화자의 정서를 전달하고 있지는 않다.

⑤ 말을 건네는 방식을 통해 대상에 대한 친근감을 드러내고 있다.
윗글에서는 말을 건네는 방식을 활용하지 않았다.

02 작품의 표현 방법 파악하기

답 | ②

윗글과 동일한 표현 방법이 쓰인 작품으로 적절하지 <u>않은</u> 것은?

정답 선지 분석

② 눈길 비었거든 바람 담을지네 / 바람 비었거든 인정 담을지네
- 신동엽, 〈산에 언덕에〉

'눈길 비었거든 바람 담을지네 / 바람 비었거든 인정 담을지네'는 비슷한 어조, 어세를 가진 어구를 짝지어 나열하는 대구법이 사용되었으나, 윗글에서 대구법이 쓰인 시행은 찾을 수 없다.

오답 선지 분석

① 나는 아직 기다리고 있을 테요, 찬란한 슬픔의 봄을
- 김영랑, 〈모란이 피기까지는〉

'나는 아직 기다리고 있을 테요, 찬란한 슬픔의 봄을'에서 문장의 순서를 바꾸는 도치법이, '찬란한 슬픔의 봄'에서 역설법이 활용되었다. 윗글 또한 '이것은 소리 없는 아우성'에서 역설법이, '아아 누구던가. / 이렇게 슬프고도 애달픈 마음을 / 맨 처음 공중에 달 줄을 안 그는.'에서 도치법이 활용되었으므로 적절하다.

③ 분분한 낙화…… / 결별이 이룩하는 축복에 싸여 / 지금은 가야 할 때
- 이형기, 〈낙화〉

'결별이 이룩하는 축복'에서 역설법을 활용하였고, 윗글의 '소리 없는 아우성' 또한 역설법이 활용되었으므로 적절하다.

④ 아무리 천천히 숙제를 해도 / 엄마 안 오시네, 배춧잎 같은 발소리 타박타박
- 기형도, 〈엄마 걱정〉

'배춧잎 같은 발소리'에서 유사한 성격의 사물을 직접 연결해서 비교하는 표현법인 직유법이 활용되었음을 알 수 있다. 윗글 또한 '순정은 물결같이 바람에 나부끼고', '애수는 백로처럼 날개를 펴다.'에서 직유법이 활용된 것을 알 수 있으므로 적절하다.

⑤ 누가 와서 나를 부른다면 / 내 보여주리라 / 저 얼은 들판 위에 내리는 달빛을
- 황동규, 〈달밤〉

'내 보여주리라 / 저 얼은 들판 위에 내리는 달빛을'에는 문장의 순서를 바꾸는 도치법이 활용되었다. 윗글의 '아아 누구던가. / 이렇게 슬프고도 애달픈 마음을 / 맨 처음 공중에 달 줄을 안 그는.'에 도치법이 활용되었음을 알 수 있으므로 적절하다.

03 외적 준거를 바탕으로 작품 이해하기

답 | ④

보기 를 바탕으로 윗글을 이해한 내용으로 적절하지 않은 것은?

보기

이 시의 제목이자 중심 소재인 깃발은 이상을 동경하여 이상향에 가고자 열망하지만 결국 도달하지 못하는 한계를 지닌 존재로, 좌절할 수밖에 없는 인간의 운명과 고뇌를 끊임없이 펄럭이는 깃발의 모습으로 형상화하고 있다.

정답 선지 분석

④ 이상을 향한 깃발의 도전은 '백로처럼 날개를 펴'는 것으로 형상화되고 있다.
윗글에서 '백로처럼 날개를 펴'는 것은 깃발이 아닌 '애수'로, '애수'는 이상을 동경하지만 한계로 인해 이상향에 도달할 수 없는 깃발의 좌절감을 드러낸 시어다.

오답 선지 분석

① 이상향에 가고자 하는 깃발의 열망은 '소리 없는 아우성'으로 비유되고 있다.
'소리 없는 아우성'은 깃발이 끊임없이 펄럭이는 모습을 역설적으로 표현한 구절로, 〈보기〉를 참고한다면 이상향에 가고자 하는 깃발의 열망으로 이해할 수 있다.

② 깃발이 도달하고자 하는 이상향은 '푸른 해원'을 의미한다.
윗글에서 깃발은 '푸른 해원'을 향해 흔들고 있으므로, 〈보기〉에 따르면 이상을 동경하는 깃발이 도달하고자 열망하는 이상향의 공간이라 볼 수 있다.

③ '순정'은 이상을 향한 깃발의 동경심을 드러내는 시어로 볼 수 있다.
'순수한 감정이나 애정'을 뜻하는 '순정'은 〈보기〉를 참고한다면 이상을 동경하는 깃발의 마음으로 볼 수 있다.

⑤ 한계로 인해 이상향에 도달할 수 없는 인간의 고뇌를 '슬프고도 애달픈 마음'으로 표현하고 있다.
〈보기〉에 따르면 깃발은 이상향에 도달하고자 열망하지만 한계를 지녀 좌절할 수밖에 없는 인간의 운명을 형상화한 것으로, '슬프고도 애달픈 마음'은 인간의 운명과 고뇌를 의미한다고 볼 수 있다.

04 시어의 의미 파악하기

빈칸에 들어갈 시어로 적절한 것을 윗글에서 찾아 2음절로 쓰시오.

윗글은 '펄럭임'과 '매어 있음'이라는 깃발의 두 속성을 활용하여 시상을 전개하고 있다. 특히 매어 있을 수밖에 없는 깃발의 속성을 직접적으로 드러내는 시어인 '(   )'을/를 통해 이상향에 도달할 수 없는 한계를 드러내고 있다.

정답

푯대

문학 2 만복사저포기(김시습)

빠른 정답 체크 01 ⑤ 02 ④ 03 ③ 04 과거, 양생

남원에 양생(梁生)이란 사람이 있었다. 어린 나이에 부모를 여의고 만복사 동쪽에서 혼자 살았다. 방 밖에는 배나무 한 그루가 있었는데, 바야흐로 봄을 맞아 배꽃이 흐드러지게 핀 것이 마치 옥나무에 은이 매달린 듯하였다. 양생은 달이 뜬 밤이면 배나무 아래를 서성이며 낭랑한 소리로 이런 시를 읊조렸다.

(남원: 구체적인 지명을 제시해 사건이 실제로 일어났던 것 같은 느낌을 줌 / 어린 나이에 부모를 여의고 만복사 동쪽에서 혼자 살았다: 양생의 외롭고 불우한 처지 / 봄을 맞아 배꽃이 흐드러지게 핀 것이 마치 옥나무에 은이 매달린 듯하였다: 계절적 배경이 봄임을 알 수 있음)

[A]
쓸쓸히 한 그루 나무의 배꽃을 짝해 / 달 밝은 이 밤 그냥 보내다니 가련도 하지.
청춘에 홀로 외로이 창가에 누웠는데 / 어디서 들려오나 고운 님 피리 소리.
외로운 비취새* 짝 없이 날고 / 짝 잃은 원앙새 맑은 강에 몸을 씻네.
「내 인연 어딨을까 바둑알로 맞춰 보고 / 등불로 점을 치다 시름 겨워 창에 기대네.」

(외로이: 화자의 정서가 직접적으로 드러남 / □: 양생이 자신의 처지를 빗대어 표현한 대상 / 「」: 점을 쳐서 자신의 운명을 예측하는 것에서 우연을 중시하는 양생의 운명관이 드러남)

㉠ 시를 다 읊고 나자 문득 공중에서 말소리가 들렸다.
(비현실적 요소)

"네가 좋은 배필*을 얻고 싶구나. 그렇다면 근심할 것 없느니라."
(부처님이 양생의 시에 응답함)

양생은 이 말을 듣고 내심 기뻐하였다.

이튿날은 3월 24일이었다. 이날 만복사에서 연등회를 열어 복을 비는 것이 이 고을의 풍속이었다. 남녀가 운집하여* 저마다 소원을 빌더니, 날이 저물자 염불 소리가 그치며 사람들이 모두 돌아갔다. 그러자 양생은 소매에서 저포*를 꺼내 불상 앞에 던지며 이렇게 말했다.

(연등회: 석가모니의 탄생일에 등불을 켜고 복을 비는 의식 / 이날 만복사에서 연등회를 열어 복을 비는 것이 이 고을의 풍속이었다: 양생과 여인이 만나게 되는 배경)

「"제가 오늘 부처님과 저포 놀이로 내기를 해 보렵니다. 제가 진다면 법회*를 베풀어 부처님께 공양*을 올리겠지만, 만약에 부처님이 진다면 아름다운 여인을 점지해* 주시어 제 소원을 이루도록 해주셔야 합니다."」
(「」: 내기의 내용)

이렇게 기도를 하고는 저포 놀이를 시작하였다. 결과는 양생의 승리였다. 그러자 양생은 불상 앞에 꿇어앉아 이렇게 말했다.
(결과는 양생의 승리였다: 사건의 전개 방향 암시 - 아름다운 여인의 등장)

"승부가 이미 결정되었으니, 절대로 약속을 어기시면 안 됩니다."

그러고는 불상 앞에 놓인 탁자 밑에 숨어 그 약속을 기다렸다.

㉡ 얼마 후 아리따운 여인 한 사람이 들어왔다. 나이는 열다섯이나 열여섯쯤 되어 보였다. 「머리를 곱게 땋아 내렸고 화장을 엷게 했는데, 용모와 자태가 곱디고운 것이 마치 하늘의 선녀나 바다의 여신과도 같아 바라보고 있자니 위엄*이 느껴졌다.」 여인은 기름이 든 병을 들고 들어와 등잔에 기름을 부어 넣고 향로에 향
(「」: 여인의 외양 묘사 - 재자가인)

을 꽂은 뒤 부처님 앞에 세 번 절하고 꿇어앉더니 한숨을 쉬며 이렇게 말했다.

"운명이 어쩌면 이리도 기박할까*!"

그러더니 품속에서 뭔가 ⓐ 글이 적힌 종이를 꺼내어 탁자 앞에 바쳤다. 그 내용은 다음과 같았다.
① 여인의 과거 내력 제시 ② 양생과의 인연이 이어질 것을 암시

〈아무 고을 아무 땅에 사는 아무개가 아뢰옵니다.

「지난날 변방*의 방어에 실패한 탓에 왜구가 침략하였습니다. 창과 칼이 난무하고 위급을 알리는 봉화*가 한 해 내내 이어졌습니다」. 집들은 불타고 백성들을 잡아가니 사방팔방으로 달아나고 도망쳐서 친척과 하인들도 모두 흩어졌습니다. 저는 연약한 여자인지라 멀리 달아나지 못하고 규방*에 들어앉아 있었으되, 정절*을 지키며 도리에 어긋나는 일은 하지 않은 채 뜻밖에 재앙을 피했습니다.
「」: ① 왜구의 침입이 잦았던 시대적 배경 제시 ② 여인의 죽음에 대한 개연성 부여
정절을 지킨 것은 사실이나, 재앙을 피했다는 것은 거짓임

부모님은 여자가 절개*를 지키는 일을 옳게 여기셔서 외진 땅 외진 곳의 풀밭에 임시 거처할 곳을 마련해 주셨는데, 제가 그곳에 머문 지도 이미 3년이 되었습니다. 그러나 가을 하늘에 뜬 달을 보고 봄에 핀 꽃을 보며 헛되이 세월 보냄을 가슴 아파하고, 떠가는 구름처럼 흐르는 시냇물처럼 무료한 하루하루를 보낼 따름입니다. 텅 빈 골짜기 깊숙한 곳에서 기구한* 제 운명에 한숨짓고, 좋은 밤을 홀로 지새우며 오색찬란한 난새* 혼자서 추는 춤에 마음 아파합니다. 세월이 흘러 제 혼백이 사라지고 여름밤 겨울밤마다 가슴이 찢어집니다. 바라옵나니 부처님이시여, 제 처지를 가엾게 여겨 주소서. 제 앞날이 이미 정해져 있다면 어쩔 수 없겠으나, 기구한 운명일망정 인연이 있다면 하루빨리 기쁨을 얻게 하시어 제 간절한 기도를 저버리지 말아 주소서.〉
여인이 죽었다는 것을 참고한다면, 여인의 시체가 들판에 매장되었음을 의미함
죽어 매장된 지 3년이 지남
여인이 이미 죽어 영혼이 되었음을 알 수 있음
운명론적인 여인의 가치관이 드러남

여인은 소원이 담긴 종이를 던지고 목메어 슬피 울었다. 양생이 좁은 틈 사이로 여인의 자태를 보고는 정을 억누르지 못하고 뛰쳐나가 이렇게 말했다.
여인의 간절함
양생이 여인에게 호감을 느낌

"좀 전에 부처님께 글을 바친 건 무슨 일 때문입니까?"

양생이 종이에 쓴 글을 읽고는 얼굴에 기쁨이 가득한 채 이렇게 말했다.
여인 또한 양생처럼 배필을 찾는다는 것을 알게 되었으므로

"그대는 어떤 사람이기에 혼자서 이곳에 오셨소?"

여인이 대답했다.

"ⓒ 저 또한 사람입니다. 무슨 의심하실 것이 있는지요? 그대가 좋은 배필을 얻을 수 있다면 그만이니, 이렇게까지 다급하게 제 이름을 물으실 필요는 없겠지요."
자신이 사람임을 굳이 강조하여 오히려 사람이 아니라는 것을 드러냄 – 도둑이 제 발 저리다

당시 만복사는 쇠락한* 상태여서 이곳의 승려들은 한쪽 구석진 골방에 거주하고 있었다. 대웅전 앞에는 행랑*만이 쓸쓸히 남아 있었고, 행랑 맨 끝에 나무판자를 붙여 만든 좁은 방이 하나 있었다. 양생이 여인을 부추겨 함께 그 방으로 들어가자고 하자 여인도 그다지 어려운 기색이 아니었다. 정답게 이야기를 나누다 보니 영락없는 사람의 모습이었다.
양생과 여인이 인연을 맺는 공간
역설적으로 독자에게 여인이 사람이 아니라는 것을 드러냄

한밤중이 되자 동산에 달이 떠오르며 창으로 그림자가 들이치는데 홀연 발소리가 들렸다. 여인이 말했다.

"누구냐? 몸종 아이가 왔느냐?"

시중드는 여종이 말했다.

"예, 아씨. 지금껏 아씨께서는 중문 밖을 나선 적이 없으셨고 걸어야 몇 걸음을 가지 않으셨는데, 어젯밤 문득 나가시더니 어쩌다가 이 지경에 이르셨어요?"

여인이 말했다.

"오늘 일은 우연이 아니란다. 하늘이 돕고 부처님이 도우셔서 이처럼 좋은 임을 만나 백년해로하게 되었구나. 부모님께 말씀드리지 않고 혼인하는 건 비록 예에 어긋나는 일이지만, 훌륭한 분과 잔치를 벌여 노니는 것 또한 평생토록 일어나기 어려운 기이한 일이 아니겠니. 집에 가서 자리를 가져오고, 술상을 봐 오너라."
여인은 이생과의 인연을 운명이라 받아들임
양생
유교적 가치관

㉣ 시중드는 여종이 여인의 명에 따라갔다 와서는 뜰에 자리를 깔았다. 사경* 가까운 시각이었다. 펴 놓은 술상은 수수하니 아무런 무늬 장식도 없었으나, ㉤ 술에서 나는 향기는 진정 인간 세계의 것이 아닌 듯하였다. 양생은 비록 의심스러운 마음이 없지 않았지만 담소하는 맑고 고운 모습이며 여유로운 태도를 보고는, '필시 귀한 댁 처자가 담장을 넘어 나온 것이리라.' 생각하며 더 이상 의심하지 않게 되었다.
새벽 1~3시. 비현실적
여인이 살아 있는 사람이 아니라는 것을 드러냄
여인이 사람이 아닐지도 모른다는 마음

- 김시습, 〈만복사저포기〉 -

* 비취새(翡翠새): 물총새.
* 배필(配匹): 부부로서의 짝.
* 운집하다(雲集하다): 많은 사람이 모여들다.
* 저포(樗蒲): 백제 때에 있었던 놀이의 하나. 주사위 같은 것을 나무로 만들어 던져서 그 끗수로 승부를 겨루는 것으로, 윷놀이와 비슷하다.
* 법회(法會): 죽은 사람을 위하여 행하는 불교 의식.
* 공양(供養): 죽은 이의 영혼에게 음식, 꽃 따위를 바치는 일. 또는 그 음식.
* 점지하다: (비유적으로) 무엇이 생기는 것을 미리 지시해 주다.
* 위엄(威嚴): 존경할 만한 위세가 있어 점잖고 엄숙함. 또는 그런 태도나 기세.
* 기박하다(奇薄하다): 팔자, 운수 따위가 사납고 복이 없다.
* 변방(邊方): 나라의 경계가 되는 변두리의 땅.
* 봉화(烽火): 나라에 병란이나 사변이 있을 때 신호로 올리던 불.
* 규방(閨房): 부녀자가 거처하는 방.
* 정절(貞節): 여자의 곧은 절개.
* 절개(節槪): 지조와 정조를 깨끗하게 지키는 여자의 품성.

* 기구하다(崎嶇하다): (비유적으로) 세상살이가 순탄하지 못하고 가탈이 많다.
* 난새(鸞새): 중국 전설에 나오는 상상의 새.
* 쇠락하다(衰落하다): 쇠약하여 말라서 떨어지다.
* 행랑(行廊): 예전에, 대문 안에 죽 벌여서 주로 하인이 거처하던 방.
* 사경(四更): 새벽 1시에서 3시 사이.

01 서술상의 특징 파악하기

답 | ⑤

윗글에 대한 설명으로 적절하지 않은 것은?

정답 선지 분석

⑤ 이승과 저승의 공간을 반복적으로 제시하여 작품의 환상적 성격을 부각하고 있다.

윗글에서는 저승의 공간이 제시되지 않았다.

오답 선지 분석

① 불교적인 색채가 강하게 드러나고 있다.

양생이 여인을 만나 사랑을 나누는 장소가 절(만복사)이라는 점, 두 사람이 배필을 만나게 해달라고 부처님께 비는 점 등을 통해 윗글은 불교적 색채가 강하게 드러나고 있음을 알 수 있다.

② 작품 밖의 서술자가 작중 상황과 사건을 전달하고 있다.

윗글의 시점은 전지적 작가 시점으로 작품 밖의 서술자가 작중 상황과 사건을 전달하고 있다.

③ 역사적 사건을 통해 인물의 행동에 개연성을 부여하고 있다.

윗글에서는 실제 역사적 상황인 왜구의 침입을 언급하여 여인이 이로 인해 죽었음을 암시하고 있다.

④ 구체적인 지명과 장소를 제시함으로써 사실성을 높이고 있다.

윗글의 배경은 전라남도 남원에 위치한 절인 만복사로, 구체적인 지명과 장소를 제시하여 사실성을 높이고 있다.

02 삽입 시의 기능 파악하기

답 | ④

[A]의 기능으로 적절하지 않은 것은?

정답 선지 분석

④ 상징적인 단어를 통해 작품의 주제를 강조한다.

[A]는 삽입 시로, 비취새, 원앙새 등 자연물을 통해 화자의 외로운 처지를 묘사하고 있을 뿐, 작품의 주제를 강조하고 있지는 않다.

오답 선지 분석

① 인물의 처지와 심리를 전달한다.

[A]의 '쓸쓸히 한 그루 나무의 배꽃을 짝해 / 달 밝은 이 밤 그냥 보내다니 가련도 하지.'를 통해 어두운 밤 양생이 혼자서 달을 보며 외로워하고 있음을 알 수 있다.

② 작품의 낭만적 분위기를 조성한다.

삽입 시는 화자의 심정과 감각적 시어를 통해 서정적이고 낭만적 분위기를 연출하는 기능을 한다.

③ 인물이 이루고자 하는 소망을 암시한다.

[A]의 '어디서 들려오나 고운 님 피리 소리.', '내 인연 어딨을까 바둑알로 맞춰 보고'를 통해 배필을 만나고자 하는 양생의 소망을 암시한다.

⑤ 단조로운 서술 방식에서 벗어나 흥미로움을 유발한다.

삽입 시는 고전 소설의 기존의 단조로운 서술 방식과 다른 운문의 형식을 통해 독자의 흥미로움을 유발한다.

03 외적 준거를 통해 작품 이해하기

답 | ③

보기 를 참고하여 ㉠~㉤을 이해한 내용으로 적절하지 않은 것은?

보기

고전 소설은 전기적 요소를 지니고 있다는 점에서 다른 문학 작품과 구별된다. 이때 '전기적'이라는 말은 현실성이 있는 이야기가 아닌 진기한 것, 일상적이고 현실적인 것과는 거리가 먼 신비로운 내용을 허구적으로 짜놓은 것을 말한다. 〈만복사저포기〉에서는 부처와 여인을 등장시킴으로써 이러한 초현실성을 효과적으로 드러낸다.

정답 선지 분석

③ ㉢: 양생의 물음에 대한 여인의 대답을 통해 작품의 현실성을 부각한다.

여인이 양생의 물음에 자신이 사람이라는 것을 굳이 강조한 것은 역설적으로 사람이 아니라는 것을 드러낸다. 이는 작품의 전기성을 부각하며 신비로운 내용을 허구적으로 짜놓은 것에 해당하므로 현실성이 부각된다고 볼 수 없다.

오답 선지 분석

① ㉠: 공중에서 들린 말소리는 부처의 것으로, 이는 전기적 요소에 해당한다.

㉠ 다음 이어지는 내용을 고려한다면 ㉠은 양생의 시에 응답한 부처의 말소리다. 비현실적 존재인 부처가 인물에게 말을 한다는 것은 전기적 요소에 해당한다.

② ㉡: 부처와의 저포 놀이를 통해 양생의 소원이 이뤄졌다는 점에서 신비로운 내용에 해당한다.

양생은 부처와 저포 놀이를 하기 전, '부처님이 진다면 아름다운 여인을 점지해' 달라고 하였다. ㉡은 양생이 부처와의 저포 놀이에서 이긴 후에 일어난 것이므로 이는 부처가 양생의 소원을 들어준 것이라 볼 수 있으므로 신비로운 내용이라 볼 수 있다.

④ ㉣: 깊은 밤에 술을 나눠 마시는 것을 통해 신비스러운 분위기를 조성한다.

사경은 새벽 1시에서 3시 사이로, 깊은 밤에 양생과 여인이 술을 나눠 마시는 것을 통해 신비스러운 분위기를 조성하고 있다.

⑤ ㉤: 여인이 이승의 사람이 아니라는 것을 암시함으로써 초현실성을 드러낸다.

여인이 양생에게 건넨 술잔이 '인간 세계의 것이 아닌' 것 같다 한 것은 여인이 실제 죽은 사람이기 때문이다. 따라서 여인이 이승의 사람이 아니라는 것을 표현함으로써 초현실성을 효과적으로 드러내고 있다.

04 소재의 의미 파악하기

빈칸에 들어갈 말로 적절한 것을 골라 차례대로 쓰시오.

ⓐ는 여인이 부처에게 쓴 글로, 이를 통해 여인의 (과거 / 미래) 을/를 알 수 있고, (양생 / 부처)와/과의 인연이 이어질 것을 암시한다.

정답

과거, 양생

12강

| 본문 | 141쪽

문법 모음의 발음

빠른 정답 체크 01 ⑤ 02 ④ 03 ② 04 흰, 무늬

01 모음의 발음 규칙 이해하기 답 | ⑤

모음의 발음에 대한 설명으로 적절하지 않은 것은?

정답 선지 분석

⑤ 자음을 첫소리로 가지고 있는 음절의 'ㅢ'는 이중 모음으로 발음해야 한다.

'표준 발음법 제2장 제5항 다만 3'에 따르면 자음을 첫소리로 가지고 있는 음절의 'ㅢ'는 [ㅣ]로 발음해야 한다.

오답 선지 분석

① '예, 례'는 반드시 이중 모음으로 발음해야 한다.

'표준 발음법 제2장 제5항'에 따르면 'ㅑ ㅒ ㅕ ㅖ ㅘ ㅙ ㅛ ㅝ ㅞ ㅠ ㅢ'는 이중 모음으로 발음하고, '다만 2'에 따르면 '예, 례' 이외의 'ㅖ'는 [ㅔ]로도 발음한다고 하였으므로 '예, 례'는 이중 모음으로만 발음할 수 있다.

② 'ㅚ, ㅟ'는 단모음이지만 이중 모음으로도 발음할 수 있다.

'표준 발음법 제2장 제4항'에 따르면 'ㅏ ㅐ ㅓ ㅔ ㅗ ㅚ ㅜ ㅟ ㅡ ㅣ'는 단모음으로 발음하는 것이 원칙이나, [붙임]에 따르면 'ㅚ ㅟ'는 이중 모음으로 발음할 수 있다.

③ '의'는 단어의 첫음절일 경우에만 이중 모음으로 발음한다.

'ㅑ ㅒ ㅕ ㅖ ㅘ ㅙ ㅛ ㅝ ㅞ ㅠ ㅢ'는 이중 모음으로 발음하는 것을 원칙으로 하고, '표준 발음법 제2장 제5항 다만 4'에 따르면 단어의 첫음절 이외의 '의'는 [ㅣ]로, 조사 '의'는 [ㅔ]로 발음함도 허용한다 하였다. 따라서 '의'가 단어의 첫음절일 경우에는 이중 모음으로만 발음할 수 있다.

④ '지쳐'의 '쳐'는 이중 모음이지만 단모음으로 발음해야 한다.

'ㅕ'는 이중 모음에 속하는 모음이지만 '표준 발음법 제2장 제5항 다만 1'에 따르면 용언의 활용형에 나타나는 '져, 쪄, 쳐'는 [저, 쩌, 처]로 발음해야 한다.

02 모음의 발음 규칙 파악하기 답 | ④

다음 중 단어의 발음으로 적절하지 않은 것은?

정답 선지 분석

④ 어제 새로 산 가방을 잃어버렸다. → [어제/어재]

'표준 발음법 제2장 제4항'에 따라 '어제'의 'ㅔ'는 단모음 [ㅔ]로 발음해야 하므로 [어제]로만 발음할 수 있다.

오답 선지 분석

① 그는 곧 외국으로 떠난다.→ [외:국/웨:국]

'외국'의 'ㅚ'는 단모음에 해당하며, '표준 발음법 제2장 제4항 [붙임]'에 따르면 'ㅚ ㅟ'는 이중 모음으로 발음할 수 있으므로 [외:국]과 [웨:국] 모두 발음이 가능하다.

② 너의 속마음을 털어놓으렴. → [너의/너에]

'너의'의 'ㅢ'는 '표준 발음법 제2장 제5항'에 따르면 이중 모음으로 발음해야 하지만 '표준 발음법 제2장 제5항 다만 4'에 따르면 조사 '의'는 [ㅔ]로 발음함도 허용하므로 [너의]와 [너에] 모두 발음이 가능하다.

③ 어느덧 계절이 바뀌었구나. → [게:절/계:절]

'표준 발음법 제2장 제5항 다만 2'에 따르면 '예, 례' 이외의 'ㅖ'는 [ㅔ]로도 발음하므로 [게:절]과 [계:절] 모두 발음이 가능하다.

⑤ 우리는 정의를 위해 싸워야 한다. → [정:의/정:이]

'정의'의 'ㅢ'는 '표준 발음법 제2장 제5항'에 따르면 이중 모음으로 발음해야 하지만 '표준 발음법 제2장 제5항 다만 4'에 따르면 단어의 첫음절 이외의 '의'는 [ㅣ]로 발음할 수 있으므로 [정:의]와 [정:이] 모두 발음이 가능하다.

03 이중 모음의 발음 규칙 이해하기 답 | ②

㉠~㉤ 중 표준 발음법에 어긋나지 않는 것은?

> 이중 모음을 발음하지 못하는 그의 세계는 중학교 국어시간에 자기가 ㉠ 대포로 발포하겠다고 했을 때부터 늘 ㉡ 세계였지만 세계는 여전히 하나였다 어른이 되었지만 그의 겨울은 늘 ㉢ 거울 속에서 하얀 눈이 내렸고 그의 여름은 ㉣ 어름 속에서 얼음처럼 차가웠다 그는 언제나 여자를 좋아했지만 만나는 여자마다 그의 ㉤ 어자를 싫어했다 그는 마침내 이렇게 말했다 나는 이 세계가 싫어 거울이 싫고 어름이 싫고 어자가 싫어
>
> - 박제영, 〈이중 모음〉

정답 선지 분석

② ㉡

'표준 발음법 제2장 제5항 다만 2'에 따르면 '예, 례' 이외의 'ㅖ'는 [ㅔ]로도 발음할 수 있으므로 '세계'는 [세:계], [세:게] 모두 발음이 가능하다.

오답 선지 분석

① ㉠

'대포'는 이중 모음 'ㅛ'를 고려하여 [대:표]로 발음해야 한다.

③ ㉢

'거울'은 이중 모음 'ㅕ'를 고려하여 [겨울]로 발음해야 한다.

④ ㉣

'어름'은 이중 모음 'ㅕ'를 고려하여 [여름]으로 발음해야 한다.

⑤ ㉤

'어자'는 이중 모음 'ㅕ'를 고려하여 [여자]로 발음해야 한다.

04 이중 모음의 발음 규칙 적용하기

보기 의 밑줄 친 부분 중 모음의 발음이 바뀌는 것 두 개를 찾아 차례대로 쓰시오.

보기

> 동생은 흰 보자기에 아름다운 무늬를 수놓았다.

정답

흰, 무늬

독서 환경 문제의 특성과 해결 방안

빠른 정답 체크 01 ① 02 ② 03 ① 04 직접 규제

> 환경 문제란『인간을 포함한 생물이 지상에서 생명 활동을 이어 가는 결과로, 그 활동의 터전인 환경에 영향을 끼치는 문제, 그중에서도 정상적인 생명 활동에 지장이 있을 정도의 손상을 주게 되어 생기는 문제』를 말한다. 환경 문제는 인류가 문명사회를 이루어 주변의 환경을 이용할 줄 알게 된 시점부터 등장하였으며, 이것이 근대의 산업화와 더불어 더욱 심각해졌고 결국 오늘날의 상황에
>
> 『』: 환경 문제의 개념 / 환경 문제의 등장 시기

직면한 것이다. 런던 스모그는 전 세계에 환경 파괴에 대한 경각심*을 일깨우고, 환경 운동에 큰 영향을 준 계기가 된 사건 중 하나다.
런던 스모그의 의의

최근에는 농약의 사용에 따른 살충제의 피해나 냉장고 등에 냉매로 사용되는 프레온 가스의 영향으로 오존층이 파괴되어 자외선으로 인한 피해와 지구 온난화에 따른 기상 이변과 해수면 상승으로 인한 피해도 늘고 있다.
환경 문제로 인한 피해 ①
환경 문제로 인한 피해 ②
환경 문제로 인한 피해 ③
환경 문제로 인한 피해 ④

이를 고려한다면 환경 문제로 인한 피해는 이제 특정 지역을 넘어서 지구 온난화와 오존층의 파괴와 같이 범지구적인 차원으로 확대되고 있는 실정이다.
환경 파괴의 실태

▶ 1문단: 환경 문제의 심각성

이제 이 문제가 우리에게 심각한 위협이 될 수 있다는 사실을 모르는 사람은 거의 없지만 이 문제를 해결하기는 쉽지 않다. 이 문제의 해결이 어려운 것은 환경 문제만이 갖는 몇 가지 특성에 기인한다*. 그 특성 중 하나는 ㉠ 외부성으로, 환경 문제의 배후에 외부성이 개재되어* 있어 시장 기구가 자발적으로 환경 문제를 해결할 수 없다는 것이다.
환경 문제의 특성 ①

외부성이란「어떤 사람의 행동이 제삼자에게 의도하지 않은 혜택이나 손해를 주면서도 이에 대해 대가를 받거나 지불하지 않는 현상을 이르는 경제 용어」로, 대가를 주고받지 않아 시장의 테두리 밖에서 발생한다는 데서 붙여진 이름이다.
「」: 외부성의 개념

외부성이 존재할 때는 시장이 자원 배분의 문제를 적절하게 해결할 수가 없다. 이 외에도 환경 문제에 대한 여러 집단 간 이해 상충*으로 인해 합리적인 정책 수립에 문제를 겪는 것 또한 문제 해결을 어렵게 만드는 중요한 원인 중 하나다.
외부성의 부정적 영향
환경 문제의 특성 ②

「자원을 개발해 이익을 얻으려는 사람들의 입장에서 보면 환경을 보호하자는 사람들의 소리가 귀찮게 들릴 수밖에 없기 때문이다.」
「」: 집단 간의 이해가 상충하는 사례

▶ 2문단: 환경 문제 해결을 저해하는 환경 문제의 특성

환경 문제를 해결하기 위해서는 무엇보다도 정부의 개입을 통한 해결이 절실하다. 정부의 개입을 통한 해결 방안에는 직접 규제와 경제적 유인* 제도가 있는데, 직접 규제는 환경 오염 행위를 법으로 규제함으로써「오염물질의 배출 허용 기준을 정해 놓고 이를 초과할 경우 벌금을 부과하거나, 환경 오염 관련 사고 발생 시 오염 발생자의 업무를 중단하고 행위자를 처벌하거나 벌과금을 부과해 오염 문제를 해결하는 방식」이다.
직접 규제 내용
「」: 직접 규제 사례

경제적 유인 제도는 오염 원인자 부담 원칙에 따라 오염물질 배출자에게 배출한 오염물질의 양에 비례해 비용을 부담하게 함으로써 오염 원인자 스스로 배출량을 줄이도록 경제적 동기를 부여하고 이를 통해 오염 문제를 해결하고자 하는 방식이다.
경제적 유인 제도의 내용

▶ 3문단: 환경 문제 해결을 위한 정부의 개입 방식

* 경각심(警覺心): 정신을 차리고 주의 깊게 살피어 경계하는 마음.
* 기인하다(起因하다): 어떠한 것에 원인을 두다.
* 개재되다(介在되다): 어떤 것들 사이에 끼어 있다.
* 상충(相衝): 맞지 아니하고 서로 어긋남.
* 유인(誘因): 어떤 일 또는 현상을 일으키는 원인.

01 핵심 내용 파악하기

답 | ①

윗글에 대한 이해로 적절하지 않은 것은?

정답 선지 분석

① 환경 문제는 산업화가 시작되면서 발생하였다.

1문단에 따르면 환경 문제는 인류가 문명사회를 이루어 주변의 환경을 이용할 줄 알게 되면서 등장했다.

오답 선지 분석

② 환경 문제만이 갖는 특성은 환경 문제의 해결을 저해한다.

2문단에 따르면 환경 문제의 해결이 어려운 것은 외부성 등 환경 문제만이 갖는 몇 가지 특성에 기인하므로 적절하다.

③ 정부를 통한 환경 문제의 해결 방안은 직접 규제와 경제적 유인 제도로 나눌 수 있다.

3문단에 따르면 정부의 개입을 통한 환경 문제의 해결 방안에는 직접 규제와 경제적 유인 제도가 있으므로 적절하다.

④ 시장이 자원 분배의 문제를 적절하게 해결하지 못하면 환경 문제의 해결이 어려워진다.

2문단에 따르면 환경 문제의 해결이 어려운 특성 중 하나인 외부성이 존재할 때는 시장이 자원 배분의 문제를 적절하게 해결할 수 없으므로 적절하다.

⑤ 오존층의 파괴와 지구 온난화에 따른 기상 이변, 해수면 상승 등은 환경 문제에 해당한다.

1문단에 따르면 프레온 가스로 인한 오존층의 파괴와 지구 온난화에 따른 기상 이변, 해수면 상승은 환경 문제로 인한 피해에 해당하므로 적절하다.

02 구체적 사례에 적용하기

답 | ②

㉠과 관련된 사례로 적절하지 않은 것은?

정답 선지 분석

② 세계적으로 전염병이 유행하자 백신을 접종하여 전염병 감염을 막는 것

2문단에 따르면 외부성이란 어떤 사람의 행동이 제삼자에게 의도하지 않은 혜택이나 손해를 주면서도 이에 대해 대가를 받지도, 지불하지도 않는 현상을 말한다. 전염병이 유행하자 백신을 접종한 것은 제삼자에게 의도하지 않은 혜택을 받은 것이라 볼 수 없으므로 ㉠과 관련된 사례가 아니다.

오답 선지 분석

① 양봉장 근처에 큰 과수원이 생기면서 꿀 생산량이 증가한 것

과수원이 생겨 근처 양봉장의 꿀 생산량이 증가한 것은 제삼자인 양봉업자에게 의도하지 않은 혜택을 주면서 어떤 대가를 받거나 지불하지 않은 현상에 해당하므로 ㉠과 관련된 사례라 볼 수 있다.

③ 자동차의 매연으로 인해 주변 보행자들이 매연을 마셔 기관지 관련 질병을 얻은 것

자동차의 매연으로 보행자들이 기관지 관련 질병을 얻은 것은 제삼자인 보행자에게 의도하지 않은 손해를 입힌 것이므로 ㉠과 관련된 사례라 볼 수 있다.

④ 피부병을 예방하기 위해 합성 세제의 사용을 줄였더니 동네 하천의 수질이 개선된 것

피부병을 예방하기 위한 목적으로 합성 세제의 사용을 줄였더니 동네 하천의 수질이 개선된 것은 제삼자에 해당하는 동네 하천에 의도하지 않은 긍정적 효과를 발생시킨 것으로 ㉠과 관련된 사례라고 볼 수 있다.

⑤ 공장에서 폐수를 무단으로 방류하여 어업에 종사하는 마을 주민들이 막대한 피해를 입은 것

공장의 폐수 방류로 인해 마을 주민들이 막대한 피해를 입은 것은 제삼자인 마을 주민들에게 의도하지 않은 손해를 입힌 것이므로 ㉠과 관련된 사례라고 볼 수 있다.

03 구체적 사례에 적용하기

답 | ①

보기 를 참고하여 윗글을 이해한 내용으로 적절하지 않은 것은?

보기

지난 7월 14일 유럽연합이 환경 오염을 유발하는 모든 수입품에 대해 세계 최초로 탄소국경세를 부과하겠다고 발표하자, 유럽 수출 비중이 높은 개발도상국들이 거세게 반발했다. 유럽연합은 2030년까지 역내 전체 플라스틱 재활용 수준을 55%로 개선하는 것을 중심 내용으로 하는 '유럽 플라스틱 정책안'을 실시하기로 하면서 추후 재활용이 불가능한 플라스틱 폐기물에 대해 kg당 80센트의 플라스틱세를 매기겠다는 방침을 세웠다. 유럽과 미국의 이런 움직임은 곧바로 중국을 비롯해 탄소 배출 순위 상위국가인 인도와 러시아, 호주, 멕시코 등의 거센 저항을 불러일으키고 있다.

- 2021. 8. 2. ○○ 신문

* 개발도상국(開發途上國): 개발이 선진국에 비하여 뒤떨어진 나라.

정답 선지 분석

① 〈보기〉의 정책은 정부의 개입을 통한 해결 방안 중 직접 규제에 해당한다.

3문단에 따르면 정부의 개입을 통한 환경 문제의 해결 방안에는 직접 규제와 경제적 유인 제도가 있다. 직접 규제는 환경 오염 행위를 법으로 규제함으로써 오염 문제를 해결하는 방식이고, 경제적 유인 제도는 오염물질 배출자에게 배출한 오염물질의 양에 따른 비용을 부담하게 함으로써 오염 원인자 스스로 배출량을 줄여 오염 문제를 해결하는 방식에 해당하므로 〈보기〉의 탄소 국경 조정 제도는 경제적 유인 제도에 해당한다.

오답 선지 분석

② 런던 스모그 사건은 〈보기〉의 탄소 국경 조정 제도가 발표되는 데 영향을 끼쳤다.

1문단에 따르면 런던 스모그는 전 세계의 환경 파괴에 대한 경각심을 일깨우고, 환경 운동에 큰 영향을 준 계기가 된 사건 중 하나이고, 〈보기〉의 탄소 국경 조정 제도는 환경 문제를 해결하기 위한 정책에 해당하므로 적절하다.

③ 〈보기〉의 인도와 러시아, 호주, 멕시코는 자원을 개발해 이익을 얻으려는 입장에 해당한다.

2문단에 따르면 환경 문제 해결을 어렵게 만드는 중요한 원인 중 하나는 자원을 개발해 이익을 얻으려는 사람들과 환경을 보호하자는 사람들의 입장이 상충하는 것이다. 환경을 보호하자는 〈보기〉의 유럽연합의 입장과 갈등하는 입장은 탄소배출 순위 상위국인 인도와 러시아, 호주, 멕시코에 해당하므로 적절하다.

④ 유럽연합과 탄소 배출 순위 상위국의 이해가 상충하여 환경 문제 해결에 어려움을 겪고 있다.

2문단에 따르면 환경 문제에 대한 여러 집단의 이해가 상충하여 합리적인 정책 수립에 문제를 겪는 것은 환경 문제의 해결을 어렵게 만드는 중요한 원인 중 하나이다. 〈보기〉의 유럽연합과 탄소배출 순위 상위국의 경우에도 서로의 이해가 상충하고 있으므로 적절하다.

⑤ 환경 문제로 인한 피해가 범지구적인 차원으로 확대되고 있는 실정을 고려한 정책에 해당한다.

1문단에 따르면 환경 문제는 특정 지역을 넘어서 범지구적인 차원으로 확대되고 있는 실정이므로, 유럽연합은 이를 고려하여 〈보기〉의 탄소 국경 조정 제도 정책이 수립되었을 것이라 추론할 수 있다.

04 세부 내용 파악하기

보기 에 해당하는 환경 문제 해결 방식을 윗글에서 찾아 2어절로 쓰시오.

보기

환경범죄 등의 단속 및 가중처벌에 관한 법률
제3조(오염물질 불법배출의 가중처벌)
① 오염물질을 불법배출함으로써 사람의 생명이나 신체에 위해를 끼치거나 상수원을 오염시킴으로써 먹는 물의 사용에 위험을 끼친 자는 3년 이상 15년 이하의 유기징역에 처한다.

정답

직접 규제

문학 1 안민가(충담사)

빠른 정답 체크 01 ② 02 ③ 03 ④ 04 아버지, 어머니

[A]
『임금은 아버지요,
『』: 임금, 신하, 백성의 관계를 가족 관계에 빗대어 표현함
신하는 사랑하실 어머니요,
백성은 어린아이라고 한다』면
백성이 사랑을 알 것입니다.
□: '~면 ~ㄹ 것입니다.'라는 형식을 통해 주제를 전달하고 구조적 안정감을 얻음
▶ 바람직한 임금, 신하, 백성의 관계

[B]
꾸물거리며 사는 백성들
굶주리며 고달프게 사는 백성
이들을 먹여 다스려
백성들
이 땅을 버리고 어디로 갈 것인가 한다면
백성이 '이 땅을 버리고 어디에 가겠는가'라는 생각이 들 정도로 만족한다면
나라가 다스려짐을 알 것입니다.
10구체 향가의 낙구 - 감탄사
▶ 나라를 다스리는 올바른 방법

[C]
아으, 임금답게 신하답게 백성답게 한다면
자신의 본분에 충실한 태도
나라가 태평할 것입니다.
궁극적 목표 - 국태민안(國泰民安)
▶ 나라가 태평할 방안

君隱父也

臣隱愛賜尸母史也

民焉狂尸恨阿孩古爲賜尸知

民是愛尸知古如

窟理叱大肹生以支所音物生

此肹喰惡支治良羅

此地肹捨遣只於冬是去於丁爲尸知

國惡支持以支知古如

後句君如臣多支民隱如爲內尸等焉

國惡太平恨音叱如

- 충담사, 〈안민가〉 -

01 표현상의 특징 파악하기 답 | ②

윗글에 대한 설명으로 적절하지 않은 것은?

정답 선지 분석

② 글자 수의 일정한 반복을 통해 전체적인 안정감을 부여하고 있다.
윗글에서는 글자 수의 일정한 반복이 나타난 부분을 찾을 수 없다.

오답 선지 분석

① 감탄사를 활용하여 작품의 주제를 강조하고 있다.
윗글에서 10구의 '아으'는 감탄사로, 이를 통해 나라를 다스리기 위해서는 각자의 본분이 중요하다는 작품의 주제를 강조하고 있다.

③ 읽는 이의 지위를 고려하여 공손한 어조로 시상을 전개하고 있다.
윗글은 나라를 다스리는 올바른 방도와 나라가 태평할 방안에 관한 내용을 드러내고 있으므로, 읽는 이는 나라를 다스려야 할 임금일 것이라고 추측할 수 있다. 따라서 윗글은 읽는 이인 임금의 지위를 고려하여 종결 어미 '-ㅂ니다'의 반복과 공손한 어조를 통해 시상을 전개하고 있다고 할 수 있다.

④ 가정의 형식을 통해 글쓴이가 전달하고자 하는 주제를 효과적으로 드러내고 있다.
윗글에서는 가정을 나타내는 '~면 ~ㄹ 것입니다'의 형식을 활용하여 글쓴이가 전달하고자 하는, 나라를 다스리는 올바른 방법과 나라가 태평할 방안을 효과적으로 드러내고 있다.

⑤ 군신과 백성의 관계를 가족 관계에 빗대어 표현하여 유교적 가치관을 나타내고 있다.
윗글에서 임금은 '아버지'에, 신하는 '어머니'에, 백성은 '어린아이'에 빗대어 표현함으로써 '아버지'와 '어머니'가 약한 존재인 '어린아이'를 사랑으로 보살펴야 한다는 유교적 가치관을 나타내고 있다.

02 감상의 적절성 평가하기 답 | ③

[A]~[C]에 대한 감상으로 적절하지 않은 것은?

정답 선지 분석

③ [B]: '이 땅을 버리고 어디로 갈 것인가'라고 한탄하는 백성을 통해 임금을 비판하고 있군.
[B]에서 백성이 '이 땅을 버리고 어디로 갈 것인가' 한다는 것은 임금의 올바른 정치로 인해 다른 곳에 가고 싶지 않다는 생각이 들 정도로 만족감을 드러내는 백성의 상황을 우회적으로 드러낸 말이다. 임금을 비판하고 있는 것은 아니다.

오답 선지 분석

① [A]: 임금과 신하가 부모의 마음으로 백성을 대할 것을 당부하고 있군.
[A]에서는 '임금'을 '아버지'로, '신하'를 '어머니'로, '백성'을 '어린아이'로 비유함으로써 임금과 신하가 부모의 마음으로 백성을 대해야 백성이 비로소 사랑을 알 것이라 하고 있다.

② [B]: 임금이 '꾸물거리며 사는 백성들'의 삶을 만족시켜야 나라가 바르게 다스려질 것을 드러내고 있군.
[B]에서는 '꾸물거리며 사는 백성들'을 '먹여 다스'린다면 '나라가 다스려짐을 알 것'이라 하였으므로 적절하다.

④ [C]: 나라가 태평해지기 위해서는 어느 한 사람만 노력한다고 되는 것이 아니겠군.
[C]에서는 나라가 태평해지기 위해서는 '임금답게 신하답게 백성답게' 하는 것이 중요하다고 했다. 이는 임금, 신하, 백성 중 어느 한 사람만 노력하는 것이 아니라 모두 바른 자세를 지녀야 나라가 태평해진다는 것을 의미하므로 적절하다.

⑤ [C]: 화자는 각자의 본분을 지키는 것이 중요하다고 생각했겠군.
[C]에서 화자는 임금, 신하, 백성이 각각 그들답게 행동해야 나라가 태평해질 것이라 하였으므로 각자의 본분을 지키는 것을 중요하다고 보았음을 알 수 있다.

03 작품 비교하기 답 | ④

윗글과 보기 의 공통점으로 적절한 것은?

보기

천 년 전부터 미리 정하신 한양에, 어진 덕을 쌓아 나라를 여시어 나라의 운명이 끝이 없으시니,
성스러운 임금이 이으시어도 하늘을 공경하고 백성을 부지런히 돌보셔야 더욱 굳건하실 것입니다.
임금이시여, 아소서. 낙수에 사냥 가 있으며 할아버지를 믿었습니까?

* 낙수에~믿었습니까?: 우왕의 손자 태강왕은 할아버지의 공만 믿고 정사를 게을리하며 사냥을 즐기다가 폐위당함.

- 정인지 외, 〈용비어천가〉

정답 선지 분석

④ 나라를 다스리기 위해 임금이 가져야 하는 올바른 자세를 언급하고 있다.
윗글은 임금과 신하가 백성을 사랑으로 돌보며, 임금, 신하, 백성 모두가 각자 제 본분을 다할 때 나라가 태평해질 것이라는 내용을 통해, 〈보기〉는 '성스러운 임금이 이으시어도 하늘을 공경하고 백성을 부지런히 돌보셔야 더욱 굳건하실 것입니다.'를 통해 나라를 다스리기 위해 임금이 가져야 하는 올바른 자세를 언급하고 있음을 확인할 수 있다.

오답 선지 분석

① 나라의 건국 내력을 드러내고 있다.
〈보기〉의 '천 년 전부터 미리 정하신 한양에, 어진 덕을 쌓아 나라를 여시어~'에서 당시 조선의 건국 내력을 알 수 있으나, 윗글에서는 나라의 건국 내력을 드러내고 있지 않다.

② 임금에 대한 화자의 변함없는 충성심을 나타내고 있다.
〈보기〉에서는 나라의 건국 내력을 드러내며 임금에 대한 긍정적 시선을 드러내고 있음을 알 수 있으나, 변함없는 충성심을 드러낸 것은 아니다. 윗글 또한 임금에 대한 화자의 변함없는 충성심을 알 수 없다.

③ 불안정한 나라 상황을 해결하고자 하는 작가의 의지가 드러나고 있다.
윗글과 〈보기〉 모두 불안정한 나라 상황에 대한 내용을 찾을 수 없으며, 이를 해결하고자 하는 작가의 의지 또한 드러나지 않았다.

⑤ 윗글에서는 신하를 '어머니'에, 〈보기〉에서는 신하를 '할아버지'에 비유하여 표현하고 있다.
윗글에서 신하를 '어머니'에 비유한 것은 맞으나, 〈보기〉의 '할아버지'는 정치를 소홀히 하다 폐위된 왕과 관련된 비유이므로 적절하지 않다.

04 시어의 의미 파악하기

윗글에서 임금과 신하를 가족 관계에 비유한 단어를 찾아 차례대로 쓰시오.

정답

아버지, 어머니

문학 2 조침문(유씨 부인)

빠른 정답 체크 01 ⑤ 02 ④ 03 ④ 04 금년 시초십일 술시

조문의 첫머리에 관용적으로 쓰이는 말 / 바늘을 의인화하여 표현함

㉠ 유세차* 모년 모월 모일에 미망인 모씨는 두어 자 글로써 침자*께 고하노니, 인간 부녀의 손 가운데 종요로운* 것이 바늘이로되, 세상 사람이 귀히 아니 여기는 것은 도처에 흔한 바이로다.

물건을 귀하게 여기지 않는 요즘 세태에 대한 비판적 시각

이 바늘은 한낱 작은 물건이나, 이렇듯이 슬퍼함은 나의 정회*가 남과 다름이라. 오호통재*라, ㉡ 아깝고 불쌍하다. 너를 얻어 손 가운데 지닌 지 우금* 이십칠 년이라. 어이 인정이 그렇지 아니하리오. 슬프다. 눈물을 잠깐 거두고 심신을 겨우 진정하여 너의 행장*과 나의 회포*를 총총히 적어 영결*하노라.

글쓴이와 바늘의 관계가 각별했음을 알 수 있음 / 아깝고 불쌍하지

연전에 우리 시삼촌께옵서 동지상사* 낙점*을 무르와 북경을 다녀오신 후에, 바늘 여러 쌈*을 주시거늘, 친정과 원근* 일가에게 보내고, 비복*들도 쌈쌈이 낱낱이 나눠 주고, 그중에 너를 택하여 손에 익히고 익히어 지금까지 해포*되었더니, 슬프다. 연분*이 비상하여 너희를 무수히 잃고 부러뜨렸으되, 오직 너 하나를 영구히 보존하니, 비록 무심한 물건이나 어찌 사랑스럽고 미혹지 아니하리오. 아깝고 불쌍하며, 또한 섭섭하도다.

몇 해 전에 / 친척들 / 인연이 평범하지 않아서

「나의 신세 박명하여* 슬하에* 한 자녀 없고, 인명이 흉완하여* 일찍 죽지 못하고, 가산이* 빈궁하여* 침선*에 마음을 붙여 널로 하여 시름을 잊고 생애를 도움이 적지 아니하더니,」 오늘날 너를 영결하니, 오호통재라, 이는 귀신이 시기하고 하늘이 미워하심이로다.

「」: 글쓴이의 외롭고 고달픈 처지 / 바늘이 부러진 것을 슬퍼하는 글쓴이의 심정이 직접적으로 드러남

㉢ 아깝다 바늘이여, 어여쁘다 바늘이여. 너는 미묘한 품질과 특별한 재치를 가졌으니, 「물중의 명물이요, 철중의 쟁쟁*이라. 민첩하고 날래기는 백대*의 협객*이요, 굳세고 곧기는 만고의 충절을 듣는 듯한지라.」 능라*와 비단에 난봉*과 공작을 수놓을 제, 그 민첩하고 신기함은 귀신이 돕는 듯하니, 어찌 인력이 미칠 바리오.

재주와 솜씨 / 「」: 대구와 열거의 방식을 통해 바늘을 예찬

오호통재라, ㉣ 자식이 귀하나 손에서 놓일 때도 있고, 비복이 순하나 명을 거스를 때 있나니, 너의 미묘한 재질이 나의 전후에 수응함*을 생각하면, 자식에게 지나고 비복에게 지나는지라.

자식이나 비복보다 바늘이 나음

천은*으로 집을 하고, 오색으로 파란*을 놓아 곁고름에 채웠으니, 부녀의 노리개라. 밥 먹을 적 만져 보고 잠잘 적 만져 보아, 널로 더불어 벗이 되어, 여름 낮에 주렴이며, 겨울밤에 등잔을 상대하여 누비며, 호며, 감치며, 박으며, 공글릴 때에, 겹실을 꿰었으니 봉미*를 두르는 듯 땀땀이 떠 갈 적에 수미가 상응하고, 솔솔이 붙여 내매 조화가 무궁하다.

글쓴이는 바늘집을 꾸며 노리개처럼 바늘을 들고 다녔음 / 다양한 바느질의 종류를 열거함

이 생애 백 년 동거하렸더니, 오호애재*라, 바늘이여. 「금년 시초십일 술시*에 희미한 등잔 아래서 관대* 깃을 달다가 무심중간*에 자끈동 부러지니 깜짝 놀라워라.」 아야 아야 바늘이여 두 동강이 났구나.

바늘과 오래도록 함께하고 싶은 마음을 드러냄 / 「」: 바늘이 부러지게 된 상황을 서술

「정신이 아득하고 혼백이 산란하여 마음을 빻아 내는 듯 두골을 깨쳐 내는 듯 이슥도록 기색혼절하였다가* 겨우 정신을 차려, 만져 보고 이어 본들 속절없고 하릴없다.」 편작*의 신술*로도 장생불사 못 하였네. 동네 장인에게 때이런들 어찌 능히 때일쏜가. 한 팔을 베어 낸 듯 한 다리를 베어낸 듯 아깝다 바늘이여 옷섶을 만져 보니 꽂혔던 자리 없네.

「」: 비유와 과장을 통해 바늘을 부러뜨린 글쓴이의 애통한 심정을 부각

오호통재라. 내 삼가지 못한 탓이로다. 무죄한 너를 마치니 백인이 유아이사*라. 누를 한하며* 누를 원하리오*. 능란한 성품과 공교한 재질을 나의 힘으로 어찌 다시 바라리오. 절묘한 의형*은 눈 속에 삼삼하고* 특별한 품재*는 심회가 삭막하다.

누구를 한스럽게 생각하며 누구를 원망하리오

㉤ 네 비록 물건이나 무심치 아니하면 후세에 다시 만나 평생 동거지정*을 다시 이어 백년고락*과 일시생사*를 한가지로 하기를 바라노라. 오호애재라, 바늘이여.

- 유씨 부인, 〈조침문〉 -

* 유세차(維歲次): '이해의 차례는'이라는 뜻으로, 제사 축문의 첫머리에 관용적으로 쓰는 말.
* 침자(針子): 바늘.
* 종요롭다: 없어서는 안 될 정도로 매우 긴요하다.
* 정회(情懷): 생각하는 마음. 또는 정과 회포를 아울러 이르는 말.
* 오호통재(嗚呼痛哉): '아, 비통하다'라는 뜻으로, 슬플 때나 탄식할 때 하는 말.
* 우금(于今): 지금에 이르기까지.
* 행장(行狀): 몸가짐과 품행을 통틀어 이르는 말.
* 회포(懷抱): 마음속에 품은 생각이나 정.
* 영결하다(永訣하다): 죽은 사람과 산 사람이 서로 영원히 헤어지다.
* 동지상사(冬至上使): 조선 시대에, 중국으로 보내던 동지사의 우두머리.
* 낙점(落點): 조선 시대에, 이품 이상의 벼슬아치를 뽑을 때 임금이 이조에서 추천된 세 후보자 가운데 마땅한 사람의 이름 위에 점을 찍던 일.
* 쌈: 바늘을 묶어 세는 단위. 한 쌈은 바늘 스물네 개를 이른다.
* 원근(遠近): 먼 곳과 가까운 곳. 또는 그곳의 사람.
* 비복(婢僕): 계집종과 사내종을 아울러 이르는 말.
* 해포: 한 해가 조금 넘는 동안.
* 연분(緣分): 서로 관계를 맺게 되는 인연.
* 박명하다(薄命하다): 복이 없고 팔자가 사납다.
* 슬하(膝下): 무릎의 아래라는 뜻으로, 어버이나 조부모의 보살핌 아래. 주로 부모의 보호를 받는 테두리 안을 이른다.
* 흉완하다(凶頑하다): 흉악하고 모질다.
* 가산(家産): 한집안의 재산.
* 빈궁하다(貧窮하다): 가난하고 궁색하다.
* 침선(針線): 바늘과 실을 아울러 이르는 말.
* 철중쟁쟁(鐵中錚錚): 여러 쇠붙이 가운데서도 유난히 맑게 쟁그랑거리는 소리가 난다는 뜻으로, 같은 무리 가운데서도 가장 뛰어남. 또는 그런 사람을 이르는 말.
* 백대(百代): 오랫동안 이어 내려오는 여러 세대.
* 협객(俠客): 호방하고 의협심이 있는 사람.
* 능라(綾羅): 두꺼운 비단과 얇은 비단.
* 난봉(鸞鳳): 난조와 봉황을 아울러 이르는 말.
* 수응하다(酬應하다): 요구에 응하다.
* 천은(天銀): 품질이 가장 뛰어난 은.
* 파란: 광물을 원료로 하여 만든 유약.
* 봉미(鳳尾): 봉황의 꼬리.
* 오호애재(嗚呼哀哉): '아, 슬프도다'라는 뜻으로, 슬플 때나 탄식할 때 하는 말.
* 술시(戌時): 십이시의 열한째 시. 오후 일곱 시부터 아홉 시까지임.
* 관대(冠帶): '관디(옛날 벼슬아치들의 공복)'의 원말.
* 무심중간(無心中間): 아무 생각이나 감정 따위가 없는 사이.

* 기색혼절하다(氣塞昏絶하다): 숨이 막혀 까무러치다.
* 편작(扁鵲): 중국 전국 시대의 유명한 의사.
* 신술(神術): 신기한 재주 또는 신통한 술법.
* 백인이 유아이사(伯仁이 由我而死): 백인이 나로 말미암아 죽다. 백인(《진서》에 실린 고사에 나오는 사람 이름)을 직접 죽이지 않았지만 죽은 사람에 대해 자신의 책임이 커서 죄책감을 느낀다는 말. 남의 잘못이 아니라 나의 탓임.
* 한하다(恨하다): 몹시 억울하거나 원통하여 원망스럽게 생각하다.
* 원하다(怨하다): 못마땅하게 여기어 탓하거나 불평을 품고 미워하다.
* 의형(儀形): 몸을 가지는 태도. 또는 차린 모습.
* 삼삼하다: 잊히지 않고 눈앞에 보이는 듯 또렷하다.
* 품재(稟才): 타고난 재주.
* 동거지정(同居之情): 한집에서 같이 사는 정.
* 백년고락(百年苦樂): 긴 세월 동안의 괴로움과 즐거움을 아울러 이르는 말.
* 일시생사(一時生死): 한때의 죽고 사는 일.

01 서술상의 특징 파악하기 답 | ⑤

윗글에 대한 설명으로 적절하지 않은 것은?

정답 선지 분석

⑤ 바늘을 다양한 인간 군상에 빗대어 지극한 애정을 드러내고 있다.
윗글에서는 바늘을 '자식에게 지나고 비복에게 지나는지라'라고 하며, 바늘이 '자식'과 '비복'보다 낫다고 표현하고 있을 뿐, 다양한 인간 군상에 빗대어 표현하지는 않았다.

오답 선지 분석

① 바늘을 의인화하여 친밀감을 표현하고 있다.
윗글에서 글쓴이는 바늘을 '침자', '너'라고 의인화하여 표현함으로써 오랜 세월 써 왔던 바늘과의 친밀감을 표현하고 있다.

② 의태어를 활용하여 상황을 생생하게 묘사하고 있다.
윗글에서는 바늘이 부러지는 모양을 나타낸 의태어 '자끈동'을 활용하여 바늘이 부러지게 된 상황을 생생하게 묘사하고 있다.

③ 다양한 표현 방식을 통해 바늘의 속성을 드러내고 있다.
윗글의 '민첩하고 날래기는 백대의 협객이요, 굳세고 곧기는 만고의 충절을 듣는 듯한지라'를 통해 바늘의 속성을 예찬하며 대구법, 비유법 등의 표현 방식을 활용하였음을 알 수 있다.

④ 과거를 회고함으로써 글쓴이와 바늘과의 관계를 드러내고 있다.
'연전에 우리 시삼촌께옵서 동지상사 낙점을 무르와 북경을 다녀오신 후에~그중에 너를 택하여 손에 익히고 익히어 지금까지 해포되었더니'를 통해 과거 바늘을 처음 사용했던 당시를 회고하며 글쓴이와 바늘과의 각별한 관계를 드러내고 있다.

02 작품의 내용 파악하기 답 | ④

윗글을 통해 알 수 있는 글쓴이에 대한 설명으로 적절하지 않은 것은?

정답 선지 분석

④ 바늘을 사용한 지 얼마 되지 않아 손에 익지 않았다.
'너를 얻어 손 가운데 지닌 지 우금 이십칠 년이라'를 통해 글쓴이가 바늘을 사용한 지 오래되었음을 알 수 있다.

오답 선지 분석

① 바느질을 통해 생계를 유지하고 있다.
'가산이 빈궁하여 침선에 마음을 붙여 널로 하여 시름을 잊고 생애를 도움이 적지 아니하더니'를 통해 글쓴이가 바느질을 통해 생계를 유지하고 있음을 알 수 있다.

② 남편을 잃고 자식 없이 홀로 살고 있다.
'유세차 모년 모월 모일에 미망인 모씨는 두어 자 글로써 침자께 고하노니'를 통해 글쓴이가 남편을 잃었음을, '나의 신세 박명하여 슬하에 한 자녀 없고'를 통해 자식 없이 홀로 살아가고 있음을 알 수 있다.

③ 이전에도 여러 바늘을 망가뜨린 적이 있다.
'연분이 비상하여 너희를 무수히 잃고 부러뜨렸으되, 오직 너 하나를 영구히 보존하니'를 통해 이전에도 여러 바늘을 망가뜨린 적이 있음을 알 수 있다.

⑤ 바늘집을 꾸며 노리개처럼 옷에 달고 다니기도 하였다.
'천은으로 집을 하고, 오색으로 파란을 놓아 곁고름에 채웠으니, 부녀의 노리개라'를 통해 글쓴이가 바늘집을 꾸며 그 안에 바늘을 넣어두고 노리개처럼 옷에 달고 다녔음을 알 수 있다.

03 외적 준거를 통해 작품 이해하기 답 | ④

보기 를 바탕으로 ㉠~㉤을 설명한 내용으로 적절하지 않은 것은?

보기

제문은 죽은 사람의 생전의 공덕을 기리고, 사후에 저승에서 명복을 누리기를 기원하는 마음을 담은 글로, 일반적으로 '유세차'로 시작하며, 죽은 사람에 대한 애도의 뜻을 나타낸다. 그 다음 죽은 사람의 행적을 기술하거나 찬양하며 살아 있는 사람의 감정을 드러낸다. 글의 말미에는 죽은 이의 명복을 빌고 '상향'이라는 단어로 끝을 맺는다.

* 애도(哀悼): 사람의 죽음을 슬퍼함.

정답 선지 분석

④ ㉣: 과거 자식과 비복을 잃었던 경험을 상기하면서 바늘을 잃은 것에 대한 감정을 드러내고 있다.
㉣에서는 자식은 귀하지만 손에서 놓이기도 하고, 비복은 순하지만 가끔씩 명을 거스르지만, 바늘은 그렇지 않아 '자식에게 지나고 비복에게 지'난다고 하였으므로 과거 자식과 비복을 잃었던 경험이 아닌 바늘이 자식과 비복보다 나은 존재임을 드러내고 있다.

오답 선지 분석

① ㉠: 글의 첫머리에 '유세차'를 삽입함으로써 제문의 형식을 지켜 서술하고 있다.
〈보기〉에 따르면 제문은 일반적으로 '유세차'로 시작하는데, ㉠ 또한 글의 첫머리에 '유세차 모년 모월 모일에'라는 문장을 삽입함으로써 제문의 형식을 지켜 서술하고 있다.

② ㉡: 바늘에 대한 애도의 뜻을 드러내고 있다.
㉡의 '아깝고 불쌍하다', '슬프다'를 통해 바늘을 잃은 것에 대한 애도를 드러내고 있다.

③ ㉢: 바늘을 잃은 글쓴이의 심정을 직접적으로 드러내면서, 바늘의 행적에 대한 찬양을 기술하고 있다.
㉢에서는 '바늘의 미묘한 품질과 특별한 재치'를 '물중의 명물이요, 철중의 쟁쟁이라'라고 표현하며 바늘의 행적에 대해 찬양하고 있고, '아깝다'를 통해 바늘을 잃은 글쓴이의 심정을 직접적으로 드러내고 있다.

⑤ ㉤: '상향'이라는 말 대신 '오호애재라'라는 말로 끝을 맺으며, 후세에 다시 만날 것을 기약하고 있다.
〈보기〉에서는 일반적으로 제문의 말미에는 '상향'이라는 단어를 통해 글을 끝맺는다고 하였으나, ㉤에서는 '상향' 대신 슬픔을 나타내는 표현인 '오호애재라'를 삽입하였고, '후세에 다시 만나~'를 통해 다음 생에 다시 만날 것을 기약하고 있다.

04 작품의 내용 파악하기

글쓴이가 바늘을 부러뜨린 시간을 윗글에서 찾아 쓰시오.
(단, '년', '일', '시'를 포함하여 쓸 것.)

정답

금년 시초십일 술시

13강

| 본문 | 153쪽

문법 받침의 발음 (1) 홑받침과 겹받침

빠른 정답 체크 01 ② 02 ③ 03 ④ 04 달글 삼따가

01 받침의 발음 이해하기 답 | ②

다음 중 받침소리가 서로 같지 않은 것은?

정답 선지 분석

② 삯, 밝게

표준 발음법 제4장 제10항에 따르면, 겹받침 'ㄳ'은 어말 또는 자음 앞에서 대표음 [ㄱ]으로 발음하므로 '삯'은 [삭]으로 발음한다. 또한 표준 발음법 제4장 제11항에 따르면, 겹받침 'ㄺ'은 어말 또는 자음 앞에서 [ㄱ]으로 발음하지만 예외적으로 용언의 어간 말음 'ㄺ'은 'ㄱ' 앞에서 [ㄹ]로 발음한다고 하였으므로 '밝게'는 [발께]로 발음한다. 따라서 '삯'의 받침소리는 [ㄱ], '밝게'의 받침소리는 [ㄹ]로 서로 같지 않다.

오답 선지 분석

① 솥, 웃다

표준 발음법 제4장 제9항에 따르면, 받침 'ㅅ, ㅆ, ㅈ, ㅊ, ㅌ'은 어말 또는 자음 앞에서 대표음 [ㄷ]으로 발음하므로 '웃다'는 [욷:따]로, '솥'은 [솓]으로 발음한다. 따라서 '웃다'와 '솥'의 받침소리는 모두 [ㄷ]이다.

③ 닦지, 부엌

표준 발음법 제4장 제9항에 따르면, 받침 'ㄲ, ㅋ'은 어말 또는 자음 앞에서 대표음 [ㄱ]으로 발음하므로 '닦지'는 [닥찌]로, '부엌'은 [부억]으로 발음한다. 따라서 '닦지'와 '부엌'의 받침소리는 모두 [ㄱ]이다.

④ 밟네, 젊다

표준 발음법 제4장 제10항에 따르면 'ㄼ'은 어말 또는 자음 앞에서 [ㄹ]로 발음되지만, 예외적으로 '밟-'은 자음 앞에서 [밥]으로 발음한다고 하였으므로 '밟네'는 [밥:네] → [밤:네](비음화)로 발음한다. 또한 표준 발음법 제4장 제11항에 따르면, 겹받침 'ㄻ'은 어말 또는 자음 앞에서 [ㅁ]으로 발음하므로 '젊다'는 [점:따]로 발음한다. 따라서 '밟는'과 '젊다'의 받침소리는 모두 [ㅁ]이다.

⑤ 없다, 덮고

표준 발음법 제4장 제10항에 따르면, 겹받침 'ㅄ'은 어말 또는 자음 앞에서 [ㅂ]으로 발음하므로 '없다'는 [업:따]로 발음한다. 또한 표준 발음법 제4장 제9항에 따르면, 받침 'ㅍ'은 어말 또는 자음 앞에서 대표음 [ㅂ]으로 발음하므로 '덮고'는 [덥꼬]로 발음한다. 따라서 '없다'와 '덮고'의 받침소리는 모두 [ㅂ]이다.

02 겹받침의 발음 이해하기 답 | ③

밑줄 친 부분의 발음으로 적절한 것은?

정답 선지 분석

③ 화단의 꽃을 밟지 않고 지나가야 한다. [밥:찌]

표준 발음법 제4장 제10항에서 겹받침 'ㄼ'은 어말 또는 자음 앞에서 [ㄹ]로 발음되지만, 예외적인 경우로 '밟-'은 자음 앞에서 [밥]으로 발음한다고 하였으므로 '밟지'는 [밥:찌]로 발음하는 것이 적절하다.

오답 선지 분석

① 책을 읽거나 숙제를 해라. [익꺼나]

표준 발음법 제4장 제11항에서 겹받침 'ㄺ'은 어말 또는 자음 앞에서 [ㄱ]으로 발음되지만, 예외적인 경우로 용언의 어간 말음 'ㄺ'은 'ㄱ' 앞에서 [ㄹ]로 발음한다고 하였으므로 '읽거나'는 [일꺼나]로 발음하는 것이 적절하다.

② 자기 몫도 챙기지 못하면 안 된다. [몯또]

표준 발음법 제4장 제10항에서 겹받침 'ㄳ'은 어말 또는 자음 앞에서 [ㄱ]으로 발음한다고 하였으므로 '몫도'는 [목또]로 발음하는 것이 적절하다.

④ 학생은 선생님 앞에서 시를 읊고 있었다. [을꼬]

표준 발음법 제4장 제11항에서 겹받침 'ㄿ'은 어말 또는 자음 앞에서 [ㅂ]으로 발음한다고 하였으므로 '읊고'는 [읍꼬]로 발음하는 것이 적절하다.

⑤ 내 동생은 엄마나 아빠와 별로 닮지 않았다. [달:찌]

표준 발음법 제4장 제11항에서 겹받침 'ㄻ'은 어말 또는 자음 앞에서 [ㅁ]으로 발음한다고 하였으므로 '닮지'는 [담:찌]로 발음하는 것이 적절하다.

03 겹받침의 발음 이해하기 답 | ④

보기 의 ㉠~㉢에 대한 설명으로 적절하지 않은 것은?

보기

그는 코는 뭉툭하고 입은 ㉠ 넓죽해서 볼품이 ㉡ 없어 보인다. 하지만 ㉢ 넓고 좋은 집에서 사는 것을 보면 돈은 많은 것 같다.

정답 선지 분석

④ ㉡의 받침은 '넓히다'의 받침과 소리가 같다.

표준 발음법 제4장 제10항에 따르면, 겹받침 'ㅄ'는 [ㅂ]으로 발음하므로 '없어'는 [업:써]로 발음한다. 그러나 겹받침 'ㄼ'은 어말 또는 자음 앞에서 [ㄹ]로 발음하므로 '넓히다'는 [널피다]로 발음한다. 따라서 '없어'의 받침소리는 [ㅂ], '넓히다'의 받침소리는 [ㄹ]로 서로 다르다.

오답 선지 분석

① ㉠과 ㉡의 받침소리는 동일하다.

표준 발음법 제4장 제10항에서 겹받침 'ㄼ'은 어말 또는 자음 앞에서 [ㄹ]로 발음한다고 하였지만, '넓죽하다'에서의 '넓-'은 [넙]으로 발음한다고 하였으므로 '넓죽해서'는 [넙쭈캐서]로 발음한다. 또한 겹받침 'ㅄ'은 어말 또는 자음 앞에서 [ㅂ]으로 발음하므로 '없어'는 [업:써]로 발음한다. 따라서 ㉠과 ㉡의 받침소리는 [ㅂ]으로 동일하다.

② ㉠과 ㉢의 받침소리는 서로 다르다.

표준 발음법 제4장 제10항에서 겹받침 'ㄼ'은 어말 또는 자음 앞에서 [ㄹ]로 발음되지만, '넓-'은 '넓죽하다', '넓둥글다'에서는 [넙]으로 발음한다고 하였다. 이에 따라, 어근이 '넓-'으로 동일하더라도 ㉠은 [넙쭈캐서]로 발음하고 ㉢은 [널꼬]로 발음한다. 따라서 ㉠의 받침소리는 [ㅂ], ㉢의 받침소리는 [ㄹ]로 서로 다르다.

③ ㉠의 받침은 '앞잡이'의 받침과 소리가 같다.

㉠은 [넙쭈캐서]로 발음한다. 표준 발음법 제4장 제9항에 따르면, 받침 'ㅍ'은 어말 또는 자음 앞에서 대표음 [ㅂ]으로 발음하므로 '앞잡이'는 [압자비]로 발음한다. 따라서 ㉠의 받침과 '앞잡이'의 받침 모두 [ㅂ]으로 소리가 같다.

⑤ ㉢의 받침은 '핥았다'의 받침과 소리가 같다.

㉢은 [널꼬]로 발음한다. 표준 발음법 제4장 제10항에 따르면, 겹받침 'ㄾ'은 어말 또는 자음 앞에서 [ㄹ]로 발음하므로 '핥았다'는 [할타따]로 발음한다. 따라서 ㉢의 받침과 '핥았다'의 받침 모두 [ㄹ]로 소리가 같다.

04 받침의 발음 이해하기

빈칸에 들어갈 말을 쓰시오.

'부엌에서 닭을 삶다가 옷을 다 버렸다'라는 문장을 발음하면 [부어케서 (   ) 오슬 다 버려따]가 된다.

※ 단, 장음은 고려하지 않음.

정답

달글 삼따가

독서 방출 조절 제제

빠른 정답 체크 01 ③ 02 ③ 03 ④ 04 감소, 오래

대부분의 약은 약의 크기와 양에 비해 매우 적은 성분이 함유되어 있으며, 캡슐이나 당의정* 형태로 되어 있다. 이때『약에 성분들을 가하고 캡슐이나 설탕으로 약물의 표면을 코팅한 당의정으로 최종 제품을 만들어내는 것』을 제제라고 한다.
『』: 제제의 개념

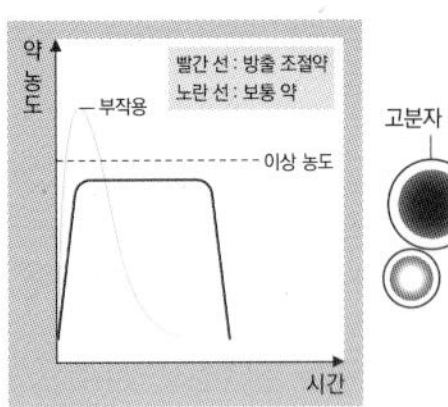

<그림>

이는 약 효능의 극대화를 기대하고, 먹기 불편한 형태의 약을 먹기 좋게 만들기 위함이다. 제제 과정에서 중요한 것은 약의 방출 속도를 조절하는 것이다. 〈그림〉은 약 농도가 시간에 따라 변화되는 양상을 나타내고 있다. 제제되지 않은 약을 그대로 먹으면 빠른 속도로 혈액 속의 약 농도가 증가하지만, 시간이 지나면 약 농도가 급격히 감소해서 효능이 없어진다. 그리고『약 농도가 최고에 도달했을 때에는 농도가 이상적인 농도를 초과하여 부작용에 시달리게 된다.』
제제의 목적 / 제제 과정에서 중요한 것 / 『』: 제제되지 않은 약의 단점

▶ 1문단: 제제의 개념과 제제되지 않은 약의 단점

이에 반해서 캡슐이나 당의정으로 된 ㉠ 방출 조절 제제는 초기 방출 속도는 느리지만,『최고 농도가 이상적인 농도를 초과하지 않아 약의 부작용을 염려할 필요가 없을뿐더러, 최고 농도가 장시간 지속되므로 약효가 훨씬 오래 간다.』 결과적으로 동일한 무게의 약을 훨씬 더 효율적으로 부작용 없이 활용하는 것이다. 이를 활용한다면 위 속에서는 방출되지 않고, 장 속에서 약이 모두 방출되도록 하여 장염을 치료하는 등 방출 시점을 조절하는 제제를 만들 수도 있다. 이런 구조의 약품을 만들기 위해서는 약에 고분자 캡슐이나 당분이 든 막을 덧입혀야 한다. 캡슐로 사용될 수 있는 고분자로는 젤라틴, 올리고당, 폴리비닐 알코올, 폴리에틸렌글리콜 등 여러 가지가 있다. 이런 고분자는『약을 분해하지 않고, 물에 녹지 않아야 한다. 또한 팽윤되어야* 하며 독성 없이 체외로 배출될 수 있어야 한다.』
『』: 제제된 약의 장점 / 최고 농도가 ① 이상적인 농도를 초과하지 않음 ② 장시간 지속됨 / 제제를 위해 필요한 것 / 방출 조절 제제에 사용되는 고분자 캡슐의 재료 / 『』: 방출 조절 제제에 사용되는 고분자 캡슐의 재료의 특징

▶ 2문단: 제제된 약의 장점과 고분자 캡슐에 사용되는 재료

방출 속도가 〈그림〉에 나타난 것처럼 조절되는 것은 삼투압 때문이다. 캡슐이 체내에 들어가 둘러싸이게 되면 팽윤된 고분자 캡슐을 통해서 물이 안으로 들어가 약을 녹인다. 농도가 높은 약 수용액은 삼투압을 받아 농도가 낮은 캡슐 밖으로 서서히 녹아 나오게 된다.『캡슐 고분자 막의 구멍은 〈그림〉에 보이는 속도에 맞도록 조절되어 있어서 약이 한꺼번에 쏟아져 나오지 못한다.』
방출 속도를 조절하는 원리 / 『』: 초기 방출 속도가 느린 이유

▶ 3문단: 약의 방출 속도를 조절하는 삼투압

최근 이 분야의 연구는『항암제를 정교하게 캡슐화해서 정상 세포에서는 전혀 약이 방출되지 않다가 암세포 속에 들어가면 약이 방출되는 제제』의 개발에 치중되어* 있다. 이런 제제를 ㉡ 미사일 제제라고 부른다. 미사일 제제의 방출 조절 원리는 단순한 삼투압만이 아니고 지극히 미세한 온도 차이까지 인식하는 것이다. 연구를 통해 암세포는 분열, 성장 속도가 빨라 정상 세포보다 조금 높은 온도를 유지한다는 사실이 밝혀졌고, 이러한 사실은 치료법을 찾는 데 도움이 되고 있다. 이런 미사일 제제에 사용될 고분자 캡슐은 외부 자극에 훨씬 더 예민하게 선택적으로 반응하는 재료로 만든다. 앞으로 기술이 더욱 발전한다면 정상 세포와 암세포 사이만 구분하지 않고, 암세포끼리도 구분해 내는 영리한 미사일 제제가 나올 수 있을 것이라 전망된다.
『』: 미사일 제제의 개념 / 미사일 제제의 원리 ① 삼투압 ② 미세한 온도 차이 인식 / 미세한 온도 차이까지 인식해야 하는 이유 / 미사일 제제에 사용되는 고분자 캡슐의 재료의 특징 / 미사일 제제의 전망

▶ 4문단: 암 치료를 목적으로 하는 미사일 제제

* 당의정(糖衣錠): 불쾌한 맛이나 냄새를 피하고 약물의 변질을 막기 위하여 표면에 당분을 입힌 정제.
* 팽윤되다(膨潤되다): 고분자 화합물에 용매가 흡수되어 부피가 늘어나게 되다.
* 치중되다(置重되다): 어떠한 것에 특히 중점이 두어지다.

01 내용 전개 방식 파악하기 답 | ③

윗글의 내용 전개 방식으로 가장 적절한 것은?

정답 선지 분석

③ 제제되지 않은 약과 제제된 약을 비교하여 제제의 필요성을 설명하고 있다.
1문단의 '제제되지 않은 약을~부작용에 시달리게 된다.'에서 제제되지 않은 약의 특징을, 2문단의 '방출 조절 제제는~훨씬 오래 간다.'에서 제제된 약의 특징을 비교하며 서술하여 제제의 필요성을 설명하고 있다.

오답 선지 분석

① 미사일 제제의 특징을 설명하고 예상되는 부작용을 지적하고 있다.
4문단에서 미사일 제제의 특징을 설명하고 있기는 하지만, 예상되는 부작용을 지적하지는 않았다.

② 제제의 장점과 단점을 언급하여 효과적인 제제의 기준을 세우고 있다.
2문단에서 제제의 장점을 언급하고 있지만 단점은 언급하지 않았으며, 효과적인 제제의 기준을 세우고 있지도 않다.

④ 제제에 대한 인식의 변화를 시간순으로 나열하고 미래의 전망을 제시하고 있다.
4문단에서 미래에는 암세포끼리도 구분해 내는 영리한 미사일 제제가 나올 수 있을 것이라는 전망을 제시하고 있지만, 제제에 대한 인식의 변화를 시간순으로 나열하지는 않았다.

⑤ 과거 제제에 사용되었던 원리를 설명한 후 현재 사용되는 원리를 서술하고 있다.
3문단에서 현재 제제에 사용되는 원리를 서술하고 있지만, 과거 제제에 사용되었던 원리를 설명하지는 않았다.

02 세부 내용 파악하기 답 | ③

㉠과 ㉡에 대한 설명으로 적절하지 않은 것은?

정답 선지 분석

③ ㉠과 ㉡ 모두 암세포들을 구분할 수 있다.
4문단에서 앞으로 기술이 더욱 발전한다면 암세포끼리도 구분해 내는 영리한 미사일 제제가 나올 수 있을 것이라 전망된다고 하였으므로, 아직은 암세포들을 구분하지 못한다는 것을 알 수 있다.

오답 선지 분석

① ㉠과 ㉡ 모두 효능의 극대화가 기대된다.
1문단에서 제제를 하는 것은 약 효능의 극대화를 기대하기 위함이라고 하였고, ㉠과 ㉡은 제제의 한 종류이므로 ㉠과 ㉡ 모두 효능의 극대화가 기대된다는 설명은 적절하다.

② ㉠과 ㉡ 모두 삼투압의 원리를 활용한다.
3문단에서 ㉠의 방출 속도가 조절되는 것은 삼투압 때문이라고 하였다. 그리고 4문단에서 ㉡의 방출 조절 원리는 '단순한 삼투압만이 아니고 지극히 미세한 온도 차이까지 인식하는 것'이라고 하였으므로 ㉡에도 삼투압 원리가 활용된다는 것을 알 수 있다.

④ ㉠은 고분자 캡슐을 이용해 만들기도 한다.
2문단에서 ㉠에서 약이 방출되기 시작하는 시점을 조절하기 위해서는 약에 고분자 캡슐이나 당분이 든 막을 덧입혀야 한다고 하였다.

⑤ ㉡은 미세한 온도 차이를 인식해 작용한다.
4문단에서 ㉡의 방출 조절 원리는 지극히 미세한 온도 차이까지 인식하는 것이라고 하였다.

03 구체적 사례에 적용하기 답 | ④

윗글을 읽은 학생이 보기 에 대해 보인 반응으로 적절하지 않은 것은?

보기

의사: 감기 증상은 어떠신가요?
환자 A: 약사 선생님이 말해 준 복용법을 잘 지켜서 먹었더니 일정 시간이 지나 증상이 완화되었고 감기가 많이 나았어요.
환자 B: 저도 어제 A와 같은 감기약을 처방받아 먹었는데, 처음부터 약의 효과가 들지는 않았어요. 그리고 A처럼 복용법을 잘 지켰는데도 가슴이 두근거려 잠을 제대로 자지 못했어요.

정답 선지 분석

④ 환자 B는 최고 농도가 이상적인 농도를 더 높게 초과한 약을 먹어야겠군.
1문단에서 '약 농도가 최고에 도달했을 때에는 농도가 이상적인 농도를 초과하여 부작용에 시달리게 된다.'라고 한 것으로 보아, 환자 B가 이상적인 농도를 더 높게 초과한 약을 먹으면 오히려 부작용에 시달릴 것이므로 적절하지 않다.

오답 선지 분석

① 환자 A는 이상적인 농도를 초과하지 않은 약을 먹었겠군.
윗글의 〈그림〉에서 약 농도가 이상 농도를 초과하면 부작용이 나타남을 알 수 있다. 따라서 환자 A가 별다른 부작용 없이 약효가 잘 들었다면 환자 A가 먹은 약의 농도는 이상적인 농도를 초과하지 않은 것이다.

② 환자 A가 제제되지 않은 약을 먹었다면 약 효과를 더 빨리 느꼈겠군.
1문단에 따르면, '제제되지 않은 약을 그대로 먹으면 빠른 속도로 혈액 속의 약 농도가 증가'한다. 따라서 환자 A가 제제되지 않은 약을 먹었다면 제제된 약을 먹었을 때보다 약 효과를 더 빨리 느꼈을 것이다.

③ 환자 B가 가슴이 두근거리고 잠을 자지 못했으니 약을 교체해야겠군.
2문단에 의하면 방출 조절 제제는 초기 방출 속도는 느리지만, 최고 농도가 이상적인 농도를 초과하지 않아 약의 부작용을 염려할 필요가 없다. 그런데 환자 B는 처음부터 약의 효과가 들지는 않았다고 했다. 이는 방출 속도가 느린 방출 조절 제제의 특징으로, 제제된 약을 먹었음에도 환자 B에게 두근거림과 불면증이 나타났음을 뜻한다. 따라서 환자 B가 겪은 부작용을 방지하기 위해 약 자체를 교체해야 한다.

⑤ 환자 A와 B는 제제된 약을 먹어서 증상이 바로 완화되지 않았다고 추측할 수 있군.
환자 A는 '일정 시간이 지나 증상이 완화되었'다고 하였고, 환자 B는 '처음부터 약의 효과가 들지는 않았'다고 하였다. 그리고 2문단에서 제제된 약은 초기 방출 속도가 느리다고 하였기 때문에, 환자 A와 B는 제제된 약을 먹어서 증상이 바로 완화되지 않았다고 추측할 수 있다.

04 세부 내용 이해하기

빈칸에 들어갈 말을 골라 차례대로 쓰시오.

제제되지 않은 약은 시간이 지나면서 약 농도가 급격히 (증가 / 감소)하는 반면, 방출 조절 제제는 최고 농도가 (오래 / 짧게) 지속된다.

정답

감소, 오래

문학 1 너를 기다리는 동안(황지우)

빠른 정답 체크 **01** ⑤ **02** ② **03** ③ **04** 19행, 22행

네가 오기로 한 그 자리에
'나'와 '너'가 만날 공간
내가 미리 가 너를 기다리는 동안

다가오는 모든 발자국은
다른 사람의 발자국도 '너'의 발자국으로 여김
㉠ 내 가슴에 쿵쿵거린다
① '나'의 심장 소리 ② 발자국 소리
바스락거리는 나뭇잎 하나도 다 내게 온다
청각적 심상 – 기다림의 절실함, 사소한 것에도 기다림의 대상이 투영됨
㉡ 기다려 본 적이 있는 사람은 안다
'나'의 경험은 보편적인 경험임
세상에서 기다리는 일처럼 가슴 애리는 일 있을까
설의법 – 기다림의 고통
네가 오기로 한 그 자리, 내가 미리 와 있는 이곳에서

문을 열고 들어오는 모든 사람이
문이 열릴 때마다 '너'가 들어올 것을 기대함
「너였다가
「」: 유사한 시구의 반복 – '너'를 기다리는 기대감과 초조함
너였다가, 너일 것이었다가」

㉢ 다시 문이 닫힌다
▶ '너'를 기다리며 설렘과 절망을 느끼는 '나'

사랑하는 이여
'너'를 가리킴
㉣ 오지 않는 너를 기다리며
'나'가 '너'에게 가게 된 이유
마침내 나는 너에게 간다
화자의 태도 변화(소극적 → 적극적), 시상의 전환
아주 먼 데서 나는 너에게 가고
'나'와 '너'의 공간적 거리감을 나타냄
㉤ 아주 오랜 세월을 다하여 너는 지금 오고 있다
'나'와 '너'의 시간적 거리감을 나타냄
아주 먼 데서 지금도 천천히 오고 있는 너를
'너'가 느리기는 하나 오고 있을 것이라고 믿음
너를 기다리는 동안 나도 가고 있다
역설적 표현 – 만남에 대한 의지
남들이 열고 들어오는 문을 통해

내 가슴에 쿵쿵거리는 모든 발자국 따라

너를 기다리는 동안 나는 너에게 가고 있다.
역설적 표현의 반복 ▶ '너'와의 만남에 대한 의지를 보이는 '나'

- 황지우, 〈너를 기다리는 동안〉 -

01 표현상의 특징 파악하기 답 | ⑤

윗글에 대한 설명으로 적절하지 않은 것은?

정답 선지 분석

⑤ 대립적 이미지를 활용하여 만남에 대한 의지를 표현하고 있다.

'너를 기다리는 동안 나도 가고 있다', '너를 기다리는 동안 나는 너에게 가고 있다'에서 만남에 대한 의지를 표현하고 있지만, 이는 대립적 이미지를 활용한 것이 아니라 역설적 표현을 활용한 것이므로 적절하지 않다.

오답 선지 분석

① 현재 시제를 활용하여 현장감을 표현하고 있다.

'쿵쿵거린다', '온다' 등 현재형 종결 어미 '-ㄴ다'를 활용하여 현장감을 표현하고 있다.

② 유사한 시구를 반복하여 화자의 초조함을 표현하고 있다.

'너였다가 / 너였다가, 너일 것이었다가'에서 유사한 시구를 반복하여 '너'를 기다리는 화자의 긴장감과 초조함을 표현하고 있다.

③ 설의적 표현을 활용하여 기다림의 고통을 표현하고 있다.

'세상에서 기다리는 일처럼 가슴 애리는 일 있을까'에서 설의적 표현을 활용하여 기다림의 고통을 표현하고 있다.

④ 청각적 심상을 활용하여 기다림의 절실함을 표현하고 있다.

'바스락거리는 나뭇잎 하나도 다 내게 온다'에서 청각적 심상을 활용하여 기다림의 절실함을 표현하고 있다.

02 시구의 의미 파악하기 답 | ②

㉠~㉤에 대한 이해로 적절하지 않은 것은?

정답 선지 분석

② ㉡: '나'의 상황이 남들은 겪지 않는 특수한 상황임이 드러난다.

'기다려 본 적이 있는 사람은 안다'는 '나'의 상황이 남들은 겪지 않는 특수한 상황임을 드러내는 것이 아니라, 다른 사람들도 충분히 겪어 보았을 보편적인 상황임을 환기하는 것이다.

오답 선지 분석

① ㉠: '나'의 심장 소리와 발자국 소리의 중의적 의미로 해석된다.

'쿵쿵거린다'는 '너'를 기다리는 '나'의 심장이 기대감으로 쿵쿵거린다는 뜻과, 발자국 소리가 쿵쿵거린다는 뜻 두 가지로 해석될 수 있다.

③ ㉢: '나'의 기대가 좌절되는 이유를 단적으로 제시한다.

'나'의 기대가 좌절된 것은 문이 열렸지만 '너'는 오지 않고, 다시 문이 닫혔기 때문이다.

④ ㉣: '나'가 태도를 바꾸기로 결심하는 계기가 된다.

'나'는 '너'를 아무리 기다려도 '너'가 오지 않자 기다리기만 하는 수동적 태도에서 벗어나 '너'에게 가는 능동적 태도를 취하기로 결심한다.

⑤ ㉤: '나'와 '너'의 시간적 거리감을 나타낸다.

'아주 오랜 세월'은 '나'와 '너' 사이의 시간적 거리감을 나타낸다.

03 화자의 태도 파악하기 답 | ③

화자의 태도가 (가)에서 (나)로 전환된 시행으로 가장 적절한 것은?

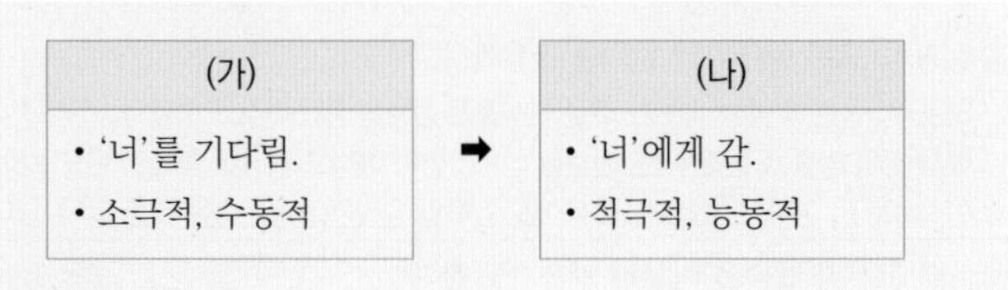

(가)		(나)
• '너'를 기다림. • 소극적, 수동적	➡	• '너'에게 감. • 적극적, 능동적

정답 선지 분석

③ 마침내 나는 너에게 간다

'나'는 원래 '네가 오기로 한 그 자리'에 미리 가서 '너'를 기다리면서 문이 열렸다가 다시 닫히는 모습을 보고 있었지만, '너'가 오지 않자 '마침내 나는 너에게 간다'라고 하며 '너'에게 직접 가는 적극적이고 능동적인 태도로의 전환을 보이고 있다.

04 표현상의 특징 파악하기

윗글에서 역설적 표현이 쓰인 시행 두 개를 찾아 몇 행인지 쓰시오.

정답

19행, 22행

문학 2 금방울전(작자 미상)

빠른 정답 체크 01 ④ 02 ④ 03 ① 04 구호동, 호랑이

[앞부분 줄거리] 장원은 아들을 낳아 이름을 해룡이라 짓는다. (동해 용왕의 아들이 인간으로 태어남) 피란길에 장원 부부는 해룡을 버리고, 본래 도적이었던 장삼이 해룡을 거둔다. 막 씨는 옥황상제로부터 아이를 점지받아 금방울을 낳는데, (남해 용왕의 딸이 금방울로 태어남) 금방울은 자신의 재주로 막 씨를 돕는다. 한편, 장삼의 부인 변 씨는 해룡을 탐탁지 않아 한다.

변 씨가 늦도록 자식이 없다가 우연히 태기가 있어 십 삭이 되매, **아들을 낳으니 장삼이 크게 기뻐하**여 이름을 소룡이라 하였고, 소룡이 점점 자라 칠 세가 되매, 크기는 하였으나 어찌 해룡의 늠름한 풍도*며 넓은 도량*을 따라갈 수 있으리오. (소룡의 재주는 해룡보다 못함) 둘이 글을 배우매 해룡은 한 자를 알면 열 자를 깨우치는지라 열 살 미만에 하나의 문장가가 되더라. (해룡의 뛰어난 재주를 나타냄) ㉠ 장삼은 본시 어진 사람인지라 해룡을 친자식같이 사랑하매 변 씨가 매양 시기하여 마지 않으니 장삼이 매양 변 씨의 어질지 못함을 한할 뿐이더라. (장삼은 해룡을 사랑했으나 변 씨는 해룡의 재주를 시기함)

해룡이 점점 자라 열세 살이 되매 「그 영풍* 준모*함에 태양이 빛을 잃을 만하며 헌헌한* 도량은 바다를 뒤치는 듯하고 맑고 빼어남이 어찌 범용한* 아이와 비교하리오.」 (「」: 해룡의 뛰어남을 과장되게 표현함)

이때 변 씨의 시기하는 마음이 날로 더하여 **백 가지로 모해하며 내치려 하**되 장삼은 듣지 아니하고 더욱 사랑하여 일시도 떠나지 아니하여 애지중지하니, 이러함으로 해룡은 몸을 보전하여 공순하며* 장삼을 지극히 섬기니, 이웃과 친척들이 칭찬치 않는 이 없더라.
장삼은 변 씨의 모해를 듣지 않음
해룡은 장삼의 보호를 받음

장삼이 갑자기 병을 얻어 약이 효과가 없으니 해룡이 지극 지성으로 구호하되 조금도 차도가 없고 점점 날로 더하여 장삼이 마침내 일어나지 못할 줄 알고 해룡의 손을 잡고 눈물지으며,
해룡의 고난을 예고함
자신의 죽음을 예상함

"내 명은 오늘뿐이라. 어찌 천륜지정을 속이리오. 내 너를 난중에 얻음에 기골이 비상하거늘 업고 도망하여 문호를 빛낼까 하였더니 불행히 죽게 되니 어찌 눈을 감으며 너를 잊으리오. 변 씨는 어질지 못함에 나 죽은 후에 반드시 너를 해하고자 하리니, 보신지책*은 네게 있나니 삼가 조심하라. 또한 대장부가 사소한 혐의를 두지 아니하나니 소룡이 비록 불초하나 나의 기출*이니 바라건대 거두어 주면 내 지하에 돌아갈지라도 여한이 없으리라."
부모와 자식 사이의 정
장삼은 난 중에 부모에게 버림받은 해룡을 거둠
장삼이 해룡을 거둔 이유
해룡이 변 씨로 인해 고난을 겪을 것을 예상함
해룡에게 자신의 친아들인 소룡을 거둘 것을 부탁함

하고, 또 변 씨 모자를 불러 앉히고,

"내 명은 오늘뿐이라, 죽은 후에라도 해룡을 각별 사랑하여 소룡과 다름없이 대하라. 이 아이는 후일 귀히 될 것이니 길이 영화를 보리니, 오늘 나의 유언을 저버리지 말라."
해룡에 대한 장삼의 애정이 드러남

하고, 말을 마치며 죽으니, 해룡이 애통해하기를 마지아니하매 보는 사람이 감탄치 않을 이가 없더라. 상례를 갖추어 선산에 안장하고 돌아오니 몸을 의지할 곳 없는지라 주야로 애통해 마지않더니 이때 변 씨는 해룡을 박대함이 나날이 더하여 「의복과 음식을 제때에 주지 아니하고 낮이면 밭 갈기와 논 매기며 소도 먹이며 나무하기를 한때도 놀리지 아니하고 주야로 보채니 한때도 편안한 날이 없더라.」 「」: 해룡을 박대하는 변 씨
자신을 보호하던 장삼이 죽었기 때문

㉡ 그러나 해룡은 더욱 공근하여* 조금도 회피함이 없으매 자연히 용모가 초췌하고 주림과 추위를 이기지 못하더라. 이때가 엄동설한이라 변 씨는 소룡과 더불어 더운 방에서 자고 해룡은 방아질만 하라 하니, 해룡이 할 수 없어 밤이 새도록 방아질하니 홑것만 입은 아이가 어찌 추위를 견디리오. 추움을 견디지 못하여 자기 방에 들어가 쉬려 하였으나 눈바람은 들이치고 덮을 것은 없는지라. 몸을 웅숭그려 엎디었더니, 홀연히 **방이 밝기가 대낮과 같은지라 여름과 같이 더**워 온몸에 땀이 나거늘, 해룡이 한편 놀라고 한편 괴이히 여겨 즉시 일어나 자세히 살펴보니 오히려 동녘이 아직 채 트이지 않았는데 백설이 뜰에 가득하더라.
해룡의 성실함이 드러남
해룡을 박대하는 변 씨
금방울이 변 씨의 박대를 받는 해룡을 도움 ①
해가 뜨지 않고 눈이 내렸음에도 해룡의 방은 더움

㉢ 방앗간에 나아가 보니 밤에 못다 찧은 것이 다 찧어 그릇에 담겨 있거늘, 크게 의심하고 괴이히 여기어 방으로 돌아오니 전과 같이 밝고 더운지라, 아무리 생각하여도 의심이 없지 못하여 두루 살피니 침상에 이전에 없던 북만 한 방울 같은 것이 놓였으매, 해룡이 잡으려 한즉 이리 미끈 달아나고 저리 미끈 달아나니, 요리 구르고 저리 굴러 잡히지 아니하는지라, 또한 놀라고 신통히 여겨 자세히 보니 금빛이 방안에 가득하고 움직일 때마다 향취가 나는지라, 해룡이 생각하매 이것이 반드시 무심치 아니할지라 내 두고 보리라 하여 잠을 좀 늦도록 자매, 이때 변 씨 모자가 추워 잠을 잘 수 없어 떨며 앉았다가, 날이 밝으매 나아가 보니 적설이 집을 두루 덮었는데 한풍은 얼굴을 깎는 듯하여 사람의 몸을 움직이기가 어려운지라 변 씨는 생각하되,
금방울이 변 씨의 박대를 받는 해룡을 도움 ②
금방울
금방울의 신비함 ①
금방울의 신비함 ②
더운 방에서 잤으나 추위를 느낌

'해룡이 얼어 죽었으리라.'
변 씨의 목적

생각하고 생을 부르니 대답이 없더라. 아마도 죽었나 보다 하고 눈을 헤치고 나와 문틈으로 내다보니 해룡이 벌거벗고 누워 잠들어 깨지 않았거늘 놀라 깨우려 하다가 자세히 보니 ㉣ 천상천하에 흰 눈이 가득하되 오직 해룡의 방 위에는 눈이 없고 검은 기운이 연기같이 일어나니 이 어찌 된 일이냐? 이때 변 씨가 크게 놀라 소룡에게 말하기를,
해룡의 방은 여름과 같이 더움
비현실적 요소가 드러남

"참 내 하도 이상하기에 거동을 보자."

하고, 나왔노라 하더니, 해룡이 들어와 변 씨에게 문후한* 후에 「**비를 들고 눈을 쓸려 함에 홀연히 일진광풍*이 일어**나며 반 시간이 못 되어 눈을 쓸어 버리고 광풍이 그치는 것이었으니,」 해룡은 이미 짐작하되 변 씨는 더욱 신통히 여기어 마음에 생각하되 해룡이 분명 요술을 부리어 사람을 속이는도다. 만약 그대로 두었다가는 큰 화를 입으리라 하고 아무쪼록 죽여 없앨 의사를 내어 틈을 얻어 해할 묘책을 생각하다가 한 계교를 얻고 해룡을 불러 이르기를,
「」: 비현실적인 상황이 일어나 해룡을 도움
해룡에 대한 부정적인 인식
해룡을 구호동으로 보내는 실제 이유

"집안 어른이 돌아가시매, 가산이 점점 탕진하여 형편이 없음을 너도 보아 아는 바라, 우리 집의 논밭이 구호동에 있더니 요즘에는 **호환*이 자주 있어 사람을 상하**기로, 폐농*된 지가 아마 수십 년이 된 지라, 「이제 그 땅을 다 일구면 너를 장가도 들이고 우리도 또한 네 덕에 좋이 잘 살면 어찌 아니 기쁘리오마는 너를 위험한 곳에 보내면 행여 후회 있을까 저어하노라.」"
장삼
해룡을 구호동으로 보내는 표면적 이유
「」: 구밀복검(口蜜腹劍) – 말로는 친한 듯하나 속으로는 해칠 생각이 있음

해룡이 흔연히* 허락하고 이에 쟁기를 수습하여 가지고 가려 하거늘, 변 씨가 짐짓 말리는 체하니 해룡이 웃고 말하기를,

㉤ "인명은 재천*이니 어찌 짐승에게 해를 보리오."

하고, 표연히* 떠나가니 변 씨가 밖에 나와 말하기를,

"속히 잘 다녀오라."
속으로는 해룡이 호랑이에게 죽기를 바람
하고 당부하더라.

- 작자 미상, 〈금방울전〉 -

* 풍도(風度): 풍채와 태도를 아울러 이르는 말.
* 도량(度量): 사물을 너그럽게 용납하여 처리할 수 있는 넓은 마음과 깊은 생각.
* 영풍(英風): 영웅스러운 모습이나 자세.
* 준모(俊髦): 준수한 사람.
* 헌헌하다(軒軒하다): 풍채가 당당하고 빼어나다.
* 범용하다(凡庸하다): 평범하고 변변하지 못하다.
* 공순하다(恭順하다): 공손하고 온순하다.
* 보신지책(保身之策): 자신의 몸을 온전히 지키기 위한 꾀.
* 기출(己出): 자기가 낳은 자식.
* 공근하다(恭勤하다): 공손하고 부지런하다.
* 문후하다(問候하다): 웃어른의 안부를 묻다.
* 일진광풍(一陣狂風): 한바탕 몰아치는 사나운 바람.
* 호환(虎患): 호랑이에게 당하는 화.
* 폐농(廢農): 농사를 그만둠.
* 흔연히(欣然히): 기쁘거나 반가워 기분이 좋게.
* 인명재천(人命在天): 사람의 목숨은 하늘에 달려 있다는 뜻으로, 목숨의 길고 짧음은 사람의 힘으로 어찌 할 수 없음을 이르는 말.
* 표연히(飄然히): 훌쩍 나타나거나 떠나는 모양이 거침없이.

01 작품의 내용 파악하기 답 | ④

윗글의 내용으로 가장 적절한 것은?

정답 선지 분석

④ 해룡은 방의 방울이 평범한 방울이 아님을 눈치챘다.

해룡이 방으로 돌아오니 '침상에 이전에 없던 북만 한 방울 같은 것이 놓'여 있었다고 하였는데, '자세히 보니 금빛이 방안에 가득하고 움직일 때마다 향취가 나는지라' 해룡은 '이것이 반드시 무심치 아니할지라 내 두고 보리라'하고 생각하였다. 이를 통해 해룡은 방의 방울이 평범한 방울이 아님을 눈치챘음을 알 수 있으므로 적절하다.

오답 선지 분석

① 소룡은 해룡보다 뛰어난 재주를 지녔다.

'소룡이 점점 자라 칠 세가 되매, 크기는 하였으나 어찌 해룡의 늠름한 풍도며 넓은 도량을 따라갈 수 있으리오'라고 한 것을 통해 소룡의 재주는 해룡보다 못함을 알 수 있으므로 적절하지 않다.

② 해룡은 장삼이 병으로 죽을 것을 예측했다.

'장삼이 갑자기 병을 얻어'라고 한 것을 통해 장삼이 병에 걸린 것은 갑작스러운 일이었음을 알 수 있고, 해룡이 이를 예측했다고 볼 근거를 찾을 수 없으므로 적절하지 않다.

③ 장삼은 해룡에게 변 씨를 보살펴 달라고 부탁했다.

장삼은 해룡에게 '변 씨는 어질지 못함에 나 죽은 후에 반드시 너를 해하고자 하리니'라고 하며 변 씨를 조심하라고 말했을 뿐, 변 씨를 보살펴 달라고 부탁하지는 않았으므로 적절하지 않다. 장삼이 해룡에게 부탁한 것은 소룡을 거두어 달라는 것이었다.

⑤ 변 씨는 해룡이 호랑이에게 해를 입을까 봐 걱정했다.

변 씨는 해룡을 '죽여 없앨 의사를 내어 틈을 얻어 해할 묘책을 생각하다가 한 계교를 얻고' 호랑이가 자주 나오는 땅에 해룡을 보내어 농사를 지으라고 하였으므로 적절하지 않다. 변 씨가 '너를 위험한 곳에 보내면 행여 후회 있을까 저어하노라'라고 한 것은 해룡을 걱정하는 척한 것이다.

02 구절의 의미 파악하기 답 | ④

㉠~㉤에 대한 설명으로 적절하지 않은 것은?

정답 선지 분석

④ ㉣: 현실적인 상황을 묘사하여 해룡의 긍정적인 면모를 부각하고 있다.

㉣은 온 세상에 눈이 가득히 내렸는데 해룡의 방 위에만 눈이 없고 검은 기운이 연기같이 일어나고 있는 모습을 묘사하고 있다. 이는 현실적인 상황이 아니라 비현실적인 상황이며, 해룡의 긍정적인 면모를 부각하고 있다고 할 수도 없다.

오답 선지 분석

① ㉠: 해룡이 장삼에게는 사랑받고 변 씨에게는 미움받았음을 알 수 있다.

㉠의 '장삼은 본시 어진 사람인지라 해룡을 친자식같이 사랑하매'에서 해룡이 장삼에게 사랑받았음을, '변 씨가 매양 시기하여 마지 않으니'에서 변 씨에게는 미움받았음을 알 수 있다.

② ㉡: 게으름을 피우지 않고 성실한 해룡의 성격이 드러나 있다.

㉡의 '해룡은 더욱 공근하여 조금도 회피함이 없으매'에 공손하고 부지런하여 게으름을 피우지 않는 해룡의 성격이 드러나 있다.

③ ㉢: 신비한 존재가 해룡을 도왔음을 의미하고 있다.

㉢의 '밤에 못다 찧은 것이 다 찧어 그릇에 담겨 있거늘'에서 신비한 존재가 해룡을 도와 해룡이 다 찧지 못한 방아를 찧어 놓았음을 의미하고 있다.

⑤ ㉤: 해룡이 죽음을 두려워하지 않으며 하늘에 자신의 목숨을 맡겼음을 알 수 있다.

㉤의 '인명은 재천이니'에서 해룡이 하늘에 자신의 목숨을 맡겼음을, '어찌 짐승에게 해를 보리오'라고 말하는 것에서 죽음을 두려워하지 않음을 알 수 있다.

03 외적 준거를 바탕으로 작품 이해하기 답 | ①

보기를 바탕으로 윗글을 이해한 내용으로 적절하지 않은 것은?

보기

〈금방울전〉에는 고난과 행운이 반복해서 나타난다. 해룡은 어려서 부모를 잃고 장삼의 양육을 받았으나, 장삼이 죽은 뒤 장삼의 아내 변 씨의 계교에 빠져 여러 번 죽을 고비를 맞는다. 그러나 해룡은 방울의 도움을 받아 고난을 극복하고 행운을 얻는다. 해룡의 일생은 고난과 행운이 반복적으로 대립하면서 행운이 고난에 의해 부정되고, 고난은 행운에 의해 극복되는 양상을 보인다.

정답 선지 분석

① 변 씨가 '아들을 낳으니 장삼이 크게 기뻐하'였다는 것은, 해룡이 장삼으로 인해 고난을 겪을 것을 암시하고 있다.

변 씨가 아들을 낳아 장삼에게 친아들이 생겼지만, 장삼은 '해룡을 친자식같이 사랑'하고 죽기 전까지 해룡의 장래를 걱정하였으므로 해룡이 장삼으로 인해 고난을 겪을 것을 암시하고 있다는 이해는 적절하지 않다.

오답 선지 분석

② 변 씨가 해룡을 '백 가지로 모해하며 내치려 하'였다는 것은, 해룡이 변 씨로 인해 고난을 겪었음을 나타내고 있다.

변 씨는 자신의 아들인 소룡보다 주워 온 아이인 해룡이 더 뛰어난 모습을 보이자, '시기하는 마음이 날로 더하여' 해룡을 내치려고 했다. 즉, 이는 해룡이 변 씨로 인해 고난을 겪었음을 나타내고 있다.

③ 해룡의 '방이 밝기가 대낮과 같은지라 여름과 같이 더'웠던 것은, 방울이 해룡의 고난 극복을 도왔음과 연관이 있다.

겨울날 해룡이 추운 방에 웅송그리고 엎드리자, 갑자기 방이 밝아지고 여름과 같이 더워졌다고 하였다. 해룡이 밖에 나갔다가 다시 들어왔을 때 방에 방울이 있었던 것으로 보아, 해룡의 방에 일어난 변화는 방울이 해룡의 고난 극복을 도운 것과 연관이 있다.

④ 해룡이 '비를 들고 눈을 쓸려 함에 홀연히 일진광풍이 일어'난 것은, 해룡의 고난이 행운에 의해 부정되었음을 보여 준다.

해룡은 홑것만 입고 추운 겨울날 눈을 쓸어야 하는 고난을 얻었으나, '홀연히 일진광풍이 일어나며 반 시간이 못 되어 눈을 쓸어 버'린 것은 이러한 고난이 행운에 의해 부정되었음을 보여 준다.

⑤ 변 씨가 '호환이 자주 있어 사람을 상하'게 하는 곳으로 해룡을 보내려는 것은, 새로운 고난이 주어졌음을 드러내고 있다.

변 씨는 '호환이 자주 있어 사람을 상하기로, 폐농된 지가 아마 수십 년이 된' 땅으로 해룡을 보내려고 하는데, 이는 해룡에게 새로운 고난이 주어졌음을 드러내고 있다.

04 인물의 태도 파악하기

ⓐ, ⓑ에 들어갈 말을 각각 3음절로 차례대로 쓰시오.

변 씨는 표면적으로는 해룡을 장가들이는 데 도움이 된다는 이유로 해룡을 (ⓐ)(으)로 보냈지만, 실제로는 해룡이 (ⓑ)에게 죽을 것을 기대하고 보냈다.

정답

구호동, 호랑이

14강

| 본문 | 165쪽

매체 매체의 표현 방법 평가하며 읽기

빠른 정답 체크 01 ③ 02 ② 03 ④ 04 인터넷 사이트

스마트폰을 똑똑하게
'스마트폰'의 '스마트'가 '똑똑하다'라는 점을 이용한 제목

스마트폰이 대중화된 요즘, 청소년들도 스마트폰을 많이 사용하고 있어요.(스마트폰의 대중화) 전화 통화를 하거나 문자 메시지를 주고받는 것뿐만 아니라 정보 검색, 음악 감상, 게임하기 등 스마트폰을 다양하게 활용하고 있지요.(다양하게 활용되는 스마트폰) 하지만 이렇게 유용한 스마트폰도 지나치게 사용하면 문제가 생길 수 있어요.(스마트폰 과의존)

스마트폰 과의존 → 스마트폰 과의존의 개념을 설명함
스마트폰을 과다하게 사용하여 스마트폰 사용에 대한 조절 능력이 줄어들고, 일상생활에 장애가 유발되는 상태.

다음 링크를 따라가서 자신의 스마트폰 사용 습관을 점검해 볼까요?

☞ https://www.iapc.or.kr/kor/PBYS/diaSurvey.do?idx=8 (스마트폰 과의존 진단 링크를 직접 제공함)

진단 결과, 여러분은 어떤 스마트폰 사용자에 해당하나요? 혹시 스마트폰에 과의존하고 있지는 않나요?

스마트폰 과의존, 어느 정도일까?
앞으로 다룰 내용을 알 수 있음

먼저 스마트폰 과의존 실태를 알아볼게요. 정부에서는 매년 스마트폰 과의존 실태를 조사하여 발표하고 있어요.

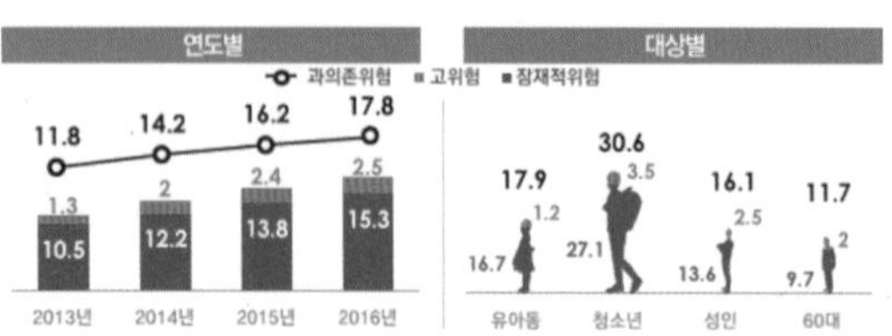

- 출처: 과학 기술 정보 통신부, 〈2016년 인터넷 과의존 실태 보고서〉(2016)
→ 수치를 쉽게 파악할 수 있음

연도별 스마트폰 과의존 위험 현황을 나타낸 도표를(왼쪽의 도표) 보면 스마트폰 과의존 위험 비율이 2013년부터 2016년까지 꾸준히 증가한 것을 알 수 있어요.(도표를 통해 알 수 있는 사실 ①) 그리고 대상별 스마트폰 과의존 위험 현황을 나타낸 도표를 보면 청소년의 스마트폰 과의존 위험 비율이 성인에 비해 약 두 배 가까이 높은 것을 확인할 수 있어요.(도표를 통해 알 수 있는 사실 ②) 즉, 스마트폰 과의존 현상은 날이 갈수록 심화되고 있으며, 특히 청소년들의 스마트폰 과의존 현상이 심각하다는 것을 보여 주는 것이지요.(도표를 통해 알 수 있는 사실을 요약해서 재전달함)

스마트폰 과의존, 어떤 문제점이 있을까?

- 출처: 게티 이미지 뱅크 (www.gettyimagesbank.com)
→ 스마트폰 때문에 공부에 몰입하지 못하는 모습

사진 속의 모습, 청소년들에게 익숙한 풍경이 아닌가요?(질문을 통해 독자의 생각을 유도함) 「많은 청소년들이 공부나 독서를 할 때 습관적으로 스마트폰을 확인해요. 때로는 스마트폰을 확인하고 싶어서 불안해하거나 초조해할 때도 있지요.」(「」: 스마트폰 과의존의 문제 상황 ①) 스마트폰에 과의존하면 일상생활에서 자신이 해야 할 일에 몰입하지 못하는 경우가 발생할 수 있어요.(스마트폰 과의존의 문제점 ①)

스마트폰 사용에 따른 인지 거리 변화
단위 : 미터(m)

- 출처 : 교통 안전 공단 공식 블로그 (https://blog.naver.com/autolog)

혹시 길을 걸으며 스마트폰을 사용하다가 교통사고가 날 뻔했던 경험이 있나요?(질문을 통해 독자가 자신의 경험을 떠올리게 함) 도표에서 알 수 있듯이 보행 중에 스마트폰을 사용하면 스마트폰을 사용하지 않을 때보다 인지 거리가 절반 이상 줄어들어요. 따라서 길에서 다양한 사고를 당할 확률이 훨씬 더 높아지지요.(보행 중 스마트폰 사용은 교통사고의 위험성을 증가시킴) 하지만 이러한 위험에도 불구하고 등하굣길에 스마트폰을 사용하며 이동하는 청소년들이 종종 눈에 띄곤 해요.(스마트폰 과의존의 문제 상황 ②) 스마트폰에 과의존하면 자신의 생명과 안전에 위협을 받을 수 있어요.(스마트폰 과의존의 문제점 ②)

01 매체의 내용 파악하기 답 | ③

윗글에서 알 수 있는 내용으로 가장 적절한 것은?

정답 선지 분석

③ 스마트폰 과의존이 미치는 악영향
'스마트폰 과의존, 어떤 문제점이 있을까?'에서 스마트폰 과의존이 사람들로 하여금 자신이 해야 할 일에 몰입하지 못하게 하고, 길에서 스마트폰을 사용하다가 생명과 안전에 위협을 받을 수도 있다는 것 등 스마트폰 과의존의 악영향에 대해 설명하고 있다.

오답 선지 분석

① 스마트폰 과의존의 원인

'스마트폰을 똑똑하게'에서 스마트폰 과의존의 개념은 알 수 있지만, 원인은 알 수 없다.

② 외국의 스마트폰 과의존 실태

'스마트폰 과의존, 어느 정도일까?'에서 우리나라의 스마트폰 과의존 실태는 알 수 있지만, 외국의 스마트폰 과의존 실태는 알 수 없다.

④ 스마트폰 과의존을 예방하는 방법

스마트폰 과의존의 개념과 실태, 문제점에 대해서는 알 수 있지만, 예방하는 방법은 알 수 없다.

⑤ 청소년의 스마트폰 과의존이 심각해진 이유

'스마트폰 과의존, 어느 정도일까?'에서 청소년의 스마트폰 과의존 위험 비율이 성인에 비해 두 배 가까이 높다는 것은 알 수 있지만, 그 이유는 알 수 없다.

02 매체의 표현 방법 파악하기

답 | ②

윗글에 대한 설명으로 적절하지 않은 것은?

정답 선지 분석

② 비유를 활용하여 말하고자 하는 바를 강조하고 있다.

윗글에서 비유를 활용한 부분은 찾아볼 수 없다.

오답 선지 분석

① 도표를 삽입하여 상황의 심각성을 드러내고 있다.

'스마트폰 과의존, 어느 정도일까?'에서 스마트폰 과의존 실태에 대한 도표를 삽입하여 스마트폰 과의존 현상이 날이 갈수록 심화되고 있음을 드러내고 있다.

③ 질문을 통해 독자가 자신의 경험을 떠올리게 하고 있다.

'스마트폰 과의존, 어떤 문제점이 있을까?'에서 '혹시 길을 걸으며 스마트폰을 사용하다가 교통사고가 날 뻔했던 경험이 있나요?'라고 질문하여 독자가 자신의 경험을 떠올리게 하고 있다.

④ 쓰기 윤리에 어긋나지 않도록 자료의 출처를 밝히고 있다.

'과학 기술 정보 통신부', '게티 이미지 뱅크', '교통 안전 공단 공식 블로그' 등 자료의 출처를 밝혀 쓰기 윤리를 지키고 있다.

⑤ 사진을 활용하여 청소년들의 모습을 사실적으로 나타내고 있다.

'스마트폰 과의존, 어떤 문제점이 있을까?'에서 책상에 앉아서도 스마트폰을 보고 있는 청소년들의 사진을 통해 스마트폰에 과의존하여 해야 할 일에 몰입하지 못하는 청소년들의 모습을 사실적으로 나타내고 있다.

03 매체 자료의 활용 방법 이해하기

답 | ④

윗글에 보기 의 자료를 추가한다고 할 때, 활용 방법으로 가장 적절한 것은?

보기

- 한국 방송 광고 진흥 공사, 〈묵념〉(2014)

정답 선지 분석

④ 스마트폰 과의존으로 인해 정서적인 교류가 이루어지지 못하고 있음을 보여 준다.

윗글은 스마트폰 과의존의 위험성을 경고하고 있고, 〈보기〉는 스마트폰으로 인해 사람들 사이, 심지어 가족 간의 대화까지 단절된 상황을 비판하고 있다. 따라서 〈보기〉를 활용하여 스마트폰 과의존으로 인해 정서적인 교류가 이루어지지 못하고 있음을 보여 주는 것은 적절하다.

오답 선지 분석

① 청소년보다 성인의 스마트폰 과의존이 더 심각함을 보여 준다.

〈보기〉에서 '묵념'하고 있는 사람들이 성인이기는 하지만, 윗글에서는 청소년의 스마트폰 과의존 위험 비율이 성인에 비해 약 두 배 가까이 높으며 특히 청소년들의 스마트폰 과의존 현상이 심각하다고 주장하고 있으므로 적절하지 않다.

② 스마트폰이 일상생활 속 다양한 상황에서 쓰이고 있음을 보여 준다.

윗글에서 스마트폰이 다양하게 활용된다고 하기는 했지만, 〈보기〉는 스마트폰의 사용 자체보다는 일상생활 속 다양한 상황에서 스마트폰으로 인해 사람들 사이의 교류가 이루어지지 않고 있는 모습을 나타내고 있으므로 적절하지 않다.

③ 스마트폰 과의존을 막기 위해 주위 사람들과 많은 시간을 보내야 함을 보여 준다.

〈보기〉는 스마트폰 과의존으로 인해 교류가 이루어지지 않는 문제 상황을 보여 주는 것이지, 스마트폰 과의존을 막기 위한 방법을 알려 주는 것이 아니고 윗글에도 그러한 내용은 언급되지 않았으므로 적절하지 않다.

⑤ 스마트폰이 대중화되며 개인적인 인간관계를 깊게 맺을 수 있게 되었음을 보여 준다.

〈보기〉는 스마트폰 과의존으로 인해 개인적인 인간관계를 맺지 못하는 상황을 나타내고 있으므로 적절하지 않다.

04 매체의 특성 파악하기

다음은 윗글의 매체적 특성이 드러나는 부분을 설명한 것이다. 빈칸에 들어갈 말을 골라 쓰시오.

윗글에서 (광고 영상 / 사진 자료 / 인터넷 사이트)을/를 하이퍼링크 형태로 제공한 것을 통해 블로그 글의 특성을 알 수 있다.

정답

인터넷 사이트

독서 신재생 에너지

빠른 정답 체크 01 ④ 02 ④ 03 ② 04 태양, 운동

신재생 에너지는 재생 에너지와 신에너지를 총칭하는* 개념이다. (신재생 에너지의 개념) 신재생 에너지는 화석 연료의 고갈*과 기후 이변 등의 문제를 해결할 새로운 대안으로 주목받고 있으며, (신재생 에너지에 거는 기대) 자연으로부터 얻는 친환경 에너지와 폐기물을 통해 재생산된 에너지를 주로 이용한다는 것이 특징이다. (신재생 에너지의 특징)

▶ 1문단: 신재생 에너지의 개념과 특징

이들 중 가장 상용화가 널리 이루어진 것은 [태양열과 태양광 발전]이다. 보통 태양열 발전은 난방에 이용되며, 태양광 발전은 전기를 생산하는 데 사용된다. 태양열 발전은 『집열판으로 흡수한 태양열로 물을 끓이면 증기가 발생하고, 이것으로 터빈을 돌려 전기 에너지를 생산한다.』 (『』: 태양열 발전의 원리) 한편 태양광 발전은 반도체로 구성된 태양 전지를 이용하며, 이것을 바탕으로 태양 에너지를 전기로 변환하는 방식을 따른다. 그러나 태양열 발전은 열의 손실률이 높 (태양열 발전의 단점)

아 효율이 떨어지며, 따라서 열에너지 자체를 난방 및 온수용으로 활용하는 경우가 많다. 태양광과 태양열의 설치 비용을 비교했을 때는 태양열 발전이 훨씬 저렴하나 효율이 떨어지므로, 전기 요금이 많이 나온다면 태양광 발전을 채택하는 것이 좋다.

열에너지를 전기 에너지로 변환하지 않고 열에너지 자체를 사용
태양광 발전은 태양열 발전보다 설치 비용이 비싸지만 효율이 좋음

▶ 2문단: 태양열과 태양광 발전

풍력 발전은 바람을 이용하여 에너지를 얻는 방식이다. 풍력은 오래전부터 사용되어 온 에너지원이기도 한데, 바로 풍차가 풍력을 이용한 것이다. 풍력 발전기는 주로 산지나 바닷가 부근처럼 바람이 상대적으로 많이 불거나, 고도가 높은 지역에서 자주 볼 수 있다. 이러한 풍력 발전의 원리는 「바람으로 날개가 회전하면 그로 인해 발생하는 운동 에너지를 전기 에너지로 변환해 전기를 공급하는 것이다.」 풍력 발전은 험한 산지에도 발전기를 설치할 수 있어 낙후된 지역이나 오지에도 전력을 보급할 수 있다는 장점이 있다. 하지만 발전기 설치에 비용이 많이 들며, 바람이 많이 불어야만 채산성*이 있다는 한계로 인해 설치가 가능한 지역이 한정되어 있다는 것이 단점이다.

풍력 발전기가 주로 설치되는 지역
「」: 풍력 발전의 원리
풍력 발전의 장점
풍력 발전의 한계 → 경제적 요소
풍력 발전의 단점

▶ 3문단: 풍력 발전

한편 폐기물을 이용해 연료 및 에너지를 생산할 수도 있다. 원래라면 재활용이나 재사용이 불가능한 종이나 나무, 플라스틱을 재료로 하여 얻은 성형* 고체 연료와 자동차 폐유를 정제하여* 얻는 재생유가 여기에 해당한다. 플라스틱, 고무, 폐타이어 등에서 플라스틱 열분해 연료유를 얻는 것도 가능하며, 폐기물을 소각할 때 발생하는 소각열도 이용할 수 있다.

성형 고체 연료의 재료
폐기물을 이용한 예시 ①
재생유의 재료
폐기물을 이용한 예시 ②
플라스틱 열분해 연료유의 재료
폐기물을 이용한 예시 ③
폐기물을 이용한 예시 ④

▶ 4문단: 폐기물을 이용한 연료 및 에너지 생산

이제는 잘 쓰이지 않는 석탄을 이용한 에너지 생산법도 존재한다. 석탄 액화는 석탄을 휘발유나 디젤유 등으로 바꾸는 방법이고, 석탄 가스화는 석탄을 고열로 기체화하여 가스로 변화시키는 방법이다. 이 둘을 합쳐 석탄 액화 가스화라고 한다. 석탄을 비롯한 저급 연료를 활용해 고부가 가치*를 지닌 에너지를 생산한다면 환경 오염 물질 배출도 줄일 수 있다.

석탄을 이용한 예시 ①
석탄 액화의 개념
석탄을 이용한 예시 ②
석탄 가스화의 개념

▶ 5문단: 석탄을 이용한 에너지 생산

* 총칭하다(總稱하다): 전부를 한데 모아 두루 일컫다.
* 고갈(枯渴): 어떤 일의 바탕이 되는 돈이나 물자, 소재, 인력 따위가 다하여 없어짐.
* 채산성(採算性): 수입과 지출이 맞아서 이익이 있는 성질.
* 성형(成型): 공업 원료에 물과 점결제를 넣거나 열을 가하여 물렁물렁하게 만든 것을, 적당한 물리적 과정을 거쳐 일정한 모형으로 만듦.
* 정제하다(精製하다): 물질에 섞인 불순물을 없애 그 물질을 더 순수하게 하다.
* 고부가 가치(高附加價値): 생산 과정에서 새롭게 부가된 높은 가치.

01 내용 전개 방식 파악하기

답 | ④

윗글의 내용 전개 방식으로 가장 적절한 것은?

정답 선지 분석

④ 중심 개념을 소개하고 이와 관련된 구체적인 예시와 각각의 특징을 열거하고 있다.

윗글의 중심 개념은 신재생 에너지이다. 1문단에서 신재생 에너지를 소개하고, 2~5문단에서 신재생 에너지의 예시인 태양열과 태양광 발전, 풍력 발전, 폐기물을 이용한 연료 및 에너지 생산, 석탄을 이용한 에너지 생산의 특징을 열거하고 있다.

오답 선지 분석

① 다양한 시각에서 중심 개념을 입체적으로 조망하고 있다.

신재생 에너지에 대한 다양한 시각은 윗글에서 드러나지 않는다.

② 중심 개념과 유사한 개념 사이의 차이점을 중심으로 설명하고 있다.

2문단에서 중심 소재인 신재생 에너지 중 태양열과 태양광 발전의 차이점을 중심으로 소개하고 있으나, 신재생 에너지와 유사한 개념은 제시되어 있지 않다.

③ 구체적인 일화를 제시함으로써 중심 개념의 필요성을 부각하고 있다.

윗글에 구체적인 일화가 제시된 부분은 없다.

⑤ 중심 개념이 등장한 배경을 소개하고 그것이 발전한 과정을 통시적으로 전개하고 있다.

신재생 에너지의 등장 배경은 소개되지 않았고, 신재생 에너지의 발전 과정을 통시적으로 전개하고 있지도 않다.

02 세부 내용 파악하기

답 | ④

윗글에 제시된 신재생 에너지의 특징으로 가장 적절한 것은?

정답 선지 분석

④ 풍력 발전은 경제적인 측면에서 보면 설치가 가능한 지역이 한정적이다.

3문단에서 풍력 발전은 험한 산지에도 발전기를 설치하여 전력을 보급하는 것이 가능하지만, 발전기 설치에 비용이 많이 들고 바람이 많이 불어야만 채산성이 있기 때문에 설치가 가능한 지역이 한정적이라고 하였다. 따라서 풍력 발전은 경제적인 측면에서 보면 설치가 가능한 지역이 한정적이라는 서술은 적절하다.

오답 선지 분석

① 성형 고체 연료는 자동차 폐유를 정제하여 얻을 수 있다.

4문단에 따르면, 자동체 폐유를 정제하여 얻을 수 있는 것은 성형 고체 연료가 아니라 재생유이다.

② 태양광 발전은 에너지 손실률이 높기 때문에 비효율적이다.

2문단에 따르면, 열의 손실률이 높아 효율이 떨어지는 것은 태양열 발전이다.

③ 석탄을 가스로 변화시키면 에너지를 얻을 수 있지만 환경이 오염된다.

5문단에 따르면, 석탄을 고열로 기체화하여 가스로 변화시킬 수 있으며, 석탄을 비롯한 저급 연료를 활용해 고부가 가치를 지닌 에너지를 생산한다면 환경 오염 물질 배출도 줄일 수 있다.

⑤ 태양열 발전은 전기 요금이 많이 나오는 건물에서 활용하기에 적절하다.

2문단에 따르면, 태양열 발전은 효율이 떨어지므로 전기 요금이 많이 나온다면 태양광 발전을 채택하는 것이 좋다.

03 인과 관계 파악하기 답 | ②

보기 는 태양열 발전 과정을 임의로 늘어놓은 것이다. 순서대로 나열한 것으로 적절한 것은?

보기

ㄱ. 집열판으로 열을 흡수한다.
ㄴ. 터빈이 전기를 생산한다.
ㄷ. 태양열로 물을 끓인다.
ㄹ. 증기가 발생한다.

정답 선지 분석

② ㄱ-ㄷ-ㄹ-ㄴ

2문단에 따르면, 태양열 발전은 집열판으로 태양열을 흡수하고(ㄱ) 그 열로 물을 끓여서(ㄷ) 발생한 증기로(ㄹ) 터빈을 돌려 전기 에너지를 생산한다(ㄴ). 따라서 적절한 순서는 ㄱ-ㄷ-ㄹ-ㄴ이다.

04 세부 내용 파악하기

㉠, ㉡에 들어갈 말을 찾아 차례대로 쓰시오.

태양광 발전은 (㉠) 에너지를 전기로 변환하고, 풍력 발전은 (㉡) 에너지를 전기로 변환한다.

정답

태양, 운동

문학 1 관등가(작자 미상)

빠른 정답 체크 01 ③ 02 ② 03 ④ 04 답교, 화유

정월 상원일*에 달과 노는 소년들은 답교*하고 노니는데
음력 1월 15일 △: 임과 대조되는 사람들 □: 해당 달의 세시풍속
우리 임은 어디 가고 답교할 줄 모르는고
~: 후렴구(우리 임은 어디 가고 ~할 줄 모르는고) → 화자의 외로움과 그리움 강조
▶ 상원일에 답교하며 노는 소년들과 임의 부재
이월이라 청명*일에 「나무마다 춘기* 들고
양력 4월 5일
잔디 잔디 속잎 나니 만물이 화락한데*」
「」: 봄기운이 완연함 – 화자의 처지와 대조
우리 임은 어디 가고 춘기 든 줄 모르는고
▶ 청명일에 춘기가 들어 화락한 만물과 임의 부재

삼월 삼일날에
삼짇날 → 남쪽으로 갔던 제비가 돌아온다는 날
「강남서 나온 제비 왔노라 현신하고
봄에 우리나라로 돌아옴
소상강 기러기는 가노라 하직한다
봄에 우리나라를 떠남
이화 도화 만발하고 행화* 방초* 흩날린다」
「」: 봄기운이 완연함 – 화자의 처지와 대조
우리 임은 어디 가고 화유할* 줄 모르는고
▶ 삼짇날에 만발한 꽃과 임의 부재

사월이라 초파일*에 관등하러* 임고대하니*
음력 4월 8일
원근 고저*에 석양은 비꼈는데

「어룡등 봉학등과 두루미 남성이며
「」: 다양한 등이 켜져 있는 모습
종경등 선등 북등이며 수림등 마늘등과
연꽃 속에 선동이며 난봉* 위에 천녀로다
[A] 배등 집등 산대등과 영등 알등 병등 벽장등
가마등 난간등과 사자 탄 체괄*이며
호랑이 탄 오랑캐며 발로 툭 차 구을등에
일월등 밝아 있고 칠성등 벌렸는데」
동령*에 달이 뜨고 곳곳에 불을 켠다
우리 임은 어디 가고 관등할 줄 모르는고
▶ 초파일에 관등놀이하는 모습과 임의 부재

오월이라 단오일에 남의 집 소년들은
음력 5월 5일
높고 높게 그네 매고 한 번 굴러 앞이 높고
두 번 굴러 뒤가 높아 추천*하며 노니는데
우리 임은 어디 가고 추천할 줄 모르는고
▶ 단오일에 추천하고 노는 소년들과 임의 부재

- 작자 미상, 〈관등가〉 -

* 상원일(上元日): 음력 정월 보름날을 이르던 말.
* 답교(踏橋): 정월 보름날 밤에 다리를 밟는 풍속. 이날 다리를 밟으면 일 년간 다릿병을 앓지 아니하며, 열두 다리를 건너면 일 년 열두 달 동안의 액을 면한다고 한다.
* 청명(淸明): 민속 이십사절기의 하나로, 양력 4월 5일 무렵.
* 춘기(春機): 봄의 정취. 또는 봄의 기운.
* 화락하다(和樂하다): 화평하게 즐기다.
* 행화(杏花): 살구꽃.
* 방초(芳草): 향기롭고 꽃다운 풀.
* 화유하다(花遊하다): 꽃을 구경하며 즐기다.
* 초파일(初八日): 음력 4월 8일로, 석가모니(부처)의 탄생일.
* 관등하다(觀燈하다): 초파일이나 절의 주요 행사 때에 등대를 세우고 온갖 등을 달아 불을 밝히다.
* 임고대하다(臨高臺하다): 높은 곳에 올라가다.
* 원근 고저(遠近高低): 멀고 가깝고 높고 낮은 곳.
* 난봉(鸞鳳): 전설 속의 새인 난새와 봉황.
* 체괄(體适): 나무로 다듬어 만든 인형의 하나. 팔다리에 줄을 매어 그 줄을 움직여 춤을 추게 한다.
* 동령(東嶺): 동쪽에 있는 고개.
* 추천(鞦韆): 민속놀이의 하나인 그네뛰기, 혹은 그러기 위한 그네.

01 표현상의 특징 파악하기 답 | ③

윗글에 대한 설명으로 적절하지 않은 것은?

정답 선지 분석

③ 반어법을 활용하여 화자의 정서를 강조하고 있다.

윗글에서 반어법을 활용한 부분은 찾을 수 없으며, '우리 임은 어디 가고 ~할 줄 모르는고'의 반복을 통해 화자의 그리움과 외로움이 강조되고 있다.

오답 선지 분석

① 자연물을 의인화하여 표현하고 있다.

7~8행의 '강남서 나온 제비 왔노라 현신하고 / 소상강 기러기는 가노라 하직한다'에서 자연물인 제비와 기러기를 의인화하여 봄이 되어 돌아오는 제비와, 떠나는 기러기의 모습을 표현하고 있다.

② 외적 상황과 화자의 상황이 서로 대조되고 있다.
1행의 '달과 노는 소년들은 답교하고 노니는데', 3행의 '나무마다 춘기 들고' 등 흥겨운 외적 상황과, 부재하는 임을 그리워하며 홀로 외로워하는 화자의 상황이 서로 대조되고 있다.

④ 특정 장면의 시간적 배경이 구체적으로 드러나 있다.
1행의 '정월 상원일', 3행의 '이월이라 청명일', 6행의 '삼월 삼일날', 11행의 '사월이라 초파일', 22행의 '오월이라 단오일'에서 각 장면의 시간적 배경이 구체적으로 드러나 있다.

⑤ 유사한 문장 구조를 반복하여 운율을 형성하고 있다.
2행, 5행, 10행, 21행, 25행에서 '우리 임은 어디 가고 ~할 줄 모르는고'의 문장 구조를 반복하여 운율을 형성하고 있다.

02 장면의 의미 이해하기 답 | ②

[A]에서 화자의 모습에 대한 설명으로 가장 적절한 것은?

정답 선지 분석

② 높은 곳에 올라 관등놀이 풍경을 바라보고 있다.
'관등하러 임고대하니 / 원근 고저에 석양은 비꼈는데'에서 화자가 높은 곳에 올랐음을, '어룡등 봉학등과~곳곳에 불을 켠다'에서 관등놀이 풍경을 바라보고 있음을 알 수 있다.

오답 선지 분석

① 다양한 등이 켜진 모습을 보며 행복해하고 있다.
'어룡등 봉학등과~칠성등 벌렸는데'에서 다양한 등이 켜졌음을 알 수는 있으나, 화자는 이를 보며 행복해하는 것이 아니라 임을 그리워하고 있다.

③ 등을 켜는 방법을 모르는 임을 한심하게 생각하고 있다.
화자는 등을 켜는 방법을 모르는 임을 한심하게 생각하고 있지 않다. '우리 임은 어디 가고 관등할 줄 모르는고'는 임이 관등할 줄을 모른다는 의미가 아니라, 임이 관등하지 않고 어디에 갔는지 모르겠다는 의미이다.

④ 등을 켜며 부처에게 임이 돌아오게 해 달라고 빌고 있다.
사월 초파일은 부처의 탄신일이고 관등놀이 역시 이와 관련되어 있기는 하지만, 화자가 등을 켜며 부처에게 임이 돌아오게 해 달라고 빌고 있는 것은 아니다.

⑤ 다른 이들과 어울리면서도 관등놀이를 즐기지 못하고 있다.
화자가 임에 대한 그리움으로 인해 관등놀이를 즐기지 못하고 있는 것은 맞지만, 다른 이들과 어울리고 있는 것은 아니다.

03 작품 간의 공통점, 차이점 파악하기 답 | ④

윗글과 보기 를 비교한 내용으로 적절하지 않은 것은?

보기

정월의 냇물은 아으 얼었다 녹았다 하는데
세상 가운데 난 이 몸은 홀로 살아가는구나
아으 동동다리

이월 보름에 아으 높이 켠 등불 같아라
만인 비추실 모습이로다
아으 동동다리

삼월 지나며 핀 아으 늦봄의 진달래꽃이여
남이 부러워할 모습을 지녀 나셨도다
아으 동동다리

사월 아니 잊어 아으 오셨구나 꾀꼬리 새여
무엇 때문에 녹사님은 옛 나를 잊고 계십니까
아으 동동다리

오월 오일에 아으 수릿날 아침 약은
즈믄 해를 길이 사실 약이라 바치옵니다
아으 동동다리

- 작자 미상, 〈동동〉

* 녹사(錄事): 고려 시대에, 각급 관아에 속하여 기록에 관련된 일을 맡아보던 하급 실무직 벼슬.
* 수릿날: 우리나라 명절의 하나. 음력 5월 5일 단오날로, 건강을 기원하며 단오떡을 해 먹음.
* 즈믄: '천'의 옛말.

정답 선지 분석

④ 윗글은 〈보기〉와 달리 비유법을 통해 임을 묘사하고 있다.
윗글에는 비유법이 사용되지 않았다. 비유법이 사용된 것은 〈보기〉의 '이월 보름에 아으 높이 켠 등불 같아라'이다.

오답 선지 분석

① 윗글과 〈보기〉 모두 임의 부재가 드러나 있다.
윗글은 '우리 임은 어디 가고~할 줄 모르는고'에서, 〈보기〉는 '세상 가운데 난 이 몸은 홀로 살아가는구나', '무엇 때문에 녹사님은 옛 나를 잊고 계십니까'에서 임의 부재가 드러나 있다.

② 윗글과 〈보기〉 모두 특정 달의 명절이 나타나 있다.
윗글은 '사월이라 초파일', '오월이라 단오일' 등에서, 〈보기〉는 '오월 오일에 아으 수릿날'에서 특정 달의 명절이 나타나 있다.

③ 윗글과 〈보기〉 모두 시간의 흐름에 따라 시상을 전개하고 있다.
윗글과 〈보기〉 모두 '정월 → 이월 → 삼월 → 사월 → 오월'의 흐름에 따라 시상을 전개하고 있다.

⑤ 〈보기〉는 윗글과 달리 동일한 후렴구가 반복되고 있다.
윗글은 '우리 임은 어디 가고 ~할 줄 모르는고'의 유사한 문장 구조가 반복되고 있지만, 〈보기〉는 각 달마다 동일한 후렴구인 '아으 동동다리'가 반복되고 있다.

04 시구의 의미 파악하기

㉠, ㉡에 들어갈 2음절의 말을 찾아 차례대로 쓰시오.

화자는 정월에는 임이 (㉠)할 줄 모르기 때문에, 삼월에는 (㉡) 할 줄 모르기 때문에 외로워하고 있다.

정답

답교, 화유

문학 2 달밤(이태준)

빠른 정답 체크 01 ④ 02 ③ 03 ③ 04 포도

하루는 나는 '평생 소원이 무엇이냐?'고 그에게 물어보았다. 그는 '그까짓 것쯤 얼른 대답하기는 누워서 떡 먹기'라고 하면서 평생 소원은 **자기도 원배달이 한 번 되었으면 좋겠다**는 것이었다. 「남이 혼자 배달하기 힘들어서 한 이십 부 떼어 주는 것을 배달하고, 월급이라고 원배달에게서 한 삼 원 받는 터라,」 월급을 이십

(누워서 떡 먹기: 하기가 매우 쉬운 것을 비유적으로 이르는 말)
(자기도 원배달이 한 번 되었으면 좋겠다: 황수건의 소박한 소원 → 순박한 면모가 드러남)
(「」: 황수건은 현재 보조 배달 일을 하고 있음)

여 원을 받고, 신문사 옷을 입고, 방울을 차고 다니는 원배달이
황수건의 눈에 비친 원배달의 모습
제일 부럽노라 하였다. 그리고 방울만 차면 자기도 뛰어다니며 빨리 돌 뿐 아니라 그 은행소에 다니는 집 개도 조금도 무서울 것
황수건은 개에게 물리는 것을 무서워함
이 없겠노라 하였다.

그래서 나는 '그럴 것 없이 아주 신문사 사장쯤 되었으면 원배
황수건의 소원보다 거창함
달도 바랄 것 없고 그 은행소에 다니는 집 개도 상관할 바 없지 않겠느냐?' 한즉 그는 뚱그래지는 눈알을 한참 굴리며 생각하더니 '딴은 그렇겠다'고 하면서, 자기는 경난이 없어 거기까지는 바랄 생각도 못 하였다고 무릎을 치듯 가슴을 쳤다.

그러나 신문 사장은 이내 잊어버리고 원배달만 마음에 박혔던 듯,
황수건의 어린아이같은 면모가 드러남
하루는 바깥마당에서부터 무어라고 떠들어 대며 들어왔다.

"이 선생님, 이 선생님 곕쇼? 아, 저도 내일부턴 원배달이올시다.
평생 소원을 이루게 됨
오늘 밤만 자면입쇼……."

한다. 자세히 물어보니 성북동이 따로 한 구역이 되었는데, 자기가 맡게 되었으니까 내일은 배달복을 입고 방울을 막 떨렁거리면
원배달의 특징
서 올 테니 보라고 한다. 그리고 '사람이란 게 그러게 무어든지 끝을 바라고 붙들어야 한다'고 나에게 일러주면서 신이 나서 돌아갔다. ㉠ 우리도 그가 원배달이 된 것이 좋은 친구가 큰 출세*나 하
황수건이 자신의 소원을 이룬 것을 축하함
는 것처럼 마음속으로 진실로 즐거웠다. 어서 내일 저녁에 그가 배달복을 입고 방울을 차고 와서 쭐럭거리는 것을 보리라 하였다.

『그러나 이튿날 그는 오지 않았다. 밤이 늦도록 신문도 그도 오
『』: '나'가 예상한 상황(황수건이 찾아오는 것)이 일어나지 않음
지 않았다. 그다음 날도 신문도 그도 오지 않다가』 사흘째 되는 날에야, 이날은 해도 지기 전인데 방울 소리가 요란스럽게 우리 집
원배달이 도착했다는 신호
으로 뛰어들었다.

㉡ '어디 보자!' / 하고 나는 방에서 뛰어나갔다.
황수건에 대한 '나'의 반가움과 호기심이 드러남
그러나 웬일일까, 정말 배달복에 방울을 차고 신문을 들고 들어
'나'의 예상과 다른 일이 일어남
서는 사람은 황수건이가 아니라 처음 보는 사람이다.

"왜 전의 사람은 어디 가고 당신이오?" / 물으니 그는,
황수건
"제가 성북동을 맡았습니다." / 한다.

"그럼, 전의 사람은 어디를 맡았소?" / 하니 그는 픽 웃으며,

"그까짓 반편*을 어딜 맡깁니까? 배달부로 쓸랴다가 **똑똑지가**
황수건에 대한 다른 사람들의 인식('나'와 대조됨)
못하니까 안 쓰고 말았나 봅니다." / 한다.
다른 사람들보다 지능이 낮은 황수건은 배달부로 쓰이지 못하게 됨
"그럼 보조 배달도 떨어졌소?" / 하니,

"그럼요, 여기가 따루 한 구역이 된 걸요." / 하면서 방울을 울
황수건은 보조 배달 일도 하지 못하게 됨
리며 나갔다.

이렇게 되었으니 황수건이가 우리 집에 올 길은 없어지고 말았다.
신문 배달 일을 하지 못하기 때문
나도 가끔 문안*엔 다니지만 그의 집은 내가 다니는 길 옆은 아닌
'나'는 문안에 다니는 길에서 황수건의 집을 찾지 못함
듯 **길가에서도 잘 보이지 않**았다.

나는 가까운 친구를 먼 곳에 보낸 것처럼, 아니 친구가 큰 사업에나 실패하는 것을 보는 것처럼, 못 만나는 섭섭뿐이 아니라 마
황수건에 대한 '나'의 연민이 드러남
음이 아프기도 하였다. 그 당자*와 함께 세상의 야박함*이 원망
사회적 약자에 대한 배려가 부족한 세상에 대한 비판적 인식
스럽기도 하였다.

(중략)

"아, 방학 될 때까지 차미* 장사도 하굽쇼, 가을부턴 군밤 장사, 왜떡* 장사, 습자지, 도화지 장사 막 합죠. 삼산학교 학생들이 저를 어떻게 좋아하겝쇼. 저를 선생들보다 낫게 치는뎁쇼." /
황수건은 자신이 인기가 많다고 생각함 → 사실 학생들은 황수건을 웃음거리로 여길 것임
한다.

나는 그날 그에게 돈 삼 원을 주었다. ㉢ 그의 말대로 삼산학교
황수건에게 장사 밑천을 줌
앞에 가서 뻐젓이 참외 장사라도 해보라고. 그리고 돈은 남지 못하면 돌려오지 않아도 좋다 하였다.
황수건에게 돈을 갚지 않아도 된다고 함 → '나'의 인정 많은 성격을 알 수 있음
그는 삼 원 돈에 덩실덩실 춤을 추다시피 뛰어나갔다. 그리고 그 이튿날,

"선생님 잡수시라굽쇼."

하고 나 없는 때 참외 세 개를 갖다 두고 갔다.
황수건이 남기는 고마움의 표시
그리고는 온 여름 동안 그는 우리 집에 얼른하지* 않았다.
황수건의 장사가 순탄치 않았음을 암시함
들으니『참외 장사를 해보긴 했는데 이내 **장마가 들어 밑천만 까**
『』: 황수건에게 불행한 일이 연이어 닥침
먹었고, 또 그까짓 것보다 한 가지 놀라운 소식은 그의 **아내가 달아났**단 것이다.』 저희끼리 금실은 괜찮았건만 동서*가 못 견디게
황수건의 아내가 달아난 이유
굴어 달아난 것이라 한다. 남편만 남 같으면 따로 살림나는 날이
황수건이 남들처럼 모자라지 않은 사람이라면
나 기다리고 살 것이나 평생 동서 밑에 살아야 할 신세를 생각하
황수건은 자립할 능력이 없음
고 달아난 것이라 한다.

그런데 요 며칠 전이었다. 밤인데 달포 만에 수건이가 우리 집을 찾아왔다. ㉣ 웬 포도를 큰 것으로 대여섯 송이를 종이에 싸지
포도를 훔쳐서 급하게 '나'의 집으로 왔기 때문
도 않고 맨손에 들고 들어왔다. 그는 벙긋거리며,

"선생님 잡수라고 사 왔습죠."
실제로는 훔친 포도임
하는 때였다. 웬 사람 하나가 날쌔게 그의 뒤를 따라 들어오더니
포도원 주인
다짜고짜로 수건이의 멱살을 움켜쥐고 끌고 나갔다. 수건이는 그 우둔한* 얼굴이 새하얗게 질리며 꼼짝 못 하고 끌려나갔다.
포도원 주인 몰래 포도를 훔쳐 왔기 때문
나는 수건이가 포도원에서 포도를 훔쳐 온 것을 직각하였다*. 쫓아나가 매를 말리고 포돗값을 물어 주었다. 포돗값을 물어 주고 보니 수건이는 어느 틈에 사라지고 보이지 않았다.
포도를 훔쳤다는 것이 들통나자 부끄러움을 느끼고 도망침
나는 그 다섯 송이의 포도를 탁자 위에 얹어 놓고 오래 바라보
훔쳐 온 포도지만 '나'에게 황수건이 느끼는 고마움이 담겨 있음
며 아껴 먹었다. 그의 은근한 순정의 열매를 먹듯 한 알을 가지고
황수건의 순박한 마음이 담김
도 오래 입 안에 굴려 보며 먹었다.

어제다. ⓜ 문안에 들어갔다 늦어서 나오는데 불빛 없는 성북동 길 위에는 밝은 달빛이 깁*을 깐 듯하였다.
서정적, 낭만적 분위기 → 황수건의 처지와 대비를 이룸

그런데 포도원께를 올라오노라니까 누가 맑지도 못한 목청으로,

"사…… 케…… 와 나…… 미다카 다메이…… 키…… 카…….*"
배경이 일제 강점기임을 드러내는 표현

를 부르며 큰길이 좁다는 듯이 휘적거리며 내려왔다. 보니까 수건이 같았다. 나는,

"수건인가?"

하고『아는 체하려다 그가 나를 보면 무안해할 일이 있는 것을 생각하고 휙 길 아래로 내려서 나무 그늘에 몸을 감추었다.』
『』: 황수건의 입장을 배려함 / 포도를 훔쳤다가 들통나 도망친 일

그는 길은 보지도 않고 달만 쳐다보며, 노래는 그 이상은 외우지도 못하는 듯 **첫 줄 한 줄만 되풀이하**면서 전에는 본 적이 없었는데 담배를 다 뻑뻑 빨면서 지나갔다.
황수건이 느끼는 괴로움을 강조함

달밤은 그에게도 유감한 듯하였다.
황수건을 연민하는 '나'의 마음

- 이태준, 〈달밤〉 -

* **출세(出世)**: 사회적으로 높은 지위에 오르거나 유명하게 됨.
* **반편(半偏)**: 지능이 보통 사람보다 모자라는 사람을 낮잡아 이르는 말.
* **문안(門안)**: 사대문 안.
* **당자(當者)**: 어떤 일이나 사건에 직접 관계가 있거나 관계한 사람.
* **야박하다(野薄하다)**: 야멸치고 인정이 없다.
* **차미**: '참외'의 충청도 사투리.
* **왜떡(倭떡)**: 밀가루나 쌀가루를 반죽하여 얇게 늘여서 구운 과자.
* **얼른하다**: 얼씬하다.
* **동서(同壻)**: 남편의 형, 또는 남동생의 아내를 이르는 말.
* **우둔하다(愚鈍하다)**: 어리석고 둔하다.
* **직각하다(直覺하다)**: 보거나 듣는 즉시 곧바로 깨닫다.
* **깁**: 명주실로 바탕을 조금 거칠게 짠 비단.
* **사케와 나미다카 다메이키카**: 일본 가요의 가사로, '술은 눈물인가 한숨인가'라는 뜻.

01 서술상의 특징 파악하기 답 | ④

윗글에 대한 설명으로 가장 적절한 것은?

정답 선지 분석

④ 긴 시간에 걸쳐 일어난 일을 요약하여 전달하고 있다.
'들으니 참외 장사를~달아난 것이라 한다'에서 여름 동안 황수건에게 일어난 일을 서술자 '나'가 요약하여 전달하고 있다.

오답 선지 분석

① 인물을 희화화하여 비판적으로 표현하고 있다.
어리석고 우둔한 인물인 황수건이 희화화되어 표현되었다고 할 수는 있지만, 황수건을 비판하고 있지는 않다. 윗글에서는 오히려 황수건을 연민의 시선으로 바라보고 있다.

② 대화를 통해 인물 간의 갈등을 고조시키고 있다.
'나'와 배달부, '나'와 황수건의 대화가 제시되기는 하지만 이를 통해 인물 간의 갈등이 고조되지는 않는다.

③ 작품 밖의 서술자가 주인공의 행동을 서술하고 있다.
윗글의 서술자는 '나'로, 작품 안에 존재하며 주인공 황수건의 행동을 서술한다.

⑤ 작품 안의 서술자가 주인공의 내면을 직접 제시하고 있다.
서술자 '나'는 작품 안에 존재하지만, 윗글은 1인칭 관찰자 시점으로 '나'가 주인공 황수건의 내면을 직접 제시하지는 않고 독자로 하여금 추측할 수 있도록 돕기만 한다.

02 구절의 의미 파악하기 답 | ③

㉠~㉤에 대한 이해로 적절하지 않은 것은?

정답 선지 분석

③ ㉢: 실리를 따지는 '나'의 성격을 간접적으로 제시하고 있다.
'나'가 황수건에게 돈 삼 원을 주며 삼산학교 앞에서 참외 장사라도 해 보라고 한 것은, '나'가 실리를 따지는 성격이기 때문이 아니라 황수건에게 연민을 느껴 그를 돕고자 하는 마음이 있었기 때문이다.

오답 선지 분석

① ㉠: '나'가 황수건에게 호의를 가졌음을 알 수 있다.
황수건이 자신의 평생 소원대로 원배달이 되었다는 소식을 전하자, '나'는 이를 진실로 즐겁게 여긴다. 이를 통해 '나'가 황수건에게 호의를 가졌음을 알 수 있다.

② ㉡: 황수건을 향한 '나'의 반가움과 호기심이 드러나 있다.
원배달이 되었다는 황수건이 이튿날에도, 그다음 날에도 오지 않고 사흘째 되는 날에야 배달원의 방울 소리가 들리자, '나'는 황수건이 온 것이라고 짐작하고 방에서 뛰어나간다. 이러한 모습에는 황수건을 향한 '나'의 반가움과, 원배달이 된 황수건의 모습을 보고자 하는 호기심이 드러나 있다.

④ ㉣: 황수건이 포도를 막 훔쳐 왔기 때문이라고 추측할 수 있다.
황수건은 포도 대여섯 송이를 '나'에게 주려 하는데, 이후 황수건이 그 포도를 포도원에서 훔쳐 왔음이 드러난다. 따라서 황수건이 포도를 종이에 싸지도 않고 맨손으로 들고 온 것은, 포도를 훔쳐서 급하게 '나'의 집으로 왔기 때문이라고 추측할 수 있다.

⑤ ㉤: 서정적인 분위기를 형성하며 황수건의 비참한 처지를 부각하고 있다.
달밤의 정경을 감각적으로 묘사하여 서정적이고 낭만적인 분위기를 형성하고, 이와 대비되는 황수건의 비참하고 애처로운 처지를 부각하고 있다.

03 외적 준거를 통해 작품 감상하기 답 | ③

보기를 바탕으로 윗글을 감상한 내용으로 적절하지 않은 것은?

보기

〈달밤〉의 시대적 배경은 1930년대의 일제 강점기로, 이 시대 조선인들은 대부분 경제적 어려움을 겪었다. 또한 공간적 배경은 성북동인데, 사대문 밖에 위치한 성북동은 가난한 조선인들이 주로 살던 곳이었다. 〈달밤〉은 이러한 배경 설정을 통해 어리숙하지만 순박한 주인공이 실패를 거듭하며 사회에서 더욱 변두리로 밀려나는 모습을 실감 나게 그리고 있다.

* **변두리(邊두리)**: 어떤 지역의 가장자리가 되는 곳.

정답 선지 분석

③ 황수건이 '길가에서도 잘 보이지 않는' 집에 산다는 것은, 황수건이 '나'보다 가난하게 산다는 사실을 암시하는군.
'나'에 따르면, 황수건의 집은 '나'가 문안에 다니는 '길 옆은 아닌 듯 길가에서도 잘 보이지 않았'다. 이는 황수건이 '나'의 집에 신문 배달을 하지 못하게 되면서 황수건을 볼 길이 없어진 '나'의 아쉬움을 키우는 장치일 뿐, 황수건이 '나'보다 가난하게 산다는 사실을 암시하지는 않는다.

오답 선지 분석

① 황수건이 '자기도 원배달이 한 번 되었으면 좋겠다'고 하는 것은, 황수건의 순박함을 보여 주는군.
'나'가 황수건에게 평생 소원이 무엇인지 묻자, 황수건은 '자기도 원배달이 한 번 되었으면 좋겠다'는 것이 평생 소원이라고 대답한다. '신문사 옷을 입고, 방울을 차고 다니는' 원배달을 부러워하는 황수건의 모습에서 그의 순박함을 찾아볼 수 있다.

② 황수건이 '똑똑지가 못하니까 안 쓰'이게 되었다는 것은, 황수건이 사회의 변두리로 밀려났음을 의미하는군.

'나'가 새로운 배달원에게 '전의 사람(황수건)'은 어떻게 되었는지 묻자, 배달원은 "그까짓 반편을 어딜 맡깁니까? 배달부로 쓸랴다가 똑똑지가 못하니까 안 쓰고 말았나 봅니다."라고 대답한다. 이 대화를 통해 황수건이 원배달뿐만 아니라 보조 배달도 떨어졌음을 알 수 있으며, 이는 황수건이 일을 하지 못하게 되어 사회의 변두리로 밀려났음을 의미한다.

④ 황수건이 '장마가 들어 밑천만 까먹었'고, '아내가 달아났'다는 것은, 실패를 거듭하는 황수건의 모습을 드러내는군.

'나'는 여름 동안 황수건이 '장마가 들어 밑천만 까먹'는 바람에 참외 장사를 망치고, 심지어 '그의 아내가 달아'나기까지 했다는 소식을 듣게 된다. 이는 실패를 거듭하는 황수건의 모습을 드러내는 일화이다.

⑤ 황수건이 '첫 줄 한 줄만 되풀이하'는 노래가 일본 노래라는 것은, 1930년대 일제 강점기라는 시대적 배경을 나타내는군.

황수건은 "사…… 케…… 와 나…… 미다카 다메이…… 키…… 카……."라고 하며 일본 노래의 '첫 줄 한 줄만 되풀이하'며 부르는데, 이는 1930년대 일제 강점기라는 시대적 배경과 밀접한 관련이 있다.

04 작품의 내용 이해하기

빈칸에 들어갈 적절한 말을 윗글에서 찾아 2음절로 쓰시오.

'나'가 생각한 무안해할 일이란, 황수건이 (   )을/를 훔쳐 '나'에게 갖다 주려다가 '나'가 보는 앞에서 주인에게 끌려나간 일을 뜻한다.

정답

포도

15강

| 본문 | 177쪽

문법 받침의 발음 (2) 받침 'ㅎ'과 모음 앞에서의 발음

빠른 정답 체크 01 ④ 02 ② 03 ③ 04 절믄, 아는

01 받침 'ㅎ'의 발음 이해하기 답 | ④

밑줄 친 부분의 발음으로 적절하지 않은 것은?

정답 선지 분석

④ 의자 없이도 저 위의 찬장에 손이 닿니? [닫:니]

받침 'ㅎ'은 뒤에 'ㄴ'으로 시작하는 말이 결합하면 [ㄴ]으로 발음하므로 '닿니'는 [닫:니]가 아닌, [단:니]로 발음한다.

오답 선지 분석

① 여기서 설명하기는 좀 그렇소. [그러쏘]

받침 'ㅎ'은 뒤에 'ㅅ'으로 시작하는 말이 결합하면 [ㅆ]으로 발음하므로 '그렇소'는 [그러쏘]로 발음한다.

② 노랗던 은행나무 잎이 떨어졌다. [노:라턴]

받침 'ㅎ'은 뒤에 'ㄷ'으로 시작하는 말이 결합하면 [ㅌ]으로 발음하므로 '노랗던'은 [노:라턴]으로 발음한다.

③ 그는 희망을 잃고 집에 틀어박혔다. [일코]

받침 'ㅎ'은 뒤에 'ㄱ'으로 시작하는 말이 결합하면 [ㅋ]으로 발음하므로 '잃고'는 [일코]로 발음한다.

⑤ 무릎을 꿇은 채 있었더니 다리에 쥐가 났다. [꾸른]

받침 'ㅎ'은 뒤에 모음으로 시작하는 어미가 결합하면 발음하지 않으므로 '꿇은'은 [꾸른]으로 발음한다.

02 'ㅎ'과 결합한 말의 발음 이해하기 답 | ②

단어와 발음이 적절하게 연결되지 않은 것은?

정답 선지 분석

② 얽히다[얼기다]

받침 'ㄺ'은 뒤에 'ㅎ'으로 시작하는 말이 결합하면 [ㅋ]으로 발음하므로 '얽히다'는 [얼기다]가 아닌, [얼키다]로 발음한다.

오답 선지 분석

① 썩히다[써키다]

받침 'ㄱ'은 뒤에 'ㅎ'으로 시작하는 말이 결합하면 [ㅋ]으로 발음하므로 '썩히다'는 [써키다]로 발음한다.

③ 밥 한 공기[바판공기]

받침 'ㅂ'은 뒤에 'ㅎ'으로 시작하는 말이 결합하면 [ㅍ]으로 발음하므로 '밥 한 공기'는 [바판공기]로 발음한다.

④ 밭 한 뙈기[바탄뙈:기]

받침 'ㄷ'은 뒤에 'ㅎ'으로 시작하는 말이 결합하면 [ㅌ]으로 발음하고, 'ㄷ'으로 발음되는 'ㅌ'도 마찬가지로 [ㅌ]으로 발음하므로 '밭 한 뙈기'는 [바탄뙈:기]로 발음한다.

⑤ 주저앉히다[주저안치다]

받침 'ㄵ'은 뒤에 'ㅎ'으로 시작하는 말이 결합하면 [ㅊ]으로 발음하므로 '주저앉히다'는 [주저안치다]로 발음한다.

03 받침의 발음 이해하기 답 | ③

보기 의 ㉠~㉤의 발음을 적절하게 제시한 것은?

보기

㉠ 모래밭에 앉아 ㉡ 흙을 가지고 놀다가 손을 ㉢ 더럽히고 말았다. 엄마는 ㉣ 헛웃음을 지으며 "너 때문에 살 수가 ㉤ 없어."라고 하셨다.

정답 선지 분석

③ ㉢: [더러피고]

'더럽히고'는 받침 'ㅂ' 뒤에 'ㅎ'으로 시작하는 말이 결합한 유형에 해당한다. 따라서 [ㅍ]으로 발음하여 [더러피고]로 발음한다.

오답 선지 분석

① ㉠: [모래바데]

'모래밭에'의 '에'는 앞말이 처소의 부사어임을 나타내는 격 조사이므로, 이는 홑받침에 모음으로 시작된 조사가 결합한 유형에 해당한다. 따라서 받침을 뒤 음절 첫소리로 옮겨 [모래바테]로 발음하는 것이 적절하다.

② ㉡: [흐글]

'흙을'의 '을'은 동작이 미친 직접적 대상을 나타내는 격 조사이므로, 이는 겹받침에 모음으로 시작된 조사가 결합한 유형에 해당한다. 따라서 받침 중 뒤엣것만을 뒤 음절 첫소리로 옮겨 [흘글]로 발음하는 것이 적절하다.

④ ㉣: [허수슴]

'헛웃음'은 받침이 있는 말인 '헛' 뒤에 모음 'ㅜ'로 시작하는 실질 형태소 '웃음'이 결합한 유형에 해당한다. 따라서 '헛'의 받침을 대표음으로 바꾸어서 뒤 음절 첫소리로 옮겨 발음해야 하는데, 'ㅅ'은 대표음 [ㄷ]으로 발음하므로 [허두슴]으로 발음하는 것이 적절하다.

⑤ ㉤: [업:서]

'없어'의 '-어'는 어떤 사실을 서술하는 종결 어미이므로, 이는 겹받침에 모음으로 시작된 종결 어미가 결합한 유형에 해당한다. 따라서 받침 중 뒤엣것만을 뒤 음절 첫소리로 옮기되, 'ㅅ'은 된소리로 발음한다고 하였으므로 [업:써]로 발음하는 것이 적절하다.

04 받침의 발음 이해하기

보기 를 참고하여 밑줄 친 부분의 발음을 ⓐ, ⓑ에 차례대로 쓰시오.

보기

표준 발음법 제4장

제12항 받침 'ㅎ'의 발음은 다음과 같다.

4. 'ㅎ(ㄶ, ㅀ)' 뒤에 모음으로 시작된 어미나 접미사가 결합되는 경우에는, 'ㅎ'을 발음하지 않는다.

제14항 겹받침이 모음으로 시작된 조사나 어미, 접미사와 결합되는 경우에는, 뒤엣것만을 뒤 음절 첫소리로 옮겨 발음한다.

- 젊은[ⓐ] 친구여, 꿈을 꾸어라.
- 꿈을 꾸기에 아직 늦지 않은[ⓑ] 나이다.

정답

절믄, 아는

독서 단청

빠른 정답 체크 01 ② 02 ⑤ 03 ① 04 보색대비

단청이라 하면 일반적으로 목조 건물에 여러 가지 색으로 무늬를 그려 아름답게 장식하는 것을 말한다.(단청의 개념) 단청은 건물의 보존 효과를 높이기 위해서(단청의 초기 목적) 시작되었는데, 이후 여러 가지 색감으로 문양을 더함으로써 보존 효과뿐만 아니라 장식성과 상징적 의미도 부여하게 되었다.(단청의 효과)

▶ 1문단: 단청의 개념

단청의 문양은 건축물의 성격에 따라, 그리고 나타내고자 하는 의미에 따라 달라진다. 예를 들어 「봉황은 주로 궁궐에만 사용되었고, 사찰에는 주로 불교적 소재들이 문양으로 사용되었다. 또 극락왕생의 의미를 나타낼 때는 연꽃 문양을 그리고 자손의 번창을 나타낼 때는 박쥐 문양을 그렸다.」(「」: 단청 문양의 상징 예시)

▶ 2문단: 단청 문양의 의미

단청은 붉은색을 의미하는 '단(丹)'과 푸른색을 의미하는 '청(靑)'을 결합하여(단청 = 붉은색 + 푸른색) 만든 단어이다. 이처럼 상반된 색을 뜻하는 두 글자가 결합한 '단청(丹靑)'은 대비되는 두 색의 조화로운 관계를(단청이라는 명칭의 의미) 의미한다.

▶ 3문단: 단청이라는 명칭의 의미

하지만 단청에서 붉은색과 푸른색만을 쓴 것은 아니었다. 단청은 오방색을 기본으로 하여 채색하는데, 여기서 오방색이란 오행*의 각 기운과 직결된 청(靑), 백(白), 적(赤), 흑(黑), 황(黃)의 다섯 가지 기본색을(단청의 기본색) 말한다. 단청을 할 때에는 이 오방색을 적절히 섞어 여러 가지 다른 색을 만들어 썼는데, 이 색들을 적색 등의 더운 색 계열과 청색 등의 차가운 색 계열로 구분하여 사용하였다.(오방색 외의 색도 사용됨)

▶ 4문단: 단청의 색

단청의 가장 대표적인 기법으로는 '빛넣기', '보색대비', '구획선 긋기' 등이 있다.

▶ 5문단: 단청의 대표적 기법

빛넣기는 문양에 백색 분이나 먹을 혼합하여 적절한 명도 변화를 주는 것으로,(빛넣기의 개념) 한 계열에서 명도가 가장 높은 단계를 '1빛', 그보다 낮은 단계는 '2빛' 등으로 말한다. 빛넣기를 통한 문양의 명도 차이는 시각적 율동성을 이끌어내어 결과적으로 단순한 평면성을 탈피하는 시각적 효과를(빛넣기의 효과) 얻을 수 있다. 즉 명도가 낮은 빛은 물러나고 명도가 높은 빛은 다가서는 듯한 느낌을 주게 된다.

▶ 6문단: 단청의 대표적 기법 ① - 빛넣기

보색대비는 더운 색 계열과 차가운 색 계열을 서로 엇바꾸면서 색의 층을 조성함으로써 색의 조화를 이끌어내는 것을 말한다.(보색대비의 개념) 예를 들어 오색구름 문양을 단청할 때 더운 색과 차가운 색을 엇바꾸면서 대비시키는 방법이(보색대비가 단청에 사용된 예시) 그것인데, 이것을 통해 색의 조화를 이끌어낼 수 있으며(보색대비의 효과) 문양의 시각적 장식 효과를 더욱 높일 수 있다.

▶ 7문단: 단청의 대표적 기법 ② - 보색대비

구획선 긋기는 색과 색 사이에 흰 분으로 선을 긋는 것을 말하는데,(구획선 긋기의 개념) 특히 보색대비가 일어나는 색과 색 사이에는 빠짐없이 구획선 긋기를 한다. 이 기법을 사용하면 문양의 색조를 더욱 두드러지게 하는 효과를(구획선 긋기의 효과) 얻을 수 있다.

▶ 8문단: 단청의 대표적 기법 ③ - 구획선 긋기

이러한 빛넣기와, 보색대비 그리고 구획선 긋기 등의 기법을 활용하여 시각적 단층을 형성함으로써 단청의 각 문양은 전체적으로 안정감을 얻게 된다.(단청 문양에 안정감이 생김)

▶ 9문단: 단청 문양의 안정감

* 오행(五行): 우주 만물을 이루는 다섯 가지 원소. 금(金)·수(水)·목(木)·화(火)·토(土)를 이른다.

01 중심 내용 파악하기 답 | ②

윗글의 주요 내용으로 적절하지 않은 것은?

정답 선지 분석

② 단청의 역사적 배경

단청의 역사적 배경은 윗글에서 확인할 수 없다.

오답 선지 분석

① 단청의 정의

1문단에 따르면, 단청은 일반적으로 목조 건물에 여러 가지 색으로 무늬를 그려 아름답게 장식하는 것을 말한다.

③ 단청의 문양과 채색

2문단에서 단청의 문양은 건축물의 성격에 따라, 그리고 나타내고자 하는 의미에 따라 달라진다고 하였고, 4문단에서 단청은 오방색을 기본으로 하여 채색한다고 하였다.

④ 단청의 효과와 의미

1문단에 따르면, 단청은 건물의 보존 효과를 높이기 위해서 시작되었으며, 이후 여러 가지 색감으로 문양을 더함으로써 보존 효과뿐만 아니라 장식성과 상징적 의미도 부여하게 되었다.

⑤ 단청의 다양한 기법

5문단에서 이후의 지문에서 단청의 가장 대표적인 기법으로는 '빛넣기', '보색대비', '구획선 긋기' 등이 있다고 하였고, 6~8문단에서 이를 설명하고 있다.

02 세부 내용 파악하기 답 | ⑤

윗글에 대한 이해로 적절하지 않은 것은?

정답 선지 분석

⑤ 단청은 다섯 가지의 기본색으로만 채색하여 채색의 단순화를 꾀했다.

4문단에 따르면 단청은 붉은색과 푸른색뿐만 아니라 오방색을 기본으로 하여 채색하며, 오방색을 적절히 섞어 여러 가지 다른 색을 만들어 썼다.

오답 선지 분석

① 단청은 건축물의 보존 효과를 높이기 위해 시작되었다.

1문단에서 단청은 건물의 보존 효과를 높이기 위해서 시작되었다고 하였다. 이후 여러 가지 색감으로 문양을 더함으로써 보존 효과뿐만 아니라 장식성과 상징적 의미도 부여하게 되었다.

② 단청의 구획선 긋기 기법은 색과 색 사이에 흰 분을 사용한다.

8문단에 따르면, 단청의 구획선 긋기는 색과 색 사이에 흰 분으로 선을 그어 문양의 색조를 더욱 두드러지게 하는 효과를 얻는다.

③ 단청의 빛넣기 기법을 통해 입체적인 시각적 효과를 얻을 수 있다.

6문단에 따르면, 빛넣기를 통한 문양의 명도 차이는 시각적 율동성을 이끌어내어 평면성을 탈피하는 시각적 효과를 얻을 수 있다.

④ 단청의 보색대비 기법을 통해 색의 조화 효과를 이끌어 낼 수 있다.

7문단에 따르면, 단청의 보색대비 기법은 색의 조화를 이끌어낼 수 있으며 문양의 시각적 장식 효과를 더욱 높일 수 있다.

03 공통점 추론하기

답 | ①

윗글의 '단청'과 보기 의 '브로드웨이 부기우기'의 공통점으로 가장 적절한 것은?

보기

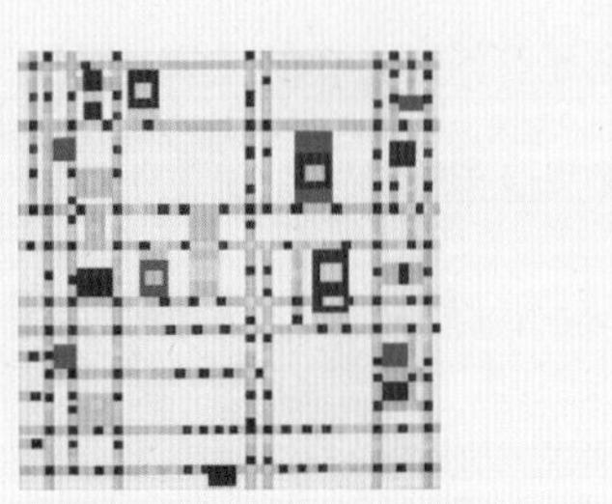

몬드리안, 〈브로드웨이 부기우기〉

몬드리안에게 있어 수평선과 수직선은 선과 선의 순수한 관계를 통해 보다 본질적인 접근을 시도하려는 것이었다. 색채 역시 빨강·노랑·파랑의 삼원색과 흑색·백색·회색으로 제한했다. 이는 색채의 순수한 관계를 증폭시키기 위한 것이었다. 여기서 선과 색은 자연의 질서를 표방하는데, 말하자면 수평선은 밀물, 수직선은 썰물을 표현했다. 색채 역시 자연에서 연상될 수 있는 가장 본질적인 질서를 생각했다. 노란색은 햇빛, 파란색은 하늘처럼 무한 확장되는 공간이며, 빨강은 노랑과 파랑의 중간 위치이다. 그 질서에서 다양한 현상을 기호화함으로써 우주의 질서에 도달하고자 했던 것이다.

- 김경자, 〈한국의 '단청'과 몬드리안의 '브로드웨이 부기우기'〉

정답 선지 분석

① 선과 색으로 우주의 질서를 담고 있다.

윗글의 4문단에서 단청은 오방색을 기본으로 하고 있는데, 이것은 우주 만물을 이루는 다섯 가지 원소인 오행의 각 기운과 직결된다고 하였다. 그리고 〈보기〉에서 몬드리안의 그림은 수평선과 수직선의 이원적 요소와 황, 청, 백, 적, 흑과 회색의 단순한 색감으로 표현되어 우주의 질서에 도달하고자 했다고 하였다. 따라서 단청과 몬드리안의 그림의 공통점은 '선과 색으로 우주의 질서를 담고 있다.'라고 볼 수 있다.

오답 선지 분석

② 실제에 가까운 색감을 표현해내고 있다.

윗글의 '단청'과 〈보기〉의 '브로드웨이 부기우기' 모두 실제에 가까운 색감을 표현해내고 있다고 할 수 없다.

③ 자연을 최대한 원형의 모습대로 표출하고 있다.

윗글의 '단청'과 〈보기〉의 '브로드웨이 부기우기' 모두 자연을 최대한 원형의 모습대로 표출하고 있다고 할 수 없다.

④ 형태를 마치 사진처럼 세밀하게 묘사하고 있다.

윗글의 '단청'과 〈보기〉의 '브로드웨이 부기우기' 모두 형태를 마치 사진처럼 세밀하게 묘사하고 있다고 할 수 없다.

⑤ 자연의 순수함이 잘 드러나도록 형상화하고 있다.

윗글의 '단청'과 〈보기〉의 '브로드웨이 부기우기' 모두 자연의 순수함을 형상화하지는 않았다.

04 세부 내용 파악하기

빈칸에 들어갈 말을 찾아 쓰시오.

(　　　)은/는 더운 색 계열과 차가운 색 계열을 서로 엇바꾸면서 색의 층을 조절하여 색의 조화를 이끌어 낼 수 있다.

정답

보색대비

문학 1 승무(조지훈)

빠른 정답 체크 01 ② 02 ② 03 ③ 04 파르라니 깎은 머리

[A]
얇은 사* 하이얀 고깔은
'하얀'의 시적 허용
고이 접어서 나빌레라*.

파르라니 깎은 머리
시적 대상이 여승임을 알 수 있음
박사* 고깔에 감추오고,
'감추고'의 시적 허용

두 볼에 흐르는 빛이

㉠ 정작으로 고와서 서러워라.
역설법 → 여승의 고운 춤사위에서 서러움을 느낌 ▶ 승무를 추기 전의 여승의 모습

빈 대에 『황촉*불이 말없이 녹는 밤에
공간적 배경 『 』: 시간적 배경
오동잎 잎새마다 달이 지는데,』
오동잎 뒤로 가려지는 달의 모습 ▶ 승무를 추는 배경 제시

[B]
소매는 길어서 하늘은 넓고
하늘에 휘날리는 장삼 소매를 묘사함
돌아설 듯 날아가며 사뿐히 접어 올린 외씨버선*이여.
빠른 춤 동작 전통적인 곡선미
▶ 아름다운 춤사위

[C]
까만 눈동자 살포시 들어
□: 여승이 닿고자 하는 해탈과 종교적 염원의 세계
먼 하늘 한 개 별빛에 모두오고,
'모으고'의 시적 허용 ▶ 정지된 순간의 장면

[D]
복사꽃 고운 뺨에 아롱질 듯 두 방울이야
여승의 뺨에 흐르는 눈물
세사*에 시달려도 번뇌*는 별빛이라.
여승의 고달팠던 삶 암시 세속적 번뇌의 승화 ▶ 번뇌의 종교적 승화

[E]
휘어져 감기우고 다시 접어 뻗는 손이
'감기고'의 시적 허용
깊은 마음 속 거룩한 합장*인 양하고.
여승의 춤사위에서 종교적 경건함을 느낌 ▶ 춤사위에서 느껴지는 종교적 경건함

이 밤사 귀또리도 지새는 삼경*인데,
시간의 경과가 나타남

얇은 사 하이얀 고깔은 고이 접어서 나빌레라.
1연의 반복 → 수미상관 ▶ 시간의 경과와 정적의 미

- 조지훈, 〈승무〉 -

* 사(紗): 생사로 짠 얇고 가벼운 비단.
* 나빌레라: 나비 같아라.
* 박사(薄紗): 얇은 사.
* 황촉(黃燭): 밀랍으로 만든 초.
* 외씨버선: 오이씨처럼 볼이 조붓하고 갸름하여 맵시가 있는 버선.
* 세사(世事): 세상에서 일어나는 온갖 일.
* 번뇌(煩惱): 마음이나 몸을 괴롭히는 노여움이나 욕망 따위의 감정.
* 합장(合掌): 두 손바닥을 합하여 마음이 한결같음을 나타냄. 또는 그런 예법.
* 삼경(三更): 밤 열한 시에서 새벽 한 시 사이.

01 표현상의 특징 파악하기 답 | ②

윗글에 대한 설명으로 적절하지 않은 것은?

정답 선지 분석

② 과거와 현재를 대비하여 주제 의식을 강조하고 있다.
윗글은 시간의 흐름에 따라 시상이 전개되고 있으며, 과거와 현재를 대비한 부분은 찾아볼 수 없다.

오답 선지 분석

① 시간적 배경을 드러내며 시상을 전개하고 있다.
3연의 '빈 대에 황촉불이 말없이 녹는 밤에 / 오동잎 잎새마다 달이 지는데', 6연의 '먼 하늘 한 개 별빛에 모두오고', 9연의 '이 밤사 귀또리도 지새는 삼경인데'에서 시간적 배경을 드러내며 시상을 전개하고 있다.

③ 색채 이미지를 활용하여 대상의 모습을 묘사하고 있다.
1연의 '얇은 사 하이얀 고깔', 2연의 '파르라니 깎은 머리' 등에서 색채 이미지를 활용하여 대상인 여승의 모습을 묘사하고 있다.

④ 수미상관의 형식을 통해 형태적 안정감을 부여하고 있다.
1연의 '얇은 사 하이얀 고깔은 / 고이 접어서 나빌레라.'가 9연의 마지막 행에서 '얇은 사 하이얀 고깔은 고이 접어서 나빌레라.'로 반복되는 수미상관의 형식을 통해 형태적 안정감을 부여하고 있다.

⑤ 예스러운 느낌의 시어를 사용하여 시의 분위기를 살리고 있다.
2연의 '박사 고깔', 4연의 '황촉불', 5연의 '외씨버선', 9연의 '귀또리' 등 예스러운 느낌의 시어를 사용하여 시의 고풍스러운 분위기를 살리고 있다.

02 표현상의 특징 파악하기 답 | ②

㉠과 같은 표현이 사용되지 않은 것은?

정답 선지 분석

② 나는 누워서 편히 지냈다. / 사랑하는 사람을 잃어버린 / 이 겨울
- 문정희, 〈겨울 일기〉

㉠은 표면적으로는 모순된 것처럼 보이나, 그 안에 전달하고자 하는 의미를 담는 표현법인 역설법을 사용한 시구이다. '곱다'와 '서럽다'는 서로 모순되는 표현이지만, 이를 통해 화자가 여승의 모습이 곱기 때문에 오히려 서럽게 느끼고 있음을 알 수 있다. 그러나 '나는 누워서 편히 지냈다. / 사랑하는 사람을 잃어버린 / 이 겨울'은 실제 의미와는 반대되는 말을 하여 의미를 강화하는 표현법인 반어법을 사용한 시구로, 사랑하는 사람을 잃어버린 화자가 슬픔으로 몸져누웠음을 의미한다.

오답 선지 분석

① 아아, 님은 갔지마는 나는 님을 보내지 아니하였습니다.
- 한용운, 〈님의 침묵〉

'님은 갔지만' '나는 님을 보내지 아니하였다'가 서로 모순되는 표현이므로 역설법에 해당한다.

③ 괴로웠던 사나이, / 행복한 예수 그리스도에게처럼 / 십자가가 허락된다면
- 윤동주, 〈십자가〉

'괴로웠던 사나이'와 '행복한 예수 그리스도'가 서로 모순되는 표현이므로 역설법에 해당한다.

④ 네 뻗어 가는 끝을 하냥 축복하는 나는 / 어리석고도 은밀한 기쁨을 가졌어라
- 나희덕, 〈뿌리에게〉

'어리석다'와 '은밀한 기쁨'이 서로 모순되는 표현이므로 역설법에 해당한다.

⑤ 모든 소리들이 흘러 들어간 뒤에 비로소 생겨난 저 고요 / 저토록 시끄러운, 저토록 단단한,
- 김선우, 〈단단한 고요〉

'고요'와 '저토록 시끄러운'이 서로 모순되는 표현이므로 역설법에 해당한다.

03 외적 준거에 따라 작품 감상하기 답 | ③

보기를 참고하여 [A]~[E]를 감상한 내용으로 적절하지 않은 것은?

보기

승무는 승복을 입고 추는 춤으로, 우리나라의 민속춤 중 하나이다. 승무를 추는 사람은 희거나 검은 장삼 위에 붉은 가사를 걸치고, 흰 고깔을 쓰고 버선을 신는다. 승무에는 주술적인 요소와 종교적인 색채가 함께 어우러져 있다. 초월의 경지에 닿기 위한 춤사위를 추구하며, 장삼 소매를 뿌리는 동작이나 장삼 자락을 휘날리게 하는 팔 동작이 특징적이다. 승무는 인간의 기쁨과 슬픔, 세속적인 번뇌를 아름답게 승화시킨 춤이라고 할 수 있다.

* 승복(僧服): 승려의 옷.
* 장삼(長衫): 승려의 웃옷. 길이가 길고, 품과 소매를 넓게 만든다.
* 가사(袈裟): 승려가 장삼 위에, 왼쪽 어깨에서 오른쪽 겨드랑이 밑으로 걸쳐 입는 옷.

정답 선지 분석

③ [C]: 승무를 추는 여승의 슬픔을 보여 주고 있다.
〈보기〉에서 승무는 인간의 슬픔을 아름답게 승화시킨 춤이라고 하였지만, [C]에 승무를 추는 여승의 슬픔이 나타나 있지는 않다. '별빛'은 여승이 닿고자 하는 종교적 염원의 세계를 의미하는 시어이다.

오답 선지 분석

① [A]: 승무를 출 때의 복장을 표현하고 있다.
〈보기〉에서 승무를 추는 사람은 흰 고깔을 쓴다고 하였는데, [A]에서도 '얇은 사 하이얀 고깔'이라고 하며 승무를 출 때의 복장을 표현하고 있다.

② [B]: 승무의 춤사위를 감각적으로 묘사하고 있다.
〈보기〉에서 승무에서는 장삼 소매를 뿌리는 동작이나 장삼 자락을 휘날리게 하는 팔 동작이 특징적이라고 하였는데, [B]에서도 '소매는 길어서 하늘은 넓고'라고 하며 장삼 소매로 하늘을 휘저으며 승무를 추는 여승의 모습을 묘사하고 있다.

④ [D]: 승무로 번뇌를 승화시키려 함이 나타나 있다.
〈보기〉에서 승무는 세속적인 번뇌를 아름답게 승화시킨 춤이라고 하였는데, [D]에서도 '세사에 시달려도 번뇌는 별빛이라'라고 하며 세속적 번뇌의 종교적 승화를 나타내고 있다.

⑤ [E]: 승무의 경건함과 종교적인 색채를 드러내고 있다.
〈보기〉에서 승무에는 종교적인 색채가 어우러져 있다고 하였는데, [E]에서도 승무를 추며 '휘어져 감기우고 다시 접어 뻗는 손'을 '거룩한 합장'에 비유하여 종교적인 경건함을 드러내고 있다.

04 시구의 의미 이해하기

윗글에서 화자가 관찰하는 대상이 여승임을 알 수 있게 하는 시행을 찾아 3어절로 쓰시오.

정답

파르라니 깎은 머리

문학 2 국선생전(이규보)

빠른 정답 체크 01 ② 02 ② 03 ④ 04 ×, ○

□: 술과 관련된 요소 중국 주나라의 지명으로, 물이 맑아 술의 재료로 씀

국성의 자는 중지이니 주천군 사람이다. 어려서 서막에게서 사랑을 받았는 바, 바로 그이가 이름을 지어 주고 자도 붙여 준 것이다. 먼 조상은 본시 온 사람이었는데, 항상 애써 농사지으면서 스스로의 생활을 충당하여 살았다. 「정나라가 주나라를 칠 때 그를 사로잡아 돌아왔던 까닭에 그 자손 가운데는 정나라에 퍼져 사는 이들도 있다.」 증조부에 관하여는 사관*이 그 이름을 잃어버렸고, 조부인 모가 주천 땅으로 옮김으로 해서 한 집안을 이루었으매 드디어 주천군 사람이 되었다. 아버지인 차에 와서 비로소 벼슬하여 평원독우가 되고 농사의 행정을 맡은 귀족인 곡씨의 딸을 아내로 삼아서 성을 낳은 것이다.

(술에 취해 갈 지(之)자로 걷는 모습 / 중국 위나라의 애주가 / 따뜻할 온(溫) → 술을 따뜻한 곳에서 숙성시킴 / 술의 원료는 곡식임 / 국성의 먼 조상 / 「」: 원래 주나라의 술이었으나 정나라에도 전해짐 / 증조부의 기록은 남아 있지 않음 / 보리를 의인화함 / 흰 술을 의인화함 / 질이 좋지 않은 술 → 낮은 관직 / 곡식을 의인화함)

성은 아이 때부터 벌써 깊숙한 국량*을 지니고 있었더니, 한번은 손님이 그 아비를 찾아왔다가 성을 눈여겨보고 사랑스러워 이렇게 말하였다.

(국성을 긍정적으로 평가함 / 차 / 국성의 술맛에 반함)

"이 아이 마음 쓰는 그릇의 넘쳐남이 꼭 일만 굽이 파도와 같아서 **맑힐래야 더 맑아질 게 없고 뒤흔들어도 흐려짐이 없**으니 그대와 얘기함이 이 애 성과 즐기는 것과 같지 못하이."

(국성의 덕을 파도에 비유함 / 국성이 맑은 술임을 의미함 / 차(흰 술)보다 국성(맑은 술)이 더 좋은 술임)

장성하게 되자, 중산 땅의 유영, 심양 땅의 도잠과 더불어 벗하였다. 어느 땐가 두 사람의 하던 말이 있었다.

(중국의 유명한 애주가들)

"하루 이 사람을 못 보면 속되고 쩨쩨함이 슬며시 고개를 든단 말야."

(하루라도 술을 마시지 않으면 속되고 쩨쩨한 마음이 생김)

그래서 매양 만나 세월을 보내는데 피로함도 잊은 채 문득 마음이 황홀해서 돌아오곤 하였다. 고을에서 조구연으로 불렀지만 미처 나아가기도 전에 다시 청주종사로 호출받았고 공경*들이 번갈아 천거의 말을 드리니 임금이 명령을 내려 공거*에 모셔 오라 하였다. 이윽고 불러 보았는데 임금이 그윽이 눈여겨보더니,

(술의 긍정적 기능 / 술 찌꺼기 → 낮은 관직 / 질이 좋은 술 → 높은 관직 / 국성을 귀하게 대접함)

"이 사람이 주천의 국생이란 말인가? 짐이 **그대의 향기로운 이름을 들어 온 지 오래도다.**"

(성 뒤에 붙여 젊은 사람을 나타냄 / 술의 향기를 의미함)

하고 반긴다. 이보다 좀 앞서 태사가,

"주기성이 크게 빛을 발합니다."

(술과 관련된 별 이름)

아뢰었는데, 얼마 안 되어서 성이 도착한 것이고 임금 또한 이 일로 인해 더욱 기이하게 생각하였다. 그 즉시 벼슬을 내려 주객랑중을 삼더니 이윽고 국자좨주로 돌려 예의사*를 겸하게 했다. 널리 조정의 모임 잔치며 종묘 앞에 음식 진상*과 작헌례* 등을 도맡게 된 바, 취지에 맞지 않음이 없었다.

(기이한 상황이 일어남 → 국성이 높은 벼슬을 받을 것을 암시 / 손님을 맞이하는 벼슬 → 손님 접대에 술이 쓰임 / 나라의 제사 때 쓰이는 술 / 각종 잔치와 제사에 술이 쓰임 / 국성이 여러 일을 훌륭하게 해냄)

임금이 그릇감이라 여기고 일약 발탁하여 후설*의 직임*에다 두고 높은 예의로써 대접하던 것이니, 「성이 입궐하여 뵈올 때마다 가마를 부린 채로 전에 오르게 하는가 하면, 국 선생이라 하되 이름을 부르지 않았다.」 임금이 **마음에 언짢음이 있다가도** 성이 들어와서 뵙게 되면 **큰 웃음꽃이 피어**나니 무릇 그 총애를 입음이 모두 이런 식이었다.

(「」: 국성에 대한 임금의 총애를 나타냄 / 술을 마시면 기분이 좋아짐)

성품이 너그럽고 편안하여 날이 갈수록 가까워졌으되 임금이 조금도 거슬려 보는 일이 없었다. 이로부터 총애는 더욱 귀중하여져서 임금을 따라 잔치에 노닒에 있어 아무런 제약이 없었다.

(임금이 술을 더 자주 마시게 됨 / 임금이 잔치에서 술을 즐겨 마심)

아들인 곡과 포, 역이 아비가 누리는 총애를 믿고 꽤 횡포가 자심하였더니*, 중서령으로 있는 모영이 탄핵하는 ㉠ 상소를 올려 여쭈었다.

(텁텁한 술, 차좁쌀로 빚은 술, 쓰고 진한 술 / 붓을 의인화함)

"괴임*을 받는 신하가 총애를 남용함은 천하의 걱정하는 바인데, 이제 국성이 얼마 아니 되는 재간을 갖고 요행을 얻어 조정의 관등에 올라 지위가 3품에 나란히 서서 「깊숙이 숨어 있는 도적을 안으로 불러들이고 남의 몸과 명예를 손상시키기를 즐기옵니다.」 까닭에 **만인이 아우성치고 골치를 앓으며 괴로워**하니 이야말로 나라를 고쳐 주는 충신이 아니라 실상은 백성에게 해독을 끼치는 도적이겠나이다. 「성의 세 아들이 제 아비가 받는 총애를 믿고 기댄 나머지 횡포가 방자하여 사람들의 괴로움을 끼치는 바 되니,」 청하옵건대 폐하께옵서는 한꺼번에 죽음을 내리시와 뭇사람 원망의 입을 막게 하소서."

(신하가 임금의 총애를 믿고 오만하게 구는 것을 경계함 / 작은 재주로 운 좋게 벼슬을 함 / 「」: 국성의 죄 ① - 사람들의 마음을 어지럽히고 건강과 명예를 잃게 함 / 숙취로 인해 괴로워하는 사람들 / 「」: 국성의 죄 ② - 아들들이 아버지가 받는 총애를 믿고 횡포를 부림 / 모영의 요구사항)

이러한 글이 상주되자* 「아들 곡 등이 그날로 독주를 마시고 죽었고, 성은 죄를 입고 밀려나 서인이 되어 버렸다.」

(「」: 모영의 상소로 인한 결과)

(중략)

성이 **벼슬을 벗**고 나니 **제 고을과 격 고을의 사이에 도적이 떼로 일어**나 임금이 토벌하려 했으나 그 일을 제대로 맡을 만한 적당한 인물이 쉽지 않았기에 다시금 성을 기용하여 원수로 삼았다. 성이 군기를 엄숙하게 유지시킨 채 병졸들과 함께 고락을 같이하면서

(사람들이 술을 마시지 못하게 됨 / 배꼽과 가슴 사이 → 마음을 의미함 / 근심과 걱정이 해소되지 않음 / 근심과 걱정을 해소하기 위해 다시 술을 마시도록 허락함 / 술을 절제하며 마심)

수성에 물길을 터서 단 한 판의 싸움에 쳐 없애 버리고 장락판을 세운 후 돌아오니 임금은 그 공로로 상동후를 봉하였다.
도적(근심과 걱정)을 물리침

그러나 일 년 만에 ㉡ 상소를 올려 은퇴를 요청하였다.
스스로 벼슬에서 물러날 때를 깨달음

"신은 원래 가난한 집의 자식으로, 어려서 빈천하여 사람들에게 이리저리 팔려 다니다가 우연히 성군을 만나 뵈었는 바, 허심탄회*로써 남달리 절 받아 주시와 침체 가운데서 건져 주셨으며 강호와 같이 용납해 주시었나이다. 「제가 비록 너른 세상에 내놓은 조업이야 약간 있다고는 하나 나라의 체면에 윤기를 더함이 없었사오며,」 전에 삼가지 못한 탓에 향리에 물러나 편히 있을 적에도 비록 얇은 이슬이 다하고자 떨구려고 드리운 중에 요행으로 남은 방울이 있어, 감히 해와 달이 광명을 기뻐하고 다시금 초파리가 낀 묵은 뚜껑을 열어젖히었던 것이옵니다. 또한 그릇이 차게 되면 엎질러짐은 사물의 떳떳한 이치입니다. 이제 신이 목이 타고 소피*가 잦은 병에 걸려 목숨이 뜬 거품마냥 다해 가니, 바라옵건대 승낙하옵시는 말씀 한 차례로 물러나 여생을 보전케 해 주옵소서."

원래 민간에서 마시던 술이었음 / 궁중에서도 마시게 됨 / 「」: 스스로를 낮추는 겸양의 표현을 사용함 / 모영의 탄핵으로 서인이 되었던 때 / 임금을 향한 충성심 / 근심과 걱정을 물리친 일 / 과하면 오히려 독이 될 수 있음 / 소갈병 → 술을 자주 마시면 생기는 병 / 국성의 요구사항

그러나 임금의 남달리 배려하심은 이를 윤허치* 아니하고 대신 궁중의 사신을 파견해서 송계, 창포 등의 약재를 가지고 그 집에 가서 문병토록 하였다. 하지만 성이 거듭 굳이 사직할 뜻을 나타내는 데에는 임금도 더 하는 수 없이 허락하게 되니 마침내 고향으로 돌아가 노후를 보내면서 천수*를 마치었다.

임금은 국성의 은퇴를 허락하지 않음 / 국성에 대한 임금의 신뢰가 드러남

사신은 이렇게 평한다.
가전의 특징 → 인물에 대한 서술자의 평가 부분(주제 집약)

"국씨는 대대로 농가 태생이다. 「성은 유독 넉넉한 덕과 맑은 재주가 있어서 임금의 심복이 되어 국정을 돕고, 임금의 마음을 흐뭇하게 하여 거의 태평을 이루었으니, 그 공이 성대하도다.」 그러나 「임금의 총애가 극도에 달하자 나라의 기강*을 어지럽혔으니, 그 화가 비록 자손에 미쳤더라도 유감될 것이 없다 하겠다.」 그러나 「만년에 분수에 족함을 알고 스스로 물러가 능히 천명으로 세상을 마쳤다.」 《주역》에 이르기를 '기미를 보아서 일을 해 나간다.'라고 한 말이 있는데 성이야말로 거의 여기에 가깝다 하겠다."

「」: 국성의 긍정적인 면 ① / 「」: 국성의 부정적인 면 / 「」: 국성의 긍정적인 면 ② / 순리를 알고 처신한다는 의미 / 신하의 참된 도리를 제시함

- 이규보, 〈국선생전〉 -

* 사관(史官): 역사의 편찬을 맡아 초고를 쓰는 일을 맡아보던 벼슬.
* 국량(局量): 남의 잘못을 이해하고 감싸 주며 일을 능히 처리하는 힘.
* 공경(公卿): 가장 높은 벼슬인 삼공과 구경을 아울러 이르는 말.
* 공거(公車): 관청의 수레.
* 예의사(禮儀司): 고려 시대에 둔 육사의 하나로, 의례·제향 따위에 대한 일을 맡아보던 관아.
* 진상(進上): 진귀한 물품이나 지방의 토산물 따위를 임금이나 고관 따위에게 바침.
* 작헌례(酌獻禮): 임금이 몸소 왕릉, 영전, 종묘 따위에 참배하고 잔을 올리던 제례.
* 후설(喉舌): '승지'를 달리 이르는 말. 임금의 명령을 비롯하여 나라의 중대한 언론을 맡은 신하.
* 직임(職任): 직무상 맡은 임무.
* 자심하다(滋甚하다): 더욱 심하다.
* 괴임: 유난히 귀엽게 여겨 사랑함.
* 상주되다(上奏되다): 임금에게 아뢰어 올려지다.
* 허심탄회(虛心坦懷): 품은 생각을 터놓고 말할 만큼 아무 거리낌이 없고 솔직함.
* 소피(所避): '오줌'을 완곡하게 이르는 말.
* 윤허하다(允許하다): 임금이 신하의 청을 허락하다.
* 천수(天數): 타고난 수명.
* 기강(紀綱): 규율과 법도를 아울러 이르는 말.

01 작품의 내용 파악하기 답 | ②

윗글의 내용과 일치하지 않는 것은?

정답 선지 분석

② 국성의 아들은 국성이 총애를 잃자 잘못을 반성했다.
모영이 임금에게 상소를 올려 국성을 탄핵하자 '아들 곡 등이 그날로 독주를 마시고 죽었'다고 했을 뿐, 국성의 아들이 자신의 잘못을 반성했는지는 알 수 없다.

오답 선지 분석

① 모영은 국성과 세 아들의 죄를 임금에게 알렸다.
모영은 임금에게 상소를 올려 국성이 '남의 몸과 명예를 손상시키기를 즐기'고, '성의 세 아들이~횡포가 방자하여 사람들의 괴로움을 끼치는 바'라고 알렸다.

③ 임금은 국성을 처음 보았을 때부터 좋은 감정을 가졌다.
'이윽고 불러 보았는데 임금이 그윽이 눈여겨보더니,~반긴다'를 통해 임금은 국성을 처음 보았을 때부터 좋은 감정을 가졌음을 알 수 있다.

④ 국성의 아버지는 국성의 집안에서 처음으로 벼슬을 했다.
국성의 먼 조상은 '항상 애써 농사지으면서 스스로의 생활을 충당하'였는데, '아버지인 차에 와서 비로소 벼슬하'였다고 했으므로 국성의 아버지가 국성의 집안에서 처음으로 벼슬을 했음을 알 수 있다.

⑤ 국성은 건강을 이유로 들어 관직에서 물러나기를 임금에게 청했다.
국성은 '목이 타고 소피가 잦은 병에 걸려 목숨이 뜬 거품마냥 다해' 간다는 이유로 관직에서 물러나기를 임금에게 청했다.

02 말하기 방식 파악하기 답 | ②

㉠, ㉡에 대한 설명으로 가장 적절한 것은?

정답 선지 분석

② ㉠은 ㉡과 달리 타인을 부정적으로 평가하고 있다.
㉠에서 모영은 국성이 '깊숙이 숨어 있는 도적을 안으로 불러들이고 남의 몸과 명예를 손상시키기를 즐'긴다면서, '나라를 고쳐 주는 충신이 아니라 실상은 백성에게 해독을 끼치는 도적'이라고 하며 국성을 부정적으로 평가하고 있다. 또한 국성의 아들들에 대해서도 '제 아비가 받는 총애를 믿고 기댄 나머지 횡포가 방자하여 사람들의 괴로움을 끼치는 바'라고 하며 부정적으로 평가하고 있다. 그러나 ㉡에서 국성은 자신을 낮추어 말할 뿐, 타인을 부정적으로 평가하고 있지는 않다.

오답 선지 분석

① ㉠과 ㉡은 모두 겸양의 표현을 사용하고 있다.
㉡에서 국성은 '제가~나라의 체면에 윤기를 더함이 없었사오며'라고 하며 자신을 낮추어 말하는 겸양의 표현을 사용하고 있다. 그러나 ㉠에서 모영이 겸양의 표현을 사용하고 있지는 않다.

③ ㉠은 ㉡과 달리 과거 상황과 현재 상황을 비교하고 있다.

㉠에서 모영은 '이제 국성이 얼마 아니 되는 재간을 갖고~즐기옵니다', '성의 세 아들이~사람들의 괴로움을 끼치는 바 되니'라고 하며 국성으로 인해 백성들이 고통을 겪는 현재 상황만을 제시하고 있다. 그리고 ㉡에서 국성은 '신은~어려서 빈천하여 사람들에게 이리저리 팔려 다니다가'라고 하며 자신의 과거 상황을 제시하고, '이제 신이 목이 타고~목숨이 뜬 거품마냥 다해 가니'라고 하며 현재 상황을 제시하고 있으나 둘을 비교하고 있는 것은 아니다.

④ ㉡은 ㉠과 달리 조건을 내세우며 상대방을 설득하고 있다.

㉡에서 국성은 관직에서 은퇴할 수 있게 해 달라고 임금을 설득하려 하고 있지만, 조건을 내세우고 있지는 않다.

⑤ ㉡은 ㉠과 달리 요구사항을 전달하며 글을 마무리하고 있다.

㉡에서 국성은 '바라옵건대 승낙하옵시는 말씀 한 차례로 물러나 여생을 보전케 해 주옵소서'라고 하며 임금에게 요구사항을 전달하며 글을 마무리하고 있다. ㉠에서 모영 또한 '청하옵건대 폐하께옵서는 한꺼번에 죽음을 내리시와 뭇사람 원망의 입을 막게 하소서'라고 하며 임금에게 요구사항을 전달하며 글을 마무리하고 있다.

03 외적 준거를 참고하여 작품 이해하기 답 | ④

보기 를 참고하여 윗글을 이해한 내용으로 적절하지 않은 것은?

보기

〈국선생전〉은 술을 의인화한 인물인 '국성'의 일대기를 서술한 가전이다. 술의 특성은 국성의 특징으로 부여되며, 등장하는 각종 인명이나 지명 등도 술과 직간접적으로 관련이 있는 것이 대부분이다. 예를 들어, '제 고을'은 배꼽을 의미하고 '격 고을'은 가슴을 의미하니 '제 고을과 격 고을의 사이'는 곧 마음을 의미한다.

정답 선지 분석

④ 국성으로 인해 '만인이 아우성치고 골치를 앓으며 괴로워'했다는 것은 술로 인한 폐해가 많은 것을 걱정하는 사람들의 모습을 의미한다.

〈보기〉에서 윗글은 술을 의인화한 인물인 '국성'의 일대기를 서술하였으며, 술의 특성은 국성의 특징으로 부여됐다고 하였다. 모영은 상소에서 국성으로 인해 '만인이 아우성치고 골치를 앓으며 괴로워하'면서 백성들이 국성을 원망하고 있음을 밝히고 있는데, 이에 앞서 국성이 '남의 몸과 명예를 손상시키기를 즐'긴다고 하여 술로 인해 건강과 명예를 해친 사람이 많음을 지적하였다. 따라서 이는 술로 인한 폐해가 많은 것을 걱정하는 사람들의 모습이 아니라, 술을 마신 뒤 숙취로 괴로워하는 사람들의 모습을 의미하는 것이다.

오답 선지 분석

① 국성이 '맑힐래야 더 맑아질 게 없고 뒤흔들어도 흐려짐이 없'다는 것은 국성이 맑은 술을 의인화한 인물이라는 것을 의미한다.

손님은 국성에 대해 국성의 '마음 쓰는 그릇의 넘쳐남이~맑힐래야 더 맑아질 게 없고 뒤흔들어도 흐려짐이 없'다고 하는데, 이는 국성이 그만큼 맑은 술을 의인화한 인물이라는 것을 의미한다.

② 임금이 국성에게 '그대의 향기로운 이름을 들어 온 지 오래'라고 하는 것은 국성이 향기로운 술을 의인화한 인물이라는 것을 의미한다.

임금은 국성을 만나 '그대의 향기로운 이름을 들어 온 지 오래'라고 말하는데, 국성이 술을 의인화한 인물이라는 것을 고려하면 '향기로운 이름'은 술의 향기를 의미한다.

③ 임금이 '마음에 언짢음이 있다가도' 국성을 보면 '큰 웃음꽃이 피어'났다는 것은 술을 마시고 기분이 좋아진 사람들의 모습을 의미한다.

임금은 '마음에 언짢음이 있다가도 성이 들어와서 뵙게 되면 큰 웃음꽃이 피어'났다고 했는데, 이는 표면적으로는 국성이 임금을 기쁘게 했음을 의미하며, 술을 국성에 대입하여 이해하면 임금이 술을 마시고 난 뒤 기분이 좋아졌음을 의미한다.

⑤ 국성이 '벼슬을 벗'자 '제 고을과 격 고을의 사이에 도적이 떼로 일어'났다는 것은 술을 마시지 못해 근심을 풀지 못하는 사람들의 모습을 의미한다.

국성이 '벼슬을 벗'었다는 것은 술이 금지되었다는 것을 의미하고, 〈보기〉에서 '제 고을과 격 고을의 사이'는 마음을 의미한다고 하였다. 따라서 국성이 '벼슬을 벗'자 '제 고을과 격 고을의 사이에 도적이 떼로 일어'났다는 것은 술을 마시지 못하게 되자 사람들이 근심을 풀지 못했음을 의미한다.

04 작품의 의도 이해하기

○, × 중 적절한 것을 골라 차례대로 쓰시오.

- 〈국선생전〉은 국성을 통해 임금의 참된 도리를 제시하고 있다. …(○, ×)
- 사신은 국성의 긍정적인 면과 부정적인 면을 모두 언급하였다. …(○, ×)

정답

×, ○

| 본문 | 189쪽

문법 언어의 특성

빠른 정답 체크 01 ② 02 ⑤ 03 ⑤ 04 언어의 사회성

01 언어의 특성 이해하기 답 | ②

언어의 특성에 관한 설명으로 적절하지 않은 것은?

정답 선지 분석

② 한 번 생겨난 언어는 시간이 지나도 없어지지 않는다.
시간이 지나 그 언어가 가리키는 대상이 없어지면, 언어는 사라지기도 한다. 이는 언어의 역사성과 관련이 있다.

오답 선지 분석

① 언어는 시간이 지나면서 의미가 달라지기도 한다.
언어의 역사성에 관한 설명으로, 언어는 시간이 지나면서 의미가 확대·축소·이동되는 등 달라지기도 한다.

③ 언어의 의미와 문자는 우연적이고 임의적으로 결합한다.
언어의 자의성에 관한 설명으로, 언어의 내용(의미)과 형식(말소리, 문자) 사이에는 필연적인 관계가 없다.

④ 언어는 사회적 약속이므로 개인이 마음대로 바꿀 수 없다.
언어의 사회성에 관한 설명으로, 언어는 그 언어를 사용하는 사람들 사이의 사회적 약속이기 때문에 개인이 임의로 바꿀 수 없다.

⑤ 언어는 내용인 의미와 형식인 말소리가 결합한 기호 체계이다.
언어의 기호성에 관한 설명으로, 언어는 '의미'라는 내용과 '말소리와 문자'라는 형식으로 이루어진 기호 체계이다.

02 언어의 창조성 이해하기 답 | ⑤

언어의 창조성을 설명하는 예시로 가장 적절한 것은?

정답 선지 분석

⑤ '나는 딸기를 좋아한다.'라는 문장을 배우면, '딸기'가 들어가는 자리에 '사과'를 넣어 새로운 문장을 만들 수 있다.
이미 알고 있는 언어적 지식을 활용하여 새로운 문장을 만들었으므로, 언어의 창조성을 설명하는 예시로 적절하다.

오답 선지 분석

① 한국어의 '고양이'는 영어로는 'cat', 프랑스어로는 'chat', 스페인어로는 'gato'이다.
언어의 의미와 기호 사이에 필연적인 관계가 없음을 나타내므로, 언어의 자의성을 설명하는 예시이다.

② '평지보다 높이 솟아 있는 땅의 부분'을 '바다'라고 부르는 사람과는 의사소통이 되지 않는다.
언어는 그 언어를 사용하는 사람들 사이의 사회적 약속이기 때문에 개인이 임의로 바꾸어 말할 수 없음을 나타내므로, 언어의 사회성을 설명하는 예시이다.

③ '친구가 책 한 켤레를 샀다.'라는 문장은 의존 명사를 잘못 사용했기 때문에 문법적으로 틀린 문장이다.
언어에는 일정한 규칙이 있어 그 규칙을 따라야 함을 나타내므로, 언어의 규칙성을 설명하는 예시이다.

④ '지갑'은 과거에는 종이로 만든 것만을 의미했지만, 현대에 들어서는 가죽이나 헝겊으로 만든 것도 포함한다.
언어는 시간이 지남에 따라 의미가 확대되기도 함을 나타내므로, 언어의 역사성을 설명하는 예시이다.

03 언어의 역사성 이해하기 답 | ⑤

보기 는 중세 국어 자료이다. ㉠~㉤에 대한 설명으로 가장 적절한 것은?

보기

나랏 ㉠ 말ᄊᆞ미 ㉡ 中듀ᇰ國귁에 달아 文문字ᄍᆞᆼ와로 서르 ᄉᆞᄆᆞᆺ디 아니ᄒᆞᆯᄊᆡ 이런 젼ᄎᆞ로 ㉢ 어린 百ᄇᆡᆨ姓셔ᇰ이 니르고져 호ᇙ 배 이셔도 ᄆᆞᄎᆞᆷ내 제 ᄠᅳ들 시러 펴디 몯ᄒᆞᇙ ㉣ 노미 ㉤ 하니라

- 〈훈민정음〉 서문

[현대어 풀이]

나라의 말이 중국과 달라 문자가 서로 통하지 아니하여 이런 까닭으로 어리석은 백성이 이르고자 할 바가 있어도 마침내 제 뜻을 능히 펴지 못하는 사람이 많노라.

정답 선지 분석

⑤ ㉤: 의미가 이동한 말
중세 국어에서 '하다'는 '많다'라는 뜻이었지만, 현대 국어에서는 '사람이나 동물, 물체 따위가 행동이나 작용을 이루다'라는 뜻으로 쓰인다. 따라서 의미가 이동한 말의 예시로 적절하다.

오답 선지 분석

① ㉠: 의미가 확대된 말
중세 국어에서 '말씀'은 '말'을 가리켰지만, 현대 국어에서는 남의 말을 높여 이르는 말로 쓰인다. 따라서 의미가 확대된 말이 아닌, 의미가 축소된 말에 해당한다.

② ㉡: 의미가 이동한 말
중세 국어에서 '중국'은 '듕귁'으로 소리 내었지만, 현대 국어에서는 '중국'으로 소리 낸다. 따라서 의미가 이동한 말이 아닌, 소리가 달라진 말에 해당한다.

③ ㉢: 의미가 축소된 말
중세 국어에서 '어리다'는 '어리석다'라는 뜻이었지만, 현대 국어에서는 '나이가 적다'라는 뜻으로 쓰인다. 따라서 의미가 축소된 말이 아닌, 의미가 이동한 말에 해당한다.

④ ㉣: 의미가 확대된 말
중세 국어에서 '놈'은 '사람'을 가리켰지만, 현대 국어에서는 '남자'를 낮잡아 이르는 말로 쓰인다. 따라서 의미가 확대된 말이 아닌, 의미가 축소된 말에 해당한다.

04 언어의 특성 이해하기

보기 에서 '아주머니'가 '닉'의 말을 이해하지 못한 것은 언어의 특성 중 무엇과 연관이 있는지 2어절로 쓰시오.

보기

닉은 페니 팬트리 가게에 가서 계산대에 있는 아주머니에게 '프린들'을 달라고 했다.
아주머니는 눈을 가늘게 뜨고 물었다.
"뭐라고?" / "프린들이요. 까만색으로 주세요."
닉은 이렇게 말하며 씽긋 웃었다.
아주머니는 한쪽 귀를 닉 쪽으로 돌리며 닉에게 몸을 더 가까이 기울였다.
"뭘 달라고?" / "프린들이요."
닉은 아주머니 뒤쪽 선반에 있는 볼펜을 가리켰다.

- 앤드루 클레먼츠, 〈프린들 주세요〉

정답

언어의 사회성

독서 공자의 인 사상

빠른 정답 체크 01 ③ 02 ② 03 ② 04 인, 예

공자는 춘추 말기에 활동한 노나라 출신의 유학자로, 유학의 근본을 마련한 사상가라 평가받는다. 그가 활동하던 당시는, 중국을 지배하던 주나라의 권위가 무너지고 봉건적 질서도 흔들리고 있었다.(인 사상의 등장 배경) 공자는 이러한 사회 혼란을 극복하기 위한 방법을 찾으려 하였고, 그것이 바로 공자의 사상이 가지는 근본적인 동기라고 볼 수 있다.

▶ 1문단: 공자의 인 사상의 배경

공자는 당시 사회가 혼란스러워진 원인이 도덕성의 결여*와 인간성의 타락(공자가 생각한 사회 혼란의 원인)이라고 보았고, 이를 원래대로 되돌릴 방법은 인(仁)(공자 사상의 핵심 개념)이라고 생각했다. 인이란 크게 두 가지로 나누어 설명할 수 있는데, 하나는 타인에 대한 사랑이며, 다른 하나는 사회적 존재로서의 인간다움을 의미한다.(인의 의미 ① 타인에 대한 사랑 ② 사회적 존재로서의 인간다움)

▶ 2문단: 공자의 인 개념

공자는 인을 실천하기 위해서는 가족에 대한 사랑(인 실천의 근본)이 기본적으로 필요하다고 보았고, 이로부터 사랑의 대상을 확장해 나가야 한다고 강조했다. '효제(孝悌)는 행인(行人)의 근본'이라는 말에서 알 수 있듯이, 부모와 형제에 대한 사랑이 다른 이를 사랑할 수 있도록 하는 출발점(가족에 대한 사랑으로부터 타인에 대한 사랑으로 확장해 나가야 함)이라고 주장한 것이다. 그는 또한 인을 실천하기 위해 극기복례(克己復禮)라는 다른 방법을 제시했는데, 이는 '자신을 극복하고(克己) 예로 돌아간다(復禮)'라는 뜻으로(극기복례의 개념) 자신의 이익만을 추구하는 이기적인 태도를 벗어나(극기 - 자신을 극복함) 사회적 규범과 질서를 따르고 지킨다(복례 - 예로 돌아감)는 것을 의미한다. 가족에 대한 사랑으로부터 출발한 인은 자칫하면 가족 중심주의나 혈연, 지연 중심의 이기주의로 변질될(예가 없으면 인은 변질될 수 있음) 수 있기 때문에 이를 극복하기 위해 사회적 규범으로서의 예 또한 강조하였던 것이다.

▶ 3문단: 가족에 대한 사랑의 필요성과 극기복례

그렇다면 예를 실현하기 위해 필요한 것은 무엇인가? 공자는 구체적인 행동과 실천(예를 실현하기 위해 필요한 것)으로 예를 실현할 수 있다고 보았다. 이에 "예가 아니면 보지도 말고, 듣지도 말고, 말하지도 말고, 행동하지도 말라."(공자의 말 직접 인용)라고 했다. 구체적인 행위를 통해 인간은 이기적이고 무분별한 욕망의 행사를 제어할 수 있다고 여긴 것이다.

▶ 4문단: 예를 실천하기 위해 필요한 것

또한, 예를 실천하는 것에서 더 나아가 사회적 질서를 다지는 방법으로 공자는 정명(正名)을 주장하기에 이른다. 정명이란 '이름을 바로잡음'(정명의 개념)이라는 의미로, 이는 사회 구성원이 자신의 역할과 의무에 따라 과업*을 수행해야 할 필요성(사회 구성원은 각자의 의무를 다해야 함)을 나타낸다. 그에 따르면, 모두가 자신에게 주어진 명칭에 따라 역할 수행에 최선을 다했을 때(공자가 생각한 바람직한 사회의 조건) 바람직한 사회가 이루어진다. 「공자는 군주가 군자다운 인격을 갖추고 솔선수범하여 도덕과 예의로 백성을 교화하고* 다스리는 덕치*를 통해 정명이 실현될 수 있다고 보았다.」(「」: 공자의 정치관)

▶ 5문단: 사회적 질서를 다지기 위한 정명

* 결여(缺如): 마땅히 있어야 할 것이 빠져서 없거나 모자람.
* 과업(課業): 꼭 하여야 할 일이나 임무.
* 교화하다(敎化하다): 가르치고 이끌어서 좋은 방향으로 나아가게 하다.
* 덕치(德治): 덕으로 다스림. 또는 그런 정치.

01 내용 전개 방식 파악하기 답 | ③

윗글의 내용 전개 방식으로 적절하지 않은 것은?

정답 선지 분석

③ 중심 화제와 관련된 반대 관점의 입장을 제시하고 있다.
윗글의 중심 화제는 공자의 인 사상이다. 그러나 공자와 반대되는 관점의 입장을 제시하지는 않았다.

오답 선지 분석

① 중심 화제와 관련된 사상가의 말을 인용하고 있다.
4문단의 '"예가 아니면~말라."라고 했다.'에서 인 사상과 관련된 공자의 말을 인용하고 있다.

② 중심 화제와 관련된 역사적 배경에 대해 설명하고 있다.
1문단에서 공자가 활동하던 당시에 대해 '중국을 지배하던 주나라의 권위가 무너지고 봉건적 질서도 흔들리고 있었다'고 하며, 공자의 인 사상이 형성된 동기와 관련 있는 역사적 배경을 설명하고 있다.

④ 중심 화제와 관련된 개념을 두 가지로 나누어 설명하고 있다.
2문단의 '인이란 크게 두 가지로 나누어 설명할 수 있는데, ~의미한다.'에서 인을 두 가지로 나누어 설명하고 있다.

⑤ 중심 화제와 관련된 개념을 정의하여 독자의 이해를 돕고 있다.
5문단에서 '정명'의 개념을 정의하여 독자의 이해를 돕고 있다.

02 세부 내용 파악하기 답 | ②

윗글에서 공자가 주장하는 내용으로 가장 적절한 것은?

정답 선지 분석

② 예가 없으면 인은 혈연 중심주의 등의 이기주의로 변질될 수 있다.
3문단에 따르면, 가족에 대한 사랑으로부터 출발한 인은 가족 중심주의나 혈연, 지연 중심의 이기주의로 변질될 수 있다. 공자는 이를 극복하기 위해 예를 강조했다고 하였으므로, 예가 없으면 인은 혈연 중심주의 등의 이기주의로 변질될 수 있다는 내용은 공자의 주장으로 적절하다.

오답 선지 분석

① 인의 실천은 자기 자신에 대한 사랑으로부터 시작된다.
3문단에 따르면, 공자는 인을 실천하기 위해서는 가족에 대한 사랑으로부터 사랑의 대상을 확장해 나가야 한다고 주장했다.

③ 군주는 엄격한 법으로 백성들을 다스려 사회 질서를 유지해야 한다.
5문단에 따르면, 공자는 군주가 군자다운 인격을 갖추고 솔선수범하여 도덕과 예의로 백성을 교화하고 다스려야 한다고 하였다.

④ 사회가 혼란스러워진 것은 국가의 권위를 바로 세우지 못했기 때문이다.
2문단에 따르면, 공자는 당시 사회가 혼란스러워진 원인이 도덕성의 결여와 인간성의 타락이라고 보았다.

⑤ 사회 구성원은 언제든지 다른 사람의 역할을 대체할 수 있도록 노력해야 한다.
5문단에 따르면, 공자는 사회 구성원 모두가 자신에게 주어진 명칭에 따라 역할 수행에 최선을 다했을 때 바람직한 사회가 이루어진다고 하였다.

03 구체적 사례에 적용하기 답 | ②

보기의 ㉠~㉢ 중, 극기복례의 사례로 볼 수 없는 행위만을 고른 것은?

보기

㉠ 버스줄이 길었지만 새치기하지 않고 차례가 오기를 기다렸다.
㉡ 좋아하는 반찬이 급식에 나와 그 반찬을 싫어하는 친구의 몫까지 먹었다.
㉢ 영화를 공짜로 볼 수 있는 불법 사이트가 아닌, 정식 사이트에서 돈을 내고 보았다.

정답 선지 분석

② ㉡

㉡ 극기복례는 '자신을 극복하고 예로 돌아간다'라는 뜻으로, 자신의 이익만을 추구하는 이기적인 태도를 벗어나 사회적 규범과 질서를 따르고 지킨다는 것을 의미한다. 그러나 좋아하는 반찬이 급식에 나와 그 반찬을 싫어하는 친구의 몫까지 먹는 것은 이와 관련이 없으므로 극기복례의 사례라고 할 수 없다.

오답 선지 분석

㉠ 버스줄이 길었지만 새치기하지 않고 기다린 것은 이기적인 태도를 벗어나 사회적 규범과 질서를 따른 것이므로 극기복례의 사례로 볼 수 있다.

㉢ 영화를 공짜로 볼 수 있는 불법 사이트가 아닌, 정식 사이트에서 돈을 내고 본 것은 이기적인 태도를 벗어나 사회적 규범과 질서를 따른 것이므로 극기복례의 사례로 볼 수 있다.

04 핵심 내용 파악하기

ⓐ, ⓑ에 들어갈 말을 윗글에서 찾아 각각 1음절로 쓰시오.

공자는 타인에 대한 사랑과 인간다움을 의미하는 (ⓐ)와/과 사회적 규범을 의미하는 (ⓑ)의 조화를 통해 사회 혼란을 극복할 수 있다고 보았다.

정답

인, 예

문학 1 견회요(윤선도)

빠른 정답 체크 01 ② 02 ⑤ 03 ⑤ 04 시내, 외기러기

슬프나 즐거우나 옳다 하나 외다* 하나
대구법, 대조법
내 몸의 **할 일**만 닦고 닦을 뿐이언정
임금과 나라에 충성하는 것 화자의 강직하고 소신 있는 태도
그 밖의 여남은 일이야 분별할 줄 있으랴 ~: 설의적 표현
↔ 내 몸의 할 일 ▶ 신념에 충실한 화자의 삶의 태도
〈제1수〉

내 일 망령된 줄 나라 하여 모를쏜가 ┐
이이첨을 고발하는 상소를 올린 일 [A]
이 마음 어리기도* 임 위한 탓이로세 ┘
임금에 대한 충성심
아무가 아무리 일러도 임이 헤아려 보소서
자신의 결백함을 주장함 ▶ 임금에 대한 충성심과 결백함 주장
〈제2수〉

추성* 진호루 밖에 울어 예는* 저 시내야
화자의 유배지와 관련이 있음 □: 감정 이입의 대상
무엇을 하려고 밤낮으로 흐르느냐
임 향한 **내 뜻**을 좇아 그칠 줄을 모르는구나
임금에 대한 변함없는 충성심 ▶ 임금에 대한 변함없는 충성심
〈제3수〉

○: 반복법
뫼는 길고 길고 물은 멀고 멀고
대구법
어버이 그린 뜻은 많고 많고 하고 하고
부모에 대한 그리움
어디서 외기러기는 울고 울고 가느니
▶ 부모에 대한 그리움
〈제4수〉

어버이 그릴 줄을 처음부터 알았지만
부모에 대한 효도
임금 향한 뜻도 하늘이 삼기셨으니*
임금에 대한 충성 부모-자식 관계와 임금-신하 관계 모두 하늘이 정해 준 것임
진실로 임금을 잊으면 그 불효인가 여기노라
임금에 대한 충성을 부모에 대한 효도와 동일시함 ▶ 충과 효의 일치에 대한 깨달음
〈제5수〉

- 윤선도, 〈견회요〉 -

* 외다: 그르다.
* 어리다: '어리석다'의 옛말.
* 추성(秋城): 함경북도 경원의 옛 이름.
* 예다: '가다'를 예스럽게 이르는 말.
* 삼기다: '생기게 하다'의 옛말.

01 표현상의 특징 파악하기 답 | ②

윗글에 대한 설명으로 가장 적절한 것은?

정답 선지 분석

② 대구적 표현을 활용하여 운율을 형성하고 있다.
〈제1수〉의 '슬프나 즐거우나 옳다 하나 외다 하다', 〈제4수〉의 '뫼는 길고 길고 물은 멀고 멀고'에서 유사한 문장구조를 가진 대구적 표현을 활용하여 운율을 형성하고 있다.

오답 선지 분석

① 고사를 인용하여 자신의 처지를 나타내고 있다.
윗글에서 고사가 인용된 부분은 찾을 수 없다.

③ 음성 상징어를 사용하여 현장감을 살리고 있다.
윗글에는 음성 상징어가 사용되지 않았다.

④ 불가능한 상황을 가정하여 현실에서 도피하고 있다.
윗글에서 불가능한 상황을 가정하지는 않았으며, 화자가 현실에서 도피하고 있지도 않다.

⑤ 설의적 표현을 통해 부모에 대한 그리움을 드러내고 있다.
〈제1수〉의 '분별할 줄 있으랴', 〈제2수〉의 '나라 하여 모를쏜가' 등에서 설의적 표현이 사용되기는 했지만, 이를 통해 부모에 대한 그리움을 드러내고 있지는 않다.

02 화자의 태도 파악하기 답 | ⑤

[A]에서 드러나는 화자의 태도로 가장 적절한 것은?

정답 선지 분석

⑤ 자신의 행동을 후회하지 않고 굳건한 모습을 보이고 있다.
[A]에서 화자는 '내 일', 즉 이이첨을 고발하는 상소를 올린 것이 '망령된 줄을 나라 하여 모를쏜가'라고 하면서 상소를 올림으로써 유배를 가게 될 수도 있다는 것을 예상하고 있었음을 드러내고 있으며, '이 마음 어리기도 임 위한 탓이로세'라고 하면서 그럼에도 임금에 대한 충성심으로 뜻을 굽히지 않고 상소를 올렸음을 강조하고 있다. 즉, 유배를 가게 되었지만 상소를 올린 것을 후회하지 않고 굳건한 모습을 보이고 있는 것이다.

오답 선지 분석

① 스스로를 칭찬하는 거만한 태도를 취하고 있다.
화자가 '내 일 망령된 줄', '이 마음 어리기도'라고 한 것은 스스로를 칭찬하는 것이 아니며, 거만한 태도를 취하고 있지도 않다

② 자신과 뜻이 같은 사람이 없는 것을 한탄하고 있다.
화자가 자신과 뜻이 같은 사람이 없는 것을 한탄하고 있는지는 알 수 없다.

③ 임금을 탓하며 유배에서 풀려나기를 소망하고 있다.
화자가 '임 위한 탓이로세'라고 한 것은 자신이 유배를 가게 된 것이 임금의 탓이라는 의미가 아니라, 임금을 위해 유배를 가는 것을 감수했다는 의미이다. 또한 유배에서 풀려나기를 소망하고 있지도 않다.

④ 과거의 어리석음을 반성하며 마음을 새롭게 하고 있다.
화자가 '이 마음 어리기도'라고 한 것은 유배를 가게 될 수도 있다는 것을 예상했으면서도 상소를 올린 자신의 어리석음도 결국 임금에 대한 충성심에서 비롯되었음을 강조한 것이다. 과거의 어리석음을 반성하며 마음을 새롭게 하고 있는 것은 아니다.

03 외적 준거를 바탕으로 작품 이해하기 답 | ⑤

보기를 바탕으로 하여 윗글을 이해한 내용으로 적절하지 않은 것은?

보기

1616년(광해군 8), 당시 성균관 유생이었던 윤선도는 권신 이이첨의 횡포를 고발하는 상소를 올린 일로 모함을 받아 함경북도 경원으로 유배를 갔다. 부모를 포함한 주위 사람들은 보복당할 수 있다는 이유로 윤선도를 만류했으나, 윤선도는 불의를 외면하는 것 또한 불충이라는 생각을 가지고 있었기 때문에 상소를 올렸고, 결국 유배를 가게 된 것이다. 유배지에서도 윤선도는 임금에 대한 충성심을 잃지 않는 한편, 부모를 그리워했다.

* 권신(權臣): 권세를 잡은 신하. 또는 권세 있는 신하.

정답 선지 분석

⑤ 〈제5수〉의 '임금 향한 뜻'은 유배에서 풀려나기를 바라는 화자의 마음을 의미한다.
〈제5수〉에서는 '임금을 잊으면' 그 또한 불효라고 하고 있는데, 이는 충성심과 효심을 동일시하는 것이다. 따라서 '임금 향한 뜻'은 유배에서 풀려나기를 바라는 화자의 마음이 아니라, 임금을 위하는 마음으로 해석하는 것이 적절하다.

오답 선지 분석

① 〈제1수〉의 '할 일'은 의롭게 행동하는 것을 의미한다.
〈보기〉에 따르면, 화자는 권신 이이첨의 횡포를 고발하는 상소를 올렸다. 이를 바탕으로 보면, 화자가 자신의 강직한 삶의 자세를 드러내고 있는 〈제1수〉의 '할 일'은 불의를 외면하지 않고 의롭게 행동하는 것을 의미한다.

② 〈제2수〉의 '아무'는 화자를 모함한 사람들을 의미한다.
〈보기〉에 따르면, 화자는 권신 이이첨의 횡포를 고발하는 상소를 올렸다가 오히려 모함을 받아 유배를 갔다. 이를 바탕으로 보면, 화자가 억울함을 하소연하고 있는 〈제2수〉의 '아무'는 화자를 모함한 사람들을 의미한다.

③ 〈제3수〉의 '내 뜻'은 임금에 대한 화자의 충성심을 의미한다.
〈보기〉에 따르면, 화자는 유배지에서도 임금에 대한 충성심을 잃지 않았다. 이를 바탕으로 보면, 화자가 임금을 향한 변함없는 충성심을 표현하고 있는 〈제3수〉의 '내 뜻'은 임금에 대한 충성심을 의미한다.

④ 〈제4수〉의 '뫼'와 '물'은 화자와 화자의 부모 사이를 가로막는 장애물을 의미한다.
〈보기〉에 따르면, 화자는 유배지에서 부모를 그리워했다. 이를 바탕으로 보면, 화자가 부모에 대한 그리움을 표현하고 있는 〈제4수〉의 '뫼'와 '물'은 화자와 화자의 부모 사이를 가로막는 장애물을 의미한다.

04 시어의 기능 이해하기

윗글에서 화자의 감정 이입 대상으로 제시된 자연물 두 개를 찾아 차례대로 쓰시오.

정답

시내, 외기러기

문학 2 토끼와 자라(엄인희)

빠른 정답 체크 01 ③ 02 ⑤ 03 ② 04 다이어트, 횟집

「**등장인물**: 토끼, 자라, 용왕, 문어, 뱀장어, 전기뱀장어, 고등어, 꼴뚜기, 도루묵
「」: 희곡의 요소 중 '해설'에 해당함

장소: 바닷속 궁궐(용궁), 산속」

제1장 (바닷속 궁궐)
제1장의 공간적 배경

용왕이 있는 용궁이 무대이다. 용궁은 온갖 해초들이 넘실대는 화려한 궁정이다. 가운데 용왕의 의자가 놓여 있다. 막이 오르면 시름시름 앓고 있는 용왕이 의자에 앉아 있다. 양옆으로 신하들이 늘어서 있다. 신하들은 용왕의 부름을 받고 분부를 기다리는 중이다.

희곡의 요소 중 '지문'에 해당함

용왕: (야단치며) 내가 물속에 사는 온갖 약초를 다 먹어 보았지만, 아직도 아프질 않느냐!
약초를 먹고도 병이 낫지 않은 용왕이 신하들을 다그침

고등어: 황공하오이다, 마마. / **용왕**: 그놈의 황공 소리도 듣기 싫다.

문어: (머리를 조아리며) 황공무지*로소이다, 마마.

용왕: 듣기 싫어! 황공이고 무지고 그런 소리 말고 내 병이 깔끔히 나을 묘수*를 말하란 말이다.

꼴뚜기: 폐하! 약초보다는 어패류가 나은 줄 아뢰오.
꼴뚜기의 의견

용왕: 어패류가 무엇을 말하는고? 신약*이 나왔단 말이냐?
어패류의 뜻을 모름

문어: 어패류란 물고기나 조개 종류를 말하는 줄 아뢰오. / **용왕**: 물고기…… 너희를 먹으라고?
꼴뚜기도 어패류에 포함됨 → 웃음 유발

용왕 놀란다. 용왕 구역질을 한다. 신하들은 깜짝 놀라 꼴뚜기를 두드려 팬다.

뱀장어: 어물전 망신은 꼴뚜기가 시킨다더니, 아예 용궁 망신까지 시키는구나. 누굴 먹어?
지지리 못난 사람일수록 같이 있는 동료를 망신시킨다는 말 / 꼴뚜기에게 핀잔을 줌

꼴뚜기: (분해서) 폐하! 예로부터 뱀장어가 몸에 좋고 기력이 살아
분한 마음에 용왕에게 뱀장어를 먹으라고 함

난다는 명약*으로 알려졌다고 합니다.

뱀장어: (당황해서) 폐하! 죄송스러우나 지난 여섯 달간 다이어트
□: 현대적인 소재로 해학성을 드러냄
를 하고 있어서 약 될 것이 없는 줄 아뢰오. 차라리 제 사촌 전
용왕에게 자신 말고 다른 신하를 먹으라고 함
기뱀장어가 어떨는지요.

(중략)

자라: (기가 막혀서) 아이고 자라 모가지 축축 늘어지는 소리 좀 하지 마라. 폐하! 바다의 대왕, 용왕께서는 산속 짐승의 간을
자라의 의견
먹어야 하는 줄 아뢰오.

용왕: 산속 짐승? / 『**자라**: 새벽이슬만 먹고 숲에서 자라는 눈꽃
토끼를 가리킴
같은 짐승을요.

용왕: 그래, 그게 대체 누구냐? / **자라**: 그게 말이죠…… 도끼……
'토끼'와 '도끼'의 발음이 비슷한 것을 이용한 언어유희
용왕: 도끼? 에라, 망치는 아니고? / **자라**: 깡충깡충이.

용왕: 아, 깡충깡충 뛰는 청설모를 말하는구나.』
『』: 토끼의 이름을 정확히 모르는 자라를 통해 웃음을 유발함
자라: 귀가 뾰족하게 길고 엉금엉금 기며 꼬꼬마 동산에서 풀을
토끼의 외양적 특징 / 토끼의 행동적 특징
뜯는다고 들었습니다.

용왕: 아, 알았다. 토끼!

자라: 그렇습니다. 토끼의 간을 꺼내 드시면 만병*이 다 낫는다고
토끼의 간의 효능
하옵니다.

용왕: (벌떡 일어나) 여봐라! 얼른 자라를 땅으로 보내 토끼를 데
용왕이 토끼의 간을 꺼내 먹으려 함 → 새로운 갈등의 원인
려오도록 하여라!

(중략)

제3장 (다시 용궁)

용왕이 신이 나서 걸어 나온다. 그러나 금방 몸이 아파서 쓰러
용왕의 상태를 알 수 있음
지며 의자에 앉아 거친 숨을 쉰다.

용왕: 그래, 토끼를 잡아 왔다고? 어서 들라 해라.

문어: 자라 대신! 토끼를 데리고 들어오세요.

토끼, 용궁으로 들어온다. 토끼, 온갖 대신들이 모두 물고기들이라 깜짝 놀란다

토끼: (뒤따라오는 자라에게 화를 낸다.) 아니, 용궁으로 데리고 온다더니 수산물 파는 횟집에 온 거 아냐?
자신이 상상했던 용궁의 모습이 아니라 실망함
자라: 토끼님 눈에는 이 용궁이 수족관으로 보인단 말이오?

용왕: 허, 발칙하도다. 짐의 궁전을 모독하다니*?

토끼: (용왕을 본다.) 어어…… 저 생선은 처음 보는데……. 근데 싱싱하지가 않아서 회로는 못 먹고 매운탕으로 먹겠다.
용왕이 늙고 병들었음을 의미함

용왕: (부르르 떨며 화를 낸다.) 어서 저 고얀 놈 배를 갈라라. 냉큼
토끼가 용궁과 자신을 무시하자 화를 냄
간을 가져오지 못할까!

신하들이 토끼를 향해 달려든다. 토끼, 피한다.

토끼: 잠깐! 잠깐! 내가 잘못 들었나? (정중하게) 방금 간이라고 하
위기를 직감하여 태도 변화를 보임
셨습니까?

자라: 토끼님, 미안하오. 용왕께 명약으로 바치려고 당신을 데려
토끼를 데려온 진짜 목적을 밝힘
온 것이오.

토끼: 내 간을 약으로 바치려고요?
자신이 위기에 빠졌음을 깨달음
신하들: 그렇다.

문어, 잽싸게 달려들어 다리로 토끼를 감싸 쥔다. 전기뱀장어는 토끼 옆을 스친다. 토끼는 전기가 올라 소스라친다.

토끼: (침착함을 잃지 않고, 과장해서) 아하하, 안타깝다. 오호통재*
위기에서 빠져나가기 위해 침착하게 행동함
라. 토끼 간이 산속 짐승에게만 명약인 줄 알았더니, 이런 생선들한테도 쓸모가 있더란 말이냐? 그래서 우리 조상들은 간을 대여섯 개씩 물려받았구나. 좋다. 주지, 줘. 간을 줘서 생명을
용왕에게 간을 줄 것처럼 말함
살린다면 아까울 것이 없지.

고등어: 과연 듣던 대로 판단력이 빠른 총명한 토끼로고…….

토끼: (고등어한테) 얘, 너 배를 좍 갈라서 소금 쫙쫙 뿌려서 고등
고등어에게 위협적인 어조로 말함 → 다급한 심리
어자반 만들기 전에 입 다물어. 까불고 있어. 용왕마마! 다만 한 가지 안타까운 말씀을 드려야겠나이다.

용왕: 뭐냐? 얼른 칼을 가져다 배를 쭉 갈라 보자.

토끼: 예로부터 토끼들은 간이 배 밖으로 나왔습니다. 『호랑이, 여우, 늑대, 표범, 살쾡이, 독수리한테 쫓기다 보니 간을 배 속에 넣고는 살아갈 수가 없거든요.』 산속 깊은 골짜기에다 차곡차곡
『』: 간을 꺼내 놓고 사는 이유로 제시함
재어 놓고 다니다 밤에만 배 안에 집어넣고 살고 있다고 합니
토끼가 즉석에서 말을 지어내고 있음이 드러남
다……가 아니라, 살고 있습니다.

용왕: 그거 큰일이다.
토끼의 거짓말을 믿음
뱀장어: 저놈 말을 믿지 마세요, 폐하!
토끼의 거짓말을 믿지 않음

- 엄인희, 〈토끼와 자라〉 -

* 황공무지(惶恐無地): 위엄이나 지위 따위에 눌리어 두려워서 몸 둘 데가 없음.
* 묘수(妙手): 묘한 기술이나 수.
* 신약(新藥): 새로 발명한 약.
* 명약(名藥): 효험이 좋아 이름난 약.
* 만병(萬病): 온갖 병.
* 모독하다(冒瀆하다): 말이나 행동으로 더럽혀 욕되게 하다.
* 오호통재(嗚呼痛哉): '아, 비통하다'라는 뜻으로, 슬플 때나 탄식할 때 하는 말.

01 인물의 특징 파악하기 답 | ③

윗글의 인물에 대한 설명으로 가장 적절한 것은?

정답 선지 분석

③ 자라는 용궁에 도착하고 나서야 토끼에게 진실을 밝힌다.

용궁에 도착하여 용왕이 토끼의 간을 가져오라고 하고, 토끼가 "방금 간이라고 하셨습니까?"라고 묻는 것을 통해 이전까지는 토끼가 용왕이 자신의 간을 노린다는 사실을 몰랐음을 알 수 있다. 또한 이에 대해 자라가 "토끼님, 미안하오. 용왕께 명약으로 바치려고 당신을 데려온 것이오."라고 하므로 자라가 용궁에 도착하고 나서야 토끼에게 진실을 밝힌다는 설명은 적절하다.

오답 선지 분석

① 뱀장어는 꼴뚜기의 발언을 근거를 들어 지지한다.

꼴뚜기가 "약초보다는 어패류가 나은 줄 아뢰오."라면서 용왕에게 약으로 어패류를 먹으라고 발언하자, 뱀장어는 이에 대해 "어물전 망신은 꼴뚜기가 시킨다더니, 아예 용궁 망신까지 시키는구나. 누굴 먹어?"라고 핀잔을 준다. 꼴뚜기의 발언을 근거를 들어 지지하지 않았다.

② 토끼는 용왕에게 간을 주는 것은 아깝다고 말한다.

용왕이 "냉큼 간을 가져오지 못할까!"라고 하자, 토끼는 침착함을 잃지 않고 "토끼 간이 산속 짐승에게만 명약인 줄 알았더니, 이런 생선들한테도 쓸모가 있더란 말이냐?~간을 줘서 생명을 살린다면 아까울 것이 없지."라고 말한다. 용왕에게 간을 주는 것은 아깝다고 말하지 않았다.

④ 용왕은 간을 꺼내 놓고 다닌다는 토끼의 말을 믿지 않는다.

토끼가 "예로부터 토끼들은 간이 배 밖으로 나왔습니다.~산속 깊은 골짜기에다 차곡차곡 재어 다니다 밤에만 배 안에 집어넣고 살고 있다고 합니다……가 아니라, 살고 있습니다."라고 거짓말을 하자, 용왕은 "그거 큰일이다."라고 반응한다. 이는 간을 꺼내 놓고 다닌다는 토끼의 거짓말을 믿었기 때문이다.

⑤ 문어는 꼴뚜기가 말한 어패류가 용왕을 위한 신약이라고 생각한다.

꼴뚜기가 "약초보다는 어패류가 나은 줄 아뢰오."라고 말한 것에 대해 용왕이 "어패류가 무엇을 말하는고? 신약이 나왔단 말이냐?"라고 묻자, 문어는 "어패류란 물고기나 조개 종류를 말하는 줄 아뢰오."라고 대답한다. 꼴뚜기가 말한 어패류가 용왕을 위한 신약이라고 생각했는지는 알 수 없다.

02 작품의 내용 파악하기 답 | ⑤

윗글에 나타난 갈등 양상으로 적절하지 않은 것은?

정답 선지 분석

⑤ 자라가 토끼의 간을 약으로 추천하지만 용왕이 이를 믿지 않으면서 갈등이 발생한다.

자라가 "토끼의 간을 꺼내 드시면 만병이 다 낫는다고 하옵니다."라고 하며 토끼의 간을 약으로 추천하자, 용왕은 이를 수용하여 "여봐라! 얼른 자라를 보내 토끼를 데려오도록 하여라!"라고 말한다. 용왕이 자라의 말을 믿지 않으면서 갈등이 발생하지는 않는다.

오답 선지 분석

① 용왕이 자신을 무시하는 토끼에게 화를 내며 긴장감이 조성된다.

토끼가 용왕을 보며 "저 생선은 처음 보는데……. 근데 싱싱하지가 않아서 회로는 못 먹고 매운탕으로 먹겠다."라고 하자 용왕이 "어서 저 고얀 놈 배를 갈라라. 냉큼 간을 가져오지 못할까!"라고 화를 내며 긴장감이 조성된다.

② 토끼의 배를 가르려는 용왕과 목숨을 구하려는 토끼 사이의 갈등이 드러난다.

용왕이 "어서 저 고얀 놈 배를 갈라라. 냉큼 간을 가져오지 못할까!"라고 하자 토끼는 목숨을 구하기 위해 간을 산속 깊은 골짜기에 숨겨 놓았다는 거짓말을 한다. 이를 통해 토끼의 배를 가르려는 용왕과 목숨을 구하려는 토끼 사이의 갈등이 드러남을 알 수 있다.

③ 신하들이 서로 다른 신하를 약으로 쓰라고 하면서 신하들 간의 대립이 일어난다.

꼴뚜기가 "예로부터 뱀장어가 몸에 좋고 기력이 살아난다는 명약으로 알려졌다고 합니다."라고 하며 뱀장어를 약으로 쓰라고 하자, 당황한 뱀장어는 "차라리 제 사촌 전기뱀장어가 어떨는지요."라고 하며 전기뱀장어를 약으로 쓰라고 한다. 이를 통해 신하들이 서로 다른 신하를 약으로 쓰라고 하면서 신하들 간의 대립이 일어남을 알 수 있다.

④ 병에 걸린 용왕이 신하들에게 약을 구해 오라고 다그친 것이 갈등의 원인이 된다.

병에 걸린 용왕은 "듣기 싫어! 황공이고 무지고 그런 소리 말고 내 병이 깔끔히 나을 묘수를 말하란 말이다."라고 하며 신하들에게 약을 구해 오라고 다그치고, 이것이 갈등의 원인이 된다.

03 연출 방법 이해하기 답 | ②

다음은 연출가의 지시를 메모한 것이다. ㉠~㉤ 중 적절한 계획만을 고른 것은?

용왕 배우	아픈 사람처럼 분장해야 한다. …… ㉠
	피곤한 얼굴로 기운 없이 움직여야 한다. …… ㉡
	신하들에게 말할 때 다정한 어조로 말해야 한다. …… ㉢
토끼 배우	용궁에 처음 왔을 때 감탄하는 모습을 보여야 한다. …… ㉣
	간을 가져오라는 말을 듣고 당황한 마음을 감추려고 애써야 한다. …… ㉤

정답 선지 분석

② ㉠, ㉡, ㉤

㉠ 제1장에서 '막이 오르면 시름시름 앓고 있는 용왕이 의자에 앉아 있다.'라고 했으므로 용왕 배우는 아픈 사람처럼 분장해야 한다는 지시는 적절하다.

㉡ 제1장에서 용왕이 병에 걸렸음을 알 수 있고, 제3장의 해설에서 '몸이 아파서 쓰러지며 의자에 앉아 거친 숨을 쉰다.'라고 했으므로 용왕 배우는 병에 걸린 것을 연기하기 위해 피곤한 얼굴로 기운 없이 움직여야 한다는 지시는 적절하다.

㉤ 제3장에서 자신의 간을 가져오라는 말을 들은 토끼의 지문으로 '침착함을 잃지 않고, 과장해서'라고 했으므로 토끼 배우는 당황한 마음을 감추려고 애써야 한다는 지시는 적절하다.

오답 선지 분석

㉢ 제1장에서 용왕의 지문으로 '야단치며'가 있고, "내가 물속에 사는 온갖 약초를 다 먹어 보았지만, 아직도 아프질 않느냐!", "그놈의 황공 소리도 듣기 싫다." 등 신하들에게 신경질적인 태도를 보이므로 용왕 배우가 신하들에게 말할 때 다정한 어조로 말해야 한다는 지시는 적절하지 않다.

㉣ 제3장에서 용궁에 온 토끼는 뒤따라오는 자라에게 화를 내며 "아니, 용궁으로 데리고 온다더니 수산물 파는 횟집에 온 거 아냐?"라고 하면서 실망감을 드러내고 있으므로 토끼 배우가 용궁에 처음 왔을 때 감탄하는 모습을 보여야 한다는 지시는 적절하지 않다.

04 작품의 각색 파악하기

ⓐ, ⓑ에 들어갈 1어절의 말을 찾아 차례대로 쓰시오.

뱀장어는 (ⓐ)을/를 이유로 들어 자신은 약 될 것이 없다고 주장하고, 토끼는 용궁을 가리켜 (ⓑ)(이)라고 말한다. 이는 현대적인 소재를 사용하여 독자의 웃음을 유발한 것이다.

정답

다이어트, 횟집

17강

| 본문 | 201쪽

화법 핵심을 담아 발표하기

빠른 정답 체크 01 ⑤ 02 ④ 03 ⑤ 04 동아리 발표회

[A] 안녕하세요, 저는 인라인스케이트 동아리의 반장인 박지윤입니다(발표자 소개). 저는 이번 동아리 발표회에서(발표 자리(공식적)) 인라인스케이트를 잘 모르는 분들께 인라인스케이트를 소개하려고 합니다(발표의 주제와 목적). 『발표 내용은 인라인스케이트의 개념과 인라인스케이트를 탈 때 필요한 안전 장비, 다음으로 인라인스케이트를 타는 방법과 타면 좋은 점, 마지막으로 인라인스케이트를 탈 때 지켜야 할 안전 수칙의 순서로 발표하겠습니다.』(『 』: 발표의 순서 제시)

▶ 1문단: 발표의 주제, 목적, 목차 소개

[B] 인라인스케이트는 네 개 또는 다섯 개의 바퀴가 달린 신발을 신고 지면*을 활주하는 활동입니다(인라인스케이트의 개념). 인라인스케이트는 속도감을 즐길 수 있는 운동이지만, 속도가 빠른 만큼 부상을 당할 위험도 있으므로(인라인스케이트를 탈 때 안전 장비가 필요한 이유) 반드시 안전 장비를 착용해야 합니다. 인라인스케이트를 탈 때 필요한 안전 장비에는 머리를 보호하는 헬멧과 손목, 팔꿈치, 무릎 등 관절을 보호하는 보호대가 있습니다(인라인스케이트를 탈 때 필요한 안전 장비).

▶ 2문단: 인라인스케이트의 개념과 안전 장비

[C] 다음으로 인라인스케이트를 타는 방법을 간략하게 설명하겠습니다. 인라인스케이트를 탈 때에는 윗몸을 숙여 무게 중심을 낮추고, 시선은 가고자 하는 방향에 두어야 합니다(인라인스케이트를 타기 위한 준비 자세). 그리고『발을 11자로 만든 후에 양손으로 무릎을 잡고 허리를 수평으로 숙여 무릎을 펴면서 한쪽 발을 옆으로 똑바로 밉니다. 강한 추진력*을 얻기 위해서는 발로 바퀴 전체에 힘을 주어 번갈아 가며 강하게 지면을 밀면 됩니다(인라인스케이트를 타면서 속도를 내는 방법 ①).』(『 』: 인라인스케이트를 타고 나아가는 방법) 이때 오른팔과 왼팔을 번갈아 가며 저으면 더욱 속도를 낼 수 있습니다(인라인스케이트를 타면서 속도를 내는 방법 ②). 인라인스케이트를 타다가 멈출 때에는 스케이트의 앞축을 들고 무게를 발뒤꿈치로 옮겨 브레이크를 땅바닥에 대고 끌면 됩니다(인라인스케이트를 타다가 멈추는 방법).

▶ 3문단: 인라인스케이트를 타는 방법

[D] 그렇다면 인라인스케이트를 타면 좋은 점은 무엇일까요? 우선 근력 및 근지구력, 심폐 지구력과 같은 기초 체력을 향상할 수 있고(인라인스케이트의 장점 ①), 균형감 또한 기를 수 있습니다(인라인스케이트의 장점 ②). 그리고 간단한 장비로 언제 어디서나 여가를 즐길 수 있으며(인라인스케이트의 장점 ③), 가족이나 친구들과 함께 타며 건강한 인간관계를 형성할 수도 있습니다(인라인스케이트의 장점 ④).

▶ 4문단: 인라인스케이트를 타면 좋은 점

[E] 장점이 많은 인라인스케이트라도 이를 안전하게 즐기기 위해서는 다음과 같은 안전 수칙*을 반드시 지켜야 합니다. 준비 운동을 철저히 하고 안전 장비를 반드시 착용해야 합니다(인라인스케이트 안전 수칙 ①). 혼잡하거나 위험한 장소에서 타지 말고(인라인스케이트 안전 수칙 ②), 비가 오거나 젖은 길 바닥에서는 미끄러질 수 있으니 특히 조심해야 합니다(인라인스케이트 안전 수칙 ③).

▶ 5문단: 인라인스케이트를 탈 때 지켜야 할 안전 수칙

지금까지 인라인스케이트에 대하여 알아보았습니다.『인라인스케이트는 간단한 장비로 누구나 쉽게 배우고 즐길 수 있는, 장점이 많은 운동입니다. 여러분도 안전 수칙을 지키면서 인라인스케이트를 즐겨 보세요.』(『 』: 발표 내용 요약 및 정리) 이상으로 발표를 마치겠습니다. 지금까지 들어주셔서 고맙습니다.

▶ 6문단: 발표 내용 요약 및 정리

* 지면(地面): 땅의 거죽.
* 추진력(推進力): 물체를 밀어 앞으로 내보내는 힘.
* 수칙(守則): 행동이나 절차에 관하여 지켜야 할 사항을 정한 규칙.

01 발표 표현 전략 사용하기

답 | ⑤

위 발표에 활용된 말하기 방식으로 적절하지 않은 것은?

정답 선지 분석

⑤ 청중과 공유하는 경험을 언급하여 관심을 이끌어내고 있다.

윗글에서 발표자가 청중과 공유하는 경험을 언급한 부분은 찾아볼 수 없다.

오답 선지 분석

① 발표 첫머리에서 발표 순서를 안내하고 있다.

1문단의 '발표 내용은~순서로 발표하겠습니다'에서 발표 순서를 안내하고 있다.

② 발표 내용을 요약 및 정리하며 마무리하고 있다.

6문단의 '지금까지 인라인스케이트에 대하여~즐겨 보세요'에서 발표 내용을 요약 및 정리하며 마무리하고 있다.

③ 담화 표지를 활용하여 청중의 이해를 돕고 있다.

1문단과 3문단의 '다음으로', 4문단의 '우선'에서 담화 표지를 활용하여 청중의 이해를 돕고 있다.

④ 공식적인 자리인 것을 고려하여 경어체를 쓰고 있다.

1문단을 통해 공식적인 자리인 동아리 발표회에서 발표를 하고 있음을 알 수 있으며, 이를 고려하여 '-ㅂ니다'의 경어체를 쓰고 있다.

02 발표에서 자료, 매체 활용하기

답 | ④

위 발표를 위한 자료 화면을 만든다고 할 때, [A]~[E]의 자료 화면 계획으로 적절하지 않은 것은?

정답 선지 분석

④ [D]: 인라인스케이트를 타다가 다친 사람의 사진을 제시한다.

[D]에서는 인라인스케이트를 타면 좋은 점을 설명하고 있다. 인라인스케이트로 인해 사고가 일어날 수 있음을 경고하는 부분은 [D]가 아니라 [E]이므로, [D]에서 인라인스케이트를 타다가 다친 사람의 사진을 화면에 제시한다는 계획은 적절하지 않다.

오답 선지 분석

① [A]: 발표의 목차를 번호를 붙여 제시한다.

[A]에서는 '인라인스케이트의 개념과 인라인스케이트를 탈 때 필요한 안전 장비 → 인라인스케이트를 타는 방법 → 인라인스케이트를 타면 좋은 점 → 인라인스케이트를 탈 때 지켜야 할 안전 수칙'이라는 발표의 목차를 안내하고 있으므로, 이를 번호를 붙여 화면에 제시한다는 계획은 적절하다.

② [B]: 인라인스케이트의 안전 장비를 모두 착용한 사람의 사진을 제시한다.

[B]에서는 인라인스케이트를 탈 때 필요한 안전 장비로 '머리를 보호하는 헬멧과 손목, 팔꿈치, 무릎 등 관절을 보호하는 보호대'를 제시하고 있으므로, 이러한 안전 장비를 모두 착용한 사람의 사진을 화면에 제시한다는 계획은 적절하다.

③ [C]: 인라인스케이트를 타는 순서에 따라 사진을 제시한다.

[C]에서는 '인라인스케이트를 탈 때에는~땅바닥에 대고 끌면 됩니다'라고 하며 인라인스케이트를 타는 순서와 멈추는 방법 등을 설명하고 있으므로, 화면에 인라인스케이트를 타는 순서에 따라 사진을 제시한다는 계획은 적절하다.

⑤ [E]: 인라인스케이트의 안전 수칙을 요약하여 제시한다.

[E]에서는 '준비 운동을 철저히~특히 조심해야 합니다'라고 하며 인라인스케이트를 탈 때의 안전 수칙을 설명하고 있으므로, 화면에 인라인스케이트의 안전 수칙을 요약하여 제시한다는 계획은 적절하다.

03 발표 내용 이해, 평가하기

답 | ⑤

다음은 위 발표를 들은 학생들이 보인 반응이다. 이를 바탕으로 학생의 듣기 활동을 이해한 내용으로 가장 적절한 것은?

학생 1: 인라인스케이트에 대한 정보는 많이 알 수 있었지만, 정작 동아리에 대한 설명은 없어서 아쉬웠어.

학생 2: 친구와 함께 인라인스케이트를 처음 탔을 때가 떠올랐어. 건강한 인간관계를 형성할 수 있다는 건 정말 맞는 말이야.

학생 3: 헬멧 없이 자전거를 타다가 크게 다친 적이 있어. 인라인스케이트를 탈 때 안전 장비를 착용해야 하는 것도 같은 이유에서구나.

정답 선지 분석

⑤ '학생 2'와 '학생 3'은 모두 발표와 관련된 경험을 떠올리고 있다.

'학생 2'는 '친구와 함께 인라인스케이트를 처음 탔을 때'를 떠올리고 있고, '학생 3'은 '헬멧 없이 자전거를 타다가 크게 다친' 것을 떠올리고 있다. 따라서 '학생 2'와 '학생 3' 모두 발표와 관련된 경험을 떠올리고 있다.

오답 선지 분석

① '학생 1'은 발표의 내용에 의문점을 제기하고 있다.

'학생 1'은 인라인스케이트 동아리에 대한 설명이 없었음을 아쉬워할 뿐, 발표의 내용에 의문점을 제기하고 있지는 않다.

② '학생 2'는 발표 대상에 대한 추가 조사를 계획하고 있다.

'학생 2'는 인라인스케이트를 통해 건강한 인간관계를 형성할 수 있다는 발표의 내용에 공감하고 있을 뿐, 발표 대상인 인라인스케이트에 대한 추가 조사를 계획하고 있지 않다.

③ '학생 3'은 발표자와 다른 관점에서 대상을 평가하고 있다.

'학생 3'은 '인라인스케이트를 탈 때 안전 장비를 착용해야 하는 것도 같은 이유에서구나'라고 하며 자신의 경험을 바탕으로 발표를 듣고 있을 뿐, 발표자와 다른 관점에서 대상을 평가하고 있지 않다.

④ '학생 1'과 '학생 2'는 모두 발표의 주장에 공감을 표하고 있다.

'학생 2'는 '건강한 인간관계를 형성할 수 있다는 건 정말 맞는 말이야'라고 하며 발표의 주장에 공감하고 있지만, '학생 1'이 발표의 주장에 공감하는지는 알 수 없다.

04 발표 내용 이해하기

빈칸에 들어갈 말을 2어절로 쓰시오.

위 발표는 (　　　)에서 학생들에게 인라인스케이트를 소개하는 것을 목적으로 하고 있다.

정답

동아리 발표회

독서 스몰토크와 인간관계

빠른 정답 체크 01 ⑤ 02 ⑤ 03 ④ 04 의사소통 회기

휴대 전화가 널리 보급됨에 따라 가족이나 친구, 동료 간에 짧은 단문의 말들로 이루어지는 일상적이고 소소한 대화인 스몰토크를 나누는 횟수가 빈번해지고, 그에 따라 친밀성이 더욱 강화되었다. 스몰토크는 형식적인 관계를 맺고 있는 사람들 사이에서도 이루어지지만, 친한 사람들 사이에서 더 많이 이루어지는 행동이다. 관계가 긴밀하여 접촉할 필요가 많을수록 미시적으로 생각을 나눌 필요가 많이 생기기 때문이다. 현대 사회에서 빈번하게 이루어지고 있는 스몰토크는 친밀성의 의미를 변화시키고 대인 관계의 양상을 변화시키는 등 그 영향력이 작지 않다.
(스몰토크의 개념 / 스몰토크가 친한 사람들 사이에서 더 많이 이루어지는 이유 / 스몰토크의 영향)

▶ 1문단: 휴대 전화 보급에 따른 스몰토크의 영향력

스몰토크는 얼마나 오래 깊이 이야기를 나누었는가가 아니라 얼마나 자주 접촉을 했는가가 중요하다. 여기서 '의사소통 회기*'라는 개념이 필요하다. '의사소통 회기'란 물리적 시·공간에서 시작과 끝으로 구획되는* 한 번의 의사소통의 흐름을 지칭한다. 휴대 전화는 시·공간을 초월해서 의사소통 회기를 구성한다. 그래서 가족의 경우 과거에는 같이 사는 경험에 기반을 둔 공통의 생활 경험이 친밀성을 형성하는 핵심적 요소였으나, 휴대 전화의 이용이 보편화된 현대에는 같이 살거나 그렇지 않거나 간에 얼마나 자주 스몰토크를 하는지에 의해 친밀성이 형성되고 있다. 공통의 생활 경험보다 짧고 빈번한 대화의 여부가 친밀성을 강화하고 유지하는 주요 요건*이 되어가는 것이다.
(스몰토크에서 중요한 요소(깊이<빈도) / 의사소통 회기의 개념 / 휴대 전화를 통한 의사소통은 시·공간의 제약을 받지 않음 / 과거 가족 간의 친밀성을 형성하던 핵심적 요소 / 현대 가족 간의 친밀성을 형성하는 핵심적 요소 / 스몰토크)

▶ 2문단: 의사소통 회기와 친밀성의 기준 변화

스몰토크에 의한 새로운 친밀성의 등장은 '표현적 자아'를 전제하고 있다. 짧지만 빈번한 대화에서 개인은 흔히 일상 속 경험에 대한 느낌, 자신의 감정 등과 같은 내용을 표현한다. 이때의 표현은 정확해야 한다거나 정보를 담고 있어야 한다거나 하는 전통적이고 효과적인 의사소통 모형의 전제들을 요구하지 않는다. 친밀한 관계를 맺는 사람과 스몰토크를 통한 의사소통에서 개인은 그저 자신의 느낌과 감정 등을 자주 표현하기만 하면 된다. 이러한 의사소통은 진솔한 표현과 공감적 감정 등을 중심으로 이루어지기 마련인데, 이때 의사소통의 당사자는 표현적 자아를 경험하는 주체가 된다. 스몰토크를 통한 의사소통이 주체의 표현적 자아로서의 정체성을 강화하는 것이다.
(스몰토크의 주요 내용 / 정확성을 추구하며 정보를 담고 있음 / 스몰토크의 핵심 / 스몰토크가 진솔한 표현과 공감적 감정을 중심으로 이루어지기 때문)

▶ 3문단: 스몰토크로 인한 표현적 자아의 강화

활발한 스몰토크를 통해 강화된 표현적 자아는 인터넷 공간에서 블로그, 인스타그램 등의 SNS를 만들거나 다양한 소모임에 참여하여 활동함으로써 말하고 듣는 새로운 의사소통 주체로서
(의사소통 주체로서의 정체성 강화 방법 ① / 의사소통 주체로서의 정체성 강화 방법 ②)

의 정체성을 더욱 강화한다. 그런데 이처럼 많은 사람들을 대하고 다양한 집단 속에서 활동한다는 것은 필연적으로 과거보다 양적으로 풍부하지만 느슨한 관계를 맺고 살아가게 된다는 것을 의미한다. 친밀한 관계를 만들기 위해서는 시간적으로나 정신적으로 투자가 필요한데, 사람들의 시간적·정신적 에너지는 어느 정도 제한되어 있다. 그렇기 때문에 사람들이 친밀하게 유지할 수 있는 관계는 현재나 미래 모두 한정적일 수밖에 없다.

스몰토크로 맺어진 관계의 한계 ①

스몰토크로 맺어진 관계의 한계 ②

▶ 4문단: 스몰토크로 맺어진 관계의 한계

* 회기(會期): 개회로부터 폐회까지의 기간.
* 구획되다(區劃되다): 토지 따위가 경계가 지어져 갈리다.
* 요건(要件): 필요한 조건.

01 내용 전개 방식 파악하기 답 | ⑤

윗글의 내용 전개 방식에 대한 설명으로 가장 적절한 것은?

정답 선지 분석

⑤ 대상으로 인한 변화 양상과 그로 인한 한계를 설명하고 있다.

윗글은 1문단에서 휴대 전화가 널리 보급됨에 따라 스몰토크가 빈번해지고 그에 따라 친밀성의 의미와 대인 관계의 양상이 변화되고 있다고 말하고 있다. 그리고 2~4문단에서 스몰토크의 강화로 나타난 친밀성 형성의 요건 변화, 의사소통 주체의 표현적 자아로서의 경험 강화, 표현적 자아의 강화로 나타나는 관계의 변화 양상 등에 대해 분석적으로 살펴본 다음, 마지막 문단에서 그 내용을 정리하면서 스몰토크의 한계에 대해 진술하고 있다.

오답 선지 분석

① 묻고 답하는 형식을 활용하여 내용을 전개하고 있다.

윗글은 스스로 묻고 답하는 자문자답의 형식을 활용하고 있지 않다.

② 비유를 통해 대상의 면모를 효과적으로 전달하고 있다.

윗글은 비유적 표현을 통해 스몰토크의 면모를 전달하지 않는다.

③ 예상되는 반론을 반박하면서 자신의 주장을 강화하고 있다.

윗글은 예상 반론을 반박하는 방식을 통해 자신의 주장을 강화하지 않는다.

④ 권위 있는 사람의 의견을 인용하며 내용을 뒷받침하고 있다.

윗글은 권위 있는 사람의 의견을 근거로 삼지 않는다.

02 세부 내용 파악하기 답 | ⑤

윗글의 내용으로 적절하지 않은 것은?

정답 선지 분석

⑤ 스몰토크는 이미 친한 사람들보단 친하지 않은 사람들 사이에서 더 많이 이루어진다.

1문단에 따르면, 스몰토크는 형식적인 관계를 맺고 있는 사람들 사이에서도 이루어지지만, 친한 사람들 사이에서 더 많이 이루어지는 행동이므로 적절하지 않다.

오답 선지 분석

① 공통의 생활 경험은 친밀감을 형성하는 데 있어 덜 중요해졌다.

2문단에 따르면, 휴대 전화의 이용이 보편화된 현대에는 같이 사는 경험에 기반을 둔 공통의 생활 경험보다 얼마나 자주 접촉을 했는가, 즉 얼마나 자주 스몰토크를 하는가에 따라 친밀감이 형성된다

② 스몰토크를 통한 의사소통은 표현적 자아로서의 정체성을 강화한다.

3문단에 따르면, 스몰토크를 통한 의사소통은 주체의 표현적 자아로서의 정체성을 강화한다.

③ 친밀한 관계를 형성하는 데에 필요한 사람들의 에너지는 제한적이다.

4문단에 따르면, 사람들의 시간적·정신적 에너지가 제한되어 있기 때문에 친밀하게 유지할 수 있는 관계는 한정적이다.

④ 스몰토크의 등장과 함께 사람들은 과거보다 양적으로 풍부한 관계를 맺게 되었다.

4문단에 따르면, 스몰토크로 인해 사람들은 과거보다 양적으로 풍부하지만 느슨한 관계를 맺고 살아가게 되었다.

03 구체적 사례에 적용하기 답 | ④

윗글을 참고하여 보기 를 이해한 내용으로 적절하지 않은 것은?

보기

A는 친한 친구들과 예쁜 카페를 방문하여 찍은 사진을 인스타그램에 올리고, 다른 친구들이 올린 게시물에 '좋아요'를 누른 뒤 그들의 근황을 묻는 짧은 인사말을 적었다. 그리고 먼 지역에 사는 소모임 친구들이 자신의 인스타그램 게시물에 다음에 그 카페에 같이 놀러 가자는 댓글을 올린 것을 확인하였다.

정답 선지 분석

④ A는 정확한 정보, 진솔한 표현과 공감적 감정 등을 표현하고 있다.

3문단에 따르면, 스몰토크는 진솔한 표현과 공감적 감정 등을 표현하나 정확해야 한다거나 정보를 담고 있어야 한다거나 하는 전통적이고 효과적인 의사소통 모형의 전제들을 요구하지 않는다. 〈보기〉의 A는 스몰토크를 하고 있으므로 진솔한 표현과 공감적 감정 등을 표현하고 있다고는 할 수 있으나 정확한 정보를 표현한다고는 할 수 없다.

오답 선지 분석

① A는 양적으로 풍부한 관계를 맺고 있다.

4문단에서 많은 사람들을 대하고 다양한 집단 속에서 활동한다는 것은 양적으로 풍부한 관계를 맺고 살아가게 된다는 의미라고 하였다. 〈보기〉의 A는 인스타그램에서 친한 친구들은 물론, 소모임 친구들과도 소통하고 있으므로 양적으로 풍부한 관계를 맺고 있다고 할 수 있다.

② A는 표현적 자아로서의 정체성이 강화되고 있다.

3문단에서 스몰토크를 통한 의사소통은 주체의 표현적 자아로서의 정체성을 강화한다고 하였다. 〈보기〉의 A는 친구들에게 근황을 묻는 짧은 인사말을 적는 등, 스몰토크를 통해 의사소통을 하고 있으므로 표현적 자아로서의 정체성이 강화되고 있다고 할 수 있다.

③ A는 친밀한 관계를 만들기 위해 시간적·정신적 투자를 하고 있다.

4문단에서 친밀한 관계를 만들기 위해서는 시간적으로나 정신적으로 투자가 필요하다고 하였다. 〈보기〉의 A는 자신의 시간을 투자하여 인스타그램을 통해 스몰토크를 하고 있으므로 친밀한 관계를 만들기 위해 시간적·정신적 투자를 하고 있다고 할 수 있다.

⑤ A는 인스타그램을 통해 공간에 구애받지 않고 '의사소통 회기'를 구성하고 있다.

2문단에서 현대에는 의사소통 회기가 시·공간을 초월하여 구성된다고 하였다. 〈보기〉의 A가 인스타그램을 통해 먼 지역에 사는 소모임 친구들과 소통하는 것은 인스타그램이 공간에 구애받지 않는 의사소통 수단임을 보여 준다.

04 세부 내용 파악하기

빈칸에 들어갈 말을 윗글에서 찾아 2어절로 쓰시오.

(㉠)을/를 구성하는 데 있어 시·공간의 제약을 받지 않는 휴대 전화가 널리 쓰이게 되면서, 스몰토크의 빈도에 따라 친밀성이 형성되고 있다.

정답

의사소통 회기

문학 1 사는 일(나태주)

빠른 정답 체크 01 ② 02 ② 03 ② 04 바람, 멍석딸기, 물총새

㉠ 오늘도 하루 잘 살았다
하루의 일에 대한 긍정적 인식
굽은 길은 굽게 가고
힘든 삶
곧은 길은 곧게 가고
편안한 삶
(대구법)
▶ 현실에 순응하는 삶

막판에는 나를 싣고

가기로 되어 있는 차가

㉡ 제 시간보다 일찍 떠나는 바람에
예상하지 못한 고난이 발생함
「걷지 않아도 좋은 길을 두어 시간
「」: 예상하지 못한 수고로움을 겪음
㉢ 땀 흘리며 걷기도 했다」
▶ 예상하지 못한 고난

㉣ 그러나 그것도 나쁘지 아니했다
부정적일 수 있는 상황을 긍정적으로 받아들임
「걷지 않아도 좋은 길을 걸었으므로
「」: 상황을 긍정적으로 받아들인 이유
만나지 못했을 번했던 싱그러운

바람도 만나고 수풀 사이
□: 소박한 아름다움
빨갛게 익은 멍석딸기도 만나고
~: 시각적 심상, 색채 이미지
해 저문 개울가 고기비늘 찍으러 온 물총새

물총새, 쪽빛 날갯짓도 보았으므로」
▶ 고난에 대한 긍정적 인식

이제 날 저물려 한다
시간의 흐름이 나타남
㉤ 길바닥을 떠돌던 바람은 잠잠해지고
밤이 되어 거리가 조용해짐
새들도 머리를 숲으로 돌렸다
밤이 되어 새들이 숲으로 돌아감
「오늘도 하루 나는 이렇게
「」: 1연의 1행을 변형하여 반복함
잘 살았다」
▶ 하루를 마무리하며 느끼는 만족감

- 나태주, 〈사는 일〉 -

01 표현상의 특징 파악하기 답 | ②

윗글에 대한 설명으로 적절하지 않은 것은?

정답 선지 분석

② 접속 부사를 사용하여 부정적인 인식을 보여 주고 있다.
3연에서 접속 부사인 '그러나'를 사용하기는 했지만, 그 뒤에 '그것도 나쁘지 아니했다'가 이어지는 것을 볼 때 접속 부사를 사용한 것은 부정적인 인식이 아닌, 상황에 대한 긍정적인 인식을 보여 주기 위해서이다.

오답 선지 분석

① 대구법을 활용하여 화자의 삶의 자세를 나타내고 있다.
1연의 '굽은 길은 굽게 가고 / 곧은 길은 곧게 가고'에서 대구법을 활용하여 주어진 현실에 순응하며 살아가는 화자의 삶의 자세를 나타내고 있다.

③ 시간의 흐름을 나타내어 하루 동안의 일임을 드러내고 있다.
4연의 '이제 날 저물려 한다'에서 시간의 흐름을 나타내어 시의 전체적인 내용이 하루 동안의 일임을 드러내고 있다.

④ 시각적 심상을 사용하여 자연물을 감각적으로 묘사하고 있다.
3연의 '빨갛게 익은'에서 시각적 심상을 사용하여 자연물인 '멍석딸기'를, '쪽빛 날갯짓'에서 시각적 심상을 사용하여 자연물인 '물총새'를 감각적으로 묘사하고 있다.

⑤ 첫 연의 시행을 마지막 연에서 변형하여 주제를 강조하고 있다.
1연의 '오늘도 하루 잘 살았다'를 4연에서 '오늘도 하루 나는 이렇게 / 잘 살았다'로 변형하여 일상을 긍정적으로 받아들이는 삶의 태도라는 주제를 강조하고 있다.

02 시구의 의미 파악하기 답 | ②

㉠~㉤에 대한 설명으로 적절하지 않은 것은?

정답 선지 분석

② ㉡: 빠름을 중시하는 현대인에 대한 비판을 제시한다.
㉡은 화자가 예상하지 못한 상황이 벌어졌음을 의미하는 것이지, 빠름을 중시하는 현대인에 대한 비판을 제시하는 것이 아니다.

오답 선지 분석

① ㉠: 하루 동안의 생활에 대한 화자의 만족감이 드러난다.
㉠에서 화자는 하루 동안의 생활에 대해 '잘 살았다'라고 하며 만족감을 드러내고 있다.

③ ㉢: 겪지 않아도 되었던 고난을 겪었음을 의미한다.
㉢은 화자가 차가 '제 시간보다 일찍 떠'난 것으로 인해 '걷지 않아도 좋은 길'을 '땀 흘리며 걷'는 고난을 겪었음을 의미한다.

④ ㉣: 부정적 상황에 대한 긍정적 태도가 나타난다.
㉣에서 화자는 '걷지 않아도 좋은 길을 두어 시간 / 땀 흘리며 걷'게 된 상황에 대해 '나쁘지 아니했다'라고 평하며 긍정적인 태도를 보이고 있다.

⑤ ㉤: 밤이 되어 거리가 조용해졌음을 의미한다.
㉤에서 '바람은 잠잠'해졌다는 것은, '이제 날 저물려 한다'를 고려했을 때 밤이 되어 바람조차 잠잠해질 정도로 거리가 조용해졌음을 의미한다.

03 작품 간의 공통점, 차이점 파악하기 답 | ②

윗글과 보기 를 비교한 내용으로 가장 적절한 것은?

보기

나는 구부러진 길이 좋다.
구부러진 길을 가면
나비의 밥그릇 같은 민들레를 만날 수 있고
감자를 심는 사람을 만날 수 있다.
날이 저물면 울타리 너머로 밥 먹으라고 부르는
어머니의 목소리도 들을 수 있다.
구부러진 하천에 물고기가 많이 모여 살듯이
들꽃도 많이 피고 별도 많이 뜨는 구부러진 길.
구부러진 길은 산을 품고 마을을 품고
구불구불 간다.
그 구부러진 길처럼 살아온 사람이 나는 또한 좋다.
반듯한 길 쉽게 살아온 사람보다
흙투성이 감자처럼 울퉁불퉁 살아온 사람의
구불구불 구부러진 삶이 좋다.
구부러진 주름살에 가족을 품고 이웃을 품고 가는
구부러진 길 같은 사람이 좋다.

- 이준관, 〈구부러진 길〉

정답 선지 분석

② 윗글과 〈보기〉는 모두 자연물에 긍정적인 가치를 부여하고 있다.
윗글은 자연물인 '바람', '멍석딸기', '물총새'에, 〈보기〉는 자연물인 '민들레', '들꽃', '별', '감자'에 긍정적인 가치를 부여하고 있다.

오답 선지 분석

① 윗글과 〈보기〉는 모두 현실에 순응하는 태도를 보이고 있다.
윗글은 '굽은 길은 굽게 가고 / 곧은 길은 곧게 가고'라고 하며 현실에 순응하는 태도를 보이고 있지만, 〈보기〉가 현실에 순응하는 태도를 보이고 있는지는 알 수 없다.

③ 윗글은 〈보기〉와 달리 비유적 표현을 활용하여 풍경을 그리고 있다.
윗글에는 비유적 표현이 사용되지 않았다. 〈보기〉에서 '나비의 밥그릇 같은 민들레'라고 하며 비유적 표현을 통해 풍경을 그리고 있다.

④ 〈보기〉는 윗글과 달리 과거형 어미를 사용하여 과거를 회상하고 있다.
〈보기〉는 '좋다', '간다' 등의 현재형 어미를 사용하고 있다. 윗글에서 '살았다', '걷기도 했다' 등의 과거형 어미를 사용하여 하루 동안의 일을 회상하고 있다.

⑤ 윗글은 대조적인 시어를 제시하고 있고, 〈보기〉는 유사한 시어를 나열하고 있다.
윗글은 대조적인 시어를 제시하지 않고, 유사한 시어인 '바람', '멍석말이', '물총새'를 나열하고 있다. 〈보기〉에서 대조적인 시어인 '구부러진 길'과 '반듯한 길'을 제시하고 있다.

04 시어의 의미 이해하기

윗글에서 화자가 만난 대상이자, 소박한 아름다움을 상징하는 시어를 세 개를 찾아 차례대로 쓰시오. (단, 각각 1어절로 쓸 것.)

정답

바람, 멍석딸기, 물총새

문학 2 두껍전(작자 미상)

빠른 정답 체크 01 ④ 02 ③ 03 ② 04 고양나무, 상좌

[앞부분 줄거리] 노루인 장 선생이 잔치를 연다. 장 선생은 산중의 왕 호랑이를 제외한 동물들만을 초대하고(기존 신분제의 동요), 동물들은 서로 상좌*에 앉으려고(갈등의 원인) 다툰다.

토끼 모든 손님을 돌아보며 말하기를,(중재자의 역할을 함)
"내 일찍 들으니 조정에서는 벼슬만 한 것이 없고, 마을에서는 나이만 한 것이 없다(《맹자》에 나오는 말을 인용함) 했으니 부질없이 다투지 말고 **나이를 따라 자리를 정하**소서.(새로운 질서가 등장함)"

노루가 허리를 수그리고 펄쩍 뛰어 내달아,

"내가 나이 많아 허리가 굽었노라.(외양을 근거로 하여 나이 많음을 주장함 ①) 상좌에 처함이 마땅하도다."
하고, 암탉의 걸음으로 엉금엉금 기어 상좌에 앉으니, 여우란 놈이 생각하되,

'저놈이 한갓 허리 굽은 것으로 나이 많은 체하고 상좌에 앉으니, 난들 어찌 무슨 간계*로 나이 많은 체 못 하리오.(거짓말을 일삼는 비윤리적인 세태 ①)'

하고 수염을 쓰다듬으며 내달아,

"내 나이 많아 수염이 세었노라.(외양을 근거로 하여 나이 많음을 주장함 ②)" / 한대, 노루가 답하기를,
"네 나이 많다 하니 어느 갑자에 났는가. 호패*를 올리라.(여우에게 증거를 요구함)" / 하니, 여우 답하기를,

[A] "소년 시절에 호방하고 의협심이 있어 주색청루에 다닐 적에 술 취하여 오다가, 대신 가시는 길을 건넜다 하여 호패를 떼여 이때까지 찾지 못하였거니와,(호패를 보여 줄 수 없는 이유를 지어냄) 천지개벽한 후 처음에 황하수 치던 시절에(시기를 근거로 하여 나이 많음을 주장함 ①) 나더러 힘세다 하고 가래장부 되었으니 내 나이 많지 아니하리오. 나는 이러하거니와 너는 어느 갑자에 났느냐."

노루 답하기를,

"**천지개벽하고 하늘에 별 박을 때**(시기를 근거로 하여 나이 많음을 주장함 ②)에, 날더러 궁통하다* 하여 별자리를 분간하여 도수를 정하였으니 내 나이 많지 아니하리오."

하고 둘이 상좌를 다투거늘 두꺼비 곁에 엎드렸다가 생각하되,

'저놈들이 서로 거짓말로 나이 많은 체하니 **난들 거짓말 못 하리오.**(거짓말을 일삼는 비윤리적인 세태 ②)'

하고 공연히 건넛산을 바라보고 슬피 눈물을 흘리거늘(자신의 나이 많음을 주장하기 위함(지어낸 이유와 연관됨)) 여우가 꾸짖어 말하되,

"무슨 슬픔이 있기에 남의 잔치에 참여하여 상서롭지 못한 형상을 보이느냐."

두꺼비 대답하기를, / "저 건너 고양나무를 보니(두꺼비가 자신의 나이 많음을 주장하는 근거) 자연히 비창하여* 그리하노라."

여우가 말하되, / "저 고양나무에서 네 고조할아버지라도 돌아가셨냐? 어찌 그리 슬퍼하느냐?"

두꺼비 정색하여 말하되,

"내 소년 때에 저 나무 세 그루 심었더니 한 그루는 맏아들이 별 박는 방망이로 쓰려고 베었고,(자신이 노루보다 이전에 태어났음을 언급함) 한 그루는 둘째 아들이 은하수 칠 때 가루 막대기로 쓰려고 베었더니,(자신이 여우보다 이전에 태어났음을 언급함) 동티*가 나서 다 죽고 다만(아들들은 실제로 존재하지 않음) 저 나무 한 그루와 내 목숨만 살았으니, 내 그때 죽고 싶으되 인명은 재천*인 고로 이때까지 살아 있다가 오늘 저 나무를 다시 보니 자연 비감하도다*."

토끼가 이 말을 듣고 여쭈되, / "그러하시면 두껍 존장*이 상좌에 앉으소서.(두꺼비의 말을 듣고 상좌에 앉히고자 함)"

두꺼비 사양하고 말하되,

"그렇지 않다. 나이 많은 이가 있으면 상좌를 할 것이니 좌중에 물어보라.(일부러 겸손한 태도를 보임)"

좌객*이 다 말하기를,

"우리는 하늘에 별을 박으며, 은하수 친단 말을 듣지도 못하였으니 다시 물을 바 없다."

하거늘, 이제야 두꺼비 펄쩍 뛰어 상좌에 앉고, 여우는 서편에 앉고 자기 차례를 정하였다.

여우가 두꺼비에게 상좌를 빼앗기고 분한 기운이 치밀어 올라 두꺼비에게 기롱하여* 말하기를,
여러 질문을 통해 두꺼비의 실체를 밝혀내고자 함

"존장이 춘추*가 많을진대 구경을 많이 하였을 것이니 어디 어디 보았소이까?"
존장: 두꺼비

두꺼비 말하기를,

"내가 구경한 바는 이루 헤아리지 못하거니와 너는 구경을 얼마나 하였나 먼저 아뢰라."
여우의 대답을 먼저 듣고 난 후 여우보다 많은 것을 보았다고 말하기 위함

(중략)

또 여쭈되, / "존장이 천지만물을 무불통지하오니*, 글도 아시나이까."

두꺼비 말하되,

"미련한 짐승아. 글을 못 하면 어찌 천자 만고* 역대*를 이르며 음양지술을 어찌 알리오."

하거늘 여우 말하되,

"존장은 문학도 거룩하니 풍월*을 들으리이다."

두꺼비 부채로 서안*을 치며 크게 읊어,

"대월강우입하니 고루석연부라. 금일군호회중에 유오대장부라*."
한문구를 읊으며 유식한 체함

읽기를 그치니 여우 말하기를,

"존장의 문학이 심상치 아니하거니와, 실없이 묻잡느니 존장의 껍질이 어찌 우둘투둘하시나이까."
□: 여우가 트집을 잡는 두꺼비의 외양

두꺼비 답하기를,

"소년에 장안 팔십 명을 밤낮으로 데리고 지내다가, 남의 몸에서 옴*이 올라 그리하도다."
두꺼비의 껍질이 우둘투둘한 이유

여우 또 물으니, / "그리하면 눈은 왜 그리 노르시나이까."

"눈은 보은 현감 갔을 때에 대추 찰떡과 고욤*을 많이 먹었더니 열이 성하여 눈이 노르도다."
두꺼비의 눈이 노란 이유

또 물으니, / "그리하면 등이 굽고 목정*이 움츠러졌으니 그는 어찌한 연고입니까."

두꺼비 답하기를,

[B] "평양 감사로 갔을 때 마침 중추 팔월이라 연광정에 놀음하고 여러 기생을 녹의홍상에 초립*을 씌워 좌우에 앉히고, 육방 하인을 대 아래에 세우고 풍악을 갖추고 술에 취하여 노닐다가, 술김에 정자 아래에 떨어지며 곱사등이 되고 길던 목이 움츠러졌음에, 지금까지 한탄하되 후회막급이라. 술을 먹다가 종신을 잘못할 듯하기로 지금은 밀밭 가에도 가지 않느니라. 이른바 소 잃고 외양간 고치는 격이라."
두꺼비의 등이 굽고 목이 움츠러진 이유 / 속담을 인용함

또 물으니, / "존장의 **턱 밑이 왜 벌떡벌떡하**시나이까."

두꺼비 답하기를,

"너희 놈들이 어른을 몰라보고 말을 함부로 하기에 분을 참노라고 자연 그러하도다."
두꺼비의 턱 밑이 벌떡벌떡한 이유

- 작자 미상, 〈두껍전〉 -

* **상좌(上座)**: 윗사람이 앉는 자리.
* **간계(奸計)**: 간사한 꾀.
* **호패(號牌)**: 조선 시대에, 신분을 증명하기 위하여 16세 이상의 남자가 가지고 다녔던 패.
* **궁통하다(窮通하다)**: 깊이 연구하여 통달하다.
* **비창하다(悲愴하다)**: 마음이 몹시 상하고 슬프다.
* **동티**: 재앙을 받는 일. 또는 그 재앙.
* **인명재천(人命在天)**: 사람의 목숨은 하늘에 달려 있다는 뜻으로, 목숨의 길고 짧음은 사람의 힘으로 어찌 수 없음을 이르는 말.
* **비감하다(悲感하다)**: 슬픈 느낌이 있다.
* **존장(尊丈)**: 지위가 자기보다 높은 사람을 높여 이르는 말.
* **좌객(座客)**: 자리에 앉은 손님.
* **기롱하다(欺弄하다)**: 남을 속이거나 비웃으며 놀리다.
* **춘추(春秋)**: 어른의 나이를 높여 이르는 말.
* **무불통지하다(無不通知하다)**: 무슨 일이든지 환히 통하여 모르는 것이 없다.
* **만고(萬古)**: 매우 먼 옛날.
* **역대(億代)**: 아주 멀고 오랜 세대.
* **풍월(風月)**: 맑은 바람과 밝은 달을 대상으로 시를 짓고 흥취를 자아내어 즐겁게 놂.
* **서안(書案)**: 예전에, 책을 얹던 책상.
* **대월강우입하니~유오대장부라**: '솟는 달을 맞아 강가로 들어서니, 높은 누각에 저녁 안개가 이는구나! 오늘 모인 뭇사람 가운데 오직 나만이 대장부로다!'라는 뜻의 한문 구절.
* **옴**: 옴진드기가 기생하여 일으키는 전염 피부병.
* **고욤**: 고욤나무의 열매. 감보다 작고 맛이 달면서 좀 떫음.
* **목정**: 소의 목덜미에 붙은 고기. 여기서는 두꺼비의 목을 이름.
* **초립(草笠)**: 예전에, 주로 어린 나이에 관례를 한 사람이 쓰던 갓.

01 작품의 내용 파악하기 답 | ④

윗글에 대한 설명으로 가장 적절한 것은?

정답 선지 분석

④ 노루와 여우는 외양적 특징을 들어 나이가 많음을 주장하였다.
노루는 "내가 나이 많아 허리가 굽었노라."라고 하면서, 여우는 "내 나이 많아 수염이 세었노라."라고 하면서 나이가 많음을 주장하였다. 따라서 둘 모두 외양적 특징을 근거로 든 것이다.

오답 선지 분석

① 두꺼비는 상좌에 앉지 못하는 것이 분해 눈물을 흘렸다.
두꺼비가 '건넛산을 바라보고 슬피 눈물을 흘'린 것은 맞지만, 이는 상좌에 앉지 못하는 것이 분해서가 아니라 자신의 거짓말에 신빙성을 부여하기 위해서이다.

② 노루는 여우의 호패를 확인하고 여우의 말을 믿게 되었다.
노루가 여우에게 '호패를 올리'라고 하자, 여우는 '대신 가시는 길을 건넜다 하여 호패를 떼'였다는 이유를 들어 호패를 보여 주지 않았다. 즉, 노루는 여우의 호패를 확인하지 않았다.

③ 토끼는 증거가 없다는 이유로 두꺼비의 주장을 의심하였다.
두꺼비가 자신이 나이가 제일 많다고 주장하자, 토끼는 이 말을 듣고 "그리하시면 두껍 존장이 상좌에 앉으소서."라고 말했다. 이는 토끼가 두꺼비의 주장을 믿었기 때문이다.

⑤ 여우는 두꺼비가 자신보다 나이가 많다는 것을 순순히 수긍하였다.
두꺼비가 상좌에 앉게 되자, 여우는 '두꺼비에게 상좌를 빼앗기고 분한 기운이 치밀어 올'랐으므로 두꺼비가 자신보다 나이가 많다는 것을 순순히 수긍하였다고 할 수 없다.

02 인물의 말하기 방식 파악하기

답 | ③

[A], [B]의 말하기 방식에 대한 설명으로 가장 적절한 것은?

정답 선지 분석

③ [A]는 상대의 요구를 회피하기 위해 변명을 하고 있고, [B]는 상대의 질문에 답하기 위해 일화를 들고 있다.
[A]에서 여우는 "네 나이 많다 하니 어느 갑자에 났는가. 호패를 올리라."라는 노루의 요구에 대해 '대신 가시는 길을 건넜다 하여 호패를 떼어 이때까지 찾지 못하였'다고 변명하며 위기를 회피하고 있다. [B]에서 두꺼비는 "그리하면 등이 굽고 목정이 움츠러졌으니 그는 어찌한 연고입니까."라는 여우의 질문에 대해 '술김에 정자 아래에 떨어지며 곱사등이 되고 길던 목이 움츠러졌'던 일화를 들어 답하고 있다.

오답 선지 분석

① [A]는 고사를 인용하여 상대에게 반박하고 있고, [B]는 속담을 인용하여 주장을 강화하고 있다.
[B]에서 두꺼비가 "이른바 소 잃고 외양간 고치는 격이라."라고 하며 속담을 인용하고 있기는 하지만, [A]에서 여우가 고사를 인용하고 있지는 않다.

② [A]는 상대를 설득하기 위해 경험을 언급하고 있고, [B]는 문제를 해결하기 위해 방법을 제시하고 있다.
[A]에서 여우가 "천지개벽한 후 처음에 황하수 치던 시절에 나더러 힘세다 하고 가래장부 되었으니 내 나이 많지 아니하리오."라고 하는 것이 경험을 언급하는 것이라고 볼 수는 있지만, [B]에서 두꺼비가 문제를 해결하기 위해 방법을 제시하고 있는 것은 아니다.

④ [A]는 상대의 권위를 깎아내리며 자신을 내세우고 있고, [B]는 자신의 권위를 내세우며 상대를 깎아내리고 있다.
[A]에서 여우는 노루의 권위를 깎아내리고 있지 않으며, [B]에서 두꺼비가 '평양 감사로 갔을 때'를 언급하기는 하지만 여우를 깎아내리고 있지는 않다.

⑤ [A]는 비유를 사용하여 상대를 우회적으로 조롱하고 있고, [B]는 상대의 어리석음을 직접적으로 비판하고 있다.
[A]에서 여우는 비유를 사용하여 노루를 우회적으로 조롱하고 있지 않으며, [B]에서 두꺼비도 여우의 어리석음을 직접적으로 비판하고 있지 않다.

03 외적 준거에 따라 작품 감상하기

답 | ②

보기 를 참고하여 윗글을 이해한 것으로 적절하지 않은 것은?

보기

〈두껍전〉의 갈등은 장 선생이 왕인 호랑이를 잔치에 초대하지 않으면서 발생한다. 호랑이의 부재로 상좌가 비게 된 것은 기존 신분제의 동요를 의미하는데, 이에 따라 새로운 질서가 생겨난다. 상좌에 앉기 위해 거짓말을 하고, 유식한 체하거나 상대의 외모로 트집을 잡는 동물들의 모습은 풍자의 대상이 된다. 즉, 〈두껍전〉은 조선 후기 신분 질서의 변화를 드러내는 한편 목적을 달성하기 위해 비윤리적인 일도 서슴지 않는 세태를 비판하는 것이다.

* 동요(動搖): 어떤 체제나 상황 따위가 혼란스럽고 술렁임.
* 세태(世態): 사람들의 일상생활, 풍습 따위에서 보이는 세상의 상태나 형편.

정답 선지 분석

② 노루가 '천지개벽하고 하늘에 별 박을 때'를 언급하는 것을 통해, 기존 신분제를 유지하고자 하는 세력을 나타내는군.
〈보기〉에 따르면, 윗글에서는 기존 신분제의 동요를 왕인 호랑이의 부재로 인해 상좌가 비게 된 상황에 빗대고 있다. 이러한 상황에서 토끼는 나이에 따라 자리를 정하자는 새로운 질서를 제안하는데, 노루가 '천지개벽하고 하늘에 별 박을 때'를 언급하는 것은 자신이 얼마나 나이가 많은지 주장하기 위해서이다. 따라서 토끼의 제안을 받아들인 것이므로 노루가 기존 신분제를 유지하고자 하는 세력을 나타낸다고 할 수 없다.

오답 선지 분석

① 토끼가 '나이에 따라 자리를 정하'자고 한 것을 통해, 기존 신분제가 흔들리면서 새 질서가 생겨났음을 드러내는군.
〈보기〉에 따르면, 윗글에서는 호랑이의 부재로 상좌가 비면서 새로운 질서가 생겨난다. 따라서 토끼가 "부질없이 다투지 말고 나이를 따라 자리를 정하소서."라고 한 것은 기존 신분제가 흔들리는 상황에서 다툼을 막기 위해 새로운 질서를 제시한 것으로 볼 수 있다.

③ 두꺼비가 '난들 거짓말 못 하'겠냐고 하면서 다툼에 참여하는 것을 통해, 거짓말을 일삼는 비윤리적인 세태를 비판하는군.
노루와 여우가 거짓말을 하며 상좌를 차지하기 위해 다투자, 두꺼비는 '저놈들이 서로 거짓말로 나이 많은 체하니 난들 거짓말 못 하리오.'라고 생각하고 노루와 여우보다 나이가 많은 척 거짓말을 한다. 〈보기〉에 따르면, 이는 목적을 달성하기 위해 비윤리적인 일도 서슴지 않는 세태를 비판하는 것이다.

④ 두꺼비가 '대월강우입하니 고루석연부라'라고 읊는 장면을 통해, 어려운 한자어를 쓰며 유식한 체하는 모습을 풍자하는군.
여우가 "존장은 문학도 거룩하니 풍월을 들으리이다."라고 말하자, 두꺼비는 "대월강우입하니 고루석연부라. 금일군호회중에 유오대장부라."라고 하며 어려운 한문구를 읊는다. 〈보기〉에 따르면, 이는 유식한 체하는 모습을 풍자하는 것이다.

⑤ 여우가 '눈은 왜 그리 노르'신지와 '턱 밑이 왜 벌떡벌떡하'는지 묻는 장면을 통해, 외모로 트집을 잡는 사람을 풍자하는군.
여우는 두꺼비에게 "존장의 껍질이 어찌 우둘투둘하시나이까.", "그리하면 눈은 왜 그리 노르시나이까.", "그리하면 등이 굽고 목정이 움츠러졌으니 그는 어찌한 연고입니까.", "존장의 턱 밑이 왜 벌떡벌떡하시나이까."하며 두꺼비의 외양을 들어 조롱하듯이 질문한다. 〈보기〉에 따르면, 이는 상대의 외모로 트집을 잡는 모습을 풍자하는 것이다.

04 소재의 의미 이해하기

㉠, ㉡에 들어갈 1어절의 말을 찾아 차례대로 쓰시오.

두꺼비는 (㉠)의 존재를 근거로 들어 자신이 노루나 여우보다 나이가 많다고 주장한다. 두꺼비의 말을 들은 토끼는 두꺼비가 (㉡)에 앉아야 한다고 판단한다.

정답

고양나무, 상좌

18강

| 본문 | 213쪽

작문 고쳐쓰기의 원리

빠른 정답 체크 01 ③ 02 ② 03 ② 04 대치

고쳐쓰기를 부탁해

안녕, 글쓰기 동아리 후배들!(강연 대상) 나는 여러분의 글쓰기 동아리 선배인 고치훈(강연자)이라고 해. 여러분이 고쳐쓰기를 어려워한다는 소식을 듣고 급히 달려왔어. 사실 내가 글쓰기 동아리 활동을 할 때 고쳐쓰기를 많이 하는 걸로 유명했거든. 「일단 오늘은 너희들에게 고쳐쓰기가 무엇이고 왜 해야 하는지 이야기할 거야. 그리고 글을 어떻게 고쳐 써야 하는지도 알려 줄게.」(「」: 강연의 내용 소개)

고쳐쓰기는 글의 내용과 형식을 바로잡는 활동(고쳐쓰기의 개념)이야. 소설가 이태준은 고칠수록 글이 좋아지는 것은 글쓰기의 진리라고(유명한 소설가의 말을 인용하여 설득력을 높임) 말하기까지 했어. 다시 말해, 글은 고쳐 쓰면 고쳐 쓸수록 더 좋은 글이 된다는 거지.

그럼 좋은 글이란 어떤 글일까? 여러 가지 기준이 있겠지만 좋은 글은 기본적으로 글을 쓴 사람의 의도가 쉽게 파악되는 글(좋은 글의 조건)이야. 고쳐쓰기는 좋은 글을 쓰는 데 도움이 되는 방법 가운데 하나인데, 글쓴이가 글을 통해 자신의 생각을 잘 전달하기 위해서 거치는 글쓰기의 한 과정이야. 글을 읽는 사람이 글쓴이의 생각을 쉽게 알아차리고, 정확히 이해할 수 있게 하려고(고쳐쓰기를 하는 이유) 고쳐쓰기를 하는 거지.

고쳐쓰기를 할 때는 '삭제, 추가, 대치, 재구성'(고쳐쓰기의 원리)이라는 네 가지 원리를 활용할 수 있어. 어려우면 '빼기(삭제), 더하기(추가), 바꾸기(대치, 재구성)'만 기억하면 돼. 그래도 모르겠다고? 그럼 다음 글을 보면서 자세히 알아보자.

> 1 은주에게
>
> 은주야 안녕. 우리가 같은 반이 된 지도 벌써 여섯 달이나 지났네. 나는 지금 집에서 고전 음악을 듣고 있어. 새로 산 이어폰으로 듣는데, 소리가 정말 좋아.(주제와 관련 없는 내용 ①) 사실 나 너 좋아해. 나는 요즘 고전 음악에 푹 빠져 있어. 너도 음악 좋아해?(주제와 관련 없는 내용 ②) 너도 나랑 같은 마음이면 좋겠다.
>
> 서신(중학생 수준에서 잘 쓰이지 않는 단어) 기다릴게. - 민수가

이건 민수가 은주에게 보내는 편지야. 그런데 민수가 하려는 말이 자기가 고전 음악을 좋아한다는 건지, 은주를 좋아한다는 건지 헷갈리지?(글의 의도가 정확히 드러나지 않음) 만약 민수가 이 편지로 은주에게 고백을 하는 거라면 민수의 고백은 받아들여지지 않을지도 몰라. 그럼 민수의 사랑이 꼭 이루어질 수 있게 이걸 근사한 연애편지로 고쳐 보자.

> 2 은주에게
>
> 은주야 안녕. 우리가 같은 반이 된 지도 벌써 여섯 달이나 지났네. ~~나는 지금 집에서 고전 음악을 듣고 있어. 새로 산 이어폰으로 듣는데, 소리가 정말 좋아.~~ [사실 나 너 좋아해.] ~~나는 요즘 고전 음악에 푹 빠져 있어. 너도 음악 좋아해?~~ 그동안 너랑 많이 친해진 것 같아서 기분이 좋아. 근데 나, 너한테 못 한 말이 있어. 오래전부터 하고 싶었던 말인데 용기가 없어서 이제서야 말하는 거야. 갑자기 이런 얘기를 해서 당황스러울지도 모르겠다. 하지만 오랫동안 고민하다가 용기 내서 하는 말이니 장난으로 생각하지 않았으면 해. 너도 나랑 같은 마음이면 좋겠다. ~~서신~~ 답장 기다릴게. - 민수가

2번 편지를 볼까? 일단 원래 편지에서 고전 음악과 관련된 내용을 모두 빼 보았어(글을 고쳐 쓴 방법 ① '삭제'의 원리). 글을 고쳐 쓸 때에는 이렇게 글의 주제와 맞지 않거나 관련이 적은 내용을 '삭제'(고쳐쓰기의 원리 ① 삭제)해야 해. 다음으로 민수의 마음을 잘 전달할 수 있는 내용들을 덧붙여 보았어(글을 고쳐 쓴 방법 ② '추가'의 원리). 글을 고쳐 쓸 때에는 이렇게 글의 주제를 효과적으로 전달하는 데에 필요한 내용을 '추가'(고쳐쓰기의 원리 ② 추가)하기도 해. 또 원래 편지에 있는 '서신'이라는 표현은 중학생들이 잘 쓰지 않는 단어야. 이럴 땐 '답장'이라는 다른 단어로 바꿔서 고치면 돼(글을 고쳐 쓴 방법 ③ '대치'의 원리). 단어뿐만 아니라 혹시 읽는 이에게 너무 어려운 내용이 있다면 그것도 고치는 것이 좋아. 이렇게 주제나 문맥, 독자의 수준에 맞지 않는 내용이나 표현을 적절한 것으로 바꾸는 것을 '대치'(고쳐쓰기의 원리 ③ 대치)라고 해. 마지막으로 "사실 나 너 좋아해."는 글의 흐름상 순서를 바꾸는 것이 자연스러워(글을 고쳐 쓴 방법 ④ '재구성'의 원리). 고쳐쓰기를 할 때는 이렇게 내용의 순서나 글의 구조 등을 적절하게 '재구성'(고쳐쓰기의 원리 ④ 재구성)할 수도 있어.

01 글의 내용 파악하기 답 | ③

윗글의 내용으로 적절하지 않은 것은?

정답 선지 분석

③ 글이 다 완성된 후에 한 번의 고쳐쓰기를 하는 것이 효과적이다.

2문단에서 글은 고쳐 쓰면 고쳐 쓸수록 더 좋은 글이 된다고 했으므로, 글이 다 완성된 후에 고쳐쓰기를 한 번만 하는 것이 효과적이라는 서술은 적절하지 않다.

오답 선지 분석

① 고쳐쓰기를 하면 글의 의도를 명확하게 밝힐 수 있다.
3문단에 따르면, 고쳐쓰기는 좋은 글을 쓰는 데 도움이 되는 방법인데, 좋은 글이란 글을 쓴 사람의 의도가 쉽게 파악되는 글이므로 적절하다.

② 고쳐쓰기는 글쓴이의 생각을 정확히 전달하기 위해 필요하다.
3문단에 따르면, 글을 읽는 사람이 글쓴이의 생각을 정확히 이해할 수 있게 하려고 고쳐쓰기를 하는 것이므로 적절하다.

④ 고쳐쓰기에는 글의 주제와 관련 있는 내용을 추가하는 것도 포함된다.
6문단에 따르면, 고쳐쓰기의 원리 중 '추가'는 글의 주제를 효과적으로 전달하는 데에 필요한 내용을 추가하는 것이므로 적절하다.

⑤ 글의 흐름을 해치지 않도록 문장의 순서를 바꾸는 것도 고쳐쓰기이다.
6문단에 따르면, 내용의 순서나 글의 구조 등을 적절하게 '재구성'하는 것도 고쳐쓰기의 원리 중 하나이다.

02 고쳐 쓴 글 비교하기 답 | ②

편지 2는 1을 수정한 것이다. 수정한 내용으로 적절하지 않은 것은?

정답 선지 분석

② 주제에 맞지 않는 내용을 주제에 맞게 수정하였다.
'나는 지금 집에서 고전 음악을 듣고 있어' 등 주제에 맞지 않는 내용이 있기는 하지만, 주제에 맞게 수정한 것이 아니라 삭제하였으므로 적절하지 않다.

오답 선지 분석

① 편지의 목적에 부합하는 내용을 추가하였다.
은주를 좋아하는 마음을 표현하려는 편지의 목적에 부합하도록 '그동안 너랑~않았으면 해'라는 내용을 추가하였다.

③ 잘 쓰이지 않는 단어를 널리 쓰이는 단어로 고쳤다.
'서신'은 잘 쓰이지 않는 단어이므로 널리 쓰이는 단어인 '답장'으로 고쳤다.

④ 글의 흐름에 맞게 문장의 위치를 다른 곳으로 옮겼다.
'사실 나 너 좋아해'라는 문장의 위치를 글의 흐름에 맞게 '이제서야 말하는 거야' 뒤로 옮겼다.

⑤ 고전 음악에 대한 내용은 통일성을 해치므로 삭제하였다.
고전 음악에 대한 내용인 '나는 지금~정말 좋아', '나는 요즘~음악 좋아해?'는 은주를 좋아하는 마음을 표현하기 위한 글의 통일성을 해치므로 삭제하였다.

03 고쳐쓰기의 원리 이해하기 답 | ②

㉠~㉢이 나타내는 고쳐쓰기의 원리로 가장 적절한 것은?

㉠ 전학을 가고 나서는 (친구가 없어서) 슬펐다.
㉡ 친구와 놀았더니 ~~전혀~~ (매우) 행복했다.
㉢ 그래서 자주 먹는다. 나는 과자를 좋아한다.

정답 선지 분석

	㉠	㉡	㉢
②	추가	대치	재구성

㉠ '친구가 없어서'라는 내용을 추가하여 '슬펐다'의 이유를 설명하고 있으므로 '추가'의 예시이다.
㉡ 문맥에 맞지 않는 단어인 '전혀'를 '매우'로 수정하였으므로 '대치'의 예시이다.
㉢ 문장의 앞뒤 순서를 바꾸어 글의 흐름이 매끄럽게 이어지도록 하였으므로 '재구성'의 예시이다.

04 고쳐쓰기의 원리 적용하기

다음은 보기 의 글을 고쳐 쓰기 위한 방법을 설명한 것이다. 빈칸에 들어갈 말을 찾아 쓰시오.

보기

"다음 순서로는 합창 동아리의 강연이 있겠습니다."

〈보기〉의 글을 고쳐 쓰기 위해서는 '강연'을 '공연'으로 수정해야 한다. 이는 '(   )'의 원리에 해당한다.

정답

대치

독서 빙하를 이용한 기후 분석

빠른 정답 체크 01 ③ 02 ③ 03 ④ 04 높을

아주 먼 옛날부터 지금까지 장기간에 걸쳐 지구의 기후가 어떻게 변화했는지 탐구하는 학문을 고기후학이라고 한다.(고기후학의 개념) 고기후학자들은 과거 지구 기후의 분석을 통해 미래의 기후 변화를 예측한다. 고기후학 연구는 과거의 기후가 어떠했는지를 나타내 주는 간접적인 증거들을 최대한 모아서 분석하는 방법을 사용한다.(고기후학 연구 방법) 예를 들어,「오늘날 참나무 숲이 우거진 지역의 호수 퇴적물*에서 가문비나무의 꽃가루 입자가 발견되었다면 과거 그 지역의 기후가 지금보다 추웠음을 알 수 있다.」(「」: 가문비나무는 참나무보다 추운 기후에서 자람을 추론할 수 있음)

▶ 1문단: 고기후학 연구 방법

특히 빙하는 과거의 기후를 파악하는 데 필수적인 요소다. 남극의 빙하는 과거 지구의 대기 성분과 기온 변화에 관한 기초 자료를 생생하게 보존하고 있다.(빙하가 과거의 기후를 파악하는 데 필수적인 요소인 이유) 과학자들은 빙하를 분석함으로써 지구 온난화 등 지구가 겪고 있는 여러 문제에 대한 정보를 얻고 있다. 빙하는 해마다 내린 눈이 겹겹이 쌓이면서 만들어졌기 때문에 빙하의 아랫부분일수록 더 오래전에 내린 눈이 만든 얼음이라고 할 수 있다.(빙하의 아랫부분이 더 오래전에 형성됨) 눈이 얼음으로 변형되는 과정에서 눈 입자들 사이에 들어 있는 공기가 얼음 속에 갇히게 되고, 얼음이 두꺼워지면서 위쪽 얼음이 가하는 압력이 증가하게 되면 이산화탄소, 메탄 등 대기의 기체 성분이 포함된 결정체가 형성된다.(얼음이 형성될 당시의 기체 성분을 포함함) 기포가 포함된 얼음을 발굴하여 녹이면 원래의 상태로 바뀌므로, 정밀 기기를 사용하여 그 속의 기체 성분을 분석하는 과정을 통해 과거 지구의 대기 성분과 농도를 알아낼 수 있으며, 지구가 간빙기*를 거쳐 다시 빙하기가 되는 과정을 일정한 주기로 반복하였음을 알(이산화탄소와 메탄의 농도 변화를 통해 기온 변화를 파악할 수 있기 때문)

수 있다. 이때「빙하를 조사하기 위해 빙하에 길게 구멍을 뚫어 캐 (「」: 빙하코어의 개념) 낸 긴 원통 모양의 빙하 얼음」을 빙하코어라고 한다.

▶ 2문단: 기후 연구를 위한 빙하 분석

연구자들은 빙하에 대한 연구를 통해 이산화탄소와 메탄의 농도 변화가 기온 변화와 밀접한 관계가 있음을 알아냈다. 이 기체들의 농도가 증가하면 기온이 올라가고, 반대로 농도가 감소하면 기온이 내려간다는 사실이 밝혀진 것이다. 또한 빙하코어 속의 공기를 분석하면 과거 어느 때에 큰 산불이 일어났고 바다가 어떻게 변화해왔는지도 알 수 있으며, 사막이 얼마만큼 늘었는지도 알 수 있다.

(빙하 연구를 통해 알 수 있는 것 ① / 간빙기에는 이산화탄소와 메탄의 농도가 증가하고, 빙하기에는 감소했을 것임 / 빙하 연구를 통해 알 수 있는 것 ② / 빙하 연구를 통해 알 수 있는 것 ③)

▶ 3문단: 빙하에 대한 연구를 통해 알 수 있는 것

이외에도 얼음층의 두께로 강설량을 파악하거나 화산재나 황산의 포함 여부로 화산 폭발을 추정하는 등 100만 년 이전의 기후 정보까지 알 수 있어 빙하코어는 고기후 연구에 빼놓을 수 없는 연구 자료가 되고 있다.

(빙하 연구를 통해 알 수 있는 것 ④ / 빙하 연구를 통해 알 수 있는 것 ⑤)

▶ 4문단: 고기후 연구에 필수적인 빙하코어

* **퇴적물(堆積物)**: 암석의 파편이나 생물의 유해 따위가 물, 빙하, 바람, 중력 따위의 작용으로 운반되어 땅 표면에 쌓인 물질.
* **간빙기(間氷期)**: 빙하 시대에, 저위도 지방에 있던 빙하는 녹아 없어지고, 고위도 지방에만 빙하가 존재하였던 시기. 빙기와 빙기 사이의 시기로 비교적 기후가 따뜻했다.

01 핵심 내용 파악하기 답 | ③

윗글의 제목으로 가장 적절한 것은?

정답 선지 분석

③ 과거 기후에 대한 열쇠, 빙하코어

1문단에서 고기후학자들이 과거 지구 기후의 분석을 위해 미래의 기후 변화를 예측한다는 것을, 2문단에서 빙하가 과거의 기후를 파악하는 데 필수적인 요소라는 것을 설명하고, 3문단에서는 빙하와 빙하에서 캐낸 빙하코어를 연구하여 기온 변화와 과거의 자연 현상 등을 알 수 있음을 설명하고 있다. 4문단에서도 남극의 빙하가 지구의 기온 변화를 파악하는 데 도움이 된다는 것을 언급하고 있으므로 윗글의 제목으로 가장 적절한 것은 '과거 기후에 대한 열쇠, 빙하코어'이다.

오답 선지 분석

① 대자연의 보고, 고기후학

1문단에서 고기후학의 개념을 밝히고 고기후학의 연구 방법을 제시하고 있으나, 이는 윗글 전체를 포괄하지 못한다.

② 지구의 다양한 자연 현상

3문단에서 빙하코어를 통해 산불이 언제 일어났고 사막이 얼마만큼 늘어났는지 등 과거 지구의 다양한 자연 현상을 알 수 있다고 하였으나, 이는 윗글 전체를 포괄하지 못한다.

④ 기후 변화를 촉진하는 이산화탄소와 메탄

3문단에서 이산화탄소와 메탄의 농도 변화가 기온 변화와 밀접한 관계가 있다고 하였으나 이산화탄소와 메탄이 기후 변화를 촉진한다는 내용은 윗글에서 찾을 수 없다.

⑤ 지구 온난화를 막기 위한 고기후학자들의 노력

2문단에서 빙하를 분석함으로써 지구 온난화 등 지구가 겪고 있는 여러 문제에 대한 정보를 얻을 수 있다고 하였으나, 이는 윗글 전체를 포괄하지 못한다.

02 세부 내용 확인하기 답 | ③

윗글을 통해 알 수 있는 내용이 아닌 것은?

정답 선지 분석

③ 빙하 속 기포를 통해 기포가 발견된 당시 지구의 대기 성분을 파악할 수 있다.

2문단에서 기포가 포함된 얼음을 발굴하여 그 속의 기체 성분을 분석하는 과정을 통해 과거 지구의 대기 성분과 농도를 알아낼 수 있다고 하였으므로, 기포가 발견된 당시가 아닌 기포가 생성된 당시 지구의 대기 성분을 파악할 수 있다고 하는 것이 적절하다.

오답 선지 분석

① 가문비나무는 참나무가 사는 기후보다 추운 환경에서 생장한다.

1문단에서 참나무 숲이 우거진 지역의 호수 퇴적물에서 가문비나무의 꽃가루 입자가 발견되었다면 과거 기후가 지금보다 추웠다는 의미라고 하였으므로, 가문비나무는 참나무가 사는 환경보다 더 추운 환경에서 생장한다고 추론할 수 있다.

② 빙하를 통해 과거 지구의 대기 성분과 기온 변화에 관한 정보를 알 수 있다.

2문단에서 남극의 빙하는 과거 지구의 대기 성분과 기온 변화에 관한 기초 자료를 생생하게 보존하고 있다고 하였으므로 적절하다.

④ 빙하 속 대기 성분은 과거가 어떠했는지를 나타내는 간접적인 증거에 해당한다.

1문단에서 고기후학 연구는 과거의 기후가 어떠했는지를 나타내 주는 간접적인 증거들을 최대한 모아서 분석하는 방법을 사용한다고 했고, 빙하 분석은 고기후학 연구 방법 중 하나에 해당하므로 적절하다.

⑤ 빙하코어 속의 공기를 분석하여 과거의 사막 면적과 현재의 사막 면적을 비교할 수 있다.

3문단에서 빙하코어 속의 공기를 분석하여 사막이 얼마만큼 늘었는지 알 수 있다고 하였으므로 적절하다.

03 구체적 사례에 적용하기 답 | ④

보기 는 빙하코어의 단면을 나타낸 그림이다. 윗글을 통해 보기 를 이해한 것으로 적절하지 않은 것은?

보기

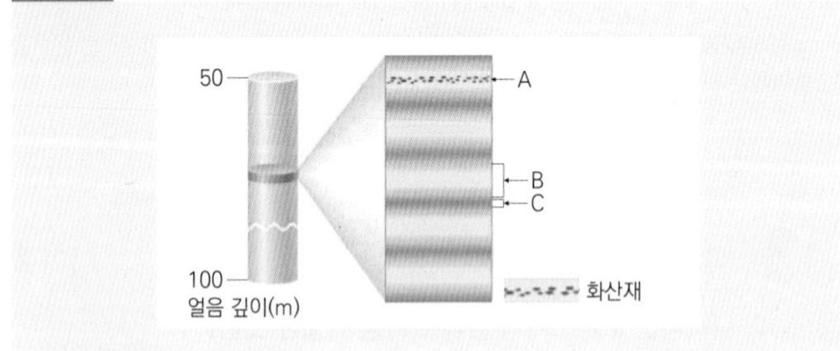

정답 선지 분석

④ 얼음 깊이가 100m인 지점보다 50m인 지점의 빙하가 더 먼저 만들어졌을 것이다.

2문단에서 빙하는 해마다 내린 눈이 겹겹이 쌓이면서 만들어졌기 때문에 빙하의 아랫부분일수록 더 오래전에 내린 눈이 만든 얼음이라고 할 수 있다고 하였다. 따라서 얼음 깊이가 50m인 지점보다 100m인 지점의 빙하가 더 먼저 만들어졌을 것이다.

오답 선지 분석

① A 지점이 생성된 시기에는 화산 활동이 일어났을 것으로 추측할 수 있다.

A 지점의 빙하에는 화산재가 들어 있다. 4문단에서 화산재나 황산의 포함 여부로 화산 폭발을 추정할 수 있다고 하였으므로 A가 생성된 시기에는 화산 활동이 일어났을 것이다.

② B와 C를 통해 간빙기와 빙하기가 일정한 주기로 반복되었음을 알 수 있다.

3문단에서 빙하코어를 통해 지구가 간빙기를 거쳐 다시 빙하기가 되는 과정을 일정한 주기로 반복하였음을 알 수 있다고 하였다. 〈보기〉의 빙하코어 단면에서는 B와 C 같은 모양이 일정하게 반복되어 나타나므로 B와 C를 통해 간빙기와 빙하기가 일어났음을 확인할 수 있다.

③ 얼음층의 두께를 통해 B 시기가 C 시기보다 눈이 더 많이 왔음을 추측할 수 있다.

2문단에서 빙하는 해마다 내린 눈이 겹겹이 쌓이면서 만들어졌다고 하였고, 〈보기〉에서 B의 얼음층의 두께가 C보다 두꺼운 것으로 보아 B 시기에 눈이 더 많이 왔음을 추측할 수 있다.

⑤ 현재 지구의 온도가 과거보다 높다면, 이산화탄소의 농도는 B보다 A가 높을 것이다.

3문단에서 이산화탄소와 메탄의 농도가 증가하면 기온이 올라가고, 반대로 농도가 감소하면 기온이 내려간다는 사실을 확인할 수 있다고 하였다. 또한 2문단에서 빙하의 아랫부분일수록 더 오래전에 내린 눈이 만든 얼음이라고 하였으므로 B가 A보다 먼저 만들어진 얼음임을 알 수 있다. 따라서 현재 지구의 온도가 과거보다 높다고 가정한다면, B보다 A의 이산화탄소 농도가 높았음을 추측할 수 있다.

04 세부 내용 추론하기

빈칸에 들어갈 말을 골라 쓰시오.

간빙기에 형성된 빙하는 빙하기에 형성된 빙하보다 이산화탄소나 메탄의 농도가 (높을 / 낮을) 것이다.

정답

높을

문학 1 시집살이 노래(작자 미상)

빠른 정답 체크 01 ③ 02 ② 03 ④ 04 개집살이

형님 온다 형님 온다 분고개로 형님 온다
형님 마중 누가 갈까 형님 동생 내가 가지
형님 형님 사촌 형님 시집살이 어떱뎁까
(동생이 하는 말 (이후 내용은 사촌 형님이 하는 말임))
▶ 동생이 사촌 형님에게 시집살이에 대해 물어봄
이애 이애 그 말 마라 시집살이 개집살이
발음의 유사성 활용 → 해학성, 시집살이의 어려움 표현
[A] 앞밭에는 당추* 심고 뒷밭에는 고추 심어
시집살이의 어려움을 고추, 당추와의 비교로 표현함
고추 당추 맵다 해도 시집살이 더 맵더라
▶ 사촌 형님이 시집살이에 대해 대답함
둥글둥글 수박 식기 밥 담기도 어렵더라
도리도리 도리소반* 수저 놓기 더 어렵더라
[B] 오 리 물을 길어다가 십 리 방아 찧어다가
물 긷는 곳이 멀리 있음 / 방아 찧는 곳이 멀리 있음
아홉 솥에 불을 때고 열두 방에 자리 걷고
└ 시집 식구들의 수가 많음을 나타냄 ┘
[C] 외나무다리 어렵대야 시아버니*같이 어려우랴
~: 설의법
나뭇잎이 푸르대야 시어머니보다 더 푸르랴
▶ 시집살이의 어려움
「시아버니 호랑새요 시어머니 꾸중새요
「」: 식구들과 자신을 새에 비유하여 표현함
동세* 하나 할림*새요 시누 하나 뾰족새요
시아지비* 뾰중새요 남편 하나 미련새요
자식 하난 우는 새요 나 하나만 썩는 샐세」
▶ 식구들의 성격 묘사
[D] 「귀먹어서 삼 년이요 눈 어두워 삼 년이요
「」: 못 들은 척, 못 본 척하며 하고 싶은 말이 있어도 참아야 함
말 못 해서 삼 년이요」 석 삼 년을 살고 나니
시집온 지 9년이 지남
(배꽃) 같던 요 내 얼굴 호박꽃이 다 되었네
○: 화자의 과거 모습(아름다움) ↔ △: 화자의 현재 모습(초라함)
(삼단)* 같던 요 내 머리 비사리춤*이 다 되었네
(백옥) 같던 요 내 손길 오리발이 다 되었네
▶ 고생으로 변한 자신의 모습 한탄
열새* 무명 반물치마* 눈물 씻기 다 젖었네
두 폭 붙이 행주치마 콧물 받기 다 젖었네
울었던가 말았던가 베갯머리 소* 이뤘네
과장법 → 눈물 때문에 베갯머리가 연못이 됨
[E] 그것도 소이라고 거위 한 쌍 오리 한 쌍
자식들을 나타냄
쌍쌍이 때 들어오네
자식의 존재 때문에 체념하고 살 수밖에 없음
▶ 고된 시집살이로 인한 서러움과 체념
- 작자 미상, 〈시집살이 노래〉 -

* 당추: '고추'의 방언.
* 도리소반(도리小盤): 둥글게 생긴 조그마한 상.
* 시아버니(媤아버니): 시아버지.
* 동세(同壻): 동서. 시아주버니의 아내를 이르는 말.
* 할이다: '참소를 당하다'의 옛말.
* 시아지비(媤아지비): 시아주버니. 남편의 형.
* 삼단: 삼을 묶은 단.
* 비사리춤: 오래 쓴 댑싸리비처럼 성기고 거친 물건.
* 열새: 고운 베.
* 반물치마: 검은빛을 띤 짙은 남색의 치마.
* 소(沼): 작은 연못.

01 표현상의 특징 파악하기

답 | ③

윗글에 대한 설명으로 적절하지 않은 것은?

정답 선지 분석

③ 시간의 흐름을 표현하여 새롭게 얻은 깨달음을 나타내고 있다.

17~18행의 '귀먹어서 삼 년이요~석 삼 년을 살고 나니'에서 시간의 흐름이 표현되었다고 할 수는 있지만, 이를 통해 새롭게 얻은 깨달음을 나타내고 있지는 않다.

오답 선지 분석

① 동일한 시어를 반복하여 운율을 형성하고 있다.

1~3행의 '형님', 8행의 '도리도리 도리소반' 등에서 동일한 시어를 반복하여 운율을 형성하고 있다.

② 설의법을 활용하여 시집살이의 어려움을 강조하고 있다.

11~12행의 '외나무다리 어렵대야 시아버니같이 어려우랴 / 나뭇잎이 푸르대야 시어머니보다 더 푸르랴'에서 설의법을 활용하여 시집살이의 어려움을 강조하고 있다.

④ 대조적인 시어를 제시하여 과거와 현재의 모습을 비교하고 있다.

19~21행에서 화자의 과거 외모를 표현하는 시어인 '배꽃', '삼단', '백옥'과, 이와 대조되면서 화자의 현재 외모를 표현하는 시어인 '호박꽃', '비사리춤', '오리발'을 제시하고 있다.

⑤ 묻고 답하는 형식을 활용하여 현실에 대한 인식을 드러내고 있다.

3행에서 동생이 '형님 형님 사촌 형님 시집살이 어떱뎁까'라고 하며 질문하자 이에 대해 사촌 형님이 답하는 형식으로 구성되어 시집살이에 대한 현실적 인식을 드러내고 있다.

02 시구의 의미 파악하기

답 | ②

[A]~[E]에 대한 설명으로 적절하지 않은 것은?

정답 선지 분석

② [B]: '오 리', '십 리', '아홉', '열두'라는 수 표현은 친정집과의 거리를 의미한다.
[B]의 '오 리', '십 리', '아홉', '열두'는 친정집과의 거리가 아닌, 고된 노동과 육체적 고달픔을 의미한다.

오답 선지 분석

① [A]: '당추'와 '고추'와의 비교는 시집살이의 어려움을 의미한다.
[A]의 '당추'와 '고추'와의 비교는 매운 '당추'와 '고추'보다도 시집살이가 더 맵다고 하는 것으로, 시집살이의 어려움을 의미한다.

③ [C]: '외나무다리'와 '나뭇잎'의 활용은 시부모가 대하기 어렵고 무서운 사람임을 의미한다.
[C]의 '외나무다리'와 '나뭇잎'의 활용은 '외나무다리'보다 시아버지가 더 어렵고 '나뭇잎'보다 시어머니가 더 푸르다는 것으로, 시부모가 대하기 어렵고 무서운 사람임을 의미한다.

④ [D]: '삼 년'의 반복은 고된 시집살이를 참고 견뎠음을 의미한다.
[D]의 '삼 년'의 반복은 여자가 시집을 가면 귀머거리 삼 년, 장님 삼 년, 벙어리 삼 년을 살아야 한다는 것으로, 고된 시집살이를 참고 견뎠음을 의미한다.

⑤ [E]: '거위'와 '오리'의 등장은 자식 때문에 체념하고 사는 상황을 의미한다.
[E]의 '거위'와 '오리'의 등장은 엄마를 찾아온 자식들을 가리키는 것으로, 자식 때문에 고된 시집살이를 체념하고 사는 상황을 의미한다.

03 작품 간의 공통점 파악하기

답 | ④

윗글과 보기 의 공통점으로 적절하지 않은 것은?

보기

> 시어머님 며느리가 미워서 부엌 바닥을 구르지 마오
> 빚 대신에 받은 며느린가 값을 치러서 데려온 며느린가. 밤나무 썩은 등걸에 휘초리 난 것처럼 매서우신 시아버님, 볕을 쬔 쇠똥처럼 딱딱하신 시어머님, 삼 년 엮어 만든 망태기에 새 송곳 끝처럼 뾰족하신 시누이님, 당피 심은 밭에 돌피 난 것처럼 샛노란 오이꽃같이 연약한 데다 피똥까지 누는 아들 하나 두고
> 기름진 밭에 메꽃 같은 며느리가 어디가 미워서 그러시는고
> - 작자 미상, 〈시어머님 며느리가 미워서〉
>
> * 등걸: 줄기를 잘라 낸 나무의 밑동.
> * 휘초리: 휘추리. 가늘고 긴 나뭇가지.
> * 당피: 품질이 좋은 곡식을 의미함.
> * 돌피: 품질이 낮은 곡식을 의미함.

정답 선지 분석

④ 초라해진 화자의 모습을 비유적으로 나타내고 있다.
윗글에서는 '요 내 얼굴 호박꽃이 다 되었네', '요 내 머리 비사리춤이 다 되었네', '요 내 손길 오리발이 다 되었네'에서 초라해진 화자의 모습을 비유적으로 나타내고 있다. 〈보기〉도 '기름진 밭에 메꽃 같은 며느리'에서 화자의 모습을 비유적으로 나타내고 있지만, 이는 초라해진 화자의 모습이 아닌 좋은 며느리로서의 화자의 모습을 나타내는 것이다.

오답 선지 분석

① 시집 식구들을 부정적으로 표현하고 있다.
윗글에서는 시집 식구들을 '호랑새', '꾸중새', '할림새', '뾰족새', '뾰중새'에 비유하여 부정적으로 표현하고 있다. 〈보기〉 또한 시집 식구들을 '밤나무 썩은 등걸에 휘초리 난 것처럼 매서우신 시아버님, 볕을 쬔 쇠똥처럼 딱딱하신 시어머님, 삼 년 엮어 만든 망태기에 새 송곳 끝처럼 뾰족하신 시누이님'이라고 하며 부정적으로 표현하고 있다.

② 서민적이고 일상적인 소재를 사용하고 있다.
윗글에서는 '당추', '고추', '수박 식기', '도리소반' 등 서민적이고 일상적인 소재를 사용하고 있다. 〈보기〉 또한 '쇠똥', '망태기' 등 서민적이고 일상적인 소재를 사용하고 있다.

③ 남편이 도움이 되지 않는 사람임을 암시하고 있다.
윗글에서는 남편을 가리켜 '미련새'라고 하며 시집 식구들의 괴롭힘으로부터 자신을 보호해 주지 못함을 암시하고 있다. 〈보기〉 또한 남편을 '당피 심은 밭에 돌피 난 것처럼 샛노란 오이꽃같이 연약한 데다 피똥까지 누는 아들'이라고 하며 병약하고 여리기만 한 남편을 원망하고 있다.

⑤ 화자가 특정한 상대에게 말하고 있음이 드러나고 있다.
윗글에서는 동생의 질문을 받은 '사촌 형님'이 대답하고 있음이 드러나고 있다. 〈보기〉 또한 화자가 '시어머님'에게 말하고 있음이 드러나고 있다.

04 시어의 기능 이해하기

윗글에서 발음의 유사성을 활용한 언어유희이면서, 시집살이의 어려움을 단적으로 표현하는 시어를 찾아 1어절로 쓰시오.

정답

개집살이

문학 2 소나기(황순원)

빠른 정답 체크 01 ⑤ 02 ② 03 ② 04 대추

참 **먹장구름*** 한 장이 **머리 위에 와 있다**. 갑자기 사면이 소란스러워진 것 같다. 바람이 우수수 소리를 내며 지나간다. 삽시간에 주위가 보랏빛으로 변했다.
(긴장감과 위기감을 조성함 / 어두운 이미지)

산을 내려오는데 떡갈나무 잎에서 빗방울 듣는* 소리가 난다. 굵은 빗방울이었다. 목덜미가 선뜩선뜩했다*. 그러자 대번에 눈앞을 가로막는 빗줄기.
(소나기가 내리기 시작함)

비안개 속에 **원두막**이 보였다. 그리로 가 비를 그을* 수밖에.

그러나, 원두막은 **기둥이 기울고 지붕도 갈래갈래 찢어**져 있었다. 그런대로 비가 덜 새는 곳을 가려 소녀를 들어서게 했다. / 소녀의 입술이 파아랗게 질렸다. 어깨를 자꾸 떨었다.
(비를 피하기에 여의치 않음 / 소녀를 위한 소년의 행동 ① / 소녀의 건강이 좋지 않음을 나타냄)

무명 겹저고리를 벗어 소녀의 어깨를 싸 주었다. 소녀는 비에 젖은 눈을 들어 한 번 쳐다보았을 뿐, 소년이 하는 대로 잠자코 있었다. 그러고는 안고 온 꽃묶음 속에서 가지가 꺾이고 꽃이 일그러진 송이를 골라 발밑에 버린다.
(소녀를 위한 소년의 행동 ②)

소녀가 들어선 곳도 비가 새기 시작했다. 더 거기서 비를 그을 수 없었다.

밖을 내다보던 소년이 무엇을 생각했는지 수수밭 쪽으로 달려간다. 세워 놓은 수숫단 속을 비집어 보더니, 옆의 수숫단을 날라다 덧세운다*. 다시 속을 비집어 본다. 그러고는 이쪽을 향해 손짓을 한다.
(비를 피할 만한 곳을 찾아냄 / 소녀를 위한 소년의 행동 ③)

수숫단 속은 비는 안 새었다. 그저 **어둡고 좁은** 게 안 됐다. 앞에

나앉은 소년은 그냥 비를 맞아야만 했다. 그런 소년의 어깨에서
소년의 헌신적인 태도 ①
김이 올랐다.

소녀가 속삭이듯이, 이리 들어와 앉으라고 했다. 괜찮다고 했다.

소녀가 다시, 들어와 앉으라고 했다. 할 수 없이 뒷걸음질을 쳤다.

그 바람에 소녀가 안고 있는 꽃묶음이 망그러졌다*. ㉠ 그러나 소녀는 상관없다고 생각했다. 비에 젖은 소년의 몸 내음새가 확 코
꽃이 망가지지 않는 것보다 소년이 비를 맞지 않는 것이 더 중요함
에 끼얹어졌다. 그러나 고개를 돌리지 않았다. 도리어 소년의 몸 기운으로 해서 떨리던 몸이 적이* 누그러지는 느낌이었다.
소년에게 친밀감을 느낌

소란하던 수숫잎 소리가 뚝 그쳤다. 밖이 멀개졌다.
소나기가 그침

수숫단 속을 벗어 나왔다. 멀지 않은 앞쪽에 햇빛이 눈부시게 내리붓고 있었다.

도랑 있는 곳까지 와 보니, 엄청나게 **물이 불어 있**었다. 빛마저
소년이 소녀를 업게 되는 이유
제법 붉은 흙탕물이었다. 뛰어 건널 수가 없었다.

소년이 등을 돌려 댔다. 소녀가 순순히 업히었다. 걷어 올린 소
소녀를 위한 소년의 행동 ④
년의 잠방이*까지 물이 올라왔다. 소녀는 '어머나' 소리를 지르며
소년의 헌신적인 태도 ② 소년과 소녀의 사이가 그만큼 가까워짐
소년의 목을 끌어안았다.

개울가에 다다르기 전에 **가을 하늘**은 언제 그랬는가 싶게 **구름**
소년과 소녀의 순수한 사랑을 나타냄
한 점 없이 쪽빛으로 개어 있었다.

그 뒤로 소녀의 모습은 뵈지 않았다. 『매일같이 개울가로 달려와
『』: 소녀를 보고 싶어 하는 소년의 마음을 나타냄
봐도 뵈지 않았다.』

학교에서 쉬는 시간에 운동장을 살피기도 했다. 남몰래 5학년 여자 반을 엿보기도 했다. 그러나 뵈지 않았다.

그날도 소년은 주머니 속 흰 조약돌만 만지작거리며 개울가로
전에 소녀가 소년에게 던졌던 것으로, 소녀에 대한 그리움을 의미함
나왔다. 그랬더니 이쪽 개울둑에 소녀가 앉아 있는 게 아닌가.

㉡ 소년은 가슴부터 두근거렸다.
오랜만에 소녀를 보았기 때문

"그동안 앓았다." / 어쩐지 소녀의 얼굴이 해쓱해져 있었다.
소녀가 보이지 않았던 이유

"그날 소나기 맞은 탓 아냐?"
소년과 소녀가 함께 산으로 놀러 간 날

소녀가 가만히 고개를 끄덕이었다.

"인제 다 났냐?" / "아직도……."

"그럼 누워 있어야지."
소녀를 걱정함

"하도 갑갑해서 나왔다. …… 참, 그날 재밌었다. …… 그런데 그날 어디서 이런 물이 들었는지 잘 지지 않는다."

소녀가 분홍 스웨터 앞자락을 내려다본다. 거기에 검붉은 진흙물
소나기가 내린 날 입고 있었던 옷 소년과 소녀의 추억을 상징함
같은 게 들어 있었다.

소녀가 가만히 보조개를 떠올리며, / "그래 이게 무슨 물 같니?"

소년은 스웨터 앞자락만 바라보고 있었다.

"내, 생각해 냈다. 그날 도랑을 건너면서 내가 업힌 일이 있지?
물이 든 분홍 스웨터를 소년과의 추억이 담긴 옷으로 여김
그때 네 등에서 옮은 물이다."

소년은 얼굴이 확 달아오름을 느꼈다.
소녀를 업었던 일이 떠올라 부끄러워짐

갈림길에서 소녀는, / "저, 오늘 아침에 우리 집에서 대추를 땄
소년에 대한 소녀의 마음을 나타냄
다. 낼 제사 지내려고……."

대추 한 줌을 내준다. 소년은 주춤한다.

"맛봐라. 우리 증조할아버지가 심었다는데, 아주 달다."

소년은 두 손을 오그려 내밀며, / "참, 알도 굵다!"

"그리고 저, 우리 이번에 제사 지내고 나서 집을 내주게 됐다."
소년에게 이사 소식을 전함

소년은 소녀네가 이사해 오기 전에 벌써 어른들의 이야기를 들어서, 윤 초시* 손자가 서울서 사업에 실패해 가지고 고향에 돌아
소녀의 아버지 소녀가 작품의 배경인 시골 마을에 오게 된 이유
오지 않을 수 없게 되었다는 걸 알고 있었다. 그것이 이번에는 고향 집마저 남의 손에 넘기게 된 모양이었다.
윤 초시 집안의 가세가 기울어짐

"왜 그런지 난 이사 가는 게 싫어졌다. 어른들이 하는 일이니 어쩔 수 없지만……."

㉢ 전에 없이 소녀의 까만 눈에 쓸쓸한 빛이 떠돌았다.
소년과 헤어지는 것을 아쉬워함

소녀와 헤어져 돌아오는 길에, 소년은 혼잣속으로 소녀가 이사를 간다는 말을 수없이 되뇌어 보았다. 무어 그리 안타까울 것도
안타깝고 서러운 소년의 마음을 반어적으로 표현함
서러울 것도 없었다. ㉣ 그렇건만 소년은 지금 자기가 씹고 있는
소녀가 떠난다는 사실에 충격을 받음
대추알의 단맛을 모르고 있었다.

(중략)

마을 갔던 아버지가 언제 돌아왔는지,

"윤 초시 댁도 말이 아니야. 『그 많던 전답*을 다 팔아 버리고, 대
『』: 설상가상(雪上加霜) - 불행한 일이 잇따라 일어남
대로 살아오던 집마저 남의 손에 넘기더니, 또 악상*까지 당하
소녀가 죽었음을 가리킴
는 걸 보면…….』

남폿불* 밑에서 바느질감을 안고 있던 어머니가, / "증손이라곤 계집애 그 애 하나뿐이었지요?"
소녀(윤 초시의 증손녀)

"그렇지, 사내 애 둘 있던 건 어려서 잃어버리고……."

"어쩌면 그렇게 자식 복이 없을까."

"글쎄 말이지. 이번 앤 꽤 여러 날 앓는 걸 약도 변변히 못 써 봤
윤 초시네 형편이 어려웠음을 알 수 있음
다더군. 지금 같아서 윤 초시네도 대가 끊긴 셈이지……. 그런데
증손들이 모두 죽음
참 이번 계집애는 어린 것이 여간 잔망스럽지가* 않아. 글쎄, 죽
진흙물이 든 분홍 스웨터
기 전에 이런 말을 했다지 않아? ㉤ 자기가 죽거든 자기 입던 옷을 꼭 그대로 입혀서 묻어 달라고……."
죽어서도 소년과의 추억을 간직하고자 함

- 황순원, 〈소나기〉 -

* 먹장구름: 먹빛같이 시꺼먼 구름.
* 듣다: 눈물, 빗물 따위의 액체가 방울져 떨어지다.
* 선뜩선뜩하다: 갑자기 서늘한 느낌이 잇따라 들다.
* 긋다: 비를 잠시 피하여 그치기를 기다리다.

* 덧세우다: 본래 있는 위에 겹쳐 세우다.
* 망그러지다: 부서지거나 찌그러져 못 쓰게 되다.
* 적이: 꽤 어지간한 정도로.
* 잠방이: 가랑이가 무릎까지 내려오도록 짧게 만든 홑바지.
* 초시(初試): 예전에, 한문을 좀 아는 유식한 양반을 높여 이르던 말.
* 전답(田畓): 논과 밭을 아울러 이르는 말.
* 악상(惡喪): 수명을 다 누리지 못하고 젊어서 죽은 사람의 상사. 흔히 젊어서 부모보다 먼저 자식이 죽는 경우를 이른다.
* 남폿불: 남포등(석유를 넣은 그릇의 심지에 불을 붙이고 유리로 만든 등피를 끼운 등)에 켜 놓은 불.
* 잔망스럽다(孱妄스럽다): 얄밉도록 맹랑한 데가 있다.

01 작품의 내용 파악하기 답 | ⑤

윗글의 인물에 대한 설명으로 가장 적절한 것은?

정답 선지 분석

⑤ 소년은 소녀의 아버지가 고향에 돌아온 이유를 알고 있었다.

'소년은 소녀네가 이사해 오기 전에 벌써 어른들의 이야기를 들어서, 윤 초시 손자가 서울서 사업에 실패해 가지고 고향에 돌아오지 않을 수 없게 되었다는 걸 알고 있었다'라고 하였고, 소녀가 윤 초시의 증손이므로 '윤 초시 손자'란 소녀의 아버지를 가리킨다. 따라서 소년이 소녀의 아버지가 고향에 돌아온 이유를 알고 있었다는 설명은 적절하다.

오답 선지 분석

① 윤 초시는 소녀를 살리기 위해 백방으로 노력했다.

아버지의 말에 따르면, '꽤 여러 날 앓는 걸 약도 변변히 못 써 봤'으므로 윤 초시가 소녀를 살리기 위해 백방으로 노력했다는 설명은 적절하지 않다.

② 소녀는 스웨터에 진흙물이 든 것을 아쉽게 여겼다.

소녀는 분홍 스웨터에 든 진흙물을 보며 '가만히 보조개를 떠올'렸고, 죽기 전 '자기 입던 옷', 즉 분홍 스웨터를 '꼭 그대로 입혀서 묻어 달라고' 했으므로 소녀가 스웨터에 진흙물이 든 것을 아쉽게 여겼다는 설명은 적절하지 않다.

③ 소녀는 소년과 함께 비를 피하는 것을 불편하게 느꼈다.

소녀는 수숫대 안에서 소년과 함께 비를 피하며 '도리어 소년의 몸기운으로 해서 떨리던 몸이 적이 누그러지는 느낌'을 받았으므로 소녀가 소년과 함께 비를 피하는 것을 불편하게 여겼다는 설명은 적절하지 않다.

④ 소년의 부모님은 윤 초시 집안의 가계에 관심이 없었다.

소년의 어머니가 "증손이라곤 계집애 그 애 하나뿐이었지요?"라고 하고, 소년의 아버지가 "그렇지. 사내 애 둘 있던 건 어려서 잃어버리고……."라고 한 것을 통해 윤 초시 집안의 가정사에 대해 잘 알고 있음을 알 수 있다. 따라서 소년의 부모님이 윤 초시 집안의 가계에 관심이 없었다는 설명은 적절하지 않다.

02 인물의 태도, 심리 파악하기 답 | ②

㉠~㉤에 대한 설명으로 적절하지 않은 것은?

정답 선지 분석

② ㉡: 소녀가 자신을 책망할까 봐 불안했기 때문이다.

소년은 소녀를 만나기 위해 '매일같이 개울가로 달려와' 봤고, '학교에서 쉬는 시간에 운동장을 살피기도 했'고, '남몰래 5학년 여자 반을 엿보기도 했'다. 그러다가 어느 날, '이쪽 개울둑에 소녀가 앉아 있는' 것을 보고 '가슴부터 두근거렸'으므로 이는 소녀를 만나서 반가웠기 때문이라고 볼 수 있다. 소녀가 자신을 책망할까 봐 불안했기 때문은 아니다.

오답 선지 분석

① ㉠: 꽃보다 소년을 소중하게 여겼기 때문이다.

소녀는 소년에게 수숫단 안에 들어와 앉으라고 했고, 소년이 뒷걸음질쳐 들어오는 바람에 '소녀가 안고 있는 꽃묶음이 망그러졌'지만 소녀는 '상관없다고 생각했'다. 이는 소녀가 꽃보다 소년을 소중하게 여겼기 때문이다.

③ ㉢: 소년과 헤어지는 것을 아쉬워했기 때문이다.

소녀는 소년에게 이사 간다는 소식을 전하며, "왜 그런지 난 이사 가기 싫어졌다."라고 말하며 '까만 눈에 쓸쓸한 빛'을 띄웠다. 이는 소녀가 소년과 헤어지는 것을 아쉬워했기 때문이다.

④ ㉣: 소녀가 떠난다는 사실에 충격받았기 때문이다.

소년은 소녀가 이사 간다는 것이 '안타까울 것도 서러울 것도 없'다고 생각하면서도, 소녀가 줘서 '씹고 있는 대추알의 단맛'을 느끼지 못했다. 이는 소년이 소녀가 떠난다는 사실에 충격받았기 때문이다.

⑤ ㉤: 소년과의 추억을 간직하고자 했기 때문이다.

소녀는 스웨터에 든 진흙물이 '도랑을 건너면서' 소년의 '등에서 옮은 물'이라고 생각했고, '자기가 죽거든 자기 입던 옷', 즉 분홍 스웨터를 '꼭 그대로 입혀서 묻어 달라고' 했다. 이는 소녀가 소년과의 추억을 간직하고자 했기 때문이다.

03 외적 준거를 바탕으로 작품 이해하기 답 | ②

보기 를 참고하여 윗글을 이해한 내용으로 적절하지 않은 것은?

보기

소설에서의 배경은 사건이 벌어지는 구체적인 시간과 공간을 의미한다. 배경은 작가의 의도에 따라 설정됨으로써 작가가 말하고자 하는 주제를 효과적으로 드러낸다. 또한 작품 전체의 분위기를 조성하기도 하고, 인물의 심리나 새로운 사건의 등장, 혹은 사건 전개 방향을 암시하기도 한다.

정답 선지 분석

② '기둥이 기울고 지붕도 갈래갈래 찢어'진 '원두막'은 소년의 불안정한 심리를 의미한다.

〈보기〉에 따르면, 배경은 인물의 심리를 암시하기도 한다. 그러나 '기둥이 기울고 지붕도 갈래갈래 찢어'진 '원두막'은 소년의 불안정한 심리를 의미하는 것이 아니라, 소년과 소녀가 원두막에서 비를 피하는 것이 여의치 않을 것을 암시한다. 따라서 적절하지 않다.

오답 선지 분석

① '머리 위에 와 있'는 '먹장구름'은 긴장감과 위기감을 조성한다.

〈보기〉에 따르면, 배경은 작품 전체의 분위기를 조성하기도 한다. '머리 위에 와 있'는 '먹장구름'을 통해 곧 소나기가 내리게 될 것을 알 수 있으므로 '먹장구름'은 긴장감과 위기감을 조성한다고 볼 수 있다.

③ '어둡고 좁은' '수숫단 속'에서의 경험은 소녀가 소년에게 친밀감을 느끼는 계기가 된다.

〈보기〉에 따르면, 배경은 사건 전개 방향을 암시하기도 한다. '수숫단 속'이 '어둡고 좁'았기 때문에 소년은 그 앞에 나앉는데, 소녀가 소년에게 들어와 앉으라고 하고 소년과 붙어 앉아 있으면서 '떨리던 몸이 적이 누그러지는 느낌'을 받으므로 '수숫단 속'에서의 경험은 소녀가 소년에게 친밀감을 느끼는 계기가 된다고 볼 수 있다.

④ '물이 불어 있'는 '도랑'은 소년과 소녀가 가까워지는 사건을 제공한다.

〈보기〉에 따르면, 배경은 새로운 사건의 등장을 암시하기도 한다. '도랑'이 '물이 불어 있었'기 때문에 소년은 소녀에게 업히라고 하고, 소년이 소녀를 업은 채 도랑을 건너면서 소녀가 '어머나' 소리를 지르며 소년의 목을 끌어안는 등의 사건이 생기므로 '도랑'은 소년과 소녀가 가까워지는 사건을 제공한다고 볼 수 있다.

⑤ '구름 한 점 없이 쪽빛으로 개어 있'는 '가을 하늘'은 소년과 소녀의 순수한 사랑을 나타낸다.

〈보기〉에 따르면, 배경은 작가의 의도에 따라 설정됨으로써 작가가 말하고자 하는 주제를 효과적으로 드러낸다. '개울가에 다다르기 전에' '언제 그랬는가 싶게 구름 한 점 없이 쪽빛으로' 갠 '가을 하늘'은 소년과 소녀의 사랑을 아름답게 승화시킴으로써 소년과 소녀의 순수한 사랑을 나타낸다고 볼 수 있다.

04 소재의 의미 파악하기

소년에 대한 소녀의 마음이 담긴 소재를 윗글에서 찾아 2음절로 쓰시오.

정답

대추

19강

| 본문 | 225쪽

문법 자음의 창제 원리

빠른 정답 체크 01 ③ 02 ② 03 ④ 04 ㅅ, ㅈ, ㅆ

01 자음의 창제 원리 이해하기 답 | ③

다음 중 자음과 창제 원리가 적절하게 연결된 것은?

정답 선지 분석

③ ㅿ: 이체

'ㅿ'은 상형이나 가획의 원리를 적용하지 않고 모양을 달리해 만든 이체자이다.

오답 선지 분석

① ㄹ: 상형

'ㄹ'은 상형이나 가획의 원리를 적용하지 않고 모양을 달리해 만든 이체자이다.

② ㆁ: 가획

'ㆁ'은 상형이나 가획의 원리를 적용하지 않고 모양을 달리해 만든 이체자이다.

④ ㅆ: 연서

'ㅆ'은 'ㅅ'을 옆으로 나란히 쓴 것으로, 글자를 옆으로 나란히 쓰는 병서의 원리가 적용된 글자이다.

⑤ ㅹ: 병서

'ㅹ'은 'ㅃ'과 'ㅇ'을 위아래로 이어 쓴 것으로, 글자를 위아래로 이어 쓰는 연서의 원리가 적용된 글자이다.

02 자음의 창제 원리 이해하기 답 | ②

보기 에 대한 설명으로 적절하지 않은 것은?

보기

ㅇ → ㆆ → ㅎ

정답 선지 분석

② 'ㆆ'은 'ㅇ'에 모음 'ㅡ'를 더하여 만든 글자이다.

'ㆆ'은 기본자 'ㅇ'에 모음 'ㅡ'를 더하여 만든 글자가 아니라, 획을 더하여 만든 글자이다.

오답 선지 분석

① 'ㅇ'은 목구멍의 모양을 본떠 만든 글자이다.

'ㅇ'은 상형의 원리를 이용하여 만들어진 글자로, 목구멍의 모양을 본떴다.

③ 'ㆆ'은 과거에는 쓰였으나 현대에는 사라진 글자이다.

'ㆆ'은 여린 히읗으로, 과거에는 주로 한자어를 표기하는 데 사용되었으나 시간이 지나며 없어진 글자이다.

④ 'ㅎ'은 'ㅇ'에 획을 두 번 더하여 만든 글자이다.

'ㅎ'은 기본자 'ㅇ'에 가획을 두 번 하여 만든 글자이다.

⑤ 〈보기〉에서 오른쪽에 있을수록 소리가 센 글자이다.

가획은 기본자에 획을 더하여 더 센 소리를 나타내는 것으로, 'ㆆ'은 'ㅇ'에 가획을 한 번, 'ㅎ'은 'ㅇ'에 가획을 두 번 한 것이므로 〈보기〉에서 오른쪽에 있을수록 소리가 세다.

03 가획의 원리 이해하기 답 | ④

(가), (나)에 대한 내용으로 가장 적절한 것은?

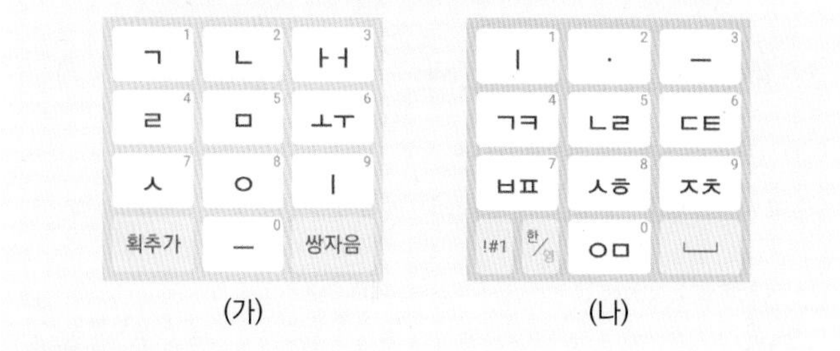

(가) (나)

정답 선지 분석

④ (가)에서 'ㅈ'을 입력하려면 7번 자판과 '획추가'를 한 번 눌러야 한다.

(가)는 자판에 기본자를 두고, 가획의 원리를 이용하여 다른 자음을 만들게 하고 있다. 'ㅈ'은 'ㅅ'에 한 번 가획하여 만들어진 자음이므로 (가)에서 'ㅈ'을 입력하려면 'ㅅ'이 있는 7번 자판과 '획추가'를 한 번 눌러야 한다.

오답 선지 분석

① (가)는 (나)보다 'ㅂ'을 입력하기 위해 자판을 눌러야 하는 횟수가 더 적다.

(가)에서는 'ㅂ'을 입력하려면 기본자인 'ㅁ'이 있는 5번 자판과 '획추가'를 한 번 눌러야 하기 때문에 자판을 총 두 번 눌러야 한다. 그러나 (나)에서는 7번 자판만 한 번 누르면 된다. 따라서 'ㅂ'을 입력하기 위해 자판을 눌러야 하는 횟수는 (나)가 (가)보다 더 적다.

② (나)는 (가)보다 'ㅌ'을 입력하기 위해 자판을 눌러야 하는 횟수가 더 많다.

(나)에서는 'ㅌ'을 입력하려면 6번 자판을 두 번 눌러야 한다. 그러나 (가)에서는 기본자인 'ㄴ'이 있는 2번 자판과 '획추가'를 두 번 눌러야 하기 때문에 자판을 총 세 번 눌러야 한다. 따라서 'ㅌ'을 입력하기 위해 자판을 눌러야 하는 횟수는 (가)가 (나)보다 더 많다.

③ (가)와 (나)에서 'ㅊ'을 입력하기 위해 자판을 눌러야 하는 횟수는 같다.

(가)에서는 'ㅊ'을 입력하려면 기본자인 'ㅅ'이 있는 7번 자판과 '획추가'를 두 번 눌러야 하기 때문에 자판을 총 세 번 눌러야 한다. 그러나 (나)에서는 9번 자판만 두 번 누르면 된다. 따라서 (가)와 (나)는 'ㅊ'을 입력하기 위해 자판을 눌러야 하는 횟수가 다르다.

⑤ (나)의 5번 자판은 기본자와 가획자를 함께 둔 것이다.

(나)의 5번 자판에는 'ㄴ'과 'ㄹ'이 있는데, 'ㄴ'은 기본자이지만 'ㄹ'은 'ㄴ'에 가획하여 만든 글자가 아니라 상형이나 가획의 원리를 적용하지 않고 모양을 달리해 만든 이체자이다. 'ㄴ'의 가획자는 'ㄷ, ㅌ'인데 이는 6번 자판에 있다.

04 자음의 제자 원리 이해하기

㉠~㉢에 들어갈 자음을 차례대로 쓰시오.

(㉠)은 이의 모양을 본떠 만든 기본자이다. (㉠)에 획을 하나 더하면 (㉡)이 되고, 각자 병서의 원리를 적용하면 (㉢)이 된다.

정답

ㅅ, ㅈ, ㅆ

독서 가습기의 종류

빠른 정답 체크 01 ② 02 ④ 03 ③ 04 유지시키며, 느리게

가습기는 실내 습도를 적정하게 유지해주어 호흡기 질환을 완화(가습기의 기능)하는 데 도움을 준다. 가습기는 원리에 따라 다양한 종류의 가습기로 나뉘는데, 그중 히터 가열식 가습기, 초음파식 가습기, 복합식 가습기(원리에 따라 나눈 가습기의 종류)가 대표적이다.

▶ 1문단: 원리에 따른 가습기의 종류

히터 가열식 가습기는 가습기 내부의 가열관을 통해 물을 끓여 수증기를 내뿜는 방식(히터 가열식 가습기의 원리)이다. 이렇게 뿜어져 나온 증기가 방안의 찬 공기를 만나면 수증기가 응결되어 하얗게 보이게 된다. 「끓인 물의 수증기를 공기 중에 분사하는* 것이기 때문에 위생적으로 우수하고 실내 온도 유지 및 호흡 기관에 좋지만,」(「」: 히터 가열식 가습기의 장점) 「전력 소모가 많아 전기료가 많이 발생하고, 뜨거운 수증기로 인해 화상을 입을 위험성이 있다. 또한 제품을 켜고 난 후 가습 효과가 나타나는 시간이 오래 걸리며, 소음이 발생한다는 단점이 있다.」(「」: 히터 가열식 가습기의 단점)

▶ 2문단: 히터 가열식 가습기의 장단점

초음파식 가습기는 물을 넣은 용기의 밑부분에서 초음파를 발생시켜 물을 작은 입자로 쪼개어 내뿜는 방식(초음파식 가습기의 원리)이다. 가습기의 바닥 면에 진동판이 있고 그 뒷면에 초음파 진동자*가 붙어 있다. 초음파 진동자에 전류가 흐르면 주파수*에 따라 진동자의 크기가 변하고 진동판이 진동하게 된다. 이 진동에 의해 초음파가 발생하고 물에 진동을 일으켜 물 표면에 있던 물 입자들이 수증기같이 뿌연 안개 형식으로 뿜어져 나온다. 초음파식 가습기는 「히터 가열식 가습기에 비해 전력 소모가 낮으면서 증기 분무량이 많고, 제품을 켠 후 가습 효과가 매우 빠르게 나타나며 소음이 가장 적다는 장점이 있다.」(「」: 초음파식 가습기의 장점) 그러나 「히터 가열식 가습기와 달리 끓이지 않은 물을 공기 중으로 분출하는 것이기 때문에 미생물이 쉽게 번식하고, 실내 온도를 떨어뜨린다는 단점이 있다.」(「」: 초음파식 가습기의 단점)

▶ 3문단: 초음파식 가습기의 장단점

복합식 가습기는 히터 가열식 가습기와 초음파 가습기의 장점을 더한 방식으로 만들어졌으며, 표면 장력의 원리를 이용하여 습도를 조절한다(복합식 가습기의 원리). 먼저 가열관에서 물의 온도를 섭씨 60~85℃ 정도로 끓어 올려 살균한 뒤, 초음파를 이용하여 분무하는 방식이다. 이때 데워진 물은 상온의 물에 비해 표면 장력이 감소하기 때문에 물 입자들이 훨씬 쉽게 쪼개질 수 있다. 복합식 가습기는 기존의 가습기보다 습도를 빠른 시간 내에 조절할 수 있다(복합식 가습기의 장점). 그러나 가열식 가습기처럼 전력 소모가 크다(복합식 가습기의 단점)는 단점이 있다.

▶ 4문단: 복합식 가습기의 장단점

* 분사하다(噴射하다): 액체나 기체 따위에 압력을 가하여 세차게 뿜어 내보내다.
* 진동자(振動子): 아주 작은 진동체.
* 주파수(周波數): 전파나 음파가 1초 동안에 진동하는 횟수.

01 내용 전개 방식 파악하기 답 | ②

윗글의 내용 전개 방식으로 가장 적절한 것은?

정답 선지 분석

② 특정한 기준에 따라 대상을 분류하여 설명하고 있다.
윗글은 원리에 따라 가습기를 히터 가열식 가습기, 초음파식 가습기, 복합식 가습기로 분류하고 각각의 장단점을 설명하고 있다.

오답 선지 분석

① 질문 형식으로 대상에 대한 관심을 유도하고 있다.
윗글에서는 질문 형식으로 가습기에 대한 관심을 유도하고 있지 않다.

③ 대상을 둘러싼 논쟁을 소개하고 현황을 제시하고 있다.
윗글에서는 가습기를 둘러싼 논쟁을 소개하고 있지 않다.

④ 각 대상이 지닌 문제점을 언급하고 해결책을 밝히고 있다.
윗글에서 히터 가열식 가습기, 초음파식 가습기, 복합식 가습기의 문제점을 언급하고 있기는 하지만, 해결책을 밝히고 있지는 않다.

⑤ 대상이 변화하는 과정을 시간의 흐름에 따라 서술하고 있다.
윗글에서는 가습기가 변화하는 과정을 시간의 흐름에 따라 서술하고 있지 않다.

02 세부 내용 추론하기 답 | ④

윗글을 통해 추론할 수 있는 내용으로 적절하지 않은 것은?

정답 선지 분석

④ 진동자의 주파수가 커질수록 가습기의 증기 분무량도 증가한다.
3문단에서 초음파식 가습기는 증기 분무량이 많다고 하였으며, 초음파 진동자에 전류가 흐르면 주파수에 따라 진동자의 크기가 변하고, 진동에 의해 초음파가 발생하여 물에 진동을 일으켜 물 입자들이 분출된다고 하였다. 그러나 진동자의 주파수와 가습기의 증기 분무량 간의 상관관계는 윗글에서 알 수 없다.

오답 선지 분석

① 표면 장력이 높을수록 물 입자들의 결속력은 강해진다.
4문단에서 데워진 물은 상온의 물에 비해 표면 장력이 감소하기 때문에 물 입자들이 쉽게 쪼개질 수 있다고 하였다. 따라서 반대로 표면 장력이 높다면 입자들의 결속력이 강해질 것이라고 추론할 수 있다.

② 물을 끓이는 방식은 가습기의 전력 소모를 증가시킨다.
2문단에서 히터 가열식 가습기는 전력 소모가 많다는 단점이 있다고 하였고, 5문단에서 물에 열을 가하는 복합식 가습기 또한 전력 소모가 많다고 하였다. 반면, 3문단에서 초음파식 가습기는 전력 소모가 낮다고 하였으므로 히터 가열식 가습기와 복합식 가습기의 공통점인 물을 끓이는 방식이 전력 소모를 증가시키는 원인일 것이라고 추론할 수 있다.

③ 찬물과 달리 끓인 물에서는 미생물이 쉽게 번식하지 못한다.
2문단에서 히터 가열식 가습기는 끓인 물의 수증기를 공기 중에 분사하여 위생적으로 우수하다고 하였고, 4문단에서 복합식 가습기 또한 물의 온도를 높여 살균하는 과정이 일어난다고 했다. 반면, 3문단에서 끓이지 않은 물을 공기 중으로 방출하는 초음파식 가습기는 미생물이 쉽게 번식한다는 단점이 있다고 하였으므로 찬물과 달리 끓인 물에서는 미생물이 쉽게 번식하지 못한다는 것을 추론할 수 있다.

⑤ 수증기가 응결되는 것은 수증기의 온도와 공기의 온도 차 때문이다.
2문단에서 히터 가열식 가습기에서 뿜어져 나온 증기가 방안의 찬 공기를 만나면 수증기가 응결되어 하얗게 보이게 된다고 하였다. 이때 히터 가열식 가습기의 증기는 끓인 물로 온도가 높은 상태이므로 수증기가 응결되는 이유는 높은 수증기의 온도와 찬 공기의 온도 차 때문일 것이라고 추론할 수 있다.

03 구체적 사례에 적용하기 답 | ③

윗글을 바탕으로 보기 를 이해한 내용으로 적절한 것은?

보기

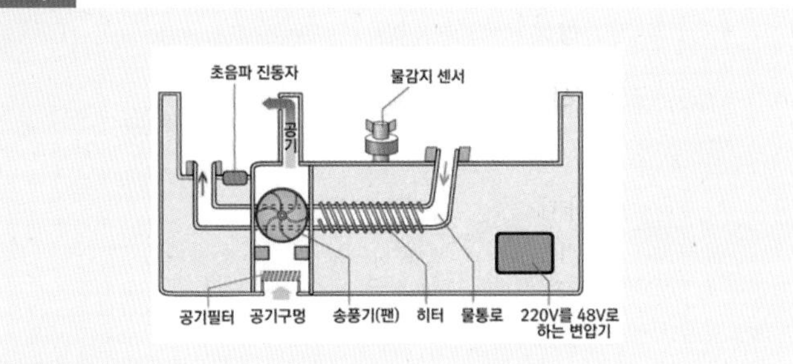

정답 선지 분석

③ 기존에 존재하던 가습기의 장점만을 더한 방식이다.

〈보기〉의 가습기는 히터와 초음파 진동자가 함께 존재하는 것으로 보아 복합식 가습기라고 추론할 수 있다. 4문단에서 복합식 가습기는 히터 가열식 가습기와 초음파식 가습기의 장점을 더한 방식으로 만들어졌다고 하였으므로 적절하다.

오답 선지 분석

① 소음이 가장 적다는 장점이 있다.

3문단에 따르면, 소음이 가장 작다는 장점을 지닌 가습기는 초음파식 가습기다.

② 표면 장력의 원리를 이용해 물의 온도를 높인다.

4문단에 따르면, 복합식 가습기가 표면 장력의 원리를 이용하는 것은 맞으나 이는 습도를 조절하기 위한 것이지 물의 온도를 높이기 위한 것이 아니다.

④ 습도를 빠른 시간 내에 조절하지 못한다는 단점이 있다.

4문단에 따르면, 복합식 가습기는 기존의 가습기보다 습도를 빠른 시간 내에 조절할 수 있다는 장점이 있다.

⑤ 다른 가습기와 달리, 물 입자들이 쉽게 쪼개지기 어렵다.

4문단에 따르면, 복합식 가습기는 표면 장력의 원리를 활용하여 물 입자들이 훨씬 쉽게 쪼개질 수 있다.

04 세부 내용 파악하기

빈칸에 들어갈 말을 골라 차례대로 쓰시오.

히터 가열식 가습기는 실내 온도를 (높이며 / 유지시키며 / 낮추며), 초음파식 가습기에 비해 가습 효과가 (빠르게 / 느리게) 나타난다.

정답

유지시키며, 느리게

문학 1 고층 빌딩 유리창닦이의 편지(김혜순)

빠른 정답 체크 01 ② 02 ④ 03 ③ 04 풍뎅이

저녁엔 해가 뜨고 / 아침엔 해가 집니다.
역설적 표현 – 화자의 삶의 방식

해가 지는 아침에
유리창을 닦으러 올라가기 때문에 해가 지는 것처럼 느껴짐
㉠ 유리산을 오르며
고층 빌딩의 유리창
나는 바라봅니다.

깊고 깊은 ㉡ 산 아래 계곡에
위에서 내려다보는 세상
햇살이 퍼지는 광경을.

해가 뜨는 저녁엔
유리창을 닦으며 내려가기 때문에 해가 뜨는 것처럼 느껴짐
유리산을 내려오며

나는 또 바라봅니다.
행위의 반복 ①
깊고 깊은 저 아래 계곡에

해가 지고 석양에 물든

소녀가 붉은 얼굴을

쳐드는 것을.

▶ 고층 빌딩에서 유리창을 닦으며 세상을 내려다봄

이윽고 ㉢ 두 개의 밤이 오면
창문 안쪽 세상의 밤과 창문 바깥쪽 화자의 밤
나는 한 마리 풍뎅이가 됩니다.
화자를 비유. 소통에 대한 갈망
그리곤 당신들의 유리 창문에 달라붙었다가
창문 안쪽의 사람들 소통의 단절을 상징함
그 창문을 열고 / 들어가려 합니다.
창문 안쪽의 사람들과 소통하고자 함
「창문을 열면 창문, 다시 열면
「」: 시어의 반복 → 소통을 시도하지만 창문에 의해 실패함
창문, 창문, 창문…… / 창문」

밤새도록 창문을 여닫지만

창문만 있고 ㉣ 방 한 칸 없는 사람들이
소통이 가능한 공간
산 아래 계곡엔 가득 잠들어 있습니다.
소통이 불가능한 상황 ▶ 창문 안쪽으로 들어가려 하지만 불가능함

「밤새도록 닦아도 닦이지 않는 창문.
「」: 소통을 갈망할수록 단절이 심화됨
두드려도 열리지 않는

창문, 두드리면 두드릴수록 두꺼워지는
행위의 반복 ②
큰골*의 잠」 나는 늘 창문을 닦으며 삽니다.
1연의 반복 → 반복되는 화자의 일상
저녁엔 해가 뜨고 / 아침엔 해가 지는 곳,
소통 없이 반복되는 일상을 살아감
㉤ 그 높은 곳에서 나는 당신들의 창문을 닦으며 삽니다.
사람들과 단절된 공간 ▶ 단절된 공간에서 유리창을 닦으며 살아가는 화자

- 김혜순, 〈고층 빌딩 유리창닦이의 편지〉 -

* 큰골: 대뇌.

01 표현상의 특징 파악하기 답 | ②

윗글에 대한 설명으로 가장 적절한 것은?

정답 선지 분석

② 역설적 표현을 활용하여 상황 인식을 드러내고 있다.

1연의 '저녁엔 해가 뜨고 / 아침엔 해가 집니다.'에서 역설적 표현을 활용하였다. 이는 아침에는 빌딩 유리창에 올라 해보다 높은 곳에 있고, 저녁에는 빌딩 유리창에서 내려와 해보다 낮은 곳에 있는 자신의 상황에 대한 화자의 인식을 드러내는 것이다.

오답 선지 분석

① 시어의 반복을 활용하여 시적 대상을 예찬하고 있다.

4연에서 '창문을 열면 창문, 다시 열면 / 창문, 창문, 창문…… / 창문'이라고 하며 '창문'이라는 시어를 반복하고 있지만, 이는 시적 대상을 예찬하는 것이 아니라 소통이 단절된 상황을 강조하는 것이다.

③ 색채 이미지를 활용하여 계절적 배경을 나타내고 있다.

3연의 '소녀가 붉은 얼굴을 / 쳐드는 것을.'에서 색채 이미지를 활용하고 있지만, 이는 계절적 배경을 나타내는 것은 아니다.

④ 비유적 표현을 활용하여 밝은 분위기를 조성하고 있다.

4연에서 화자 자신을 '풍뎅이'에 비유하였으나, 이는 밝은 분위기를 조성하는 것이 아니라 타인과의 소통을 갈망하는 화자의 마음을 강조하는 것이다.

⑤ 음성 상징어를 활용하여 자연과의 교감을 보여 주고 있다.

윗글에서 음성 상징어를 활용한 부분은 찾아볼 수 없다.

02 시구의 의미 파악하기 답 | ④

㉠~㉤에 대한 설명으로 적절하지 않은 것은?

정답 선지 분석

④ ㉣: '당신들'의 물질적 풍요를 의미한다.

'방 한 칸'은 '당신들'의 물질적 풍요가 아닌, 화자와 '당신들'이 소통할 수 있는 공간을 의미한다.

오답 선지 분석

① ㉠: 화자가 오르는 고층 빌딩의 유리창을 의미한다.

'유리산'은 '해가 지는 아침'에 화자가 오르는 고층 빌딩의 유리창을 의미한다.

② ㉡: 고층 빌딩에서 내려다보는 세상을 의미한다.

'산 아래 계곡'은 도시민들이 살고 있는 공간이자, 화자가 고층 빌딩에서 내려다보는 세상을 의미한다.

③ ㉢: 빌딩 안의 밤과 바깥의 밤을 의미한다.

'두 개의 밤'은 빌딩 안(세상)의 밤과 바깥(화자)의 밤을 의미한다.

⑤ ㉤: '당신들'과 단절된 공간을 의미한다.

'그 높은 곳'은 화자가 올라 있는 고층 빌딩을 의미하면서, 동시에 '당신들'과 단절된 공간을 의미한다.

03 공간의 의미 파악하기 답 | ③

윗글을 보기 에 따라 감상한 것으로 가장 적절한 것은?

보기

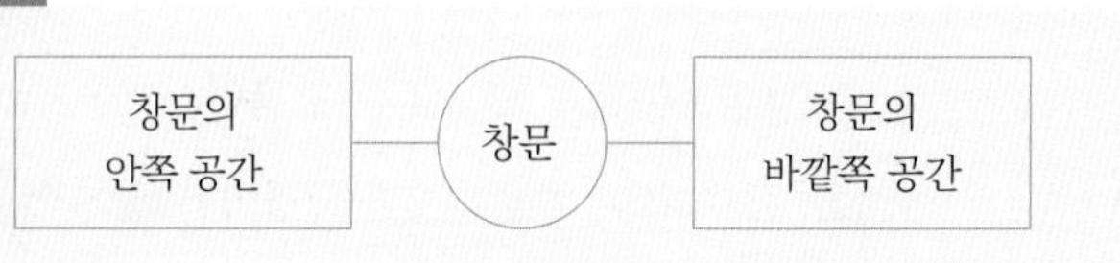

정답 선지 분석

③ 창문은 안쪽 공간과 바깥쪽 공간을 단절시키는 존재이다.

5연의 '두드려도 열리지 않는 / 창문'에서 알 수 있듯이, 창문은 안쪽 공간과 바깥쪽 공간을 단절시키는 존재이다.

오답 선지 분석

① 화자는 창문의 안쪽 공간에 위치한다.

4연의 '그 창문을 열고 / 들어가려 합니다.'를 통해 화자가 창문의 바깥쪽 공간에 위치한다는 것을 알 수 있다.

② 화자는 창문의 바깥쪽 공간에 다가가기를 소망한다.

4연의 '그 창문을 열고 / 들어가려 합니다.'를 통해 화자가 창문의 안쪽 공간에 다가가기를 소망한다는 것을 알 수 있다.

④ 창문의 바깥쪽 공간에서의 행동은 안쪽 공간에서 반복된다.

화자는 창문의 바깥쪽 공간에서 아래를 내려다보고 '늘 창문을 닦으며' 살지만, 이 행동이 안쪽 공간에서 반복되지는 않는다.

⑤ 창문의 안쪽 공간은 현실적, 바깥쪽 공간은 비현실적 공간이다.

창문의 안쪽 공간과 바깥쪽 공간 모두 현실적 공간이다.

04 시어의 의미 이해하기

보기 에서 설명하는 시어를 윗글에서 찾아 쓰시오.

보기

- 화자를 비유함.
- 타인과의 소통을 갈망하는 화자의 모습이 드러남.

정답

풍뎅이

문학 2 흥보가(작자 미상)

빠른 정답 체크 01 ⑤ 02 ② 03 ④ 04 닷 냥, 서른 냥

[아니리]

흥보가 들어가며 별안간 걱정이 하나 생겼지.

「'내가 아무리 궁핍할망정 반남 박씨 양반인데 호방*을 보고 하대를 하나, 존경을 하나? 아서라, 말은 하되 끝은 짓지 말고 웃음으로 얼리는* 수밖에 없다.'」

「」: 환자를 얻으러 가면서도 양반의 체면을 생각함

(말은 하되 끝은 짓지 말고 웃음으로 얼리는: 체면을 차릴 방법을 생각해 냄)

질청*으로 들어가니 호방이 문을 열고 나오다가, / "박 생원 들어오시오?"

[A]
"호방 뵌 지 오래군." / "어찌 오셨소?"

"양도*가 부족해서 환자* 한 섬만 주시면 가을에 착실히 갚을 테니 호방 생각이 어떨는지? 하하하!"

호방에게 말을 높임

식량이 떨어졌다는 말을 한자어로 표현하여 유식한 양반임을 강조함

"박 생원, 품* 하나 팔아 보오." / "돈 생길 품이라면 팔고말고."

흥보에게 돈을 벌 방법을 제시함

"다른 게 아니라, 우리 고을 좌수가 병영 영문에 잡혔는데, 좌수 대신 가서 곤장 열 대만 맞으면 한 대에 석 냥씩 서른 냥은 꼽아 논 돈이오. 마삯*까지 닷 냥 제시했으니 그 품 하나 팔아 보오."

매품팔이를 할 만큼 민중의 생활이 어려웠음을 알 수 있음

"돈 생길 품이니 가고말고, 매품 팔러 가는 놈이 말 타고 갈 것 없고 내 발로 다녀올 테니 그 돈 닷 냥을 나를 내어 주지."

[중모리]

저 아전 거동 좀 보소. 궤 문을 철컹 열고 돈 닷 냥을 내어 주니 흥보가 받아 들고,

판소리 창자가 청자에게 하는 말 / 좌수가 마삯으로 제시한 돈

"다녀오리다." / "평안히 다녀오오."

박흥보 좋아라고 질청 밖으로 썩 나가서,

"얼씨구나 좋구나 돈 봐라 돈 돈 봐라 돈돈 돈돈돈 돈을 봐라 돈. 『이 돈을 눈에 대고 보면 삼강오륜*이 다 보이고, 조금 이따 나는 돈을 손에다 쥐고 보면 삼강오륜이 끊어져도 보이는 건 돈밖에 또 있느냐.』 돈돈돈 도돈 돈."

'돈'의 반복 → 돈을 받아 기뻐하는 흥보의 모습 강조

『 』: 유교적 가치보다 물질적 가치를 중시함

떡국집으로 들어를 가서 떡국 한 푼어치를 사서 먹고 막걸릿집으로 들어를 가서 막걸리 두 푼어치를 사서 먹고, 어깨를 느리우고* 죽통을 빼뜨리고,

돈을 가져 의기양양해짐

"대장부 한 걸음에 엽전 서른닷 냥이 들어를 간다. ㉠ 얼씨구나 돈 봐라!"

저의 집으로 들어가며,

"여보게 마누라! 『집안 어른이 어딜 갔다가 집안이라고서 들어오면 우루루루루 쫓아 나와서 영접하는* 게 도리에 옳지. 계집 이 사람아 당돌히 앉아서 좌이부동*이 웬일인가?』 에라 이 사람 몹쓸 사람."

『 』: 흥보의 가부장적 가치관이 드러남

(중략)

[아니리]

"여보 영감, 이 돈이 무슨 돈이요. 돈 속이나 좀 압시다."

돈의 출처를 질문함

"이 돈은 다른 돈이 아닐세. 우리 고을 좌수가 병영 영문에 잡혔는데 대신 가서 곤장 열 대만 맞으면 한 대에 석 냥씩 준다기에 대신 가기로 삯전으로 받아온 돈이제."

돈의 출처

흥보 마누라가 이 말을 듣더니,

"아이고 여보 영감, ㉡ 중한 가장 매품 팔아 먹고산다는 말은 고금천지* 어디 가 보았소."

돈보다 흥보를 중요하게 생각함

(중략)

[아니리]

흥보가 삼문* 간에 들어서서 가만히 굽어보니 죄인이 볼기를 맞거늘, 그 사람들도 돈 벌러 온 줄 알고, / "저 사람들은 먼저 와서 돈 수백 냥 번다. 나도 볼기 까고 엎드려 볼까?"

죄인들을 매품 팔러 온 사람들로 착각함

[B]
엎드려 노니, 사령 한 쌍이 나오다가, / "병영이 설치된 후로 볼기 전* 보는 놈이 생겼구나."

흥보를 가리킴

사령 중에 뜻밖에 흥보를 아는 사람이 있던가.

"아니 박 생원 아니시오." / "알아맞혔구만 그려."

"당신 곯았소." / "곯다니, 계란이 곯지 사람이 곯아. 그래 어쨌단 말인가."

'곯다'를 이용한 언어유희

"박 생원 대신이라고 와서 곤장 열 대 맞고 돈 서른 냥 받아 가지고 벌써 떠나갔소."

흥보가 매품을 팔지 못하게 됨

흥보가 기가 막혀, / "그놈이 어떻게 생겼든가."

"키가 구 척이요 방울눈에 기운이 좋습디다."

흥보가 이 말을 듣더니,

"허허 전날 밤에 우리 마누라가 밤새도록 울더니마는 옆집 꾀수란 놈이 발등거리*를 하였구나."

흥보를 걱정하여 울었던 흥보 아내

[중모리]

"번수*네들 그러한가. 나는 가네. 지키기나 잘들 하소. ㉢ 매품 팔러 왔는데도 손재*가 붙어 이 지경이 웬일이냐. 우리 집을 돌아가면 밥 달라고 우는 자식은 떡 사 주마고 달래고, 떡 사 달라 우는 자식은 엿 사 주마고 달랬는데, 돈이 있어야 말을 하지."

매품을 팔지 못하게 되어 신세 한탄을 함

그렁저렁 울며불며 돌아온다. 그때 흥보 마누라는 『영감이 떠난 그날부터 후원에 단을 세우고 정화수를 바치고, 병영 가신 우리 영감 매 한 대도 맞지 말고 무사히 돌아오시라고 밤낮 기도하면서,』

『 』: 흥보를 걱정하는 마음이 드러남

"병영 가신 우리 영감 하마* 오실 때 되었는데 어찌하여 못 오신가. 병영 영문 곤장을 맞고 허약한 체질 주린 몸에 병이 나서 못 오신가. 길에 오다 누웠는가."

[아니리]

문밖에를 가만히 내다보니 자기 영감이 분명하것다. 눈물 씻고

바라보니 흥보가 들어오거늘,

"여보 영감 매 맞았소? 매 맞았거든 어디 곤장 맞은 자리 상처나 좀 봅시다."

"놔둬. ㉣ 상처고 여편네 죽은 것이고*, 요망스럽게 여편네가 밤새도록 울더니 돈 한 푼 못 벌고 매 한 대를 맞았으면 인사불성 쇠아들*이다."

동음이의어를 이용한 언어유희

매품을 팔지 못한 것을 아내의 탓으로 돌리며 원망함

흥보 마누라가 좋아라고,

흥보가 매를 맞지 않고 돌아왔기 때문

[중중모리]

"얼씨구나 절씨구 얼씨구 절씨구 지화자 좋네. 얼씨구나 좋을시구. 영감이 엊그저께 병영 길을 떠나신 후 부디 매를 맞지 말고 무사히 돌아오시라고 하느님 전에 빌었더니 매 아니 맞고 돌아오시니 어찌 아니 즐거운가. 얼씨구나 절씨고. ㉤ 옷을 헐벗어도 나는 좋고 굶어 죽어도 나는 좋네. 얼씨구나 절씨구."

물질적 풍요보다 가족을 중요시함

- 작자 미상, 〈흥보가〉 -

* **호방(戶房)**: 조선 시대에, 각 지방 관아의 호방에 속하여 호전에 관한 일을 맡아보던 구실아치(각 관아의 벼슬아치 밑에서 일을 보던 사람).
* **얼리다**: 어울리게 하다.
* **질청(秩廳)**: 관아에서 구실아치가 일을 보던 곳.
* **양도(糧道)**: 일정한 기간 동안 먹고 살아 갈 양식.
* **환자(還子)**: 조선 시대에, 곡식을 관아의 창고에 저장하였다가 백성들에게 봄에 꾸어 주고 가을에 이자를 붙여 거두던 일. 또는 그 곡식.
* **품**: 삯을 받고 하는 일.
* **마삯(馬삯)**: 말을 부린 데 대한 삯.
* **삼강오륜(三綱五倫)**: 유교의 도덕에서 기본이 되는 세 가지의 강령과 지켜야 할 다섯 가지의 도리.
* **느리우다**: 늘어뜨리다.
* **영접하다(迎接하다)**: 손님을 맞아서 대접하다.
* **좌이부동(坐而不動)**: 한곳에 꼼짝도 안 하고 그대로 앉아 있음.
* **고금천지(古今天)**: 예전부터 지금까지의 온 세상.
* **삼문(三門)**: 대궐이나 관청 앞에 세운 세 문.
* **전(廛)**: 물건을 벌여 놓고 파는 가게.
* **발등거리**: 남이 하려는 일을 앞질러서 하는 짓.
* **번수(番首)**: 숙직이나 당직을 서는 사령.
* **손재(損財)**: 재물을 잃어버림. 또는 그 재물.
* **하마**: '벌써'의 방언.
* **상처고 여편네 죽은 것이고**: '몸을 다쳐서 부상을 입은 자리'라는 뜻의 '상처(傷處)'와 '아내의 죽음을 당함'이라는 뜻의 '상처(喪妻)'의 음이 같음.
* **쇠아들**: 은정도 모르고 인정도 없는 미련하고 우둔한 사람을 속되게 이르는 말.

01 인물의 태도, 심리 파악하기 답 | ⑤

윗글의 인물에 대한 설명으로 적절하지 않은 것은?

정답 선지 분석

⑤ 흥보의 아내는 흥보가 매품을 팔기로 했다는 말을 듣고 기뻐했다.

흥보가 돈의 출처에 대해 좌수 대신 곤장 열 대를 맞기로 하고 삯전으로 받아 온 돈이라고 하자, 흥보의 아내는 "아이고 여보 영감, 중한 가장 매품 팔아 먹고산다는 말은 고금천지 어디 가 보았소."라고 하며 매품을 팔지 않기를 바라는 마음을 드러낸다. 또한 흥보가 매품을 팔지 못하고 돌아오자 "매 아니 맞고 돌아오시니 어찌 아니 즐거운가."라고 하며 기뻐했으므로 흥보의 아내가 흥보가 매품을 팔기로 했다는 말을 듣고 기뻐했다는 설명은 적절하지 않다.

오답 선지 분석

① 흥보는 호방을 대하면서 양반의 체면을 지키려고 했다.

흥보는 '내가 아무리 궁핍할망정 반남 박씨 양반인데 호방을 보고 하대를 하나, 존경을 하나?'라고 생각했으며, 호방에게 말할 때 식량이 떨어졌다는 말을 '양도가 부족해서'라고 하는 등 한자어를 사용하여 양반의 체면을 지키려고 했다.

② 흥보는 매품을 팔기로 하여 돈을 받고 의기양양해졌다.

흥보는 매품을 팔기로 하여 마삯 '돈 닷 냥'을 미리 받고 '어깨를 느리우고 죽통을 빼뜨리고' 집으로 돌아가며 "집안 어른이 어딜 갔다가 집안이라고서 들어오면 우루루루루 쫓아 나와서 영접하는 게 도리에 옳지."라고 하는 등 의기양양한 태도를 보였다.

③ 흥보는 매품을 팔지 못한 이유를 아내의 탓으로 돌렸다.

흥보는 매품을 팔지 못한 이유에 대해 "전날 밤에 우리 마누라가 밤새도록 울더니마는 옆집 꾀수란 놈이 발등거리를 하였구나.", "요망스럽게 여편네가 밤새도록 울더니 돈 한 푼 못 벌고 매 한 대를 맞았으면 인사불성 쇠아들이다."라고 말하며 매품을 팔지 못한 것을 아내의 탓으로 돌리고 원망했다.

④ 흥보는 옆집 꾀수에게 매품을 팔 기회를 빼앗기고 슬퍼했다.

흥보는 '옆집 꾀수란 놈'이 '박 생원 대신이라고 와서 곤장 열 대 맞고 돈 서른 냥 받아 가지고 벌써 떠나갔'다는 것을 알게 되고는 집에 '울며불며 돌아'왔다.

02 대화의 내용 파악하기 답 | ②

[A], [B]에 대한 설명으로 가장 적절한 것은?

정답 선지 분석

② [A]는 문제를 해결할 방법을, [B]는 문제 해결이 좌절된 이유를 제시하고 있다.

[A]에서 호방은 "박 생원, 품 하나 팔아 보오."라고 말하며 흥부의 가난을 해결할 방법을 제시하고 있고, [B]에서 사령은 "박 생원 대신이라고 와서 곤장 열 대 맞고 돈 서른 냥 받아 가지고 벌써 떠나갔소."라고 말하며 흥부가 매품을 팔지 못하게 된 이유를 제시하고 있다.

오답 선지 분석

① [A]는 과거 생활에 대한 반성이, [B]는 인물의 외양 묘사가 나타나고 있다.

[B]에서 사령이 "키가 구 척이요 방울눈에 기운이 좋습디다."라고 말하며 꾀수의 외양을 묘사하고 있기는 하지만, [A]에서 과거 생활에 대한 반성이 나타나지는 않는다.

③ [A]는 자신의 처지에 대한 슬픔을, [B]는 상대방에 대한 두려움을 표현하고 있다.

[A]에서 흥부는 자신이 가난함을 설명하면서도 웃는 등 슬픔을 표현하고 있지 않고, [B]에서 상대에 대한 두려움이 표현되어 있지도 않다.

④ [A]는 상황 설명과 더불어 요구 사항을, [B]는 예상되는 긍정적 결과를 드러내고 있다.

[A]에서 흥부는 "양도가 부족해서 환자 한 섬만 주시면 가을에 착실히 갚을 테니 호방 생각이 어떨는지?"라고 말하며 자신의 가난한 상황을 설명하면서 환자 한 섬만 달라는 요구 사항을 드러내고 있지만, [B]에서 예상되는 긍정적 결과가 드러나지는 않는다.

⑤ [A]는 권위를 내세우며 우위를 점하려고 하고, [B]는 비굴하게 굴며 자신을 낮추고 있다.

[A]에서 흥보는 "호방 뵌 지 오래군."이라고 하대에 가깝게 말하며 '양도', '환자' 등 한자어를 사용하여 양반의 권위를 내세우고 있기는 하지만, [B]에서 비굴하게 굴며 자신을 낮추고 있지는 않다.

03 표현상의 특징 파악하기

답 | ④

㉠~㉤ 중 보기 의 설명과 관련 있는 것으로 가장 적절한 것은?

보기

판소리에는 우스꽝스러운 말을 통해 웃음을 유발하는 언어유희가 잘 드러나 있다. 언어유희에는 동음이의어를 활용하는 방법, 유사한 음운이나 발음을 활용하는 방법, 말의 배치를 바꾸는 방법 등이 있다.

정답 선지 분석

④ ㉣

㉣에는 '몸을 다쳐서 부상을 입은 자리'라는 뜻의 '상처(傷處)'와 '아내의 죽음을 당함'이라는 뜻의 '상처(喪妻)'의 음이 같은 것을 활용한 언어유희가 드러나 있다.

오답 선지 분석

① ㉠

㉠은 돈을 들고 집에 들어가게 되어 의기양양해진 흥보의 태도를 보여 줄 뿐, 언어유희가 드러나 있지 않다.

② ㉡

㉡은 흥보가 매품을 팔고 돈을 받았음을 알게 된 흥보 아내의 놀라움이 나타날 뿐, 언어유희가 드러나 있지 않다.

③ ㉢

㉢은 매품을 팔지 못하게 된 흥보의 아쉬움과 서러움이 표현될 뿐, 언어유희가 드러나 있지 않다.

⑤ ㉤

㉤은 흥보가 매를 맞지 않고 돌아오자 기뻐하는 흥보 아내의 모습이 나타날 뿐, 언어유희가 드러나 있지 않다.

04 작품의 내용 파악하기

빈칸에 들어갈 말을 골라 차례대로 쓰시오.

흥보는 호방에게 매품을 팔겠다고 말하고 먼저 돈 (닷 냥 / 서른 냥 / 서른닷 냥)을 받는다. 그러나 곤장을 맞고 받기로 한 돈 (닷 냥 / 서른 냥 / 서른닷 냥)은 받지 못한다.

정답

닷 냥, 서른 냥

| 본문 | 237쪽

문법 모음의 창제 원리

빠른 정답 체크 01 ③ 02 ③ 03 ② 04 경제성, 실용성

01 모음의 창제 원리 이해하기 답 | ③

모음 'ㅏ'와 'ㅑ'의 공통점으로 가장 적절한 것은?

정답 선지 분석

③ 기본자 두 종류를 합쳐 만든 글자이다.
모음 'ㅏ'와 'ㅑ' 모두 기본자 'ㅣ'와 기본자 'ㆍ'를 합쳐 만든 글자이다.

오답 선지 분석

① 초출자 두 개를 합쳐 만든 글자이다.
초출자 두 개를 합쳐 만든 글자는 'ㅘ, ㅝ'이다.

② 'ㆍ'를 합쳐 'ㅛ, ㅠ'를 만들 수 있다.
'ㆍ'를 합쳐 'ㅛ, ㅠ'를 만들 수 있는 글자는 'ㅗ, ㅜ'이다.

④ 사람이 서 있는 모양을 본떠 만든 글자이다.
사람이 서 있는 모양을 본떠 만든 글자는 'ㅣ'이다.

⑤ 기본자, 초출자, 재출자 중 재출자에 해당한다.
재출자는 'ㅑ, ㅕ, ㅛ, ㅠ'로, 'ㅑ'는 재출자에 해당하지만 'ㅏ'는 재출자가 아닌 초출자에 해당한다.

02 합성의 원리 이해하기 답 | ③

다음 자판에서 모음 'ㅙ'를 입력하려고 할 때, 자판을 누르는 순서로 적절한 것은?

정답 선지 분석

③ 2→3→1→2→1
모음 'ㅙ'는 초출자 'ㅗ'와 'ㅏ'를 결합하고, 거기에 다시 'ㅣ'를 결합하여 만든 모음이다. 따라서 'ㅗ→ㅏ→ㅣ'의 순서로 자판을 눌러야 하는데, 'ㅗ'는 기본자 'ㆍ'에 'ㅡ'를, 'ㅏ'는 기본자 'ㅣ'에 'ㆍ'를 합쳐 만든 모음이므로 '2→3→1→2→1'의 순서로 자판을 눌러야 한다.

오답 선지 분석

① 2→2→1→1
'ㆍ+ㆍ+ㅣ+ㅣ'='ㅖ'가 되어 모음 'ㅖ'가 입력된다.

② 1→2→1→2→3
'1 → 2 → 1'에서 'ㅣ+ㆍ+ㅣ'='ㅐ'가, '2 → 3'에서 'ㆍ+ㅡ'='ㅗ'가 되어 모음 'ㅐ'와 'ㅗ'가 따로 입력된다.

④ 2→3→1→1→2
'2 → 3 → 1'에서 'ㆍ+ㅡ+ㅣ'='ㅚ'가, '1 → 2'에서 'ㅣ+ㆍ'='ㅏ'가 되어 모음 'ㅚ'와 'ㅏ'가 따로 입력된다.

⑤ 3→2→2→1→1
'3 → 2'에서 'ㅡ+ㆍ'='ㅜ'가, '2 → 1'에서 'ㆍ+ㅣ'='ㅓ'가 만들어지고, 여기에 다시 'ㅣ'가 결합하여 모음 'ㅞ'가 입력된다.

03 훈민정음의 창제 정신 이해하기 답 | ②

보기 의 ㉠과 관련이 있는 훈민정음의 창제 정신으로 가장 적절한 것은?

보기

나라의 말이 중국과 달라 문자가 서로 통하지 아니하여 이런 이유로 어리석은 백성이 이르고자 할 바가 있어도 마침내 제 뜻을 능히 펴지 못하는 사람이 많노라. ㉠ 내 이를 위하여 가엾게 여겨 새로 스물여덟 자를 만드노니 사람마다 하여금 쉽게 익혀 날로 씀에 편안케 하고자 할 따름이니라.

- 〈훈민정음〉 서문

정답 선지 분석

② 애민 정신
'어리석은 백성이 이르고자 할 바가 있어도 마침내 제 뜻을 능히 펴지 못하는 사람이 많'다는 것을 '가엾게 여겨' 훈민정음을 만들었다는 것은, 백성에 대한 사랑을 계기로 글자를 만든 것이므로 애민 정신과 관련이 있다.

오답 선지 분석

① 실용 정신
실용 정신은 백성이 쉽게 익혀 쓸 수 있도록 새로운 글자를 쉽고 편리하게 만들었다는 것이므로, 〈보기〉의 '사람마다 하여금 쉽게 익혀 날로 씀에 편안케 하고자 할 따름이니라'에서 확인할 수 있다.

③ 자주 정신
자주 정신은 중국과 말이 달라 문자를 익히기 어렵자 중국에 의지하지 않고 우리만의 글자를 만들었다는 것이므로, 〈보기〉의 '나라의 말이 중국과 달라 문자가 서로 통하지 아니하여'에서 확인할 수 있다.

④ 창의 정신
창의 정신은 훈민정음의 창제 정신이 아니다.

⑤ 평등 정신
평등 정신은 훈민정음의 창제 정신이 아니다.

04 한글의 우수성 이해하기

보기 의 (가), (나)와 관련이 있는 한글의 우수성을 차례대로 쓰시오.

보기

(가) 한자는 표의문자이기 때문에 각각의 대상을 가리키는 문자가 모두 따로 존재한다. 그러나 한글은 자음 14자와 모음 10자를 조합하여 11,172개의 소리를 표현할 수 있다.

(나) 영어의 알파벳 'a'는 'apple[애플]'에서는 [애]로, 'ace[에이스]'에서는 [에이]로, 'adult[어덜트]'에서는 [어]로 발음된다. 그러나 한글 모음 'ㅏ'는 '아기[아기]', '간장[간장]', '엄마[엄마]' 등에서 모두 [ㅏ]로 발음된다.

정답

경제성, 실용성

독서 그라피티

빠른 정답 체크 01 ③ 02 ④ 03 ⑤ 04 1971, 1980

그라피티는 벽이나 화면에 낙서처럼 긁거나 스프레이 페인트를 이용해 그려진 그림을 말한다.(그라피티의 개념) 그라피티의 기원은 고대 동굴의 벽화나 이집트의 유적에서 볼 수 있는 낙서에 가까운 그림에서 찾을 수 있다.(그라피티의 기원) 그라피티가 예술로서 등장한 것은 제2차 세계대전 이후로(□: 그라피티의 발전 과정을 시간의 흐름에 따라 서술함), 반항적인 청소년들과 흑인, 푸에르토리코인들과 같은 소수 민족들이(그라피티는 소수자의 문화에서 시작하였음) 분무 페인트를 이용해 극채색*과 격렬한 에너지를 지닌, 속도감 있고 도안화된* 문자들을(예술로서의 그라피티의 시작) 거리의 벽에 그린 것에서 시작되었다.

▶ 1문단: 그라피티의 개념과 기원

그라피티가 본격적으로 주목받기 시작한 것은 1971년에 등장한 '타키 183'에 의해서이다. 타키 183은 드미트리우스라는 17세 청년의 가명인데, 그가 뉴욕시 일대를 지하철로 돌아다니면서 물건이나 서류 등을 전달하며 지하철 일대에 마커펜으로 남긴 서명이(타키 183의 서명이 그라피티에 관한 관심을 끌게 됨) '뉴욕 타임즈'에 실리게 된 것이다. 타키 183에 관한 기사를 읽은 사람들은 그를 따라 지하철의 내부를 스프레이와 마커 등을 이용해 알아보기 힘든 일종의 서명들로 가득 채우기 시작했으며, 이를 통해 뉴욕시 전체에 그라피티 작품이 널리 유행하게 되었다. 당시 타키 183이 남긴 서명은 태그(tag)라고 불렸다. 휘갈겨 쓴 글씨와도 같은 이 태그는 일반적으로 자신의 애칭이나 별명, 이름의 이니셜을(태그의 특징) 사용하며, 오늘날에는 익명을 전제로 작업하는 이들이 자신의 개성을 드러내는 보편적인 수단이(익명으로 활동하는 그라피티 작가들도 있음) 되었다. 또한 그라피티를 즐기던 젊은이들은 자기 자신은 작가(writer), 그들의 작품 활동은 라이팅(writing)이라고 불렀는데, 작가들에게 태그란 그라피티 예술가로서 자신의 정체성인 동시에 라이팅의 뿌리(작가들에게 태그가 중요했던 이유)이기도 했다.

▶ 2문단: 그라피티가 주목받게 된 계기

1975년에는 '아티스트 스페이스'에서 그라피티 작품을 모아 최초의 전시회를 열었고,(최초의 그라피티 전시회가 열림) 1980년 타임스퀘어 쇼에서 그라피티가 공식 데뷔함으로써 주류 예술로 편입하게* 되었다.(그라피티가 공식 데뷔함 → 주류 예술로 편입) 1981년 뉴욕의 현대미술관인 모마 PS1에서 열린 〈New York / New Wave〉 전시회는(그라피티 주변의 문화가 대중의 인기를 얻게 된 계기) 그라피티뿐만 아니라 힙합과 같은 그 주변의 문화까지도 대중의 인기를 얻기 시작한 계기가 되었다. 하위문화였던 그라피티가 흑인들만의 문화로 남지 않고, 전 세계 예술가들의 관심을 끌면서 힙합 문화 또한 세계적으로 확산될 수 있었던 것이다.(그라피티의 확산 → 힙합의 확산)

▶ 3문단: 그라피티의 주류 예술 편입

그러나 건물의 소유주에게 허락받지 않고 무단으로 낙서를 하는 행위라는(그라피티는 사실 불법 행위임) 점에서, 그라피티는 한국을 비롯한 거의 모든 나라에서 재물 손괴죄*와 건조물* 침입죄 등으로 처벌받는다. 이로 인해 그라피티는 예술이 아니라 범죄 행위라는 주장과,(그라피티를 부정적으로 보는 입장) 그라피티는 하나의 문화이므로 표현의 자유를 보장해 줘야 한다는 주장이(그라피티를 긍정적으로 보는 입장) 충돌하기도 한다.

▶ 4문단: 그라피티에 관한 논쟁

* 극채색(極彩色): 아주 정밀하고 짙은 여러 가지 고운 빛깔.
* 도안화되다(圖案化되다): 그 모양이나 색채 등을 나타내는 그림으로 만들어지다.
* 편입하다(編入하다): 이미 짜인 한 동아리나 대열 따위에 끼어 들어가다.
* 손괴죄(損壞罪): 다른 사람의 재물이나 문서의 가치를 손상하여 성립하는 범죄.
* 건조물(建造物): 지어 만든 물건. 또는 지어 세운 가옥, 창고, 건물 따위를 통틀어 이르는 말. 사람이 살거나 주생활에 크게 이용하는 주거용을 주로 이른다.

01 글의 짜임 파악하기 답 | ③

윗글에 대한 설명으로 가장 적절한 것은?

정답 선지 분석

③ 그라피티의 발전 과정을 시간의 흐름에 따라 제시하고 있다.
윗글의 1문단에서는 그라피티가 제2차 세계대전 이후 예술로 등장했음을, 2문단에서는 1971년 '타키 183'에 의해 본격적으로 주목받았음을, 3문단에서는 1975년 최초의 그라피티 전시회를 열고 1980년 주류 예술로 편입되었으며 1981년의 전시회를 기점으로 그 주변의 문화까지 대중의 인기를 얻기 시작했음을 설명하고 있다. 이를 종합하면, 윗글은 그라피티가 오늘날 하나의 문화예술로서 인정받기까지의 과정을 시간적 순서에 따라 제시하고 있다.

오답 선지 분석

① 그라피티가 다양한 분야에 미친 영향을 제시하고 있다.
윗글은 그라피티가 다양한 분야에 미친 영향을 제시하고 있지 않다.

② 그라피티와 고대 벽화의 특징을 기준에 따라 비교하고 있다.
1문단에서 그라피티의 기원이 고대 동굴의 벽화라고 언급하였으나, 그라피티와 고대 벽화의 특징을 기준에 따라 비교하고 있지는 않다.

④ 그라피티와 힙합 문화가 상호 작용하는 과정을 설명하고 있다.
3문단에서 그라피티가 전 세계 예술가들의 관심을 끌면서 힙합 문화 또한 세계적으로 확산되었다고 했지만, 그라피티와 힙합 문화가 상호 작용하는 과정을 설명하고 있지는 않다.

⑤ 그라피티가 전시된 장소를 지역에 따라 구분하여 설명하고 있다.
윗글에서는 그라피티가 전시된 장소를 지역에 따라 구분하여 설명하고 있지 않다.

02 세부 내용 파악하기 답 | ④

윗글의 내용으로 적절하지 않은 것은?

정답 선지 분석

④ 그라피티는 1975년 '아티스트 스페이스'에서의 전시를 통해 공식 데뷔하였다.
3문단에 따르면, 그라피티가 공식 데뷔한 계기는 1980년 타임스퀘어 쇼이다. 1975년 '아티스트 스페이스'에서의 전시는 그라피티 작품을 모은 최초의 전시회라는 의의가 있다.

오답 선지 분석

① 그라피티는 벽에 그린 낙서에서부터 시작되었다.
1문단에서 그라피티는 벽이나 화면에 낙서처럼 긁거나 스프레이 페인트를 이용해 그려진 그림을 말하며, 고대 동굴의 벽화나 이집트의 유적에서 볼 수 있는 낙서에 가까운 그림이 그 기원이라 하였으므로 적절하다.

② 그라피티를 작업하는 사람들은 자신의 이름을 숨기고 활동하기도 하였다.
2문단에서 자신의 애칭이나 별명, 이름의 이니셜을 사용한 서명인 태그는 익명을 전제로 작업하는 이들에게 보편적인 수단이라 하였으므로, 그라피티를 작업하는 사람들은 자신의 이름을 숨기고 활동하기도 하였다는 것을 알 수 있다.

③ 처음 그라피티를 주도한 계층은 사회의 주목을 받지 못했던 사람들이었다.

1문단에서 예술로서의 그라피티는 제2차 세계대전 이후 반항적인 청소년들과 흑인, 푸에르토리코인들과 같은 소수민족들이 분무 페인트를 이용해 극채색과 격렬한 에너지를 지닌, 속도감 있고 도안화된 문자들을 거리의 벽에 그린 것에서 시작되었다고 하였다.

⑤ 타키 183의 기사를 읽은 사람들에 의해 뉴욕에 그라피티 작품이 널리 유행하였다.

2문단에 따르면 뉴욕 지하철 일대에 마커펜으로 서명을 남기고 다닌 타키 183에 대한 기사를 읽은 사람들이, 그를 따라 지하철의 내부를 스프레이와 마커 등을 이용해 알아보기 힘든 일종의 서명들로 가득 채우기 시작함으로써 뉴욕에 그라피티 작품이 널리 유행하게 되었다.

03 구체적 사례에 적용하기

답 | ⑤

윗글을 바탕으로 보기 를 이해한 내용으로 적절하지 않은 것은?

보기

뉴욕 지하철의 내부에 'TAKI 183(타키 183)'이라는 서명이 남겨져 있다.

정답 선지 분석

⑤ 힙합 문화가 전 세계적으로 인기를 끌면서 그 하위문화 중 하나로 정착되었겠군.

〈보기〉는 '타키 183'의 그라피티 작품이다. 3문단에서 하위문화였던 그라피티가 주류 예술로 편입되면서 그 주변의 문화까지도 대중의 인기를 얻기 시작하였으며, 특히 힙합 문화가 전 세계적으로 확산되고 인기를 끌었다고 하였다. 따라서 그라피티가 힙합 문화의 하위문화 중 하나로 정착되었다고 볼 수 없다.

오답 선지 분석

① 그라피티가 본격적으로 주목받기 시작한 계기와 관련이 있겠군.

2문단에서 그라피티가 본격적으로 주목받기 시작한 것은 1971년에 등장한 타키 183에 의해서라고 하였으므로 적절하다.

② 일반적으로 자신의 애칭이나 별명, 이름의 이니셜을 그려 넣었겠군.

2문단에서 타키 183이 남긴 서명은 태그라고 불렸는데, 휘갈겨 쓴 글씨와도 같은 이 태그는 일반적으로 자신의 애칭이나 별명, 이름의 이니셜을 사용했다고 하였으므로 적절하다.

③ 그라피티 예술가들의 정체성인 동시에 라이팅의 뿌리이기도 하였겠군.

2문단에서 타키 183이 남긴 서명을 태그라고 불렀으며, 작가들에게 태그란 그라피티 예술가로서 자신의 정체성인 동시에 라이팅의 뿌리이기도 했다고 하였으므로 적절하다.

④ 한국에서는 재물 손괴죄와 건조물 침입죄 등으로 처벌받을 수도 있겠군.

4문단에서 그라피티는 한국을 비롯한 거의 모든 나라에서 재물 손괴죄와 건조물 침입죄 등으로 처벌받는다고 하였으므로 적절하다.

04 세부 내용 파악하기

㉠, ㉡에 들어갈 연도를 윗글에서 찾아 차례대로 쓰시오.

그라피티는 제2차 세계대전 이후 예술로서 등장하였다. 그러나 본격적으로 주목받기 시작한 것은 (㉠)년, 주류 예술로 편입된 것은 (㉡)년이다.

정답

1971, 1980

문학 1 규원가(허난설헌)

빠른 정답 체크 01 ③ 02 ⑤ 03 ⑤ 04 공후 배필, 군자 호구

엇그제 젊었거니 벌써 어찌 다 늙거니
(젊었던 과거와 늙은 현재를 대비함)
㉠ 소년 행락* 생각하니 말해도 속절없다
(과거를 회상하며 현재의 신세를 한탄함)
늙어서야 서러운 말 하자니 목이 멘다
(신세를 한탄하는 말)
부모님이 낳으시고 고생하여 이내 몸 길러 낼 제

공후 배필*은 못 바라도 군자 호구* 원하더니
(공후 배필: 이상적 소망의 대상 / 군자 호구: 현실적 소망의 대상)
삼생의 원망스러운 업보요 월하*의 인연으로
(결혼 상대가 마음에 들지 않았음을 나타냄)
장안 유협* 경박한 사람을 꿈같이 만나 있어
(화자의 남편을 가리키는 말(부정적 인식))
㉡ 당시에 마음 쓰기 살얼음 디디는 듯
(직유법 → 남편을 모시며 조심스럽게 살아감)
삼오이팔* 겨우 지나 천연여질* 절로이니

이 얼굴 이 태도로 백년 기약 하였더니

세월이 훌쩍 지나 조물이 시샘하여
(운명론적 사고)
봄바람 가을 물이 베올에 북 지나듯
(직유법 → 세월이 빠르게 흘러감)
설빈화안* 어디 가고 면목가증* 되었구나
(과거의 모습(설빈화안) ↔ 현재의 모습(면목가증))
내 얼굴 내 보거니 어느 님이 날 사랑할까
(설의법 → 어느 님도 자신을 사랑하지 않을 것임)
스스로 부끄러워하니 누구를 원망하랴

▶ 과거 회상과 늙음에 대한 한탄

(중략)

차라리 잠을 들어 꿈에나 보려 하니
(꿈에서라도 님을 만나고자 함)
바람에 지는 잎과 풀 속에 우는 벌레
(화자의 잠을 방해하는 존재)
㉢ 무슨 일 원수로서 잠조차 깨우는가
(잠을 깨워 꿈속에서 님을 만나지 못하게 하는 것에 대한 원망)
천상의 견우직녀 은하수 막혔어도
(화자와 대비되는 대상)
㉣ 칠월칠석 일 년에 한 번 때를 놓치지 않거늘
(견우와 직녀는 은하수로 막혀 있어도 일 년에 한 번은 만남)
우리 님 가신 후는 무슨 약수* 가렸기에
(무슨 장애물이 있기에)
오거나 가거나 소식조차 그쳤는가

난간에 비겨 서서 님 가신 데 바라보니

초로*는 맺혀 있고 모운*이 지나갈 제
(객관적 상관물 → 쓸쓸함 강조)

대숲 푸른 곳에 새소리 더욱 섧다
감정 이입
세상의 서러운 사람 수없다 하려니와

박명한 홍안*이야 나 같은 이 또 있을까
남편에게 사랑받지 못함
ⓜ 아마도 이 님의 탓으로 살 동 말 동 하여라
님에 대한 원망이 직접적으로 드러남 ▶ 운명에 대한 한탄과 님에 대한 원망

- 허난설헌, 〈규원가〉 -

* 소년 행락(少年行樂): 어린 시절에 즐겁게 지내던 일.
* 공후 배필(公侯配匹): 높은 벼슬아치의 짝.
* 군자 호구(君子好逑): 군자의 좋은 짝.
* 월하(月下): 월하노인. 부부의 인연을 맺어 준다는 전설상의 늙은이.
* 유협(遊俠): 호방하고 의협심이 있는 사람.
* 삼오이팔(三五二八): 열다섯 살과 열여섯 살.
* 천연여질(天然麗質): 타고난 아리따운 자질.
* 설빈화안(雪鬢花顔): 고운 머릿결과 아름다운 얼굴.
* 면목가증(面目可憎): 얼굴 생김생김이 남에게 미움을 살 만한 데가 있음.
* 약수(弱水): 신선이 살았다는 중국 서쪽의 전설 속의 강.
* 초로(草露): 풀잎에 맺힌 이슬.
* 모운(暮雲): 날이 저물 무렵의 구름.
* 홍안(紅顔): 젊어서 혈색이 좋은 얼굴.

01 표현상의 특징 파악하기 답 | ③

윗글에 대한 설명으로 적절하지 않은 것은?

정답 선지 분석

③ 역설법을 활용하여 님에 대한 화자의 원망을 표현하고 있다.
윗글에서 역설법이 활용된 부분은 찾아볼 수 없다.

오답 선지 분석

① 감정 이입을 활용하여 화자의 서러움을 강조하고 있다.
'대숲 푸른 곳에 새소리 더욱 섧다'에서 화자는 새소리에 감정을 이입하여 서러움을 강조하고 있다.

② 직유법을 활용하여 세월이 빠르게 흘렀음을 나타내고 있다.
'봄바람 가을 물이 베올에 북 지나듯'에서 세월의 흐름을 베올에 북이 지나는 것에 빗대는 직유법을 활용하여 세월이 빠르게 흘렀음을 나타내고 있다.

④ 설의법을 활용하여 화자의 체념적인 태도를 보여 주고 있다.
'내 얼굴 내 보거니 어느 님이 날 사랑할까'에서 설의법을 활용하여 어느 님도 자신을 사랑하지 않을 것이라는 화자의 체념적인 태도를 보여 주고 있다.

⑤ 대조를 활용하여 현재 상황에 대한 화자의 태도를 드러내고 있다.
'설빈화안 어디 가고 면목가증 되었구나'에서 과거의 모습을 가리키는 '설빈화안'과 현재의 모습을 가리키는 '면목가증'을 대조하여 현재의 모습을 탄식하는 화자의 태도를 드러내고 있다.

02 시구의 의미 파악하기 답 | ⑤

㉠~ⓜ에 대한 설명으로 적절하지 않은 것은?

정답 선지 분석

⑤ ⓜ: 님을 그리워하며 순종적으로 기다리고 있음을 의미하고 있다.
'아마도 이 님의 탓으로 살 동 말 동 하여라'는 떠나간 님에 대한 원망을 직접적으로 드러내는 것이지, 님을 그리워하며 순종적으로 기다리고 있음을 의미하는 것이 아니다.

오답 선지 분석

① ㉠: 과거를 회상하며 현재 자신의 처지를 한탄하고 있다.
화자는 '소년 행락', 즉 어린 시절에 즐겁게 지내던 일을 회상하며 늙은 현재의 처지를 한탄하고 있다.

② ㉡: 남편을 모시며 조심스럽게 살아갔음을 떠올리고 있다.
화자는 '장안 유협 경박한 사람', 즉 남편에게 마음을 쓴 것을 '살얼음 디디는 듯'이라고 표현하여 남편을 모시며 조심스럽게 살아갔던 때를 떠올리고 있다.

③ ㉢: 님과의 만남을 방해하는 잎과 벌레 소리를 원망하고 있다.
화자는 님을 꿈에서라도 보려 하지만, '바람에 지는 잎과 풀 속에 우는 벌레'가 잠을 깨워 님과의 만남을 방해하자 잎과 벌레를 원망하고 있다.

④ ㉣: 자신의 처지와 대비되는 견우와 직녀를 떠올리고 있다.
화자는 님으로부터 소식이 끊긴 자신과 대비되는, 은하수가 막혔어도 '칠월칠석 일 년에 한 번 때를 놓치지 않'는 견우와 직녀를 떠올리고 있다.

03 작품 비교하기 답 | ⑤

윗글과 보기 를 비교한 내용으로 가장 적절한 것은?

보기

꿈에나 님을 보려 턱 받치고 기댔으니
앙금도 차도 찰샤 이 밤은 언제 샐고
하루도 열두 때 한 달도 서른 날
마음에 맺혀 있어 뼛속까지 사무치니
편작이 열이 온들 이 병을 어찌 하리
어와 내 병이야 이 님의 탓이로다
차라리 죽어서 범나비 되오리라
꽃나무 가지마다 간 데 족족 앉았다가
향 묻은 날개로 님의 옷에 옮으리라
님이야 나인 줄 모르셔도 내 님 좇으려 하노라

- 정철, 〈사미인곡〉

* 앙금(鴦衾): 원앙을 수놓은 이불.
* 편작(扁鵲): 중국 전국 시대의 전설적인 명의.

정답 선지 분석

⑤ 윗글과 〈보기〉의 화자는 모두 꿈속에서라도 님을 만나고자 하는 소망을 품고 있다.
윗글의 화자는 '차라리 잠을 들어 꿈에나 보려 하니'라고 하며 꿈속에서라도 님을 만나고자 하는 소망을 표현하고 있다. 〈보기〉의 화자 또한 '꿈에나 님을 보려 턱 받치고 기댔으니'라고 하며 꿈속에서라도 님을 만나고자 하는 소망을 표현하고 있다.

오답 선지 분석

① 윗글의 화자는 〈보기〉의 화자와 달리 그리움을 과장하고 있다.
윗글의 화자가 아닌, 〈보기〉의 화자가 '편작이 열이 온들 이 병을 어찌 하리'라고 하며 아무리 뛰어난 의사라도 뼛속까지 사무친 병을 고칠 수 없을 것이라고 그리움을 과장하고 있다.

② 윗글의 화자는 〈보기〉의 화자와 달리 님을 직접적으로 원망하고 있다.
윗글의 화자는 '아마도 이 님의 탓으로 살 동 말 동 하여라'라고 하며 님을 직접적으로 원망하고 있고, 〈보기〉의 화자 또한 '어와 내 병이야 이 님의 탓이로다'라고 하며 님을 직접적으로 원망하고 있다.

③ 〈보기〉의 화자는 윗글의 화자와 달리 소극적인 모습으로 일관하고 있다.
〈보기〉의 화자는 '차라리 죽어서 범나비 되오리라'라고 하며 님과 함께하고자 하는 적극적인 의지를 표현하고 있다. 소극적인 모습으로 일관하고 있지 않다.

④ 〈보기〉의 화자는 윗글의 화자와 달리 님과 즐겁게 보낸 과거를 회상하고 있다.
〈보기〉에서 화자가 님과 즐겁게 보낸 과거를 회상하고 있는 부분은 찾을 수 없다.

04 시어의 의미 이해하기

ⓐ, ⓑ에 들어갈 2어절의 말을 찾아 차례대로 쓰시오.

〈규원가〉에는 과거 화자가 가졌던 혼인 상대에 대한 소망이 드러난다. 화자의 이상적 소망의 대상은 (ⓐ)이고, 현실적 소망의 대상은 (ⓑ)이다.

정답

공후 배필, 군자 호구

문학 2 천국의 아이들(박흥식 각본·연출)

빠른 정답 체크 01 ③ 02 ⑤ 03 ④ 04 적극적으로, 활기찬

S# 52 특별반 교실 및 강당 (낮)
장면 번호 / 장면의 공간적 배경 / 장면의 시간적 배경

뮤지컬 연습이 한창인 교실. 처음과는 달리 모두 밝아 보인다. (아이들이 처음에는 어두운 분위기로 연습에 참여했음을 알 수 있음) 손뼉을 치며 연습에 집중하는 아이들. 강당으로 옮겨서 연습을 이어 나간다. 악보를 보며 열심히 노래하는 아이들.

아이들의 합창: 일어나.

'아아' 하는 입들. 합창으로 후렴구를 부르고 있다. 듣고 있던 유진이 다른 아이들에게 눈짓으로 한번 조용히 해 보라는 시늉을 한다. 쉿, 쉿. 한 명씩 노래를 멈추기 시작하고 유진이 슬쩍 병민에게 다가간다. 자세히 귀를 기울이니, 뻐끔뻐끔 흉내만 내는 병민. (어리숙한 행동으로 유쾌한 분위기를 형성함)

아이들: 에이.

뻐끔거리는 병민을 구박하는 정훈. 그 와중에도 헤헤 실실 웃는 병민. (밝고 화기애애한 분위기) 분위기가 화기애애하다. 이를 몰래 보고 있던 홍구, (특별반 아이들에 대한 홍구의 관심을 나타냄) 유진과 눈이 마주치자 몰래 강당에서 빠져나간다.

S# 53 복도 (낮)

복도로 급하게 걸어 나온 유진이 홍구를 부른다.

유진: 선생님!

돌아서 휘적휘적 재빠르게 나가려다 우뚝 제자리에 멈춰 서는 홍구. 홍구가 어색하게 씩 돌아선다. (연습을 몰래 보고 있던 것을 들켜 어색하고 쑥스러움)

홍구: ㉠ 아니 저는 뭐, 애들이 사고 안 치고 잘하고 있나 하고. 허허.

유진: 아유, 애들 진짜 잘하고 있어요.

홍구: 잘하기는 하던데요. (열심히 연습하는 아이들을 내심 대견하게 생각함) 그, 정유진 선생님이 고생이 많으십니다. (자리를 슬슬 피할 기색으로) 필요한 거 있으면 말씀하시고, 그럼 고생하십시오.

S# 64 강당 (낮)

안무를 맞추고 있는 아이들. 종전에는 화기애애했는데 자꾸 안 맞으니까 조금씩 신경질이 난 상태다. 성아가 손짓을 탁! 하면 팔을 쫙쫙 벌리면서 옆으로 퍼져 나가야 하는데 자꾸 부딪친다.

「**성아:** ㉡ 야, 내가 이리로 오면 너는 옆으로 빠져야지.

「」: 연습이 잘 안 되자 서로 날카로워짐

형주: 나는 원래대로 한 거야. / **성아:** 아, 조용히 해.」

지혜: 아, 오늘 진짜 하기 싫어.

고은: 아, 선생님. 우리 놀러 가면 안 돼요?

자꾸 반복되는 연습에 지친 아이들이 바닥에 풀썩풀썩 주저앉는다.

유진: 야, 너넨 요거 하고 쉬냐?

병민: (작게) 바다 가고 싶다. (바다에 가게 되는 계기를 제공함) / **정훈:** ㉢ 오! 김병민! 바다! (병민의 말에 관심을 보임)

퍼질러 앉아 있던 아이들과 유진이 쫑긋한다.

병민: 좋겠지? 바다! 나 한 번도 안 가 봤는데.

형주: 뻥치시네. 가족 여행으로 한 번 정도는 가 봤을 거 아니야?

병민: 나 가족 여행 같은 거 안 가 봤어. (병민의 가정환경을 짐작할 수 있음)

정훈: 가족 여행도 안 가 봤어? / **병민:** 응.

유진: 너희 몇 년 살았지?

형주: 십오 년이요. / **성아:** 만으로 십삼 년이요.

유진: 김병민. 너 진짜 거짓말하면 안 된다. 십오 년 동안 살면서 바다를 한 번도 안 가 봤단 말이야? (바다에 가본 적 없다는 병민의 말이 믿기지 않음)

병민: 네. / **성아:** 선생님! 바다 가요, 바다!

아이들: (박수를 치며) 바다! 바다! 바다! 바다! 바다! (활기찬 분위기가 됨)

S# 66 교장실 (낮)

교장: 저도 뭐 애들 밖에 내보내고 싶죠. 하지만 원칙은 지켜야 하는 거 아니겠습니까? (사고가 날 것을 걱정함)

아이들을 바다로 데려가도 되겠냐고 물어봤던 유진은 스스로 부끄러워지는 기분이다.

유진: ㉣ 아, 애들 문제 생기면 제가 다 책임질게요! 진짜 부탁드립니다. (교장이 걱정하는 부분을 언급하며 설득하고자 함)

교장: 정유진 선생님 고생하시는 것은 제가 다 압니다. 공연도 기대가 되고 하는데…….

유진이 침을 꿀꺽 삼킨다. (교장의 말을 듣고 기대를 함)

교장: 애들이 사고를 치면 그게 정유진 선생님 책임이 아닙니다. 그게 다 제 책임이 되는 거지요. (아이들을 바다로 데려가는 것을 허락할 수 없는 이유) 아무튼……. 뭐 고생하세요.

유진, 쭈뼛거리며 자리에서 일어난다.